CHANGQING YEARBOOK

长清年鉴

2019

中共济南市长清区委党史研究中心
济南市长清区地方史志研究中心 编

黄河数字出版社

《长清年鉴（2019）》编审人员

主　　审　王勤光　赵居安

副 主 审　李广霞　梁艳玲

主　　编　魏　珺　陶明东

执行主编　边绍林

副 主 编　边绍林　李　鹏

编　　辑　邢　菊　王　珊　董　芳

编　　务　陈　超　卢云华　赵志波

撰稿单位审稿人员

（以姓氏笔画为序）

于德庆　马　雍　王　文　王　林　王　亮　王　磊　王友海　王少辉
王允松　王玉法　王龙飞　王庆波　王栋磊　王桂军　王桂芳　王恩庆
王新勇　亓　鲁　井普震　方宝军　尹逊勇　孔凡强　石文平　付玉宝
司家国　邢庆凯　巩　霞　毕慧岩　朱吉军　朱庆和　刘　冰　刘　敏
刘　鹏　刘广东　刘延青　刘兆斌　刘兴文　刘学勇　齐爱芳　许　振
阮　军　孙　磊　孙丰堂　孙洪军　孙爱国　纪永太　李　刚　李　伟
李　虎　李　涛　李开亭　李凤山　李立东　李存寅　李良华　李拥军
李建波　李洪祥　李高仑　李继涛　杨立新　杨连琪　杨明利　肖　波
时军华　何长勇　宋卫芳　宋传娥　宋传猛　张　丽　张　波　张　勇
张　辉　张世君　张世勇　张乐朝　张兴田　张志勇　张其安　张建凯
张承莲　张晋学　张殿义　张儒涛　陈　军　陈云霄　陈晓军　陈湘涛
陈湘海　邵怀亮　范宪广　国忠东　周广山　周振奎　房立国　孟宪德
孟黎明　赵　军　赵　骥　赵俊颖　赵培新　郝兆林　郝丽丽　郝景祥
娄　斌　贾　文　贾云强　顾国峰　徐笃峰　高长宝　高远胜　郭天宾
郭其军　陶明东　黄　进　曹相伟　曹德忠　符学敏　韩光博　韩国久
程庆勇　程海金　焦玉铭　焦玉燕　焦念忠　曾凡伟　靖　斌　蔺红红
翟贵祥　魏　珺

长清区荣膺 2018 全国社会治理创新示范区称号

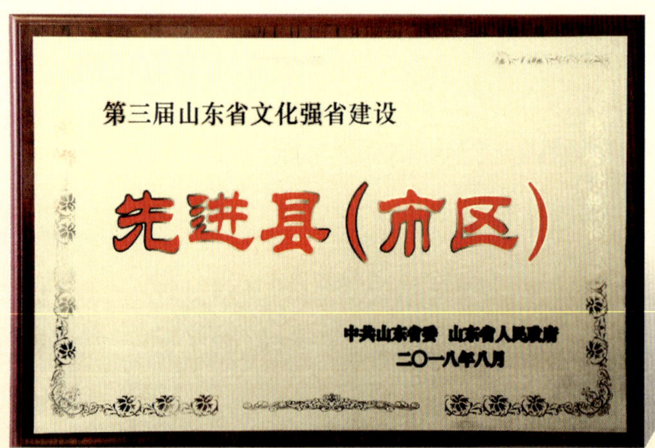

长清区获第三届山东省文化强省建设先进区称号

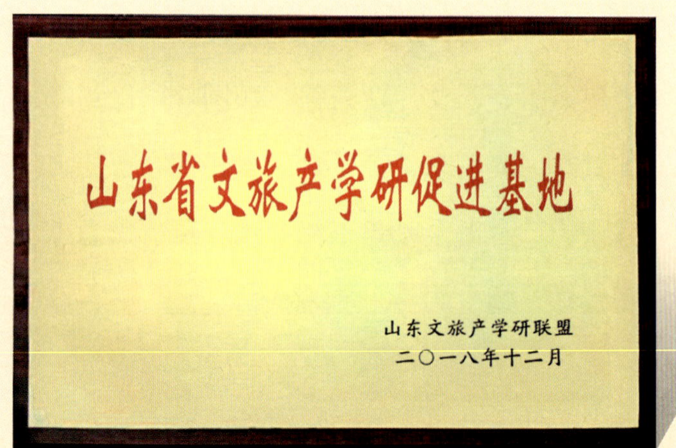

长清区获山东省文旅产学研促进基地称号

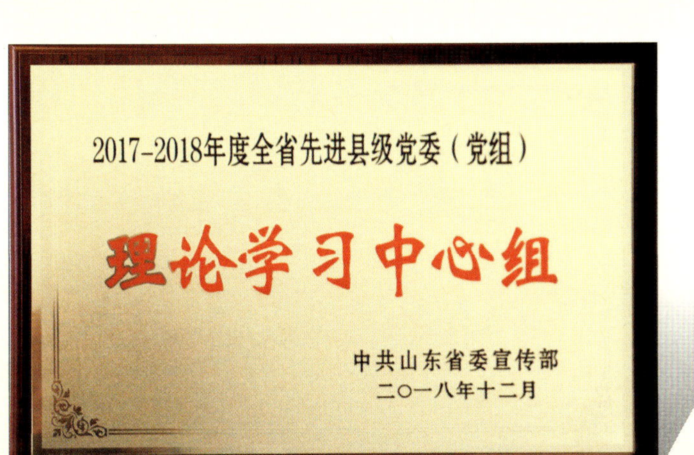

长清区委理论学习中心组获2017—2018年度全省先进县级党委（党组）理论学习中心组称号

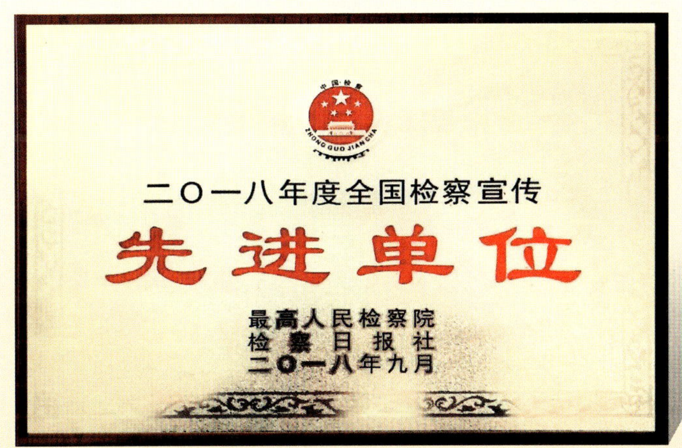

长清区人民检察院获2018年度全国检察宣传先进单位称号

长清区人民法院获2018年度全国法院司法宣传先进单位称号

总面积 1178.08 平方公里

年末常住总人口 56.85 万人

地区生产总值 366.9 亿元

第一产业增加值 31.1 亿元

第二产业增加值 153.4 亿元

第三产业增加值 182.4 亿元

三次产业比例 8.5:41.8:49.7

人均生产总值 6.18 万元

农林牧渔业总产值 59.1 亿元

粮食总产量 24.8 万吨

规模以上工业主营业务收入 199.5 亿元，利税 15.9 亿元

建筑业增加值 60.3 亿元

公路通车总里程 1775.22 公里，其中高速公路通车里程 81.5 公里

社会消费品零售总额 165 亿元

进出口总额 8.84 亿元，其中进口总额 1.97 亿元、出口总额 6.87 亿元

实际到账外资 8.4 亿元

地方公共预算收入 23.5 亿元

地方一般公共预算支出 66.8 亿元

金融机构人民币存款余额 418.7 亿元，贷款余额 205.8 亿元

普通高等院校 12 所，在校生 20 万人

全区中小学各类学校 112 所，在校生 5.29 万人，专任教师 4545 人

全区高新技术企业 63 家

全区发明专利申请量 903 件，授权量 247 件

全国重点文物保护单位 6 处，省级文物保护单位 16 处

国家一级文化馆 1 处，国家一级图书馆 1 处

AAAA 级旅游景区 2 处，AAA 级旅游景区 7 处，AA 级旅游景区 3 处

全年共接待游客 865 万人次，实现旅游消费总收入 87.65 亿元

城镇居民人均可支配收入 3.93 万元

农村居民人均可支配收入 1.78 万元

新征程新长清

2018 年 6 月 21 日，济南长清黄河公路大桥正式通车运营

（区委宣传部提供）

2019 年 1 月 1 日，轨道交通 1 号线建成通车

（曹建民　摄）

2018 年 11 月 25 日，G220 东深线及 S105 济聊线长清绕城段改建工程建成通车

（曹建民　摄）

文昌山扁鹊文化主题公园

（文昌街道提供）

园博园

（曹建民　摄）

长清主城区

（曹建民　摄）

领导关怀

2018 年 6 月 5 日，国务院副秘书长、国家信访局局长舒晓琴（女）到长清区调研信访工作。山东省委常委、济南市委书记王忠林（右二），长清区委书记王勤光，区委副书记、区长赵居安，区委副书记曹军等陪同调研 （孟琳 摄）

2018 年 5 月 31 日， 山东省委常委、济南市委书记王忠林（中）到长清区调研黄河大桥通车准备及轨道交通 1 号线建设工作 （区委宣传部提供）

2018 年 11 月 21 日，济南市委副书记、市长孙述涛（中）到长清区视察黄河滩区脱贫迁建工作（韩帅 摄）

2018 年 5 月 10 日，济南市人大常委会主任殷鲁谦（中）率调研组到长清区调研乡村振兴战略推进情况

（区委宣传部提供）

2018 年 8 月 1 日，西藏自治区副主席、日喀则市委书记张延清（前左二）率领日喀则市党政考察团一行到济南市现代都市农业精品园考察。山东省副省长王书坚，济南市委副书记，市长孙述涛，长清区委书记王勤光等陪同考察　（区委宣传部提供）

2018 年 7 月 6 日，济南市政协主席雷杰（女、前右二）到长清区调研　（区委宣传部提供）

重要活动

2018 年 6 月 30 日，济南市 2018 年重点项目建设进展情况半年展示评议活动举行。长清区在北辰新能源装备生产基地项目现场设长清区分会场 （杜慧娟　摄）

2018 年 5 月 12 日，长清区委书记王勤光到平安街道调研重点项目建设情况 （杜慧娟　摄）

2018 年 8 月 24 日，长清区委副书记、区长赵居安到长清区政务服务中心调研财税工作

（区政府办公室提供）

2018 年 6 月 21 日，长清区人大常委会主任刘延文视察区监察委员会工作 （李祖强 摄）

2018 年 5 月 4 日，长清区政协主席张昭森视察城建重点项目　（薄冰　摄）

2018 年 12 月 1 日，长清区委书记王勤光，区委副书记、区长赵居安，济南经济开发区主任袁长奎到山东栋梁科技设备有限公司调研　（济南经济开发区办公室提供）

美丽长清

2018 年 10 月 3 日，“齐鲁 8 号风情路”现场会召开 （区委宣传部提供）

2018 年 9 月 30 日，济南文旅发展集团、长清区人民政府战略合作协议签约仪式举行 （区委宣传部提供）

灵岩寺　　（曹建民　摄）

园博园　　（曹建民　摄）

五峰山　　（区委宣传部提供）

济西湿地　　（曹建民　摄）

山东师范大学　　（曹建民　摄）

靓丽大学路　　（区委宣传部提供）

张夏玉杏基地　　（程先好　摄）

龙凤庄园民宿项目　　（万德街道提供）

十八里谷道景观　　（周萍萍　摄）

美丽乡村　　（区委宣传部提供）

双泉牡丹 （区委宣传部提供）

万德街道大刘村“西岭美地”猕猴桃 （万德街道提供）

富强长清

2018 年 12 月 25 日，长清区在北京举行招商引资推介会，共签约项目 10 个，总签约额 155 亿元

（区委宣传部提供）

2018 年 4 月 26 日，长清区 2018 年上半年招商引资项目集中签约仪式举行，共签约项目 31 个，总投资额 392.88 亿元

（区委宣传部提供）

2018 年 6 月 21 日，济南长清黄河公路大桥正式通车运营仪式举行　（程玉霞　摄）

2018 年 11 月 25 日，G220 东深线及 S105 济聊线长清绕城段改建工程交工通车　（林文生　摄）

2018 年 3 月 18 日，长清区 2018 年上半年重点项目集中开工仪式举行　　（区委宣传部提供）

2018 年 12 月 9 日，济广高速长清大学城互通立交工程开工仪式举行　　（区委宣传部提供）

2018 年 10 月 20 日，长清区四馆项目工程开工奠基仪式举行 （区委宣传部提供）

2018 年 7 月 19 日，长清区全民健身中心开工仪式举行 （区委宣传部提供）

大学科研成果转化服务中心　　（区委宣传部提供）

济南西部创新园　　（区委宣传部提供）

恒大绿洲 （曹建民 摄）

主城区一角 （区委宣传部提供）

济南沃德汽车零部件有限公司 （区委宣传部提供）

恒源农业产业园 （李冬梅　摄）

文明长清

义务植树 （区委宣传部提供）

开展双报到双服务双评议活动 （区委宣传部提供）

全区宣传思想工作会议召开 （区委宣传部提供）

长清区扫黑除恶专项斗争推进会议召开 （区委宣传部提供）

长清区委副书记曹军督导检查城市提升行动　　（区委宣传部提供）

“与时代同行”——齐鲁红色故事巡讲长清区大峰山专场　　（区委宣传部提供）

紫薇阁社区党员志愿服务队　　（区委宣传部提供）

长清区成德志愿服务团　　（区委宣传部提供）

党建共建活动（区委宣传部提供）

长清区政务服务中心（区委宣传部提供）

幸福长清

长清区委书记王勤光、区委副书记曹军走访慰问贫困户　（杜敏　摄）

长清区委副书记、区长赵居安调研脱贫攻坚工作　（区政府办公室提供）

2018 年 10 月 31 日，济南市委常委、市委组织部部长李刚（中）到济南大峰山党性教育基地项目调研 （周萍萍 摄）

大峰山革命根据地纪念馆 （金文 摄）

济南大学城实验高级中学建成开学　　（姚庆　摄）

华东师范大学济南实验学校　　（曹建民　摄）

2018 年 9 月 23 日，2018 首届济南（长清）国际马拉松开幕式　　（区委宣传部提供）

2018 年 9 月 23 日，2018 首届济南（长清）国际马拉松在在济南国际园博园水之门广场举行（区文广新局提供）

2018 年 6 月 1 日，长清区委书记王勤光深入学校开展“六一”儿童节慰问活动（杜慧娟　摄）

2018 年 9 月 23 日，文昌街道西李村举办第一届中国农民丰收节（潘富珉　摄）

2018 年 3 月 3 日，第十二届中国孝堂山孝文化旅游节暨十大孝子颁奖大会举行　　（周萍萍　摄）

轨道交通 1 号线园博园站　　（曹建民　摄）

归德街道黄河滩区外迁安置工程 （曹建民 摄）

孝里镇黄河滩区外迁安置工程 （曹建民 摄）

目 录

特 载

2018年大事记

长清概况

中国共产党济南市长清区委员会

济南市长清区人民代表大会

济南市长清区人民政府

政协济南市长清区委员会

纪检监察

群众团体

法治·军事

经济管理

园区建设

农 业

工 业

交通·邮电

城建·环保

财政・税务

金　融

商　贸

教育·科技

文化·卫生·体育

旅　游

社会生活

人　物

街　镇

附　录

索　引

特　　载

思想再解放　境界再提升
为实现三年大变样而努力奋斗

在区委四届五次全体会议第一次会议上的工作报告

长清区委书记　王勤光

（2019年1月14日）

同志们：

这次区委四届五次全体会议的主要任务是：以习近平新时代中国特色社会主义思想为指引，深入贯彻党的十九大和十九届二中、三中全会精神，全面落实中央经济工作会议、全省经济工作会议和全市经济工作暨“四个中心”建设推进大会精神，认真总结2018年工作，研究部署2019年任务，动员全区上下进一步解放思想、更新观念，转变作风、真抓实干，加快建设美丽富强文明幸福的现代化山水魅力新城，为实现“三年大变样”努力奋斗。

下面我受区委常委会委托，向全会报告工作。

一、充分肯定全区取得的显著成绩，进一步认清发展形势、坚定发展信心

2018年是长清发展持续向好、稳中有进的一年，是各项工作扎实有力、富有成效的一年。在市委、市政府的坚强领导下，全区上下全面对标市委“1+454”工作体系，紧紧围绕“1+654”和“五坚持一实施”工作主线，攻坚克难，实干快干，开拓进取，奋力争先，推动经济社会各项事业迈上新台阶，圆满实现了“两年见成效”的任务目标。

一年来我们旗帜鲜明讲政治，理想信念更加坚定。始终把学习贯彻习近平新时代中国特色社会主义思想和党的十九大精神作为首要政治任务，为加快发展提供强大的思想保证和精神动力。一是把牢政治方向。坚决做到“两个维护”“四个服从”，切实增强“四个意识”，坚定“四个自信”，扎实做好巡视巡察问题整改，始终在思想上政治上行动上同以习近平总书记为核心的党中央保持高度一致。二是强化理论武装。扎实开展“两学一做”“大学习、大调研、大改进”“三照三转三改三推”活动。2018年区委理论学习中心组共开展集中学习15次，全区各级党组织累计开展学习研讨5300余次，开展专题调研1500次，形成调研报告385篇。区委理论学习中心组被评为全省先进县级中心组。三是坚持学以致用。大力弘扬理论联系实际的马克思主义学风，努力把学习成果转化为推动改革发展的生动实践，围绕“两年见成效”部署了“1+654”和“五坚持一实施”工作主线，不断完善科学发展的总体思路。

一年来我们心无旁骛谋发展，综合实力显著增强。坚定践行五大发展理念，依托六大优势，强化六大功能定位，质量和效益不断提升。一是经济建设实现新突破，主要经济指标均实现较快增长。2018年全区地区生产总值预计完成360亿元，增长8.4%；一般公共预算收入完成23.5亿元，增长15.4%；固定资产投资预计增长19%；规模以上工业增加值预计实现43.4亿元，增长9%。

二是招商引资实现新突破，2018年预计完成市外招商引资100亿元，增长20%。4月26日和10月27日，分别举行了上下半年招商引资项目集中签约大会，共签约63个项目，总投资665.74亿元。9月27日—30日首届儒商大会，总投资额230亿元的金港汽车小镇、圣丰军民融合项目正式签约。12月25日，在北京举行招商引资推介会，10个项目实现签约，签约额达155亿元。三是项目建设实现新突破，部署实施“712”工程，成立52个指挥部，明确节点、加快推进。90项重点项目完成投资171.75亿元，13个市重点项目完成投资111.29亿元。3月18日和9月15日，分别举行上下半年重点项目集中开工仪式，在全市重点项目半年展示评议和2018年全市项目建设观摩评议活动中均取得明显进步。

一年来我们创新驱动激活力，发展动能日益显现。全力建设以经开区和大学城为核心的高端制造集聚区、创新创业活力区，加快推动经济实现高质量发展。一是积极搭建新平台。精心打造了大学科研成果转化服务中心，入驻多家科研院所研发平台以及金融、法律等综合服务机构，构筑了科研成果孵化、中试到产业化的完整链条。二是加快转化新成果。先后与清华、山大、川大、齐鲁工大等24所高校建立了产学研联系，搭建了校企联盟、未来工匠联盟等六大联盟，新签订36家校企合作协议，建立了42家科技研发中心等创新平台，转化科研成果58项，为企业引进专业人才300多人，在第十二届中国产学研合作创新大会上获得六项大奖。三是全面培育新动能。规划建设新动能科创园，签约引进济南智造云谷等13个创新型项目。梦翔小镇现已注册各类企业179家；美客小镇入驻文创类企业115家、大学生艺术人才1200余名；济南西部创新园已入驻企业209家，园区税收达到2.6亿元。

一年来我们全心全力提品质，城乡面貌日新月异。以完善基础设施、提升功能品质、改善人居环境为抓手，全力推动城乡统筹发展。一是大力推进棚改旧改。在2017年拆迁任务全部清零的基础上，2018年新启动齐庄、张桥、平安、小刘、北汝、老党校片区等棚改项目，截至目前全区共完成征收拆迁3171户，安置房开工5080套。一中东和小柿子园东两个地块成功挂牌。长清黄河滩区脱贫迁建工程涉及224个行政村、15.71万人，其中63个村、4.2万人将全部整体搬迁，两个外迁安置社区开工建设。二是大力开展城市提升。以“十大行动”为抓手，共拆除违建5608处、379.8万平方米，完成绿化近120万平方米，“三高”沿线综合整治236处。长清黄河大桥、省道105长清绕城段、轨道交通1号线全部顺利通车。投资5.5亿元对7条市政道路进行新建和改造。投资2.85亿元的5条高压线迁改工程克服种种困难积极推进。投资2.51亿元、总长324公里的农村公路网化工程全部完工，580个村全部实现村村通、路路通。三是大力保护绿水青山。突出水、土壤、空气综合治理，持续巩固中央和环保部督察整改成果，文昌山城市健康公园、北大山和双龙山山体公园、北大沙河整治工程进展顺利，空气和水环境质量持续保持全市前列。四是大力实施乡村振兴。新创建省、市级美丽乡村示范村13个，新打造“三十里玉杏谷”等三条精品示范线路，以“全国知名、全省一流”为标准全面提升“齐鲁8号风情路”。全区茶园总面积达到10095亩，总产值1.2亿元；中药材产量达到2.4万吨，产值突破1.5亿元。8月15日全国杂粮绿色高质高效技术观摩交流会在我区成功举办。

一年来我们以人为本惠民生，群众福祉持续增进。牢固树立以人民为中心的发展思想，努力让全区人民共享改革发展成果。2018年全区居民人均可支配收入预计实现28610元，同比增长8.6%。一是民生项目加快推进。大学城三甲医院一期工程主体已经完工，大学城实验学校和华东师范大学济南实验学校于9月份正式招生投入使用，园博园于4月28日免费开放，四馆、全民健身中心等重点项目加快推进。二是民生保障不断增强。全区民生支出占一般公共预算支出89.9%。新建一批养老服务项目，完成了上级安排的工作任务，养老保障和服务水平不断提升，医养结合示范先行区和基层医疗卫生机构标准化建设全面启动。全区新增城镇就业人员3071人，新增农村转移就业8415人。三是脱贫攻坚扎实有力。以"五用一长"为引领，按照"两不愁、三保障"要求，对全区119个贫困村、4705户贫困户、9220名贫困人口进行了巩固提升，实施产业扶贫项目47个，总投资约4503万元，基本实现全区现行标准下贫困对象的脱贫任务目标。四是社会大局和谐稳定。圆满完成"全国两会""上合青岛峰会"等重要节点安保维稳工作，持之以恒抓好重点群体稳定，不断提升三级综治中心标准化建设与管理水平，连续两年无非访，信访维稳成绩在全市名列前茅。深入开展安全生产"大快严"、百日攻坚治理等综合整治行动，整改安全隐患11982个。全面推进扫黑除恶专项斗争，强力推动案件深挖彻查、治安环境整治、督导检查覆盖、宣传引导发动，取得良好阶段性成效。2018年3月成功打掉全省首个"套路贷"恶势力犯罪集团，有力净化了校园环境。五是文化旅游事业繁荣发展。全区基层综合性公共文化服务中心实现全覆盖，举办各类具有影响力的文化活动共600余场，成功举办首届济南（长清）国际马拉松赛事，长清区被评为全省文化强省先进区。全面推进国家全域旅游示范区创建工作，全年接待游客865万人次，旅游消费总额87.65亿元，分别比上年增长15.4%和15.1%。

一年来我们革故鼎新促改革，行政效能明显提速。坚持把改革作为加快转型发展的动力源泉，不断释放改革红利，加快提升行政效能。一是全面推进深化改革。细化、整理10个方面147项具体改革任务，已经启动和长期实施的有103项，已完成21项。二是全面推进"一次办成"。不断深化"放管服"改革，"零跑腿"事项达到60项、"只需跑一次"达到1125项、"你不用跑我来跑"达到374项，行政审批事项由178项减少至152项，向经济开发区下放44项区级审批权限。政务服务大厅、办税服务大厅、相关经济职能部门全部集中到科创大厦，48个部门进驻审批大厅。三是全面推进机构改革。顺利完成综合行政执法体制改革、监察体制改革，新组建退役军人事务局、行政审批服务局，形成了支持改革、参与改革、推进改革、落实改革的浓厚氛围，保证了全区机构改革各项工作平稳有序顺利推进。

一年来我们持之以恒筑根基，党的建设全面加强。坚持把抓好党建作为主责主业和最大政绩，为全区经济社会发展提供坚强政治保证。一是发挥党建引领作用。认真践行新时代党的组织路线，通过"六抓"切实发挥党建引领作用。部署开展村居书记"领头雁"工程、机关党建"六个一"工程以及"双报到双服务双评议"活动，探索推行党员量化积分制管理和基层党组织评星定级。从山东大学等12所大学选派23名人才到街镇、企业挂职。全面加强大峰山党性教育基地、党群服务中心、村居办公服务场所等基层阵地建设，10个街镇和26个区直党委全部建立基层党校，实现党员教育全覆盖。二是狠抓党风廉政建设。把批评教育融入日常、变为经常，四种形态占比分别约为47%，43.8%，3.7%，5.5%。驰而不息纠正"四风"，部署开展"作风建设年"活动，大力发扬十种作风。2018年共查处违反中央八项规定精神问题31起，处理34人，给予党纪政务处分8人。以"零容忍"态度严惩腐败，处置问题线索860件，立案433件，给予党纪政务处分420人。三是树立鲜明选人用人导向。按照"实在实干实绩"原则和"四看一听"程序，注重在项目建设一线、重点工作一线、街镇基层一线发现培养和选拔使用干部。2018年调整区管干部职务42人次，入选省、市级担当作为先进典型23个。四是牢牢把握意识形态领导权。将意识形态工作纳入区委常委会工作要点以及班子成员职责清单，广泛利用各种形式和媒体推动党治国理政新理念新思想新战略走进群众、走进基层、深入人心。“爱济南”APP长清版块连续16个月在全市综合人气排名第一，形成多层次多角度多形式舆论宣传强势。

在抓好经济社会发展任务的同时，区委常委会高度重视加强和改进自身建设，不断健全完善议事决策和工作制度，集中精力抓大事、议大事、解难事，保持了全区工作的协调顺畅、推进高效。充分动员和凝聚各方面力量，全面支持人大依法履行职能，支持政协发挥政治协商、民主监督和参政议政作用。不断加强和改进统一战线工作，探索党外人士工作新途径。支持工会、共青团、妇联等人民团体依照宪法法律开展工作。高度重视人民武装工作，扎实推进军民融合深度发展，创建省级双拥模范城实现“三连冠”。

奋斗充满艰辛，成绩来之不易。回顾这一年来的变化，我们的发展思路更加清晰，发展基础更加扎实，发展环境更加优化，发展效果更加明显，发展信心更加坚定，赶超进位的势头更加强劲。这些成绩的取得，是省委、市委坚强领导、正确指引的结果；是区委委员、候补委员和区几套班子协力共进、共同奋斗的结果；是区级老领导献策助力、关心支持的结果；是全区各级党组织和广大党员干部群众砥砺奋进、顽强拼搏的结果；是区内企业、高校以及社会各界全力维护、全力配合的结果。在此我代表区委常委会向所有关心支持长清发展的同志们、朋友们，致以崇高的敬意和衷心的感谢！

在充分肯定一年来工作成绩的同时，我们也要清醒地认识到成绩背后还有“境界的差距、目标的差距、效益的差距”，项目背后还有“质量的差距、规模的差距、速度的差距”，干部背后还有“思想的差距、能力的差距、作风的差距”。这些差距突出表现在：全区经济总量依然偏小，仍处于经济欠发达阶段；高质量发展的动能还不足，科教资源优势还没有充分发挥出来；主导产业还不突出，缺少影响力大、带动力强的大项目、大企业；城市功能品质还需大幅提升，城乡基础设施建设还比较薄弱；社会保障、民生供给、环境打造与群众需求还有差距，维护社会稳定任务依然繁重；党的建设科学化水平还需提高，管党治党主体责任传导还存在薄弱环节；少数基层党组织战斗堡垒作用还不强，部分党员干部的思想境界、能力素质和工作水平还需进一步提升等等。这些问题需要我们高度重视，采取切实措施认真加以解决。

二、2019年工作总体思路和总体要求

2019年是新中国成立70周年，是全面建成小康社会关键之年，是建设现代化山水魅力新城“三年大变样”攻坚之年。总的要求是：坚定不移地用习近平新时代中国特色社会主义思想统揽全局，深入贯彻党的十九大精神和习近平总书记视察山东重要讲话、重要指示批示精神，坚持以人民为中心的发展思想，坚持稳中求进工作总基调，坚持新发展理念，坚持推动高质量发展，坚持以供给侧结构性改革为主线，坚持深化市场化改革、扩大高水平开放，紧紧围绕市委“建设大强美富通现代化国际大都市”总体目标，全面对标全市“1+474”工作体系，按照“1+684”总体思路，以“五强化一实施”为抓手，加快建设现代化山水魅力新城，努力实现“三年大变样”奋斗目标，奋力谱写“五年大跨越”新篇章。

“1+684”即：咬定一个目标不放松（紧紧围绕全市“建设大强美富通现代化国际大都市”总体目标，加快建设美丽富强文明幸福的现代化山水魅力新城）；强化六大功能定位（创新创业活力区、高端制造集聚区、建筑建工发达区、生态旅游观光区、健康养老首选区、宜业宜居示范区）；打好八大攻坚战（新旧动能转换攻坚战、城市治理攻坚战、双招双引攻坚战、营商环境攻坚战、乡村振兴攻坚战、生态环保攻坚战、交通建设攻坚战、资源挖潜攻坚战）；守住四条底线（党风廉政底线、安全稳定底线、社会民生底线、风险防控底线）。

“五强化一实施”即：强化五项原则（坚持以习近平新时代中国特色社会主义思想武装头脑、指导实践、推动工作；坚持以人民为中心发展思想；坚持五大发展理念；坚持解放思想、改革创新；坚持因地制宜突出地方特色）；强化八字方针（谋、推、铸、干、学、升、创、比）；强化六个时间节点安排（3 月 16 日上半年重点项目集中开工日，4 月 26 日上半年招商引资集中签约日，6 月 26 日半年督查评议活动，9 月 16 日下半年重点项目集中开工日，10 月 26 日下半年招商引资项目集中签约日，12 月 26 日全年督查评议活动）；强化五项工作推进机制（重点工作项目化管理机制、指挥部推进机制、联席会议推进机制、微信平台即时调度机制、督查考核机制）；强化拼搏进取精神（志存高远、奋勇争先，抓铁有痕、踏石留印，两周的事一周干、三步并做一步走，困难面前有我们、我们面前无困难）；实施重点项目大会战（确定实施一百个重点项目，聚焦聚力、重点突破，带动全区经济社会加快发展）。

三、突出重点，精准发力，努力实现三年大变样奋斗目标

（一）聚焦解放思想再加力。改革开放 40 年来的非凡历程和巨大成就启示我们，发展永无止境，解放思想永无止境。一要在解放思想中汇聚前进动力。坚持用习近平新时代中国特色社会主义思想统一思想、指导实践、推动发展，努力在高举旗帜中构筑共同奋斗的思想基础，在解放思想中汇聚奋力前进的强大合力。二要在解放思想中破解发展难题。直面改革发展中的痛点难点，把解放思想落实到突破体制机制弊端和突破人、财、物、地、规束缚上，落实到解决历史遗留问题、群众反映强烈问题上，真正把解放思想的成效体现到推动长清高质量发展的具体实践中。三要在解放思想中振奋精神状态。坚决破除自甘现状的消极观念，树立走在前列的强势思维；坚决破除路径依赖的求稳心态，树立勇闯新路的破局思维；坚决破除因循惯例的守旧观念，树立敢创新例的创造思维；坚决破除权力本位的陈腐观念，树立服务至上的为民思维；坚决破除坐地自划的狭隘观念，树立通观全盘的大局思维。四要在解放思想中发挥示范引领。坚持领导干部率先垂范，带头提高本领，带头开阔眼界，带头勤学善思，带头敢闯敢试，通过示范引领带动形成想解放、能解放、敢解放的浓厚氛围。

（二）聚焦经济建设再加力。抢抓五大机遇，发挥六大优势，强化六大功能定位，深入贯彻落实新发展理念，扎实推动经济实现高质量发展。一是大力培育主导产业。按照“龙头带动、产业支撑、优化结构、集聚发展”的工作思路，着重培育高端装备、智能制造、节能环保、电子电气、食品医药、现代物流、文化创意、建筑产业化、现代服务业、现代农业十大主导产业，进一步培植壮大产业集群，不断增强辐射和带动能力。二是大力扶持龙头企业。充分发挥重汽、山水、国舜、北辰、宏达、沃德、冶金等龙头企业带动作用，择优筛选 30 家企业给予“一企一策”对口帮扶，全力实现做大一户带动一业，新打造一批本土特色品牌企业，扶持壮大一批过 30 亿元企业。三是大力发展民营经济。深入贯彻落实党中央关于支持民营经济发展的决策部署和习近平总书记指示批示要求，结合省、市支持民营经济发展的意见举措，抓好 6 个方面政策落实，帮助企业“搬三山”“开三门”（市场的冰山、融资的高山、转型的火山；卷帘门、玻璃门、旋转门），让民营经济的创新动能充分释放、创新活力充分迸发。

（三）聚焦项目推进再加力。牢牢抓住项目建设这个“牛鼻子”，坚定不移以项目扩投资、稳增长、促发展。一是打好重点项目大会战。今年继续围绕工业、农业、服务业、基础设施、公共服务等方面确定实施 100 个重点项目。各指挥部要高频高压、对症施策、全力推动，切实做到问题清单化、清单责任化、责任具体化、推进时限化，加快形成开工一批、建设一批、投产一批的推进态势。二是抓好六个时间节点安排。提前

研究谋划上下半年重点项目集中开工和上下半年招商引资项目集中签约活动，再策划储备一批强带动、打基础、利长远的大项目好项目，真正实现梯次跟进、滚动发展。各发展主体要对区域内的重点项目做到脑中有图、心中有数、手中有招，为市、区两级督查评议活动再创佳绩奠定坚实的项目基础。三是加大资源挖潜力度。重点是加大闲置土地、闲置厂房、闲置资产、闲置资金、闲置资源的挖潜力度。在融资难的问题上，进一步深化政银企合作与对接，利用好现有平台积极拓展融资渠道。在土地和空间问题上，对那些低产低能、破产闲置的企业、厂房、楼宇以及批而未用的土地，要严格按照有关规定加大处置力度，建立清退机制和盘活机制，把“好钢用在刀刃上”，最大限度地发挥每一寸土地和每一处资源的经济效益和社会效益。

（四）聚焦双招双引再加力。把“双招双引”摆在重中之重的战略地位，打好主动仗、精准仗，推动招商引资、招才引智取得重大突破。一是聚焦项目抓招引。对标六大功能定位和十大主导产业，整合全区招商资源，利用十大招商平台，把主攻点牢牢锁定在“高、新、轻、绿”，使更多符合发展战略和功能定位的好项目落户长清。二是聚焦人才抓招引。大力培养和引进高端行业领军人才和创新创业团队，高标准落实市“人才新政 30 条”，吸引一批拥有科技成果、发明专利或掌握高新技术的高层次人才前来创业。继续引进和选派高校、科研院所优秀人才到街镇、企业挂职，为长清转型发展提供智力支持和人才支撑。三是聚焦产学研抓招引。不断深化产学研融合和政校企对接，依托六大联盟继续开展“企业家进高校”“高校科技成果展示”等系列活动，利用大学科研成果转化服务中心推进高校科研成果在区内企业转化嫁接，加快提升区内企业科技实力。

（五）聚焦产城融合再加力。以经开区、大学城、主城区三大板块为载体，加快形成生产、生活、生态“三生融合”新格局。一是加快经开区建设步伐。要以创建国家级开发区为目标，做活双创大道活力轴，做优大学科研成果转化服务中心、孵化器加速器两大平台，做特济南智造港、新动能科创园两大组团，做强文旅片区、文科片区、轨道康养城片区、农高片区四大片区，夯实发展平台，提高承载能力，尽快将其打造成全区经济发展的主阵地、新旧动能转换的先行区和对接融入中心城区的桥头堡。二是加快大学城建设步伐。要以打造“四个高地”为目标，全力完善和推进美客小镇、梦翔小镇、西部创新园以及双创产业平台建设，加快华谊兄弟影视城等重点项目建设步伐，积极推进创新大厦片区项目，进一步完善区域内商业服务配套和市政基础设施。坚持用好校地对接、与城建集团对接机制，用“一家人”理念做好协调服务工作。抢抓轨道交通 1 号线通车机遇，大力培植楼宇经济、总部经济、金融、数字信息、文化创意等现代服务业，增强城区发展活力。三是加快主城区建设步伐。要继续加快开发建设进度，加快东王片区、海子洼片区、和信综合体片区等区域招商步伐，提升城区建设完善水平，增强城区吸引力、承载力和辐射力。

（六）聚焦城市治理再加力。在完善城市整体功能的基础上，更加注重城市品质提升，努力打造一个有温度的城市。一是以棚改旧改推动品质提升。全力推进和信综合体中川街以北、老党校地块等拆迁项目，加快已拆迁村居和片区安置房建设，确保居民尽早回迁。抓好黄河滩区迁建安置房分配、村庄复垦等工作，及早谋划产业园区建设，确保滩区群众迁得出、稳得住、可发展、能致富。二是以精细管理推动品质提升。全面提高城市精细化管理水平，持续开展广告牌匾、占道经营、餐饮油烟、架空杆线等专项整治，保持好拆违拆临的良好态势，启动“无违建社区”“无违建街镇”创建活动，推进大学路、清河街、经十西路、峰山路、龙泉街等城区主干道的绿化提升和亮化改造，努力让长清净起来、绿起来、美起来、顺起来、亮起来。三是以功能完善推动品质提升。加快四馆、全民健身中心等公共设施项目进度，尽快完成5条高压线迁改工程、生活垃圾中转站建设工程，启动金牛街等市政道路建设和经十西路等道路污水管网改造，全力推进郑济高铁、220国道拓宽、黄河滩区护城堤、济广高速互通立交等重大交通工程，新完成一批老旧小区整治改造，实施好新增集中供热、气代煤、西关水厂、87个老旧小区管网改造等民生工程，让发展成果惠及城市居民。

（七）聚焦乡村振兴再加力。按照"产业兴旺、生态宜居、乡风文明、治理有效、生活富裕"总要求，全力促进农业农村优先发展，走出一条乡村全面振兴的"长清路子"。一是抓好顶层设计。加快编制总体规划和5个专项工作方案，注重指导性和可操作性，真正实现产业、人才、文化、生态、组织全面发力，确保一张蓝图干到底。二是明确战略步骤。做好乡村社区、特色小镇、产业发展、乡村文明、乡村治理、生态建设等专项规划，确立三年行动计划、年度工作计划等阶段目标，明确路线图、施工图和时间表。三是做强特色产业。突出长清特色产业优势，集中打造长清寿茶、中药材、油菜花、油用牡丹、花卉苗木、良种等特色产业带，不断提高长清农产品聚集度、知名度。四是打造精品亮点。全面推进"三十里玉杏谷"等3条精品示范线路、西李等13个示范村和45个标准村创建任务，抓好54个旧村台改造提升工程，在此基础上打造12个省级乡村振兴样板村，力争将"齐鲁8号风情路"打造成为"全国知名、全省一流"的乡村振兴样板。

（八）聚焦营商环境再加力。全力打造"最优营商环境"金字招牌，为加快建设现代化山水魅力新城提供一流的环境保障。一要继续营造精简高效的政务环境。不断深化完善"一次办成"机制，继续抓好"一窗受理""拿地即开工""全链条"式审批服务工作，当好服务群众、服务企业、服务客商的"店小二"。二要继续营造诚信法治的社会环境。强化社会治安综合治理，切实维护投资者的合法权益。建立完善诚信体系，实现公共信用信息平台覆盖所有信用主体。突出抓好生产安全、公共卫生等工作，努力创造良好的安全环境。三要继续营造优美和谐的宜居环境。集中力量打好大气、水和土壤污染防治三大战役，加快文昌山城市健康公园、北大山公园、北大沙河综合治理工程进度，让"山青水清，山水长清"的名片愈发亮丽。

（九）聚焦民生改善再加力。始终把以人民为中心作为所有工作的出发点和落脚点，不断增强群众的获得感、幸福感、安全感。一是全力以赴巩固脱贫成效。以"五用一长"为引领，着力做好巩固提升和预防返贫工作，强化已脱贫群众的跟踪扶持，全面开展查漏补缺工作，坚决打赢脱贫攻坚战。二是全力以赴加大保障力度。进一步加大养老服务设施建设力度，积极调动社会力量广泛参与养老事业发展，优化提升养老服务水平，更好地促进全区养老事业健康发展。大力实施教育振兴"十大工程"，努力打造全市一流的教育品牌。强力推进医养结合示范先行区创建工作，加快三甲医院建设进度。完善公共文化服务体系，推进文化事业和产业繁荣发展。加强和创新社区治理，全面提升基层民主自治水平。三是全力以赴抓好安全稳定。加大涉黑涉恶线索摸排、核查打击力度，全力打赢扫黑除恶专项斗争攻坚战。持续做好矛盾纠纷多元化解、重点群体稳定、风险评估等信访维稳工作，确保社会大局和谐稳定。深入推进各类隐患排查和"大快严"集中整治行动，扎实抓好安全生产、食品药品安全，坚持关口前移，加强源头治理，及时清除公共安全隐患。全力以赴抓好"12345"热线办理，全面提升群众满意率。

（十）聚焦党的建设再加力。紧紧围绕新时代党的组织路线，狠抓全面从严治党责任落实，推动全面从严治党向纵深发展、向基层延伸，为全区经济社会发展提供坚强组织保证。一要始终把政治建设摆在首位。始终在思想上政治上行动上同以习近平总书记为核心的党中央保持高度一致，任何时候任何情况下都做到政治立场不移、政治方向不偏。二要打牢党的建设思想根基。不断深化对习近平新时代中国特色社会主义思想的学习贯彻，持续推进“两学一做”学习教育常态化制度化。牢牢掌握党对意识形态工作的领导权，切实担负起意识形态工作政治责任。三要统筹提高各领域党建工作质量。以“六抓”为引领，以“十有”为标准，把每条战线、每个领域、每个环节的党建工作抓具体、抓深入，推动农村基层党建、城市基层党建、机关党建、“两新”组织党建全面提升、全面过硬，把党建优势转化为发展优势，把党建成果转化为发展成果。四要建设高素质专业化干部队伍。注重培养党员干部专业能力、专业精神，增强适应新时代发展要求的能力。大力挖掘储备年轻干部，注重在基层和一线锻炼干部、识别干部、发现干部。旗帜鲜明为担当者担当，让实干者实惠，持续巩固能者上、平者让、庸者下的选人用人氛围。五要持续深入改进作风。大力弘扬“十种风气”、发扬“十种作风”，开展解放思想提升年、作风建设强化年、正风肃纪深化年“三年活动”，把“树良好风气、创至善之业”要求落到实处，严防“四风”反弹回潮，切实以优良的党风政风带动全社会风气根本好转。六要对反腐倡廉常抓不懈。综合运用监督执纪“四种形态”，充分发挥巡察利剑作用，抓好“纪监前哨”试点工作，强化不敢腐的威慑，扎牢不能腐的笼子，增强不想腐的自觉，不断巩固干净干事、勤政廉政的良好氛围。

同志们，伟大梦想不是等来的、喊来的，是干出来、拼出来的。摆在我们面前的任务更加艰巨、责任更加重大、使命更加光荣。让我们更加紧密地团结在以习近平总书记为核心的党中央周围，高举习近平新时代中国特色社会主义思想伟大旗帜，全力开创长清经济社会发展新局面，加快建设现代化山水魅力新城，为打造“四个中心”、建设“大强美富通”现代化国际大都市作出新的贡献！用新实绩新作为新成效为建国70周年献礼！

解放思想　更新观念　转变作风　真抓实干
加快建设美丽富强文明幸福的现代化山水魅力新城
奋力书写“三年大变样”亮丽答卷

在全区四干会暨“三年大变样”动员誓师大会讲话

长清区委书记　王勤光

（2019年2月10日）

同志们：

新春伊始，万象更新。在春节假期的最后一天我们提前进入工作状态组织召开全区四干会暨“三年大变样”动员誓师大会，主要任务是：深入贯彻落实市委十一届八次全会、区委四届五次全会以及市、区“两会”精神，总结工作，表扬先进，明确任务，誓师鼓劲，动员全区上下迅速行动起来，解放思想，更新观念，转变作风，真抓实干，加快建设美丽富强文明幸福的现代化山水魅力新城，推动“三年大变样”任务目标圆满实现。

刚才，曹军书记宣读了区委区政府表扬决定，并对先进单位和个人进行了表扬颁奖，一年来在全区各条战线上涌现出许多优秀代表和先进集体，由于名额的限制只能表扬一小部分，但是大家都在各自的岗位上为全区的发展作出了应有的贡献；居安区长对2018年工作进行了全面总结，对2019年工作进行了安排部署，讲话目标明确，思路清晰，重点突出，措施有力，我完全赞同，希望同志们认真抓好落实；区委区政府与济南经济开发区、相关责任部门以及各街镇签订了2019年度任务责任书，吹响了大干实干快干的“冲锋号”，发出了“三年大变样”的“动员令”，希望同志们担当作为、奋勇争先，确保各项目标任务圆满完成；经开区、公安局、税务局、投促中心、崮云湖、孝里6个单位作了表态发言，讲出了信心、讲出了激情、讲出了气势，听了之后很受感染、很受鼓舞，希望大家认真学习借鉴；会议还印发了《2019年长清区重点项目计划安排》《关于在全区开展“解放思想提升年、作风建设强化年、正风肃纪深化年”活动的实施意见》，全区各部门各单位各街镇要强化领导，精心组织，明确责任，细化任务，确保各项部署要求落到实处、取得实效。

会议召开前组织大家观看了2018年工作成果展示片。从片中我们看到了长清大地热火朝天的建设场景，看到了各级干部斗志昂扬的精神风貌，也看到了城乡面貌发生的显著变化，这些都是一年来全区上下团结拼搏、砥砺奋进的生动缩影。刚刚过去的2018年是长清发展史上极不平凡的一年，是我们辛勤耕耘的一年，也是硕果纷呈的一年。一年来我们认真贯彻落实党中央和省、市各项决策部署，旗帜鲜明讲政治，干事创业的氛围空前浓厚；一年来我们始终把加快发展作为第一要务，坚持不懈攻项目抓实体，发展质量明显提升；一年来我们始终坚持城乡统筹一体化，全力以赴强功能提品质，城乡面貌大为改观；一年来我们始终坚持以人民为中心的发展思想，全心全力惠民生保稳定，群众的幸福感获得感安全感不断增强；一年来，我们始终坚持全面从严治党，持之以恒转作风筑根基，党的建设全面加强。回首一年来的奋斗历程，全区上下发生的变化令人振奋，取得的成绩鼓舞人心，“两年见成效”的目标圆满实现，特别是在底子薄、基础弱的情况下，取得这样的成绩更是十分不容易，全区各级党员干部都付出了极大的努力和无私的奉献。在这里我代表区委、区政府对受到表扬的先进集体和个人表示热烈的祝贺！对全区各条战线、各行各业的广大干部群众，以及所有关心支持长清发展的老领导、老同志和社会各界人士致以崇高的敬意和衷心的感谢！

今年全区工作的主基调就是“1+684”和“五强化一实施”，具体工作居安区长已经作出了明确的安排和部署，我不再多讲了。下面围绕“三年大变样”讲几点意见和希望：

一、充分认识“三年大变样”的重大意义

时序更替，梦想前行，时间又进入了崭新的一年。一代人有一代人的使命，一个时代有一个时代的重任，一个年轮有一个年轮的印记。当时间勾勒出新的年轮，今天的长清也再次站在了又一重要发展节点，实现“三年大变样”成为了我们每个人都应鼎力而为的奋斗目标。全区上下一定要从战略全局的高度充分认识“三年大变样”的重大意义，切实把思想和行动统一到区委区政府决策部署上来，共同为实现“三年大变样”努力奋斗。

（一）“三年大变样”是对标对表全市“建设大强美富通现代化国际大都市”战略部署的具体行动。“建设大强美富通现代化国际大都市”是市委市政府从新的历史方位、新的时代坐标结合济南发展实际作出的重大战略部署，为全市深刻把握干在实处、走在前列的时代要求提供了重要遵循、指明了前进方向。目前全市各地都已经行动起来，比学赶超的发展氛围空前浓厚，以实际行动贯彻落实市委市政府决策部署的大环境大气候大格局已经形成。所以“三年大变样”既是长清发展的现实要求，更是贯彻落实市委市政府战略部署的具体行动，我们必须以更高标准更实举措更严要求牢牢扛起干在实处、走在前列的使命担当，用“三年大变样”的丰硕成果为“建设大强美富通现代化国际大都市”贡献长清智慧和力量。

（二）“三年大变样”是建设“美丽富强文明幸福的现代化山水魅力新城”的重要举措。如果圆满实现“三年大变样”目标，我们就能够牢牢掌握发展主动权，赢得发展先机，为“五年大跨越”创造更大空间、奠定坚实基础，进而乘胜前进，全面实现“建设美丽富强文明幸福的现代化山水魅力新城”总体目标；反之，我们面临的任务将更加繁重、困难将更加凸显，就可能丧失主动权，错失良机。所以2019年将是长清发展的一个考验期，“三年大变样”事关全局，意义重大，至为关键，干得好就又是一片崭新天地，打得赢就能迈入更高的境界。

（三）“三年大变样”是全区广大群众的迫切愿望和共同心声。随着生活水平的不断提高，广大群众对更好地分享发展成果有着更多的期盼。这两年我们大力实施了一大批民生工程，大学城实验学校、华东师范大学济南实验学校、三甲医院、文昌山城市健康公园、北大沙河综合治理、“四馆”、全民健身中心以及东王、东北关等城中村改造、黄河滩区迁建等等，人民群众和社会各界给予了高度肯定。但同时也都期盼我们改革发展的力度再大一些，城乡建设的力度再大一些，改善民生的力度再大一些。所以面对广大人民群众的新期盼，我们必须以义不容辞的责任感和使命感用“三年大变样”向全区群众交上一份满意的答卷。

（四）“三年大变样”是解放思想、更新观念、转变作风、真抓实干的一次重要检验。“三年大变样”的关键在于一个“变”字，变的过程也是一个“破”与“立”的过程，这个变不仅是体现在经济发展上、城乡建设上、发展环境上，更重要的是体现在思想观念上、精神状态上、能力素质上，变的绝不仅是城市形象，更是干部形象；变的绝不仅是市容市貌，更是思想观念和行为方式，要用“变”的成效检验思想解放彻不彻底、观念更新到不到位、工作作风是不是过硬、真抓实干是不是见效。所以“三年大变样”改变的是陈风陋习，树起的是美德新风；改变的是封闭落后，展示的是开放包容。只有破除那些旧思想旧观念旧陋习的束缚，树立与新形势相适应的新思想新境界新观念，我们才能与时俱进地推动长清又好又快发展。

二、全面把握“三年大变样”的深刻内涵

实现“三年大变样”必须准确把握这个关键词的深刻含义。“三年大变样”不是小打小闹的变，而是要翻天覆地的变；不仅要有量的变，更要有质的变；既要局部突破的变，也要全方位提升的变；既要注重有形的变，也要注重无形的变。面对“三年大变样”的任务目标，只能快不能慢，只能高不能低，只能好不能差，必须逢先必争、逢优必创、逢难必破，必须以只争朝夕的紧迫感、无愧历史的使命感、不负人民的责任感，确保各个方面全部实现大变样，为夺取“建设现代化山水魅力新城”的决定性胜利再添胜券。

（一）经济发展要实现大变样。一是综合实力要更强。主要经济指标继续保持较快增长，全面或超额完成确定的预期目标，在2018年各项指标全部退出后三位的基础上，在全市的位次进一步前移。二是发展质量要更高。发挥好长清的人才智力优势和科教资源优势，加快促进创新与产业融合、研发与需求对接、高校与企业互动，力争使长清成为全省乃至全国重要的科研成果转化交易中心。三是产业结构要更优。围绕十大主导产业，加快改造提升传统产业，全面繁荣现代服务业，优化提升现代农业，进一步调整产业结构、调优产业比重，形成三次产业协调发展、融合发展的新格局。

（二）城乡面貌要实现大变样。一是城市要更宜居。城乡基础设施更加健全，城市综合服务功能更加完善，城市管理更加精细，城市服务更

加精准，市容环境更加优美，居住品质大幅提升。（首先要实施好大学路、清河街、龙泉街、凤凰路、灵岩路、峰山路“三纵三横”提升工程）。二是生态要更优美。以高度的政治责任感打赢蓝天、碧水、净土“三大保卫战”，让“山青水清，山水长清”的名片愈发亮丽。三是乡村要更秀丽。按照“产业兴旺、生态宜居、乡风文明、治理有效、生活富裕”的总要求，扎实推进美丽乡村建设，推动公共资源向农村倾斜，努力让农业强起来，让农民富起来，让农村美起来。

（三）发展载体要实现大变样。一是经开区要实现大变样。发挥好主阵地、先行区和桥头堡作用，对标国家级开发区标准，继续加大园区道路和水电气暖等基础设施建设，大力推进核心区孵化器、新动能科创园、济南智造港、大学科研成果转化服务中心等重点项目，策划打造健康医疗装备产业园，加快向“产城融合、创新驱动、复合经营”的新型园区转变，辐射带动各街镇工业园区提档升级。二是大学城要实现大变样。以打造“四个高地”为目标，全力完善和推进美客小镇、梦翔小镇、西部创新园以及双创产业平台建设，进一步完善区域内商业服务配套和市政基础设施。抢抓轨道交通1号线通车机遇，大力培植楼宇经济、总部经济、金融、数字信息、文化创意等现代服务业，加快华谊兄弟影视城、三甲医院等重点项目建设进度，挖掘盘活园博园闲置资源，增强片区发展活力。三是主城区要实现大变样。加快东王片区、海子洼片区、和信综合体片区、老城片区等几大片区的招商步伐，提升城区建设水平，不断增强城区吸引力、承载力和辐射力。四是农高区及农业园区要实现大变样。发挥好特色农业产业优势，以农高区为核心加快推进现代农业园区建设，大力培植农业龙头企业做大做强，加快现代农业高效发展。

（四）民生福祉要实现大变样。一是让群众更有获得感。坚决打赢脱贫攻坚战，持续巩固脱贫成果，确保全面小康路上不落一人。建立更完善的保障体系，履行好保基本、保底线、保民生的兜底责任，推动各项社会事业再上新台阶。二是让群众更有幸福感。扎实办好一批群众关心的民生实事，加大教育、卫生、养老、文化、体育、公共交通、社会福利等领域的基础设施建设力度，努力使群众得到更多实惠。三是让群众更有安全感。坚决打赢扫黑除恶专项斗争，健全完善社会治安防控体系，依法打击各类违法犯罪活动。高度重视安全生产工作，坚决防止重特大事故发生，确保人民群众生命健康安全。

（五）营商环境要实现大变样。一是服务水平要更优。继续提升标杆，不断追求卓越，在“放”上进一步权力瘦身、压缩程序和时限，最大限度地便利群众；在“管”上进一步创新方法、管住管好，形成公平高效的市场环境；在“服”上进一步积极主动、担当作为，体现出服务的温度。二是弱项短板要补齐。对营商环境方面存在的短板做一次全面梳理，尤其对企业和群众反映强烈的问题，实施革命性流程再造，排出补短板的任务书、时间表、路线图，以只争朝夕的精神尽快补齐补好。三是特色品牌要打响。聚焦最贴心、最高效、最优质、最精准、最开放“五个最”，全力打造具有长清特色的营商品牌，让最优营商环境成为长清的亮丽名片。

（六）文化生活要实现大变样。一是文化场所要更加丰富。将园博园、文昌山城市健康公园、“四馆”、全民健身中心打造成为全区标志性的群众文化活动和休闲娱乐的主阵地，各街镇各村居都要加大文化设施和文化场所建设及利用力度，让广大群众享受实实在在的公共文化服务。二是文化活动要更加丰富。大力实施文化惠民工程，广泛组织开展各类文化艺术节和群众文艺活动，发挥好社区、村居、学校、机关、企事业单位等各领域基层文化人才的示范引领作用，让群众成为文化的主角。三是文化资源要更加丰富。大力传承和弘扬长清本土优秀传统文化，加强文化遗产保护，积极推动文艺创作，让全区群众充分了解和感受长清厚重的历史文化底蕴，不断推动全区文化事业大发展大繁荣。

（七）文明程度要实现大变样。一是思想道德素质要大提升。大力弘扬社会主义核心价值观，以“树良好风气、创至善之业”为引领，倡导文明行为，弘扬文明新风，树立文明形象，营造文明环境，形成良好社会公德、职业道德和家庭美德的风尚，让“民风之要在于德、民风之要在于善、民风之要在于和、民风之要在于孝、民风之要在于学、民风之要在于法”深入人心。二是科学文化素养要大提升。大力提倡全民阅读，发挥好“学习强国”等平台的带动作用，努力形成“爱学习、好学习、善学习”的良好氛围，最大程度提升和激发每一个人的文化素养。三是安全法律意识要大提升。加大普法教育和安全教育力度，不断增强市民法律意识、安全意识、规则意识、礼让意识和风险意识，使遵规守法成为每个人的自觉行动。

（八）干部素质要实现大变样。一要具备更高的政治素养。进一步坚定理想信念，提高党性觉悟；进一步增强政治意识、把牢政治方向；进一步加强党性修养，严守纪律规矩；进一步强化宗旨观念，密切联系群众。二要具备更好的精神状态。做到政治上敏感、思想上敏锐、行动上敏捷，将状态迅速调整到战时状态、调整到冲锋状态、调整到“三年大变样”的实干状态，以奋发进取的状态和务实争先的干劲开创各项工作新局面。三要具备更新的思想观念。不断解放思想更新观念与时俱进，想别人不敢想，谋别人不敢谋，做别人不敢做，以改革思维、开放思维、创新思维解决制约“三年大变样”重点难点问题。四要具备更强的本领能力。提升敏锐洞察的能力、贯彻执行的能力、群众工作的能力、辩证思维的能力、学以致用的能力、科学谋划的能力、改革创新的能力、总揽全局的能力、协调各方的能力、知人善任的能力，力求达到“会好精绝化”的高层境界。

（九）群众口碑要实现大变样。一是群众满意度要进一步提升。及时回应群众关切，及时解决群众诉求，集中精力抓好“12345”热线办理工作，不断提高群众的满意率。二是群众认可度要进一步提升。继续加大舆论引导力度，让全区群众看到长清翻天覆地的喜人变化和实实在在的发展成效，不断增强对党和政府及各级干部的认可度。三是群众支持度要进一步提升。以发展目标凝聚群众、以实际成效吸引群众、以榜样示范带动群众，让每个人身在长清、心系长清、热爱长清，为长清的发展添砖加瓦、献计出力。

（十）对外形象要实现大变样。一是长清的形象要塑造好。讲好长清的优势、长清的成绩、长清的变化，以发展的事实和成绩来展示长清开明开放、大气大度、勇创实干、诚实守信、追求卓越的新形象。二是长清的魅力要展示好。把长清优美的山水、悠久的历史、厚重的文化、优越的区位、便利的交通、丰富的科教资源对外宣传好，把这些优势讲够讲透，让外界充分领略长清的独特魅力。三是长清的环境要宣传好。要大力宣传长清的发展环境正在不断优化，大力宣传客商在长清创业成功的典型，不断增强长清投资环境的吸引力、影响力，让更多的人了解长清、走进长清、青睐长清、投资长清。

三、奋力书写“三年大变样”的亮丽答卷

“三年大变样”的战鼓已经擂响，序幕已经拉开，要确保如期实现各项目标任务关键就是靠干靠拼。全区各级各部门和广大党员干部要始终保持“干字当头、拼字当先”的精气神，以最大的决心、最强的担当、最实的举措，勇往直前、攻坚克难，一鼓作气、一拼到底，一步一个脚印书写长清“三年大变样”的亮丽答卷。

（一）实现“三年大变样”要切实提高政治站位。坚持把党的政治建设摆在首位，坚定不移把“两个维护”体现到实际行动中，落实到工作各个方面。一要体现在不断强化理论武装上。按照学懂弄通做实的要求，坚持用习近平新时代中国特色社会主义思想武装头脑指导实践推动工

作，学深悟透、融会贯通，内化于心、外化于行，切实把理论武装成果转化为推动发展的思路举措和工作成效。二要体现在严肃党内政治生活上。严格尊崇党章，严格执行新形势下党内政治生活若干准则，抓好“三会一课”、民主生活会、领导干部双重组织生活等制度落实，用好批评和自我批评这一锐利武器，真正形成清清爽爽的同志关系、规规矩矩的上下级关系，坚决抵制拉拉扯扯、吹吹拍拍等歪风邪气。三要体现在严守政治纪律规矩上。树牢“四个意识”，坚定“四个自信”，坚决做到“两个维护”“四个服从”，常温“防止七个有之”，常学“做到五个必须”，做严守政治纪律政治规矩的明白人。四要体现在坚决落实上级决策部署上。时时刻刻在思想上政治上行动上同以习近平总书记为核心的党中央保持高度一致，对党中央和省、市各项决策部署要态度坚决地落实、行动迅速地贯彻、言行一致地执行，确保上级精神在长清落地生根、开花结果。

（二）实现“三年大变样”要深入解放思想。把持续不断地解放思想作为推动高质量发展的先导工程，切切实实在思想深处来一场深刻的自我革命，以敢领风气之先推动“三年大变样”圆满实现。一是敢想，就是要拉高标杆、争创一流。市里重点项目观摩之后我们紧接着赴周边兄弟县区进行了考察学习，深切感受到我们还存在着不小的差距，全委会上我总结了三个方面的差距，成绩背后“境界的差距、目标的差距、效益的差距”，项目背后“质量的差距、规模的差距、速度的差距”，干部背后“思想的差距、能力的差距、作风的差距”。面对这些差距我们必须提升标杆、提高境界，在全市大格局中寻标对标、争先进位，坚持“凡是外地能办的，长清也能办；凡是外地能办好的，长清一定能办得更好”的原则，以更宽广的视野、更大的格局、更高的标准谋划推动发展。二是敢闯，就是要敢走新路、勇当先锋。坚决破除固步自封、安于现状、畏难发愁等消极思想，从守旧守成中解放出来，从政策依赖中解放出来，以敢为人先的闯劲和魄力，积极寻求体制机制创新，学会运用市场机制干事业，使用法治手段解难题，从改革创新中找出路，用新理念新思路新办法来克服困难、战胜困难。三是敢拼，就是要抢抓机遇、拼搏进取。一个地方的发展在紧要处往往只有关键几步，在重大发展机遇面前，谁见识早行动快走在了前面，谁就能抢占先机把握主动引领发展。长清现在面临着轨道交通1号线通车、大学城建设提升、黄河滩区迁建、新旧动能转换、全市办事效率全面提速五大机遇，抓住了才是良机，错失了就是“危机”。所以必须要抢抓用好这些机遇，先人一步、快人一拍，大胆谋划、大胆推进，以资源的整合优化把发展机遇转化为实际成效。四是敢创，就是要善于借鉴、敢于创新。习近平总书记强调惟创新者进，惟创新者强，惟创新者胜。我们这两年来一些工作之所以实现突破很大程度上就是积极创新的结果，这种创新精神必须继续大力发扬好，既要加强具有引领性首创性的创新，也要注重借鉴外地经验改造提升为我所用，力争在学习他人的基础上超越他人，成为新的标杆。

（三）实现“三年大变样”要狠抓工作落实。今年全区经济社会发展的目标任务和措施都非常明确，就是“1+684”和“五强化一实施”，全区上下要全面对标对表，明确责任分工，细化实施措施，科学有序推进，切实在抓好落实上下功夫。一要履职尽责抓落实。区委区政府与开发区、有关责任部门和10个街镇签订了年度任务责任书。责任书就是“军令状”，军中无戏言。各牵头单位、责任单位和发展主体要对照指标体系，对照“1+684”确定的各项工作任务，进一步细化措施、分解责任，落实到具体部门、具体岗位、具体责任人，确保每项工作都有人抓、有人管、有人负责。二要攻坚克难抓落实。把抓落实聚焦到突破体制机制弊端和突破人、财、物、地、规束缚上，聚焦到解决历史遗留问题、群众反映强烈问题上，全力以赴打好“八大攻坚战”，确保全面完成既定的目标任务。三要铆足干劲抓落实。能不能抓好落实拼的是精气神，关键要想干能干快干实干。想干就是要主动担责积极作为，在其位谋其政。能干就是能挑最重的担子，敢啃最硬的骨头。快干就是要有“开局就是决战、起步就是冲刺”的观念，立说立行，雷厉风行，盯紧节点，如期完成。实干就是要有“头拱地”的精神，撸起袖子加油干，出实招用实劲下实功。四要真督真查抓落实。进一步完善调度机制和督查机制，多到现场去，多见具体事，多听群众说，切实摸清实情，坚持问题导向，针对督查中发现的突出问题要杀“回马枪”，对没有按要求整改到位的及时启动问责程序，确保“1+684”各项工作任务保质保量有力推进。

（四）实现“三年大变样”要聚焦项目攻坚。再宏伟的发展目标没有项目的支撑也只是“空中楼阁”，“三年大变样”项目建设是核心，全区上下必须牢固树立“一切围绕项目转、一切围绕项目干”的理念，不断形成轰轰烈烈抓项目的强大阵势。一要全员出击引项目。好项目大项目永远都是稀缺资源，必须主动寻找主动争抢。要主动登门拜访世界500强、全国500强、央企国企、实力民企，集中力量引进一批投资规模大、科技含量高、市场前景好、带动能力强的重大高端产业项目。区级领导和各责任部门、街镇党政“一把手”都要亲自率队找项目跑项目谈项目，形成人人都是招商主体、个个都有招商责任、处处都是招商环境的浓厚氛围。二要千方百计上项目。好项目大项目争抢是前提，高效落地是关键。要发扬钉钉子精神，对看准的项目、签约的项目，一定要盯紧看牢，不能在关键时刻掉链子，不能让“煮熟的鸭子飞走了”。要加快建立腾笼换鸟、空间换地和扶优汰劣的清退机制、盘活机制，加大存量盘活和资源挖潜力度，为优质项目腾出用地空间和环境容量。三要一刻不松建项目。项目开工建设以后就要抢工期赶进度，不能“三天打鱼两天晒网”，不能“围而不建、建而不快”。要用目标倒逼责任，用时间倒逼进度，用督查倒逼落实，确保每一个重大项目都按进度计划顺利推进。各指挥部和牵头区级领导要深入项目一线抓协调抓督查抓调度，及时解决项目建设中遇到的难题，争取项目早建成早投产早见效。

（五）实现“三年大变样”要坚持创新驱动。围绕打造“四个高地”目标任务，加快推动经济发展质量变革、效率变革、动力变革，培育更加强劲的发展新动能。一要发挥企业主体作用。企业是创新的主体，要充分调动企业的积极性，建立健全技术创新的市场导向机制，鼓励支持企业、高校、院所建立创新联合体，以技术的群体性突破带动新兴产业集群的崛起。二要发挥平台推动作用。努力把大学科研成果转化服务中心、梦翔小镇、美客小镇、西部创新园、西联动力等平台真正打造成为科技要素的汇流池、科技投入的引力场、科技创新的策源地，推进高校科研成果在区内企业转化嫁接，推动更多科研成果在长清落地转化。三要发挥高校带动作用。将高校的学科链与企业的产业链有效衔接，支持高校在企业建立研发和成果转化基地，让高校重点实验室、工程技术研究中心等各类创新平台面向广大企业开放，鼓励高校教师领办创办经济实体，让广大师生的智力成果转化为长清发展的现实优势。四要发挥人才支撑作用。把人才工作放在战略位置，以求贤若渴的态度抓好招才引智工作，发挥好领军人才的带动作用，统筹抓好本土研发人才、管理人才、技能人才的培养工作，精准做好人才服务保障工作，使长清成为天下英才的寻梦圆梦之城。

（六）实现“三年大变样”要打造金牌环境。全力打造“最优营商环境”金字招牌，为实现“三年大变样”提供一流的环境保障。一要着力打造更加务实高效的政务环境。不断深化完善“一次办成”机制，继续抓好“一窗受理”“拿地即开工”“全链条”式审批服务工作，当好服务群众服务企业服务客商的“店小二”。二要着力打造更加规范有序的市场环境。不断推进社会诚信体系建设，坚持不懈地打击制售假冒伪劣产品、商业欺诈、坑蒙拐骗、偷税漏税等违法行为，构建有利于企业经营的营商环境。三要着力打造更加“亲”“清”的政商环境。既杜绝“亲”而不“清”、搞官商勾结，也要严厉打击“清”而不“亲”的为官不为、懒政怠政行为，以“双百行动”为抓手切实把优化服务质量作为营造优良营商环境的关键环节，对企业做到有求必应、无事不扰。四要着力打造更加宜居的城市环境。大力实施好美化绿化亮化净化硬化工程，让生态环境越来越优美，出行方式越来越便捷，基础设施越来越完善，人居环境越来越舒适，城市品质越来越有格调。

（七）实现“三年大变样”要广泛凝心聚力。三年大变样涉及方方面面，需要动员全区上下共同参与、合力攻坚。一要聚民心。牢牢把握正确舆论导向，做大做强主流思想舆论，深入推进习近平新时代中国特色社会主义思想宣传阐释，深化社会主义核心价值观宣传解读，让党的创新理论“飞入寻常百姓家”。二要强信心。围绕“三年大变样”总体部署，聚焦“1+684”“五强化一实施”和“三年活动”，充分发挥新媒体客户端平台作用，持续保持社会各界对长清的关注度和吸引力，多宣传以大项目推进大发展的赶超场面，多报道主要难题的破解、重点措施的落实、重要工作的推进，充分反映全区持续向好、加速向前的发展态势，焕发起干部群众的干事激情和决胜信心。三要暖人心。积极回应社会关切，走好网上群众路线，对群众反映的建设性意见及时采纳，对困难群众及时帮扶，关注关心群众切身利益问题，既解决实际问题又解决思想问题。四要筑同心。人大、政协、统战及工青妇等部门要始终站在发展全局的高度来谋划和推进工作，切实做到区委区政府的主战场放在哪里，工作重点就聚焦到哪里，通过“同心引领”不断夯实全区上下共同奋斗的思想基础。五要借外力。广泛调动方方面面的力量，引导社会力量、市场力量、群众力量积极参与到建设现代化山水魅力新城的发展实践中，积极争取外部支持，借助外力为长清加快发展增添新的动力和活力。

（八）实现“三年大变样”要强化作风建设。把加强作风建设作为推动“三年大变样”的“先手棋”，以“四个强化”巩固和提升作风建设新成效。一要坚持在率先垂范上再强化。继续强化领导干部和领导班子在作风建设中的带头作用，坚持以身作则、率先垂范，带头发扬“十种作风”，时时处处用高于群众的标准衡量自己，用严于群众的要求规范自己。二要坚持在宗旨意识上再强化。以人民满意为最高标准，从人民群众期待的方面做起，从人民群众不满意的地方改起，向着人民群众满意的目标努力，不断转变工作作风，有效解决群众身边的不正之风和各类腐败问题。三要坚持在真抓实干上再强化。时刻须保持奋发有为的精神状态，真正把心思放在干事创业抓好工作落细落实上，把区委区政府的决策部署落实到工作的每一个具体环节中，把困难和问题解决在改革发展的第一时间和项目建设的第一现场，身入心入研究问题，扑下身子解决难题。四要坚持在制度机制上再强化。继续完善抓早抓小机制，针对干部作风建设中的重点、难点和热点问题，不断完善作风建设制度体系，把思想教育的“软约束”与制度规范的“硬杠杠”结合起来，真正实现抓长抓细抓常。

（九）实现“三年大变样”要深化正风肃纪。把端正党风、严明党纪作为管党治党的重要责任，在“治未病”上积极作为，在防止不正之风上下更大气力，以良好的党风政风行风赢得发展的主动权。重点是坚持“三个从严”：一是执纪问责从严。严格落实“两个责任”，认真学习贯彻“一准则两条例”，始终坚持把纪律和规矩挺在前面，运用好监督执纪“四种形态”，抓好“纪监前哨”试点工作，始终坚持无禁区、全覆盖、零容忍，严肃查处党员干部违纪违规违法行为，切实形成“不敢腐、不能腐、不想腐”的长效机制。二是权力管控从严。围绕“三重一大”，进一步规范各项权力运行的体制机制，进一步健全完善重大事项决策机制，建立健全权力运行过程化监督机制，重点管住“一把手”及关键岗位，把权力关进制度的“笼子”，做到用制度管权管事管人。三是日常监督从严。注重日常行为的制度规范，从严规范上下班行为、日常接待行为、办事处事行为，注重八小时之外行为的制度规范，着力净化党员干部特别是党员领导干部的“生活圈”和“朋友圈”。

（十）实现“三年大变样”要突出党建引领。紧紧围绕新时代党的政治路线和组织路线，狠抓全面从严治党责任落实，推动全面从严治党向纵深发展、向基层延伸，为全区经济社会发展提供坚强组织保障。一是在落实落细管党治党责任上持续加力。要知责明责，把党委主体责任、纪委监督责任、党委（党组）书记第一责任、班子成员“一岗双责”统一联动起来，全面实行党委（党组）抓党的建设责任清单、抓组织工作责任清单制度，着力构建横向到边、纵向到底的责任体系。二是在提升领导班子能力素质上持续加力。着眼于增强各级领导班子整体功能、发挥好领导干部表率作用，全面加强领导班子建设着力解决能力不足、“本领恐慌”问题，不断加强实践锻炼，优化知识结构，提高专业能力和决策水平。三是在激励党员干部担当作为上持续加力。始终坚持好干部标准，突出事业为上、以事择人，大力选拔敢于负责、勇于担当、实绩突出的干部，尤其是在关键时刻、重大任务面前豁得出来、冲得上去的干部，切实把那些想干事、能干事、干成事的好干部选出来、用起来。四是在加强党的基层组织建设上持续加力。以“六抓”为引领，以“十有”为标准，把每条战线、每个领域、每个单位、每个环节的党建工作抓具体、抓深入，推动农村基层党建、城市基层党建、机关党建、“两新”组织党建全面提升、全面过硬，把党建优势转化为发展优势，把党建成果转化为发展成果。

同志们，“三年大变样”的号角已经吹响，我们都是奔跑者，我们都是追梦人。让我们更加紧密地团结在以习近平同志为核心的党中央周围，高举习近平新时代中国特色社会主义思想伟大旗帜，加快建设美丽富强文明幸福的现代化山水魅力新城，确保“三年大变样”任务目标圆满实现，为打造“四个中心”、建设“大强美富通”现代化国际大都市作出新的贡献！用新的成绩为建国70周年献礼！最后祝同志们在新的一年里工作顺利，身体健康，阖家幸福，万事如意！谢谢大家！

政府工作报告

——2019 年 1 月 19 日在济南市长清区第十七届人民代表大会第三次会议上

长清区人民政府区长　赵居安

各位代表：

现在，我代表区人民政府向大会报告工作，请予审议，并请各位政协委员和其他列席同志提出意见。

一、2018 年工作回顾

刚刚过去的一年，是我们值得回忆、值得总结的一年；也是我们解放思想，快干实干的一年；更是我们抢抓机遇，实现突破的一年。一年来，在市委、市政府和区委的坚强领导下，在区人大、区政协的监督支持下，我们脚踏实地，雷厉风行，直面问题，勇于担当，克服了一个又一个的困难、完成了一项又一项的任务、解决了一个又一个的难题、实现了一个又一个多年来未能实现的梦想。一年来，道路交通建设捷报频传，民生保障再创辉煌，基础教育再上台阶，社会大局持续稳定，公共服务领域改革开启破冰之旅，全区经济持续快速发展。预计全年实现生产总值 360 亿元，增长 8.4%，增幅创四年新高；一般公共预算收入完成 23.5 亿元，增长 15.4%，增幅居全市第四；固定资产投资增长 19%，增幅居全市前列；城镇和农村居民人均可支配收入分别达到 39214 元和 17820 元，分别增长 8.2% 和 8.7%，继续位居全市前列。

一年来的工作，让我们看到了全区上下解放思想，谋推铸干的精神状态；让我们看到了“一家人、一盘棋、一件事”理念的不断深入；让我们看到了求真务实，苦干实干的工作作风；让我们看到了百舸争流，千帆竞发的生动局面；让我们看到了比学赶超，你追我赶的竞争场面；让我们坚定了忠诚担当，加快发展的信心和决心；让我们充满了对繁华时尚、人文荟萃秀美长清的憧憬和期待。

（一）综合实力稳步提升

工业经济提升了效益。实现规模以上工业增加值 43.4 亿元，增长 9%，工业利税增幅居全市首位。规模以上工业企业达到 203 家，纳税过亿元企业达到 5 家。实现进出口总额 8.5 亿元，增长 10%。新增省级以上研发机构 4 家、高新技术企业 14 家，高新技术产值比重达到 38.4%。捷迈锻压机械术语成为国家标准，奥图获评全省“隐形冠军”，宏达入选全省新旧动能转换重大项目。长兴集团晋升国家特级资质，我区特级资质企业达到 3 家，4 家建筑产业化企业获评国家级生产基地，建筑业总产值达到 220 亿元。

现代农业创出了品牌。编制了现代农业三年发展规划，整合涉农资金，突出项目带动，粮食总产达到 24.8 万吨。依托 52 家农业园区、850 家农民合作社、168 家农业龙头企业、327 家家庭农场和 216 个“三品一标”特色农产品，进一步促进了现代农业提质增效。实施 15 座水库塘坝维修整治，新增高标准农田 1.8 万亩、水肥一体化 1.3 万亩。长清寿茶入选全市十大特色农业品牌，获评全省农产品质量安全示范县，农村集体产权制度改革基本完成。两个全国性的农业现场观摩会在我区召开，得到了全国各地农业专家的一致好评。

第三产业扩大了规模。实现社会消费品零售总额 165 亿元，增长 9.2%。全年接待游客 865

万人次，实现旅游总收入84.7亿元，分别增长15.4%和15.1%，齐鲁八号风情路入选全国100条乡村旅游精品线路。新引进重汽长久物流、山水物流港等现代物流企业。大学城崛起首座亿元楼，济南西部创新园纳税2.6亿元，新增银行金融机构1家，全区各项存贷款余额达到419亿元和206亿元，分别增长22.1%和20.4%。

（二）发展动能加速聚集

双招双引引来了高端时尚。出台鼓励投资促进发展的政策措施，举办北京招商推介会和儒商大会长清恳谈会等系列招商活动，引进圣丰军民融合、金港赛车等重大项目75个，总投资额1000亿元。实际到账外资实现三年新突破，增幅居全市首位。加快产学研融合发展，选拔23名高校优秀人才到街镇、企业挂职，58项高校科研成果实现就地转化利用。

项目建设建出了长清品质。全年实施重点项目90个，完成投入171.8亿元，其中13个市级重点项目完成投入111.3亿元。5.8万平方米的“四馆”建设、投资1.3亿元的全民健身中心、济广高速大学城互通立交以及济南环科园焚烧发电、韵达物流等一批重点项目开工建设，华谊兄弟老济南街、北辰新能源、大众传媒、凯瑞餐饮等项目主体完工，为全区经济发展提供了新的动力。

盘活要素盘出了发展空间。长清全域发展规划和大学城总体规划基本完成，各类规划配套完善，有序衔接，为产业布局、项目实施奠定了基础。强化耕地占补平衡、增减挂钩、清理低效闲置用地，新增供地2860亩。启动实施归德产业新城等PPP项目。新增实体经济企业银行融资28亿元，增长34.6%。改造提升经济开发区和大学城基础设施，大学科研成果转化服务中心投入使用，园区承载能力进一步增强。

（三）城乡建设统筹发展

滩区迁建进展顺利。按照“政府主导、群众自愿、市场运作、街镇主体、村居参与、封闭运行”的思路，设立融资平台，着力破解政策、资金难题，加快黄河滩区迁建工作，200万平方米的安置房建设全面开工，23公里的护城堤、51个旧村台、102公里的撤退道路即将开工。坚持创新思维、整体运作，社区基础设施引入社会资本，专业团队运营，缓解了资金压力，提升了管理水平。

拆违拆临纵深发展。全年拆除违建5608处、380万平方米，完成建绿透绿5.3万平方米。14万平方米全市最大的单体违建再生棉市场被彻底拆除，得到了社会各界的高度认可。1164块、4.4万平方米的楼顶标识和牌匾在全市率先清零。

棚改旧改再创佳绩。全年拆迁3274户、拆除107万平方米、新开工安置房5144套，分别占计划的230%、153%和124%，全市考核名列前茅。东王、东北关安置房主体完工，王宿、高垣墙安置房加快推进，2.5万群众的安居梦想即将实现。

宜业宜居魅力凸显。深入开展城市提升“十大行动”，完成16个老旧小区、23条背街小巷、4处街头公园、236处“三高”沿线整治提升，新增集中供热30万平方米、天然气入户9000家、裸土覆绿59.5万平方米，规范整顿占道经营、车辆停放，清运生活垃圾18万吨。高压线迁改积极推进、垃圾中转站开工建设、存在近20年的清河街劳务市场即将搬迁。城乡供水、公交一体化取得实质进展，困扰多年的银座奥森股权债权纠纷圆满解决，开启了长清公共基础设施融入中心城区的破冰之旅。园博园免费开放，文昌山公园建设、北大沙河综合治理即将完成，山清水秀、风景优美已成为长清的真实写照。

（四）环境建设彰显魅力

生态环境更优。重拳整治环境违法行为，中央环保督察“回头看”和省、部环保督察155件信访件全部按期办结。建成8个环境空气质量自动监测子站和118个监测微站，PM2.5、PM10平均浓度分别下降13.8%、5.7%，完成气电代煤4961户，空气良好天数增加20天。投资3600万元实施护城河清淤整治，困扰居民多年的黑臭水体得到有效根治。划定生态保护红线133.4平方公里，绿化造林6000亩，北大山郊野公园建设完成，全区大气和水环境质量始终保持全市前列。

营商环境更好。全力打造服务质量优、审批事项少、办事效率高的营商环境，成立行政审批服务局，推行“一窗受理、集成服务、限时办结”。新政务服务中心投入使用，48个部门、186项审批事项集中进驻。推进“一次办成”改革，向经济开发区下放44项区级审批权力，梳理确定“零跑腿”事项60项、“只跑一次”1125项、“你不用跑我来跑”384项。全年新增市场主体1.2万家，创新创业活力不断增强。

交通环境更畅。黄河大桥、105省道建成通车，长清成为黄河两岸三地的“桥头堡”，特别是轨道交通1号线的通车，加快了长清融入全国先进城市、拥抱世界的步伐。郑济高铁开工在即，大学路东延纳入全市路网规划，220国道拓宽改造即将启动。中川街改造、五峰路南段、牛山路建成通车，莲台山路南段主体完工，总长324公里的农村公路网化工程全面完成，构筑了长清互联互通、四通八达的综合交通网络。

乡村环境更美。完成100个省级美丽乡村达标村建设，马套村入选首批全省美丽村居建设试点村。深入推进村居环境综合整治，实施城乡环卫一体化市场化运作，加大投入力度，强化督导考核，清理农村“三大堆”5万余立方米、垃圾2万余立方米，完成农厕改造1.48万户，乡村面貌有了很大改观。

（五）社会事业全面进步

脱贫攻坚成效显著。推行贫困户医疗救助“一站式”结算，完成危房改造366处，实施产业扶贫项目47个，巩固提升119个贫困村、4705户贫困户、9220名贫困人口的脱贫成效，现行标准下建档立卡贫困户脱贫任务基本完成。我区代表济南市接受了全省的脱贫攻坚考核，得到了充分肯定。

民生保障不断加强。加大财政投入力度，民生和社会事业支出占财政支出的比重达到89%。新增城镇就业2979人、农村劳动力转移就业8415人。扎实推进省级养老服务创新实验区建设，全国首创“二维码”服务模式。新建养老服务设施28处，区级社会福利中心开工建设，养老服务体系更加健全。

教育事业突破发展。12年一贯制132班的大学城实验学校建成招生，成功引入华东师大入驻长清，开创了长清教育走出济南、面向全国的新纪元，优质教育将成为长清的又一张亮丽名片。制定实施中心城区基础教育设施三年计划，投资8.1亿元，新建提升中小学幼儿园10所，新增学位8870个。特色化、集团化、高端化的办学提升了长清教育质量，高考本科上线率提高4个百分点。

文卫事业健康发展。投资5000多万元，全市规模最大、形式最新、内容最丰富的大峰山党性教育基地建成开馆，成为传播红色文化、开展党性教育的红色圣地。新建文化馆、图书馆分馆10处，文化遗产保护成效显著，基层综合文化服务中心基本实现全覆盖，被表彰为全省文化强省建设先进区。三甲医院一期主体竣工、二期即将开工，新建改造12处农村卫生室，市精神卫生中心项目正式落户。基本公共卫生服务项目考核居全市前列，医养结合示范先行区创建扎实推进。

扫黑除恶强力推进。坚持有黑扫黑、无黑除恶、无恶打霸、无霸治痞，强化组织领导、健全工作机制、深入宣传发动、深化线索摸排、加强基层建设，开展扫黑除恶专项斗争“六进”活动，成功破获全省首个“套路贷”犯罪集团，抓获九类犯罪嫌疑人207人，打掉恶势力犯罪集团、团伙4个，为巩固基层政权，确保顺利实现“两个一百年”目标奠定了坚实基础。

社会大局和谐稳定。始终坚持以人为本的工作理念，积极化解各类社会矛盾，妥善处理历史遗留问题，为经济社会发展创造了良好的外部环境，受到了国务院领导的高度赞扬。投资2700

多万元，建设了高标准的政法维稳综治中心。健全完善四级网格化管理，化解信访积案126件，全力做好涉军群体稳定工作，连续两年实现“零非访”，圆满完成全国“两会”“上合青岛峰会”等重大节会期间的安保维稳任务。落实安全生产责任制，扎实开展安全生产隐患排查整治，不断提升公共安全消防水平，安全生产形势持续稳定。双拥模范城创建实现“三连冠”，经济普查工作扎实推进，顺利通过全省标准化建设一级电视台验收。外事侨务、民族宗教、行管、档案、气象、残联、供销、老龄等工作也都取得了新的进步。

（六）自身建设卓有成效

法治建设不断加强。制定出台加强法治政府建设实施意见、重大决策程序暂行规定，完成综合行政执法改革，政府公职律师工作在全省率先开展。自觉接受人大法律监督、工作监督和政协民主监督，办结人大代表建议146件、政协委员提案174件，满意或基本满意率达到100%。

作风建设持续深化。制定出台加强区政府党组建设的4个文件，深入开展“大学习、大调研、大改进”活动，把工作重点放在调查研究、狠抓落实上，塑造了雷厉风行，快干实干的政府形象。深入企业做好帮扶工作，“双百工程”深入实施。办理12345市民服务热线9.7万件，群众满意率达到90%以上。

廉政建设推向深入。强化公共资源监管，公共资源交易中心开标项目676个，节约资金12.9亿元。完成28个政府投资项目和17个经济责任项目审计，政府重大投资项目实现审计监督全覆盖。强化财税征管，严格预算执行，创新融资模式，财政税收保障更加有力。持之以恒纠正“四风”，查处违反中央八项规定精神问题31起、侵害群众利益不正之风和腐败问题136起，政府系统全面从严治党的要求深入落实。

各位代表，回顾过去一年的工作，我们深刻体会到，做好政府工作，必须要有高度，要以习近平新时代中国特色社会主义思想为引领，按照省、市党委、政府和区委的要求，提高站位，提升标杆，以更高的目标要求推动经济高质量发展；必须要有温度，要牢固树立以人民为中心的发展思想，想群众所想、急群众所急、办群众所需，让发展成果更多更公平惠及广大群众；必须要有广度，要紧跟时代步伐，适应新时代的瞬息万变，解放思想，更新观念，善于学习、接纳、运用新思路、新观点、新方法，拿来主义、批判吸收，为我所用，只有这样我们才能弯道超车、迎头赶上；必须要有态度，端正的态度是做好工作的前提和基础，困难面前，我们不能怨天尤人、畏缩不前、束手无策，要集思广益、勤思善学，千方百计找到解决问题的思路和办法，真正做到想干事、能干事、干成事；必须要有力度，要以专业的思维、市场的办法、担当的精神、不懈的韧劲，解决发展中的困难和问题，做到干一件、成一件，久久为功、善作善成；必须要有速度，要以“一万年太久，只争朝夕”的紧迫感和责任感，倒排工期，挂图作战，雷厉风行，快干实干，干出工作的加速度。

各位代表，一年来成绩的取得，是市委、市政府和区委坚强领导、科学决策的结果，是区人大、区政协有效监督、全力支持的结果，是全区人民同心同德、苦干实干的结果。在此，我代表区人民政府，向各位代表、各位委员，向驻区部队和武警官兵以及所有关心支持长清发展的社会各界人士，表示崇高的敬意和衷心的感谢！

成绩固然可喜，现实更需清醒。我们深知，在前进的道路上，我们依然面临着不少困难和问题。主要是：经济总量依然偏小，财政保障力不强；主导产业不突出，高质量发展的支撑力不足；科技资源、旅游资源、生态环境优势发挥不够，规模效应和集聚效应发挥力不够；城市基础设施配套不足、社会保障、民生供给还有短板，满足人民群众对美好生活的供应力不足；干部队伍的眼界不够宽、作风不够实、专业不够精，加速发展的执行力不够强等问题的存在依然制约着我们的发展。对此，我们将采取有效措施，认真加以解决。

二、2019年工作安排

2019年是新中国成立70周年，是全面建成小康社会的关键之年，做好经济工作至关重要。

2019年全区经济社会发展的总体要求是：坚定不移地用习近平新时代中国特色社会主义思想统揽全局，深入贯彻党的十九大精神和习近平总书记视察山东重要讲话、重要指示批示精神，坚持稳中求进工作总基调，坚持新发展理念，坚持推动高质量发展，坚持以供给侧结构性改革为主线，坚持深化市场化改革、扩大高水平开放，紧紧围绕市委“建设大强美富通现代化国际大都市”总体目标，全面对标全市“1+474”工作体系，按照“1+684”总体思路，以“五强化一实施”为抓手，加快建设现代化山水魅力新城，努力实现“三年大变样”奋斗目标，奋力谱写“五年大跨越”新篇章。

主要预期目标是：生产总值增长8.4%，一般公共预算收入增长10%，固定资产投资增长17.5%，规模以上工业增加值增长11%，社会消费品零售总额增长12%，进出口总额增长7%，实际到账外资增长5%，城镇和农村居民人均可支配收入分别增长7.5%以上和8%以上。重点做好以下工作：

（一）在实体经济上实现新突破

强力推进转型升级。一是坚持存量变革，改造提升传统产业。推进传统产业与云计算、大数据、物联网、人工智能等信息技术对接融合。充分发挥重汽、山水、济柴、西变、沃德、佳宝、国舜、宏达、北辰等龙头企业的带动作用，积极推进企业在组织架构上、产品上、设备上、市场上转型升级，实现腾笼换鸟，凤凰涅槃。抓好山水高端建材产业园、归德产业园建设，年内完成“企业上云”100家。二是坚持增量崛起，培育壮大新兴产业。针对一些市场前景好、附加值高、产业链条长的企业，加大扶持和服务力度，拉长产业链、做大产业链，形成规模效应和集聚效应。抓好宏达深冷容器开发、重汽国六技改和长兴、汇富住宅产业园建设。三是坚持总量提升，扩大产业规模。积极推进个转企、小升规、培骨干、育龙头，年内新增规模以上企业8家，力争产值过亿元的企业达到35家，过30亿元的5家，工业产值达到220亿元以上，真正实现老树发新枝、新树吐绿芽，加快全区工业经济跨越发展的进程。

强力推进创新驱动。发挥大学城12所高校、20万师生的人才智力优势，促进创新与产业融合、研发与需求对接、高校与企业互动，打造创新高地、创业高地、科技高地、人才高地。强化产学研融合，充分发挥好大学科技成果转化服务中心、梦翔小镇、西部创新园的资源优势，全力支持其做大做强。加快双创产业平台建设步伐，做好双创大道的整体规划、产业定位，并加大双招双引的力度，打造创新创业的新景观。抓好齐鲁工大产教融合和女子学院、交通学院、劳技学院实训中心项目建设。通过政府搭台、企业唱戏，定期组织国内外高校科技成果转化推介会，力争使长清成为全省乃至全国科技成果转化交易中心。

强力推进民营经济。认真落实国家减税降费政策和省支持民营经济高质量发展35条，进一步放宽市场准入，制定优惠政策，鼓励支持民营经济做大做强，搭建金融机构与企业沟通交流平台，切实解决其融资难、融资贵的问题。同时，在政策解读、产品推介、市场营销等方面给予全方位的服务，全力打造民营经济发展的沃土。

（二）在乡村振兴上实现新突破

提升产业实力。落实现代农业三年发展规划，大力发展高产粮食、绿色蔬菜、优质畜禽、生态林果、现代苗木等优势产业，持续打造长清茶、中药材、小杂粮、油菜花、蒲公英等特色产业，形成现代农业的龙头企业。发挥好龙头企业的带动、示范、影响作用，拉长种养加产业链条，补齐农产品深加工短板，增加现代农业的附加值，促进一二三产融合发展。

提升组织活力。推动土地入股、土地流转、

土地托管等适度规模经营，积极培育农业龙头企业、农民合作社、家庭农场等新型农业经营主体。大力培育新型职业农民，在全面完成农村集体产权制度改革的基础上，管好、用好、经营好农村集体财产，发展壮大集体经济。

提升保障能力。实施14座塘坝隐患治理和农村饮水两年攻坚行动，建设高标准农田1.6万亩，加强农业生产装备和科技推广应用，提高规模化、机械化、科技化水平，保障农业综合生产能力。落实粮食安全责任制，确保粮食生产稳定。全面做好防汛抗旱、护林防火、疫情防控工作。

提升乡村魅力。全力提升5条美丽乡村精品线路，抓好文昌西李、孝里岚峪等12个乡村振兴齐鲁样板村建设，达标村覆盖率提高到30%以上。深入开展农村人居环境村庄清洁行动，按照“政府主导、多方参与，村为单位、农民主体，教育引导、以奖代补”的原则，以清洁村庄助力乡村振兴为主题，以影响人居环境的突出问题为重点，着力解决农村“脏乱差”的问题，实现村内杂物堆放整齐有序、房前屋后干净整洁、村容村貌明显提升、村规民约普遍形成，为广大群众创造更好更优的生产生活环境。

（三）在第三产业上实现新突破

大力发展文化旅游业。一是做优景区。不断完善灵岩寺、五峰山、园博园等景区功能，发挥好大峰山党性教育基地红色品牌的资源优势，确保济西湿地“五一”正式开园，推动华谊兄弟老济南街尽快开街。二是做精线路。不断深化名胜古迹游、生态观光游、亲子研学游、美丽乡村游、红色记忆游、休闲度假游等精品线路。加快与市文旅集团合作，把齐鲁八号风情路打造成全国知名、全省一流的乡村振兴齐鲁样板。三是做大宣传。密切与新闻媒体、专业平台合作，策划系列旅游活动，不断提高长清旅游知名度和影响力。四是做活机制。以区文旅公司为平台，市场运作、专业运营、外引内联、加快发展，不断提升全区旅游综合实力，积极创建国家全域旅游示范区。

积极发展商贸流通业。启动东王城中村商业综合体建设，着力促进商业优化升级。规范管理农村集贸市场，大力发展农村电商，增强商贸业发展活力。以韵达物流、长久物流、山水物流等项目为依托，推进物流业集约化、智能化、标准化发展，打造省会西部区域性物流枢纽。

加快发展现代金融业。强化金融服务实体经济导向，重视金融、研究金融、搞活金融，深化政银企合作。推动企业加快对接多层次资本市场，让金融活水更好流向实体经济，争取新增挂牌企业2家。加大金融机构招引力度，积极推进蚂蚁金服普惠金融项目，力争威海银行正式营业。

（四）在项目引建上实现新突破

狠抓双招双引。一是方向上精准。立足全区资源优势和产业基础，围绕智能制造、节能环保、文化旅游、医疗康养等10强产业，着力引进一批世界500强、国内500强、过百亿元的大项目好项目，全年力争签约引进不低于50个过亿元项目。二是方式上多元。以科学的规划引领招商、以良好的环境促进招商、以领导的带头重视招商、以专业的队伍组织招商，以优惠的政策激励招商、以完善的载体吸引招商、以有力的督导强化招商，确保市外招商引资增长15%以上。三是战略上统筹。牢固树立“服务本地企业也是招商引资”的理念，招新商不忘旧资，眼睛向外招商引资、招大引强，眼睛向内亲商留资、以商招商、以商引商，深入挖掘本地企业发展潜力，拓展发展空间，促进企业做大做强。同时，深入推进招才引智，科学编制人才智力发展规划，建立完善政策制度保障体系，加大资金投入力度，落实工作责任，实施高层次人才集聚计划，吸引凝聚一批高层次创新创业人才。

狠抓项目建设。今年全区安排重点项目100个，计划总投资886亿元，当年计划投资186亿元；其中市重点项目10个，计划总投资229亿元，当年计划投资79.3亿元。一是狠抓推进。按照目标要求和时间节点，提前谋划上下半年重点项目集中开工活动，倒排工期，挂图作战，集中调度，定期通报，做到“时辰可拖、日期不可拖”，促使项目早落地、早开工、早见效。二是狠抓保障。强化领导包挂、项目帮办、绿色通道、并联审批等机制，做好土地、资金、技术等要素保障，确保金港赛车、圣丰军民融合、归德产业新城、东王商业综合体等重点项目按期开工建设。三是狠抓储备。做好可行性研究，建立科学完备、动态调整、梯次推进的项目库。加大协调力度，争取更多的资金用于发展，更多的政策支持发展。

狠抓园区载体。经济开发区要对标国家级开发区标准，加大园区道路和水电气暖等基础设施建设，加快核心区孵化器、新动能科创园、济南智造港等项目推进，向“产城融合、创新驱动、复合经营”的新型园区转变。大学城要围绕山水知识城、创新创业谷定位，发挥科创、生态与人文资源禀赋，推动校校联合、校企联合、校城联合，着力发展大学经济、轨道经济、数字经济、总部经济，打造生活宜居、生产集约、生态优美的现代化新城区。街镇园区要加大投入，同步推进项目建设和基础设施配套，打造产业突出、配套完善的特色园区。

狠抓营商环境。深化“放管服”改革，进一步优化流程、提高效率，让群众花最少的时间、跑最少的路、交最少的材料、找最少的部门，一次办好审批服务事项。深化“一次办成”改革，发挥行政审批服务局职能作用，全面推行一个机构管政务、一枚印章管审批。深化政务信息公开，让数据多跑路、让群众少跑腿。构建亲清新型政商关系，增强服务意识，做到换位思考、主动服务、有求必应、无需不扰。

狠抓资源挖潜。加大闲置土地、闲置厂房、闲置资产、闲置资金、闲置资源的挖潜力度，对那些低产低能、破产闲置的企业、厂房、楼宇以及批而未用的土地，严格按照有关规定加大处置力度，建立清退机制和盘活机制，按程序重新出让或者大力推动二次招商，最大限度地发挥每一寸土地和每一处资源的经济效益和社会效益。

（五）在城乡建设上实现新突破

强化规划引领。全面推进“多规合一”，贯彻实施全域发展规划和大学城总体规划，加强专项规划、片区规划、城市设计和重点项目规划编制，完善规划体系，一张蓝图干到底。

抓好道路建设。全面做好220国道拓宽改造工作，争取5月份开工建设，积极推进济广高速大学城互通立交工程，主动做好郑济高铁长清段建设各项工作。高标准实施好黄河滩区撤退道路建设。加快小柿子园及海子洼片区市政道路建设，确保莲台山路南段、金牛街建成通车。

统筹城乡建设。抓好征收拆迁，完成拆迁房屋609套，拆除6.25万平方米。严把时间关、质量关、配套关，加快建设东王、东北关等6个设施齐全、功能完善、宜业宜居的回迁新区，让群众早日搬入新居。抓好黄河滩区迁建，年内确保安置房主体全部竣工，完成18个村搬迁、11个旧村台改造提升，同步做好基础设施建设、原有村庄拆迁、产业园区谋划工作，确保滩区群众迁得出、稳得住、可发展、能致富。积极推进保利、招商、雅居乐等项目，实现土地收益和城市品质双提升。

完善功能品质。对经十西路、凤凰路等城区主次干道进行绿化提升、夜景亮化和综合整治，实施路灯市场化节能改造。加强地下管线规划建设，与道路建设同步设计、同步施工、同步交付。积极争取城市道路、公共交通、市政设施纳入全市统一管理，尽快实现与中心城区融合发展。

精准管理城市。坚持用“绣花”的功夫管理城市，加强对违规经营、乱停乱放、餐饮油烟的整治，确保市容市貌、交通秩序明显改善。持续推进“三高”沿线环境综合整治，稳步推进生活垃圾分类试点，不断提升城乡环卫一体化水平。深入开展“无违建社区、无违建街镇”创建工作，建立网格监管、快速处置、责任追究、群众参与的良好机制，用三年左右的时间实现全区“无违建”。

（六）在生态环保上实现新突破

抓好综合防治。深入实施蓝天保卫战三年作战计划，从运动式、突击式、歼灭式向常态化、制度化、精细化转变，抓好建筑工地、渣土管理、道路扬尘、汽车尾气等专项整治，抓好秸秆禁烧和综合利用，让群众看到更多的蓝天白云、繁星闪烁。全面落实河长制，加强集中式饮用水水源地保护，实施污水处理厂提标改造和护城河污水管道迁移工程，持续优化水域环境。强化土壤污染管控和修复，加大农村面源污染整治力度。

抓好生态建设。实施北大山等山体绿化提升，广泛开展植树造林，新增造林1.1万亩。积极推进北大沙河综合整治，力争用2—3年的时间，把北大沙河打造成南连泰山、北接黄河的生态长廊。抓好设施农用地清理整治，强化砂石矿山监管，严禁私采盗采违规开采。

抓好绿色发展。落实最严格的环境保护制度，大力发展绿色经济、循环经济，推进建筑垃圾再生利用，促进资源节约高效使用。深入实施气电代煤改造，逐步实现城区集中供热或清洁能源供热全覆盖。

（七）在民生事业上实现新突破

坚决打赢脱贫攻坚战。坚持精准扶贫、精准脱贫基本方略，实施打赢脱贫攻坚战三年行动，着力抓好产业扶贫、就业扶贫、健康扶贫、教育扶贫，增强脱贫的内生动力，完善保障措施，巩固脱贫成果，兜底保障特困群体基本生活，确保全面小康路上不落一人。

建立更完善的保障体系。深入推进全民参保计划，促进社会保险扩面提标，不断加大特殊群体扶持救助力度。深化省级养老服务创新实验区建设，加快推进区级社会福利中心建设，新建养老服务设施18处，积极调动社会力量参与发展养老服务事业。扎实开展双拥共建活动。做好高校毕业生、退役军人和被征地农民等重点群体就业工作，新增城镇就业2700人，农村劳动力转移就业8000人。

办好人民更满意的教育。坚持开放办教育、创新办教育、依法办教育、务实办教育，以乡村教育振兴十大工程为抓手，全面实施中心城区基础教育设施三年计划，新建改建18所中小学幼儿园，增加学位1.1万个，实现义务教育优质均衡发展。

提供更优质的医疗服务。加快三甲医院二期建设进度，争取年内完成主体竣工。配合市卫健委加快市精神卫生中心项目推进，继续深化医联体建设，持续提升医疗服务能力，完成基层医疗卫生机构标准化建设任务，着力打造“15分钟健康服务圈”，让群众就医更加便利。

发展更丰富的文体事业。坚持文化事业和文化产业融合发展，提高文化惠民的实用性、参与度和满意率。加快推进“四馆”和全民健身中心建设，力争年内投入使用，抓好基层综合文化服务中心提档升级。广泛开展群众性文体活动，让城市充满活力。

坚决打赢扫黑除恶专项斗争。进一步提高政治站位，深化对扫黑除恶专项斗争重要性、必要性、长期性、复杂性、艰巨性、政治性的认识，深挖细查、精准打击、广泛宣传，推动专项斗争与项目建设相结合、与反腐倡廉相结合、与整治软弱涣散基层党组织相结合，确保将专项斗争持续推向深入。

营造更安全的社会环境。加强社会矛盾纠纷排查调处，加大信访积案化解力度。高度重视安全、宣传安全、检查安全、督导安全、奖惩安全，落实安全生产责任制，加强道路交通、公共消防、建筑施工、企业生产等领域排查监管，突出应急管理，确保安全生产形势持续稳定。抓好食品药品和农产品安全监管，确保群众舌尖上的安全。

三、全面加强政府自身建设

新的时代，新的任务，对政府工作提出了新的标准和新的要求。要顺应人民群众新期待，加快职能转变，提升履职能力，努力建设人民满意的政府。

（一）坚持党建引领。牢固树立“抓好党建是最大政绩”的理念，在加强政府系统党的建设上狠下功夫。坚持用习近平新时代中国特色社会主义思想武装头脑，树牢“四个意识”，坚定“四个自信”，坚决做到“两个维护”“四个服从”。严守党的政治纪律和政治规矩，令行禁止、不折不扣，确保上级各项决策部署落到实处。以提升组织力为重点，发挥基层党组织战斗堡垒作用和党员干部先锋模范作用。强化宗旨意识，加强作风建设，不忘初心、牢记使命，把以人民为中心的发展思想贯穿政府工作全过程。按照“既要政治过硬，也要本领高强”的要求，注重培养专业能力、专业精神，增强干部队伍适应新时代中国特色社会主义发展要求的本领和能力。

（二）坚持解放思想。思想是行动的先导。今年的工作中，我们要解放思想、提升境界、放大格局、拓宽思路，以思想的大解放推动长清的大发展。要在工作目标上解放思想，敢与先进对标，敢向优秀看齐，争取各项工作都争先进、创一流；要在工作标准上解放思想，跳出长清看长清，把长清放在全市、全省、全国的大局中去考量，做到视野宽、境界深、标准高；要在工作方法上解放思想，自觉学习借鉴外地先进经验做法，善于用市场的办法、法治的思维、法治的手段解决发展中的困难，遇事多说行、少说不行，工作多并联、少串联；要在工作落实上解放思想，科学确定目标的实现路径和进度安排，既各司其职、又密切配合，既循序渐进、又灵活高效，把思路变为出路，把方法变成做法，让梦想照进现实。

（三）坚持依法行政。严格遵守宪法法律，认真贯彻落实法治政府建设实施意见，充分发挥法律顾问作用，做好行政应诉、行政复议工作，规范公正文明执法，严格依照法定权限和程序正确履行政府职能。依法接受人大及其常委会法律监督和工作监督，自觉接受人民政协民主监督，主动接受社会和舆论监督，让权力在阳光下运行。深化政府机构改革，优化机构设置和职能配置，着力构建系统完备、科学规范、运行高效的职能体系，确保3月底前基本完成机构改革任务。

（四）坚持务实担当。大力弘扬雷厉风行，快干实干，马上就办，真抓实干的作风，以钉钉子精神和踏石留印、抓铁有痕的韧劲，落实目标任务、落实完成时限、落实工作责任、落实工作作风，一周一调度、一月一总结、一季一通报，切实解决抓落实的“最后一公里”问题。各级各部门要牢固树立“一家人、一盘棋、一件事”的理念，强化协调配合、强化责任担当、强化快干实干，推动各项工作落地生根、开花结果。

（五）坚持清正廉洁。保持政治定力，拧紧责任链条，推动政府系统全面从严治党向纵深发展。严肃党内政治生活，使广大干部心有所戒、行有所止，守住底线、不越红线、不碰高压线。坚决贯彻落实中央八项规定精神，驰而不息纠正“四风”，锲而不舍抓好作风建设。自觉接受监察监督、审计监督，抓好领导干部经济责任审计和自然资源资产离任审计。加强对财政预算、工程招投标、政府采购等关键环节的监管，严肃查处违纪违规行为，确保干部清正、政府清廉、政治清明。

各位代表，新的时代，孕育着新的希望；新的一年，面临着新的机遇。让我们紧密团结在以习近平同志为核心的党中央周围，在市委、市政府和区委的坚强领导下，解放思想，开拓创新，以坚如磐石的信心、只争朝夕的劲头、坚韧不拔的毅力，顽强拼搏，攻坚克难，为建设现代化山水魅力新城作出新的更大的贡献！以优异成绩向新中国成立70周年献礼！

大事记

2018 年济南市长清区大事记

1 月

3 日　全市民政工作现场会在长清区召开。济南市民政局党委书记、局长张洪武带领局领班子成员及各区县民政局局长等到长清区社会组织创新园、文昌街道华新社区养老服务中心进行观摩。长清区委书记王勤光，区委常委、区委办公室主任亓明，副区长梁艳玲参加活动。

4 日　济南市财政局副局长王宏伟到崮云湖街道调研。长清区委书记王勤光，济南经济开发区管委会主任袁长奎，区委常委、常务副区长董庆哲，区委常委、区委办公室主任亓明，区人大常委会副主任呼强等陪同调研。

5 日　山东省委常委、政法委书记林峰海到长清区政法综治中心、崮云湖街道、平安街道调研政法工作。济南市委常委、政法委书记秦传滨，长清区委书记王勤光，区委常委、政法委书记李成刚，济南市公安局长清区分局局长郑宏等参加活动。

2018 年 1 月 5 日，山东省委常委、政法委书记林峰海（前右二）到平安街道调研政法工作　（梁健　摄）

△　长清区委副书记、区长赵居安主持召开区政府第一次全体（扩大）会议。

△　长清区文昌山公园建设工程开工奠基仪式举行。长清区委书记王勤光，区委副书记、区长赵居安，区人大常委会主任刘延文，区政协主席张昭森等参加奠基仪式。

2018 年 1 月 5 日，长清区文昌山公园建设工程开工奠基仪式举行　（李煜琨　摄）

8 日　农业部农产品质量安全监管局副局长程金根带领督导工作组到长清区检查督导农产品质量安全专项整治工作。

13 日　文昌街道统计站被人力资源和社会保障部、国家统计局联合授予“全国统计系统先进集体”称号。

山东省济南市长清区文昌街道办事处统计站

全国统计系统先进集体

人力资源和社会保障部
国家统计局
二〇一七年十二月

文昌街道统计站被授予“全国统计系统先进集体”称号

15日—17日 中国人民政治协商会议济南市长清区第九届委员会第二次会议在区委会议厅召开。会议听取并审议区政协常务委员会工作报告和提案工作报告，听取并讨论区委书记王勤光重要讲话；列席区十七届人大二次会议，听取并讨论区委副书记、区长赵居安所作的政府工作报告及其他报告。会议增选区政协九届委员会常务委员会委员5名。

2018年1月15日，中国人民政治协商会议济南市长清区第九届委员会二次会议开幕（曹建民　摄）

16日—18日 济南市长清区第十七届人民代表大会第二次会议在区委会议厅召开。会议听取审议并通过长清区人民政府工作报告、长清区人大常委会工作报告、长清区人民法院工作报告和长清区人民检察院工作报告，审议批准长清区2017年国民经济和社会发展计划执行情况与2018年国民经济和社会发展计划草案、2017年财政预算执行情况和2018年财政预算草案的报告。大会选举刘广东为济南市长清区监察委员会主任。补选区十七届人大常委会委员5名。

2018年1月16日，济南市长清区第十七届人民代表大会第二次会议在区委会议厅召开

（王刚　摄）

17日 山东省社区治理暨养老服务创新实验区中期评估组到文昌街道视察社区治理和养老服务工作。

18日 在长清区第十七届人民代表大会第二次会议上，刘广东当选为济南市长清区监察委员会主任。区第十七届人民代表大会常务委员会第十次全体会议上，表决任命徐养军、张传军为济南市长清区监察委员会副主任，赵化军、刘承玲、王传家、张延正为济南市长清区监察委员会委员。

△　济南市长清区监察委员会挂牌成立。长清区委书记、区深化国家监察体制改革试点工作小组组长王勤光，区人大常委会主任刘延文，区委常委、区纪委书记、区监察委员会主任刘广东为济南市长清区监察委员会挂牌。

2018年1月18日，济南市长清区监察委员会挂牌成立（区纪委提供）

△　济南市副市长王京文带领市直相关部门负责人到文昌街道、孝里镇视察黄河滩区脱贫迁

2018年1月18日，济南市副市长王京文（前左二）到孝里镇视察黄河滩区脱贫迁建工作（周萍萍　摄）

建工作。长清区委书记王勤光，区委副书记、区长赵居安，区委常委、区委办公室主任亓明、副区长刘永亭等陪同。

19日 长清区委书记王勤光到济南经济开发区通发实业、中油济柴、庞大汽贸等企业调研。济南经济开发区管委会主任袁长奎，副主任张振河、刘兴刚等陪同调研。

△ 长清区委副书记、区长赵居安主持召开全区烟花爆竹禁放工作推进会。

21日 民革济南市长清区支部“民革义工”志愿者活动启动仪式在文昌街道华新社区居家养老服务中心举行。济南市委统战部副巡视员胡振宇，民革济南市委副主委、市检察院副院长衣光军，区政协主席张昭森，区委常委、区委统战部部长魏宏新，区政协副主席赵洁等参加启动仪式。

△ 刚果（金）民主共和国农业部农业机械化专家提哈卡拉到济南鑫源鑫机械制造有限公司考察出口刚果（金）500辆拖拉机项目。

22日 济南大峰山党性教育基地暨大峰山革命根据地纪念馆开工奠基仪式举行。长清区委书记王勤光，区委副书记、区长赵居安，区政协主席张昭森，济南经济开发区管委会主任袁长奎，区委副书记曹军等参加活动。

2018年1月22日，济南大峰山党性教育基地建设项目开工奠基仪式举行 （周萍萍 摄）

25日 济南市人大常委会副主任巩宪群到长清区调研乡村振兴战略实施情况。长清区人大常委会主任刘延文、区人大常委会副主任周杰、副区长梁艳玲等陪同。

2018年1月25日，济南市人大常委会副主任巩宪群（女）到归德街道山东鼎泰牧业有限公司调研乡村振兴战略实施情况 （韩帅 摄）

29日 长清区人民政府以《关于公布区级下放济南经济开发区管委会行政权力清单的通知》向济南经济开发区管委会下放行政权力44项。

30日 长清区政协主席张昭森、区政协副主席刘宝林到崮云湖街道走访慰问困难群众。

2月

3日 济南市长清区综合行政执法局、济南市长清区综合行政执法大队挂牌成立。长清区委书记王勤光，区委副书记区长赵居安参加挂牌活动。

2018年2月3日，济南市长清区综合行政执法局、济南市长清区综合行政执法大队挂牌成立 （区城管局提供）

5日 山东省纪委组织部长李震球、宣传部长李兴利到万德街道调研。长清区委书记王勤光，区委常委、区纪委书记、区监察委主任刘广东等陪同。

7日 济南市委副书记、市长王忠林，副市长孙斌等一行到文昌街道新周村、南小房村走访慰问老党员，并为他们送去慰问金、生活用品以及新春祝福。长清区委书记王勤光，区委副书记、区长赵居安等参加活动。

8日 全区城市综合管理暨拆违拆临总结部署会议召开。长清区委副书记、区长赵居安出席会议并作重要讲话。

2018年2月8日，全区城市综合管理暨拆违拆临工作总结部署会议召开　（区城管局提供）

11日 长清区人大常委会视察全区烟花爆竹禁放工作。区人大常委会主任刘延文、副主任卢云成等参加活动，副区长梁艳玲，济南市公安局长清区分局政委王纯阁等陪同视察。

2018年2月11日，长清区人大常委会视察全区烟花爆竹禁放工作　（李祖强　摄）

12日 济南经济开发区管委会启用审批专用章，实现“一枚印章管审批”。

13日 中国共产党济南市长清区第四届纪律检查委员会第四次全体会议召开。区委书记王勤光，区委副书记、区长赵居安等出席会议，区纪委委员和有关部门负责人参加会议。区委书记王勤光作重要讲话，会议审议通过区纪委书记刘广东代表区纪委常委会所作的《坚定不移推动全面从严治党向纵深发展 为现代化山水魅力新城建设提供政治保证》工作报告。

△ 济南市副市长李自军带领市督导组到长清区检查2017年度全面从严治党主体责任落实情况。

△ 长清区扫黑除恶专项斗争工作会议在长清第一中学礼堂召开。

2018年2月13日，长清区扫黑除恶专项斗争工作会议在长清第一中学礼堂召开　（张冰　摄）

14日 长清区委书记王勤光，区委副书记、区长赵居安分别走访慰问一线干部职工并视察春节期间安全生产工作。

20日 长清区委书记王勤光到平安街道城中村改造指挥部调研。

2018年2月20日，长清区委书记王勤光到平安街道城中村改造指挥部调研　（王静涵　摄）

21日　长清区四级干部会议暨“五项重点工作”推进大会召开。大会全面贯彻落实全市经济工作暨“四个中心”建设推进大会精神，总结回顾去年工作，安排部署今年任务。区委书记王勤光强调，全区干部群众要发扬好十种作风，以更加奋发有为的精神状态和更加扎实的工作作风，为全面实现建设现代化山水魅力新城“两年见成效”的奋斗目标团结努力。区委副书记、区长赵居安就2018年经济工作进行安排部署。

23日　长清区委书记王勤光，区委副书记、区长赵居安一行到文昌街道东王安置房建设现场、东北关安置房建设现场、和信综合体——峰山路沿街房拆除现场调研。

26日　济南西城置业有限公司以18亿元竞得长清区东王城中村改造一期地块开发用地，创长清区土地挂牌出让之最。

△　长清区委副书记、区长赵居安到归德街道调研黄河滩区迁建工作。副区长刘永亭、挂职副区长李轶锋等陪同。

27日　长清区委书记王勤光到万德街道视察森林防火工作。

2018年2月27日，长清区委书记王勤光到万德街道视察森林防火工作　（韩鲁雁　摄）

△　由长清区人力资源和社会保障局联合区扶贫办、区总工会、区妇联、区残联举办的长清区2018年“春风行动”第一场现场招聘会在区人社综合服务大厅楼前广场举行。

2018年2月27日，长清区2018年“春风行动”第一场现场招聘会举行　（区人社局提供）

△　全区经济运行工作责任机制部署会议在区人大会议厅召开。区委副书记、区长赵居安出席会议并作重要讲话。

全区经济运行工作责任机制部署会议（区统计局提供）

△　长清区红十字会第一时间完成遗体捐献志愿者李子泉老人遗体捐献接收程序，这是长清区红十字会实现的第一例遗体捐献。

28日　济南市委副秘书长、市农办主任郭志强到文昌街道调研美丽乡村精品示范线路建设工作。长清区委书记王勤光陪同调研。

3月

2日　“我们的中国梦”——2018年济南市公共文化走进新农村启动仪式暨冬春文化惠民系列活动走进长清区文艺演出在长清区清怡园广场举行。

3日　第十二届中国孝堂山孝文化旅游节暨

十大孝子表彰大会举行。

5日　济南经济开发区暨平安街道2018年城中村改造项目推进调度会召开。

6日　全区财税工作会议召开。

7日　水利部规计司副司长乔建华、国家发展和改革委员会农经司副处长苏治中、黄河水利委员会副主任赵勇等到长清区黄河滩区调研指导工作。济南市副市长王京文，长清区委副书记、区长赵居安，副区长刘永亭等陪同。

2018年3月7日，水利部规计司副司长乔建华（右二）、国家发展和改革委员会农经司副处长苏治中（右一）等到长清区黄河滩区调研指导工作　（刘童　摄）

△　济南市档案局局长孙世平到长清区调研档案馆新馆建设情况。长清区委书记王勤光，区委常委、区委办公室主任亓明陪同调研。

2018年3月7日，济南市档案局局长孙世平到长清区调研档案馆新馆建设情况　（区档案局提供）

8日　长清区人大常委会视察全区重点工程、重点项目。区人大常委会主任刘延文，副主任李本文、卢云成、周杰、呼强参加活动，区委常委、常务副区长董庆哲陪同视察。

2018年3月8日，长清区人大常委会视察全区重点工程、重点项目　（马莹　摄）

△　全区安全生产大会召开。长清区委副书记、区长赵居安出席大会并讲话。

△　长清区纪念“三八”国际劳动妇女节108周年暨妇女儿童工作会议在区委会议厅召开，全区400余人参加会议。长清区委书记王勤光作重要讲话，区委副书记、区长赵居安主持会议并对下一步妇女儿童工作提出意见，区委副书记曹军总结部署全区妇女儿童工作。大会对三八红旗手（标兵）、三八红旗集体、巾帼文明岗、巾帼文明标兵岗、优秀巾帼志愿者、优秀巾帼志愿服务队、长清区妇女儿童工作先进集体、妇女儿童工作先进个人进行表彰。

9日　中国澳门济南联谊会会长、中国澳门力通投资有限公司董事总经理欧润光，中国澳门山东省工商联会会长、中国澳门荣友投资有限公司董事长欧润荣，碧桂园江中区域经理李时续等到长清区考察“创新孵化产业园”项目选址情况。济南市政协副主席李好臣，长清区委书记王勤光，区政协主席张昭森等陪同。

2018年3月9日，中国澳门济南联谊会考察团到长清区考察　（杜慧娟　摄）

10日 2018年济南市新闻媒体走进长清植树增绿活动暨长清区全民义务植树活动在长清区马山镇举行。济南绿色生态保护促进会筹备组组长宋玉国，济南报业集团党委书记、董事长马利，长清区委书记王勤光，区委副书记、区长赵居安，区人大常委会主任刘延文，区政协主席张昭森等参加活动。

2018年3月10日，长清区委书记王勤光，区委副书记、区长赵居安参加全民义务植树活动（王峰 摄）

12日 山东省维稳办专职副主任王曙光带领省委第一专项督导组到文昌街道督导全国“两会”安保维稳工作。长清区委副书记、区长赵居安参加活动。

14日 长清区委书记王勤光到济南市公安局长清区分局看望慰问全国“两会”安保维稳专班和值班民警。区委副书记曹军，区委常委、办公室主任亓明，济南市公安局长清区分局局长郑宏等参加活动。

2018年3月14日，长清区委书记王勤光看望慰问全国两会安保维稳专班和值班民警（费聿凡 摄）

△ 共青团济南市长清区二届六次全委（扩大）会议在老年大学会议室召开。团区委书记焦玉燕向全会作《转变作风 快干实干 为实现两年见成效的奋斗目标贡献青春力量》的工作报告。

2018年3月14日，共青团济南市长清区二届六次全委（扩大）会议召开（杜鹏程 摄）

△ 全市林业科技下乡扶贫培训班在长清区万德街道举办。

2018年3月14日，全市林业科技下乡扶贫培训班在长清区万德街道举办（崔相印 摄）

15日 国家黄河水利委员会副总工程师李景宗带领调研组到文昌街道调研黄河滩区脱贫迁建工作。

△ 长清区委副书记、区长赵居安到马山镇泉城锦鲤文化小镇和国际慢城项目实地调研。

17日 济南市第十七届杏花节暨春季旅游启动仪式在山东天业莲台山度假村开幕。本届杏花节由济南市旅游发展委员会、济南市长清区人民政府主办，长清区张夏街道办事处、长清区文广新局（旅游局）共同承办，山东广播电视台、盛泉集团协办，由山东天业集团独家冠名。济南市政协原副主席王世敦，济南市旅游发展委员会主任郅良，长清区委书记王勤光，区委副书记、区长赵居安，区人大常委会主任刘延文，区委常委、宣传部长曲京鹏，区委常委、区委办公室主任亓明，区人大常委会副主任李本文，副区长刘永亭等出席开幕式。

2018 年 3 月 17 日，济南市第十七届杏花节暨春季旅游启动仪式在山东天业莲台山度假村开幕
（区旅游发展中心提供）

18 日 长清区 2018 年上半年重点项目集中开工仪式举行。

22 日 长清区妇女联合会联合区扶贫办、农办、文明办、住建委、文广新局、广播电视台、新闻信息中心在张夏街道金庄村举办“争创出彩人家 共建美丽乡村”现场推进会。

23 日 全区创建国家全域旅游示范区动员大会召开。

2018 年 3 月 23 日，全区创建国家全域旅游示范区动员大会召开　（区旅游发展中心提供）

△ 全区宣传思想工作会议召开。长清区委书记王勤光，区委副书记、区长赵居安等出席会议。

2018 年 3 月 23 日，全区宣传思想工作会议召开
（区委宣传部提供）

24 日 长清区 2018 年棚改拆迁工作动员会在平安街道举行，平安店、小刘庄、张桥、齐庄、北汝等 5 个村的城中村改造工作全面启动。

2018 年 3 月 24 日，长清区 2018 年棚改拆迁工作动员会在平安街道举行　（王静涵　摄）

26 日 文昌街道西李村被国家减灾委员会、民政部评为全国综合减灾示范社区。

文昌街道西李村被评为全国综合减灾示范社区

29日　全区组织工作会议召开。会议传达学习全国、全省、全市组织部长会议精神，总结2017年度全区组织工作，安排部署2018年度组织工作任务。

31日　马山桃花旅游文化节在马山文化广场开幕。

△　孝里镇黄河滩区脱贫迁建工程“孝兴家园”正式开工。

4月

1日　长清区委书记王勤光到平安街道、崮云湖街道调研裸土绿化及扬尘治理工作。区委常委、区委办公室主任亓明，副区长周波等陪同。

2日　俄罗斯克麦罗沃国立大学校长亚历山大Y·普罗塞科夫到梦翔小镇访问交流。

3日　以“大爱心声 新生永续”为主题的2018清明节捐献者追思祈福活动在长清区孝里镇山东福寿园举行。长清区委副书记、区长赵居安，挂职区委常委、副区长、红十字会会长葛永宏等参加活动。

2018年4月3日，以“大爱心声 新生永续”为主题的2018清明节捐献者追思祈福活动在长清区举行（房婧　摄）

△　全区农村工作暨扶贫开发工作会议召开。

4日　济南市纪委常务副书记、市监察委副主任赵玉海到万德街道调研基层作风建设工作。长清区委书记王勤光，区委常委、区纪委书记、区监察委主任刘广东等陪同。

5日　山东省人民政府森林防火与林业有害生物防控指挥部办公室副主任、山东省森林公安局局长刘得，济南市人民政府森林防火与林业有害生物防控指挥部副总指挥、济南市林业和城乡绿化局局长王国富带领省市联合督导检查组到长清区督导检查森林防火工作。长清区委书记王勤光，区委常委、区委办公室主任亓明，副区长刘永亭等陪同。

2018年4月5日，山东省人民政府森林防火与林业有害生物防控指挥部办公室副主任、山东省森林公安局局长刘得（前右二）到长清区督导检查森林防火工作（何长军　摄）

6日　全国课堂教学改革研讨会在长清区石麟小学举行。

2018年4月6日，全国课堂教学改革研讨会在长清区石麟小学举行（房超　摄）

7日　长清区委书记王勤光视察归德街道重点项目开工建设情况、北大沙河治理工程（城区段）进展情况。区委副书记曹军，区委常委、常务副区长董庆哲等陪同。

2018 年 4 月 7 日，长清区委书记王勤光视察北大沙河治理工程（城区段）进展情况　（罗倩　摄）

8 日　济南市委副书记、市长王忠林到长清区调研轨道交通工程建设工作。长清区委书记王勤光，区委常委、常务副区长董庆哲等陪同调研。

10 日　山东省纪委常务副书记、监察委副主任明春德到长清区调研纪检监察工作。济南市纪委常务副书记、监察委副主任赵玉海，长清区委副书记、区长赵居安，区委常委、纪委书记、监察委主任刘广东等陪同调研。

2018 年 4 月 10 日，山东省纪委常务副书记、监察委副主任明春德到长清区调研纪检监察工作
（区纪委提供）

11 日　济南市委常委、市委统战部部长王拥华到长清区调研脱贫及统战工作。长清区委副书记、区长赵居安，区委常委、区委统战部部长魏宏新等陪同调研。

12 日　全区第一书记工作会议召开。驻村第一书记、第一书记派出单位分管负责人、贫困村帮扶联络员、新增包贫困户干部及各街镇分管第一书记工作的副书记、分管扶贫工作的副主任（副镇长）、组织委员（主任）参加会议。

13 日　山东省老龄工作委员会办公室一级巡视员钟永诚、济南市老龄工作委员会办公室主任庞涛到“12349”长清区便民服务平台、孝润乐天创科社区、长清区孝里中学调研养老服务工作。长清区委书记王勤光，副区长梁艳玲等陪同。

2018 年 4 月 13 日，山东省老龄工作委员会办公室一级巡视员钟永诚（右二）、济南市老龄工作委员会办公室主任庞涛（右一）到长清区调研养老服务工作　（臧家坤　摄）

16 日　长清区委组织部、区委党校在山东管理学院联合举办第二十期局级领导干部进修班，共调训学员 45 人。

△　马山镇第二十四届“三月三”传统庙会在马山景区开幕。

18 日　济南经济开发区发放首个营业执照，《济南日报》记者进行采访报道。

18 日—20 日　山东省科技教育创新发展现场研讨会在长清区舜耕国际大酒店召开。

2018 年 4 月 18 日，山东省科技教育创新发展现场研讨会在长清区召开　（房超　摄）

19日 重庆市武隆区委书记黄宗华带领考察团到长清区平安街道济南佳宝乳业有限公司和济南奥克斯种业有限公司参观。济南市委常委、秘书长蒋晓光，长清区委书记王勤光等陪同。

2018年4月19日，重庆市武隆区委书记黄宗华（右二）到济南奥克斯种业有限公司参观

（高亮亮　摄）

△ 山东省水利厅厅长刘中会到长清区调研黄河滩区迁建工作。济南市城乡水务局局长翟军，长清区委副书记、区长赵居安，副区长刘永亭，挂职副区长李轶锋等陪同。

2018年4月19日，山东省水利厅厅长刘中会（前中）到长清区调研黄河滩区迁建工作

24日 中央统战部八局局长张明到长清区"美客小镇"调研新的社会阶层人士统战工作。中央统战部第十四期新的社会阶层人士理论研讨班学员50余人参加调研，长清区委书记王勤光，区委常委、区委统战部部长魏宏新等陪同调研。

2018年4月24日，中央统战部八局局长张明（左二）到长清区"美客小镇"调研新的社会阶层人士统战工作

（区委统战部提供）

25日 国际知名水资源环境领域专家、加拿大工程院院士黄国和，山东大学环境科学与工程学院院长王曙光一行到国辰集团考察。长清区政协主席、区产学研融合发展指挥部总指挥张昭森，区政协副主席、区产学研融合发展指挥部副总指挥刘宝林等陪同考察。

△ 中共济南市委台湾工作办公室主任薛兴海到长清区调研对台工作，实地到张景牧业科技发展有限公司、华新社区养老服务中心两家台属企业调研。区委书记王勤光，区委常委、区委统战部部长魏宏新，副区长梁艳玲参加活动。

2018年4月25日，中共济南市委台湾工作办公室主任薛兴海到长清区调研对台工作

（田飞飞　摄）

△ 山东艺术学院戏曲学院教学实践基地揭牌仪式举行。基地正式落户济南市山东梆子剧团，山东省文化厅厅长张桂林出席揭牌仪式。

2018 年 4 月 25 日，山东艺术学院戏曲学院教学实践基地揭牌仪式举行。山东省文化厅厅长张桂林（右一）出席揭牌仪式 （张照军 摄）

△ 长清区庆祝“五一”国际劳动节暨长清现代工匠、工人先锋号命名大会召开。长清区委书记王勤光，区委副书记、区长赵居安，区政协主席张昭森等出席大会。

△ 全区卫生计生工作暨建设全省医养结合示范先行区动员会议召开。

2018 年 4 月 25 日，全区卫生计生工作暨建设全省医养结合示范先行区动员会议召开 （区卫计局提供）

26 日 长清区 2018 年上半年招商引资项目集中签约仪式在济南国际园博园举行。济南市副市长李自军出席会议并讲话。此次共签约大项目 31 个，签约额 392.88 亿元。

27 日 山东省委统战部副部长、山东省社会主义学院党组书记张小梅到万德街道调研党建及乡村旅游工作。

28 日 济南国际园博园正式免费开放。

30 日 文昌街道中川街西段拓宽工程完工正式通车。

5 月

1 日 马山镇国际慢城项目开园。

2 日 山东省社会主义学院、中共济南市长清区委校地协作签约仪式举行，全面推进双方在教学实践基地建设、课题调研、文化合作交流等领域的战略合作。山东省委统战部副部长、山东省社会主义学院党组书记、第一副院长张小梅，长清区委书记王勤光，区委副书记、区长赵居安，区委副书记曹军，区委常委、区委统战部部长魏宏新等出席会议。

3 日 长清区纪念五四运动 99 周年暨“爱长清·建长清”青春誓师大会召开。区委书记王勤光，区委副书记、区长赵居安，区委副书记曹军等参加会议。

2018 年 5 月 3 日，长清区纪念五四运动 99 周年暨“爱长清·建长清”青春誓师大会召开 （李书勇 摄）

4 日 由长清区人民武装部承办的 2018 年“泉城国防杯”驻济高校大学生“传承红色基因 矢志国防建设”主题演讲决赛举行。济南市委常委、济南警备区政委李怀林，长清区副区长刘永亭等参加活动。

2018 年 5 月 4 日，2018 年“泉城国防杯”驻济高校大学生“传承红色基因·矢志国防建设”主题演讲决赛举行 （刘兴昌 摄）

9日 长清区委副书记、区长赵居安到崮云湖街道、张夏街道、万德街道督导“三高”沿线环境综合整治工作。区委常委、常务副区长董庆哲，副区长潘兴华等陪同。

10日 济南市人大常委会主任殷鲁谦率调研组到长清区调研乡村振兴战略推进情况。区委书记王勤光，区委副书记、区长赵居安，区人大常委会主任刘延文等陪同。

△ 济南城镇供水新旧动能转换暨智慧水务论坛在长清区自来水服务中心举办。

△ “水长清·山东北辰”第六届五峰山大樱桃观光休闲采摘节开幕式暨“泉林嘉有”乡村广场舞展演举行。

11日 济南市副市长王京文带领市发改委、国土资源局、规划局、城乡建设委、供电公司等部门到孝里镇视察黄河滩区迁建进展情况。长清区委书记王勤光等陪同。

17日 济南轨道交通R1号线首列车接车仪式在范村车辆基地举行。济南市委常委、副市长徐群，长清区委书记王勤光，区委副书记、区长赵居安，区委常委、区委办公室主任亓明参加活动。

18日 山东省旅游发展委员会主任于风贵到长清区调研旅游发展工作。济南市旅游发展委员会主任郅良，长清区委副书记、区长赵居安，区政协副主席、区大学城建设指挥部副指挥马训生等参加活动。

△ 长清区委副书记、区长赵居安到长清区防汛抗旱指挥部检查防汛工作。区委常委、常务副区长董庆哲陪同。

20日 世界中医药学会联合会扁鹊医学与文化研究专业委员会成立大会暨首届学术年会在扁鹊故里长清区召开。世界中医药学会联合会秘书长助理秦树坤，山东中医药大学校长武继彪，中国中医科学院首席研究员朱兵，长清区委书记王勤光，区委副书记、区长赵居安，山东中医药大学副校长张成博等共同为扁鹊像揭幕。

22日 “水长清”2018山东省首届五峰山养生旅游节开幕，为期7天。

△ 启迪桑德环境资源股份有限公司董事长文一波一行到马山镇察看济南环境科技产业园项目。长清区委副书记、区长赵居安，区委常委、常务副区长董庆哲，区人大常委会副主任周杰等参加活动。

23日 济南市人大常委会副主任谭延伟到文昌街道西李村调研人大工作。

29日 山东省农业科学院双泉镇优质蔬菜博士科研工作站揭牌仪式在双泉镇政府会议室举行。

30日 长清区委书记王勤光到五峰山街道调研企业生产经营情况。

2018年5月30日，长清区委书记王勤光到五峰山街道调研企业生产经营情况　　（李颖　摄）

△ 中央农业广播电视学校副校长张丹梅一行到长清区调研新型职业农民培育和乡村产业发展情况。

2018年5月30日，中央农广校副校长张丹梅（右五）一行到长清区调研新型职业农民培育和乡村产业发展情况　　（区农广校提供）

31日 山东省委常委、济南市委书记王忠林到文昌街道中川街西段拓宽改造现场视察黄河公路大桥通车准备情况。

2018 年 5 月 31 日，山东省委常委、济南市委书记王忠林（前中）到文昌街道视察 （潘富珉 摄）

6 月

1 日 济南幼儿师范高等专科学校首届儿歌童谣大赛展示活动举行。《济南日报》报业集团董事长、党委书记、济南日报社社长马利，济南幼儿师范高等专科学校党委书记黄祖杰，校长李海平，长清区书记王勤光，长清区委副书记、区长赵居安等领导及部分全国知名专家出席活动。

△ 长清区委书记王勤光，区委副书记、区长赵居安分别深入学校开展“六一”儿童节走访慰问活动。

△ 长清区党外人士重点工作情况通报会召开。长清区委书记王勤光出席会议并讲话，区委常委、区委统战部部长魏宏新主持会议，各民主党派、工商联负责人和无党派人士代表参加会议。

2018 年 6 月 1 日，长清区党外人士重点工作情况通报会召开 （区委统战部提供）

2 日 长清区委书记王勤光到归德街道视察三夏农机生产、农机合作社建设情况及黄河滩区迁建工作。区委常委、区委办公室主任亓明，副区长刘永亭等陪同。

2018 年 6 月 2 日，长清区委书记王勤光到归德街道视察三夏农机生产及农机合作社建设情况 （孙倩 摄）

5 日 国务院副秘书长、国家信访局局长舒晓琴到长清区调研信访工作。山东省委常委、济南市委书记王忠林，济南市委副书记苏树伟，长清区委书记王勤光，区委副书记、区长赵居安，区委副书记曹军等陪同调研。

2018 年 6 月 5 日，国务院副秘书长、国家信访局局长舒晓琴（女）到长清区人力资源和社会保障局调研信访工作 （区人社局提供）

6 日 山东雅齐房地产开发有限公司以 10.3 亿元竞得小柿子园城中村改造一期地块开发用地。

△ 长清大学城高校科技成果转化工作座谈会在齐鲁工业大学召开。

△ 长清区委副书记、区长赵居安到长清区政务服务中心调研。

2018年6月6日，长清区委副书记、区长赵居安到长清区政务服务中心调研 （周国良 摄）

7日 长清区委书记王勤光到归德街道、双泉镇调度信访维稳工作。区委副书记曹军，区委常委、区委办公室主任亓明，区委常委、区纪委书记、区监察委主任刘广东陪同。

2018年6月7日，长清区委书记王勤光到双泉镇调度信访维稳工作 （郭洋 摄）

△ 长清区“中国梦·新时代”百姓宣讲比赛决赛在长清广播电视台演播大厅举行，14名优秀宣讲选手分别获一、二、三等奖。同时，成立由获奖选手组成的“中国梦·新时代”百姓宣讲团。

△ 区档案局举办以“图片档案中的长清”为主题的纪念“6·9”国际档案日图片展。长清区委书记王勤光，区委常委、区委办公室主任亓明等参加活动。

2018年6月7日，区档案局举办以“图片档案中的长清”为主题的纪念“6·9”国际档案日图片展 （孔艳艳 摄）

9日 区政协召开“双月经济发展”暨“共建园博园 圆梦新长清”专题协商会议。区委书记王勤光、区政协主席张昭森等出席会议。有关高校、区直有关部门、街道、有关指挥部、区政协街镇工作室、区直工作组以及华谊兄弟、双创联盟、美客小镇等参加协商会议。

△ 百突泉村安置房分配大会在济南市农民教育培训基地举行。

△ 长清区文广新局（旅游局）主办、长清区文化馆承办、印象泉城协办的喜迎非博会—2018年“文化和自然遗产日”非遗宣传展示、展演活动在济南市园博园举行。

12日 济南市市场监督管理局局长王建森到长清区政务服务中心就“优化营商环境，为市场主体增添活力”进行专题调研。长清区委书记王勤光，区委常委、区委办公室主任亓明等陪同调研。

13日 长清区人大常委会主任刘延文到崮云湖街道耕读世家社区视察代表建议办理工作。

14日 济南市人大常委会副主任谭延伟到长清区调研山体保护工作。长清区委副书记、区长赵居安，长清区人大常委会主任刘延文、副主任周杰等到陪同调研。

△ 由长清区人力资源和社会保障局主办的长清区“美客杯”2018创业大赛决赛在山东管理学院举行。

2018 年 6 月 14 日，济南市人大常委会副主任谭延伟（前右二）到长清区调研山体保护工作（区国土局提供）

15 日 在齐鲁工业大学举办济南市征兵万人签名活动。山东省军区副司令员周月星，济南市副市长吴德生、济南警备区政委李怀林，长清区委书记土勤光等参加活动。

2018 年 6 月 15 日，在齐鲁工业大学举办济南市征兵万人签名活动（刘兴昌 摄）

△ 长清区委副书记、区长、区防指总指挥赵居安，副区长、区防指副总指挥刘永亭检查黄河防汛工作。

2018 年 6 月 15 日，长清区委副书记、区长、区防指总指挥赵居安检查黄河防汛工作（刘童 摄）

16 日 山东中刚鑫沽能源科技有限公司业务启动仪式暨中非商务研讨会在长清区举办，来自全国各地的 80 余家企业代表参加会议。

20 日 济南市第四次经济普查专项试点启动仪式在长清区文昌街道第四社区广场举行。济南市统计局党组书记、局长苑子建，长清区委副书记、区长赵居安，副区长潘兴华等参加活动。

2019 年 6 月 20 日，济南市第四次经济普查专项试点启动仪式举行（区统计局提供）

21 日 济南长清黄河公路大桥正式通车运营仪式举行。长清区委副书记、区长赵居安，副区长周波等参加通车运营仪式。

2018 年 6 月 21 日，济南长清黄河公路大桥正式通车运营仪式举行（程玉霞 摄）

△ 长清区人大常委会对区监察委员会工作进行视察。区人大常委会主任刘延文，副主任李本文、时华勤、卢云成、周杰、呼强参加活动，区委常委、区纪委书记、区监察委主任刘广东陪同视察。

22 日 长清区委书记王勤光到长清区政务服务中心视察营商环境优化工作。

2018年6月22日，长清区委书记王勤光到长清区政务服务中心视察营商环境优化工作
（周国良 摄）

△ 济南经济开发区管委会主任袁长奎主持召开城中村改造安置房建设及重点项目开工现场调度会。

△ 全市旅游景区景点特种设备隐患排查治理工作部署会议在长清区召开。

24日 长清区委书记王勤光书记，区委副书记、区长赵居安到平安街道视察重点项目进展情况。

2018年6月24日，长清区委书记王勤光，区委副书记、区长赵居安到平安街道视察重点项目进展情况
（杜慧娟 摄）

27日 长清区人大常委会视察全区优化营商环境工作。区人大常委会主任刘延文，副主任李本文、时华勤、卢云成、呼强参加活动，挂职区委常委、副区长葛永宏陪同视察。

28日 济南市政协副主席、民进市委主委金德岭到长清区调研乡村振兴农业产业、农牧养殖业发展情况。

29日 山东中医药大学、马山镇人民政府产学研合作签约揭牌仪式在马山镇举行。

△ 长清区妇女联合会联合区委宣传部、区直机关工委、区文明办、区文广新局（旅游局）、长清广播电视台、区新闻信息中心等部门在区委会议厅举行长清区庆七一“巾帼心向党 唱响新长清”红歌会，全区10支红歌队伍参加活动。

△ 中国首届樱桃李音乐节暨第二届樱桃李采摘节在双泉镇开幕。

30日 济南市2018年重点项目建设进展情况半年展示评议活动举行，长清区在北辰新能源装备生产基地项目现场设分会场。

长清区分会场 （杜慧娟 摄）

7月

1日 2018山东省“中医中药中国行”暨“扁鹊文化泉城行”启动仪式在长清区举行。

2018年7月1日，2018山东省“中医中药中国行”暨“扁鹊文化泉城行”启动仪式在长清区举行
（区中医医院提供）

3日 长清区委书记王勤光到平安街道部分企业调研。

4日 长清区委副书记、区长赵居安到时代试金试验机有限公司调研。济南经济开发区主任袁长奎、副区长潘兴华、区政协副主席赵洁等参加活动。

2018年7月4日，长清区委副书记、区长赵居安到时代试金试验机有限公司调研 （王静涵 摄）

5日 开展2018年长清区半年重点项目督查评议活动。

△ 山东电视台欢乐齐鲁行走进金谷庄园。

6日 济南市政协主席雷杰带领部分政协委员和专家到美客小镇、政协委员之家、齐庄—张桥片区城中村改造项目、济南经济开发区等调研。长清区委书记王勤光、区政协主席张昭森、济南经济开发区主任袁长奎等陪同调研。

2018年7月6日，济南市政协主席雷杰（女）到济南经济开发区视察 （开发区办公室提供）

8日 济南市委常委、市委宣传部部长杨峰，副市长王桂英到长清区调研文化产业发展情况。济南市文广新局党委书记、局长李守海，济南广播电视台党委书记、台长孙世会，长清区委书记王勤光，区委副书记、区长赵居安等陪同调研。

9日—13日 举办2018年度长清区第一书记培训班，对全区119名驻村第一书记和8名挂职村支部书记进行业务培训。

11日 济南市委组织部副部长、市编办主任张强一行到孝里镇调研大峰山党性教育基地项目建设情况。长清区委副书记、区长赵居安等陪同。

12日 济南市人大常委会副主任、财政经济委员会主任委员孙积港带队视察长清区2018年全市区域性经济中心建设重点项目建设情况。

16日 济南市委常委、市委组织部部长李刚带领大气污染联防联控工作第六组成员到平安街道、崮云湖街道检查指导工作。

2018年7月16日，济南市委常委、市委组织部部长李刚（前中）到平安街道检查大气污染联防联控工作 （王静涵 摄）

△ 国家自然资源督察济南局局长田文彪到长清区调研永久基本农田划定工作。济南市国土资源局副局长许瑞波，长清区委常委、常务副区长董庆哲陪同调研。

17日 长清区人大常委会主任刘延文一行10余人到长清小侯控导工程现场视察黄河防汛工作。

17日—22日 “2018全国益智课堂教学与学生思考力培养观摩研讨会”在大庆市举行，万德街道中心小学被中国教育科学研究

万德街道中心小学被中国教育科学研究院培训中心授予“基地学校”称号

院培训中心确定为全国教育科学“十三五”教育部规划课题“益智课堂与思考力培养的实践研究基地学校”，该校为全国唯一一个益智教育课题研究的农村实验学校。

19日 长清区全民健身中心开工仪式在原长清区体育馆举行。

2018年7月19日，长清区全民健身中心开工仪式举行 （郭瑞伟 摄）

20日 国家税务总局济南市长清区税务局、国家税务总局济南经济开发区税务局正式挂牌。长清区委副书记、区长赵居安，国家税务总局济南市税务局联合党委委员、副局长杨新华出席国家税务总局济南市长清区税务局挂牌仪式。

24日 “相约文博会·齐鲁记者行”大型集中采访活动走进长清区采风。新华社、《大众日报》、大众网、山东电视台、《齐鲁晚报》《济南日报》、济南电视台、《济南时报》、爱济南新闻客户端等10余家驻济新闻媒体参加。

25日 长清区人大常委会主任刘延文到中国重汽集团济南橡塑件有限公司调研。

2018年7月25日，长清区人大常委会主任刘延文到中国重汽集团济南橡塑件有限公司调研 （区经信局提供）

26日 济南市人大常委会副主任孙积港带领市人大常委会执法检查第四组到长清区检查《中华人民共和国食品安全法》贯彻实施情况。区人大常委会主任刘延文陪同。

2018年7月26日，济南市人大常委会副主任孙积港（中）到长清区检测中心检查督导《中华人民共和国食品安全法》贯彻落实情况 （崔莎莎 摄）

△ 济南市副市长王京文到归德街道、孝里镇视察黄河滩区脱贫迁建工作。长清区委副书记、区长赵居安，副区长刘永亭等陪同。

2018年7月26日，济南市副市长王京文（前右四）到归德街道视察黄河滩区脱贫迁建工作 （韩帅 摄）

28日 长清区委书记王勤光到马山镇视察重点项目建设并走访慰问贫困户。

30日 长清区委副书记、区长赵居安到区政务服务中心调研“一次办成”改革优化营商环境工作。挂职区委常委、副区长葛永宏参加活动。

8月

1日 西藏自治区副主席、日喀则市委书记张延清率领日喀则党政代表团一行到济南现代都市农业精品园考察。山东省副省长王书坚，济南市委副书记、市长孙述涛，长清区委书记王勤光等陪同考察。

2018年8月1日，西藏自治区副主席、日喀则市委书记张延清（前左二）率领日喀则党政代表团一行到济南现代都市农业精品园考察（开发区办公室提供）

△ 长清区政协主席张昭森带队走访慰问长清驻军部队。

2日 长清区十七届人大常委会第十三次会议召开，任命李建新为长清区人民政府副区长，挂职时间1年。

3日 济南市城市管理局局长吕灿华到长清区检查拆违拆临、建绿透绿、新垃圾中转站建设等工作。长清区委书记王勤光，区委常委、区委办公室主任亓明陪同。

2018年8月3日，济南市城市管理局局长吕灿华（前左三）到长清区检查拆违拆临、建绿透绿、新垃圾中转站建设等工作　（区城管局提供）

5日 长清区委书记王勤光到济南经济开发区和平安街道调研重点企业及项目。

2018年8月5日，长清区委书记王勤光到济南经济开发区调研　（王静涵　摄）

8日 长清区企业首次使用中欧班列出口货物。山东巨力电工设备有限公司出口哈萨克斯坦奇姆肯特市58万欧元的电力设备8个货柜搭乘中欧班列自霍尔果斯出境。

11日 山东省农业厅副厅长褚瑞云一行到长清区视察“全国杂粮绿色高质高效技术观摩交流会”筹备工作，并为长清区省级农技推广试验示范基地揭牌。

12日 长清区委书记王勤光到长清燕刘宋控导工程现场视察黄河防汛工作。区委常委、区委宣传部部长曲京鹏，区委常委、区委办公室主任亓明，副区长刘永亭等陪同。

2018年8月12日，长清区委书记王勤光到长清燕刘宋控导工程现场视察黄河防汛工作　（刘童　摄）

14日 济南市委副书记、市长孙述涛到济南市公安局长清区分局新城派出所调研扫黑除恶专项斗争工作。济南市委常委、政法委书记秦传滨，长清区委书记王勤光，区委副书记曹军，区委常委、区委政法委书记李成刚，区委常委、区委办公室主任亓明及济南市公安局长清区分局局长郑宏、政委王纯阁等参加活动。

2018年8月14日，济南市委副书记、市长孙述涛（中）到济南市公安局长清区分局新城派出所调研扫黑除恶专项斗争工作 （费聿凡 摄）

15日—16日 全国（全省）杂粮绿色高质高效模式观摩交流会在长清区召开，来自全国15个省市区的农业领域代表及相关专家学者300余人参加会议。山东省农业厅副厅长褚瑞云、济南市副市长王京文、长清区委书记王勤光等出席开幕式。

2018年8月15日，全国杂粮绿色高质高效技术观摩交流现场会在孝里镇召开 （周萍萍 摄）

19日 “感受山东新农村 体验齐鲁新民俗”中国——乌克兰少年儿童结对联欢活动在万德街道马套村举办。

19日—28日 长清区委组织部在上海财经大学举办全区区级领导及各单位主要负责人综合素质提升专题进修班，共举办两期，每期学制5天，培训学员106人。

2018年8月19日，举办第一期全区区级领导及各单位主要负责人综合素质提升专题进修班 （全文 摄）

20日 长清区委书记王勤光到归德街道开展“遍访贫困村”活动，先后到归德街道焦寨村、朱寨村、董岗村、董洼村等4个贫困村进行实地走访。

22日 济南市长清区佛教协会成立大会暨第一次代表大会召开。长清区政协主席张昭森，区委常委、区委统战部部长魏宏新等出席会议，并为长清区佛教协会揭牌。

2018年8月22日，长清区政协主席张昭森，区委常委、区委统战部部长魏宏新为长清区佛教协会揭牌 （区委统战部提供）

23日 山东省扶贫办督导组到长清区督导推进中央巡视反馈问题整改落实情况。济南市委副秘书长、市扶贫办主任吴兴金，长清区委书记王勤光，区委副书记曹军，挂职区委副书记徐龙义参加活动。

24日 长清区委副书记、区长赵居安到长清区政务服务中心调研财税工作，现场察看办税服务大厅运行情况。

25日 济南市委副书记苏树伟到归德街道、孝里镇调研黄河滩区迁建工作。长清区委书记王勤光，区委副书记曹军，区委常委、常务副区长董庆哲等陪同。

2018年8月25日，济南市委副书记苏树伟（前右三）到孝里镇调研黄河滩区迁建工作 （牛振勇 摄）

26日 山东长久重汽物流项目落成仪式在崮云湖街道梦翔小镇举行。

27日 长清区委书记王勤光到G220东深线及S105济聊线长清绕城段改建工程建设现场调研。

2018年8月27日，长清区委书记王勤光到G220东深线及S105济聊线长清绕城段改建工程建设现场调研 （王静涵 摄）

29日 《经济日报》区域版刊登题为《山东长清以生态优势建设双创高地》文章。

29日—31日 全区3000余名机关党员干部在长清区职业中专参加党的十九大知识考试，合格率100%。

8月 长清区被山东省委、省政府授予“第三届山东省文化强省建设先进区”称号。

9月

3日 济南大学城实验高级中学、济南市长清大学城实验学校揭牌仪式举行。济南市委副书记、市长孙述涛为济南市大学城实验高级中学揭牌，济南市副市长王桂英为济南市长清大学城实验学校揭牌。

2018年9月3日，济南市委副书记、市长孙述涛（左一）为济南市大学城实验高级中学揭牌 （姚庆 摄）

3日—7日 长清区委组织部在上海财经大学举办全区企业新动能创新发展能力提升专题进修班，培训对象为首届“长清区领军人才”及部分区级领导、相关职能部门主要负责人等，学制5天，共培训学员52人。

2018年9月3日，举办全区企业新动能创新发展能力提升专题进修班 （金文 摄）

5日 长清区委副书记、区长赵居安到五峰山街道、张夏街道调研防汛减灾、农村产权制度改革、美丽乡村建设以及脱贫攻坚工作，到济南大峰山党性教育基地暨大峰山革命根据地纪念馆现场督导项目推进情况。

2018年9月5日，长清区委副书记、区长赵居安到济南大峰山党性教育基地现场督导项目推进情况（区政府办公室提供）

6日 河北省政协副主席曹素华一行8人到长清区调研“实施乡村振兴战略”情况，实地考察马山慢城景区和齐鲁八号风情路。山东省政协副主席、党组副书记吴翠云，济南市政协副主席李继民，区政协主席张昭森等参加活动。

2018年9月6日，河北省政协副主席曹素华（前左二）到长清区调研“实施乡村振兴战略”情况（薄冰　摄）

7日 长清区博物馆馆藏文物参加韩国首尔百济博物馆《丝路东延——中韩文化的互动》展。

9日 华东师范大学济南实验学校开学盛典仪式举行。

2018年9月9日，华东师范大学济南实验学校开学盛典仪式举行（区委宣传部提供）

13日 济南市委常委、市委组织部部长李刚到济南大峰山党性教育基地暨大峰山革命根据地纪念馆调研。

15日 济南市委常委、市委政法委书记秦传滨，济南市副市长、市公安局局长吴德生在齐鲁工业大学出席“远黑恶近阳光”大学生安全防范联盟成立暨扫黑除恶主题宣传活动。

2018年9月15日，济南市委常委、市委政法委书记秦传滨（前右二），济南市副市长、市公安局局长吴德生（前右三）在齐鲁工业大学出席“远黑恶近阳光”大学生安全防范联盟成立暨扫黑除恶主题宣传活动（费聿凡　摄）

△ 全区脱贫攻坚工作推进大会在长清一中召开。全区扶贫干部、第一书记、帮扶责任人及有关村、企业负责人等近1000人参加会议。区委副书记曹军作重要讲话，挂职区委副书记徐龙义主持，区委常委、区委统战部部长魏宏新，副区长刘永亭出席会议。

△ 全区下半年重点项目集中开工仪式在韵达山东总部产业园项目现场举行。

16日 济南鲁日钧达皮革有限公司石碧院

2018年9月16日，济南鲁日钧达皮革有限公司石碧院士工作站揭牌仪式举行（郭洋　摄）

士工作站揭牌仪式在双泉镇举行。中国工程院院士、四川大学教授、博士生导师石碧，中国皮革协会秘书长陈占光，山东省皮革协会会长梁志新，长清区政协主席张昭森等参加活动。

△ 空军济南基地政治工作部副主任郝立伟带领省双拥模范城考评组到长清区考核双拥工作。济南市警备区副司令员李铁军，长清区委副书记、区长赵居安，区委副书记曹军等参加活动。

2018 年 9 月 16 日，空军济南基地政治工作部副主任郝立伟（右二）带领省双拥模范城考评组到长清区考核双拥工作　（田静雯　摄）

19 日　济南市（马山）第十三届雪桃旅游文化节暨马山镇桃王争霸赛在北李村桃园举办。

20 日　山东省发展和改革委员会副主任梁文跃带领省、市联合调研组到归德街道调研黄河滩区迁建工作。济南市副市长王京文，长清区委副书记、区长赵居安，副区长刘永亭等陪同调研。

2018 年 9 月 20 日，山东省发展和改革委员会副主任梁文跃（前左二）到归德街道调研黄河滩区迁建工作　（韩帅　摄）

21 日　济南市谷子生产机械化技术现场会在长清区孝里镇“十八里谷道”举办。

2018 年 9 月 21 日，济南市谷子生产机械化技术现场会在孝里镇举办　（张元轶　摄）

23 日 8 时　2018 济南（长清）国际马拉松在济南国际园博园水之门广场开跑，共有参赛运动员 6150 人。本次马拉松大赛共分为马拉松全程跑、半程跑、迷你跑三种类型。

25 日　长清区委副书记、区长赵居安会见雅居乐地产集团山东区域总裁龚莉、双泉国际文化发展股份有限公司董事长孙启峰等一行。

28 日　由济南市委宣传部、济南市社会科学联合会、济南市委农村工作办公室和长清区委宣传部共同举办的“走在前列——济南乡村振兴之路”全市社科研讨会在长清区五峰阁举行。

△ 济南市政协副主席刘梦海带领市政协“加大培育扶持科技型中小企业力度，大力推进实体经济发展”专题调研组到长清区调研。

2018 年 9 月 28 日，济南市政协副主席刘梦海（前中）到长清区调研　（薄冰　摄）

29 日　民进全国副省级城市“不忘合作初心、继续携手前进”主题教育活动调研组到万德街道马套村调研乡村振兴工作。济南市政协副主席、民进市委主委金德岭，区政协主席张昭森等参加活动。

△ 海关总署副署长张际文带领国务院非洲猪瘟督导组到长清区督导非洲猪瘟防控工作。济南市副市长王京文、长清区副区长刘永亭等陪同。

30 日 济南文旅发展集团、长清区人民政府战略合作协议签约仪式举行。

2018 年 9 月 30 日，济南文旅发展集团、长清区人民政府战略合作协议签约仪式举行

（区旅游发展中心提供）

△ 山东儒商大会长清推介交流会在园博园举行，邀请42位儒商嘉宾到长清区进行考察交流。

长清区委副书记、区长赵居安主持山东儒商大会长清推介交流会 （魏光亮 摄）

10 月

1 日—7 日 由长清区人民政府、济南市农业局、济南市旅游发展委员会主办，长清区农业局、区文广新局（旅游局）协办，长清区文旅公司、长清茶叶协会联合承办的庆祝中国首届农民丰收节暨长清区第二届农产品展销会和长清旅游推介会在济南国际园博园举行。济南市农业局局长李季孝，长清区委书记王勤光，区委副书记、区长赵居安等出席开幕式。

6 日 长清区委书记王勤光到归德街道调研黄河滩区迁建工作及农业项目。区委副书记曹军，挂职区委副书记徐龙义，副区长刘永亭等参加活动。

2018 年 10 月 6 日，长清区委书记王勤光到归德街道调研黄河滩区迁建工作 （潘广霞 摄）

8 日 长清区委组织部、区委党校在山东管理学院举办第二十一期局级领导干部进修班，共调训学员 47 人。

10 日 长清区人大常委会组织举办山水长清·齐鲁仙境——“水长清杯”庆祝改革开放 40 周年摄影展。

11 日 长清区扶贫开发工作推进指挥部成立。长清区委副书记曹军任总指挥，挂职区委副书记徐龙义，区委常委、区委组织部部长李广霞，区委常委、区纪委书记、区监察委主任刘广东，副区长刘永亭任副指挥。办公室设在区扶贫办，负责统筹推进各街镇和区直部门脱贫攻坚工作。

12 日 山东省委常委、济南市委书记王忠林到长清区国舜集团调研。长清区委副书记、区长赵居安，济南经济开发区管委会主任袁长奎等陪同调研。

2018 年 10 月 12 日，山东省委常委、济南市委书记王忠林（前中）到长清区国舜集团调研

（开发区办公室提供）

△ 长清区建档立卡享受政策贫困户危房改造现场推进会在崮云湖街道召开。

15 日 济南市副市长王京文到长清区全民健身中心改建项目现场、归德街道调研。长清区委副书记、区长赵居安，副区长刘永亭陪同。

2018 年 10 月 15 日，济南市副市长王京文（中）到长清区全民健身中心改建项目现场调研 （郭瑞伟 摄）

△ 长清区人大常委会主任刘延文到马山镇视察旅游工作。

△ 长清区政协主席张昭森、副区长梁艳玲等到马山镇福源居敬老院走访慰问老年人。

16 日 长清区委副书记、区长赵居安到崮云湖街道调研。

2018 年 10 月 16 日，长清区委副书记、区长赵居安到崮云湖街道调研 （区政府办公室提供）

17 日 山东省军区政委尚振贵，济南市委常委、济南警备区政委李怀林带队到马山镇双泉庄村开展扶贫帮扶活动。济南市副市长王京文等陪同。

△ 长清区实施的“中国疾病预防控制中心中盖结核病智能药盒 / 手机 APP 患者管理项目”通过国家督导组评估验收。

19 日 长清区教育体育局与加拿大卑诗省列治文教育局国际教育交流签约仪式举行。

2018 年 10 月 19 日，长清区教育体育局与加拿大卑诗省列治文教育局国际教育交流签约仪式举行 （房超 摄）

△ 金秋柿子节在万德街道拔山凤凰岭开幕，为期 5 天。

20 日 长清区四馆项目工程开工奠基仪式举行。长清区委书记王勤光、区人大常委会主任刘延文、区政协主席张昭森、区委副书记曹军等出席活动。

△ 山东庆松微创医生集团协作医院揭牌仪式暨微创新技术学术会议在长清区中医医院举行。

22 日 山东省委常委、济南市委书记王忠林到长清区万德街道张庄村、马套村调研脱贫攻坚和乡村振兴工作。市委副书记苏树伟，市委常委、秘书长蒋晓光，副市长王京文，长清区委副书记、区长赵居安等参加活动。

2018 年 10 月 22 日，山东省委常委、济南市委书记王忠林（前中）到万德街道马套村调研 （万德街道提供）

23 日 济南经济开发区管委会主任袁长奎带队到苏州科技城考察，与苏州科技城管委会签订《战略合作框架协议》。

△ 国家巡查组到长清区检查护城河水体整治工作。长清区委副书记、区长赵居安，挂职区委常委、副区长葛永宏参加活动。

26日 长清大学城首届大学生模特大赛暨山东交通学院第十届校园模特大赛在山东交通学院文体馆举行。本次大赛由山东交通学院、长清区大学城建设指挥部主办，山东交通学院团委、山东交通学院艺术与设计学院、长清区总工会、长清区大学科技园管理服务中心、共青团济南市长清区委承办。

2018年10月26日，长清大学城首届大学生模特大赛暨山东交通学院第十届校园模特大赛在山东交通学院文体馆举行 （刘秀军 摄）

27日 长清区2018年下半年招商引资项目集中签约仪式在济南国际园博园举行，共签约项目32个，涵盖实体经济、创新创业、产业金融等，总投资272.86亿元。

28日 长清区委书记王勤光，区委副书记、区长赵居安到崮云湖街道、归德街道察看重点项目建设情况。济南经济开发区管委会主任袁长奎，区委副书记曹军，挂职区委副书记徐龙义，区委常委、常务副区长董庆哲，区委常委、区委宣传部部长曲京鹏，副区长潘兴华等陪同。

31日 济南市委常委、市委组织部部长李刚到济南大峰山党性教育基地项目调研。长清区委副书记、区长赵居安陪同调研。

2018年10月31日，济南市委常委、市委组织部部长李刚（中）到济南大峰山党性教育基地项目调研 （周萍萍 摄）

△ 长清区人大常委会视察济南经济开发区工作。区人大常委会主任刘延文，副主任时华勤、卢云成、周杰、呼强参加活动，济南经济开发区管委会主任袁长奎，副区长潘兴华，济南经济开发区管委会副主任张振河、刘兴刚等陪同视察。

△ 青岛市济南商会会长张洪义一行到长清区考察交流。济南市副市长李自军，长清区委副书记、区长赵居安，区委常委、常务副区长董庆哲等陪同考察。

11月

1日 长清区妇联、区广播电视台联合举办的“出彩人家 舞动乡村”广场舞大赛在文昌街道孙庄村举行。全区13支舞蹈队参加比赛，万德马套将军山舞蹈队获一等奖，文昌多彩西李、平安悦动舞蹈队获二等奖，文昌孙庄鸿之源、张夏轻舞飞扬、五峰朱庄舞蹈队获三等奖。

2日 南湖玉露茶叶科技开发有限公司被山东省茶文化协会授予“山东省南茶北引优秀品牌企业”“山东省南茶北引科技创新企业”称号。

△ 长清区政协主席张昭森到马山镇视察脱贫攻坚工作。

3日 全区脱贫攻坚作风建设暨帮扶工作会议召开，对全区第一书记驻村工作作风及工作纪律进行严格要求，并安排部署全区贫困群众帮扶工作。

5日 济南长兴建设集团有限公司晋升为建筑工程施工总承包特级资质企业。

5日—6日 由全国农业技术推广中心和山

2018年11月5日—6日，全国蔬菜登记品种现场观摩会2018中国·山东国际种业博览会在长清区举行 （区农业局提供）

东省农业农村厅主办，济南市农业局、山东省种子管理总站、长清区人民政府承办的全国蔬菜登记品种现场观摩会2018中国·山东国际种业博览会在济南农高区开幕，会期2天。

7日 驻长清区省、市人大代表视察全区黄河滩区脱贫迁建工作情况。

8日 由长清区人力资源和社会保障局、西联动力创业大学、山东交通学院联合承办的长清区大学生创业培训开班仪式在山东交通学院长清校区举行。

8日—10日 中央农业广播电视学校副书记、纪委书记张广卿到长清区万德街道店台村调研指导工作。

11日 长清区委书记王勤光到马山镇视察城市管理工作。

2018年11月11日，长清区委书记王勤光到马山镇视察城市管理工作 （孙妍 摄）

12日—16日 山东省新型职业农民培育实训基地和农民田间学校管理人员高级研修班在长清区龙凤庄园开班。

2018年11月12日—16日，山东省新型职业农民培育实训基地和农民田间学校管理人员高级研修班在长清区龙凤庄园开班 （区农广校提供）

13日 华谊电影小镇老济南街访古建筑群封顶。

14日 全市“一村（社区）一法律顾问”工作调研座谈会在崮云湖街道司法所召开。

15日 济南市委常委、市总工会主席雷天太到平安街道调研济西湿地项目建设情况。

2018年11月15日，济南市委常委、市总工会主席雷天太（中）到平安街道调研济西湿地项目建设情况 （王静涵 摄）

△ 《经济日报》刊登《山东长清：好环境促项目早落地》文章。

20日 全省首家“乡村振兴培训学院”在长清区万德街道马套村揭牌，该学院由山东交通学院马克思主义学院与长清区共同承办。同日，山东交通学院思政课教学基地、山东交通学院乡村振兴研究基地同时揭牌。

△ 长清区委书记王勤光带领各区直部门和街镇主要负责人到市“12345”热线接听市民来电。活动结束后，立即召开工作部署会，汇总市民来电情况，现场分析问题，明确责任，限期解决或答复。

21日 济南市委副书记、市长孙述涛到归

2018年11月21日，济南市委副书记、市长孙述涛（中）到孝里镇调研黄河滩区迁建工作（孝里镇提供）

德街道、孝里镇视察黄河滩区脱贫迁建工作。济南市副市长王京文，长清区委书记王勤光，长清区委副书记、区长赵居安等陪同。

23日 全区民营企业暨政协“双月经济发展”座谈会在区人大会议厅召开，民营企业家代表和相关部门主要负责人参加会议。区委书记王勤光出席会议并作重要讲话，区政协主席张昭森主持会议。

△ 济南市长清区监察委员会10个派出街镇监察室全部挂牌成立。区委书记王勤光，区委常委、区纪委书记、区监察委主任刘广东为长清区监察委员会派出文昌街道监察室揭牌。

25日 G220东深线及S105济聊线长清绕城段改建工程建成通车仪式举行。济南市城乡交通运输委员会主任贾玉良，市城乡交通运输委员会副主任、市公路局局长孙志刚，长清区委书记王勤光，区委副书记、区长赵居安，区人大常委会主任刘延文，区政协主席张昭森，济南经济开发区管委会主任袁长奎，区委副书记曹军等参加活动。

2018年11月25日，G220东深线及S105济聊线长清绕城段改建工程交工通车　　（林文生　摄）

26日 济南市长清区退役军人事务局成立，为正处级事业单位，下设长清区退役军人服务中心。

28日 济南市基层党建重点项目观摩交流活动在万德街道“齐鲁8号风情路”举行。济南市委常委、市委组织部部长李刚，各区、县组织部长，长清区委书记王勤光，区委副书记、区长赵居安，区委常委、区委组织部部长李广霞参加观摩活动。

△ 长清区十七届人大常委会第十五次会议召开，任命张永刚为长清区人民政府科技副区长。

29日 区政府和区产学研指挥部联合召开全区经济运行暨产学研工作推进会。

△ 长清区党外人士情况通报会召开，同时举行“长清区民主党派之家”揭牌仪式。长清区委副书记、区长赵居安，区委常委、区委统战部部长魏宏新出席会议。

30日 济南警备区政委李怀林、副司令员李铁军等到济南大峰山党性教育基地暨大峰山革命根据地纪念馆调研。

△ 以“传承红色基因，助力强军梦想”为主题的济南市第四届大学生军事技能比赛在济南国际园博园举行，为期3天，22所高校大学生142人参加比赛。济南警备区司令徐守华、济南警备区政委李怀林等参加活动。

2018年11月30日，以“传承红色基因，助力强军梦想”为主题的济南市第四届大学生军事技能比赛在济南国际园博园举行　　（刘兴昌　摄）

△ 全区城市管理（城乡环卫一体化）暨垃圾分类工作动员会召开。长清区委副书记、区长赵居安出席会议并讲话。

2018年11月30日，全区城市管理（城乡环卫一体化）暨垃圾分类工作动员会召开

（区城管局提供）

11月 中共济南市长清区委意识形态和宣传思想工作领导小组成立。区委书记王勤光任组长，区委副书记曹军，区委常委、区委宣传部部长曲京鹏，区委常委、区委办公室主任亓明，区委党校常务副校长王友海任副组长。

12月

1日 长清区委书记王勤光，长清区委副书记、区长赵居安，济南经济开发区管委会主任袁长奎到山东栋梁科技设备有限公司调研。

2018年12月1日，长清区委书记王勤光，长清区委副书记、区长赵居安，济南经济开发区管委会主任袁长奎到山东栋梁科技设备有限公司调研（开发区办公室提供）

△ 山东省2018年基层农技人员田间学校师资培训班在长清区龙凤庄园开班。中央农业广播电视学校党委书记杭大鹏、山东省农业厅副厅长褚瑞云出席开班仪式。

2日 山东省委常委、济南市委书记王忠林到S105绕城段视察通车情况。

2018年12月2日，山东省委常委、济南市委书记王忠林（右三）到S105绕城段视察通车情况（卢栋　摄）

7日 山东省自然资源厅副厅长王太明、省森林公安局副局长郝新思、省消防总队副支队长任波带领省政府安委会第一督导调研组到长清区万德街道督导调研森林防火工作。济南市安监局局长李涛，长清区委副书记、区长赵居安等陪同。

9日 济广高速大学城互通立交工程开工仪式在国有长清苗圃举行。齐鲁高速公路股份有限公司董事长李刚，齐鲁高速公路股份有限公司总经理彭晖，中建路桥集团有限公司党委委员、董事、副总经理李占国，济南城市建设集团副总经理史海成，长清区委副书记、区长赵居安等出席开工仪式。

2018年12月9日，济广高速长清大学城互通立交工程开工仪式举行（区政府办公室提供）

11日 山东省自然保护区专项整治督查第六组组长宋守军一行到张夏—崮山华北寒武系标准面省级地质遗迹自然保护区进行督查。长清区委副书记、区长赵居安参加活动。

11日—13日 长清区组织全体区级领导、10个街镇和区直部门主要负责人组成党政考察团到商河、济阳、天桥、槐荫、历城、章丘、历下、市中、平阴等县区参观学习。

12日 济阳区委副书记、区长孙战宇带领党政考察团到长清区观摩项目建设情况。长清区委副书记、区长赵居安，区委副书记曹军等陪同考察。

13日 2018年度济南市“出彩人家”创建工作观摩评议活动在万德街道玉皇庙村举行。

14日 全市区县档案馆建设推进工作现场会在长清区召开。

15日 区委办公室印发文件，将长清区政务服务中心管理办公室的职责、相关部门的行政审批及有关政务服务等职责整合，组建长清区行政审批服务局（挂长清区政务服务管理办公室牌子），作为区政府工作部门，正处级规格。

△ 中央电视台 7 套《齐鲁乡村故事》栏目报道长清区新型职业农民情况。

16 日—17 日 2018 年度山东省农民体育骨干师资培训班在长清区龙凤庄园举办。

17 日 长清区扶贫开发领导小组第五次会议召开。区委书记王勤光作重要讲话，区委副书记、区长赵居安主持会议。

18 日 济南市长清区行政审批服务局、济南市长清区政务服务管理办公室举行揭牌仪式。

19 日 长清区委副书记、区长赵居安到平安街道走访慰问贫困户。

△ 长清区人大常委会主任刘延文、副主任周杰到崮云湖街道乐天创科社区调研社区治理工作。

△ 山东省高效特色农业发展平台项目——圣虎山茶树繁育基地奠基仪式在万德街道万南村圣虎山茶园举行。

20 日 长清区校地统战部长第三次联席会议在山东中医药大学召开。

2018 年 12 月 20 日，长清区校地统战部长第三次联席会议在山东中医药大学召开（区委统战部提供）

21 日 区编委印发文件，设立中共济南市长清区委教育工作委员会（简称区委教育工委），为区委派出机构，与长清区教育体育局一个机构两块牌子。

25 日 “轨道新时代 秀美新长清”济南长清——北京“双招双引”推介会在北京举行。此次推介会共签约项目 10 个，总签约额 155 亿元。

2018 年 12 月 25 日，长清区委常委、常务副区长董庆哲代表长清区人民政府签约 （魏光亮 摄）

26 日 青岛市长清商会成立大会暨第一届会员大会在青岛市召开。

△ 长清区人大常委会主任刘延文到五峰山街道朱庄村走访慰问贫困户。

12 月 长清区委理论学习中心组被山东省委宣传部授予“2017—2018 年度全省先进县级党委理论学习中心组”称号。

△ 马山镇、马山镇双泉庄村分别获全省第五批社会科学普及示范镇、示范村称号。

长清概况

建置区划

【位置面积】 长清区位于山东省西部，省会济南西南，黄河下游东岸，泰山西北麓。地理坐标为东经116°30′38″～117°4′14″，北纬36°14′37″～36°41′50″。北邻济南市槐荫区，东接济南市历城区，东北接济南市中区，东南与泰安市岱岳区相连，南与肥城为邻，西南与平阴县接壤，西与西北濒黄河，隔河与东阿县和齐河县相望。区政府驻地文昌街道，位于清河街1617号。长清城区北距北京市直线距离（下同）为380公里，西距聊城市70公里，北距德州市110公里，东北距济南市区28公里，东南距泰安市55公里，北距齐河27公里，南距肥城35公里，西南距平阴县城39公里。总面积1178.08平方公里。

【地名由来】 隋代开皇五年（585年），废太原县于升城置长清镇。开皇十四年（594年），以长清镇置长清县。至此始有长清县名，县以境内齐长城和清水命名。2001年6月26日，经国务院批准，山东省撤销长清县设立济南市长清区。

【建置沿革】 长清历史悠久，早在距今8500年前，出现以归德月庄遗址为代表的山东省所发现的最早的有陶新石器文化“后李文化”。后李文化以后，在长清区域内，北辛文化、大汶口文化、龙山文化、岳石文化一脉相承，自成谱系。长清在史前以及夏代地属东夷腹地。殷商时代，长清位于京畿地区的东部边缘。周革殷命，于泰山南北分别建立鲁国和齐国，夹处两国之间的长清地域大致分属于两个小邦国，即立国于长清西部的卢国和立国于长清东部的邿国。

长清区境，春秋战国时属齐国。秦代，于境内卢邑设卢县，属济北郡。西汉时为泰山郡卢县、茌县和平原郡祝阿县地。三国魏时为兖州济北国卢县、泰山郡山茌县和青州济南国祝阿县地。西晋时，县境属济北国卢县，县境东北部属青州济南郡祝阿县地，东部为兖州泰山郡山茌县地。东晋时为太原县地。南朝宋时县境属济北郡；北朝魏时为齐州东太原郡太原县、卢县和山茌县地。

隋代开皇五年（585年），废太原县于升城置长清镇。开皇十四年（594年），以长清镇置长清县。此时长清县属济北郡，县境东北部为历城县和祝阿县地。

唐代，长清县初属河南道济州。贞观十七年（643年），废济州，长清县属河南道齐州。

北宋时，以路辖府，长清属京东东路齐州济南府。县内界首镇属京东西路郓州。至道二年（996年），长清县城由升城迁至刺榆店、即今日长清县老城区。

金代，长清属山东东路济南府。县广里镇属山东西路东平府。

元代，长清属中书省泰安州。

明代，长清属山东省济南府。宣德三年（1428年），属山东布政使司济南府。

清代雍正二年（1724年），属泰安州。雍正十二年（1734年），复属济南府。

民国元年（1912年），长清属岱北道。1913年，改属济南道。1928年，废道置省，长清属山东省政府。

1939年，长清县抗日民主政府成立后，长清县受鲁西北第四地委领导，后属泰西专署。1941

年9月，长清县分为长清、峰山两县，均隶属于泰西专署。1946年，改峰山县为长清县，改长清县为河西县，仍隶属泰西专署。1950年5月，长清县与河西县合并统称长清县，隶属泰安专署。1956年，将长清县所辖的黄河西4个区划归齐河县。1958年12月，泰安地区并入济南市，长清同泰安地区一起并入济南市。1959年，撤销长清县。1961年5月，恢复泰安地区，同时恢复长清县，仍属泰安地区。1978年11月，长清县复划归济南市。2001年6月26日，撤销长清县，设立济南市长清区。

【行政区划】 2018年，长清区辖文昌、平安、崮云湖、五峰山、归德、张夏、万德7个街道，孝里、马山、双泉3个镇，辖59个社区居民委员会，580个村委会。

（区民政局）

自然地理

【地质】 构造。长清区境内地质构造体系为总体向北倾斜地层，总体倾向NW30° ~ NE45° 之间，倾角6° ~ 15° 。东西方向上，局部形成背向斜褶曲，形态平缓。长清区内未见大的断裂构造，在长清东部有走向NE35° 的高角度断裂，总体东盘（地层板块）上升，西盘（地层板块）下降，西盘广泛出露张夏组灰岩地层及崮山组、炒米店组地层。

地层。境内出露的地层由南向北依次有：太古界泰山群变质岩、寒武系灰岩和页岩、奥陶系石灰岩。从东、南山前平原到黄河之间是第四系沙砾石层和各种土类，厚度由东向西逐渐增大。太古界泰山群变质岩出露区为长清区的砂石山区。主要分布在万德街道、五峰山街道、马山镇南部，双泉乡东南部和张夏街道西南部，面积422.6平方公里，占全区总面积35.9%。寒武系石灰岩出露区为长清区的青石山区。主要分布在万德街道东北部，五峰山街道和马山镇北部，双泉乡西部和张夏街道部分地区，面积313.79平方公里，占全区总面积26.6%。奥陶系石灰岩，大部隐伏在山前冲积扇内，分布在崮云湖街道北部，文昌街道、平安街道、孝里镇东部，面积149.75平方公里，占全区总面积12.7%。山前平原至黄河之间的第四系沙砾石层，包括第四系洪波积砂质黏土夹砾石层、第四系冲洪积沙砾石层和第四系冲击沙砾石层，面积291.93平方公里，占全区总面积24.8%。寒武系和奥陶系石灰岩、页岩，构成长清区中部丘陵山区，面积463.54平方公里，占全区总面积39%。

（区史志办）

【地形地貌】 长清区地处泰山山脉的西北部，北临黄河与鲁西北平原相接，是鲁中山区的一部分。地形、地貌基本格局受地质构造的控制，纵向上东南高、西北低。由低山丘陵区过渡到山前倾斜平原和黄河冲积平原；横向上山体走向为南西——北东，黄河流向与山体走向近于平行，故不同地形、地貌形态介于两者之间，亦呈南西——北东条带状平行展布，规律明显。

区内东北部为泰山山脉之余脉，由泰山群变质岩组成的低山丘陵区，相对高差200 ~ 400米，中部为寒武系、奥陶系灰岩组成的丘陵区，海拔200 ~ 400米，相对高差在100 ~ 300米之间，向北西逐渐过渡到由奥陶系马家沟组灰岩组成的山前残丘地形，海拔100 ~ 200米，相对高差50 ~ 150米。山前倾斜平原分布在山区前缘，地面标高 32 ~ 60 米，北西向倾斜。北部沿黄地区为黄河冲积平原，地面标高 32 ~ 36 米，东南向倾斜。由于两平原相对倾斜，故在广里—孝里铺—双乳，老屯—老张庄一带形成一些平行于黄河的条带状洼地，最低处标高约 30.95 米。

山区丘陵地带占全区总面积的 75.6%，山前平原占 10.7%；黄河洼区占 13.7%，因此全区地形地貌按其比例被喻为“八山一洼一平原”。

地貌按成因和形态自东南向西北依次划分为构造剥蚀地貌、剥蚀堆积地貌、松散岩类堆积地貌。

（区国土局）

【水文】 长清区境内有 5 条河流，各条河流的流域面积、长度、水量差别较大，除黄河外，南大沙河、北大沙河、玉符河和清水沟 4 条河流属雨源型季节性河流。长清区除袈裟泉、卓锡泉、清泠泉、晓露泉、檀抱泉 5 处泉池名列济南新七十二名泉外，还有 108 处已知泉点分布于境内的山地丘陵间，泉水的涌水量较少，大多数属雨源型季节性泉眼，利用价值较小。长清区的地下水资源山丘地区较贫乏，在孝里洼区和黄泛平原区及南、北大沙河下游两侧的古河道区域，地下水较丰富，是为济南市区供水的水源地之一。

（区史志办）

【植被】 长清区境内植被类型属暖温带落叶阔叶林植被型，原生植被已基本绝迹，现有植被绝大多数是人工植被，少数为天然次生植被。

自然植被。主要有酸枣、荆条等灌木和黄草、白草等草本植物以及芦苇、浮萍等水生植物，马齿苋、远志、柴胡、车前、蒲公英、苍耳等野生中药材资源在全区各地均有分布。

人工植被。西部黄泛平原地区以速生丰产林和农田林网为主，主要树种为杂交杨等用材林；中部及东南部低山丘陵区以防护林、经济林为主，主要树种为侧柏、松树、刺槐、国槐、杨树、臭椿、黄栌、火炬及核桃、板栗、樱桃、杏、桃、柿子、梨、花椒、石榴、苹果等。城乡四旁及道路绿化树种多为法桐、杨树、桧柏、柳树、银杏、紫叶李、冬青、黄杨、五角枫、龙柏、栾树、白蜡、雪松、白皮松等。刺槐、榆树、桑树、枣树、皂荚等乡土树种明显减少。

（区林业局）

【气候】 长清区属于温暖带大陆性季风气候，四季分明，春季气候升温较快、多干旱，夏季炎热多雨，秋季天高气爽，冬季漫长、寒冷、少雨雪。2018 年，全年平均气温 15.2℃，比常年偏高 1.1℃，年极端最高气温 37.4℃，出现在 6 月 5 日，比常年极值低 4.0℃。年极端最低气温 -12.9℃，出现在 12 月 29 日，比常年极值高 7.6℃。最低月平均气温 -4.4℃，最高月平均气温 33.6℃，气温年较差 30.1℃，最大日较差 18.9℃（3 月 15 日）。生长期 242 天，无霜期 302 天。年总降水量 788.8 毫米，比常年多 142.6 毫米，比历年最多降水量少 216.3 毫米，比历年最少降水量多 426.0 毫米。年降雨日数为 78 天，降雨集中在 6—8 月，8 月最多为 206.9 毫米，一日最大降水量为 97.7 毫米（6 月 26 日）。年日照总时数 2407.3 小时，比常年多 47.7 小时。0℃以上持续期 268 天，初日为 3 月 23 日，终日为 12 月 5 日。

（区气象局）

自然资源

【土地资源】 2018年，全区土地总面积12.09万公顷，其中耕地面积4.63万公顷，园地面积0.44万公顷，林地面积2.07万公顷，草地面积1.52万公顷，城镇村及工矿用地面积1.46万公顷，交通运输用地面积0.37万公顷，水域及水利设施用地面积0.49万公顷，其他土地面积1.11万公顷。

（区国土局）

【水资源】 地表水。2018年，全区水库、塘坝总拦蓄能力8967万立方米，其中水库7980万立方米。水库、塘坝汛末蓄水3957万立方米。全区平均地表水资源量为1.83亿立方米（除去蒸发、入渗等），地表水可利用量3800万立方米，占资源量的20.8%。

地下水。2018年，全区地下水资源量为2.37亿立方米（包括重复计算水量9520万立方米，黄河侧补2517万立方米），可利用量为1.62亿立方米。

（区水务局）

【矿产资源】 长清区金属矿藏有铁、铜、铅、锌、金等。铁矿石储量达数百万吨，主要分布在马山镇、双泉镇和万德街道。金矿分布于万德街道坡里庄附近。其他金属矿储量较少。非金属矿藏有煤、钾长石、重晶石、蛇纹石、花岗石、木鱼石、玉石、石英、石膏、蛭石、石灰石和黄沙等。城西黄河沿岸一带有储量为2亿吨的煤田，可利用量为1.39亿吨，长清境内的储量约4937万吨。钾长石储量为770万吨，分布于张夏街道的金家峪，双泉镇的刘口、柳杭、书堂峪，马山镇的孙土、碾蛇沟，万德街道的坡里庄。重晶石储量约120万吨，分布于马山镇的张老庄。蛇纹石储量为80万吨，分布于马山镇季庄和万德街道界首等地。万德街道界首发现珍贵玉石碧玉矿。全区已探明的花岗岩储量达200亿立方米，主要分布在万德街道、马山镇、双泉镇、五峰山街道，有罗汉绿、黑红花、青白粒、青红花、青黄花、长城红、灵岩三花、仙庄黑等20余个品种。木鱼石主要分布在张夏街道，玉石分布在万德街道。石灰石储量丰富，遍布全区。至2018年，全区共发现矿产19种。其中，查明资源储量的矿产11种，未查明资源储量的矿产共有8种。具有一定规模和资源储量优势的有煤、地热、铁、水泥用灰岩、饰面用花岗岩、蛇纹岩（泰山玉）、熔剂用白云岩、钾长石及矿泉水、地下水等矿产资源，木鱼石也有一定的开发前景。

（区国土局）

【生物资源】 动物资源。陆栖野生脊椎动物：鸟类有乌鸦、喜鹊、雉、鹌鹑、凫、杜鹃、黄鹂、鹰、斑鸠、猫头鹰、啄木鸟等。两栖类有青蛙、蟾蜍等。爬行类有蛇、壁虎等，哺乳类有鹿、黄鼠狼、狐狸、狼、獾、刺猬、野兔等。陆栖野生无脊椎动物：环节动物有蚯蚓、蚂蟥等，软体动物主要有蜗牛等，节肢动物包括多足纲（如蜈蚣）、甲壳纲（如虾、蟹等）、蛛形纲（如蜘蛛、蝎子等）和昆虫纲（如蜂、蝴蝶、蝉、蜻蜓、蟋蟀、蚊蝇等）。

通过开展林业有害生物普查，全区共发现林业有害生物150种，其中虫害128种、病害22种。其中，虫害包括鳞翅目16科54属71种，半翅目6科10属10种，同翅目8科9属10种，鞘翅目8科15属19种，双翅目3科3属3种，膜翅目1科2属2种，直翅目5科7属7种，蜻蜓目1科3种，螳螂目1科1种，蜚蠊目1科1种，多足纲山蛩目1科1种。

植物资源。全区有植物105科478种。其中蕨类植物门有7科8种，裸子植物门有4科10种，被子植物门有100科443种。全区现有林木种质资源73科167属333种。

（区林业局）

人口 民族

【人口】 2018年，全区常住人口17.89万户56.85万人，其中男性居民28.31万人，女性居民28.54万人，男女性别比99.2%，人口出生率12.62‰，死亡率8.38‰，自然增长率4.25‰，机械增长率为6.99‰。

【民族】 2018年，全区共有民族35个。其中，汉族56.16万人；少数民族34个，有回族、哈尼族、满族、彝族、蒙古族、苗族、壮族、藏族、布依族、侗族、傣族、朝鲜族、维吾尔族、瑶族、白族、佤族、黎族、土族、拉祜族、布朗族、纳西族、景颇族、达斡尔族、怒族、傈僳族、水族、穿青族、德昂族、普米族、羌族、土家族、基诺族、塔吉克族、赫哲族共6854人。

（济南市公安局长清区分局）

国民经济和社会发展概况

【综述】 2018年是长清区发展持续向好、稳中有进的一年，是各项工作扎实有力、富有成效的一年。全区上下全面对标市委“1+454”工作体系，围绕“1+654”和“五坚持一实施”工作主线，攻坚克难，实干快干，开拓进取，奋力争先，推动经济社会各项事业迈上新台阶，实现“两年见成效”的任务目标。道路交通建设捷报频传，民生保障再创辉煌，基础教育再上台阶，社会大局持续稳定，公共服务领域改革开启破冰之旅，全区经济持续快速发展。全年完成地区生产总值366.9亿元，比上年增长9.2%，其中一、二、三产业增加值分别为31.1亿元、153.4亿元、182.4亿元，分别增长4.5%、10.0%、9.7%。人均地区生产总值6.18万元，比上年增长8.4%。

【农业及农村经济】 全区完成农业增加值31.1亿元，比上年增长4.5%。农作物播种面积5.89万公顷，其中粮食作物播种面积4.47公顷，粮食总产量24.8万吨，油料总产1.9万吨，水果总产5.2万吨，蔬菜产量52.5万吨。肉、蛋、奶、菜产量分别达3.66万吨、2.71万吨、3.87万吨、52.55万吨，全区生猪、大牲畜、羊、家禽年存栏量分别为18.19万头、4.3万头、18.13万只、255.6万只，其中奶牛存栏1.25万头。现代农业加快发展，农业种植结构、产业布局和投入机制更加科学有序。编制现代农业三年发展规划，整合涉农资金，突出项目带动。依托52家农业园区、850家农民专业合作社、168家农业龙头企业、327家家庭农场和216个“三品一标”特色农产品，进一步促进现代农业提质增效，农业产业化水平不断提高。实施特色品牌战略，长清茶、中药材、油用牡丹等特色产业规模不断壮大，长清寿茶入选全市十大特色农业品牌，全国杂粮绿色高产高效技术观摩交流会在长清区举办。农业品牌提质增效，培育长清茶区域公用品牌，组织圣虎山、莲心雪芽和灵岩御菊等主体申报认证绿色食品，提升产品质量，利用新春专利大集、杏花节、国际茶业博览会等活动，组织长清区品牌农产品宣传推介。实施产业扶贫项目47个，对119个贫困农村、4705户贫困户、9220贫困人口进行巩固提升，实现现行标准线下贫困对象脱贫任务。实施15座水库塘坝维修整治，新增高标准农田1200公顷、水肥一体化农田867公顷。实施农村集体产权制度改革，颁发土地经营权证10本，涉及农户308户，交易流转土地91.4公顷，交易金额1005.33万元。推进村居环境综合整治，实施城乡环卫一体化市场化运作，加大投入，强化督导考核，清理农村“三大堆”5万余立方米、垃圾2万余立方米，完成农厕改造1.48万户。完成100个省级美丽乡村达标村建设，马套村入选首批全省美丽村居建设试点村。长清区被评为全省农产品质量安全示范区。

【工业和建筑业】 全区工业增加值实现93亿元，比上年增长7.6 %。新增规模以上企业11家，累计188家，全区完成规模以上增加值43.4亿元，比上年增长8.9 %，主营业务收入199.5亿元，实现利税15.9亿元，工业利税增幅居全市首位。工业转型升级步伐加快，推进标准化工业厂房建设，济南新路昌试验机有限公司、沃德发动机气门生产线等项目建成投产，山东北辰集团有限公司新能源装备基地、广汇力德国ABB机器人装配生产线等项目主体完工。济南捷迈锻压机械工程有限公司机械术语成为国家标准，济南奥图自动化股份有限公司入选山东省中小企业“隐形冠军”企业。山东宏达科技集团深冷容器技术深度开发利用及产业化项目列入全省新旧动能转换第一批重点项目库。产学研合作成效明显，济南冶金化工设备有限公司被评为“全国技术创新型焦化企业”；国舜集团被认定为济南市第一批专家工作站，公司研发的“GS360烧结机烟气高效脱硫除尘成套设备”被评定为重点领域国内首台套重大技术装备。全年累计办理房屋建筑及市政基础设施工程招投标103项，造价67亿元。长兴建设集团晋升建筑工程施工总承包特级资质，全区特级总承包资质企业达到3家，4家建筑产业化企业获国家级生产基地，全区建筑业总产值完成228.09亿元，房屋施工面积1438万平方米，竣工面积295万平方米，缴纳建筑业税款5.16亿元。完成房地产开发投资49.5亿元，房屋施工面积453.5万平方米，销售面积45.4万平方米，销售额39.7亿元。

【贸易 财政 金融】 全区社会消费品零售总额165亿元，比上年增长9%。限额以上批发零售企业66家，其中批发业24家，零售业42家。服务业持续繁荣发展，实现增加值182.4亿元，新增规模以上企业4家。长清区制定鼓励投资促进发展政策措施，举办首届儒商大会和“轻轨新时代、秀美长清”北京招商引资推介会，新签约引进马山金港汽车小镇、圣丰军民融合等招商引资项目75个，总签约额突破1000亿元，13个项目实现当年签约当年开工。梦翔小镇、美客创意小镇、“纸男孩”设计智造小镇、泉城锦鲤文化产业小镇等众多特色产业快速发展。大学城崛起首座亿元楼，济南西部创新园纳税2.6亿元。制定《关于促进政银企深度融合发展的意见》，政银企深度融合发展会议现场签约38.8亿元。完成规范化公司改制22家。新增各类市场主体1.2万户，累计4.4万户。全年完成进出口总额8.84亿元，同比增长15.2%。其中，出口6.87亿元，同比增长16.3%；进口1.97亿元，同比增长11.7%。完成一般公共预算收入23.5亿元，增长15.4%，增幅居全市第四；一般公共预算支出66.8亿元，增长93%。新增银行金融机构1家，全区各项存贷款余额达到418.7亿元和205.8亿元。

【旅游】 长清区文物古迹荟萃，旅游资源丰富。全区有各级文物保护单位243处，其中全国重点文物保护单位6处，省级文物保护单位16处，市级文物保护单位25处，县级文物保护单位47处，依法登记单位15处，第三次全国文物普查新发现登录公布文物保护单位134处。全区共有A级旅游景区8处，其中4A级旅游景区2处（灵岩寺、济南园博园）、3A级旅游景区4处（五峰山、莲台山、大峰山齐长城、马套将军山）、2A级旅游景区2处（卧龙峪、茶博园）。主要旅游景点有“海内名刹”灵岩寺、第七届中国（济南）国际园林花卉博览会的会址园博园、“齐鲁仙境”五峰山、“世外桃源”莲台山、“世界壁垒之最”齐长城、“第一古迹”汉石祠、“度假胜地”崮云湖、自然生态旅游卧龙峪、济北王陵双乳山、马山晨韵、义净佛光、峰山烟云、馍山倒影、凤凰飞瀑等。旅游业提档升级，发展全域旅游。4月28日起，第七届中国（济南）国际园林花卉博览会会址园博园正式对外免费开放。马山慢城开园纳客，推出万德“齐鲁8号风情线”、张夏“三十里玉杏谷”、孝里“古风孝里、乡村漫行”等精品线路，其中“齐鲁8号风情线”入选全国100条乡村旅游精品线路。全年接待游客865万人次，实现旅游收入84.7亿元。

【交通】 全区通车总里程1775.22公里，其中高速公路81.50公里，国省道187.98公里，县道156.28公里，乡道275.64公里，村道1059.56公里，专用道路14.26公里。4月25日，济南轨道交通R1线全线贯通。6月21日，山东济南长清黄河大桥建成通车。11月25日，S105济聊线长清绕城段建成通车。12月7日，济广高速互通立交开工建设。郑济高铁在长清设站。G220东深线长清至平阴界段改建工程，全长25.79公里，路基宽25.5米，双向四车道，设置大、中、小桥15座，分离式立交1处，隧道1处，项目规划已批复。大学路东延纳入全市路网规划，中川街改造、五峰路南段、牛山路建成通车，莲台山路南段主体完工。完成农村公路网化工程总长324公里。

【建设 环保】 全社会固定资产投资比上年增长19.6%。区域发展规划编制取得初步成果，确立山水知识城、创新创业谷的总体发展思路和一城、两轴、多镇的发展框架。城市片区熟化开发取得历史性突破，东王城中村改造一期、小柿子园城中村改造一期相继挂牌出让。棚改旧改加快推进，东王、东北关、王宿一期安置房主体封顶，高垣墙安置房加快推进，新启动齐庄、张桥、平安、小刘、北汝、老党校片区棚改项目，全年拆迁3274户，拆除面积107万平方米，新开工安置房5144套。黄河滩区迁建加快推进，外迁安置工程归德社区84幢楼、孝里社区149幢楼全部开工建设，总建筑面积200万平方米。开展城市提升工程“十大行动”，依法拆除违建5608处、380万平方米，完成建绿透绿5.3万平方米，累计完成裸土覆绿59.5万平方米，完成老旧小区16个、背街小巷23条、街头公园4处、“三高”沿线的236处整治提升，规范整顿占道经营、车辆停放，清运生活垃圾18万吨。城乡环卫一体化实现全覆盖，生活垃圾无害化处理率达到100%。新增集中供热30万平方米、天然气入户9000家。加大环境综合整治，破损山体整治、文昌山城市健康公园建设、北大沙河景观治理等工程加快建设。重拳整治大气污染，建成环境空气质量自动监测子站8个、监测微站118个，完成气电代煤4961户。划定生态保护红线133.4平方公里，绿化造林400公顷，完成北大山郊野公园建设。长清区累计创建国家级生态镇2个、省级生态镇6个；创建国家级生态村2个、省级生态村9个、市级生态村481个。污水集中处理率95%，工业废水排放达标率95%，城市空气质量良好率51.2%，饮用水源水质达标率保持100%。

【教科文卫体】 大学科技园有山东师范大学、齐鲁工业大学、山东中医药大学、山东艺术学院等高校12所，在校师生20万人，每年大学毕业生4万人以上。全区共有各级各类学校112所（含公办幼儿园 14 所），在校生 5.29 万人，教职工 4587 人，专任教师 4545 人。其中成人中专 1 所，在校生 1602 人（均为业余专、本科班），专任教师 43 人；普通中学 19 所，在校生 2.34 万人，专任教师 2188 人；职业学校 1 所，在校生 1598 人，专任教师 143 人；进修学校 1 所，专任教师 25 人；小学 74 所，在校生 2.79 万人，专任教师 1918 人。幼儿园 136 所，在园幼儿 1.46 万人，专任教师 998 人（含公办教师 102 人）。学前 3 年幼儿入园率 91.02 %，适龄儿童入学率 100 %，小学生在校生巩固率 100 %，初中在校生巩固率 99.5 %，初中毕业生升学率 50 %（升入普通高中）。济南大学城实验高级中学、济南市长清大学城实验学校建成招生，总投资 9.5 亿元，总建筑面积 14 万平方米，教学班 132 个。山东师范大学大学城实验学校、华东师范大学济南实验学校相继开学。制定实施中心城区基础教育设施三年计划，城乡教育一体化加快发展。投资 8.1 亿元，新建提升中小学幼儿园 10 所，新增学位 8870 个。长清区重视人才引进及培养，济南永丰种业有限公司获泉城产业领军人才支持计划创新团，山东吉源农牧科技发展有限公司、济南广盛源生物科技有限公司企业法定代表人获泉城产业领军人才支持计划创业人才。全年发明专利申请量 903 件，授权量 247 件，有效发明专利拥有量 901 件。新增省级以上研发机构 4 家，新增高新技术企业 14 家，累计 63 家。投资 5000 余万元，全市规模最大、形式最新、内容最丰富的济南大峰山党性教育基地建成开馆，成为传播红色文化、开展党性教育的红色圣地。新建文化馆、图书馆分馆 10 处，基层综合文化服务中心基本实现全覆盖，被评为第三届山东省文化强省建设先进区。全区各类卫生机构 481 个，床位 1353 张，卫生技术人员 1840 人。大学城三甲医院一期主体竣工，新建改造农村卫生室 12 处，市精神卫生中心项目正式落户。国家基本公共卫生服务项目经费达到人均 55 元，全省医养结合示范先行区创建通过中期评估。长清区成立各类体育协会 12 个、俱乐部 1 个，群众自发性健身站点 200 余个、健身气功站点 9 个。9 月 23 日，2018 首届济南（长清）国际马拉松赛在济南市长清区举办。在省级体育比赛中获金牌 5 块、银牌 4 块、铜牌 9 枚。

【人民生活】 城镇居民人均可支配收入 3.93 万元，农村居民人均可支配收入 1.78 万元。全区新增城镇就业人员 2979 人，新增劳动力转移就业 8415 人，城镇登记失业率 2.53%。长清区扎实推进省级养老服务创新实验区建设，“12349”养老信息平台在全国首创“二维码”服务模式，在全市率先推出居家养老服务。新建养老服务设施 28 处，区级社会福利中心开工建设，养老服务体系更加健全。长清区企业养老保险参保单位 2525 户，参保人数 60596 人，征缴企业基本养老保险费 4.78 亿元。机关事业保险参保单位 340 个，收缴养老保险费 32642 万元，发放养老金 32465 万元。城乡居民养老保险参保 31.82 万人，收缴保费 5972.75 万元。居民医疗保险参保 39.4 万人，缴费金额 2.72 亿元；职工医疗保险参保 53792 人，缴费金额 2.26 亿元。工伤保险参保单位 2555 家，参保人员 35083 人，征缴总额 0.23 亿元。全年实施医疗救助 881 人，发放救助金 454 万元；临时救助 121 人，发放救助金 41.09 万元；全区城乡最低生活保障 6934 户 10356 人，发放低保金及补贴 3882.69 万元；保障五保对象 670 人，发放供养资金 35.78 万元，发放护理补贴 18.01 万元。为 52 名孤儿按照每人每月 1120 元发放生活保障金 69.89 万元，为 31 名困境儿童按照每人每月 300 元发放生活补贴 11.16 万元。筹集善款 462 万元，累计救助各类困难群众 2.1 万人次。

（边绍林　邢菊）

精神文明建设

【概况】 2018年，长清区精神文明建设委员会成员单位共有36个。长清区精神文明建设委员会办公室（以下简称区文明办）围绕区委、区政府中心工作，以思想道德建设为核心，开展群众性精神文明创建活动，加强未成年人思想道德建设，为促进全区经济社会发展提供精神动力和道德支撑。至年底，全区共有全国文明村1个，省级文明单位31个，省级文明社区14个，省级文明村镇19个。

【文明城市创建】 2018年，区文明办以“人人参与文明共建、人人共享美好生活”为总目标，制定《全区烟花爆竹禁放宣传动员工作方案》，开展志愿引导服务活动。每月邀请市民巡访团检查指导文明城市创建常态化建设情况，为全区城乡环卫一体化建设、乡村文明工作以及文明旅游、城市提升等工作建言献策，区文明办督导各检查点总结市民巡访团提出的意见，对巡防中发现的缺项、弱项、短板问题进行整改。4月13日，在清悦园广场举行长清区城管志愿者联盟启动仪式。组织工会、团委、妇联、大学科技园、文昌街道、崮云湖街道等职工志愿者、巾帼志愿者、青年及高校志愿者、城管志愿者、社区志愿者分期开展捡拾垃圾、“门前三包”志愿宣传、志愿活动进社区等志愿服务活动。结合区城市提升“十大行动”，开展文明交通志愿服务活动，分别在城区3个重点交通路口，安排全区各级文明单位84个，每天早晚高峰时段各一个小时进行文明交通引导。完成2018年度全国文明城市复查档案材料上报和实地测评，分解责任、细化指标，高标准、严要求做好全国文明城市复查工作。

【思想道德建设】 2018年，区文明办扎实推进典型培树工作，弘扬文明新风，组织开展“我推荐我评议身边好人”活动，营造崇德向善的良好社会氛围，刘绪生、王华、曹美英、袁伟被授予“济南好人”称号，刘子叶、赵广菲、肖寒雪、赵洪振、刘宸光、李克诚、江坤灵、段耀起被授予“新时代好少年”称号。根据《“成德慈善基金”使用管理办法》，开展第五批“成德慈善基金”集中救助活动，对全区生活困难的道德典型进行救助，确定生活困难道德典型（道德模范、身边好人、“四德”典型、好婆媳等）41人，每人救助1000元，在社会上树立“好人好报、善有善报”正面导向。

【乡村文明行动】 2018年，实施乡村振兴战略，深化文明村镇创建，启动区级文明村居创建工作，新审批区级文明村105个。联合区金融办、区农商行开展“文明诚信幸福村”创建活动，召开全

2018年4月4日，全区金融助力乡村振兴发展暨创建星级“文明诚信幸福村（社区）”启动大会召开　（区委宣传部提供）

区金融助力乡村振兴发展暨创建星级“文明诚信幸福村（社区）”启动大会，将“文明诚信幸福村”创建活动，作为乡村振兴战略的重要一环，引导文明村庄和个人通过诚实守信、勤劳致富改善生活。马山镇双泉庄村获省级乡村文明行动百镇千村示范村，五峰山街道小庵村、张夏街道井字坡村获市级乡村文明行动百镇千村示范村。结合城市提升文明素质提升行动，每月对各街镇进行实地检查，查看农村精神文明建设情况，及时反馈存在问题，督促各街镇整改落实。

【未成年人思想道德建设】 2018年，区文明办以培育和践行社会主义核心价值观为主线，突出重点，抓住关键，巩固提高，深化拓展，开展“扣好人生第一粒扣子”“网上祭英烈”“新时代好少年”推荐、优秀童谣征集推荐等活动。按照“公益性、普及性、资源整合”原则要求，扎实推进乡村学校少年宫建设，完成2018年度市级乡村学校少年宫申报工作，新建市级乡村学校少年宫项目4个。9月11日，全市乡村学校少年宫建设调研组到长清区3所乡村学校少年宫调研，市调研组给予一致好评。根据创城要求，做好未成年人思想测评工作档案材料的任务分解工作，同时安排实地测评相关工作。

【文明单位管理】 2018年，区文明办继续发挥文明单位评选表彰工作导向作用，加强文明单位常态化管理，进一步提升文明单位创建水平。1月8日，召开文明委工作会议，会议通过《济南市长清区各级文明先进申报推荐评选工作流程》。区委副书记曹军、区人大常委会副主任时华勤、区政协副主席郭卫东出席会议，区委常委、宣传部长曲京鹏主持大会。严格按照《济南市文明单位建设管理条例》《济南市各级文明先进申报、复查流程》《关于加强文明单位常态化管理的意见》和《济南市长清区各级文明先进申报推荐评选工作流程》有关规定，4月底完成2018年各级文明先进预申报工作。11月，开展全区各级文明先进复查申报工作。至2018年底，全区共有全国文明村1个，省级文明单位31个，省级文明社区14个，省级文明村镇19个，市级文明单位95个，市级文明社区11个，市级文明村镇103个。

（柴洪亮　许锋）

组织机构与领导班子成员

中共济南市长清区委及所属工作部门

中共济南市长清区委员会

书　　记　王勤光
副 书 记　赵居安
　　　　　曹　军
　　　　　徐龙义（挂职）2018年7月任职
常　　委　王勤光
　　　　　赵居安
　　　　　曹　军
　　　　　徐龙义（挂职）2018年7月任职
　　　　　孙　静（女）　2018年5月离职
　　　　　董庆哲
　　　　　李广霞（女）　2018年5月任职
　　　　　曲京鹏
　　　　　李成刚
　　　　　魏宏新
　　　　　亓　明
　　　　　刘广东
　　　　　李志学（挂职）2018年7月离职
　　　　　葛永宏（挂职）
　　　　　夏红军（挂职）
　　　　　张　峰

长清区委办公室

主　　任　亓　明
副 主 任　赵培新
　　　　　符学敏
　　　　　曹玉新

长清区委督查室

主　　任　李　波
副 主 任　朱成军

长清区保密委员会办公室（长清区国家保密局）

主　任（局　长）　张兰伟
副主任（副局长）　焦　青（女）

长清区委机要局

局　　长　陈甲伟
副 局 长　孟　力

长清区接待办公室

主　　任　（空缺）
副 主 任　陈翠平（女）
　　　　　王洪霞（女）

长清区委办公室信息处

主　　任　魏　涛　　　2018年1月离职

长清区全面深化改革领导小组办公室

专职副主任　孙焕顺

长清区委组织部

部　　长　孙　静（女）2018年5月离职
　　　　　李广霞（女）2018年5月任职
常务副部长　郝兆林
副 部 长　时军华
　　　　　孔凡强
　　　　　郭天宾
　　　　　李晓林

长清区委组织员办公室

主　　任　李晓林
副 主 任　李友勇
　　　　　李开军

长清区干部下派工作办公室

副 主 任　薛　亮
　　　　　陈　鲁

长清区党员干部现代远程教育中心

副 主 任　徐洪帅
　　　　　李　锋

长清区委宣传部

部　　长　曲京鹏
常务副部长　王新勇
副 部 长　刘学勇
　　　　　吴　昊

长清区新闻办公室

主　　任　郭廷瑜（女）

长清区精神文明建设委员会办公室

主　　任　吴　昊
副 主 任　李　娜（女）
　　　　　宗　磊

长清区新闻信息中心

长清区互联网信息办公室

主　　任　王新勇
副 主 任　赵福建
　　　　　李昌海

长清区委统战部

部　　长　魏宏新
常务副部长　王玉法
副 部 长　田宪云
　　　　　赵书斗
　　　　　李凤山
　　　　　李　旻（女）

长清区民族宗教事务局

局　　长　李凤山
副 局 长　王如泉

长清区委政法委员会

书　　记　李成刚
常务副书记　张　勇
副 书 记　郑书桐
　　　　　高长宝
　　　　　郭建华

长清区综合治理办公室

主　　任　郭建华
副 主 任　刘绪仁
　　　　　高连法

长清区维护社会稳定办公室

主　　任　郑书桐
副 主 任　周广勇

长清区委区直机关工作委员会

书　　记　刘延青
副 书 记　赵连伟
　　　　　徐卫华
　　　　　顾建美（女）
调 研 员　王　威　　2018 年 11 月退休
　　　　　赵洪勇

长清区机构编制委员会办公室

主　　任　孔凡强
副 主 任　周宝忠
　　　　　李瑞杰

长清区事业单位监督管理局

局　　长　滕爱丽（女）

长清区机构编制电子政务中心

主　　任　王富新

长清区政府行政审批制度改革办公室

主　　任　于　刚

长清区委党校

校　　长　王勤光
常务副校长　王友海
副 校 长　吕中伟
　　　　　张翠芝（女）
　　　　　于传牧

区情研究室

主　　任　陈元星

长清区委长清区人民政府信访局

党组书记、局长
　　　　　赵　军
副 局 长　郭延荣
　　　　　冯经喜
　　　　　卢圣娟（女）
　　　　　张孝峰

长清区委老干部局

书记、局长　郭天宾

副　局　长　刘　军
　　　　　　张中华
调　研　员　宋益光

老年大学

校　　　长　刘　军
副　校　长　刘智勇

长清区委农村工作办公室

主　　　任　曹玉新
副　主　任　董殿刚（正处）
　　　　　　侯登华
　　　　　　景衍林
　　　　　　娄　斌
调　研　员　张明田

长清区扶贫开发领导小组办公室

主　　　任　曹玉新
副　主　任　娄　斌
　　　　　　尹作明
　　　　　　胡兴君（挂职）2018年8月离职
　　　　　　赵　剑（挂职）2018年9月任职

长清区扶贫开发工作推进指挥部办公室

主　　　任　张振利
副　主　任　娄　斌
　　　　　　尹作明
　　　　　　赵　剑（挂职）2018年9月任职

长清区委台湾工作办公室
长清区人民政府台湾事务办公室

主　　　任　李良华（女）
副　主　任　刘绪俊

长清区委党史研究室

书记、主任　魏　珺（女）
副　主　任　李　鹏

长清区档案局
长清区档案馆

党组书记、局（馆）长
　　　　　　符学敏
副局（馆）长
　　　　　　王化营
　　　　　　刘传娥（女）
　　　　　　赵德水

济南市长清区人大常委会及其工作部门

长清区人大常委会党组

党组书记　刘延文
副　书　记　李本文

长清区人大常务委员会

主　　　任　刘延文
副　主　任　李本文
　　　　　　时华勤（女）
　　　　　　卢云成
　　　　　　周　杰
　　　　　　呼　强

区人大常委会工作机构

办公室

主　　　任　李存寅
副　主　任　曹云川
　　　　　　刘业勇

代表工作处

处　　　长　袁学军

法制工作处

处　　　长　张联群
副　处　长　周　倩（女）

教科文卫工作处

处　　　长　刘道辰
副　处　长　王荣生

财政经济工作处

处　　　长　王　勇
副　处　长　朱枫林（女）

农村经济工作处

处　　　长　李　明
副　处　长　曹相凤（女）

信访工作处

处　　　长　孙　超（女）

预算工作处

处　　长　王　峰
副 处 长　于海波

法制委员会

主任委员　卢云成
副主任委员　谯新民
　　张联群
　　王兴霞（女）

财政经济委员会

主任委员　呼　强
副主任委员　郝继长
　　郑元忠
　　王　峰

教育科学文化卫生委员会

主任委员　时华勤（女）
副主任委员　李兆河
　　郝进强　2018 年 8 月离职

城乡建设与环境资源保护委员会

主任委员　马衍长
副主任委员　陈　华
　　栾爱国

农业与农村委员会

主任委员　周　杰
副主任委员　张洪英
　　李　明
　　董培忠

济南市长清区人民政府及所属工作部门

长清区人民政府党组

书　　记　赵居安

长清区人民政府

区　　长　赵居安
副 区 长　董庆哲
　　葛永宏（挂职）
　　潘兴华
　　梁艳玲（女）
　　刘永亭
　　周　波（回）
　　李轶锋（挂职）2018 年 9 月离职
　　张永刚（挂职）
　　李建新（挂职）2018 年 8 月任职

区政府工作机构

长清区政府办公室

主　　任　李　涛
副 主 任　马　彪
　　杨　贺（挂职）2018 年 8 月离职

长清区政府应急管理办公室

副 主 任　马德刚

长清区政府法制办公室

主　　任　房志明

长清区政府外事侨务办公室

主　　任　邢万颖（女）
副 主 任　李振勇

长清区政府督查室

主　　任　马建国
副 主 任　杨乾坤

长清区政府信息中心

主　　任　房立明

长清区史志办公室

党组书记、主任
　　陶明东
副 主 任　边绍林

长清区老龄工作委员会办公室

党组书记、主任
　　蔺红红（女）
副 主 任　杨德涛
副调研员　王怀波

长清区政务服务中心管理办公室（2018 年 12 月撤销）

党组书记、主任
　　徐笃峰
副 主 任　韩庆强
副调研员　赵　钢

长清区政务服务中心

主　　任　赵玉国

长清区行政审批服务局（2018 年 12 月成立）

长清区政务服务管理办公室（2018 年 12 月成立）

党组书记、主任

徐笃峰

副 主 任　韩庆强

副调研员　赵　钢

长清区政务服务中心

主　　任　赵玉国

长清区机关事务管理局

党组书记　马忠平

局　　长　邢庆凯

副 局 长　宋林军

张兴龙

长清区大学科技园管理服务中心

党组书记、主任

焦玉铭

副 主 任　孟　涛

长清区灵岩寺旅游区管理委员会

长清区灵岩寺文物管理委员会

党总支书记、主任

张士磊

副 主 任　米　勇（回）

马庆华

长清区五峰山旅游区管理委员会

党总支书记、主任

张　辉

副 主 任　赵红星

长清区教育体育局

党委书记　王少辉（回）

副 书 记　贾绪兰（女）

纪委书记　李　晓

局　　长　王少辉（回）

副 局 长　顾建海

巨传祯

赵　强

副调研员　刘爱国

贾绪兰

长清区人民政府督导室

主　　任　贾永荣

长清区招生办公室

主　　任　庞传阳

济南市长清第一中学

校　　长　王少辉（回）

副 校 长　马德玉

副 校 长　黄继成（主持工作）

济南市长清中学

校　　长　孟庆武

副 校 长　张吉山

王家政（主持工作）

长清区教师进修学校

校　　长　贾绪兰（女）

副 校 长　马德玉（主持工作）

长清区成人中等专业学校

校　　长　顾建亮

副 校 长　张　稳

长清区职业中等专业学校

校　　长　王家政

副 校 长　石金柱

王金庆

长清区实验中学

校　　长　王英伟

副 校 长　王金池（主持工作）

长清区实验小学

校　　长　王金池

长清区石麟小学

校　　长　杜建青（女）

长清区实验幼儿园

园　　长　李广勇

长清区竞技体育学校

校　　长　李　伟

长清区特殊教育学校

校　　长　卢圣国

长清区卫生和计划生育局

党委书记　翟贵祥
副书记　阮　军（正处）
　　刘　越（正处）
纪委书记　张东兴（正处）
局长　翟贵祥
副局长　阮　军（正处）
　　李开亭（正处）
　　卢传涛
　　王　芹（女）
副调研员　刘　越（正处）
　　邢广涛
　　吕　华（女）
　　魏　莹（女）

长清区中医药管理局

局长　宋信亮（正处）

长清区爱国卫生运动委员会办公室

主任　李开亭
副主任　边　平（女）

长清区计划生育协会办公室

主任　刘　越
副主任　邢广涛

长清区妇幼保健计划生育服务中心

主任　卢传涛

长清区流动人口计划生育管理办公室

主任　冯秀伦

长清区深化医药卫生体制改革领导小组办公室

主任　王怀明

长清区疾病预防控制中心

主任　刘　冰

长清区人民医院

济南市第九人民医院

党总支书记、院长
　　杨明利
副院长　郭卫东
　　董希智
　　王新华
　　吴国洪

长清区中医医院

济南市第三中医医院

党总支书记、院长
　　李盛长
副院长　张承莲（女）
　　吴红英（女）

长清区广播电视台

党组书记、台长
　　刘学勇
副台长　刘素忠
　　屈云海

长清区科学技术局

党组书记、局长
　　曹相伟
副局长　王　军
　　蔡河江
调研员　樊　敏
副调研员　张　峰

长清区知识产权局

局长　樊　敏

长清区文化广电新闻出版局（区旅游局）

党委书记　杨连琪
副书记　孙爱国
　　徐相东
局长　杨连琪
副局长　刘　玲（女）
　　李授光
　　公宪军
调研员　张　明

长清区文物局

局长　徐相东
副调研员　李洪军
　　张士磊
　　张　辉

长清区旅游发展中心

主任　孙爱国

副　主　任　王　毅

长清区食品药品监督管理局

党组副书记、副局长
张振利（主持工作）
副　局　长　司家国
刘玉玲（女）
杜士东
党 组 成 员　郝丽丽（女）
副 调 研 员　贾胜泉

长清区食品药品监督管理局稽查大队

大　队　长　杨仁庭

长清区综合检验检测中心

党组书记、主任
司家国
副　主　任　王　磊

长清区司法局

党组书记、局长
杨立新
副　局　长　邵兴迎
孙　力
副 调 研 员　陶昌庆

长清区公证处

主　　　任　邵兴迎
副　主　任　陶昌庆

长清区普法教育依法治区领导小组办公室

专职副主任　张　华

长清区民政局

党 组 书 记　李　伟（女）
副　书　记　符连河
局　　　长　李　伟（女）
副　局　长　符连河
房启彬　　2018 年 12 月离职

长清区双拥办公室

专职副主任　许好军
副 调 研 员　王新强

长清区军休所

所　　　长　王庆昌

长清区退役军人事务局

局　　　长　程庆勇　　2018 年 11 月区委提名
副　局　长　董　升（正处）　2018 年 12 月任职
房启彬　　2018 年 12 月任职

长清区发展和改革委员会

党 委 书 记　张殿义
副　书　记　周甲民
武云岭
主　　　任　张殿义
副　主　任　周甲民
董文安
彭　臻
副 调 研 员　武云岭
丁兆军
李大鸾

长清区人力资源和社会保障局

党 委 书 记　时军华
副　书　记　曹林凤（女）
纪 委 书 记　刘应新（女）
局　　　长　时军华
副　局　长　董　升　　2018 年 12 月离职
陈　彤
王培新
副 调 研 员　刘　勇
邱悦平
刘兴芹（女）

中国济南留学人员创业区长清创业园管理委员会

主　　　任　陈　彤

长清区人才服务中心

主　　　任　王培新
副　主　任　刘兴芹（女）
王　峰

长清区劳动人事争议仲裁院

院　　　长　曹林凤（女）

长清区机关事业单位社会保险办公室

主　　　任　邱悦平

长清区劳动就业办公室

主　　任　刘　勇

副 主 任　王振东

长清区统计局

党组书记、局长

范先广

副 局 长　庄庆志

赵立新

调 研 员　张连登

副调研员　张道杰（女）

长清区社会经济调查中心

主　　任　安晓菊（女）

长清区审计局

党组书记　郭其军

党组副书记　张　华（女）

局　　长　郭其军

副 局 长　张　华（女）

纪长青

吴小忠

总审计师　房冬梅（女）

调 研 员　高元刚

副调研员　张　瑾（女）

王　凌（女）　2018年3月任职

长清区经济责任审计办公室

主　　任　张　宁

长清区人民政府金融工作办公室

长清区地方金融监督管理局

亓　鲁　（临时负责区金融办全面工作）

党组副书记　方宝琴（女）

副主任（副局长）

孟黎明

赵　峰

长清区粮食局

书记、局长　周广山

副 局 长　张树民

李士伟

山东长清国家粮食储备库

主　　任　周广山

副 主 任　范振明

孟　伟（女）

长清区粮油收储中心

主　　任　周广山

副 主 任　房玉景

杨夕杰

赵　峰（女）

长清区物价局

党组书记、局长

朱庆和

副 局 长　张　晖

调 研 员　李海平

长清区经济和信息化局

长清区商务局

党委书记　方宝军

副 书 记　孙宝良　　2018年2月退休

纪委书记　曹　蕊（女）

局　　长　方宝军

副 局 长　闫新礼

王　林

郭淑前（女）

调 研 员　房立平

副调研员　张　勇

长清区节约能源办公室

主　　任　宋淑红（女）

长清区企业综合服务中心

主　　任　刘兴泉

长清区商贸服务中心

主　　任　闫新礼

副 主 任　朱孝勇

长清区投资促进服务中心

党组书记、主任

王　林

党组成员、副主任

司宏新

唐秀红（女）（2018 年 9 月挂职济南市商务局开发区管理处副处长）

长清区财政局

党组书记、局长 刘兴文

副　局　长 刘清忠（正处）

闻洪宝（正处）

亓　鲁（正处）

张永亮

副调研员 孙增光

赵新英（女）

赵　骥

长清区工资发放管理中心

主　　任 刘兴文

长清区政府项目资金管理中心

主　　任 邢立顺

副　主　任 陈　铭

李　鹏

长清区机关事业单位资金核算中心

主　　任 王春红（女）

副　主　任 张　斌

长清区农业综合开发办公室

主　　任 郭淑刚

长清区莲台山风景区管理处

党支部书记 赵　骥

副　主　任 赵　骥

长清区市场监督管理局

党委书记 董玉河

局　　长 董玉河

副　局　长 徐洪春

金增涛

张连成

孙远印

调　研　员 陈立昌 2018 年 3 月退休

副调研员 王永法 2018 年 5 月退休

刘明霞（女） 2018 年 9 月退休

长清区企业注册局

局　　长 李　霞（女）

长清区公平交易局

局　　长 王家利

长清区质量技术监督稽查大队

队　　长 杨巧伟（女）

长清区交通运输局

党委书记 王恩庆

副　书　记 李　刚

局　　长 王恩庆

副　局　长 庄　庆

调　研　员 周仕河

副调研员 张世忠

杨连强 2018 年 9 月任职

长清区交通运输监察大队

大　队　长 张同民

长清区公路局

党委书记 李　刚

局　　长 李　刚

副　局　长 刘传礼

王春成

宋鲁生

李明强

长清区安全生产监督管理局

党组书记、局长

程庆勇 2018 年 11 月离职

副　局　长 杨立国 2018 年 11 月起主持工作

房玉奎

长清区安全生产监察大队

大　队　长 刘　丽（女）

长清区商业集团

党委书记、总经理

孟黎明

副总经理 周　勇

管宏伟

长清物资集团总公司

党委书记、总经理

石文平

长清区供销合作社联合社

党委书记、理事会主任

张兴田

理事会副主任

曹延双

监事会主任 张 勇

助理协理员 张宪平

长清区农业局

党委书记 高远胜

局 长 高远胜

副局长 房立国

国忠东

赵振军

副调研员 李学敏（女）

张卫华

长清区林业局

党委书记、局长

周振奎

副局长 周忠民

郝延东

调研员 刘元厚

李新奇 2018年5月离职

济南市森林公安局长清区分局

济南市公安局长清区分局森林警察大队

局长（队长）何长军

长清区水务局

党委书记、局长

马 雍

副局长 李庶荣

张增荣

长清区畜牧兽医局

党组书记、局长

李拥军

副局长 王绪伟

副调研员 闫 国

长清区畜牧兽医监察大队

大队长 刘振伟 2018年2月离职

长清区农业机械管理局

党组书记、局长

刘 敏

副局长 朱成良

周 军

长清区蔬菜技术服务中心

书记、主任 房立国

副主任 刘丙周

山东省农业广播电视学校长清区分校

党组书记、校长

王桂军

副校长 董庆旺

长清区住房和城乡建设委员会

长清区城市更新局

党委书记 王庆波

副书记 张 峰

纪委书记 侯立军

主 任 王庆波

副主任 李兆喜

王元江

周生奇

调研员 冯伦进 2018年7月退休

副调研员 朱思地

长清区人民防空办公室

主 任 王 学

长清区城市管理局

长清区综合行政执法局（2017年12月组建，2018年2月挂牌成立）

党委书记 宋传猛

纪委书记 张 晓

局 长 宋传猛

副局长 肖洪岭

王寿国

禹淑红（女） 2018年3月任职

长清区环卫绿化管护中心

主　　任　肖洪岭

副 主 任　刘　峰

　　　　　谢昌伟

长清区数字化城市管理中心（济南市“12319”热线服务中心长清区工作站）

主　　任　朱广伟

长清区城市管理行政执法大队（2017年12月撤销）

队　　长　许　冉　　2018年3月离职

长清区综合行政执法大队（2017年12月组建，2018年2月正式挂牌成立）

大 队 长　空缺

副大队长　刘振伟　　2018年3月任职

　　　　　许　冉　　2018年3月任职

　　　　　郑永军　　2018年3月任职

长清区环境保护局

党组书记、局长

　　　　　孟宪德

副 局 长　王德法

　　　　　王传元

长清区房屋征收服务中心

党组书记、主任

　　　　　张　峰

副 主 任　程海金

长清区自来水服务中心

党支部书记、主任

　　　　　曹德忠

副 书 记　王祥忠

副 主 任　刘兆斌

　　　　　李　勇

　　　　　李焕祥

　　　　　孙　平

　　　　　薛平涛　　2018年11月离职

长清区房地产开发中心

副 主 任　王　波（主持工作）

　　　　　赵　新

长清区热电中心

党支部书记、主任

　　　　　刘兆斌

副书记、副主任

　　　　　刘少儒

长清区散装水泥办公室

党支部书记　李兆喜

副 书 记　朱吉军　　2018年9月任职

主　　任　朱吉军

副 主 任　李寿国

政协济南市长清区委员会及其工作机构

政协济南市长清区委员会

党组书记　张昭森

副 书 记　马训生

主　　席　张昭森

副 主 席　马训生

　　　　　张　勇

　　　　　郭卫东

　　　　　赵　洁（女）

　　　　　张春阳

　　　　　刘宝林

秘 书 长　贾云强

区政协工作机构

办公室

主　　任　贾云强

副 主 任　韩希国（正处）　2018年3月任职

　　　　　王　军

　　　　　井爱群　　2018年1月离职

文史社会文教卫生委员会

主　　任　王　强

调 研 员　刘万祥

经济科技委员会

主　　任　李鸿伟

副 主 任　吴恩勇

提案委员会
主　　任　张　茜（女）
副 主 任　庄　晶（女）

港澳台侨委员会
主　　任　董光芝（女）
副 主 任　张友林
专职常委　周　胜
　　　　　刘月功
　　　　　马景隆　　2018 年 1 月任职
　　　　　刘　林　　2018 年 1 月任职
　　　　　董江萍（女）　2018 年 1 月任职
　　　　　王维民　　2018 年 1 月任职

济南经济开发区及其工作机构

济南经济开发区党工委
书　　记　王勤光
副 书 记　袁长奎
委　　员　张振河
　　　　　刘兴刚
　　　　　王宝明

济南经济开发区管委会
主　　任　袁长奎
副 主 任　张振河
　　　　　刘兴刚

2018 年 1 月改革前内设机构

党政办公室
主　　任　李继涛
副 主 任　房　昕（女）

纪工委
副 书 记　于　颖（女）

经济发展局
局　　长　王宝明
副 局 长　周家勤

建设局
局　　长　于　波
副 局 长　刘文武

财政局
局　　长　魏　芳（女）
副 局 长　袁华东

企业服务局
局　　长　邹　明
副 局 长　邹　鹏

农业高新技术发展局
局　　长　韩希国
副 局 长　张　健

综合服务中心
主　　任　金大慧（女）
副 主 任　李开龙

投资促进中心
副 主 任　张　峰

社会事务局
党组书记　邓洪刚
局　　长　肖　波

2018 年 1 月改革后内设机构：

党政办公室
主　　任　李继涛　　2018 年 1 月任职
副 主 任　金大慧（女）　2018 年 1 月任职
　　　　　房　昕（女）　2018 年 1 月任职

纪工委
副 书 记　于　颖（女）　2018 年 1 月任职

投资促进局
局　　长　周希金　　2018 年 1 月任职
副 局 长　张　峰　　2018 年 1 月任职
　　　　　李开龙　　2018 年 1 月任职

审批服务局
局　　长　邹　明　　2018 年 1 月任职
副 局 长　邹　鹏　　2018 年 1 月任职

建设管理局
局　　长　于　波　　2018 年 1 月任职
副 局 长　刘文武　　2018 年 1 月任职

经济发展局
局　　长　司宏新　　2018 年 1 月任职
副 局 长　周家勤　　2018 年 1 月任职

张　健　2018年1月任职

财政金融保障局

局　长　魏　芳（女）　2018年1月任职

副局长　袁华东　2018年1月任职

社会事务局

书　记　邓洪刚

局　长　肖　波

山东济清建设开发有限公司

副总经理　周光云　2018年1月任职

张志坚　2018年1月任职

总经理助理　吕振凯　2018年1月任职

山东济清控股有限公司

法人代表　段雅琪　2017年8月任职

中共济南市长清区纪律检查委员会（监察委）及其工作部门

中共济南市长清区纪律检查委员会

书　记　刘广东

副书记　徐养军

张传军

常　委　刘广东

徐养军

张传军

赵化军

段　平

刘承玲（女）

王道水

长清区监察局（2018年1月撤销）

局　长　徐养军　2018年3月离职

副局长　董桂欣（女）　2018年3月离职

罗　晓　2018年3月离职

禹淑红（女）　2018年3月离职

济南市长清区监察委员会（2018年1月设立）

主　任　刘广东　2018年1月任职

副主任　徐养军　2018年1月任职

张传军　2018年1月任职

委　员　赵化军　2018年1月任职

刘承玲（女）　2018年1月任职

王传家　2018年1月任职

张延正　2018年1月任职

区纪委监委工作部门

办公室

主　任　段　平　2018年3月离职

王英甲　2018年3月任职

组织部

部　长　刘兴国　2018年3月任职

宣传部（2018年3月设立）

部　长　李小民　2018年3月任职

党风政风监督室

主　任　韩　慧（女）　2018年3月离职

罗　晓　2018年3月任职

信访室（长清区国家行政机关工作人员违法违纪举报中心）

主　任　韩　伟（女）　2018年3月任职

案件监督管理室（2018年3月设立）

主　任　韩　慧（女）　2018年3月任职

第一纪检监察室

主　任　董　玲（女）　2018年3月任职

第二纪检监察室

主　任　陈　强　2018年3月离职

杨　志　2018年3月任职

第三纪检监察室

主　任　李　波（女）　2018年3月离职

王渊波　2018年3月任职

案件审理室

主　任　王英甲　2018年3月离职

房　毅（女）　2018年3月任职

正处级纪律检查员

张传强　2018年3月任职

副调研员　刘尚旺　2018年3月任职

区委巡察机构

巡察办公室

主　任　段　平

副　主　任　邓　勇

第一巡察组

组　　　长　方传庆

副　组　长　董桂欣（女）　2018 年 3 月任职

第二巡察组

组　　　长　肖明河

副　组　长　郭　荣（女）

第三巡察组

副　组　长　刘　晶（女）

第四巡察组

组　　　长　邢兆勇

副　组　长　白晨光

第五巡察组

组　　　长　刘天峰

副　组　长　刘　燕（女）

区纪委派驻机构

第一纪检组（监察室）

书　记（主任）

赵化军

副书记（副主任）

季树军（主持工作）

金兴禄

第二纪检组（监察室）

书　记（主任）

袁　浩

副书记（副主任）

田兆家

赵　军

第三纪检组（监察室）

书　记（主任）

刘承玲（女）

副书记（副主任）

姬广臣

韩忠法

第四纪检组（监察室）

书　记（主任）

张新禄

副书记（副主任）

景建新

房　毅（女）　2018 年 3 月离职

李　波（女）　2018 年 3 月任职

济南市长清区人民法院

党组书记　毕惠岩（女）

副　书　记　韩广峰

魏来芝

纪检组长　杨怀国

院　　　长　毕惠岩（女）

副　院　长　韩广峰

潘士河

刘长义

孟　敏（女）

调　研　员　冯　毅

副调研员　杜　伟

于士臣　　2018 年 12 月退休

苏士祥　　2018 年 3 月退休

车绍国

朱业宏

董　岩

商安岭

顾大华

审判委员会专职委员

刘　锋

李　莹

郑　娟（女）

政治处

主　　　任　张　鑫（女）

执行局

局　　　长　王　建

副　局　长　郝晓波

曹立新

济南开发区法庭

庭　　　长　侯　永

济南市长清区人民检察院

党组书记　王　文
党组副书记　李　军
纪检组长　李　涛
检察长　王　文
副检察长　李　军
　朱　明
　路　敏（女）
　李庆国
　马　刚
调研员　孙绪涛
　孟红伟（女）
　张传强　2018年1月离职
　王开山　2018年1月退休
副调研员　胡　勇
　赵　军
　郭雪梅（女）
　刘尚旺　2018年1月离职
　田长江
　陈　勇
　李小民　2018年1月离职
　张　敏（女）
　李　霞（女）

政治处

主　任　李　静（女）

反渎职侵权局（2018年1月撤销）

局　长　王传家　2018年1月离职
副局长　王渊波　2018年1月离职

反贪污贿赂局（2018年1月撤销）

局　长　张延正　2018年1月离职
副局长　胡　勇　2018年1月离职
　杨　志　2018年1月离职

派驻济南经济开发区检察室

主　任　孙立新

派驻五峰检察室

主　任　赵　军

检察委员会

专职委员　孙绪涛
　秦丽金（女）

群众团体

长清区总工会

党组书记、主席
　宋传娥（女）
副主席　李爱国
　焦方勇
副调研员　房田力（女）

共青团长清区委员会

书　记　焦玉燕（女）
副书记　李志恒
　纪颜颜（女）

长清区妇女联合会

书记、主席　张　丽（女）
副主席　韩玉晶（女）
　李　严（女）
调研员　郝　青（女）
　乔风青（女）

长清区妇女儿童工作委员会办公室

副主任　王慧玲（女）

长清区文学艺术界联合会

主　席　赵　建
副主席　孟祥江
　赵士东

长清区科学技术协会

主　席　张　波
副主席　刘　玮

长清区归国华侨联合会

党组书记　周希金
主　席　郑和国（香港）
副主席　李宝强

中国国际贸易促进委员会济南长清区支会

党组书记、会长 周希金
副 会 长 齐爱芳（女，正处）
贾 卿（女）

长清区残疾人联合会

党组书记、理事长 孔垂乙
副理事长 李宝强

长清区红十字会

会 长 周 波 2017年11月离职
葛永宏 2017年11月任职
常务副会长 阮 军

长清区工商业联合会

党组书记 田宪云
主 席 殷 晓（女）
副 主 席 宋兆营

垂直管理机构

济南市公安局长清区分局

党委书记 郑 宏
副 书 记 王纯阁 2018年10月离职
李立东 2018年11月任职
纪委书记 路 芳（女）
副 书 记 李卫军
局 长 郑 宏
政 委 王纯阁 2018年10月离职
李立东 2018年10月任职
副 局 长 董庆鸣
吴存祥
赵昌军
王宪亮
孙 涛
袁武忠（挂职）2018年9月—11月

办公室

主 任 靳宗兵
副 主 任 张 建

政治处

主 任 曲伟业
副 主 任 郝本华
张 晖（女）
副调研员 周希俊（女）

工 会

主 任 刘文华
副调研员 苏向东

团 委

副 书 记 齐 梅（女）

妇委会

副 主 任 张会丽（女）

警务督察大队

大 队 长 曹秀山
副大队长 吕振营
魏传杰

法制大队

大 队 长 陈传铎
副大队长 房 杰
副调研员 李 新
李 生

警务保障处

处 长 张 宏
副 处 长 傅士勇
王 东
调 研 员 王 平
张玉胜
副调研员 董光明 2018年10月退休

经济犯罪侦查大队

大 队 长 焦裕堂
政 委 孙丙庆
副大队长 郭拥军
尹燕强
副调研员 齐守全 2018年11月退休
赵湘波
王吉栋

治安警察大队

大 队 长 徐传忠
政　　委 葛广申
副大队长 唐　军
王　峰
谭福民
薛　峰
调 研 员 李志波

刑事警察大队

大 队 长 张庆国
副大队长 姜致德
田　明
副 政 委 朱玉堂
副调研员 曹锦星

巡警大队

大 队 长 王玉国
政　　委 韩军业
副大队长 褚兴亭
冷如安
宿家林
调 研 员 伊圣玉
张希亮
副调研员 方传军
张善旭
董传勇

禁毒大队

大 队 长 刘少东
政　　委 邢有华

济南市公安局监所管理支队六大队（济南市第三看守所）

大队长（所长）
段德镇
政　　委 朱小明
副大队长（副所长）
刘正国
马恒辉
调 研 员 王传宝
副调研员 庄云禄

济南市公安局交通警察支队长清区大队

大 队 长 黄　强
政　　委 崔科军
副大队长 张　辉
邱树军
张　琨
马　龙
调 研 员 王传军
副调研员 周建国
王建生　　2018 年 1 月退休
房　堃
顾业法
马传河
宋存芳
马光振
庄梅东（女）

东关派出所

所　　长 梁洪贵
教 导 员 张相军

新城派出所

所　　长 段　瑞
教 导 员 李家祯

城关派出所

所　　长 张　华
教 导 员 孟　丽（女）

平安派出所

所　　长 王　军
教 导 员 刘成辉

潘村派出所

所　　长 于军涛
教 导 员 王　东

开发区派出所

所　　长 国　静（女）
教 导 员 赵　谦

崮山派出所

所　　长 郭瑞峰

教 导 员 谢松森

大学路派出所

所 长 刘 涛

教 导 员 董 涛（女）

五峰派出所

所 长 尹 伟

教 导 员 费 伟

归德派出所

所 长 张传喜

教 导 员 孙建儒

孝里派出所

所 长 国 亮

教 导 员 王哲文

马山派出所

所 长 王延军

双泉派出所

所 长 董 敏

张夏派出所

所 长 房 兵

教 导 员 彭江澜

万德派出所

所 长 赵志亮

济南市长清区国家税务局（2018 年 7 月撤销）

党组书记 蒋宝铸 2018 年 2 月离职

纪检组长 聂立洪

局 长 蒋宝铸 2018 年 2 月离职

副 局 长 梁英华 （2018年2月起主持工作）

杨 震

王 挺

总经济师 张传森

总会计师 吴兰强

副调研员 陈 新（女）

济南市长清区国家税务局城区税务分局

局 长 谢化林

济南市长清区国家税务局归德税务分局

局 长 吕富刚

济南市地方税务局长清分局（2018 年 7 月撤销）

党组书记 陈云霄

纪检组长 季 宏

局 长 陈云霄

副 局 长 张庆军

王玉起

刘 兵

副调研员 席金广

国秀海

济南市地方税务局长清分局稽查局

局 长 张会勇

济南市地方税务局长清分局直属征收局

局 长 杨 勇

国家税务总局济南市长清区税务局（2018 年 7 月设立）

党委书记 陈云霄

党委副书记 梁英华

纪检组长 季 宏

局 长 陈云霄

副 局 长 梁英华

张庆军

王玉起

刘 兵

杨 震

聂立洪

王 挺

总经济师 张传森

总会计师 吴兰强

副调研员 国秀海

席金广

陈 新 （女）

济南市国土资源局长清分局

局长、党组书记

郭训金

副 局 长 吕俊辉

路 云（女）

王长利

纪检组长 张积霞（女）
副调研员 于存元

国土资源征地收购中心

主　　任 肖　静

国土资源执法监察大队

大 队 长 闫述新

济南市规划局直属第四分局

局　　长 刘　虹（女） 2018年3月任职
副 局 长 刘　虹（女）（主持工作）
　　　　　　2018年3月离职
　　　　 黄　进

国网山东省电力公司济南市长清区供电公司

经　　理 叶传海
党委书记 谢荣昆
副 经 理 罗　武 2018年1月离职
　　　　 安　涛 2018年3月任职
　　　　 王　龙 2018年5月离职
　　　　 张景新 2018年5月任职
　　　　 赵书民 2018年9月离职
　　　　 王　珂 2018年9月任职
纪委书记 张景新 2018年5月离职
　　　　 顾国峰 2018年5月任职

中国邮政集团公司济南市长清区分公司

党委书记 陈湘涛
总 经 理 陈湘涛
副 经 理 边　江

中国电信股份有限公司济南长清区分公司

总 经 理 张志勇

中国移动通信集团山东有限公司长清分公司

党委书记、总经理
　　　　 井普震
副总经理 刘淑康 2018年3月离职
　　　　 秦玉臻 2018年3月任职
总经理助理 王英俊

中国联合网络通信有限公司济南市长清区分公司

党委书记 尹逊勇
总 经 理 尹逊勇
副 经 理 岳　峰
　　　　 盖永刚 2017年12月离职
　　　　 张洪琪 2018年4月离职
　　　　 胡　鹏 2018年4月任职

中国石化销售有限公司山东济南长清石油分公司

支部书记、经理
　　　　 李臣帅

长清区烟草专卖局（营销部）

党支部副书记
　　　　 张乐朝 2018年1月任职
副 经 理 张乐朝
副 局 长 王　岭 2018年9月离职
　　　　 周彦东 2018年9月任职

济南盐业公司长清分公司

党总支书记 靖　斌
经　　理 靖　斌
副 经 理 王恩东
　　　　 杜国良 2018年12月任职

山东新华书店集团有限公司长清分公司

党支部书记 公庆峰 2018年8月离职
经　　理 公庆峰 2018年8月离职
副 经 理 赵　凡 2018年9月主持工作
　　　　 李学东

山东广电网络有限公司长清分公司

党支部书记 曾凡伟
总 经 理 曾凡伟 2018年7月任职
副总经理 曾凡伟 2018年7月离职
　　　　 陶　震

济南市黄河河务局长清黄河河务局

党组书记、局长
　　　　 李高仑
副 局 长 魏　国
　　　　 宋其华 2018年12月任职

长清区气象局

党组书记 王桂芳（女） 2018年2月任职
副 局 长 王桂芳（女）（主持工作）
　　　　 宋　杰（女）

王　鹏
纪检监察员　宋　杰（女）
调　研　员　曹相岭

中国工商银行股份有限公司济南长清支行

党委书记　王　军
纪委书记　宋卫芳（女）
行　　长　王　军
副 行 长　曹汉信
　　　　　卢　娟（女）
　　　　　李卫东　　2018年8月任职

中国农业银行股份有限公司济南长清支行

行　　长　陈湘海
副 行 长　王君国
　　　　　杜伟国
　　　　　金志国
　　　　　胡　勇　　2018年9月任职

中国银行股份有限公司济南长清支行

党总支书记、行长
　　　　　李　虎
副 行 长　刘　兵
　　　　　周培河

中国建设银行股份有限公司济南长清支行

书记、行长　房文生　　2018年2月离职
　　　　　陈　军　　2018年2月任职
副 行 长　刘长军
　　　　　于　韬

中国农业发展银行济南市长清区支行

党支部书记、行长
　　　　　王　蕊（女）2018年9月离职
　　　　　范红梅（女）2018年9月任职
副 行 长　董　峰　　2018年3月离职
　　　　　邸光锋　　2018年3月—10月任职
　　　　　薛福祥　　2018年10月任职

中国邮政储蓄银行股份有限公司济南市长清区支行

行　　长　巩　霞（女）
副 行 长　解培军
　　　　　张　兰（女）　2018年6月离职
　　　　　杨宏崭　　2018年6月任职

中国光大银行股份有限公司济南长清支行

行　　长　王龙飞
副 行 长　刘　杰
　　　　　刘国群

济南农村商业银行长清支行

党总支书记、行长
　　　　　于德庆
副 行 长　陈建忠
　　　　　付　勇
　　　　　刘　洋

齐鲁银行济南长清支行

行　　长　张其安
副 行 长　杜晓峰

交通银行股份有限公司长清支行

行　　长　朱　锐　　2018年1月离职
　　　　　张世勇　　2018年1月任职
副 行 长　王传光　　2018年4月离职
　　　　　王明明　　2018年3月离职
　　　　　李　桐　　2018年4月任职
　　　　　李　毅　　2018年3月任职

济南长清沪农商村镇银行

董 事 长　付　刚　　2018年4月离职
　　　　　张晋学　　2018年4月任职
行　　长　李军昌　　2018年6月离职
　　　　　张晋学　　2018年12月任职
副 行 长　李　健　　2018年11月任职
行长助理　李　健　　2018年11月离职

莱商银行股份有限公司济南长清支行

行　　长　侯孟伟
副 行 长　纪　磊　　2018年4月离职
　　　　　姜雪莹　　2018年7月任职

日照银行股份有限公司济南长清支行

行　　长　郝丽丽（女）
副 行 长　韩晓魁　　2018年5月离职
　　　　　陆　勇　　2018年1月任职

孙文兰（女）

天津银行股份有限公司济南长清支行

行　　长　孙　磊
副 行 长　冯　焕　　2018年6月离职
　　　　　高相昆　　2018年10月任职

中国人寿保险股份有限公司长清支公司

总 经 理　李建波
副 经 理　席晓航
　　　　　解玉河　　2018年5月任职

中国人民财产保险股份有限公司济南市长清支公司

经　　理　范　静（女）2018年3月离职
　　　　　王　亮　　2018年3月任职
副 经 理　林　琳　　2018年3月离职
　　　　　范　静（女）2018年3月任职
　　　　　吴　敌　　2018年3月任职

中国太平洋财产保险股份有限公司济南市长清支公司

经　　理　韩光博

中国太平洋人寿保险股份有限公司济南市长清支公司

总 经 理　王栋磊

地方金融机构

济南市长清区北辰小额贷款有限公司

董 事 长　金延辰　　2018年4月离职
　　　　　金　哲　　2018年4月任职
总 经 理　焦念忠

济南市长清区宏达小额贷款有限公司

董 事 长　张德利
总 经 理　纪　东

济南启新融资担保有限公司

总 经 理　郑玉国

济南汇鑫源典当有限公司

总 经 理　付玉宝

济南鲁信银丰典当有限公司

董事长、总经理
　　　　　孙洪军

街　镇

文昌街道

党工委

书　　记　杨洪福
副 书 记　张世君
　　　　　李　欣（女）
纪工委书记　刘大刚
党工委委员　牛广坤
　　　　　费　忠
　　　　　张明金　　2018年1月任职
　　　　　陈洪飞　　2018年1月任职
　　　　　张庆豹（挂职）2017年3月任职
　　　　　韩　帅（挂职）2017年3月任职
　　　　　曹为春（挂职）

人大工作室

主　　任　王家祥

办事处

主　　任　张世君
副 主 任　牛广坤
　　　　　李盛云（女）
　　　　　董孝萍（女）
　　　　　朱圣国
　　　　　谢昌伟（挂职）2018年11月离职
　　　　　赵晓珺（女）（挂职）2018年4月任职
　　　　　赵　虎（挂职）2018年4月任职

政协委员联络室

主　　任　李　欣（女）

社区服务中心

主　　任　李庆国

平安街道

党工委

书　　记　邓洪刚
副 书 记　肖　波
　　　　　付　勐
　　　　　胡继坤
　　　　　贾贞伟
纪工委书记　王洪波
党工委委员　赵　峰
　　　　　王　军
　　　　　国　静（女）
　　　　　于军涛

人大办公室

主　　任　王登娥（女）

办事处

主　　任　肖　波
副 主 任　赵　峰
　　　　　石志伟
　　　　　张　健
　　　　　褚学斌
　　　　　张术祥（挂职）2018 年 5 月任职

政协委员联络室

主　　任　付　勐

社区服务中心

主　　任　刘　虎

崮云湖街道

党工委

书　　记　赵　国
副 书 记　何长勇
　　　　　孟　刚
　　　　　袁相辉
　　　　　李　莹（女）
纪工委书记　韩　强
党工委委员　朱海涛
　　　　　侯宝森

人大工作室

主　　任　孟令秀

办事处

主　　任　何长勇
副 主 任　朱海涛
　　　　　刘长勇
　　　　　董　波
　　　　　李　霞（女）

政协委员联络室

主　　任　孟　刚

五峰山街道

党工委

书　　记　许　兵
副 书 记　纪永太
　　　　　王永胜
　　　　　胡立涛
　　　　　宋同勇
纪工委书记　何长贵
党工委委员　徐相刚
　　　　　张振法

人大工作室

主　　任　刘　伟

办事处

主　　任　纪永太
副 主 任　徐相刚
　　　　　陈　刚
　　　　　姜洪涛
　　　　　房秀云（女）

政协委员联络室

主　　任　王永胜

归德街道

党工委

书　　记　吴龙海
副 书 记　王允松
　　　　　孙建伟
　　　　　王　宁（女）
纪工委书记　张立新
党工委委员　王恒茂
　　　　　张传喜

庄云刚
程玉国
庞　军

人大工作室

主　　任　周延文

办事处

主　　任　王允松
副 主 任　王恒茂
赵建军
石学良

政协委员联络室

主　　任　孙建伟

张夏街道

党工委

书　　记　张　涛
副 书 记　李洪祥
徐敬梅（女）
李　振
纪工委书记　冯绪君
党工委委员　王霄天

人大工作室

主　　任　董　超

办事处

主　　任　李洪祥
副 主 任　王霄天
栾吉广

政协委员联络室

主　　任　徐敬梅

社区服务中心

主　　任　何文正

万德街道

党工委

书　　记　夏红军
副 书 记　贾　文
曲延璟
刘绍文
纪工委书记　张兆斌
党工委委员　张德喜

人大工作室

主　　任　方希荣

办事处

主　　任　贾　文
副 主 任　张德喜
石志广
高　臻（女）
刘文斌（挂职）2018 年 4 月任职
莫颖宁（女）（挂职） 2018 年 12 月任职

政协委员联络室

主　　任　（空缺）

孝里镇

党委

书　　记　孟　斌
副 书 记　许　振
吕宝勇
赵振晶（挂职）2018 年 7 月离职
纪 委 书 记　杨官程
党 委 委 员　张　义
方宝明
孟文祥
许胜利
卢　霞　（女）

人大主席团

主　　席　张广港
副 主 席　方凤泉
孙传跃

镇政府

镇　　长　许　振
副 镇 长　张　义
周广利
董兆国
尹文文
杨志国（挂职）

政协委员联络室

主　　任　吕宝勇

马山镇

党委

书　　记　李洪军

副 书 记　郝景祥

　　　　　闫　立

　　　　　孙　彪（挂职）

纪委书记　郑付伟

党委委员　曹修建

　　　　　张义强

　　　　　李雪峰

　　　　　滕桂林（女）

　　　　　王延军

　　　　　高　尚（挂职）2018 年 7 月任职

人大主席团

主　　席　徐　彬

副 主 席　孙家敏

　　　　　邢庆珍（女）

镇政府

镇　　长　郝景祥

副 镇 长　曹修建

　　　　　王　宁（女）

　　　　　邹　良

　　　　　董俊峰（女）

　　　　　张一凡（挂职）2018 年 7 月离职

政协委员联络室

主　　任　闫　立

双泉镇

党委

书　　记　张儒涛

副 书 记　石明媛（女）

　　　　　张士法

　　　　　张　凯（挂职）　2018 年 7 月离职

纪委书记　李　政

党委委员　孔凡英（女）

　　　　　董　峰

　　　　　马德祯

　　　　　董　敏

人大主席团

主　　席　陈翠兰（女）

副 主 席　郝丽娜（女）

　　　　　徐恩彬

镇政府

镇　　长　石明媛（女）

副 镇 长　孔凡英（女）

　　　　　韩　飞

　　　　　王　伟

　　　　　刘　磊

　　　　　李小娟（女）（挂职）

　　　　　2018 年 5 月任职

政协委员联络室

主　　任　张士法

长清风采

2018年长清区获市委市政府以上表彰情况表

表3-1

序号	单位	荣誉称号	授予单位	时间
1	长清区	全国社会治理创新示范区	法制日报 法治周末 民主与法制	2018.12
2	长清区	山东省第三届文化强省建设先进区	山东省委、省政府	2018.11
3	长清区	山东省农产品质量安全区	山东省农业农村厅、省财政厅、省畜牧兽医局	2018.12
4	长清区	首批山东省文旅产学研促进基地	山东文旅产学研联盟	2018.12
5	长清区	2018年全省无非访县区	山东省信访局	2018.12
6	长清区	全省小水库体制改革校准县	山东省水利厅	2018.01
7	长清区委理论学习中心组	2017—2018年度全省先进县级党委理论学习中心组	山东省委宣传部	2018.12
8	长清区人民检察院	二〇一八年度全国检察宣传先进单位	最高人民检察院、检察日报社	2018.09
9	长清区人民法院	2018年度全国法院司法宣传先进单位	最高人民法院政治部、人民法院新闻传媒总社	2018.08
10	长清区卫生和计划生育局	全国基层中医药工作先进单位	国家中医药管理局	2018.09
11	长清第一中学	全国民族团结进步创建示范学校	国家民族事务委员会	2017.12
12	长清区人民医院	全国百姓放心示范医院	中国医院协会	2016—2018
13	长清区人民医院	全国爱婴医院	国家卫生健康委员会	2018年保持

续表 1

序号	单位	荣誉称号	授予单位	时间
14	长清区人大常委会	省《人民权利报》宣传工作先进单位 《山东人大工作》宣传工作先进单位	山东省人大常委会办公厅	2018.10
15	长清区政协	宣传工作先进单位	政协山东省委员会	2018.11
16	长清区政协	省级文明单位	山东省精神文明建设委员会	2018.12
17	长清区人力资源和社会保障局	济南市担当作为“出彩型”好团队	济南市委、市政府	2018.07
18	济南市公安局长清区分局	济南市担当作为“出彩型”好团队	济南市委、市政府	2018.07
19	长清区环境保护局	济南市担当作为“出彩型”好团队	济南市委、市政府	2018.07
20	长清区检察院	省级文明单位	山东省精神文明建设委员会	2018.12
21	长清区人民武装部	高炮实弹射击优胜单位	山东省军区	2018.10
22	国家税务总局济南市长清区税务局	省级文明单位	山东省精神文明建设委员会	2018.11 通过复审
23	长清区审计局	干事创业好团队	山东省审计厅	2018.08
24	长清区城市管理局	创建全国文明城市先进单位	济南市委、市政府	2018.01
25	长清区市场监督管理局	省级文明单位	山东省精神文明建设委员会	2018 年 通过复审
26	长清区大学科技园管理服务中心	山东省档案工作科学化管理先进单位	山东省档案局	2018. 12
27	长清区水务局	全省水利系统文明单位	山东省水利厅	2018.11
28	长清区水务局	全省水利法治建设示范点	山东省水利厅	2018.06
29	长清区水务局	全省档案工作科学化管理示范单位	山东省档案局	2018.11

续表 2

序号	单位	荣誉称号	授予单位	时间
30	长清区自来水服务中心	山东省城镇供水工作先进集体	山东省城市建设管理协会城镇供排水分会	2018.01
31	长清区自来水服务中心	省级文明单位	山东省精神文明建设委员会	2018.03
32	长清区档案局	全省档案宣传工作先进集体	山东省档案局	2018.09
33	长清区 教育体育局	山东省群众体育先进单位	山东省体育局	2018.09
34	济南黄河河务局长清黄河河务局	山东黄河过硬党支部	山东黄河河务局	2018.08
35	山东省农业广播电视学校长清区分校	2017 年度全省新型职业农民培育工作优秀示范学校	山东省农业厅	2018.06
36	山东省农业广播电视学校长清区分校	2017 年度先进集体	山东省农业广播电视学校	2018.03
37	中国农业发展银行济南市长清区支行	十大特色党支部	中国农业发展银行山东省分行	2018.02
38	文昌街道	山东省省级创业型街道（乡镇）	山东省人力资源和社会保障厅咨询中心网	2017.12
39	文昌街道	山东省第三次农业普查先进集体	山东省第三次农业普查领导小组	2018.03
40	文昌街道	2017 年度全省安全生产工作先进乡镇	山东省人民政府安全生产委员会	2018.02
41	文昌街道	全省扶贫系统先进集体	山东省人力资源和社会保障厅、山东省扶贫开发领导小组办公室、山东省公务员局	2018.10
42	归德街道	济南市担当作为“出彩型”好团队	济南市委、市政府	2018.07
43	归德街道	全市村镇建设工作先进集体	济南市委、市政府	2018.03
44	双泉镇	山东省森林乡镇	山东省林业厅	2019.01

中国共产党济南市长清区委员会

重要会议与决策

【区委全体会议】 区委四届四次会议。2018年7月9日，中国共产党济南市长清区第四届委员会第四次全体会议召开。出席全会的有区委委员41人，候补区委委员8人。不是区委委员、候补委员的区级领导，区纪委常委、区监察委委员及区直和街镇主要负责人、济南经济开发区有关部门负责人列席会议。会议深入学习习近平总书记视察山东重要讲话精神，传达学习贯彻省委十一届五次全体会议、市委十一届五次全体会议精神，审议通过《中共济南市长清区委关于深入学习贯彻习近平总书记视察山东重要讲话精神，在新时代奋力开创现代化山水魅力新城建设新局面》和《中国共产党济南市长清区委四届四次全体会议公报》。全会由区委常委会主持，区委书记王勤光作重要讲话。

【区委常委会议】 2018年1月3日，区政府办公室汇报《政府工作报告》起草情况；区人大常委会党组副书记、副主任李本文汇报区十七届人大二次会议方案及筹备情况、人大代表补选情况；区政协办公室汇报政协济南市长清区第九届委员会第二次会议方案；区委组织部汇报拟补选人大常委会委员、政协常务委员情况；区委统战部汇报区政协委员增补情况；区财政局汇报2018年财政预算（草案）初步方案有关问题；区环保局汇报全区生态环保工作情况及中央环保督查反馈意见整改方案。1月14日，研究有关干部工作。1月19日，传达省纪委文件精神；传达省农村工作会议精神；传达市委《关于贯彻落实八项规定加强作风建设的意见》；传达济南市委书记王文涛在市公安局《关于烟花爆竹禁放工作情况的报告》上的批示精神。1月22日，区委书记王勤光主持会议，市委组织部“后评估”工作组组长高连东做动员讲话。1月26日，研究有关干部工作。1月27日，召开区委领导班子学习研讨会。

2月2日，研究有关干部工作。2月12日，传达学习济南市委副书记、市长王忠林在区委常委民主生活会上的讲话精神，研究贯彻意见；区委统战部副部长赵书斗汇报成立民进济南市长清区支部情况；区纪委副书记徐养军传达中央、省、市三级纪委全会精神，汇报区纪委四届四次全会筹备情况；区委巡察办公室主任段平汇报市委第七巡察组扶贫工作巡察反馈情况；区委政法委常务副书记张勇汇报全市扫黑除恶专项斗争会议精神，汇报全区会议筹备情况；区委组织部汇报2017年度经济社会发展综合考核情况；区委办公室汇报全区四干会暨“五项重点工作”推进大会筹备情况。2月23日，区委政法委常务副书记张勇汇报政法维稳会议方案及表扬名单。

3月1日，传达学习中共十九届三中全会会议精神。3月11日，传达学习总书记习近平在十三届全国人大一次会议山东代表团的讲话精神。3月14日，传达学习省委《关于学习宣传贯彻宪法的通知》和《中共山东省委办公厅关于认真学习贯彻中办发电〔2018〕11号精神严明纪律切实保证党和国家机构改革顺利进行的通知》；

区委常委、区纪委书记、区监察委主任刘广东传达县区委书记向市纪委全会述责述廉会议精神；区政协秘书长贾云强汇报《2018 年度政协协商工作计划》；区委组织部常务副部长郝兆林汇报有关干部工作，汇报全国、全省、全市组织部长会议和上级有关文件精神；区委组织部副部长李晓林汇报高校干部到街镇挂职情况；区委办公室副主任赵培新汇报《区委常委会及其成员职责清单》和《区委常委 2018 年工作要点》起草情况；区委宣传部常务副部长王新勇汇报全区宣传思想工作会议筹备情况；区文化广电新闻出版局（旅游局）局长杨连琪汇报全区旅游工作会议筹备情况；区委办公室副主任、区委农村工作办公室主任、区扶贫开发工作领导小组办公室主任曹玉新汇报全区农村工作暨扶贫开发工作会议筹备情况。3 月 30 日，研究有关干部工作。

4 月 16 日，区卫生和计划生育局党委书记、局长翟贵祥汇报 2018 年全区卫生计生工作暨全省医养结合示范区创建动员大会筹备情况；区委统战部常务副部长王玉法汇报上级统战部长会议精神及 2018 年度政治协商计划；区委办公室副主任赵培新汇报《关于加强区委常委会自身建设的意见》起草情况，汇报《关于贯彻落实党的十九大精神重点工作及责任分工》起草情况。

5 月 24 日，济南市委组织部常务副部长马志勇宣布李广霞任职决定并讲话。5 月 28 日，传达全市上合组织青岛峰会服务保障工作专题会议精神；区委常委、区纪委书记、区监察委主任刘广东传达中央巡察规划；区委常委、区委宣传部部长曲京鹏传达总书记习近平在中共中央政治局第五次集体学习上的讲话；研究近期工作。5 月 31 日，传达山东省委常委、济南市委书记王忠林到长清调研指示精神；区委组织部汇报向上级推荐先进典型有关人选，汇报 2017 年度经济社会发展综合考核和群众满意度相关整改情况；研究其他事项。

6 月 4 日，传达市十六届人大三次会议精神；区委组织部汇报有关工作；研究其他事项。6 月 12 日，区委组织部汇报省级“干事创业好团队”初步对象候选情况。6 月 19 日，听取区人大常委会党组、区政府党组、区政协党组、区法院党组、区检察院党组工作情况汇报；听取区委组织部党建工作情况汇报；听取区纪委党风廉政工作情况汇报；听取区委党校工作情况汇报；听取机关工委机关党建工作汇报；听取区委组织部《关于城市社区党建标准化建设的实施意见》和庆“七一”有关活动汇报。6 月 25 日，听取区委组织部关于上报省、市级先进典型有关情况的汇报、关于表彰好干部、好团队情况汇报。6 月 29 日，听取区委组织部汇报庆“七一”大会有关事项。

7 月 2 日，区委书记王勤光传达市委十一届五次全体会议精神；区委常委、区委组织部部长李广霞传达全市党的基层组织建设工作会议精神，研究全区贯彻落实意见；区环境保护局局长孟宪德汇报生态环境部和省、市一系列督查检查进展情况；区委办公室汇报 2018 年半年全区重点项目建设督查评议活动暨发展聚智交流会议筹备情况。7 月 7 日，区委办公室汇报区委四届四次全体会议方案及《关于深入学习贯彻习近平总书记视察山东重要讲话精神在新时代奋力开创现代化山水魅力新城建设新局面的意见（草案）》起草情况；区委组织部汇报挂职干部职务安排情况；区委组织部汇报抽调部分挂职干部到一线部门工作有关情况；区委组织部汇报优选选调生挂职职务安排情况；区纪委汇报有关案件。7 月 23 日，传达学习市委常委（扩大）会议精神。7 月 27 日，区委组织部汇报个人有关事项报告核查处理意见；区委宣传部汇报 2018 年上半年意识形态工作情况；区委政法委汇报 2018 年上半年扫黑除恶专项斗争工作情况；传达 7 月 24 日市扫黑除恶工作会议精神；区扶贫办汇报 2018 年上半年全区脱贫攻坚工作情况；区委常委、区政法委书记李成刚，区委常委、区纪委书记、区监察委主任刘广东分别汇报中央巡视组对济南反馈问题中涉及长清区问题的整改情况。

8月9日，研究有关干部工作。8月20日，传达济南市委副书记、市长孙述涛到长清区调研讲话精神；区委常委、区政法委书记李成刚传达全市扫黑除恶专项斗争推进大会精神；传达全省乡村振兴暨脱贫攻坚现场会精神；区委组织部汇报挂职干部有关情况、《关于落实全面从严治党主体责任的实施意见（试行）》起草情况、区法学会党组设立相关事宜。8月29日，传达市委组织部有关文件精神；研究有关干部工作。8月30日，研究有关干部工作。

9月8日，区纪委汇报有关案件；区纪委汇报区委巡察工作规划等文件起草情况；区委政法委汇报中央第五督导组下沉县区督导有关工作。9月23日，区委组织部汇报《全区2018年经济社会发展综合考核评价工作意见》；研究有关干部工作；区委组织部关于区国税局、地税局联合党委和开发区国税局党组均改设党委的汇报；区民宗局关于全区宗教工作情况的汇报；区委政法委传达市扫黑除恶专项斗争（扩大）会议精神；区委组织部汇报全省组织系统扫黑除恶工作会议精神；区信访局关于今年以来全区信访工作的汇报。9月30日，观看警示教育片；传达学习关于深入学习贯彻习近平总书记重要论述进一步严肃请示报告制度的通知。

11月14日，区委办公室汇报全市全面深化改革考核工作会议精神；区纪委汇报监察工作向镇（街道）延伸工作；区委组织部通报个人有关事项处理意见，汇报有关干部工作；区委政法委汇报扫黑除恶近期工作情况；区委统战部汇报全区宗教工作自查督查“回头看”情况；区扶贫办汇报脱贫攻坚有关情况；区环保局汇报生态环境保护工作有关情况；区安监局汇报风险分级管控和隐患排查治理双体系建设情况。11月25日，听取区编委办公室关于组建长清区退役军人事务服务机构的汇报。11月26日，区委理论中心组学习，学习《习近平总书记在民营企业座谈会上的讲话精神》及省、市民营企业座谈会会议精神；区委副书记、区长赵居安传达济南市委副书记、市长孙述涛到长清调研讲话精神；研究贯彻意见。

12月15日，区深化地方改革协调小组汇报组建新机构有关工作；研究有关干部工作。12月26日，研究深化地方改革有关工作。

【重要决策】 2月14日，区委、区政府印发《长清区“四个中心”建设2018年度目标任务的通知》，对全区区域性经济中心建设、区域性金融中心建设、区域性物流中心建设、区域性科技创新中心建设，分别制定2018年度的目标任务。

2月14日，区委、区政府印发《长清区五项重点工作2018年度目标任务的通知》，制定全区2018年度招商引资、项目建设、棚改旧改（征收拆迁）、拆违拆临（建绿透绿）、城市更新五项重点工作的目标任务。全区2018年度招商引资任务指标为125亿元，实际到账外资任务指标7700万美元。共安排重点项目90个，总投资1023.35亿元，年度计划投资212.08亿元。全区省、市级棚改旧改任务4629套，征收拆迁任务数2138户共95.13万平方米。年度拆违拆临任务234万平方米，建绿透绿任务3.7万平方米。城市老旧小区整治改造工作任务16个，户数3020户。

2月20日，区委、区政府印发《关于在全区开展“作风建设年”活动的实施意见》，提出通过开展“作风建设年”活动，查思想认识，解决思想境界不高的问题；查工作作风，解决责任意识缺失的问题；查担当精神，解决担当意识不强的问题；查工作纪律，解决纪律意识淡薄的问题；查机关效能，解决工作效率不高的问题；查工作状态，解决创新意识不强的问题。通过查找、解决上述问题，具体实现思想境界明显提升，责任意识明显提升，担当精神明显提升，纪律意识明显提升，机关效能明显提升，创新意识明显提升。

3月23日，区委、区政府印发《关于创建国家全域旅游示范区的实施意见》，提出围绕全区“六大功能定位”，重点实施规划引领、项目支撑两大战略，做好招商引资、宣传营销、产业融合三篇文章，立足做精线路、做活景区、做优平台、做全要素、做美环境，把长清建设成为全省重要的生态旅游观光区和旅游度假目的地，力争通过3年努力，完成创建国家全域旅游示范区的目标任务。3年内实现游客接待量年递增15%以上，旅游业增加值占全区GDP比重15%以上，旅游项目固定资产投资额年递增15%以上，旅游直接就业人数、间接带动就业人数年均递增5%以上，实现旅游税收占地方财政收入的10%以上，把文旅产业打造成为全区战略性支柱产业。力争3年内，全区A级景区达到20处以上、旅游特色村达到60个以上、星级农家乐达到600家以上，形成一批主题鲜明、服务优良、设施齐全、环境优美、吸引力强、深受广大旅游者欢迎的旅游产品，构建具有地域特色和较强竞争力的全域旅游产品体系，全面达到国家全域旅游示范区目标要求。

4月8日，区委、区政府印发《关于贯彻落实中央决策部署实施乡村振兴战略的意见》，提出以乡村产业振兴、乡村人才振兴、乡村文化振兴、乡村生态振兴、乡村组织振兴“五个振兴”为目标，紧紧围绕发展现代农业，围绕农村一二三产业融合发展，构建乡村产业体系，实现产业兴旺；把人力资本开发放在首要位置，强化乡村振兴人才支撑；弘扬主旋律和社会正气，培育文明乡风、良好家风、淳朴民风；打造农民安居乐业的美丽家园，让良好生态成为乡村振兴支撑点；建立健全党委领导、政府负责、社会协同、公众参与、法治保障的现代乡村社会治理体制。到2020年，全面建成小康社会，乡村振兴取得重要进展；到2035年，乡村振兴取得决定性进展，农业农村现代化基本实现；到2050年，乡村全面振兴，农业强、农村美、农民富全面实现。

5月30日，区委、区政府印发《关于稳步推进全区农村集体产权制度改革的实施意见》，提出要在2018年，各镇（街道）全面启动农村集体产权制度改革，所有村（居）全部完成清产核资工作，80%以上的村（居）完成改革任务；2019年，全区基本完成改革任务，完成改革的村（居）成立新型集体经济组织；2020年，开展改革扫尾工作，基本建立起符合市场经济要求的集体经济运行新机制。

6月29日，区委印发《关于推进城市社区党建标准化建设的实施意见》，提出围绕突出城市社区党组织政治功能、巩固党在城市执政基础，加强基层服务型党组织建设、推进城市基层治理创新，优化区域发展环境、促进全区改革发展稳定，坚持以提升组织力为重点、以区域共建为引领、以服务群众为根本、以资源统筹为保障，积极推进党的组织设置创新、活动方式创新、工作机制创新，构建适应长清区特点的城市社区党建标准化体系，以标准化引领规范化、推动区域化，进一步强化城市社区党组织领导核心作用，着力解决城市社区党组织建设不平衡、不充分的问题，把城市社区党组织建设成为宣传党的主张、贯彻党的决定、领导基层治理、团结动员群众、推动改革发展的坚强战斗堡垒，为“建设现代化山水魅力新城”提供坚强组织保证。

9月14日，区委、区政府印发《关于促进全区产学研深度融合发展的意见》，提出大力实施创新驱动发展战略，以促进产学研深度融合为主线，以促进高校科技成果转化为核心，以推动企业技术创新和新旧动能转换为重点，通过整合科技资源，加快高校创新要素向企业聚集，形成创新合力，构建多层次、全方位、高效能的产学研深度融合的协同创新体系，进一步提高高校科技成果转化率和企业核心竞争力，力争到2020年，基本建成以企业为主体、市场为导向、创新资源有序流动、合作形式多样的产学研融合发展工作体系。全区80%左右的规模以上企业与高校建立产学研合作关系，应用型科技成果转化率走在全市前列，高新技术产业产值占规模以上工业产值比重较2017年提高1个百分点以上。

2018年中共长清区委重要文件选目

表4-1

发文时间	文号	题目
2018-04-08	济长发〔2018〕1号	区委、区政府关于贯彻落实中央决策部署实施乡村振兴战略的意见
2018-02-14	济长发〔2018〕2号	区委、区政府关于印发长清区“四个中心”建设2018年度目标任务的通知
2018-02-14	济长发〔2018〕3号	区委、区政府关于印发长清区五项重点工作2018年度目标任务的通知
2018-02-20	济长发〔2018〕4号	区委、区政府关于在全区开展“作风建设年”活动的实施意见
2018-03-23	济长发〔2018〕7号	区委、区政府印发关于创建国家全域旅游示范区的实施意见
2018-03-31	济长发〔2018〕8号	区委印发关于深入学习宣传贯彻全国“两会”精神的通知
2018-04-16	济长发〔2018〕10号	区委印发关于加强区委常委会自身建设的意见
2018-05-30	济长发〔2018〕11号	区委、区政府印发关于稳步推进全区农村集体产权制度改革的实施意见
2018-06-05	济长发〔2018〕12号	区委印发关于认真抓好宪法学习宣传和贯彻实施的通知
2018-06-29	济长发〔2018〕13号	区委印发关于推进城市社区党建标准化建设的实施意见
2018-07-09	济长发〔2018〕14号	区委印发关于认真学习习近平总书记对上合组织青岛峰会成功举办的重要指示精神推动各项工作再上新台阶的通知
2018-07-10	济长发〔2018〕15号	区委、区政府印发关于《济南市长清区贯彻落实中央环境保护督查组反馈意见整改落实实施方案》的通知
2018-08-23	济长发〔2018〕16号	区委印发关于落实全面从严治党主体责任的实施意见（试行）
2018-09-14	济长发〔2018〕17号	区委、区政府印发关于促进全区产学研深度融合发展的意见
2018-11-08	济长发〔2018〕18号	区委、区政府关于印发《2018年经济社会发展综合考核评价工作的意见》的通知
2018-12-29	济长发〔2018〕21号	区委、区政府关于印发《济南市长清区加强污染源头防治“四减四增”三年行动方案（2018—2020年）》的通知
2018-12-29	济长发〔2019〕22号	区委、区政府印发关于打赢打好脱贫攻坚战三年行动实施意见
2018-12-29	济长发〔2018〕23号	区委、区政府关于全面加强生态环境保护坚决打好污染防治攻坚战的实施意见

（石　磊）

区委办公室工作

【概况】 2018年，区委办公室（挂区委政策研究室牌子）立足自身职能定位，贯彻落实党的十九大精神，围绕区委中心工作，持续改进作风，强化工作理念，突出工作重点，增强主动性和创造性，各项工作都取得新成效。

【督查工作】 2018年，紧扣市、区两级重大决策和重要工作部署，突出督查重点，充分发挥督查职能作用，健全督查机制，创新督查手段，全面提高督查实效，不断加大统筹协调和联合督查、一线督查力度，真督实查、精督细查、深督严查，确保区委决策督到位、领导批示办到位、督查调研参到位，切实提高督查工作的精准度与实效性，确保中央和各级党委方针、政策和部署有效落实，强力推动全区各项工作开展。全年办理市委批办事项30件、区委主要领导批办件221件，形成党政碰头会《会议纪要》23期，印发《长清督查》39期，整理“四重”工作台账30期，开展专项督查10次、联合督查36次，确保区委各项决策部署全面落实和各项工作扎实推进。

【政策研究】 2018年，落实中央、省、市、区关于改进工作作风、密切联系群众的相关要求，围绕区委决策部署，加大主要领导工作调研的谋划安排力度，主动谋划、深入研究、科学分析事关长清发展大局和阻碍长清加快崛起的重大问题，提出科学系统的建议和解决方案，为区委领导掌握全局、把握大势、正确决策提供参考依据。围绕新旧动能转换、实施乡村振兴、旅游产业发展、基层组织建设、密切联系群众等方面，深入基层一线开展专题调研，召开相关单位专题会议，广泛征求意见建议，形成高质量报告，为区委领导了解区情、科学决策提供重要参考。牢固树立“精品”意识，准确理解中央精神、党委决策、领导意图，切实改进和创新文风，不断提高把握全局工作的能力，文稿的针对性、思想性、指导性和实效性有较大提高。全年共撰写各类讲话、报告和调研材料500余篇，编发《工作与研究》4期，完成全委会、区“两会”、四干会、常委（扩大）会等重要会议和省市领导调研汇报等文字材料的撰写工作。

【信息调研】 2018年，着重从多层面反映全区经济社会发展情况，开发深层次、高质量信息，为领导掌握上情、了解外情、知晓内情，做好决策起到重要作用。全年共编发《长清信息》72期，上报处理紧急突发事件信息25条，向省、市信息部门报送信息382条，采用180条，上报数量和采用数量均居省、市前列。区委办信息处被评为全省党委系统信息工作先进单位、全市党委系统信息工作先进单位。

【接待工作】 2018年，按照中央八项规定及省、市、区公务接待管理规定，高标准严要求履行接待职能，完成省儒商大会部分参会代表在长清考察交流活动、全市党建重点项目现场观摩、全市重点项目观摩评议活动、全区招商引资集中签约大会、客商考察洽谈等重要接待任务。

【秘书工作】 2018年，全年组织各类会议、调研、考察活动500余次。完成全区四级干部会议及全市现场督促检查会、区半年观摩会、外出学习考察等大型活动10余次，组织全区党委系统进行法规工作业务培训。严格落实值班安排，值班室以及轮值人员盯班靠点、认真负责，上传下达，信访协调工作做到及时准确，规范有序。区委值班室全年共下发各类通知1300余件，保证全区重要会议活动的人员组织和区委办公室正常的办公秩序。做好《每日领导活动安排》，每天由值班人员汇总整理，经分管领导审核后，安排专门微信号发送给各位领导，加强区委领导之间沟通协调。

【改革办工作】 2018年，区委改革办贯彻落实中央深改工作决策部署，按照省委和市委改革工作要求，统筹全区全面深化改革工作。制定《长清区委全面深化改革领导小组2018年工作要点》和《2018年全面深化改革工作台账》，共细化、整理10个方面147项具体改革任务。印发《2018年改革督察工作计划》，共确定10项重点改革项目作为全年改革督察重点，10项重点改革任务进展顺利。制定《2018年重大课题调研工作方案》，由区委主要领导领衔，全体区级领导参与，开展重大课题调研活动，全区41位区级领导的44项课题调研报告已汇总完成。上报的"机关党建'六个一'工程""党委督查工作'三个创新'"得到济南市委常委、秘书长蒋晓光的充分肯定，并作出重要批示在全市推广。

【保密工作】 2018年，先后开展"七五"保密宣传教育、保密屏安装普及等工作，组织各单位观看学习20余次，组织6人次参加省、市保密干部培训和各项保密交流活动。开展保密自查自评工作，共现场检查单位70余家，检查计算机终端500余台，各单位考评结果均达到合格以上要求，区保密局在全市保密自查自评督查评分中获优秀名次。

【机要工作】 2018年，做好以紧急重要电报办理为重点的密码通信工作，完成密码设备和通信网络的管理维护和升级换装，对全区5家普密使用单位进行普密使用情况定期检查。全年共收取上级机关密码电报449份，明电50份，发送电报35份，收发各类传真、内网通知1864份，全部实现"无事故、无差错、无错情"目标。区委机要局被评为济南市县级密码工作先进单位。

（石　磊）

组织工作

【概况】 2018年，中共长清区委组织部（以下简称区委组织部）加强基层组织建设，坚持分领域统筹推进，完成580个村"两委"换届选举工作；干部选拔任用注重建立崇尚实干、带动担当、加油鼓劲的正向激励体系，持续推进培养选拔优秀年轻干部"一号工程"；加强对干部监督管理，开展领导干部在企业、社团兼职自查清理工作和好人主义、圈子文化、码头文化自查等工作；加强干部培训工作，全年共举办培训班次28个；科学发展综合考核评价与济南市考核体系全面对标、充分衔接，把指标分解到部门和街镇，将任务落实到基层，将压力传导给个人，重视考核结果运用，激励干部担当实干；健全完善人才工作制度机制，建立人才服务专员队伍制度，创办全市首个高校校长论坛；区远程教育中心围绕中心，服务大局，不断创新工作思路，全区远程教育工作质量和水平进一步提高；全区第一书记工作取得显著成效，党群干群关系得到新改善。区委组织部获长清区信访维稳工作先进单位、平安长清建设先进单位等称号。

2018年，全区共有区管党委28个，党总支195个，党支部1811个，党员3.84万人，其中农村党员 1.94 万人。

【基层组织建设】 2018 年，区委组织部按照“六抓”工作思路，强化基层党建，坚持分领域统筹推进。完成 580 个村“两委”换届选举，发挥优秀书记头雁效应，探索农村区域化党建联合体等模式，推动乡村振兴全面提质增效。实行村干部坐班值班、请销假、出国境审批等制度，从严管理村居干部。调整充实第一书记 28 人，协调引进项目 70 余个、扶贫资金 2330 余万元。遴选 3 个市级、20 个村级党建示范点进行重点打造。建立村级活动场所档案，投资 2300 万元，对村级场所进行修缮提升。加强社区干部队伍建设，招录社工 31 人。依法开展社区“两委”换届，选优配强 49 个社区党组织书记、专职副书记。区直机关、企事业单位党组织和 1500 余名在职党员到 24 个城市社区开展“双报到、双服务、双评议”活动，完成对接项目 197 个。按照“1+7+N”模式建成一批党群服务中心，做到外观标识、功能布局、设备设施、工作制度、运行保障“五统一”。推进机关党建“六个一”（即，深化一个主题——“建设魅力新城，机关勇当先锋”；突出一个抓手——机关建设“五大行动”；落实一套制度——党员党性分析制度、党员领导干部民主生活会制度、党员组织生活会制度、党员领导干部参加双重组织生活制度、民主评议党员制度、“三会一课”制度、“主题党日”制度；加强一个建设——党建阵地建设；打造一批过硬支部——政治过硬、班子过硬、队伍过硬、作风过硬、职能过硬；创建一流党建品牌——创新创优党建思路，争创一流党建品牌）工程，区直党委全部建立起党员活动室、党建文化长廊、谈心谈话室等党建阵地，形成“温暖人社”“不忘初心 民生在心”等特色党建品牌。推进“两新”组织覆盖工作，覆盖率均达到 85% 以上。打造以文昌苗木花卉协会、长兴集团为代表的 22 家市、区级两新组织党建示范点，构建“两新”党建“红色堡垒”。加强党员管理，坚持把政治标准放在首位，从严审核档案，严把政审关，推荐发展对象时同步征求公安、计生、信访等部门意见。实行特殊经历人员入党、村主职干部近亲属入党预审公示制，接受党员群众监督。制定《长清区党员量化积分管理实施意见》，引导党员在各行各业发挥先锋模范作用。深入推进组织领域扫黑除恶专项斗争，制定《关于在扫黑除恶专项斗争中进一步加强基层组织建设的通知》等文件，将专项斗争纳入街镇党（工）委书记抓基层党建工作述职评议考核。建立区党政班子成员及街镇党（工）委书记、副书记帮包软弱涣散村（社区）党组织工作机制，确保 29 个软弱涣散党组织全部转化升级。组建督导组，深入街镇开展督查，反馈问题清单，指导街镇党（工）委逐条逐项细化整改，坚决铲除黑恶势力滋生土壤。

【干部选拔任用】 2018 年，完成“两会”选举工作任务，区十七届人大二次会议等额选举产生区监察委员会主任 1 名、等额补选区人大常务委员会委员 5 名；区政协九届二次会议等额增选九届区政协常务委员 5 名。调整区管干部职务 49 人次，完成综合行政执法体制改革、监察体制改革、退役军人事务局、行政审批服务局组建干部职务任命或重新公布工作。完成 65 名处级干部、106 名科级干部的试用期满考核。注重建立崇尚实干、带动担当、加油鼓劲的正向激励体系，入选省、市级担当作为先进典型 23 个，其中 1 人被提拔为市管副局级干部。筹备中央干部选拔任用专项检查，整理 2016 年 5 月以来干部选拔任用、干部监督、“凡提四必”、干部管理等文书档案 100 余卷。持续推进培养选拔优秀年轻干部“一号工程”，接收上级下派挂职干部 14 人，安排上挂干部 6 人，选派优秀人才到街镇挂任科技副职 14 人。

【干部监督管理】 2018 年，受理上级转办、干部群众直接来信来访线索，按规定进行处理或转办。开展领导干部在企业、社团兼职自查清理工作和好人主义、圈子文化、码头文化自查等工作。实现个人有关事项培训全覆盖，随机抽查、重点查核96人，对其中存在漏报瞒报问题干部进行批评教育或书面诫勉。严格按照上级要求和有关政策，开展干部出国（境）审批工作，对不符合有关规定和条件的坚决不予审批。理顺干部退休程序，解决涉及部分干部退休待遇确认问题。完善《干部档案管理工作程序和要求》，开展干部人事档案专项审核自查，开展干部人事档案集中管理，全面推进全区档案数字化建设。

【干部培训】 2018年，把习近平新时代中国特色社会主义思想作为主课，纳入主体班次中心内容。以区委党校和知名高校为阵地，精心组织各类班次，突出干部理想信念教育和党性修养，实施重点岗位干部全覆盖、重点内容全覆盖，实现干部作风和素质能力“双提升”。区委组织部、区委党校在山东管理学院联合举办第二十期、二十一期局级领导干部进修班，在上海财经大学举办全区区级领导及各单位主要负责人综合素质提升专题进修班以及全区企业新动能创新发展能力提升专题进修班等，全年共举办培训班次28个，累计调训各级干部人才3429人次，指导监督各部门调训干部人才4000余人次。

2018年4月16日，长清区第二十期局级领导干部进修班开班式举行
（金文 摄）

【科学发展综合考核评价】 2018年，区考评办围绕中心、服务大局，充分发挥综合考核导向评价、激励约束作用，引导各级各部门把贯彻落实“建设现代化山水魅力新城”总体目标的实际成效作为考核的基本内容和评价的基本依据，助力全区实现“两年见成效”的奋斗目标。聚焦区委、区政府的中心任务设置考核指标，《2018年全区经济社会发展综合考核评价工作意见》和《考核实施细则》与济南市考核体系全面对标、充分衔接，把指标分解到部门和街镇，将任务落实到基层，将压力传导给个人。突出“四个中心建设”“双招双引”、项目建设等专项重点工作考核并加大考核权重。重点选取“固定资产投资增长率”“净增规模工业企业个数”等经济社会发展关键指标作为挑战指标，引导督促街镇跳起来摘桃子，跑起来比速度。注重定量与定性相结合、日常考核与年终考核相结合，把目标管理与过程管理结合起来。每季度定期通报街镇主要经济指标数据，专题安排全区半年成绩反馈，进行定量考核指标、定性指标及负面清单专题调度，发现问题及时整改，确保各项任务目标落到实处。重视考核结果的运用，激励干部担当实干。优先从考核标兵单位中推荐“干事创业好团队”，从考核优秀人员中推荐“担当作为好干部”。在全市经济社会发展年度综合考核中提升三个位次，位列第七名。

【人才工作】 2018年，健全完善制度机制，制定《关于进一步加强党委联系服务人才（专家）工作的实施意见》，41名区级领导联系服务41名专家人才，强化政治引领和政治吸纳。建立人才服务专员队伍制度，为优秀人才提供“店小二式”的全方位服务。研究拟定《长清区推动乡村人才振兴工作方案》，统筹抓好各类农业人才队伍建设，实现人才支撑乡村振兴。全面推动校企地融合，选派23名高校人才到街镇挂职，担任街镇科技副主任（副镇长）及企业科技顾问，形成中医药大学马山镇研究生社会实践基地、山东劳动职业技术学院与鑫源鑫机械产学研基地等校企合作项目10余个。搭建高校人才创新创业平台，开工建设双创大厦，充分发挥科研成果转化服务中心和创新创业园作用，集聚人才资源优势，打造长清大学城“人才高地、创新高地、创业高地、科技高地”。创办全市首个高校校长论坛，邀请山东女子学院院长盛国军、山东师范大学校长唐波作为主讲人，探讨校地合作、人才共享发展模式，有效推进校企地深度交流融通。提高人才服务质量，组织开展重点人才工程申报，入选市专业技术拔尖人才4人、入选市学术技术带头人2人，被命名表彰为“终身济南专业技术拔尖人才”2人。在上海财经大学举办领军人才新动能创新发展能力提升专题进修班，组织召开长清区首届领军人才座谈会，鼓励领军人才发挥行业引领作用。印制《中央和省、市、区人才政策指引》和《人才政策明白纸》，开展人才政策宣讲活动11场。

2018年5月18日，长清区首届领军人才座谈会召开（全文 摄）

【远程教育】 2018年，区远程教育中心围绕中心，服务大局，不断创新工作思路，全区远程教育工作质量和水平得到进一步提高。全年共完成25期《党建新时空》党建电视栏目制播，在市委组织部《时代风采》党建电视栏目播出《乡村医生房玉栋》《为民服务的配镜师》《山村邮递员》《乡村教师》《吕建昆：“闺女”书记扶贫记》5部党建新闻专题片，其中《乡村医生房玉栋》专题片在省委组织部主办的《齐鲁先锋》党建电视栏目中播出，省市栏目供稿量在全市列第二名。《“两学一做”典型》微视频获2018年全省党员教育电视片评比一等奖，微电影《赌茶》、“美村三十六计”之《无中生有引客来》获2018年全省党员教育电视片评比二等奖，6集系列微视频《新长征路上的领头雁》获2018年全省党员教育电视片评比三等奖。推进“灯塔—党建在线”综合管理服务平台管理使用工作，完成全区有关层面管理员、信息员的管理、调整、培训等工作；组织全区各党委和各级机关党组织，开展“灯塔—党建在线”十九大精神学习竞赛活动；在全区基层党支部中推广使用e支部开展组织活动，组织街镇和区直部门（单位）党建信息在“灯塔”平台上传发布，不断扩大全区党建和组织工作的网络化、信息化水平。按照基层党组织“三会一课”学习要求，指导全区基层党组织利用远程教育学习活动场所和党员活动室，开展以习近平新时代中国特色社会主义思想为主要内容的政治理论学习，学习身边党建典型事迹和各地发展经验，不断提高远程教育站点学用水平。农村和城市社区“两委”成员学历教育工作顺利开展。配合山东省农业广播电视学校长清区分校继续组织好全区农村和社区“两委”成员专科学历教育教学班次，抓好课程培训和日常教学管理工作。完成2018年农村和城市社区“两委”成员学历教育招生工作，报名51人，录取48人，录取率在全市名列第二。

【第一书记工作】 2018年4月12日，召开全区第一书记工作会议，对全区第一书记工作情况进行总结，对今后第一书记工作进行安排部署。7月9日—13日，组织举办2018年度长清区第一书记培训班，对全区119名驻村第一书记和8名挂职村支部书记进行业务培训。邀请省、市领导和农业专家为第一书记讲授扶贫攻坚和基层组织建设方面的专业知识，邀请纪检监察机关人员为第一书记进行党风廉政教育，并组织全区第一书记到孔繁森纪念馆和平阴、宁阳等地区参观学习、观摩考察。10月16日，召开全区医疗精准扶贫业务培训会，区卫生和计划生育局有关负责人员详细解读医疗精准扶贫相关政策，对119名第一书记进行业务培训。11月3日，召开全区脱贫攻坚作风建设暨帮扶工作会议，对全区第一书记驻村工作作风及工作纪律进行严格要求，并安排部署全区贫困群众帮扶工作。11月7日，区第一书记临时党总支对第一书记扶贫业务知识和上级扶贫政策的掌握情况进行考试测试，全区第一书记对扶贫业务知识的掌握程度均达到合格以上等次。12月10日，区第一书记临时党总支研究制定并印发《长清区第一书记示范村创建实施方案》，在全区选派有驻村第一书记的贫困村中组织开展第一书记示范村创建活动，首批确定30个村作为示范村。

2018年，全区第一书记工作取得显著成效。驻村第一书记充分发挥派出单位优势和个人业务特长，结合村情民情，探索合适的脱贫产业，帮助贫困村和困难群众拓展致富渠道，贫困村集体经济得到新提升。驻村第一书记切实履行党建工作职责，为贫困村党组织建设注入新的活力；创新党建活动载体，开展主题党性教育活动，引导党员发挥先锋模范作用；深化党务村务公开，及时公布扶贫攻坚和涉及群众切身利益的各类事项。驻村第一书记在贫困村基础设施建设、村级四化、环卫一体化等方面争取政策、协调资金，贫困村村容村貌得到新优化。第一书记坚持“党的群众路线”，自觉与村民打成一片，在为村民办实事、解难事的过程中，增进与群众的感情，党群干群关系得到新改善。全年第一书记为民办实事1300余件次，发展脱贫产业项目260余个，投资4000余万元；帮助贫困村发展党员、入党积极分子129人，培养后备干部167人，整改软弱涣散村级组织32个，贫困村两委班子的凝聚力、战斗力以及带领群众脱贫致富能力大幅提升。

2018年7月9日，举办2018年度长清区第一书记培训班

（全文　摄）

【自身建设】 2018年，区委组织部贯彻落实党的十九大精神和习近平新时代中国特色社会主义思想，围绕中心、服务大局，着力加强组织部门自身建设。持之以恒抓好政治建设，部领导以身作则、率先垂范，带头学习贯彻党的十九大精神和习近平新时代中国特色社会主义思想，带头讲党课，带头开展自查整改，通过开展“作风建设年”、机关党建“六个一”等活动，持续转变工作作风，不断提升工作质量。对标过硬支部创建标准，规

范党的组织生活，坚持“三会一课”，严格落实民主生活会、组织生活会、民主评议党员、主题党日，强化支部建设。开展以“提升能力素质、提振机关活力、树组工干部良好形象”为主要内容的“双提一树”活动，坚持集体学习和个人自学相结合，重在学政策、学业务、学规范，采取“业务大讲堂”和“清风读书”等形式，着力提升组工干部能力素质。规范工作流程，强化督导检查，形成周汇报、月调度、季观摩、半年总结、全年考核工作体系，推动组织工作“规范、提升、创新、引领”。加大组工信息管理力度，编发《长清组工信息》16期，为《济南组工信息》投稿6篇。强化党风廉政建设，部领导班子成员履行党风廉政建设“一岗双责”，坚持把党风廉政建设与组织工作同研究、同部署、同落实。围绕组织工作岗位风险点，对照党风廉政建设责任制要求，进一步完善各项规章制度，引导组工干部正确对待手中权力，严守组织人事纪律，严格执行组工干部“十个严禁”等有关规定，用铁的纪律维护组织部门风清气正的良好形象。

大峰山革命根据地纪念馆 （金文 摄）

【济南大峰山党性教育基地建成】 长清区是革命老区，红色历史底蕴深厚。在中国共产党的领导下，大峰山革命根据地从无到有，从弱到强，一步步发展壮大，在泰西八县（泰安、肥城、长清、平阴、东阿、东平、汶上、宁阳）中举足轻重，在山东根据地建设史上占有重要一席，是抗日战争、解放战争的坚强战斗堡垒，是山东联系延安秘密交通线上的重要中转站，是培养党政军干部的红色摇篮，为抗日战争、解放战争的胜利做出重要贡献，熔铸“信仰如山，一心为民，不怕牺牲，勇往直前”的大峰山精神，被誉为“泰西的延安”。

为充分运用大峰山的优势红色资源，传承大峰山精神，在济南市委组织部的具体指导下，长清区规划建设济南大峰山党性教育基地。济南大峰山党性教育基地位于孝里镇国有大峰山林场内，总投资5500余万元，占地2公顷，于2018年1月动工，10月建成使用，由大峰山革命根据地纪念馆、初心广场、革命陵园和中共长清县委旧址4部分组成，是济南市委命名、山东省委组织部备案、济南市委党校主管的大型综合性党性教育基地。济南市委常委、组织部长李刚对此高度认可，并在全市基层党建重点项目观摩交流活动总结评议会上说：“展馆的打造从主体工程建设到馆内设计布展均达到国内一流展馆水平”。

围绕“牺牲奋斗为人民、公而忘私为人民、忠诚担当为人民”这一主线，教育基地规划建设大峰山革命根据地中心教学点和史元厚烈士纪念堂、刘成德事迹展览馆、马套村、西李村等12个现场教学点，全景展示战争年代、建设时期和新时代长清党政军民传承红色基因、不忘初心使命、忠诚为民担当、砥砺奋进前行的壮丽画卷。同时，精心设计1～3天不同特色的培训套餐，形成信仰如山、忠诚为民和榜样引领三大特色教学模块，开发专题教学、现场教学、访谈教学、互动教学、“三同”教学等教学形式，较好地满足各个层次、各个类型的培训需求。

（金　文）

宣传工作

【概况】 2018年，长清区委宣传部（以下简称区委宣传部）对标区委“1+654”工作体系和“建设现代化山水魅力新城”奋斗目标，牢牢把握主题主线，精准发力、靶向发力，全区宣传思想工作呈现出重点突出、亮点纷呈、难点突破的新局面，为建设现代化山水魅力新城提供强大的思想基础和精神动力。2018年8月，长清区被山东省委、省政府授予“第三届山东省文化强省建设先进区”称号；12月，长清区委理论学习中心组被山东省委宣传部授予“2017—2018年度全省先进县级党委理论学习中心组”称号。区委宣传部被评为全市“双报到、双服务、双评议”活动先进单位、十九大知识答卷优秀组织奖、百姓宣讲优秀组织奖，被区委、区政府评为全区经济社会发展先进单位、招商引资工作先进单位、美丽乡村建设先进单位，获机关优秀创新工作成果一等奖。

2018年11月20日，全省首家“乡村振兴培训学院”在长清区万德街道马套村揭牌（区委宣传部提供）

【理论教育】 2018年，区委宣传部以“大学习、大调研、大改进”活动为契机，开展习近平新时代中国特色社会主义思想和党的十九大精神学习活动。印发《全区党委（党组）中心组2018年理论学习安排意见》，系统安排理论学习专题10个，为党员干部订阅《习近平新时代中国特色社会主义思想三十讲》近万册，《重读马克思》书系300余套。全年区委中心组集体学习、交流研讨15次，中心组成员撰写调研文章70余篇、学习心得200余篇。邀请中共中央党校和省级专家教授，围绕习近平新时代中国特色社会主义思想、十九大关于农村发展战略、新旧动能转换等课题辅导6场，培训干部3000余人次。举办长清区“中国梦·新时代”百姓宣讲比赛，选拔优秀选手成立“中国梦·新时代”百姓宣讲团，在全区开展宣讲50余场次，观众1万余人次。组织全区3600名机关党员干部开展“十九大报告知识考试”，合格率100%。开展“学习十九大、奋进新时代”百题竞答活动，收取竞答题卡11万份，完成任务的150%。区委宣传部与山东交通学院马克思主义学院联合，在马套村组建全省首家“乡村振兴培训学院”，并举行揭牌仪式，开展理论研究、专题培训、主题论坛、实践指导和人才培养。承办以“振兴乡村战略”为主题的全市社科届年会，邀请30余位省市理论专家到马套村、五峰阁开展研讨，取得较好成效，并在《济南日报》刊发。马山镇、马山镇双泉庄村分别获全省第五批社会科学普及示范镇、示范村称号。

【意识形态工作】 2018年，区委宣传部贯彻落实上级意识形态工作决策部署及指示精神，突出意识形态责任制落实，组织成立区委意识形态和宣传思想工作领导小组，印发《加强党委（党组）意识形态责任制考核督查工作的实施意见》《联席会议制度》等，进一步明确责任分工。把落实意识形态责任制工作情况纳入对班子、领导干部综合考核、干部教育培训和巡察工作，意识形态责任制落实制度日趋完善，先后两次向上级党委汇报全区意识形态形势工作。抓好意识形态领域思想教育和阵地建设，抓好舆情管控，建立24小时值班制度，实现网络舆论全搜索，妥善处置突发舆情。

【社会主义核心价值观培育】 2018年，通过财政划拨、基层配套、表彰奖励等途径，累计投入四德榜建设资金近300万元。进一步提高企业、机关、学校、社区四德榜覆盖率，制定奖罚措施，推动四德工程建设和四德人物评选常态化。按照年初申报、年中检查、年底考核的评选流程，重点在全区打造一批有看头、有听头、有讲头、有学头、立得住的四德工程建设示范点。9月，长清区作为济南市唯一代表迎接全省“四德工程巡礼”工作，并作为全省四德工作典型，在《大众日报》等省级媒体刊发。举办庆祝改革开放40周年文艺晚会、书画摄影展、齐鲁红色故事巡讲等一系列活动。围绕社会主义核心价值观、全省新旧动能转换、乡村振兴行动、上合青岛峰会等重大主题，制作核心价值观公益广告，在城区及街镇主干道、大学城、商业街等重点区域开展社会宣传，打造主题公园、主题广场100余个，累计打造文化墙8万余平方米。电视台累计播放重大项目公益广告视频330余条，网络媒体、户外LED大屏播放公益广告视频2000余条，播出宣传标语1.2万余条次。

“与时代同行”——齐鲁红色故事巡讲长清大峰山专场
（区委宣传部提供）

【新闻宣传】 2018年，在传统媒体和新媒体发表稿件3600余篇，形成多层次、多角度、多形式舆论宣传强势。其中，在《经济日报》等国家级媒体发表稿件6篇，在《大众日报》发表稿件10篇，《济南日报》一版头条27个，列全市各区县第一，被大众日报社评为新闻报道先进集体。长清区广播电视台获山东广播电视台2018年度电视宣传先进集体一等奖和广播宣传先进集体一等奖。在中央、省市主流媒体推出重点稿件，全面展现新一届区委、区政府实干担当的良好形象。春节后上班第一天、“区两会”、区四干会等重要节点组织集中采访活动20余次。围绕市党代会、“市两会”、项目集中签约开工、“大学习、大调研、大改进”活动、黄河大桥通车、长清大学城实验学校开学、教育深度融合合作签约、黄河滩区迁建、社会维稳、S105长清绕城段通车、产学研融合等进行集中采访和集中宣传。“爱济南”APP长清版块，第一时间刊发全区重要会议精神、重要活动，对全区两次招商签约活动、重点项目集中开工和督查评议活动进行现场直播，第一时间引导舆论，长清的社会关注度进一步增强。围绕全区重点工作，坚持每天一策划、每天一稿件，重点项

对外宣传亮点纷呈 （区委宣传部提供）

全区文化产业座谈会 （区委宣传部提供）

目督查评议、32个项目签约、国际马拉松比赛等重大活动阅读量均在30万次左右，长清区连续16个月在“爱济南”APP综合人气排名第一。围绕“领军人才”、第一书记、基层公安干警、拆违拆临和棚改旧改一线人物，培树先进模范，先后在省市媒体重点宣传刘成德、邹景泉、段瑞、董文安、李文同等一批先进人物事迹。协调各方，超前思维、提前介入，处置多起突发事件，受到区委、区政府主要领导好评。

【文化产业】 2018年，全区文化产业完成增加值4.44亿元，占地区生产总值比重为1.41%，占比提升幅度列全市第5位，比2017年前移3个位次。每月对全区各街镇文化产业调研2次，摸清文化企业发展底数。组织高校、文化产业职能部门、街镇召开文化产业发展座谈会，分析问题、明确重点。先后邀请《济南日报》记者，到张夏街道山东灵岩石业公司、崮云湖街道济南西部创新园进行专题采访，在《济南日报》一版倒头条位置刊登。带领相关人员到发达地区，围绕特色小镇、文艺精品创作、文创产业发展等参观学习。主动邀请山东省鲁信文化传媒集团到长清区座谈交流，并与区文旅公司就相关问题达成共识，形成初步合作意向。邀请高新控股集团到莲台山天业集团洽谈合作事宜。与济南西城集团，就崮云湖街道片区文化产业载体情况进行对接，对美客小镇、济南西部创新园等平台发展做好服务。注重区内企业增加和培育工作，在慢城、锦鲤小镇等项目前期中关注其符合文化产业企业申报。推送华谊兄弟电影城项目申请省级文化产业发展专项资金支持。为济南红霖“纸男孩”设计智造小镇申报济南市文化产业资金扶持项目，争取扶持资金40万元。做好第十四届中国（深圳）国际文化产业博览交易会参展组展工作，绘制第十四届深圳文博会山东文化产业地图长清区部分，加强对外交流。

【城市提升行动】 2018年，长清区城市提升行动指挥部办公室设在区委宣传部，区委宣传部履行职责，做好督查协调工作。加大宣传密度，在市级主流媒体和区内媒体，宣传全区城市提升行动举措、做法、亮点，先后刊发（播）新闻稿件259条，编发工作简报36期。加强督导检查，采取领导督导、专业督导、媒体监督、市民巡访团

督导检查城市提升行动 （区委宣传部提供）

督导四种方式。领导督导即按照区级领导包十大行动和街道分工，设立督导组12个，各区级领导分别到所包挂街道每月督导1次。专业督导即由指挥部办公室副主任带队，由行动组成员与城管人员联合，对街镇和十大行动进行专业、精细督导，先后下达督办单102件，督办问题493个。媒体监督即《新长清》报、电视台设立光荣榜和曝光台，经验做法上光荣榜，整改不到位的问题上曝光台。市民巡访团督导即邀请济南市民巡访团团长辛安一行对长清区城市提升工程进行点对点巡访，找问题、提建议。以办公区、宿舍区为单位，划分网格，实行网格分包制度，建立长效机制。发动各级文明单位、组织志愿者开展文明交通行动，督促企事业单位、沿街商户落实门前“三包”制度。在主城区道路实行“路长制”，制定《长清区“十大行动”千分考核细则》。

（许　锋）

统战工作

【概况】 2018年，长清区委统战部（以下简称区委统战部）围绕“建设现代化山水魅力新城”的总体目标，对标“1+654”工作体系，贯彻落实中央及省市区委决策部署，以“开拓落实年”为统领，讲政治、广联合、重创新，抓住重点、突出特点、树立亮点，落实“11366”（贯穿1个抓手，即以“作风建设年”为抓手；开展1个主题活动，即开展“四学四查四强”主题活动；实施3大行动，即大学习大调研提升行动、聚合力促发展助力行动、广交友大交流连心行动；凝聚6方面力量，即各民主党派、无党派人士，党外知识分子和新的社会阶层人士，非公经济人士，促进台属联、侨联健康发展，维护民族团结、宗教和顺，依托校地统战部长联席会深入开展校地合作；做好6个助力，即助力五项重点工作、助力民营企业做大做强、助力新旧动能转换、助力乡村振兴战略、助力社会和谐稳定、助力校地合作）重点工作，推动统战工作实现新发展。区委统战部被评为全市统战理论调研宣传“四新工程”先进单位，被区委、区政府评为全区经济社会发展先进单位、招商引资工作先进单位，获机关优秀创新工作成果二等奖。

【党外干部和党外知识分子】 2018年，区委统战部与组织部门保持经常性沟通联系，推进党外干部推荐和使用工作。强化教育培训，制定并落实《2018年度统一战线教育培训计划》，举办全区党外人士培训班等各类教育培训4次，累计培训党外人士300余人次。发挥党外知识分子联谊会和欧美同学会成员人才智力优势，对接企业、管理和项目，实施产学研计划，参与双招双引，助力新旧动能转换。

【新的社会阶层人士统战工作】 2018年，区委统战部深化“1+6+N”新的社会阶层人士统战工作体系，“美客小镇”新的社会阶层人士统战工作实践创新基地得到中央及省市有关领导的关注支持。坚持党建引领，在美客党支部、创新大厦企业联合党支部打造“新智聚济·党旗红”工作品牌长清区示范点，率先成立新联会街道分会——崮云湖街道分会，完善组织架构。召开改革开放40周年座谈会、中国美客新的社会阶层人士互助联盟中秋座谈会，加强思想政治引领。成立长清区新联会“建言献策团”，推动新联会“建言献策团”团员列席区政协常委会议。启动新阶层“书香铸魂·同心圆梦”读书活动和“新时代美客邮局”，创建新阶层统战文化品牌，加快全区新阶层人士人才队伍建设。

【校地统战工作】 2018年，区委统战部践行“让长清因高校而名、高校因长清而盛”的目标，推进“校地、校企、校校”相连相通，务实、团结、合作的校地统战部长联席会议制度更趋完善。在山东师范大学、山东中医药大学相继召开第二次、第三次校地统战部长联席会议，开展高校统战部长进长清、高校专家学者对接长清民营企业行动。5月2日，山东省社会主义学院、中共济南市长清区委校地协作签约仪式举行，并签署校地协作备忘录，在共建教学实践基地、课题调研、文化合作交流等方面全面推进战略合作，聚焦新旧动能转换、乡村振兴等重点工作开展考察调研，将区位优势转化为发展新动能优势。

2018年5月2日，山东省社会主义学院、中共济南市长清区委校地协作签约仪式举行（区委统战部提供）

【民主党派】 2018年3月29日，民进济南市长清区支部成立。全区民革、民盟、民建、民进、农工党、致公党、九三学社7个党派基层支部组织健全。民革支部率先启动长清区第一支民主党派义工服务队——“民革义工”活动，民盟支部搜集社情民意开展联合调研，民建支部发挥会员优势服务经济社会发展，民进支部建立社会服务基地，农工党支部为打造乡村振兴的齐鲁样板寻求科学之策，致公党支部援助寿光灾区建设，九三学社支社“童善”困境儿童关爱项目被团中央评为“伙伴计划”四星项目。5月19日，举办纪念中共中央“五一口号”发布70周年庆祝大会。11月29日，建成全市首家区级统战工作服务中心，“长清区民主党派之家”揭牌。

长清区民主党派之家揭牌（区委统战部提供）

【服务经济社会发展】 2018年，区委统战部为党外人士参政议政搭建平台，组织各类政治协商活动12次，开展“围绕中心、深入一线、凝识汇智”系列考察调研活动，接待民进全国副省级城市考察团等省、市各民主党派到长清区调研、走访24次。实施“同心扶贫攻坚”“百企帮百村”“同心光彩助学”行动，开展服务寿光灾区、送服务下乡、捐资助学、产业扶贫项目，服务经济社会发展。参与脱贫攻坚，做好帮扶村双泉镇郑庄村和派驻第一书记工作，组织副科级以上干部到双泉镇郑庄村和大邹村开展精准扶贫走访活动，与贫困群众深交流、结对子，累计捐献款物1万余元，为所包村双泉镇郑庄村提供帮扶资金1万元。协调资金30余万元，完成郑庄村背街小巷硬化工程，完成农村公路网格化项目、郑庄村地面光伏发电项目，村集体每年增收5万元。完成2018年度“泛海助学行动”，为38名贫困大一新生每人发放助学金5000元。

【理论调研宣传】 2018年，区委统战部注重统战理论研究、调研宣传工作，在中央、省市级媒体上稿率实现较大突破，其中《“美客小镇”——新的社会阶层人士统战工作示范点》和《新联会“建言献策团”列席政协常委会》在《中国统一战线》刊登，《多方联动构筑新的社会阶层人士统战工作新格局》和改革开放40周年征文《海内存知己天涯若比邻》在《山东统一战线》刊登，《构建社会化大统战工作格局研究——以济南市长清区为例》在《山东省社会主义学院学报》刊登。落实“一领导一课题”，以调研指导工作、引领创新、推动落实。创新开展统战工作“进机关、进街镇、进高校、进园区、进企业、进社区”“六进”行动。打造新媒体宣传工作品牌，全区改革开放40周年征文活动微信热帖频现，阅读量屡创新高，得到社会各界高度关注。

【自身建设】 2018年，区委统战部坚持“党建带统战、统战促党建”，注重部机关党支部建设和两新组织党建工作。开展“作风建设年”活动，强化思想作风建设。通过党组会、座谈会、务虚会，力戒“四风”，推动工作。及时贯彻落实区委及市委统战部历次会议精神，制定落实方案，务求实效。落实意识形态责任制，加强政治引领，开展各类主题征文、文艺汇演、红色教育等活动，夯实筑牢统一战线共同思想政治基础。开展“四学四查四强”主题活动，即学思想理论，查思想漏洞，强武装；学统战政策，查工作差距，强落实；学制度规定，查制度空白，强长效；学纪律要求，查管理弱项，强队伍，真学、实查、增强本领。设立“统战系统学习日”，建立“培训学+规划学+调研学+实践学”机制，提升统战队伍整体素质。组织统战干部、统战成员到省内地市学习新阶层、社区统战、统战教育基地建设工作等先进经验。

2018年3月29日，民进济南市长清区支部成立大会举行（区委统战部提供）

【民进济南市长清区支部成立】 2018年3月29日，民进济南市长清区支部成立大会在区政协会议室召开。民进济南市委副主委刘海萍参加会议，长清区委常委、区委统战部部长魏宏新应邀出席会议并讲话。长清区各民主党派主委、工商联主席到会祝贺，区政协副主席、民建长清区支部主委张勇代表各民主党派、工商联致贺词。会议首先宣读《民进济南市委关于成立民进济南市长清区支部的决定》和《民进济南市委关于民进济南市长清区支部委员候选人人选的批复》。全体会员选举产生民进济南市长清区第一届支部委员会，之后选举尹文文为民进济南市长清区支部主任委员。

（韩　玮）

编制工作

【概况】 2018年，长清区机构编制委员会办公室（以下简称区编办）以全面深化改革为核心，以强化机构编制管理为主线，以简政放权、职能转变为重点，统筹推进重点领域关键环节体制机制改革工作，持续简政放权，深化行政审批制度改革，创新监管方式，加强事业单位监督管理工作，解放思想，扎实工作，完成全年机构改革各项工作任务，为全区改革发展稳定提供强有力的体制机制保障。区编办被评为全区经济社会发展先进单位、招商引资工作先进单位、扶贫工作先进单位，获机关优秀创新工作成果三等奖。

【机构改革】 2018年，区编办创新和完善行政审批体制机制，提高政务服务质量和便民服务水平。根据省委办公厅、省政府办公厅印发的《关于深化“一次办好”改革深入推进审批服务便民化实施方案》及《市编办市法制办关于转发〈山东省机构编制委员会办公室山东省人民政府法制办公室关于推进相对集中行政许可权改革组建市县行政审批服务局的意见〉的通知》精神，结合全区实际，将区政务服务中心管理办公室的职责、相关部门的行政审批及有关政务服务等职责整合，组建长清区行政审批服务局（挂长清区政务服务管理办公室牌子），作为区政府工作部门，正处级规格。组建长清区退役军人事务局。以区政府最新公布保留的行政许可事项为基数，将其中126项行政许可事项及22项关联事项划转到区行政审批服务局；23项行政许可事项暂不划转但应进驻大厅集中办理；其他3项行政许可事项不划转也不要求进驻大厅。

【编制管理】 2018年，根据机构编制总量控制要求和机关事业单位实际需求，共批复编制使用计划269名，其中党政机关（含政法）补充人员计划42名、参公事业单位补充人员计划7名、事业单位补充人员计划220名，已执行完成用编计划189名。其中，街镇、教育卫生等重点领域使用编制147名，占全部已执行用编计划的78%。在现有区内待分配总额中，调剂事业编制4名，长清区人民政府金融工作办公室（区地方金融监督管理局）核增事业编制4名；在现有中小学编制总量中，按照人编同调原则由教育系统内部调剂编制及教师49名，另调剂编制9名，新设立济南市长清区大学城实验初级中学、济南市长清区大学城实验小学、济南市长清区凤凰路初级中学等3所中小学。全年，共办理招考（聘）、军转干部及随军家属安置等入编手续300余人次；办理退休等减编手续100余人次。

【简政放权】 2018年，依法依规调整权利事项，稳步推进放管服改革，共取消区级行政权力事项37项，其中行政处罚16项、行政许可10项，其他行政权力9项、行政确认2项；取消区级行政权力事项子项16项，其中行政处罚14项、行政许可2项；整合优化行政权力事项68项，其中行政处罚66项、行政许可2项；新增区级行政权力事项193项，其中行政处罚159项、行政许可10项、行政强制7项、其他行政权力3项、行政监督13项、行政奖励1项；新增区级行政权力事项子项76项，其中行政处罚61项、行政许可13项、其他权力2项。推进综合执法改革，明确综合行政执法局权力事项清单，将区城管执法局、区农业局、区畜牧局、区农机局、区水务局、区粮食局、区经信局等7个区政府部门502项行政权力事项调整至区综合行政执法局。公布《区级下放济南经济开发区管委会行政权力清单》，涉及9个政府部门44项权力事项，其中行政许可26项、其他权力16项、行政确认2项。公布《长清区区级政务服务事项中介服务项目清单》，保留区级政务服务事项中介服务项目27项。“最多跑一次”改革全面实施，编制完成《长清区行政权力事项“零跑腿”“只跑一次”“你不用跑我来跑”事项目录》《长清区公共服务事项“零跑腿”“只跑一次”“你不用跑我来跑”事项目录》及《服务指南》，并向社会公布。其中“零跑腿”事项60项，“只需跑一次”事项1125项，“你不用跑我来跑”事项384项。梳理公布“一次办好”

事项，对44个区直部门、10个街镇的1528项“一次办好”事项清单进行梳理审核并通过山东政务服务网向社会公布，制定《关于贯彻落实“一次办成”深入推进“放管服”改革实施方案》。加强部门（单位）随机抽查事项清单动态管理，对全区32个部门（单位）268项随机抽查事项实施动态监管，修改27项，取消5项，新增10项，调整后的随机抽查事项共涉及32个部门（单位）273项。

2018年6月21日，召开全区事业单位业务范围清单化管理工作会议 （李朋霞 摄）

【监督监察】 2018年，按照重点跟踪、分类问效的原则，围绕机构编制事项落实情况、机构编制配置及运行情况、机构编制管理规定执行情况等内容，区编办对长清区特殊教育学校、长清区第二实验中学、长清区第二实验小学、长清区凤凰路小学、长清区市场监管综合执法大队等5家单位进行跟踪问效。进一步规范群团组织机构编制管理工作，对团区委、区妇联、区总工会、区科协开展机构编制情况综合评估工作。

对长清区特殊教育学校进行跟踪问效 （李朋霞 摄）

【事业单位监督管理】 2018年，新办理事业单位设立登记13个，办理事业单位变更86个，重新设立登记2个，注销登记16个，补领证书2个，整理完成事业单位登记档案152册，为社会提供事业单位登记信息服务7次。强化事业单位印章管理，建立健全事业单位印章封存管理制度，全年新收缴事业单位注销、损毁印章23枚。开展事业单位“双随机”监管工作，根据事业单位“双随机抽查”工作方案和16项随机抽查事项清单，分2次完成全区12个事业单位“双随机”监督检查工作。完成2018年度事业单位绩效考核工作，确定A级单位41个，B级单位240个，C级单位1个。全面开展事业单位业务范围清单化工作，督促推进事业单位全面完成业务范围清单编制工作，实现清单编制全覆盖，纳入范围的事业单位共370个。推进事业单位法人信用体系建设，在登记监管工作中对存在违规、不守诚信等异常情形，经查实后进行记载，并视具体情况通报事业单位监督管理工作联席会议成员单位，凡违规事业单位一律载入异常信息，在监管信息系统平台公开，接受社会舆论监督，规范事业单位行为，确保失信人员不得登记为事业单位法定代表人。对无不良信用记录的事业单位，遇到来现场办理业务的单位申报材料存在个别形式欠缺，不影响后续审查和判断的，按照“一次办好”的相关要求，可在申请人书面承诺按商定时限补正的前提下，实行“容缺受理”，不需再当场提供纸质文件（复印件）材料，及时办理业务。深化事业单位法人结构治理工作，印发《关于编制实行法人治理结构公立医院管理权责清单的通知》《关于对全区公立医院法人治理结构运行情况进行检查评估的通知》，组织召开外部监事履职评价会，促进各外部监事认真履职、担当作为，切实发挥监督作用。选派3人到区文化馆担任外部理事、监事工作，并将派往2个公立医院的外部监事撤回。

【电子政务】 2018年，做好电子政务和信息化建设工作，对长清区机构编制门户网站进行建设、管理、运维和安全防护，整理、编辑专项资料发布信息405条，对各科室的办公设备、网络、软件、会议设备等进行指导、安装维护，每月月底定期对全区非涉密机关事业单位开展实名制信息公示，并及时提供有针对性的个性化信息技术支持，提供各种单位信息的查询、报表等。指导规范党政群机关、事业单位和其他非营利性单位网上名称管理工作，全年域名续费资金8.38万元，政务公益域名共419个，新增1个，撤销17个，协调降低域名绩效考核基数，减少财政资金支出。网站标识加挂管理，针对全区单位自建网站进行梳理规范自查摸底，并联合网警核查全区党政机关事业单位网站安全，梳理全区24家网站备案情况，关闭撤销标识12家，其余12家网站正常开通。开展机构编制统计分析工作，实名制数据月报，编制统计年鉴，为领导、各部门（单位）及各科室提供大数据分析与技术支持。至年底，全区机关编制总额1657名、事业编制总数11452名，机关机构共57个、事业单位405个，党政群机关实有1231人、事业单位实有9736人。开展机构编制实名制管理业务系统、内网办公系统的维护工作，全年机构编制实名制系统机构人员信息共维护审核通过1919条（增835条减1084条），更新编制证673次，扫描文件并上传801份；教育卫生去行政化修改职级信息335条，核对教育机构行业类别97个；在机构设置中新建行政机构1个，新成立事业单位6个，撤销事业单位13个，收回全区各单位工勤编制共80个。

（邱文韬）

对台工作

【概况】 2018年，长清区委台湾工作办公室、长清区人民政府台湾事务办公室（以下简称区台办），围绕全区“1+654”工作思路和“建设现代化山水魅力新城”总体目标，重点突出“七抓七重”（即：抓学习、重作风；抓招商、重发展；抓交流、重质量；抓宣传、重创新；抓“三台”，重服务；抓扶贫、重成效；抓党建、重廉洁），积极作为，不断提升对台工作。

【对台经济】 2018年，区台办组织人员参加济南市台办举办的“以新旧动能转换为契机，深化济台产业合作发展”重点园区推介会，拓宽招商渠道。通过联合招商，引进山东宝世博微生物肥项目，注册资金1亿元。山东集富环保科技有限公司与鼎泰牧业养猪产业环保净化设备与污水循环处理技术合作项目和三甲医院区域化乳腺防治网络建设项目达成初步意向。

【对台交往交流】 2018年，全区共有22人到中国台湾考察交流，其中区级领导2人，副处级干部4人。区台办组织6人组成乡村旅游考察团到中国台湾参访交流，借鉴学习中国台湾在乡村旅游、精品民宿、特色小镇、产业融合、文化创意等方面成熟的经验做法，进一步提升“齐鲁8号风情路”建设发展水平。

【对台宣传和涉台教育】 2018年，区台办利用各类报刊、网络等媒体，发表涉台信息稿件20余条（篇），向台胞宣传长清经济社会发展情况和对台工作取得的新成效，提升长清区的知名度和美誉度。组织长清区台属联谊会理事和对台工作干部，学习涉台政策以及中央、省、市对台工作会议精神，宣传31项惠台政策，对赴台人员进行行前教育和归后教育。相继开展健康养老、拆违拆临、长台经济合作、涉台婚姻和助推乡村振兴战略5个专题调研。6月13日，区台办组织赴台人员在万德街道开展“创新赴台交流成果，助推乡村振兴战略”活动，第一阶段到圣虎山茶叶种植基地、南湖玉露茶叶科技开发公司、龙凤庄园调研，第二阶段召开座谈会，赴台人员围绕自身运用赴台交流成果发展现代农业、振兴乡村经济的做法相互交流。区委常委、区委统战部部长魏宏新，挂职区委常委、万德街道党工委书记夏红军，区政协副主席赵洁参加活动。10月26日，市台办老干部、区台办全体人员和区台属联部分理事到“齐鲁8号风情路”和龙凤庄园调研参观，学习马套村党支部工作经验，副区长梁艳玲参加活动。

举行“创新赴台交流成果，助推乡村振兴战略”座谈会
（田飞飞　摄）

【涉台维稳与服务】 2018年，区台办全力落实“惠台31条”，会同有关部门推进“惠台31条”落地见效，健全台商投资“一条龙”服务，为到长清台商提供“店小二式”贴心周到服务。与济南市公安局长清区分局出入境管理科联动，为1名台胞办理中国台湾居民居住证。协调解决山东宝世博微生物肥项目落地过程中存在困难和问题，切实为台胞在长清区学习、创业、就业、生活提供便利，创造更好条件。进一步建立健全台属信息库，对台属实行动态管理。6月12日，按照市台办要求开展全区台属统计工作，对台属进行实名制摸底登记，建立档案。春节前夕，走访慰问辖区内特困台属、困难台属30户，定居台胞1人，送去现金、大米、面粉、食用油等物品，共计人民币6000余元。

长清区副区长梁艳玲走访慰问贫困台属
（田飞飞　摄）

【台属联谊会】 2018年，长清区台属联谊会开展联谊活动，发挥桥梁纽带作用，发展台属经济，宣传党和国家的各项惠台政策以及长清经济社会发展情况，密切“长台”往来交流，助推全区经济社会发展。4月23日，长清区台

长清区台属联谊会与槐荫区台属联谊会开展联谊活动
（田飞飞　摄）

属联谊会与槐荫区台属联谊会在长清区伟农庄园开展联谊活动，共同学习全国“两会”精神，讨论如何发挥台属作用，为促进当地经济社会发展和推进祖国统一大业做贡献，副区长梁艳玲参加活动。

（董　玲）

区直机关工委工作

【概况】　2018年，长清区委区直机关工作委员会（以下简称区直机关工委）以党的十九大精神为指导，围绕全区“1+654”工作思路，以机关党建“六个一”工程为抓手，落实全面从严治党决策部署，扎实推进机关党建规范化建设，在全面从严、全面提升、全面过硬上下功夫，完成年初制定的各项目标任务。区直机关工委被区委、区政府评为2018年度招商引资工作先进单位、美丽乡村建设先进单位。《开展机关党建“六个一”工程提升基层党支部规范化水平》调研文章被济南市党建研究会评为全市一等奖。

【全区机关党建】　2018年，区直机关工委以促进机关党建规范化、实效化为目标，牵头开展机关党建“六个一”工程。即，深化一个主题——“建设魅力新城，机关勇当先锋”；突出一个抓手——机关建设“五大行动”；落实一套制度——党员党性分析制度、党员领导干部民主生活会制度、党员组织生活会制度、党员领导干部参加双重组织生活制度、民主评议党员制度、“三会一课”制度、“主题党日”制度；加强一个建设——党建阵地建设；打造一批过硬支部——政治过硬、班子过硬、队伍过硬、作风过硬、职能过硬；创建一流党建品牌——创新创优党建思路，争创一流党建品牌。4月，规范完善“三会一课”、民主生活会、民主评议党员、“主题党日”等关于党内政治生活一系列制度，下发到各基层党组织，要求结合本单位实际，研究制定出一套务实管用的本单位党建工作制度，组织党员学习讨论、公示并制板上墙。印发《区直机关党组织活动记录簿》，统一党建活动记录标准，督促各单位把党内生活制度落到实处。加强党的阵地建设，营造浓厚的党建氛围。通过树立典型、召开现场观摩会、联合检查等方式，督促全区加强党建阵地建设。各支部从实际出发，整合现有资源，加大经费投入，不断提升活动场所的软硬件水平，部分党组织建设较高标准党员活动室。提出创建“过硬支部”三年目标，明确“政治过硬、班子过硬、队伍过硬、作风过硬、职能过硬”五个方面的目标要求，全区机关掀起争创“过硬支部”热潮，全年评出第一批过硬支部76个。创建一批党建品牌，发挥典型示范引领作用。围绕“走在前、作表率，争先进、创一流”

全区机关党建现场观摩会　（黄兆迎　摄）

目标，引导各机关党组织突出工作特色、发扬工作优势，不断创新创优党建思路，打造有竞争力、影响力的党建品牌，评出首批机关党建“十大品牌”，并制作成宣传画册，进行宣传。在机关党员中开展“亮诺践诺”活动，每名党员对标所在岗位职责，结合工作实际，按照“跳起来摘桃子”的标准确定工作目标，在此基础上签订党员公开承诺书，并对承诺事项进行公开展示，区直共有2400余名党员签订承诺书。全区各机关单位总结提炼创新工作成果，参加全区创新工作成果评选，年底区直机关工委牵头评选出全区机关优秀创新工作成果55个，其中一等奖15个、二等奖20个、三等奖20个。机关党建“六个一”工程得到市委常委、市委秘书长蒋晓光充分认可，并给予批示：“创新实施六个一工程，有力推动党建工作水平提升，请市委机关工委搞好借鉴推广。”

【直属机关党建】 2018年，与所属的党总支（支部）签订《区直机关工委党务目标管理责任书》，从5大项17小项对党建任务进行细化，进一步压实党建责任。新建党支部5个、撤销党支部5个；指导1个党总支、5个党支部完成换届选举；督促20个党组织完成新任选举和届中调整。1月10日，成立中共济南市长清区委党校区直机关工委分校。5月中旬，联合区委组织部举办区直机关入党积极分子培训班，培训学员241人。7月下旬，专题培训上年度新发展的预备党员6人。8月14日，召开红色课程宣讲暨党建工作推进会，宣传大峰山根据地的创建与发展，对党务干部进行党性教育。同时，做好新修订的《中国共产党纪律处分条例》《中国共产党支部工作条例（试行）》《榜样3》等内容的学习宣传。督促各党组织落实“两学一做”学习教育常态化制度化要求，执行好“三会一课”等党内制度。11月上旬，培训区直党员发展对象81人。严格按照流程做好党员发展工作，全年新发展党员10人，转正党员23人。组织好“灯塔—党建在线”党的十九大精神学习竞赛和“学习十九大奋进新时代”百题知识问答。区直机关工委每月及时将“主题党日”通知下发各所属党组织，对开展情况进行汇总，派员列席专题民主生活会等，并要求将党内组织生活情况录入“灯塔—党建在线”山东e支部平台，实现现场和后台及时监管。扎实开展“作风建设年”活动，查找党组织和党员中存在的问题和不足，制定整改措施，逐条抓好整改；严格监督管理，协同区纪委监察委党风室对全区机关作风情况进行多次明察暗访，对发现的问题进行通报。及时总结工作中的特色亮点进行推广，区民政局、区政务服务中心的党建经验做法在全市《机关党的工作》上进行宣传报道。

2018年1月10日，中共济南市长清区委党校区直机关工委分校成立 （黄兆迎 摄）

举办2018年度区直党员发展对象培训班 （吴光敏 摄）

区直机关工委领导班子成员到所帮扶的满井峪村调研（黄兆迎　摄）

【群团及机关人武部工作】　2018年，开展最美父母家庭、军警家庭、“三八”红旗手等推荐活动，督促所属单位争创巾帼文明岗。组织30余名机关干部组成交通志愿服务队到路口执勤，维护交通秩序。支持“第一书记”做好双泉镇满井峪村包村工作，全年累计协调落实帮扶资金、扶贫资金134.9万元，落实帮扶项目6个，解决涉及群众切身利益的实际问题6个，区直机关工委帮扶满井峪村办公经费1万元，科级以上干部与贫困户进行结对帮扶。开展“双报到双服务双评议”活动，多次到所联系的中川社区开展活动，共同接受党性教育，满足社区群众“微心愿”等。开展好兵役登记及宣传发动工作。

（吴光敏）

信访工作

【概况】　2018年，中共济南市长清区委、济南市长清区人民政府信访局（以下简称区信访局）以“打造法治信访、推动事要解决”为主线，实践“群众利益无小事”为中心，推行网上信访，预防和化解信访突出问题，不断提升信访工作效能和群众满意度，打造法治、为民、公正、透明新模式，为全区经济社会发展创造和谐稳定社会环境。全年，共召开政法信访工作例会45次，信访维稳专题会议125次，研究信访案件236件次，化解信访苗头350起，化解重点信访积案50件。连续2年无进京到重点敏感地区上访，到省、市集体上访下降50%。完成各级“两会”、上合组织青岛峰会、中央巡视组、中央扫黑除恶专项督查和中央环保“回头看”等重点敏感时期的信访维稳任务。长清区连续2年被山东省信访局评为“全省无非访区”。区信访局被区委、区政府评为平安长清建设先进单位。《高位推动精准施策全力打好信访矛盾化解攻坚战》获长清区机关优秀创新工作成果二等奖。

【信访宣传】　2018年，区信访局开展《信访条例》集中宣传月活动，在区委门口设置固定宣传栏14块，通过举办专题培训班、设置信访宣传栏、悬挂过街横幅、发放明白纸、电子屏幕滚动播放等方式，分别对信访干部和信访群众进行信访宣传。全年在国家级刊物发表文章2篇，在省级刊物发表文章6篇，在各类网站、公众号上发表文章36篇。

信访普法宣传（郝敏　摄）

【接访】 2018年，区信访局推进领导干部接访下访工作，严格落实接访领导、范围、时间、地点和程序“五公开”要求，街镇、区直部门领导每周至少1天到信访接待场所接待群众来访。全年，区级领导共接待群众来访87批、160人次，全部按期办结，群众满意率100%。

【网上信访】 2018年，区信访局推进全市网上信访信息系统应用和推广工作，将全部信访业务纳入网上流转，实行信访事项受理、办理、督办全过程公开，共受理人民来信1520件，办结1520件，办结率100%。

【积案化解】 2018年，区信访局印发《2018年信访维稳“第二战役”积案化解实施方案》，开展第三战役“双月攻坚行动”，坚持把“事要解决”放在首位，着力推动“减存量、控增量、保质量”，全力攻克疑难积案，真正实现“案结事了、息诉罢访”的目的，全年共化解信访积案126件。

【复查复核】 2018年，共接到信访事项复查申请55件，其中，受理复查申请45件，不予受理10件；作出复查意见25件，协调化解15件，退回重新处理5件。

（孟　琳）

扶贫工作

【概况】 长清区扶贫开发领导小组办公室（以下简称区扶贫办）按照“2016年—2018年基本完成、2019年巩固提升、2020年全面完成”工作要求，坚持实事求是，把握脱贫节奏，时间服从质量，锁定“两不愁、三保障”标准，保证现行标准下的脱贫质量，巩固脱贫效果，继续实施产业扶贫、就业扶贫、企业扶贫，精准施策，突出重点，确保脱贫不返贫，确保脱贫成效经得起检验。2018年，主要推进全区119个贫困村、4759户贫困户、9273名贫困人口的预防返贫和巩固提升工作，完成全区剩余贫困户39户贫困人口102人脱贫任务，实现年度脱贫计划。区扶贫开发工作推进指挥部办公室获区委、区政府经济社会发展先进单位称号。

【贫困户退出】 2018年12月，根据《济南市贫困退出实施方案》，对房泽忠等39户贫困户、102人贫困人口予以脱贫退出。至2018年底，全区9618个贫困户、2.16万名贫困人口全部脱贫，119个贫困村及4705个贫困户、9220名贫困人口仍然享受扶贫政策（即脱贫不脱政策）。

【2018年产业扶贫项目】 2018年，共实施产业扶贫项目47个，总投资4580.94万元，带动贫困村69个、贫困户2535个、贫困人口5092人。

2018年，完成扶贫项目。万德街道马套将军山乡村旅游产业发展精准扶贫项目，总投资75.6万元，进行投资性收益，投资期5年，年收益率10%到户按股分利，带动贫困人口126人。孝里镇长青金属表面工程有限公司投资性经营产业发展精准扶贫项目，该项目覆盖胡林管理区非贫困村2个一般贫困户7户12人，马岭管理区非贫困村2个一般贫困户16户28人，宋庄管理区非贫困村8个一般贫困户30户57人，共53户97人，总投资58.2万元，投入山东长青金属表面工程有限公司进行投资性经营，投资期5年，年收益率10%，即贫困户每年收益600元，期满收回投资。山东鼎泰牧业有限公司生猪育繁推一体化产业发展精准扶贫项目，总投资918.6万元（其中财政专项资金280.6万元，扶贫协作资金632.8万元，其他资金5.2万元），项目年收益10%，带动贫困人口1531人。五峰山街道宋村等25个村贫困户，投资山东百特浔威节能装备有限公司，进行投资性经营产业发展精准扶贫项目，总投资306.6万元，投向山东百特浔威节能装备有限公司，项目年收益10%，投资期限为5年，带动贫困户260户贫困人口511人。归德街道济南长兴建设集团工业科技有限公司投资性经营产业发展精准扶贫项目，利用房庄、前刘官、大觉寺、贺街、小屯东北、小屯东南、小屯西北、小屯西南、雾露河等9个非贫困村贫困户73户165人扶贫资金共计99万元，投资到济南长兴建设集团工业科技有限公司，投资期限为10年，项目年收益10%，每人年收益600元，按年度支付。济南南湖玉露茶叶科技开发有限公司投资性收益产业发展精准扶贫项目，利用万德街道小万德管理区、长城管理区、石胡同管理区、史庄管理区4个管理区共33个非贫困村贫困人口251户、453人扶贫资金共271.8万元，用于济南南湖玉露茶叶科技开发有限公司进行投资性经营，按照年10%的收益率分配到户，5年间被帮扶贫困人口人均年收益600元。张夏街道诗庄村投资性收益产业发展精准扶贫项目，总投资24.4万元，年收益10%，投资期限为5年，以负盈不负亏的方式投资山东金太阳设备制造有限公司进行投资性经营，带动贫困人口14人。长清区崮云湖街道济南世纪创新水泥有限公司投资性经营产业发展精准扶贫项目，项目覆盖炒米店村、开山村、范庄村、大崮山村、小崮山村、土山村、坡庄村、凤凰庄村、大刘庄村、东孙村等10个村贫困户125户、贫困人口282人，总投资169.2万元，项目年收益10%，投资期限为5年，每人每年获投资性收益600元。

【光伏扶贫】 全区第一批光伏扶贫项目共38个（涉及42个贫困村），每村投资40万元装机50千瓦，共投资1680万元，装机2550千瓦，2016年12月31日完成并网，2017年6月完成项目验收移交。至2018年12月16日，累计发电量262万度，每个村平均发电量6.3万度。

全区第三批光伏扶贫项目共39个（涉及69个贫困村），共投资2690.66万元，装机规模3795千瓦，2018年6月20日全部完成并网调试工作，11月完成项目的验收、移交。到12月16日，共发电193万度，每村平均发电近3万度。村级光伏扶贫电站收益主要用于帮扶建档立卡贫困人口，其余可用于发展村内小型公益事业。电站收益分配重点向没有劳动能力的老弱病残贫困户倾斜。对有一定劳动能力的贫困人口，村集体可利用电站收益设立村内公益岗位让其就业增加收入。

【危房改造】 2018年，对全区4700余户建档立卡享受政策贫困户进行拉网式排查，共鉴定危房需要改造201户。10月12日，召开危房改造动员会，坚持每天调度统计。11月10日前，全部完成改造工作。全年共完成贫困户危房改造316户。

【扶贫培训】 全年举办林果培训班80余期次，受训果农1200人次。全区10个街镇开展农业实用种植技术培训班10场次，培训残疾人380人，进行残疾人职业技能培训117人（其中农民工转移培训50人）。举办全区医疗精准扶贫业务培训会议，区扶贫办、卫计系统的各级负责人、各驻村第一书记270余人参加会议。区扶贫办联合区委组织部组织全区扶贫专职干部、第一书记、帮扶责任人共1300人开展扶贫知识考试。

【财政扶贫】 2018年，全区共安排专项扶贫资金2703.21万元，其中中央50万元、省级377.31万元、市级1740.9万元、区级535万元。专项扶贫资金分配情况：国有贫困林场50万元，特惠保险123.36万元，产业扶贫413.9万元，雨露计划31.9万元，光伏扶贫1566万元，金晖助老

10.21 万元，专项扶贫资金 365.84 万元，贫困重性病人扶贫资金 35 万元，居民养老保险精准扶贫资金 100 万元，建档立卡 7 万元。

【金融扶贫】 2018 年，向山东立添食用菌科技有限公司发放富民生产贷 150 万元，贴息（担保费补贴）7.5 万元，帮扶期自 2018 年 11 月至 2019 年 10 月，带动贫困户 30 户。

【保险扶贫】 2018 年，全区为贫困户购买医疗商业补充保险、家庭财产险、人身意外伤害险、果树种植保险。医疗商业补充保险：保险期限 2018 年 1 月 1 日至 2018 年 12 月 31 日，每人 200 元，参保 9636 人，投保金额 192.72 万元。家庭财产险：保险期限 2018 年 9 月 12 日至 2018 年 12 月 31 日，每户 4 元，参保 4798 户，投保金额 1.92 万元。人身意外伤害险：保险期限 2018 年 1 月 1 日至 2018 年 12 月 31 日，每人 10 元，参保 9480 人，投保金额 9.48 万元。果树种植保险：保险期限 2018 年 6 月 5 日至 2019 年 6 月 4 日，每公顷 1200 元，参保 77.99 公顷，投保金额 9.36 万元。

【民政扶贫】 2018 年，专门成立包含低保、特困人员供养、医疗临时救助、孤儿保障等成员的民政脱贫攻坚工作小组，每月一调度，对扶贫工作存在的问题与不足进行梳理和分析，进行系统总结。4 月 1 日起，农村低保标准提高至每人每年 4928 元，比扶贫线 4277 元超 651 元。全区共保障低保对象 6934 户 10356 人，其中建档立卡贫困户 5054 人。全区取消五保老人集中供养与分散供养标准的区别，两个标准统一提高到每人每年 6406 元；新增照料护理补贴，按照自理、半自理、不能自理三档，每人每年加发 1968 元、3276 元、6552 元护理补贴；区财政投入 209.8 万元，用于敬老院消防改造，全区 10 处敬老院消防设施改造共投入 1000 余万元，全部完成消防改造并实现达标。提高低保、五保等重点扶贫对象在政策范围内住院自付费用救助比例，标准由过去的不足 50% 提高到不低于 70%，至年底共实施医疗救助 772 人，发放医疗救助金 368.23 万元。精准扶贫慈善募捐支出 30 万元，开展“人人献爱心，帮助特困家庭过暖冬、过好年”活动；支出 108.4 万元，支持全区孝善扶贫基金救助困难老人。全区共有困难残疾人 3501 人，发放补贴 450.08 万元；共有重度残疾人 5164 户，发放补贴 45.85 万元，其中建档立卡贫困户 945 户，加发补贴 22.68 万元。为 80 周岁以上低保老年人，按照 80—89 周岁每人每月加发 100 元、90 周岁以上每人每月加发 200 元的标准发放高龄津贴，共发放高龄津贴 7.58 万元。实施公益事业扶贫资金项目，累计投入资金 46 万元，建成张夏街道井峪村、归德镇南马村 2 处贫困村幸福院。

用足用好各类救助政策，服务好“九大”贫困弱势群体。助困，为 6934 户低保累计发放低保金 3882.69 万元；助老，为 671 名五保老人发放保障金 377.51 万元、发放护理补贴 143.25 万元；助医，实施医疗救助 414 人，发放医疗救助金 160 万元；助急，根据《长清区“救急难”实施方案》内容要求，完善“救急难”工作机制，让因灾因祸无法维持生活的困难群众得到帮扶，全年通过“救急难”渠道共实施救助 65 人，发放救助金 23 万元；助幼，保障孤儿 52 人，发放孤儿保障金 64.06 万元，保障困境儿童 31 人，发放生活补贴 10.08 万元；助残，为 3501 人发放困难残疾人补贴 450.08 万元，为 5164 人发放重度残疾人补贴 530.66 万元；助居，为 108 户精准扶贫户修缮危房，支出慈善捐款 71 万元；助难，配合开展受灾演练，扎实做好自然灾害应急救助工作；助乞，累计开展沿街巡查 234 人次，救助流浪乞讨人员 11 人。“九助”工程全方位覆盖贫困弱势群体，做到扶贫与救助工作的政策衔接、对象衔接、标准衔接、管理衔接。

【人社扶贫】 就业扶贫。2018 年，依托各定点培训机构，面向建档立卡农村贫困人口中16～60周岁的劳动力，采取“送教上门”的方式，共计培训贫困人员97人。连续3年组织就业扶贫专场招聘活动，共转移就业贫困人员362人。发展济南玉泉岭旅游开发有限公司、柳鑫果业科技发展有限公司扶贫车间2个，共计吸纳贫困人员10人。为符合条件的8户创业贫困人员落实创业补贴2.2万元。为3户贫困人员发放创业担保贷款23万元，为吸纳贫困人员的万德龙凤庄园农业合作社办理的300万元贷款落实小微企业扶贫担保贷款贴息。

医保扶贫。将区扶贫办提供的贫困人员全部录入居民医保信息系统，实现贫困人口基本医疗全覆盖，实现个人免缴费。2018年，全区贫困人员参保人数9397人，其中低保、重残、五保、优抚参保人数5448人，财政代缴费人数为3949人，扶贫代缴费金额为76.39万元。

大病保险。大病保险起付标准降至6000元，医疗费用每段补偿比例提高5%，年度大病保险最高支付限额提高到50万元。

发放护理券。每月为10个街镇的贫困失能老年人送去扶贫护理券，全年累计发放1790份，1月—9月，拨付护理费用23.37万元。

实行“先诊疗、后付费”结算机制。根据《济南市医疗精准扶贫暂行办法》要求，长清区根据贫困人口选择的定点医疗机构，按上年度发生费用额度的一定比例预拨至定点医疗机构，保证即时支付贫困人口患者诊疗费用。

养老保险。按照上级相关文件要求，对精准扶贫人员代缴不低于最低档次的居民养老保险费。根据区扶贫办提供的精准扶贫名单，对符合代缴条件的4306人，代缴居民养老保险费金额43.06万元。

【教育扶贫】 成立教育扶贫工作领导小组，明确职责分工，宣传精准扶贫政策，精准识别贫困学生信息，完善学生资助体系，扎实推进教育扶贫工作。2018年，全区共救助建档立卡贫困生1284人次，救助金额113.62万元。

【医疗扶贫】 2018年，全区享受健康扶贫政策贫困人口9373人，其中因病致贫、因病返贫6841人，省定标准的93种疾病患者2567人，37种疾病患者1162人。在贫困患者中优先开展家庭医生签约服务，实现贫困人口签约全覆盖。先后下发《济南市长清区医疗精准扶贫暂行办法》《关于对建档立卡贫困户医疗费用实行一站式结算的实施方案》《医疗精准扶贫暂行办法实施细则》等文件。至年底，累计帮扶1.5万人次，累计报销324.4万元。为3627位长期慢性病贫困患者制定个性化治疗方案，10种长期慢性病贫困人口免费送药帮扶政策全面落地。

【残疾人帮扶】 2018年，教育救助建档立卡残疾学生和残疾人家庭子女共76人，康复扶贫儿童2人，服药补贴233人，住医院补贴11人，辅助器具补贴122人共13.6万元，辅助器具个性化适配11人共3.1万元，解决困难重度残疾人护理补贴945人。

【城管扶贫】 2018年，聘用全区119个贫困村的保洁员255人，按照每人每月300元标准给予补助，年底一次性发放。

【水利扶贫】 2018年，“五小水利”建设项目涉及文昌、五峰山、万德、归德、张夏、崮云湖、孝里、双泉、马山等9个街镇的29个行政村，其中贫困村16个，项目涉及贫困村总投资270.16万元，其中市级补助213.94万元、区级补助56.21万元。

【饮水安全】 全区共有贫困村119个，其中29个贫困村的饮水工程已经通过其他项目完成改造。2018年，利用2016年—2017年贫困村饮水安全提升改造工程结余资金，对五峰山街道下铺子、葛条峪、官庄，孝里镇南皇、岚峪，双泉镇大邹、黄鹂泉，张夏街道东野老，马山镇中义合、关王庙等贫困村的饮水安全工程进行提升改造，实现饮水安全工程提升改造全覆盖。

【文化扶贫】 2018年，全区贫困户广播电视户户通涉及3001户，已安装2866户，未安装135户（其中死亡50户、入住敬老院70户、自愿放弃15户）。全年农村公益电影放映6968场，超额放映电影268场，其中贫困村放映1500场；为全区贫困村送文艺演出37场，超额完成17场。农家书屋补充图书7万册，119个贫困村全都达到标准。完成贫困村文化大院建设24处，全区119个贫困村文化大院已全部建设完成。全区贫困村申报公益金文化广场建设项目7处，专家评审会通过项目论证7处，争取项目资金182万余元。

【青春扶贫行动】 2018年，查清全区65岁以上不集中供养的留守、失独贫困老年人共1972人。与区扶贫办联合制定《长清区“金辉助老”——青春扶贫志愿者行动实施方案》，遴选4个街镇28个村160名建档立卡贫困人口的中65岁以上不集中供养的留守、失独贫困老人为活动对象，组建320人的志愿服务团队，累计整合各类资金20万元，为老人整理家务、清理卫生、维修家电、送过冬用品、送生活用品，志愿服务1200余人次，服务时长3000余小时。查清6—14周岁父母双方均外出打工且家庭贫困的留守儿童共132人。联系11所高校，建立18支500余名的暑期关爱志愿服务团队，为农村青少年儿童进行课业辅导、看护陪伴、心理疏导、特长教育等“牵手关爱行动”。“haippy-life阳光童年”成长行动项目落户长清区，为120名农村留守儿童提供形式多样、针对性强的服务。通过希望工程，协调爱心单位为1717名贫困青少年捐助款物62万元，其中市青联服务“千家脱贫行动”结对帮扶建档立卡青少年154人；协调爱心单位出资10万元捐建爱心幼儿园1所；“万名贫困中小学生健康成长工程”结对94名队员。实施“电商创业扶贫伙伴计划”，聘请5名创业导师与40名建档立卡贫困青年结成帮扶对子，带动贫困青年创业脱贫。

【巾帼扶贫】 2018年，举办“巾帼扶贫大讲堂”，电商创业入门培训7期，受益贫困妇女400余人。落实省扶贫公益金项目70万元，为4个贫困村建立儿童快乐成长活动站。完善40个村妇女之家功能建设，配备电视、电脑、图书等。发动100名各级优秀妇女组织、巾帼文明岗等与100名贫困妇女家庭结成帮扶对子，送去钱物5万元。举行全国妇联“贫困两癌公益金和市阳光大姐精准扶贫救助金发放仪式”，为贫困两癌妇女和贫困家庭发放救助金14.5万元。争取“市女企业家精准扶贫慈善救助活动”走进长清，捐建2万元留守儿童快乐成长活动站1处，捐赠价值5万元爱心书屋1个，为贫困母亲捐赠2万元爱心物资。

【交通扶贫】 2018年，全区扶贫道路11.89公里，上级补助资金190.5万元，与2017年贫困村道路建设全部列入区村级公路网化示范县建设中。年底，119个贫困村均已实现通公路，客运班线贫困村通车率100%。

【电力扶贫】 2018年，实施中低压配网工程，涉及10个贫困村，总投资219.67万元，新建改造10千伏线路1.48公里，0.4千伏线路11.47公里，配变9台，解决贫困村供电“低压电”问题，满足群众生产生活用电需求。

【电商扶贫】 2018年，组织区内20余家农特产品经营企业参加济南名优农特产品上行活动，其中济南市长清区万源蔬菜种植专业合作社等11家企业入围济南市前50名，免费享受市商务局提供的各项线上推广包装策划等服务，助力农特产品上行。长清邮政已开办“买卖惠”网点9处，建设支局前店后仓7处，每处平均面积150平方米，推荐长馨绿野蔬菜有限公司、济南祝君成食品有限公司、南湖玉露茶叶有限公司等7家企业、56种商品入驻邮政买卖惠及邮乐网平台，形成订单4000余笔，批销交易额5万余元。入住邮乐网商户6家，签约小包客户3家。区内的木鱼石产品、蒲公英茶产品、西李山药、杂粮产品等也通过电商平台开展线上销售。万德街道建立网站，开通“山水万德”微信公众号，重点推出“生态万德”“马套将军山”“齐鲁8号风情路”三款特色乡村旅游产品，推进“茶文化——茶叶采摘”及“樱桃节”相关活动。先后组织召开电子商务企业现场会，参会企业之间进行资源对接。召开电子商务企业座谈会，并成立长清区电商创业联盟。组织区内部分企业参加天猫山东首场招商会，进行对接宣传推广。组织召开长清区电商扶贫交流会，邀请阿里巴巴山东区域高级云业务经理和专家进行现场培训、现场交流，为农村电商经营过程中的问题进行解答指导。举办电商扶贫培训活动，部分参训人员开启微店或淘宝店，经营本地农特产品、服装类产品等。

【孝善扶贫】 2018年，制定《关于在全区推行孝善扶贫助力脱贫攻坚的实施方案》及《孝善扶贫基金管理办法》。各街镇成立孝善扶贫领导小组，各村成立孝善扶贫基金理事会，分别管理街镇、村孝善扶贫工作，村建立享受政策老人档案台账。本着自愿参加的原则，纳入孝善扶贫保障范围的家庭，需与村孝善扶贫基金理事会签订“孝善扶贫协议书”。鼓励子女自愿为65岁以上老人缴纳每人每月不少于200元的孝心赡养费（每个子女应缴纳数额由老人及子女商定，可多个子女均交，也可一个子女代交），每半年向村（居）孝善扶贫基金理事会缴纳一次性孝心赡养费。对子女按时足额缴纳200元孝心赡养费，为每位老人每月补助40元（市、区慈善各承担50%），子女未足额缴纳赡养费的，不给予补助。（有经济条件的街镇可以适当增加补助，但给每位贫困老人每月补助总额不得超过60元）。至2018年9月底，对65岁以上贫困老人进行摸底，共计3436人，其中无子女老人818人；全区65岁以上有子女贫困老人中，缴纳赡养费的共2124人，占81%，缴纳赡养费总额414.4万元，区奖补资金76.4万元。

【百企帮百村】 全区共有134家企业帮扶119个贫困村，其中农业55家、工业53家、建筑和房地产13家、金融13家。2018年，60家企业提供资金或物资帮扶，累积折合帮扶资金800余万元。

【省级扶贫龙头企业】 2018年7月10日，由区财政局、区农业局、区畜牧局、区蔬菜服务中心以及区扶贫办业务人员，通过实地考察、听取汇报、查看资料，对长清区各类符合条件的扶贫企业进行初步审核，7家企业初步达到山东省省级扶贫龙头企业标准。济南平安花卉有限责任公司通过劳务用工，帮扶贫困人口27人，人均增收6500元；山东立添食用菌科技有限公司通过带动增收，帮扶贫困人口29人，平均每人增收1000元；山东耕辰农业科技开发有限公司通过带动增收、劳务用工、承揽合同，帮扶贫困人口300人，人均增收5000元；济南安普瑞禽业科技有限公司通过打工增收、扶贫项目投资入股，帮扶贫困人口393人，平均每人增收800元；山东鼎泰牧业有限公司通过承揽合同或增收协议，帮扶贫困人口120人，人均增收4800元；济南广盛源生物科技有限公司通过项目带动，帮扶贫困人口226人，人均增收444.8元；济南启源农业技术有限公司通过劳务用工、投资收益分红带动251人，人均增收720元。

【雨露计划】 雨露计划职业教育扶贫项目是指对有子女在校接受中、高等职业教育的建档立卡贫困家庭给予直接补助。职业教育扶贫助学补助标准为每生每年3000元。2018年，全区发放210人，其中国标82人、省标68人、市标60人，发放资金63万元，其中省级财政专项资金21万元，上年度结余资金31.1万元，区级财政资金10.9万元。

【扶贫专岗】 2018年8月，长清区扶贫开发领导小组办公室制发《关于在全区设立公益性扶贫专岗的实施意见（试行）》。按照互助照料类（包括助老、助幼、助患、助残等专岗），服务管理类（巷道保洁、河道保洁看护、水管员、生态护林、绿化苗木管护、公共设施维护、执勤值班、村级场所看护等专岗），产业辅助类（产业项目看护专岗、光伏项目维护专岗等）等公共服务岗位需求，为建档立卡享受政策18～65岁贫困人口设立扶贫专岗。贫困村公益性扶贫专岗人员的补助由街镇和村按5∶5的比例分担，其中村负担部分从产业扶贫项目收益中列支；非贫困村公益性扶贫专岗人员的补助一般由街镇承担，经济实力比较强的也可由村里承担，具体比例由各街镇确定。以扶贫专岗每人每月150元为基准，按照各街镇公益性扶贫专岗总人数和街镇负担的总费用，区对各街镇予以补贴，对文昌、平安、崮云湖街道补贴20%，对五峰山、归德、张夏、万德街道补贴80%，孝里、双泉、马山镇公益性扶贫专岗人员的补助由镇负担的部分由区级全额承担。至10月24日，全区聘用总公益岗1602人，占建档立卡18～65岁劳动力总数的（不含在校生）31.75%，其中贫困村366人，非贫困村1236人。

【扶贫审计】 2018年，对2017年至2018年6月精准扶贫政策落实及资金管理使用情况进行审计。审计抽查财政扶贫资金1207.19万元，共涉及4个街镇9个贫困村，调查26户，查看项目16个。审计存在的主要问题：在扶贫产业收益分红分配、贫困户精准识别上，存在收益分红固定化，把“造血”资金变为“输血”资金，新纳入或脱贫的贫困户不达标等问题；在资金分配使用管理上，存在扶贫信贷发放规模小，金融杠杆撬动作用不明显，扶贫资金使用过于简单致使存在结余问题；在项目建设运营效益上，存在收益资金到位不及时、分配调整多、延迟等问题。对存在问题，相关部门制定整改措施，及时进行整改。

【扶贫宣传】 2018年，制定扶贫宣传方案，建立领导负责、专人对接联络，明确职责分工的运行机制，健全周调度、月统计和督导考核制度，办好《新长清》报、长清手机报、区电视台、电台、秀美长清公众号、长清扶贫微信公众号等专题专栏，加强与上级媒体沟通，围绕全区扶贫工作重点，创新宣传方式，深化宣传主题，扩大宣传层面。全年在新华网、中央电视台、中央广播电台、山东电视台、济南电视台及《大众日报》《齐鲁晚报》《济南日报》等市级以上媒体发表脱贫攻坚类新闻稿件140余篇；编辑印发《长清区打赢脱贫攻坚战工作专报》，全年共刊发专报40期；在搜狐、百度贴吧、新浪、网易等网络平台发布宣传稿件400余篇。编制并印发《长清区帮扶工作手册》，全区挂职第一书记和帮扶责任人每人一册。

【贫困户脱贫成效评估】 2018年12月10日，区扶贫开发领导小组决定开展全区建档立卡贫困户脱贫成效全面评估，印发《2018年长清区建档立卡贫困户脱贫成效全面评估方案》。以街镇为单位，按照“市级统筹、区县负责、镇街交叉”原则，由第一书记、扶贫干部为主组成评估组150个，采取评估组入户调查、镇街交叉评估方式进行，以街镇为单位提交评估报告。评估小组对所分配贫困户入户评估，填写评估表，并通过济南市脱贫攻坚入户系统上传，评估表统一编号。至12月19日，全区全面评估疑似问题数据汇总显示，共查出14类2548条重点问题，其中不能免费送药395条，不知晓帮扶责任人81条，对脱贫工作不满意6条，对不享受政策不知晓93条，土坯房265条，房屋漏雨裂缝严重190条，房屋明显存在安全隐患110条，家庭环境差403条，精神面貌差441条，门窗破损严重60条，失学25条，因贫失学3条，饮水困难5条，雨露计划为否471条。12月20日，针对存在问题，召开由10个街镇书记参加的紧急会议，对上述问题的整改工作进行部署。各街镇、区直部门迅速行动，全力以赴整改到位。

【扶贫舆情处理】 2018年，共调查处理省扶贫信访件3件、省扶贫舆情件3件、市扶贫信访件9件、国务院大督查扶贫转办件5件、市党风政风民主评议调查1件、市政务监督热线反馈扶贫问题1件，答复落实区委书记王勤光批示件1件，共23件。调查处理来访群众反映的扶贫信访件8件，接待答复来访来电咨询扶贫问题220余人次。处理“12345”热线涉及扶贫工单191件，跟踪落实处理扶贫问题30余件。

【开展“两帮两送”活动】 2018年4月10日，区扶贫开发领导小组下发《关于开展“两帮两送”活动的通知》，要求在全区开展以“春季帮耕种、夏季送清凉、秋季帮收获、冬季送温暖”为主要内容的“两帮两送”活动，全区涌现出归德街道为贫困户添置家具提升人居环境、马山镇为贫困户安装碳晶取暖器、崮云湖街道开展“三个一活动”等先进典型。10月17日，为全国扶贫日，全区帮扶干部开展送政策、送健康、送岗位、送信息、送法律、送技术、送培训、送关爱、送演出等“十送”活动，帮扶责任人到位率90%以上，累计帮扶物资、资金折合130余万元。

【领导干部帮联贫困户】 调整贫困户帮扶责任人。4月10日，区扶贫开发领导小组印发《关于调整贫困户帮扶责任人的通知》，对全区享受政策的建档立卡贫困户帮扶责任人进行调整。贫困村中贫困户的帮扶责任人的调整，以“第一书记”派出单位副科级以上干部为主，新调整充实区直科级以上领导干部1027人，帮包建档立卡贫困户，人员不足的由贫困村所在街镇安排人员补充；非贫困村中贫困户的帮扶责任人主要由街镇财政供养人员担任；剩余干部的帮扶对象由区扶贫开发领导小组按照就近原则统筹安排。各帮扶责任人重点做好四项工作，即宣传扶贫政策、落实帮扶措施、做好帮扶记录、激发内生动力。

区级领导帮挂责任制。2018年6月28日，下发《关于区级领导干部帮挂扶贫街镇、贫困户分工的通知》及《区级领导干部帮挂扶贫街镇、贫困户工作实施方案》。按照“领导+部门+企业”的形式组建帮挂团队，全区31名区级领导，帮挂10个街镇、25个贫困村、6个非贫困村、62名贫困户，重点做好五项工作，即帮助制定一个符合帮挂地实际的发展规划，解决一批群众最迫切需要解决的实际困难，扶持一个增加农民特别是贫困户收入的重点产业，培育一批带领贫困群众增收致富的能人，建强一个带领广大群众脱贫致富的领导班子。

帮扶责任人管理。2018年8月31日，区扶贫开发领导小组下发《长清区贫困户帮扶责任人管理办法（暂行）》，共7章，对贫困户帮扶责任人的推荐选派、工作职责、管理规范、保障措施、考核与奖惩等进行规范。

开展“我们在一起”领导干部帮联贫困户活动。11月21日，长清区扶贫开发领导小组印发《关于在全区组织开展“我们在一起”领导干部帮联贫困户活动的实施方案》的通知。区级领导、区直处级干部、区直科级干部每人分别帮联5户、4户、3户贫困户（其中41名区级领导帮联10个街镇41个村的205个贫困户），街镇党政领导班子成员每人帮联5户。帮联工作主要是督促政策落实、解决实际困难、激发内生动力、建立帮扶台账，发挥领导干部的示范带动作用，提高贫困群众满意度。

【书记遍访贫困村户】 2018年8月14日，济南市扶贫开发领导小组办公室《关于做好领导干部遍访贫困对象行动的通知》（以下简称《通知》）。《通知》要求实施遍访贫困对象行动，县区委书记遍访辖区内贫困村，镇街党（工）委书记和村党组织书记遍访辖区内未脱贫和已脱贫继续享受政策贫困户，对贫困对象进行遍访，强化宣讲教育、摸清基本情况、解剖麻雀、问题导向、解决矛盾五个注重。区扶贫办制定实施方案，定期统计，定期上报遍访进展情况。区委书记王勤光率先垂范，各镇街党（工）委书记利用休息日和晚上时间加班加点，开展遍访活动，并及时解决遍访中发现的问题，促进脱贫攻坚各项工作开展。

【全市林业科技下乡扶贫培训班在长清区举办】 2018年3月14日，由济南市林业和城乡绿化局主办的全市林业科技下乡扶贫培训班在长清区举办。全市各县区的果树站长、核桃重点乡镇技术人员和核桃种植大户110余人及长清区万德街道、张夏街道等核桃重点街镇技术员、贫困村技术明白人和核桃种植贫困户共40余人参加培训。山东省林科院教授赵登超针对核桃高效栽培技术进行室内讲解培训，重点就核桃的现状、主栽品种的生长结果习性、低产园的改造、核桃生产栽培中存在的问题及提质增效技术措施、病虫害的防治问题等进行详细讲解。长清区林业局果树站高级农艺师张桂兰在果园现场重点讲解长清区核桃的发展现状、郁闭核桃园的改造、整形修剪、适时采收、草履蚧等病虫害的防治。长清区林业局发放《长清区早实核桃优质高效栽培实用技术》《果树春季冻害的预防与补救技术》等宣传资料200余份。

（张绪江）

老干部工作

【概况】 2018年，长清区委老干部局（以下简称区委老干部局）辖事业单位老年大学、区关工委办公室。区委老干部局围绕全区“1+654”工作体系，全面落实好老干部各项待遇，做好精准细化老干部服务管理工作，扎实推进离退休干部党支部建设，拓展“共享式”活动阵地建设，探索文化养老工作新模式，各项工作都取得较好成绩。区老年人大学被评为山东省老年大学示范校。年底，全区共有退休干部4800余人，离休干部96人。

【离退休干部思想政治工作】 2018年，制定下发《关于深入开展学习宣传贯彻党的十九大精神的通知》，组织离退休干部学习贯彻党的十九大精神和习近平新时代中国特色社会主义思想，设督导组4个，加强对各街镇和各区直部门离退休干部党支部学习宣传十九大会议精神的督促、指导工作，保证离退休干部党员学习全覆盖。开展“基层离退休干部党组织组织力提升年”活动，对全区离退休党组织重新进行梳理、规范、提升，确定第一批基层离退休党组织36个。组织开展“点亮微光·老干部在行动”“泉韵晚风·银龄送暖”等特色志愿服务活动，引导离退休干部从身边做起，辐射和传递正能量。6月，召开全区离退休干部党建工作推进会，对全区离退休党组织建设中存在的问题进行总结，对下一步工作进行安排部署。7月，围绕“初心·使命”

全区离退休党支部工作推进会　（李良　摄）

困难离休干部家庭制度，对身患重病、失能、高龄等离休干部群体，分门别类地提供亲情化、精细化服务，帮助解决实际困难30余个。

主题，组织全区离退休干部党组织召开一次专题组织生活会。8月，组织部分老干部代表到曲阜“政德讲堂”参观学习。

【落实离退休干部政治生活待遇】　2018年，落实老干部阅读文件、参加重要会议和活动、情况通报等制度，组织老干部学习党的十九大及习近平总书记系列重要讲话精神。对离退休干部数据库进行更新维护，新增离休干部身份证号码、家庭住址、联系方式等信息。春节期间，对50余名区级老干部、住所离休干部及遗属进行走访。7月，将区委书记王勤光、区长赵居安有关重要讲话及全区11个街镇（园区）23个重点项目介绍刊印成册，及时发放给老干部，受到老干部一致好评。扎实开展“情暖桑榆”服务品牌创建活动，坚持抓实抓好离休费保障、医药费保障和财政支持“三个机制”，创新推出老干部局联面、干部连片、党员联户的“三联工作法”，确保离休费按时足额发放、医药费按规定实报实销。做好特困帮扶，解决企业部分离休干部抚恤金问题，对企业困难离休干部进行调查摸底。组织开展经常性走访慰问活动，实行老干部工作人员联系

【发挥老干部作用】　2018年，组织开展“传承红色基因争做时代新人”和“青少年法治教育”活动，全年共完成“党史、国史”报告区级12场，各街镇30余场次，受益青少年近2万人次。联合区司法局在归德国庄小学和孝里中学开展宪法晨读活动，专门为长清一中新疆班共计499名学生开展“法治进校园助力天山学子健康成长”法治报告会，切实增强青少年法律意识。长清区的“五老交通安全志愿岗”是全市乃至全省的特色工作品牌，区关工委每年争取专款5万元，用于队伍的后勤保障和节日慰问，“五老安全志愿岗”积极参与社会治理创新。推进“四点半学校”建设，全区已建成“四点半学校”109处，其中中小学70处，社区和村36处，社会办学机构3处。围绕留守儿童和青少年弱势群体的需求开展帮扶救助活动，全年共投资3.2万元，走访和救助困难学生40余名。开展“服务型创新型五好关工委”组织创建活动，全区95%以上的村（居）和中

党史国史教育　（刘健　摄）

小学建立关工委组织，其中70%以上的村（居）和学校关工委组织达到“五好关工委”标准。7月，在平安建设集团召开全区企业关工委建设现场会。12月，区关工委副主任司云平带队到全区10个街镇对全区企业关工委建设情况进行督导检查。至年底，全区已建成企业关工委108处。强化宣传工作，先后在国家级刊物《中国火炬》发表文章3篇，在省市刊物和网站刊发各类稿件20余篇次。

【推进文化养老】 2018年，先后投资20余万元，在干休所、老年大学、和谐宜家社区建立“共享式”离退休干部党员学习活动室3处。山东省委老干部局副局长吕德义、济南市委组织部副部长、老干部局局长苏本宽等先后到3处“共享式”活动室进行调研指导工作，给予高度评价。有15个离退休党支部定期开展活动，先后组织开展学习活动20余次。“纪念济南解放七十周年”“纪念改革开放四十周年”书画展在龙凤庄园举办，收集作品200余幅。组织筹备长清区中老年象棋友谊赛，60余名中老年象棋爱好者参加比赛。在校内建设党建文化走廊、书画艺术走廊、养老文化走廊，营造以党建文化为引领，多种文化兼容并包的校内文化氛围。在完成原有教学任务的基础上，发展特色教育，新开设“三级”（初级、中级、高级）民乐班及书法、国画、声乐、电子琴、智能手机班等，新增学员100余人。依托长清大学科技园优势资源，与山东中医药大学、齐鲁工业大学、山东师范大学、山东艺术学院、济南幼儿师范高等专科学校等高校建立沟通合作机制，高校讲师、教授定期到老年人大学授课，大学生社团到老年人大学开展公益和社会实践活动。成立长清区老年人大学艺术团，先后到社区、敬老院进行慰问演出，全年共组织演出20余场次。区老年人大学刘智勇、王帅撰写的《当前区县级老年大学发展过程中存在的问题及对策研究》获中国老年大学协会优秀论文奖；区老年人大学赵薇撰写的《关于老年教育向社区延伸的调研报告》获中国老年大学协会优秀论文奖。

（李 良）

党校工作

【概况】 2018年，中共长清区委党校（以下简称区委党校）以党的十九大精神和习近平新时代中国特色社会主义思想为指导，继续贯彻落实三级党校工作会议精神和全区四干会暨“五项重点工作”推进大会精神，按照区委常委会对党校工作提出的要求，全面对标区委“1+654”工作体系，以争创“省级先进党校”和“省级文明单位”为目标，扎实推进干部培训、红色教育课程打造、分校建设、调研科研、党建、行政后勤等工作，开创党校事业新局面。2015年—2018年，区委党校连续4年被评为市级文明单位。区委党校获长清区2018年度机关优秀创新工作成果一等奖。

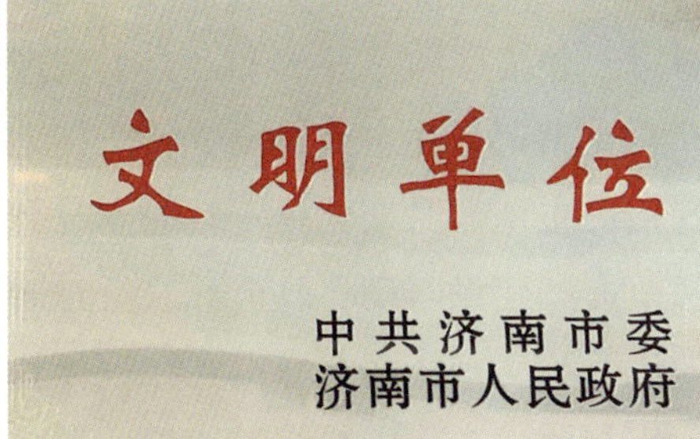

区委党校获市级文明单位称号

【干部培训】 2018年，区委党校围绕学习宣传习近平新时代中国特色社会主义思想和党的十九大精神这一主题，聚焦主业主课，坚持规范化办学，充分发挥党校培训轮训领导干部主渠道作用。举办长清区党组织书记培训班、城

举办长清区基层党组织书记培训班　（赵清　摄）

2018年7月19日，召开全区党校分校工作座谈会（赵清　摄）

市社区“两委”专职成员培训班、第二十期和二十一期局级领导干部进修班等，全年共培训党员干部1000余人。落实区委常委到党校讲课制度，区委书记、区委党校校长王勤光等12名区委常委登上党校讲台，围绕全区中心工作讲党课、谈体会、作辅导、教方法，学员受益匪浅。

【红色课程打造】　2018年，区委党校继续打造红色教育精品课程，将打造的三堂专题课和四堂现场教学课纳入全区第二十期和二十一期局级领导干部进修班课程体系，并在各街镇、区直各部门党校分校等平台进行授课演练，均收到良好效果。

【分校建设】　2018年，区委党校分校建设扎实推进，成果显著，得到省委党校副校长魏恩政和市委党校常务副校长王平的充分肯定，省、市委党校专门到长清区调研总结基层党校建设的好经验、好做法。7月19日，召开全区党校分校工作座谈会，区委书记、区委党校校长王勤光作出重要批示，为党校分校发展指明方向。

【调研科研】　2018年，区委党校高度重视区情调研、科研工作，充分发挥教师智慧，利用主体班学员资源，撰写调研报告10余篇，其中有2篇在国家级刊物发表，并申报省级课题2项，有3篇获第四届全市党校系统优秀科研成果奖。

（张春丽）

党史工作

【概况】　2018年，长清区委党史研究室（以下简称区委党史研究室）开展党史征集、整理、研究、编写和党史宣传教育工作，充分发挥党史以史鉴今、资政育人的作用，依托大峰山历史文化资源，着力打造济南大峰山党性教育基地暨大峰山根据地纪念馆。《讲好红色故事传承革命文化——建设长清区革命历史纪念馆爱国主义教育基地网上展馆》被区委、区政府评为2018年度机关优秀创新工作成果三等奖。

【党史研究】　2018年，区委党史研究室不断拓展党史资料征编范围，加大对重大事件、重要人物档案资料以及长清区改革开放和社会主义现代化建设时期县委书记口述史等党史资料征集力度。在深入挖掘民主革命时期党史资料的同时，征集社会主义革命和建设时期、改革开放新时期党史资料。为进一步丰富济南大峰山党性教育基地展陈内容，年初梳理文物资料线索清单，先后到孝里镇三黄崖村、归德街道平房村、双泉镇西

到双泉镇西屋村采访红二代、红三代及知情人士
（陈超　摄）

区委党史研究室主任魏珺介绍革命烈士动人事迹
（王珊　摄）

屋村等红色村庄进行红色资源摸底调查，采访座谈红二代、红三代及知情人士 40 余人，踏访遗址遗迹 10 余处，征集文物 60 余件，并将采访资料制成电子版。

【宣传教育】　2018 年，“党史、国史进校园”活动继续走进长清中学、乐天中学等学校，对 1000 余名师生进行爱国主义教育和革命传统教育，激发他们学习党史国史的积极性和主动性，从单纯的受教育者转变为党史国史的宣传者和传承者。为纪念改革开放 40 周年、济南解放 70 周年、大峰山根据地创建 80 周年，利用大峰山革命根据地纪念馆、长清第一个党支部成立遗址等对省、市、区 300 个单位 1 万余人进行爱国主义教育、革命传统教育和党性教育，用革命先辈前赴后继、英勇奋斗、不惜牺牲的革命精神和动人事迹，激励党员干部不忘初心、砥砺前行。为更好地弥补大峰山革命根据地纪念馆参观受限性，扩大党史宣传教育的受众面，提高观众参观学习党史的便捷度，不断提升党史宣传教育的影响力、渗透力，区委党史研究室争取到全省 10 个济南仅一个的网上展馆建设名额，建成长清区革命历史纪念馆爱国主义教育基地网上展馆。

【遗址利用】　2018 年，共采访健在的老革命和红二代、红三代 200 余人，踏访遗址遗迹 70 余处，征集各类实物 800 余件，收集线索 100 余条。对搜集的资料进行挖掘、梳理、打磨、重现，八易其稿，撰写济南大峰山革命根据地纪念馆展陈大纲 4 万余字。同年 10 月，完成济南大峰山革命根据地纪念馆布展工作，展陈面积 3000 余平方米。

（王　珊）

济南市长清区人民代表大会

综　　述

【概况】　2018年，济南市长清区人大常委会（以下简称区人大常委会）按照“学习、创新、提升”总体要求，忠实履行宪法和法律赋予的职权，完成区十七届人大二次会议确定的各项工作任务。全年共召开主任会议21次，常委会会议8次，听取审议“一府两院”工作报告14项，组织视察14次，调研、调查49次，开展专题询问1次，对5部法律法规贯彻实施情况进行检查或调研，依法作出决议决定3项，任免国家机关工作人员35人次。

2018年10月31日，区人大常委会视察济南经济开发区工作（马莹　摄）

【监督工作】　2018年，区人大常委会紧扣区委确定的“1+654”总体思路，精准聚焦经济发展、乡村振兴、社会民生、生态保护、民主法治等重点领域，深入调研发现问题，认真审议提出建议，持续跟踪督促整改，为全区经济社会持续健康发展贡献人大智慧和人大力量。聚焦新发展理念，持续加强对经济工作的监督。听取审议全区“十三五”规划实施情况中期评估报告，全区上半年计划、预算执行情况等工作报告，依法批准全区2017年财政决算、2018年区级财政预算调整方案、全区招商引资工作报告。视察济南经济开发区、全区优化营商环境工作，先后4次视察全区重点项目、重点工程。调研税收征管、审计整改、现代金融、预算编制、新旧动能转换等工作，提出建议意见30余条。聚焦乡村振兴战略，持续加强对“三农”工作的监督。听取审议全区品牌农业建设工作报告，调研美丽乡村建设、林业、

2018年6月27日，区人大常委会视察全区优化营商环境工作（李祖强　摄）

举办山水长清·齐鲁仙境——“水长清杯”庆祝改革开放40周年摄影展 （王刚　摄）

2018年12月4日，长清区宪法知识竞赛在区广播电视台演播大厅举行 （王刚　摄）

水务、茶产业发展、农村土地“三权”分置、农机购置补贴、畜牧业发展等工作。聚焦群众所急所盼，持续加强对民生事业的监督。对食品安全工作进行专题询问，对全区贯彻实施《中华人民共和国安全生产法》情况进行执法检查，视察黄河滩区脱贫迁建、防汛等工作。调研教育均衡发展、社会保障、《中华人民共和国残疾人保障法》贯彻实施情况、敬老院建设管理、基层医疗卫生机构标准化建设、社区治理、宗教等工作。聚焦美丽长清建设，持续加强对生态保护工作的监督。组织召开美丽长清建设专题座谈会，听取审议全区大气污染防治工作报告，视察旅游业发展、北大沙河治理、文昌山公园建设、园博园免费开放、拆违拆临、建绿透绿、《济南市禁止燃放烟花爆竹的规定》实施情况等工作，调研城乡环卫一体化、村级公路网化工程、城市更新等工作。举办山水长清·齐鲁仙境——“水长清杯”庆祝改革开放40周年摄影展。聚焦法治长清建设，持续加强对司法工作的监督。听取审议法治政府建设工作报告，听取审议和调研区法院民商事审判、行政审判，区检察院公诉、控申等工作，视察区监察委员会工作、扫黑除恶工作，调研“七五”普法和“六五”依法治区、“两院”上半年工作、社区矫正等工作。推动宪法广场建设，组织全区人大干部宪法知识考试，举办全区宪法知识竞赛，营造全社会尊崇宪法、学习宪法、维护宪法、运用宪法的浓厚氛围。

【代表工作】　2018年，组织全区各级人大代表进行集中培训，为各级人大代表订阅《人民权利报》《山东人大工作》等报刊500余份，向代表寄送人大工作简报26期、微信推送人大工作信息180期。启动开展区人大代表向选民述职评议活动，召开述职评议现场会，全年共有97名区人大代表向选民进行述职。继续加大代表工作站（室）建设力度，新建代表工作站（室）36个，累计达到75个，接待选民2609人次，收集建议意见1388件，督促解决各类矛盾和问题926个。在全区各级人大代表中，开展“三带头、四个一”和“打赢脱贫攻坚战，人大代表当模范”主题活动，全区各级人大代表共引进项目68个，提出建议意见311件，做实事好事667件，帮扶贫困户362户，帮扶资金66万元。

【信访工作】　2018年，高度重视信访矛盾化解工作，把群众来信来访作为了解社情民意的重要窗口，全年共接待群众来信来访160件次，全部及时转办交办，并跟踪督办。

【代表建议办理】　2018年，区人大代表在第十七届人民代表大会第二次会议及闭会期间共提出建议意见182件。区人大常委会健全完善“领导带头督办、处室重点督办、代表参与督办”工作机制，听取区政府关于代表建议办理工作的汇报。区政府及各承办单位把办理代表建议与改进自身工作紧密结合，办理作风更加务实，办理实效明显提高。182件建议意见在法定时间内全部办理完毕并答复代表，面复率100%，满意率97%，一批群众关心、代表关注的热点难点问题得到较好解决。

【街镇人大】 2018年底，长清区下设7个街道、3个镇，7个街道设有区人大常委会派出的人大工作室，3个镇设人大主席团，分别负责本地区人大工作。区人大常委会制定下发《关于进一步加强街镇人大规范化建设的实施意见》，要求各街镇按照履职有人员、工作有制度、办公有场所、办事有经费、活动有内容的“五有”标准全面规范提升人大工作。组织召开全区街镇人大工作调度会，指导帮助街镇人大依法高效开展工作。

（马　莹）

重要会议与决策

【济南市长清区第十七届人民代表大会第二次会议】 2018年1月16日—18日，济南市长清区第十七届人民代表大会第二次会议在区委会议厅召开，出席代表219名。会议听取审议并通过长清区人民政府工作报告、长清区人大常委会工作报告、长清区人民法院工作报告和长清区人民检察院工作报告，审议批准长清区2017年国民经济和社会发展计划执行情况与2018年国民经济和社会发展计划草案、2017年财政预算执行情况和2018年财政预算草案的报告。大会选举刘广东为济南市长清区监察委员会主任。补选王勇、刘道辰、孙超、郝兆林、袁学军为长清区第十七届人大常委会委员。

区长赵居安作政府工作报告　（王刚　摄）

区人大常委会主任刘延文作人大工作报告　（马莹　摄）

补选委员5名（左起：王勇、袁学军、郝兆林、刘道辰、孙超）　（王刚　摄）

【常委会会议】 2018年1月5日，区十七届人大常委会第九次会议召开。区人大常委会主任刘延文，副主任李本文、时华勤、卢云成、

2018 年 1 月 5 日，区十七届人大常委会第九会议召开 （马莹 摄）

周杰、呼强出席会议；副区长刘永亭、区法院院长毕惠岩、区检察院检察长王文列席会议；城乡建设与环境资源保护委员会主任委员马衍长、区人大常委会办公室主任李存寅参加会议。会议听取审议区政府关于建议意见办理工作的报告、关于 2017 年财政预算执行情况和 2018 年区级预算草案初步方案的报告；听取审议区十七届人大常委会代表资格审查委员会关于区十七届人大代表资格变动情况的报告；审议通过区十七届人大二次会议有关事项、区人大常委会 2018 年工作要点。

1 月 18 日，区十七届人大常委会第十次会议召开。区人大常委会主任刘延文，副主任李本文、时华勤、卢云成、周杰、呼强出席会议；区委常委、常务副区长董庆哲，区委常委、区纪委书记、区监委主任刘广东，区法院院长毕惠岩、区检察院检察长王文列席会议；城乡建设与环境资源保护委员会主任委员马衍长、区人大常委会办公室主任李存寅参加会议。会议审议通过济南市长清区监察委员会提请的人事任命事项，并对人事任命事项进行投票表决。

3 月 29 日，区十七届人大常委会第十一次会议召开。区人大常委会主任刘延文，副主任李本文、时华勤、卢云成、周杰、呼强出席会议；区委常委、常务副区长董庆哲，区委常委、区纪委书记、区监委主任刘广东，区检察院检察长王文列席会议。会议传达学习习近平总书记在十三届全国人大一次会议闭幕会上的重要讲话及大会主要精神；审议表决区政府、区检察院提请的人事任免事项；听取审议区政府关于品牌农业建设工作的报告，区法院关于民商事审判工作的报告，并进行满意度票决。

5 月 30 日，区十七届人大常委会第十二次会议召开。区人大常委会主任刘延文，副主任李本文、时华勤、卢云成、周杰出席会议；挂职区委常委、副区长葛永宏，区法院院长毕惠岩，区检察院检察长王文列席会议。会议集体学习《济南市长清区人大常委会组成人员守则》；审议表决区法院提请的人事任免事项，免去苏士祥、张传泉的济南市长清区人民法院审判员职务，免去张辉的济南市长清区人民法院人民陪审员职务；听取审议区政府关于招商引资工作的报告，区检察院关于公诉工作的报告，并进行满意度票决。

8 月 2 日，区十七届人大常委会第十三次会议召开。区人大常委会主任刘延文，副主任李本文、时华勤、卢云成、呼强出席会议。区委常委、区纪委书记、区监委主任刘广东，副区长潘兴华，区法院院长毕惠岩，区检察院检察长王文列席会议。会议表决通过区人大常委会主任会议、区政府、区检察院提请的人事任免事项，任命李建新为长清区人民政府副区长，挂职时间 1 年；接受郝进强辞去区人大常委会委员职务的请求；免去郝进强的区人大教科文卫委员会副主任委员职务；免去于传家、张延正的区检察院检察委员会委员、检察员职务；免去张传强、杨志、王渊波、李小民、杨华、孔令臣、房启峰、丁传希、宋广伟、荆晓东、张勇、张政、郑永志、郭永刚、宋宏亮的区检察院检察员职务。会议听取审议区政府关于 2017 年财政预算执行情况审计工作的报告，关于 2018 年上半年国民经济和社会发展计划执行情况的报告，关于 2017 年财政决算和 2018 年上半年财政预算执行情况的报告，并对以上 3 个报告进行满意度票决。会议批准长清区 2017 年区级财政决算。

9月26日，区十七届人大常委会第十四次会议召开。区人大常委会主任刘延文，副主任李本文、时华勤、卢云成、周杰、呼强出席会议。区委常委、区纪委书记、区监委主任刘广东，副区长梁艳玲，区法院院长毕惠岩，区检察院检察长王文列席会议。会议听取审议区政府关于法治政府建设工作的报告，关于“十三五”规划实施情况中期评估工作的报告，关于全区大气污染防治工作的报告，并对以上3个专项报告进行满意度票决。

11月28日，区十七届人大常委会第十五次会议召开。区人大常委会主任刘延文，副主任李本文、时华勤、卢云成、周杰、呼强出席会议。区委常委、区纪委书记、区监察委主任刘广东，副区长潘兴华，区检察院检察长王文列席会议。会议表决通过区政府提请的人事任命事项，任命张永刚为长清区人民政府科技副区长。听取审议关于《中华人民共和国安全生产法》执法检查情况的报告，关于2018年地方政府债券收支安排及区级预算调整方案的报告，关于2017年度区级预算执行和其他财政收支审计查出问题整改情况的报告，批准长清区2018年区级预算调整方案。

【重大事项决策及人事任免】 2018年，依法作出决议决定3项，任免国家机关工作人员35人次，依法批准全区2017年财政决算、2018年区级财政预算调整方案。

【宪法宣誓】 2018年1月18日、8月2日，区人大常委会分别举行长清区监察委员会领导班子成员及区政府副区长李建新宪法宣誓仪式。

2018年8月2日，新当选的区政府副区长李建新向宪法进行宣誓 （马莹 摄）

2018年长清区人大常委会重要文件选目

表5-1

发文时间	文件号	文件标题
2018-01-08	济长人发〔2018〕1号	济南市长清区人大常委会2018年工作要点
2018-03-13	济长人发〔2018〕3号	关于进一步加强人大宣传工作的意见
2018-06-25	济长人发〔2018〕13号	关于组织开展区人大代表向选民述职工作的实施意见

（马 莹）

济南市长清区人民政府

重要会议与决策

【区政府常务会议】 2018年1月19日，区政府召开第17次常务会议，审议通过关于公布实施张夏—崮山自然保护区规划有关情况、关于加强春节、元宵节期间消防安全管理有关情况等5个事项。2月24日，区政府召开第18次常务会议，审议通过关于《政府工作报告》重点工作责任分工、《进一步加强政府督查工作意见》起草情况、《方峪村传统村落保护发展规划》有关情况等5个事项。3月5日，区政府召开第19次常务会议，审议通过举办2018年首届济南国际马拉松赛事活动有关情况等4个事项。3月16日，区政府召开第20次常务会议，审议通过全区环保工作有关情况、全区重点项目开工建设有关情况等5个事项。3月28日，区政府召开第21次常务会议，审议通过与华东师范大学进行合作办学相关事宜、实行城市供水阶梯水价等3个事项。4月24日，区政府召开第22次常务会议，审议通过《长清区鼓励投资促进发展政策措施》《长清区建设全省医养结合示范先行区工作方案》等8个事项。5月19日，区政府召开第23次常务会议，审议通过2018年美丽乡村建设有关事项、城乡结合部城市道路整治硬化工作情况等4个事项。5月30日，区政府召开第24次常务会议，审议通过《2018年大气污染治理“十大措施”实施方案》《现代农业三年发展规划》、农村产权制度改革等4个事项。7月12日，区政府召开第25次常务会议，审议通过护城河治理有关事宜、2018年涉农资金统筹整合实施方案等6个事项。7月25日，区政府召开第26次常务会议，审议通过《济南市长清区人民政府关于加强法治政府建设的实施意见》《济南市长清区人民政府重大决策程序暂行规定》等4个事项。7月28日，区政府召开第27次常务会议，审议通过扫黑除恶专项斗争上半年工作及全市工作会议精神等2个事项。8月12日，区政府召开第28次常务会议，审议通过长清产业新城PPP项目实施方案及项目进展情况。9月18日，区政府召开第29次常务会议，审议通过《关于地表水水功能区划和编制水安全保障规划》《长清区农村分散式饮用水水源地保护范围及集中式饮用水水源保护区补充调查划分方案》等10个事项。9月26日，区政府召开第30次常务会议，审议通过关于市扫黑除恶斗争扩大会议精神及全区近期工作情况、主城区路灯节能改造等5个事项。10月23日，区政府召开第31次常务会议，审议通过老旧小区整治改造有关问

区长赵居安主持召开第30次常务会议　　（区政府办公室提供）

题等7个事项。12月14日，区政府召开第32次常务会议，审议通过《长清区城乡环卫一体化市场化运作实施方案》、北京招商推介会有关情况等6个事项。全年区政府共召开政府常务会议16次，审议并通过各类事项79个。

【重要决策】 2018年2月26日，区政府印发《济南市长清区人民政府关于促进政银企深度融合发展的意见》。文件指出，为进一步加强政银企合作，促进金融资本与实体经济的高度融合，助推全区新旧动能转换，推动全区经济社会健康快速发展，共确定建立和完善政银企合作机制、加大银行机构信贷投放激励引导、促进银行机构产品创新、做大做强融资性担保机构、加强诚信体系建设等八项工作措施。

2月27日，区政府印发《济南市长清区人民政府关于进一步加强政府督查工作的意见》。文件指出，做好政府督查工作，能有效提高政府抓落实的力度和工作效率，是解决“抓而不实”问题的重要手段，是建设务实政府的体现，从督查工作制度、督查工作流程等方面对加强政府督查工作提出明确要求。

4月25日，区政府印发《长清区鼓励投资促进发展政策措施》的通知。该措施分为优化投资发展环境、支持发展总部经济、支持发展实体经济、支持区内企业转型升级等六大类共15条。

8月7日，区政府印发《济南市长清区人民政府重大行政决策程序暂行规定》的通知。文件指出，进一步规范区政府重大行政决策程序，推进行政决策科学化、民主化、法治化，促进依法行政和法治政府建设，规定分总则、决策事项范围、决策程序等共6章38条。

同日，区政府印发《济南市长清区人民政府关于加强法治政府建设的实施意见》。该意见分为总体要求、主要任务和强化法治政府建设保障措施共三大类内容，对全面推进依法行政，推动政府工作规范化、程序化、法治化，如何建设职能科学、权责法定、执法严明、公开公正、廉洁高效、守法诚信的法治政府进行规定。

10月15日，区政府办公室印发《济南市长清区地方病防治“十三五”规划》的通知。该规划共分规划背景、指导思想、基本原则、防治目标等五个方面。

11月26日，区政府办公室印发《长清区食品安全事故应急预案》。该预案分为总则、组织机构及职责、监测预警报告与评估、应急响应等7项32条。

12月17日，区政府印发《济南市长清区打好自然保护区等突出生态问题整治攻坚战作战方案（2018—2020年）的通知》。该通知要求通过开展“绿盾”自然保护区监督检查专项行动、划定并严守生态保护红线、加快推进生态系统修复，切实抓好自然保护区等突出生态问题整治，保护生态环境，使生态服务功能得到提升，生态产品供给能力明显增强，生物多样性得到有效提升。

2018年长清区人民政府及办公室重要文件选目

表6-1

发文时间	文件号	文件标题
2018-02-26	济长政发〔2018〕1号	济南市长清区人民政府关于促进政银企深度融合发展的意见
2018-02-27	济长政发〔2018〕2号	济南市长清区人民政府关于进一步加强政府督查工作的意见
2018-04-25	济长政发〔2018〕3号	济南市长清区人民政府关于印发《长清区鼓励投资促进发展政策措施》的通知

续表

发文时间	文件号	文件标题
2018-08-07	济长政发〔2018〕8 号	济南市长清区人民政府关于加强法治政府建设的实施意见
2018-08-07	济长政发〔2018〕9 号	济南市长清区人民政府关于印发《济南市长清区人民政府重大行政决策程序暂行规定》的通知
2018-10-15	济长政办字〔2018〕50 号	济南市长清区人民政府办公室关于印发《济南市长清区地方病防治“十三五”规划》的通知
2018-11-26	济长政办字〔2018〕53 号	济南市长清区人民政府办公室关于印发《济南市长清区食品安全事故应急预案》的通知
2018-12-17	济长政字〔2018〕48 号	济南市长清区人民政府关于印发济南市长清区打好自然保护区等突出生态问题整治攻坚战作战方案（2018—2020 年）的通知

（马建国　邢　路）

区政府办公室工作

【概况】　2018 年，区政府办公室围绕全区中心工作，履职尽责，全面加强制度建设、作风建设、能力建设，全年各项目标任务全部完成，切实保障政府工作高效运转。全年共撰写重要文稿 300 篇，编发《长清政务信息》84 期，上报市级及以上信息 500 篇；受理行政复议案件 38 件，接待群众来访及复议咨询 193 人次；办理领导批示及督办事项 117 件，组织各类督查活动 26 次；受理“12345”市民服务热线工单 11.95 万件，群众满意率 87.35%。

【调研信息】　2018 年，围绕区政府总体工作思路和阶段性工作重点，全年撰写工作报告、领导讲话、汇报材料等重要文稿 300 篇。全年编发《长清政务信息》84 期，上报市级及以上信息 500 篇，采用 208 篇，其中国务院办公厅采用 7 篇，国务院领导批示 1 篇；省政府办公厅采用 51 篇，省政府领导批示 6 篇；市政府办公厅专报采用 4 篇，市政府领导批示 3 篇。

【法制工作】　2018 年，印发《济南市长清区人民政府关于加强法治政府建设的实施意见》《济南市长清区 2018 年法治政府建设工作要点》，制定《济南市长清区人民政府重大行政决策程序暂行规定》《济南市长清区行政执法公示办法》《济南市长清区行政执法全过程记录规定》《济南市长清区重大行政执法决定法制审核办法》。举办全区综合法律知识培训班，行政执法人员参加执法证初领培训 118 人。年审执法证件 485 件，清理不符合规定的行政执法人员 79 人，通过考试取

2018 年 11 月 15 日，举办 2018 年度长清区行政执法资格认证培训班　（周玲　摄）

得听证主持人资格36人。受理行政复议案件38件，接待群众来访及复议咨询193人次，区政府应诉案件28件。开展行政监督执法检查，先后对区食药局、交通局、环保局等27个部门进行执法监督。在全省率先建立政府公职律师制度，设立公职律师办公室，全区共有公职律师7人。全年提供合法性意见712条，先后依法审查《济南市长清区财政性资金管理办法》《济南市长清区人民政府重大行政决策程序暂行规定》等重大决策和重大合同42项。

【应急管理】 2018年，继续加强应急预案建设，对预案实行动态管理，共完善制定区总体应急预案1个，专项应急预案12个，部门预案30余个，全区10个街镇、60所中小学校、80余家重点企业全部制定完善相关预案，建立起“横向到边、纵向到底”预案体系。全年共上报突发事件信息50余条，未出现迟报、瞒报、漏报等问题。强化应急救援队伍建设，充分依托公安、消防等骨干队伍，构建应急救援队伍35支。加快响应速度，强化指挥协调职能，开展多项应急演练。6月15日，组织开展黄河滩区群众迁安救护演练，对全区应急管理体系进行检验。完善应急宣教培训体系，全年累计开展各类应急科普宣教活动100余场次，印发各类应急宣传资料30余万份。

【政府督查】 2018年，围绕区委、区政府“1+654”工作思路，突出督查工作重点，提高督查工作水平，全年共办理市政府领导批示和市政府督查室督办事项23件，报送落实情况汇报31份。办理区政府主要领导和分管领导批示交办事项94件，对“1+654”工作任务，全区城市综合管理、“12345”热线办理情况进行督查。迎接国家黑臭水体整治专项巡查、省中央环保督察整改工作督导组督查等活动，全年组织各类督查活动26次，编发督查通报31期。共筹办区政府常务会议16次、区政府党组会议3次，区政府主要领导工作会议、调研活动99次，迎接省、市领导调研活动16次。办理市人大代表建议7件、市政协委员提案13件，办理满意率100%。

【外事侨务】 2018年，加强因公出国管理标准化建设，全年共组团2个（8人），随省、市团组出国（境）人员5人。加强涉外管理宣传，先后办理对外邀请10人次，接待韩国驻华大使卢英敏一行、前驻德大使卢秋田一行等到长清区考察。做好护侨暖侨工作，补办归侨侨眷证3人，为9名归侨侨眷发放生活困难补助及大病救助4万余元，为1名困难归侨申请公租房。

【“12345”市民服务热线】 2018年，制定《关于加强“12345”市民服务热线工作意见》，固化“三函一专报、两公开一考核”机制，成立长清区“12345”市民服务热线工作领导小组，加强组织领导。继续坚持推诿工单会商制度，形成会议纪要，热线满意率进一步提升。全年共受理工单11.95万件，群众满意率87.35%；承办周报52期，简报12期，专报12期。

【网上政府】 2018年，全区电子政务专网及电子政务外网接入终端1173台套，全年通过政务专网传输办理各类公文、通知1.79万余件。外网网站不断完善，与山东政务服务网进行融合，对办事入口进行汇聚整合和优化，栏目设置和页面布局更加合理实用。统筹推进政务新媒体、政府网站、实体政务大厅线上线下联通、数据互联共享，简化操作环节，实现数据同源、服务同根、一次认证、一网通办。新开设针对性、时效性强的专题栏目7个，发布长清新闻6800余条，政务公开信息1.18万条。至年底，新、老两版区政府网站累计主动公开政府信息5.6万余条，内容涵盖机构职能、行政许可审批事项、政策法规、计划报告、业务工作等群众关心关切及与经济社会发展紧密相关的各类信息。

（马建国　邢　路）

史志工作

【概况】 2018年，长清区史志办公室按照省、市史志办公室“一年一鉴”编纂工作要求，完成《长清年鉴（2018）》编纂出版工作。完成《山东年鉴》《山东地方史志年鉴》《济南年鉴》供稿任务，为省市年鉴供稿1万余字，提供图片10余幅。部门包村及第一书记工作成绩突出，所包村马山镇西褚科村中国黑驴养殖项目集体增收3万元。被济南市史志办公室评为史志工作先进集体。

【《长清年鉴（2018）》编纂出版】 《长清年鉴（2018）》是由长清区政府主办的年度性大型综合资料性、权威性、实用性、可读性工具书，2018年11月由线装书局出版，山东新华印务有限公司印刷。该书设特载、大事记、长清概况、中共济南市长清区委员会、济南市长清区人民代表大会、济南市长清区人民政府、政协济南市长清区委员会、纪检监察、群众团体、法治军事、经济管理、园区建设、农业、工业、交通·邮电、城建·环保、财政·税务、金融、商贸、教育·科技、文化·卫生·体育、文物·旅游、社会生活、人物、街镇、附录共26个栏目，80万字。

【为省市年鉴供稿】 2018年，根据省市年鉴供稿要求，区史志办早研究、早部署、早行动，安排专人负责《山东年鉴》《济南年鉴》的撰稿工作，重点收集人大、政协等重大会议的报告及各有关单位的年终工作总结，平时注意在长清新闻、《济南日报》《新长清》报、长清区政务信息网站等搜集有价值的信息，积累大量丰富翔实的资料。结合长清区2017年工作重点和取得的突出成绩，区史志办党组研究确定要撰写的主要内容和条目，全面、系统、详实地反映长清一年来取得的主要成绩和巨大变化，为省市年鉴供稿1万余字，提供图片10余幅。

（边绍林）

政务服务

【概况】 2018年，长清区政务服务中心管理办公室（以下简称区政务中心）以“规范、阳光、便捷、高效”为宗旨，以深化“一次办好”“一次办成”改革为契机，以“等不起”的紧迫感、“慢不得”的危机感、“坐不住”的责任感，优化营商环境，唱响“店小二”精神，落实省、市、区优化营商环境会议精神，推进“放管服”改革向纵深发展。区政务中心从健全机制、夯实基础、优化流程、专项整顿等方面入手，落实各项改革任务，打造“审批效率更高、服务管理更规范、便民设施更完善”的政务服务环境。全年共为企业、群众办理各类审批服务事项15万余件，完成行政事业性收费2.17亿元，征收车购税1.54亿元，共服务市民30万余人次；“12345”市民服务热线共受理工单11.95万余件；公共资源交易中心共有进场项目742个，总预算金额103.08亿元；开标项目676个，预算金额96.98亿元，中标金额84.7亿元，节约资金12.87亿元，节资率13.27%。区政务中心被市政务中心和市文明办评为全市文明政务服务优秀大厅，连续5年被评为全区科学发展先进单位，连续5年被评为全区“四德工程”标兵单位、全区创建全国文明城市工作优秀单位、全区招商引资工作先进单位、全区经济社会发展先进单位、全区项目建设先进单位，获全区机关优秀创新工作成果一等奖。在党风行风政风评议中，连续4年位列全区前三名。有7个科室和窗口获市级以上荣誉称号，2名窗口工作人员被评为长清区劳动模范，20余名工作人员被评为岗位标兵、办件能手、文明之星。

【创新服务方式】 2018年，区政务中心在继续巩固温馨预约、延时服务、周六便民服务岗、全程代办、建设项目“一号通”、绿色审批通道、区域环境综合评价成果应用的基础上，配齐配全各种便民服务设施，为市民提供贴心服务，并在全市率先开发二维码服务指南，在大厅窗口和显著位置摆放，方便群众查阅；在全市率先开发二维码电子评价系统，有效解决市民“当面评”的尴尬处境。借助大厅搬迁契机，合理规划，设立商事、不动产登记、建设项目等3个综合受理区，商事和不动产登记“一窗受理”在全市率先实现规范运行。6月1日起，在全市率先全面实施“只跑一次”改革。8月1日，实现政务专递免费邮寄。

【标准化建设再升级】 2017年，区政务中心通过省级标准化专家组验收，成功争创省级标准化建设达标单位，成为全省第一家审批、热线、公共资源交易全面达标的区县。2018年，在此基础上，根据标准化要求，制定政务服务工作标准415项，建立、修订和完善一系列规章制度，制度汇编人手一册，制作规章制度板牌180余块，进一步促进服务水平和管理水平的双提升。

【落实“三集中、三到位”】 2018年，区政务中心按照“审批事项进厅，服务事项应进必进”的原则，通过召开相关会议、给各单位送达存在问题提醒函以及电话沟通等方式，进一步明确落实“三集中、三到位”（即：部门许可职能向一个科室集中，审批科室向政务大厅集中，审批事项网上办理集中；做到事项进驻大厅到位，审批授权窗口到位，电子监察到位）的重要性和必要性。3月1日，全区政务服务工作会议召开，下发《关于印发济南市长清区行政审批首席代表管理若干规定的通知》和《关于印发政务服务大厅“一窗受理、集成服务”工作实施方案的通知》。区交通局、财政局、民政局、住建委、消防大队、市场监管局、食药局、安监局、环保局、卫计局等10个单位整建制进驻中心，11个部门对窗口人员进行调整充实，新进窗口人员18人，形成“审管分离、责权挂钩”和“审批一条龙、服务一站式”的行政审批工作机制，真正实现“进一家门办多家事”的目标。

【公共资源交易】 2018年，公共资源交易中心共有进场项目742个，总预算金额103.08亿元；开标项目676个，预算金额96.98亿元，中标金额84.11亿元，节约资金12.87亿元，节资率13.27%。

【区政务服务中心搬迁】 2018年3月24日—25日，长清区政务服务中心由经十西路17166号搬迁至长清区平安街道通发大道科创大厦1399号。3月26日，区政务服务中心新大厅正式运行。4月9日，国税、地税进驻中心。同时，增加水、电、气等便民服务部门进驻。至年底，共进驻大厅部门48个，可办理审批服务事项487项，设审批服务窗口148个，有工作人员209人。

政务服务大厅 （李存 摄）

【长清区行政审批服务局成立】 2018年12月15日，区委办公室印发文件，将区政务服务中心管理办公室的职责、相关部门的行政审批及有关政务服务等职责整合，组建区行政审批服务局（挂区政务服务管理办公室牌子，简称区行政审批服务局），作为区政府工作部门，正处级规格。12月18日，济南市长清区行政审批服务局、济南市长清区政务服务管理办公室揭牌仪式举行。

（李 存）

2018年12月18日，举行长清区行政审批服务局、长清区政务服务管理办公室揭牌仪式（周国良 摄）

机关事务

【概况】 2018年，长清区机关事务管理局（以下简称区机关事务管理局）进一步提升机关硬件设施水平，机关办公区域面貌焕然一新。制定《济南市长清区机关综合管理办法》，进一步规范机关办公区管理。实施清河小区节能改造项目，完成区信访维稳中心办公楼建设。组织开展“大学习、大调研、大改进”活动，参加创建全国文明城市十大提升工作，完成创城任务。区行管局被长清区委政法委员会评为2018年度扫黑除恶专项斗争先进单位。

【机关事务服务】 2018年，区机关事务管理局协调落实创促大厦的搬迁工作，建立完善机关办公用房规范管理长效机制。克服工期紧、资金短缺困难，协调有关单位入住相关事宜，区政务中心、贸促会等5家单位于3月23日正式搬迁到创促大厦办公。完成办公楼外墙真石漆喷涂、路面敷设、门窗暖气更换，内墙粉刷等工作，机关办公区域面貌焕然一新。争取上级项目支持，投资414万元，对清河小区14幢居民楼外墙和屋面实施节能改造项目。严格按照资产管理有关规定，牵头对区经信局等单位办公资产，进行登记造册，做好资产移交。探索机关后勤服务社会化改革，通过服务外包方式，引入社会资源参与机关后勤服务，对外迁单位办公区和创促大厦办公区实行物业管理改革，新引入物业公司2家，实行市场化运作。制定印发《济南市长清区机关综合管理办法》，进一步规范机关办公区管理。

【公共机构节能】 2018年，按照济南市公共机构“十三五”规划要求，开展绿色行动，实施节能综合提升工程。开展“节能降耗保卫蓝天”为主题的公共机构节能宣传周和低碳日活动，宣传普及《公共机构节能条例》和《山东省公共机构节能管理办法》。平安街道和区交通运输局通过考核，被评为济南市公共机构节能示范先进单位。联合区城管局、文明办开展“源头分类、统一投放、集中回收”垃圾分类工作，开展“垃圾分类、从我做起”进校园活动。区直机关率先实现垃圾分类，督导干部职工养成主动分类、自觉投放的良好习惯。及时完整报送能耗数据，全面完成节能目标任务。推广新能源新技术，新型燃气锅炉、新能源汽车、热水器、导光管照明使用等已取得显著节能效果。

【区信访维稳中心办公楼建设】 2017年10月26日，长清区发改委正式下达批复区信访维稳中心办公楼建设文件。同年12月28日，济南市规划局颁发建设工程规划许可证。2018年3月5日，变配电室迁移工程开工。至4月22日，区供电公司完成1250千伏安变配电室建设迁移工作。4月25日，开始拆除旧楼1200平方米。5月2日，通过公开招标，确定平安建设集团为工程总承包中标单位。5月10日，施工队伍进场施工。该项目总建筑面积3037.04平方米（含变配电室111平方米），合同造价1269.07万元。施工过程中，克服时间紧、任务重及图纸变更、手续繁琐等困难，倒排工期，穿插作战、昼夜加班，科学施工，抢工期、提质量、保安全，10月下旬完成项目总承包招标的所有建设内容，并通过竣工验收。

区信访维稳中心办公楼 （区机关事务管理局提供）

（张兴龙）

政协济南市长清区委员会

综　　述

【概况】 2018年，政协长清区委员会（以下简称区政协）团结带领全区政协委员和社会各界人士，坚持以习近平新时代中国特色社会主义思想为指导，贯彻党的十九大和十九届二中、三中全会精神，提高政治站位，强化政治担当，紧紧围绕全区“1+654”工作体系，按照“12345”的工作思路，着力践行区委“谋、推、铸、干”工作方针，全区政协系统各项工作向纵深推进，为建设现代化山水魅力新城作出积极贡献。区政协获省级文明单位及全省、全市政协宣传工作先进单位称号。

【调研视察】 2018年2月24日，区政协主席张昭森到长清商会调研，与商会负责人、会员企业代表交流座谈，了解商会、企业发展情况，听取意见建议。3月12日，区政协主席张昭森到国舜集团调研，与国舜集团企业负责人交流座谈，了解企业发展情况，听取意见建议。3月16日，区政协主席张昭森到济南广盛源生物科技有限公司调研科研成果转化工作，并就促进科研成果转化人才要素进行深入座谈和交流。3月22日，区政协主席张昭森到山东巨力电工设备有限公司调研。3月27日，区政协主席张昭森参加“山东艺术学院与山东灵岩文化遗产保护有限公司产学研项目对接活动”，校企双方就产学研合作相关事宜、项目推进等进行探讨。4月，区政协组织2个调研组分别到深圳、广州、宁波、重庆、武汉、苏州、南京等城市，开展科技成果转化调研活动，针对促进科技成果转化必须具备的“人才、园区、环境、金融、政策”五大要素，梳理汇总先进地区的基本情况，形成报告，并上报区委、区政府，区委、区政府主要领导作出重要批示。4月16日，区政协主席张昭森到博科集团孵化器公司参观考察，实地参观博科孵化器公司孵化基地、研发中心、电商中心，听取博科孵化器公司董事长甘宜梧关于孵化器的创办、规划、发展、平台建设、招才引智等方面的介绍。5月4日，区政协视察全区城建重点项目建设，察看东王、东北关、高垣、王宿等安置房重点项目建设情况，听取城市建设工作情况介绍。5月9日，区政协视察全区工业及新旧动能转换项目工作，实地查看济南精锐机器人有限责任公司、北辰集团、山东华宸景观雕塑工程有限公司、济南绿洲科技有限公司生产经营情况。6月14日，区政协组织区往届主席、副主席视察重点项目建设情况，实地查看黄河大桥、王宿安置房项目、大学城实验学校、美客小镇、大学城配套三甲医院等重点项目。6月22日，区政协视察全区防汛工作，实地查看崮头水库、双泉镇河长制工作、龙湾河道治理、黄河孝里姚河门段控导工程、护城河整治工程、区水务局防汛装备仓库、防汛应急值班中心、信息中心。6月28日，济南市政协副主席、民进市委主委金德岭到长清区调研乡村振兴农业产业、农牧养殖业发展情况。8月16日，区政协视察全区工会工作，实地查看合商云购职工之家、通发实业职工服务中心、平安集团职工之家建设情况。10月12日，区政协视察黄河滩区迁建工作，实地查看归德街道、孝里镇黄河滩区外迁安置项目建设现场，就推进滩区建设工作提出意见

2018年11月2日，区政协到马山镇视察脱贫攻坚工作 （薄冰 摄）

和建议。10月19日，区政协召开双泉文化旅游项目座谈会，为双泉文化旅游项目建言献策。11月2日，区政协视察全区脱贫攻坚工作情况，实地察看马山镇西褚科村黑驴养殖基地和牛角沟村安普瑞畜禽公司扶贫鸡舍，就脱贫攻坚工作进行座谈。11月13日，区政协视察全区交通重点项目建设工作，实地察看苏燕路、省道105建设情况，就全区交通重点项目建设工作进行座谈。11月30日，区政协视察全区优化营商环境工作，实地察看北辰集团、宏达集团、国舜集团、区政务服务大厅和大学科研成果转化服务中心工作情况，提出意见和建议。12月14日，区政协视察全区蔬菜产业发展暨水务工作，实地查看北大沙河综合治理施工现场、孝里恒丰山药种植专业合作社、安亮家庭农场以及立添食用菌公司情况，听取全区蔬菜产业发展及水务工作汇报。

2018年12月14日，区政协到孝里恒丰山药种植专业合作社视察 （薄冰 摄）

【提案】 2018年，共收到提案187件，其中委员小组提案1件、委员联名提案23件、委员个人提案163件。经对部分内容相同、相近的提案并案后提交审查，立案178件，不立案9件按照规定转交有关部门参考。5月25日，区政协组织召开提案督办“三堂会商”活动，针对政法组委员提出的《关于尽快启动人力市场搬迁工作的提案》，组织提案者、提案承办者、提案受益者三方面对面沟通、面对面验证、点对点交流，对加快人力市场搬迁、提升城市形象达成共识。6月7日，《联合日报》二版头条，以《长清区政协为提案者承办单位受益者搭交流平台，“三方会商”推动提案办理更富时效》为题，进行专题报道。至12月31日，提案全部办理完毕，委员满意和基本满意率100%。其中，所提提案已采纳，问题得到解决或基本解决的129件，占总件数的72.5%；问题正在解决或列入计划分期推进的45件，占总件数的25%。

2018年5月25日，长清区政协重点提案督办“三堂会商”会议召开 （薄冰 摄）

【文史资料】 2018年7月27日，区政协组织召开《长清方言词典》编纂工作座谈会。10月16日，区政协在中国美客美术馆举办“赞美新长清讴歌新时代”——纪念改革开放四十周年书画展。12月，出版《天南地北长清人》第一辑，共收录长清籍在外地工作的厅级领导干部、军队师级领导干部及经济、艺术、科技等方面的知名人士共150余人。

2018年10月16日，举办纪念改革开放四十周年书画展 （薄冰 摄）

【社情民意】 2018年6月1日，《人民政协报》以《济南市长清区政协谋共识聚合力“问计”促发声“落地”验水平》为题进行报道。8月上旬，区政协各主席分组到各街镇政协委员联络室和区直政协委员联络组开展“问计委员”活动，归纳整理出3个方面共13个问题和建议，形成《请阅件》，上报区委、区政府，区委、区政府主要领导分别作出重要批示，为区委、区政府把握舆情提供信息服务和决策参考。在各街（镇）政协委员联络室选配信息员62人，进一步畅通社情民意渠道。

开展“问计委员”活动 （薄冰 摄）

【民主评议】 2018年，区政协对区卫计局、区住建委和区城市管理（综合行政执法）局开展专项民主评议。10月26日，在区政协九届八次常委会上，对民主评议工作进行动员部署。各政协委员联络室（组）组织委员，通过视察、座谈、填写评议票等方式，对区卫计局、区住建委和区城市管理（综合行政执法）局进行评议，根据委员提出的意见建议，区政协形成评议反馈意见，被评议单位对照反馈意见逐一整改落实，并将整改落实情况报区政协民主评议工作领导小组。12月24日，区政协召开九届十七次主席（扩大）会议，审议通过关于对区卫计局、区住建委和区城市管理（综合行政执法）局开展民主评议情况的反馈意见，安排部署民主评议总结会相关事宜。12月28日，区政协召开民主评议工作总结大会，区政协形成评议报告报区委、区政府参阅。

2018年12月28日，区政协民主评议总结会议召开 （王艺 摄）

【委员风采】 2018年，区政协结合“三个一”（即：寻一条招商引资线索、谋一项促进经济社会发展良策、做一件有益于发展稳定的实事好事）委员履职活动，利用媒体宣传优秀政协委员事迹，先后专题报道30名政协委员模范事迹，并汇总成专题片、事迹录。推出的房立民、王慧慧等委员的履职故事入选省政协举办的“走在前列、百舸争流，2018年黄河口杯点赞感动你的政协委员故事”。6月1日，《联合日报》二版头条，以《讲出履职好故事展示委员新风采长清区政协倡树典型鼓励委员双岗建功》为题进行专题报道，展现新时代政协委员实干创业的风采魅力。

【考察交流】 2018年2月28日，区政协组织部分区政协常委、区政协机关各委室主任到章丘区开展考察学习交流活动。3月9日，中国澳门济南联谊会会长、澳门力通投资有限公司董事总经理欧润光，中国澳门山东省工商联会会长、中国澳门荣友

2018年2月28日，区政协到章丘区开展学习交流活动　（薄冰　摄）

投资有限公司董事长欧润荣，碧桂园江中区域经理李时续等到长清区考察“创新孵化产业园”项目选址，实地参观梦翔小镇、美客小镇、创促大厦，观看长清区2017年工作纪实片。济南市政协副主席李好臣，区委书记王勤光、区政协主席张昭森等陪同考察。3月15日，章丘区政协到长清区学习考察，围绕做好网上提案办理系统及信息化网络平台建设进行交流。3月28日，历城区政协到长清区考察学习书画院建设工作，参观美客小镇艺术馆、书画工作室，并围绕书画院建设展开交流。4月2日，长清区政协主席张昭森会见俄罗斯克麦罗沃国立大学校长普罗谢科夫·亚历山大一行。4月12日，长清区政协主席张昭森会见江苏中南建设集团上海投资发展有限公司副总裁顾飞宇一行，双方就旧城开发项目合作进行交流。4月23日，长清区政协副主席马训生会见中机国能智慧能源有限公司战略发展部总经理况交元一行，双方就三甲医院建设进行交流。4月24日，博科控股集团有限公司董事长甘宜梧一行6人到长清区参观创新大厦、园博园会展中心、华谊兄弟（济南）电影城项目，并围绕公司项目选址进行座谈交流。5月10日，安徽省安庆市宜秀区政协到长清区考察乡村振兴工作。5月16日，安徽省宿州市埇桥区政协到长清区考察水环境治理工作。5月17日，区政协主席张昭森接待山东赤蓝影视文化有限公司总裁、著名编剧刘克中一行，双方就拍摄电影《大灵岩寺》相关事宜进行研讨。5月29日，长清区政协主席张昭森接待巴夫洛投资管理咨询公司副总裁朱巍一行，双方就巴夫洛物流项目相关事宜进行研讨。6月22日，江西省铅山县政协到长清区考察残疾人康复、就业、创业工作，实地查看长清区中医医院残疾人康复中心、计算机公司残疾人工作车间、产品展室，听取相关情况介绍。8月22日，蓬莱市政协副主席丛芸一行到长清区考察，实地参观梦翔小镇。9月3日，长清区政协主席张昭森会见山东高速集团客商，就中国（山东）儿童艺术城项目选址问题进行探讨。10月9日，《人民政协报》记者部主任、山东记者站站长张文敬一行到长清区调研，实地查看梦想小镇建设、济南正悦科技企业孵化器有限公司。10月11日，山东省政协到万德街道开展“实施乡村振兴战略、推动农业农村现代化”专题新闻访谈活动，对万德街道办事处副主任高臻、马套村党支部书记肖舒荣进行专题采访。11月7日，长清区政协主席张昭森参加长清区民俗文化教育基地揭牌仪式。11月10日，长清区政协主席张昭森带队参加济南、东营、济宁3市政协纪念改革开放四十周年书画联展。12月6日，长清区政协主席张昭森会见英蓝集团总经理刘禹东、新城控股集团济南新城创置房地产开发有限公司总经理张路一行，双方就项目合作进行交流。

【扶贫工作】 2018年2月3日，区政协举办“迎新春献爱心”扶贫义拍活动。本次义拍共收到6名书画家捐赠书画作品18件，筹集义拍善款2.3万元，全部捐献给贫困村和贫困户。2月6日，

2018年2月3日，长清区政协举办“迎新春献爱心”扶贫义拍活动　（薄冰　摄）

到区政协机关“第一书记”驻村帮扶的张夏街道王庄村、五峰山街道兴隆村走访慰问，为贫困户送去年货、春联、福字等。6月12日，区政协机关到五峰山街道兴隆村、黑峪村，张夏街道王庄村走访慰问结对帮扶贫困户。7月31日，区政协召开帮挂贫困户对接工作协调会。8月3日，区政协主席张昭森、副主席刘宝林分别到崮云湖街道大崮山村、大刘村走访慰问帮挂贫困户。8月17日，区政协副主席赵洁到五峰山街道开展“问计委员”活动，并走访慰问贫困户。8月27日，区政协组织机关干部到五峰山街道兴隆村、黑峪村走访慰问贫困户，与贫困户签订帮扶协议。9月6日，区政协副主席马训生到平安街道老刘村走访慰问贫困户。9月18日，区政协到五峰山街道兴隆村、黑峪村，实地查看区政协委员、山东龙标幕墙建材股份有限公司总经理王光臣为兴隆村捐资建设的村文化广场，并走访慰问贫困户。10月16日，区政协组织机关干部到五峰山街道兴隆村、黑峪村走访慰问贫困户。12月15日，区政协副主席刘宝林到崮云湖街道大刘村走访慰问贫困户。全年，区政协筹集物资及资金共计4.8万元，帮扶贫困村2个、贫困户11户25人。

【基层政协】 2018年2月1日，驻平安街道区政协委员开展暖冬活动，为罹患白血病的小王村村民韩勇捐款1.63万元。5月8日，张夏街道政协委员联络室组织辖区政协委员召开座谈会，传达学习贯彻市、区政协重要会议精神。5月29日，区政协组织召开街镇政协委员联络室主任工作座谈会，传达学习关于加强街镇政协委员联络室规范化建设的实施意见，对新时期街镇政协委员联络室规范化建设工作作出部署，各街镇政协委员联络室主任汇报年度政协工作进展情况。6月21日，区政协召开全区政协规范化建设观摩会，实地查看美客小镇政协书画院、委员之家、文昌街道政协委员联络室建设情况。7月11日，区政协开展街镇政协委员联络室规范化建设现场督查评议活动，围绕“五统一六有”（“五统一”即规章制度、人员配备、标牌、印章和工作台账统一；“六有”即有组织网络、各类档案、活动纪实、委员信息、工作台账和“三个一”履职活动记录）标准等内容逐项检查。8月3日，五峰山街道政协委员联络室视察南大沙河五峰段的河道整治情况、张庄村“泉水藕”、陈庄村蒲公英等特色农业和华鲁环保科技有限公司。10月24日，区政协开展街镇政协委员联络室规范化建设现场督查评议活动。

2018年6月21日，召开政协委员联络室规范化建设现场观摩会 （薄冰 摄）

（段登攀）

重要会议

【政协济南市长清区第九届委员会第二次会议】 2018年1月15日—17日，政协济南市长清区第九届委员会第二次会议在区委会议厅召开。会议听取并审议区政协常务委员会工作报告和提案工作报告，听取并讨论区委书记王勤光重要讲话；列席区十七届人大二次会议，听取并讨论区委副书记、区长赵居安所作政府工作报告及其他报告。会议增选区政协九届委员会常务委员会委员5名。

区政协主席张昭森作常委会工作报告 （曹建民 摄）

【常委会议】 2018年1月5日，区政协召开九届五次常委会议，观看《委员风采》专题片，审议通过关于召开区政协九届二次会议决定（草案）等有关事宜。

3月23日，区政协召开九届六次常委会议，传达学习全国政协十三届一次会议、省政协十二届一次会议、市政协十四届二次会议和全区四干会暨“五项重点工作”推进大会精神；审议通过《政协济南市长清区委员会常务委员会2018年工作要点》；印发《2018年度政协协商工作计划》；审议通过政协济南市长清区委员会常务委员会《关于提案督办“三堂会商”的活动方案》《关于深入开展“问计委员”的活动方案》《关于彰显委员风采的活动方案》《关于开展科研成果转化调研工作的活动 方案》《关于“长清文化——碑刻篇”编纂出版工作方案》；审议通过有关人事任免事项。

9月21日，区政协召开九届七次常委会议，会议听取区发展和改革委员会、区财政局、区委农办、区科技局关于今年以来工作情况的通报，审议通过《全区政协委员联络室规范化建设先行单位名单》《关于九届区政协委员增补情况的报告》《恢复设置政协委员高校联络组的建议》。

区政协九届七次常委会议 （王艺 摄）

10月26日，区政协召开九届八次常委会议，会议听取区政府办公室2018年政府系统办理提案工作情况的通报和区环保局、区经信局（商务局）、区民政局2018年以来工作情况的通报，传达《区政协关于对区卫计局、区住建委和区城市管理（综合行政执法）局开展民主评议的实施方案》，对民主评议工作进行部署安排，听取区卫计局、区住建委、区城市管理（综合行政执法）局工作情况的汇报，对区卫计局、区住建委和区城市管理（综合行政执法）局进行民主测评。

【协商民主】 2018年5月11日，区政协召开长清区政协委员风采征集专题协商会议，总结2017年委员风采工作开展情况，安排2018年政协委员风采宣传工作，7个先进政协委员联络室（组）主任（组长）和3名优秀政协委员代表在会上发言。区政协主席张昭森，副主席赵洁，秘书长贾云强参加会议。

6月9日，区政协召开“双月经济发展”暨“共建园博园、圆梦新长清”专题协商会议。区委书记王勤光，区政协主席张昭森，区委常委、区委政法委书记李成刚，区委常委、区委办公室主任亓明，副区长刘永亭，区政协副主席马训生、张勇、郭卫东、赵洁、刘宝林及秘书长贾云强参加会议。6月16日，济南日报以《点睛园博园 提升大学城》为题进行详细报道。

2018年6月9日，长清区政协“双月经济发展”暨“共建园博园、圆梦新长清”协商推进会召开
（薄冰 摄）

11月23日，全区民营企业暨政协“双月经济发展”座谈会议在区人大会议厅召开。会议学习贯彻习近平总书记在民营企业座谈会上的重要讲话精神，民营企业家代表和相关部门主要负责人发言交流，区委书记王勤光出席会议并作重要讲话，区政协主席张昭森主持会议，区委常委、区委宣传部部长曲京鹏，区委常委、区委统战部部长魏宏新，区委常委、区纪委书记、区监察委主任刘广东，挂职区委常委、副区长葛永宏，副区长潘兴华，区政协副主席马训生、刘宝林，区政协秘书长贾云强出席会议。

（段登攀）

纪检监察

综　　述

【概况】　2018年是中共济南市长清区纪律检查委员会、长清区监察委员会（以下简称区纪委区监委）合署办公的第一年，全区纪检监察机关忠实履行党章和宪法赋予的职责，落实中央、省、市纪委全会各项部署，坚持稳中求进工作总基调，践行“两个维护”，扎实推进“两个责任”落实，在全面从严治党中坚守职责定位，担当作为，整体推进正风、肃纪、反腐、倡廉、改革等各项工作，推动全区纪检监察工作高质量发展，营商环境进一步优化，政治生态持续向善向好，党风廉政建设和反腐败工作取得新成效。区纪委区监委被区委、区政府评为全区经济社会发展先进单位。

【纪委全委会议】　2018年2月13日，中国共产党济南市长清区第四届纪律检查委员会第四次全体会议召开，出席会议的区纪委委员25人，列席68人。全会由区纪律检查委员会常务委员会主持，区委书记王勤光出席全会并讲话。会议学习贯彻习近平新时代中国特色社会主义思想，全面落实党的十九大精神，按照十九届中央纪委二次全会、省纪委十一届三次全会、市纪委十一届三次全会和区委部署，总结2017年全区纪检监察工作，部署2018年任务，审议通过区纪委书记刘广东代表区纪委常委会所作的《坚定不移推动全面从严治党向纵深发展为现代化山水魅力新城建设提供政治保证》工作报告。

【深化监察体制改革】　2018年，按照中央和省委、市委确定的时间表、路线图，坚持党委负主责，纪委负专责，扎实推进监察体制改革各项工作，确保机构、职数、编制“三不增”，实现机构设置精简高效，强化内控机制。2018年1月18日，济南市长清区监察委员会挂牌成立。11月23日，区监委10个派出街镇监察室全部挂牌成立，基层党风廉政建设和反腐败力量进一步增强，实现监察监督全覆盖。

【济南市长清区监察委员会挂牌成立】　2018年1月18日上午，济南市长清区监察委员会挂牌成立。长清区委书记、区深化国家监察体制改革试点工作小组组长王勤光，区人大常委会

2018年2月13日，中共济南市长清区纪委四届四次全体会议召开　（房玉朋　摄）

2018年1月18日，济南市长清区监察委员会挂牌成立　（房玉朋　摄）

主任刘延文，区委常委、区纪委书记、区监委主任刘广东为济南市长清区监察委员会挂牌。

1月18日，在长清区第十七届人民代表大会第二次会议上，经法定程序选举，刘广东当选为长清区监察委员会主任。根据刘广东提名，在长清区第十七届人民代表大会常务委员会第十次全体会议上，表决任命徐养军、张传军为长清区监察委员会副主任，赵化军、刘承玲、王传家、张延正为长清区监察委员会委员。长清区监察委员会领导班子成员举行宪法宣誓仪式。

长清区监察委员会领导班子成员宪法宣誓　前排：刘广东，后排左起：王传家　赵化军　徐养军　张传军　刘承玲　张延正　（房玉朋　摄）

【派出街镇监察室全部挂牌成立】　2018年11月23日，济南市长清区监察委员会10个派出街镇监察室全部挂牌成立。区委书记王勤光，区委常委、区纪委书记、区监委主任刘广东为济南市长清区监察委员会派出文昌街道监察室揭牌。派出监察

济南市长清区监察委员会派出文昌街道监察室挂牌成立　（房玉朋　摄）

室作为区监察委员会派出机构，与街镇纪（工）委合署办公（一套机构、两块牌子），履行纪检、监察两项职能，在区纪委区监委领导下开展监督执纪监察工作。各街镇均配齐3～5名监察干部，基层党风廉政建设和反腐败力量进一步增强。

（房玉朋）

监督执法

【履行全面从严治党监督责任】　2018年，区纪委区监委挺纪在前，用好监督执纪“四种形态”，压紧压实全面从严治党“两个责任”。立足教育，着眼防范，关口前移，抓早抓小，组织开展区级党政领导班子成员向区纪委全会述责述廉，组织开展街镇党（工）委书记、区直部门党委书记向区纪委全会述责述廉，与全区53个单位63名党政正职廉政谈话，提高党员干部对党风廉政建设的认识，督促履行好管党治党政治责任。开展全面从严治党主体责任落实情况专项监督检查，推动责任落实到位。成立多部门参与的专项察访组，对关键节点、重点工作推进情况等开展察访30余次，发现问题47个，责成有关部门整改42个，上报线索5条。把批评教育融入日常、变为经常，四种形态占比分别为46.98%，43.77%，3.70%，5.55%。围绕党的领导弱化、党的建设缺失、全面从严治党责任落实不到位等问题，加大监督问责力度，开展党内问责86起，问责党组织62个，相关责任人24人。11月，对德廉考试补考成绩不合格的18人进行约谈，督促各级各单位党组织扛起管党治党主体责任，落实好“一岗双责”。严把选人用人政治关、品行关、作风关、廉洁关，

区纪委共回复党风廉政意见67份，涉及7914人次。

【作风建设】 2018年，通过财政、审计、交警、工商、税务等部门联动，运用大数据比对、微信一键举报，加大察访力度、频度、深度。全年派出检查组4批次50个次，采取分层交叉查、落实部署互相查等措施，深挖隐形变异、潜入地下等顶风违纪行为，共查处违反中央八项规定精神问题31起，受到处理34人，党纪政务处分8人。全年查处侵害群众利益不正之风和腐败问题136起，处理171人，给予党纪政务处分92人；查处扶贫领域问题11起，处理13人，给予党纪政务处分7人。围绕加强街镇纪检监察队伍建设、扶贫领域突出问题专项整治、扫黑除恶专项斗争等工作深入街镇调研，形成基层党风廉政建设专题调研报告，为区委决策提供重要依据。围绕重点项目推进、营商环境改善等重点工作，3个监督检查组开展5轮专项监督检查，着力解决作风不实、不担当、不作为等问题，全年共察访服务窗口、单位150个次，发现上班迟到、早退等问题37人次，在全区范围内通报曝光，并要求相关单位调查处理。对全区47个指挥部的运行情况开展专题调研，研究分析四个方面问题，提出具体的整改措施4条，着力改进作风，提升效能。

【预防惩治腐败】 2018年，准确运用纪律法律，从严执纪执法，全区纪检监察系统处置问题线索860件，立案433件，同比增长34%，给予党纪政务处分420人。7月5日至10月15日，开展“百日攻坚”基层信访专项行动，对21个复杂困难信访件实行区纪委监委领导班子成员定期接访和包案制度，对290件群众信访重点件实行街镇聚力攻坚制度，深入分析研判，初访件的结服率61.4%，重复信访率下降至13.8%，同比下降30余个百分点。11月，召开全区村居廉政建设推进工作会议，促进村居干部廉洁履职，助力经济发展，涌现出西李村、孙庄村等一批廉政建设典型村居。集中整治扫黑除恶专项斗争中不担当不作为问题，对全区10个街镇和39个成员单位开展履职尽责情况督导，与政法机关建立问题线索双向移送、反馈机制，强化线索筛查，统一建立涉黑涉恶问题线索台账，做到集中管理，及时处置。加大监督执纪问责，“找关系网”“打保护伞”，严肃查处党员干部涉黑涉恶腐败问题，共受理涉黑涉恶问题线索66起，开展初核26起31人，立案8起，查结9起，处理11人。做好中央巡视组转交件查办工作，成立上级转办件攻坚领导小组，10个专案调查组，共收到中央巡视组转交件89件，全部办结，结服率80%以上。对济南鲍德汽车运输公司规划处原处长、市场运营部原经理宿某某采取留置措施，这是全区在监察体制改革以来首次独立办理留置案件。

【廉政教育】 2018年，实施“菜单式”廉政教育，邀请市纪委领导讲授廉政党课、参观济南监狱、观看警示教育片，对全区处级以上党员领导干部开展警示教育活动。组织全区科级以上干部1300余人参加德廉知识测试；组织全区2万多名党员参加新修订《中国共产党纪律处分条例》在线测试，并获全市各区县参赛人数第一名的优异成绩；组织各部门（单位）轮流观看《神圣的权力岂能沦为贪腐的工具》《警示录》等7部警示教育片，警示教育党员干部远离红线，不碰高压线，要严以修身、严以用权、严以律己。对全区629个村居4000余名基层党员干部和公职人员开展廉洁履职、遵规守纪专题培训，实现廉政教育全覆盖。

【巡察工作】 2018年，按照“发现问题、形成震慑、推动改革、促进发展”的“十六字”工作方针，围绕全面从严治党这个中心，始终坚持问题导向，突出政治巡察，盯住重点人和事、关键岗位和领域，采取灵活方式方法，切实增强巡察的针对性和威慑力。全年完成三轮巡察，对24个单位开展常规巡察，9个街镇开展扶贫专项巡察，共发现问题471个，其中边巡边改问题63个，移交问题线索180个，立案13人，给予党纪政务处分13人，书面诫勉10人。创新ABC谈话方法，听得见弦外之音，察得到事后之情，推动有关单位主动完善细化制度规定60余项，实现巡察成效再提升。

【派驻监督工作】 2018年，聚焦全面从严治党中心任务，积极参与驻在单位的相关活动，坚持不留死角和盲区，融入驻在单位的权力运行和日常管理，实现及时全面和深入有效的监督，发挥"常驻不走的巡察组"职能，共发现问题63个，责成有关部门整改58个，上报线索3条。

【干部队伍建设】 2018年，完成机关党支部换届，组织全区纪检监察系统综合业务培训班4次，培训200余人次，组织纪检监察干部、巡察干部到上海交通大学接受培训。12月，组织全区纪检监察干部参加《中华人民共和国监察法》测试。抽调2批13人，参与办理市政协原秘书长江某、章丘市原副市长袁某某等留置案，全要素运用12项调查措施。按照上级有关要求落实纪检监察干部回避、出行报备、纪检监察系统禁酒等制度，采取共享位置、现场检查等方式开展内部察访7次，严防"灯下黑"，铸造忠诚干净担当的纪检监察干部。

（房玉朋）

群众团体

长清区总工会

【概况】 2018年，长清区总工会（以下简称区总工会）下辖工会工作委员会13个、街镇总工会10个，基层工会1443个，会员15.71万人。区总工会创新发展，在服务大局、先模评树、技能竞赛、工会组建、帮扶救助、工资集体协商、“查保促”活动等方面取得显著成绩，各项工作取得突破和提升。区总工会先后获全国职工公共安全卫生应急避险知识普及竞赛活动优秀组织单位、山东省工会职工维权法律服务示范单位、济南市工会工作创新奖、长清区科学发展考核先进单位、长清区招商引资工作先进单位等称号。

长清区第三届职工电焊劳动技能大赛颁奖仪式 （房慧 摄）

【组织建设】 2018年，区总工会加强产业（行业）工会建设，建立金融行业工会联合会、餐饮行业工会联合会、梦翔小镇工会联合会和家政行业工会。社区和农村经济合作组织建会工作得到提升，全年新建工会组织42家，新增会员6000余人。同时加强职工之家建设，着力打造先进典型职工之家6家。全区10个街镇有7个建立党群服务中心，内设工会服务站、职工活动室。

【技能大赛】 2018年4月17日，举办长清区第三届职工电焊劳动技能大赛，同时进行厨艺、烹饪、金融行业、超市陈列4项大赛，共15个类别，全区200余家企业6000余名职工参与，获奖人员210人。

【先模评选】 2018年4月25日，召开长清区庆祝“五一”国际劳动节暨长清现代工匠、工人先锋号命名大会，命名现代工匠100人，工人先锋号60

长清区庆祝“五一”国际劳动节暨长清现代工匠、工人先锋号命名大会召开 （房慧 摄）

个。推荐省劳模、市五一奖状（章）、济南工匠、创新能手、建功立业等先进集体和个人40余个(人)。王方河被评为全国优秀工会积极分子，邵广超、孔令海、张道山、肖舒荣4人被授予山东省劳动模范称号，邹鑫获山东省富民兴鲁劳动奖章，刘冰、吴红英、孟祥利3人获济南市五一劳动奖章，马良、孔超、李刚、刘采刚、谭柏清5人被评为济南市创新能手，张玲获“济南工匠”称号。

【“查保促”活动】 2018年，区总工会通过召开动员部署会、督查调度会、工作推进会、评选表彰会等措施，推动“查保促”（“查身边隐患、保职工安全、促企业发展”）活动的开展，全区参与企事业单位1100余家、职工6万余人，共查出安全隐患2000余条，消除隐患率95%。组织基层参加“安康杯”知识竞赛活动，全区参与企事业单位1100余家、职工6万余人。

【帮扶救助】 2018年2月27日，区总工会联合区人社局、区妇联、团区委、区残联等部门举行“春风行动”招聘会，企业参加22家，为返乡务工人员搭建转移平台。春节期间，慰问困难职工与劳模家庭1000余户，发放慰问金370余万元。金秋助学发放助学金28.16万元，帮扶学生71人。职工大病互助互济保障金入会金额22万余元，参保人数1.1万人，发放救助金18万元，救助职工90人。办理困难职工证122个，争取上级政策资金，实行持证困难职工帮扶救助全覆盖，给予生活救助、电费补助、大病救助等帮扶资金，最低救助1.43万元，对患病特困职工给予医疗救助，医疗个人承担部分全部补给，最高救助额8.18万元，特困职工子女上大学救助资金每人6160元。联合爱尔眼科医院，为全区职工与社区离退休职工进行普遍眼科查体2.7万人次，救助白内障患者470人，职工免费医疗享受金额110万元。

【工资集体协商】 2018年，在企业中开展“集中要约行动”，推进集体合同签订，带动全区非公企业工资集体协商工作。全区非公企业坚持每年进行工资协商1～2次，达到企业效益与职工工资同步增长。

【厂务公开】 2018年，加强以职工代表大会为基本形式的民主管理工作，规范厂务公开内容，为26家企业配制厂务公开宣传栏，加强厂务公开和企业职工文化建设，全区规模以上企业职代会、厂务公开建制率、沟通协商率动态保持在90%以上。

【职工培训】 2018年，充分发挥工会女职工培训学校和职工服务中心阵地作用，开展女职工形象提升活动，打造“山水长清旗袍秀”品牌。开

2018年长清区总工会金秋助学资金发放仪式（毕冰鑫　摄）

长清区工会“城市文明 美好生活”插花艺术第一期培训班（房慧　摄）

展女职工“城市文明形象提升”服饰、茶艺、插花、面点、健美、化妆等培训活动，举办女职工服装文化培训班5期。街镇、企事业单位举办培训班22期，培训女职工1200余人。对外展演30多场次，先后到高校、潍坊、青岛等展演。

【工会宣传】 2018年，区总工会推进“互联网+”工会工作，建立健全“长清工巢”网上工作平台，发布信息200余篇。《山东工人报》采用长清稿件头版4篇。在今日头条、一点资讯、搜狐、腾讯快报、《山东新城经济报》《济南日报》、爱济南、秀美长清等媒体宣传工会工作。

【职工文化生活】 2018年，举办首届职工文明素质提升服饰展演大赛和长清区庆祝改革开放40周年文艺晚会。区总工会文艺队参加第四届全民健身舞蹈旗袍全国锦标赛，获团体一等奖，个人一等奖2个。在山东电视台“我也上春晚”电视迎春晚会上获最佳表演奖。

长清区庆祝改革开放40周年文艺晚会 （房慧 摄）

【服务大局】 2018年，成立近4000名职工志愿者队伍，统一定制服装，组织志愿者集中行动6次，开展“门前三包”志愿者活动。区总工会拟定文明精句16句，制作宣传扇1万把，宣传彩页2万份，购买卫生工具3000余件，助力文明城市提升活动。慰问全区重点工程、重点行业、重点工作的一线职工，购买物资30余万元。

长清区总工会职工志愿者 （房慧 摄）

（房 慧）

共青团长清区委员会

【概况】 2018年，共青团长清区委员会（以下简称团区委）聚焦主责主业，深化改革攻坚，全面从严治团，团的各项工作取得新进展。创新性开展共青团“微爱学堂”活动项目，构建起更加有效的留守儿童关爱服务体系，该项目被评为“2018年度山东省最佳志愿服务项目”。长清区青益志愿服务中心作为“微爱学堂”的服务站点，获第三届山东省志愿服务大赛金奖、第四届中国志愿服务大赛银奖，并入选2018年全国青年社会组织“伙伴计划”四星项目。团区委获“济南市红旗团委”称号。年底，全区共有基层团委33个，基层团工委8个，团总支85个，团支部973个，专职团干部45人，兼职团干部758人，团员1.07万人，少先队员3.4万人。

单身青年参加“青春有约 团聚情缘”交友活动 （蓝溪 摄）

【组织建设】 2018年，升级打造线下团属阵地16家，严把团员团干部信息排查、审核、录入和管理关口，在全市率先完成“智慧团建”录入工作，共录入基层团组织1032个、基层团干部2037人、团员1.03万人。加强共青团系统党建工作，开展“大学习、大调研、大改进”活动。严格团员发展和管理，团学比例27.54%。百家两新组织严格按照程序，完成建团任务，在纪念五四运动99周年暨“爱长清·建长清”青春誓师大会上为10家代表单位集中授旗。制定《关于加强农村（社区）团组织建设的通知》，建立健全村级团组织建设。严格执行上级团员发展要求及程序，全年共发展团员1722人，团员证编号为201837015003—201837016724。组织132名少先队辅导员参加少先队改革推进暨少先队辅导员培训班，组织80余名基层团干部参加团干部业务培训班。

【青工青农】 2018年，整合各方力量，建设专、挂、兼职相结合的新型团干部队伍，打造“团干部+社工+青年志愿者”队伍。开展“三联四促”（每人每年包靠联系1个街镇，联系青年社会组织和青年志愿者队伍2支，常态联系20名左右当地青年；促基层团建、促阵地提升、促工作落实、促作风转变）常态化下沉基层工作，7名下沉团干部共使用“三联四促”小程序签到200余天，与140名当地青年建立起联系，开展座谈交流、走访调研14次。组织120名单身青年参加“青春有约 团聚情缘”交友活动，引导他们树立正确的婚恋观。坚持“上下联动、分层实施”，逐级推荐选拔、宣传推广乡村“好青年”，全区共推荐、发掘乡村“好青年”典型106人，最终评选出“好青年”典型50人。协调山东省扶贫开发基金会、银座集团22家门店、伽蓝集团、济南厚德助学公益服务中心等爱心单位，为1956名贫困青少年捐助款物共计60万元。持续开展“希望工程圆梦行动”“青春扶贫益暖齐鲁”等系列活动，联合齐鲁制药、民建山东省委、中建三局、山东广播电视台等爱心单位，带领贫困青少年到飞机场、博物馆、清华园、科技馆、老街巷参与城市体验活动30余次。通过“共青团与人大代表、政协委员面对面”座谈会，关注、关心、支持青年创业。开展“青春助力乡村振兴”青年电商创业培训班，探索“互联网+”模式。面向贫困青年开展电商培训、外出学习活动，带动贫困户脱贫致富。发挥金融干部作用，宣传推介“鲁青基准贷”项目。宣传青年创业典型，吸纳当地贫困人口就业，增加农村贫困青年就业机会。

【青少年思想教育】 2018年，团区委组织团员青年学习习近平新时代中国特色社会主义思想，在“青春长清”连载《新时代面对面》微视频13期、《平“语”近人》12期、“青年大学习”网上主题团课25期、《改革开放40年，长清青年有话说》10期，点击量累计4万余次。利用清明节、五四青年节、六一儿童节、国庆节等重要时间节点，通过青春宣讲、座谈分享等多种形式，组织开展“勿忘国耻清明祭英烈”“传承红色基因扣好人生第一粒扣子”“不忘初心跟党走青春建功新时代”“不忘初心跟党走入团入队仪式”等主题活动100余场，在近万名团员青年中高扬爱国主义和社会主义旗帜，树牢“听党话，跟党走”理想信念。联合区关工委、教体局、公安分局等部门在青少年中开展“青少年法治教育系列活动”。青春长清“双微”平台粘性不断增强，遴选推送青年自编自述《青声青语》44期。协调引进“Happy-life199阳光童年”成长行动项目落户长清，受益留守儿童120人。

【青年志愿者行动】 2018年，团区委以“文明泉城有雷锋 志愿同行新长清”为主题开展各类志愿服务50余场，受益群众1万余人。协调驻区高校志愿者参与长清区各类旅游节庆活动20次，助力全域旅游建设。开展“助力城市提升志愿与我同行”青年志愿者行动，先后共组织青年志愿者100余人，开展城市提升行动6次。开展以“一老一小”为重点的关爱扶贫活动、“金晖助老”青春扶贫志愿者行动，共整合各类资金20万元。招募320名青年志愿者结对帮扶160名建档立卡贫困人口中65岁以上不集中供养的留守、失独贫困老年人，累计服务时长近2万小时。启动共青团微爱学堂项目，对接驻区高校团委，组建起志愿服务队伍26支，招募300余名大学生志愿者在21个村居开展为期1个月的志愿服务，受益贫困青少年1000人。对接2018济南（长清）国际马拉松志愿服务工作，招募组织来自山东中医药大学、山东交通学院、齐鲁工业大学和山东管理学院的420名志愿者在赛道各点位为6150名参赛者提供赛事志愿服务。长清区青益志愿服务中心，开展童善农村困境儿童关爱项目，服务困境儿童1.44万人次。3月，长清区童善儿童关爱中心被济南市政府、市扶贫开发领导小组评为社会力量助力脱贫攻坚先进社会组织。9月，童善农村困境儿童关爱项目获第三届山东省志愿服务大赛金奖。12月，童善农村困境儿童关爱项目获第四届中国青年志愿服务项目大赛银奖，入选2018年全国青年社会组织“伙伴计划”优秀项目库。

【少先队工作】 2018年，长清区少先队工作紧紧围绕“教育，让长清更具魅力”发展愿景，举办一系列特色活动，打造独具特色的少先队品牌。全区各中小学将少先队工作纳入学校工作总体布局，开展“红领巾小健将”“红领巾小百灵”“红领巾小书虫”等主题鲜明、丰富多彩的群众性少先队集体实践体验活动，争创“动感中队”。至年底，全区所有初中学校全部完成少先队建设，扎实开展各项少先队工作。全区少先队贯彻落实全国少工委下发的《关于全队认真学习宣传贯彻党的十九大精神的通知》，开展“争做新时代好队员”系列活动。城市学校与农村学校开展“手拉手”对口帮扶，开展结对帮扶。全区各学校全部配齐少先队辅导员，区少工委对少先队辅导员进行考评，将少先队工作纳入教师晋升和考核体系。贯彻落实《少先队改革方案》，不断加强少先队辅导员队伍建设，定期召开少先队辅导员例会，以会代训。

（杜鹏程）

国际马拉松志愿服务 （杜鹏程 摄）

长清区妇女联合会

【概况】 2018年，长清区妇女联合会（以下简称区妇联）围绕区委、区政府决策部署，牢牢把握联系和服务妇女群众这根生命线，积极谋划，奋发作为，完成各项工作任务。区妇联被评济南市出彩妇联组织、全区经济社会发展先进单位、全区招商引资工作先进单位、全区扶贫工作先进单位、全区信访稳定先进单位、全区美丽乡村建设先进单位等，获济南市“不忘初心唱响济南”2018歌咏比赛优秀组织奖、区机关优秀创新工作成果三等奖。

2018年3月8日，长清区纪念“三八”国际劳动妇女节108周年暨妇女儿童工作会议召开

（闵婷婷　摄）

【组织建设】 2018年，区妇联围绕“党建带妇建，妇建促党建”的工作要求，全区妇联组织实现横向到边、纵向到底的网络全覆盖，实现服务妇女零距离。持续推进“妇女之家”创建水平，全年创建优秀妇女组织32个，基层组织基础不断夯实。组织党员走进社区，开展帮助居民实现“微心愿”活动。邀请心理专家曹志荣为社区女性举行婚姻家庭、亲子沟通讲座。组织妇联干部和党员到归德街道闫楼村、大峰山革命历史纪念馆实地参观学习，锤炼党性觉悟。年底，全区有街镇妇联10个，区直大口妇委会7个，村妇联580个，社区妇联49个。

【妇女宣传思想工作】 2018年，区妇联通过电台、报纸等平台开设《新时代新女性新风采》专题栏目和“巾帼心向党建功新时代”助力长清大发展专栏，宣传三八红旗手、巾帼建功标兵、“最美家庭”等先进典型。3月8日，长清区纪念“三八”国际劳动妇女节108周年暨妇女儿童工作会议召开，对全区涌现出的三八红旗手标兵、三八红旗手、优秀巾帼志愿者、巾帼创新创业标兵等省级典型16个、市级典型54个、区级典型293个进行表彰。举办“女性素质提升”培训班，邀请山东女子学院教授闫小红以《阳光心态与生活》为主题进行授课，帮助妇女塑造阳光心态。全年举办“新农村新女性新生活”培训班10场次，培训妇女骨干1000余人。发出《“巾帼心向党建功新时代”助推全区中心工作行动倡议书》，号召全区妇女在棚改旧改、项目建设、拆违拆临、招商引资、维权维稳工作中争当主力、施展才华。组织长清区庆七一“巾帼心向党唱响新长清”红歌会活动，凝聚引领妇女群众坚定不移听党话、跟党走。组织发动全区各级妇女组织和妇女群众参加“唱响济南”2018歌咏比赛，区实验小学天使合唱团和区人民医院合唱团在全市总决赛中获银奖。举办“争创出彩四德同行”广场舞培训班，激励妇女和家庭与新时代同行、为新目标奋斗、在新征程建功。

【巾帼乡村振兴行动】 2018年，区妇联联合区扶贫办、农办、文明办、住建委、文广新局、广播电视台、新闻信息中心等部门在全区开展“争

召开长清区“出彩人家”创建工作推进会（闵婷婷　摄）

举办长清区“出彩人家 舞动乡村”广场舞大赛（闵婷婷　摄）

创出彩人家共建美丽乡村”活动，并先后召开推进会3次。工作中对标“庭院美、生活富、家风好”创建内容，组织动员全区农村妇女和家庭从传承好家风、美化家居环境入手，开展“争创出彩人家 共建美丽乡村”活动，全年共创建“出彩人家”示范街镇3个、示范村25个、示范户1275户。以西李、新周、马套、金庄等6个村为试点，先行先试，分期分批分类施策推进，将“新农村新女性新生活”培训内容融进“出彩人家”活动，开展农业实用技术、家政服务、家风家训等各类培训60余期，共培训6000余人次。在创建村中开展“出彩人家 舞动乡村”广场舞比赛，在新闻媒体设立专栏专版，发放倡议书、宣传画7000余份，制作宣传板、栏等1200块，赠送“出彩礼包”4800个，宣传报道80余篇次。活动突出地域、文化、产业特色，因地制宜，开展企村联动、文村联动、律村联动、校村联动，打造“一村一出彩”“一村一亮点、一家一特色”格局。西李村“一联二包三促进”（即：“一联”强联弱；“二包”胡同长包老党员、两委成员包贫困户；“三促进”促家风、促民风、促村风）的出彩模式得到市妇联好评，在全市“出彩人家”创建工作推进会上做典型发言。内蒙古自治区、章丘、历城、平阴等多地妇联先后到长清区学习“出彩”经验，该项工作被市妇联综合评议为“好”等次，获全区机关优秀创新工作成果三等奖。

【巾帼脱贫行动】 2018年，区妇联继续实施“巾帼脱贫行动”。实施“爱心互助健康同行”女性安康工程，为贫困妇女捐赠价值3万元的安康保险。争取9万元公益事业扶贫基金项目，在万德街道、双泉镇的4个贫困村建立妇女儿童活动中心。单位科级以上干部开展“两帮两送”活动，先后为6户贫困户送去食用油、米、牛奶、电风扇等慰问品。发动各级巾帼文明岗与贫困户结对子，给贫困户送去现金和生活用品共计5万余元。

走访慰问贫困家庭（闵婷婷　摄）

【维护妇女合法权益】 2018年，区妇联完成市妇女儿童发展“十三五”规划的中期监测评估。成立全区首家婚姻家庭辅导中心，与区民政局联合成立全市首家社工婚姻家庭工作室“泉城·爱帮·万巍工作室”，招募婚姻家庭辅导志愿者40人，为群众提供家庭婚姻经营知识，为离婚家庭提供调和咨询服务。联合区禁毒大队开展“不让毒品进我家巾帼在行动”禁毒宣讲和“扫黑除恶巾帼在行动”志愿服务活动。“泉城女性普法大讲堂”基层巡讲走进万德街道马套村，邀请山东新亮律师事务所主任新亮讲授《普及宪法及防诈骗知识讲座》，普法大篷车开进村委广场，律师志愿者向村民发放法律宣传资料并现场提供法律咨询服务。全年开展以“进家庭、进社区、到身边”为主题的普法讲座10场，面对面咨询活动20余场，覆盖妇女群众3000余人。注重信访维稳工作，做好思想疏导和矛盾调处工作，有效地化解社会矛盾。

【帮扶救助】 2018年，区妇联继续推动党委政府为妇女儿童办实事，区委办公室、区政府办公室下发《关于为妇女儿童办好十件实事的实施意见》。开展系列“巾帼送暖”关爱活动，针对贫困两癌妇女、单亲特困母亲、贫困创业妇女、贫困户、贫困学生、困难女党员、贫困妇联主席、困难“三八”红旗手、困难“最美家庭”等群体开展系列“巾帼送暖”走访慰问活动，举办“巾帼送暖”活动资金发放仪式，开展“中国梦净水梦”惠民活动、“蒲公英慈善团”爱心志愿活动。

举办长清区贫困“两癌”妇女救助金发放仪式
（闵婷婷　摄）

巾帼志愿者到敬老院开展志愿服务　（闵婷婷　摄）

组织“康乃馨妈妈”志愿团，走进双泉小张、孝里马庄“童善”儿童关爱中心，为留守儿童开展志愿服务，普及生理卫生、疾病预防、儿童安全等知识。组织巾帼志愿者20余人，到文昌敬老院开展送服务、献爱心活动。全年共为416名贫困妇女儿童发放救助金27.92万元。“康乃馨妈妈”志愿服务项目被评为济南市“最佳志愿服务项目”。

【家庭文明创建】 2018年，区妇联开展寻找“最美家庭”活动，涌现出一大批崇德向善、事迹感人、影响广泛的先进典型，共评选出“最美家庭”123户。选树省“五好家庭”1户，济南市“最美家庭”33户。实施母亲素质工程，依托“家教指导中心”“最美课堂”“父母课堂”“法德讲堂”“科技讲堂”“三新”培训等资源，“以好家风好家教好家训”为主题，开展培训50余期，帮助近万名妇女提升文明素质、传播文明理念、形成文明风尚。组织城管志愿联盟、“康乃馨妈妈”志愿团、“扫黑除恶”宣传队、敬老志愿队等1000余名巾帼志愿者开展志愿服务活动。

（闵婷婷）

长清区文学艺术界联合会

【概况】 2018年，长清区文学艺术界联合会（以下简称区文联）设有作家、书法、美术、摄影、音乐舞蹈、戏剧曲艺6个文艺家协会，全区共有国家、省、市、区各级会员500余人。

【文艺作品创作】 2018年6月，作家李良森创作的长篇小说《燕儿 燕儿快来吧》获第四届泉城文艺奖。山东梆子剧团创作的新编历史剧《仇亲》获济南市“泉荷奖”，并于9月入选山东省第十一届文化艺术节重点展评节目。区文联副主席赵士东创作的诗朗诵《长清如此多娇》获2018“声动泉城”市民诗文咏诵会最佳原创奖。

李良森（中）创作的《燕儿 燕儿快来吧》获第四届泉城文艺奖 （区委宣传部提供）

【文化活动】 2018年，区文联参与“扬帆新征程，建设新长清”长清区迎新春文艺晚会组织筹备和创作活动，其中由山东梆子剧团表演的小品《今夜花开月正圆》，区文联创作的诗朗诵《美哉！长清》，均获较好赞誉和评价。区文联组织区书协、区美协20余名书画家，联合区教体局等部门开展全区“文化下乡”活动。与区文化广电新闻出版局（区旅游局）、区自来水服务中心联合主办“水长清杯”长清区第三届摄影艺术展，影展参赛作品数量之多、质量之高、社会反响之大，均创历史新高。与区文化广电新闻出版局联合开展“美丽乡村、文化双泉”2018年文化进双泉系列活动。区摄影协会组织举办银杏节和雪桃节、樱桃节摄影比赛活动，宣传长清的秀丽风光和人文景观。与区人大联合举办“山水长清齐鲁仙境‘水长清’杯庆祝改革开放40周年摄影展”。与区政协联合举办“赞美新长清 讴歌新时代——纪念改革开放四十周年书画展”，展出作品100余幅。

【文艺团体】 桑田诗文社是由著名怀亲诗人桑恒昌、耿建华以及长清区女诗人田爱珍等诗歌爱好者共同创立的文艺组织。2018年，桑田诗文社成员不断增加，先后开展喜迎十九大诗歌咏诵会、书画作品展等活动。桑恒昌、耿建华多次到长清区参加活动，指导诗文创作。11月22日，桑田诗文社举办“讴歌新时代诗赞新长清”诗文咏诵会暨桑田诗文社成立一周年庆祝活动，著名诗人桑恒昌为桑田诗文社亲笔题写社名，著名诗人耿建华为桑田诗文社揭牌，并与50余位诗友同台表演诗朗诵节目。区文联充分发挥桥梁纽带作用，利用“灵岩诗苑”原创文学微信公众号（微刊），发表、推送会员文学、书画作品。

【人才培训】 2018年，在长清区第二实验中学，开展李尚才书法名家进校园活动。举办中国画研修班，长清籍知名青年画家杨金勇担任主讲。李晟赫等15名少年儿童参加2018肖邦国际青少年钢琴（中国组）公开赛暨亚洲国际青少年钢琴邀请赛。

（赵士东 许 锋）

长清区科学技术协会

【概况】 2018年，长清区科学技术协会（以下简称区科协）围绕区委、区政府的中心工作，发挥优势，积极作为，扎实推进各项工作。加强科普队伍建设，加大科学普及力度，两家企业被评为2018年济南市专家工作站，全年累计培训105次，受益群众1.05万人次。加强科普阵地建设，为6家单位安装泉城科普多媒体阅览屏；自筹资金12万元，为6个贫困村建设不锈钢科普宣传栏。区科协被济南市精神文明建设委员会评为市级文明单位，获长清区2017年度服务三农先进单位称号。

【队伍建设】 2018年，全区10个街镇设有科协组织，有专兼职科协工作人员10人；597个行政村有农村科普宣传员595人；有区级学会10个，会员1200人；有农村专业技术协会33家，会员8950人；科技示范乡镇2个。区科协组织平安集团、济南永丰种业有限公司参加院士专家工作站申报工作，两家企业被评为2018年济南市专家工作站。加大优秀科技工作者选树工作，推荐来自农村、农业、医疗、教育、企业的基层一线科技人员刘继杰、安亮、曹相敬、张绍磊、李光峰参加市级优秀科技工作者评选活动，全部被评为市级优秀科技工作者。

【科学普及】 2018年3月2日，在清悦园广场联合有关单位举办科技展示及宣传活动。“山东省流动科技馆校园行”在长清区巡展期间，面向社会全员开放，累计参观人数4500余人次。邀请省科普报告团的刘小虎、赵长峰、姜伟光3位专家到长清区举办科普讲座，受众人群900人次。在全国科技活动周期间，结合纪念汶川大地震十周年活动，举办防灾防害讲座和宣传，组织6个社区720人开展防震演练。9月5日，区科协到原香溪谷社区开展“创新为了梦想，科技引领未来”为主题的科普宣传教育活动。9月21日，区科协联合区教体局在区实验小学举办以“创新引领时代，智慧点亮生活”为主题的长清区“全国科普日”活动，参加学生3100余人，此项活动受到省科协通报表彰。与广播电视台联合制作《科普与生活》栏目，每天定时播放，全年累计播放节目46期共80.5小时。在《新长清》报的“科普园地”专题栏目，全年刊登专栏25期。

【技术培训】 2018年，区科协依托科普服务站、农村专业技术协会、农村科普示范基地开展技术培训，全年累计培训105次，受益群众1.05万人次。

【青少年科学素质教育】 2018年，区科协联合区教体局举办长清区第33届青少年科技创新大赛，全区共有32所中、小学组织参赛。评选优秀

举办第33届青少年科技创新大赛 （张见茗 摄）

科普专家作报告 （张见茗 摄）

安装调试泉城科普多媒体阅览屏 （张见茗 摄）

作品代表长清区参加济南市第33届青少年科技创新大赛，获市级一等奖12项、二等奖15项、三等奖15项。其中5项一等奖代表济南市参加山东省青少年科技创新大赛，获省级一等奖1项、二等奖3项、三等奖1项。6月2日，在长清区文昌中心小学举办2018年山东省青少年科普报告百校行活动，邀请山东省青少年科普专家团专家赵长峰作报告。

【基层科普行动】 2018年，长清区文昌苗木花卉协会获市级优秀农技协称号，长清区蔬菜协会被评为省级先进农技协称号，各获奖励资金2万元、5万元。文昌街道华新社区被评为省级科普示范社区，获省科协奖励资金20万元，市科协奖励资金10万元，区科协配套建设资金5万元，华新社区整合资金共43万元，建成高标准社区科普体验中心1处。

【科普阵地建设】 2018年，区科协争取市科协科普阵地建设项目，为华新社区、小柿子园、石麟小学、原香溪谷社区、区水务局、区新闻信息中心安装泉城科普多媒体阅览屏。自筹科普项目资金12万元，在全区6个街镇选取6个贫困村建设不锈钢科普宣传栏。

【区科协五届五次常委会】 2018年3月29日，区科协五届五次常委（扩大）会议召开。区科协全体常委、区纪委派驻组、各街镇分管领导、科协主任和区科协全体人员参加会议，会议传达学习上级科协会议精神，总结2017年工作，安排部署2018年工作任务。区委常委、区委统战部部长魏宏新出席会议并作重要讲话。

区科协五届五次常委（扩大）会议召开 （张见茗 摄）

（房 坤）

长清区归国华侨联合会

【概况】 2018年，济南市长清区归国华侨联合会（以下简称区侨联）在长清区贸促会加挂牌子，无单独人员编制。

【侨商服务】 2018年，区侨联共走访困难侨属侨眷4户，送去慰问品、慰问金共2000元。调研侨企，为侨界参政议政、服务长清牵线搭桥，形成建议提案2件。帮助协调解决侨企建设中的困难，推动长清黄河大桥通车，推动汇侨城等侨商项目加快建设。

（张　磊）

中国国际贸易促进委员会济南长清区支会

【概况】 2018年，中国国际贸易促进委员会济南长清区支会（以下简称区贸促会）全年招商引资续建项目实现投资2.85亿元，新签约项目2项，在谈项目10项，完成全年内资引进任务。先后组织全区40余家次企业参加各类展博会、经贸洽谈会、招商推介会20次。通过2018年度济南市文明单位复审。

【招商引资】 2018年，区贸促会推进济南长清黄河大桥、联东U谷济南国际企业港、国电长清风电二期、大唐长清风电二期、中铁十四局三公司总部办公楼项目及职工住宅项目等实现投资2.85亿元。在项目推进过程中，区贸促会发扬“钉钉子”精神，为项目单位提供全方位保姆式服务。在中铁十四局三公司引进建设过程中，协调区教育、公安等部门解决公司人员落户子女上学等难题，协调属地政府落实优惠政策。国电项目在建设过程中，协调有关街镇，为企业排忧解难，同时相关街镇盯靠现场直到问题解决。新签约项目有斯玛菲尔智能消防项目、“济南智造·云谷”项目2项，其中“济南智造·云谷”项目，规划用地20.7公顷，总投资约11亿元，其中外资1.2亿港币。在谈项目10项，主要有锦和保险山东区域总部迁址济南经济开发区及设立济南公司、北京国石纳米银生产基地、北京创客孵化器长清智能硬件创新创业基地、山东云梭货牛物流综合服务平台、猪八戒网高校云创实践平台、润谷东方长清绿色产业发展基金、武汉德吉凯贸易有限公司济南备件销售中心、颐高集团济南高层次人才创新创业园、兴茂集团长清文旅项目等。

【企业服务】 2018年，区贸促会提供保姆式服务，利用网站、贸促公众号向企业推送经贸会展信息；走访有出口实绩和原产地证书代办业务的企业50余家，撰写走访调研报告，对企业现状进行分析，提出生产经营性建议。

【贸促工作】 2018年，一季度和四季度对全区重点企业进行走访2轮，共计100余家次，发放调查问卷100余份，了解企业经营情况，有的放矢地为企业服务。全年先后组织全区40余家次企业参加各类展博会、经贸洽谈会、招商推介会20次，其中3家企业参加中北欧经贸洽谈济南站活动、5家企业参加济南市“一带一路”沙龙、3家企业参加济南市跨境电商论坛、2家企业参加福州海峡两岸经贸洽谈会。

（张　磊）

长清区残疾人联合会

【概况】 2018年，长清区残疾人联合会（以下简称区残疾）以保障残疾人基本生活为出发点，以改善残疾人生存状况为着力点，以帮助残疾人基本生活为落脚点，以推动残疾人脱贫致富为根本点，把关注民生的理念贯穿于维护残疾人合法权益，扎实推进残疾人基层组织建设、康复、教育、就业、扶贫等各项工作。完成1.49万名持证残疾人进行信息数据动态更新工作，全年在各级各类新闻媒体和市残联网站上刊播信息近200条。

【残疾人状况】 2018年，全区共有各类残疾人1.43万人。其中，视力残疾869人，听力残疾662人，言语残疾117人，肢体残疾8193人，智力残疾1255人，精神残疾1598人，多重残疾1633人。

【残疾人康复】 2018年，区残联加大对康复指导站建设资金投入力度，先后拨付崮云湖康复指导站15万元、五峰山康复指导站20万元、马山康复指导站15万元，主要用于残疾人康复指导站规范化建设，进一步完善和提升全区残疾人康复服务网络。全年共对90名听力言语、脑瘫、孤独症、智力等残疾儿童，进行每人1.5万元的抢救性康复救助训练；对889名有服药需求的精神残疾人实施每人每年900元的服药补贴；对40名有住院需求的精神残疾人实施每人每年6000元的住院补贴；对5156名非贫困非重度加入居民医疗保险的残疾人进行每人每年100元的医保补贴；为641名残疾人开展共计70万元的辅具补贴和个性化适配；购买肢体残疾人康复训练成果675例。

【残疾人就业】 2018年，举办“送春风”大型招聘会，组织参加市残联网络招聘会，搭建企业和残疾人之间沟通的桥梁。鼓励辖区残疾人自主择业、自主创业、自谋职业，对3名市级残疾人致富能手、14名个体创业残疾人和4名购买两项保险的残疾人进行资金扶持。全年新增就业201人，其中按比例就业62人，完成年度就业任务。

【残疾人培训】 区残联依托区残疾人职业技能培训基地培训残疾人117人，其中农民工转移培训50人。全区10个街镇举办农村实用种植技术培训班10场次，对380名残疾人进行核桃、桃、茶叶等种植技术培训，其中残疾人青壮年文盲8人。2名盲人参加初级保健按摩培训，8名盲人参加中级保健按摩培训，3名盲人参加创业培训，对20名盲人残疾人进行定向行走培训。

举办残疾人实用种植技术现场培训班　（郭瑞睿　摄）

【残疾人社会保障】 2018年，进一步优化残疾人证办理流程，为500余名残疾人办理残疾人证，其中上门办证62人。做好各项补贴发放工作，共审核完成重度残疾人护理补贴4550件、困难残疾人生活补贴3694件，为全区1.43万名持证残疾人购买意外伤害保险，为全区90名残疾人发放残疾人机动轮椅燃油补贴2.34万元，为399名符合条件的残疾学生和残疾人家庭子女发放助学金82.7万元。投资75万元，为500户贫困残疾人家庭实施家庭无障碍设施改造。依托长清区精神卫生防治中心建立“我的兄弟姐妹”庇护所，依托文昌街道敬老院建立残疾人日间照料中心，46名残疾人得到常年托养照料服务。万德街道店台村、马套村试点残疾人居家托养服务，10名残疾人得到日间照料服务。

【信息数据更新】 2018年，组织全区10个街镇根据系统提供名册，对1.43万名在册持证残疾人进行信息数据动态更新。6月10日—30日，组织街镇残联、村和社区残协工作人员分10批次举办动态更新工作培训班。由镇、村（社区）干部669人、残疾人专职干部342人，共1011人组成调查队伍对持证残疾人进行入户调查，共完成调查1.49万人，完成率100%。除去死亡、外出、搬迁、空挂户外，共计1.43万人，其中入户调查1.42万人，电话调查42人，入户调查率99.7%。手机APP录入1.27万人，手机录入率88.7%。7月30日，完成动态更新数据录入工作。8月8日，完成数据上报工作。

【残疾人文体活动】 建立残疾人体育运动训练基地，投资8万元，购置篮球、足球、运动单车等残疾人运动训练器械。投资20万元，为济南市“我的兄弟姐妹”艺术团长清分团购置演出服装、乐器等。5月17日，区残联主办的长清区文化助残“五个一”专场演出在万德街道万祥社区广场举行。

文化助残“五个一”活动专场演出 （郭瑞睿 摄）

（孙 建）

长清区红十字会

【概况】 2018年，长清区红十字会（以下简称区红十字会）发展基层组织1个，博爱社区1个，博爱村1个，团体会员单位1个，个人会员76人，红十字志愿者76人。全年重点开展红十字宣传纪念活动、救护员培训、救护知识普及、无偿献血、遗体（器官）、造血干细胞捐献、社会募集和人道救助等工作，博爱村和博爱家园项目建设成效显著。

【红十字宣传】 2018年，“5·8”红十字日活动周期间，区红十字会向群众宣传红十字起源、宗旨、“三救三献”核心业务以及《中华人民共和国红十字会法》等知识，发放宣传资料1200余份，倡导人们学习应急救护知识，积极参与造血干细胞、无偿献血、遗体捐献等活动，发扬“人道、博爱、奉献”红十字精神。世界艾滋病日”期间，组织大学城各大高校志愿者，在清悦园广场开展艾滋病防治宣传活动，发放宣传材料200余份。设计、印制、发放红十字宣传笔记本8020册，提升红十字会社会知晓率和认知度。全年，在市红十字会网站、《新长清》报、长清电视台等多家媒体登载文章41篇。区红十字会获中国红十字总会颁发的报刊宣传先进集体三等奖。

【救护培训】 2018年，举办救护员培训班1期，培训救护员53人；举办应急救护知识普及培训班6期，培训682人，培训对象主要有老年志愿者群体、大学生、机关干部、企事业职工等。群众自救互救能力得到进一步提升，应急救护知识普及覆盖面不断扩大。

【遗体（器官）、造血干细胞捐献】 2018年2月27日，长清区红十字会第一时间完成遗体捐献志愿者李子泉老人遗体捐献接收程序，这是长清区红十字会实现的第一例遗体捐献，区红十字会常务副会长阮军带领工作人看望慰问捐献者家属并送去慰问金和慰问品。9月14日，全省第668例，济南市第58例，长清区第2例，造血干细胞捐献志愿者段德瑞在山东省千佛山医院成功实现造血干细胞捐献。挂职区委常委、副区长、区红十字会会长葛永宏，区红十字会常务副会长阮军等看望慰问捐献者。全年共完成遗体捐献登记6例，角膜捐献登记4例，器官捐献登记3例，实现遗体捐献2例，角膜捐献1例。采集造血干细胞血样35份，实现造血干细胞捐献1例。

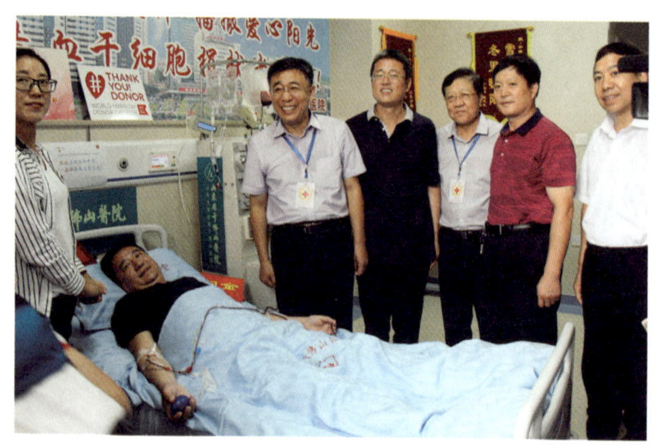

2018年9月14日，挂职区委常委、副区长、区红十字会会长葛永宏（右五）等看望造血干细胞捐献志愿者段德瑞　　（韩辉　摄）

【人道救助】 2018年，募集善款5.01万元，发放救助金4.7万元，受益人群126人。做好大病救助工作，为18名大病患者发放救助金2万元。开展圆梦助学活动，为9名贫困大学生发放救助金2.7万元。开展精准扶贫活动，为孝里镇广里村13户贫困群众送去价值近4000元的米、面、油、衣服等生活用品。

【红十字志愿服务】 2018年，在文昌街道长兴博爱社区、双泉镇卫生院发展会员、志愿者76人。孝里卫生院红十字志愿服务队获长清区“优秀巾帼志愿服务队”称号。

【博爱项目建设】 2018年，为新成立的文昌街道长兴博爱社区资助2000元。长兴博爱社区先后开展急救知识普及、敬老助老关怀、帮扶帮困互助、志愿服务等活动。

（房　婧）

长清区工商业联合会

【概况】 2018年，长清区工商业联合会（以下简称区工商联）以服务全区经济建设为中心，把握“两个健康”工作主题，扎实开展各项工作。深入推进非公有制企业党建规范化建设，打造非公党建示范点12个。进一步优化会员结构，发展新会员80余人。

【思想政治工作】 2018年，区工商联做好儒商大会系列活动服务工作，邀请儒商嘉宾参与儒商嘉宾长清行活动。开展“不忘创业初心，接力改革伟业”理想信念教育活动，引导企业家与党同心同德、同向同行、致富思源、勇担社会责任。助力城市提升工程“十大行动”，召开长清区工商联十届三次执委会，总结部署工作，并发出《区工商联参与城市提升工程“十大行动”倡议书》。参与精准扶贫工作，选取会员企业25家与27个贫困村结对帮扶，参与“同心扶贫攻坚行动”。联系长清商会为双泉镇大邹村所有贫困户各送去棉被1床，山东巨力设备有限公司为郑庄村贫困户送去扶贫金5000元。山东福源设备安装有限公司投资30万元，帮扶马山镇北李村修建道路等基础设施。济南南湖玉露茶叶科技开发有限公司投资300余万元，帮扶万德街道坡里庄村扶贫项目开发、发展三产旅游服务。和森贸易有限公司通过电商平台为五峰山街道千亩杏园销售玉杏，解决滞销问题，增加农民收入。山东福源建设集团、济南金刚湾游乐有限公司结对双泉镇贫困高中生，每年各资助3000元，直到大学毕业。济南树信工贸有限公司为孝里镇广里村捐赠1万元，山东巨力电工设备有限公司为双泉镇郑庄村捐赠维修基金8000元。山东福源设备安装有限公司、济南鲁日钧达皮革有限公司等企业被济南市工商联评为全市扶贫攻坚先进单位。参与光彩事业，组织长清商会、餐饮业商会开展送温暖活动，为长清区荣泰老年公寓、马山镇福源居疗养院老人及马山镇上义合村困难群众送去大米、食用油、生猪肉等1万元生活必需品和4000元慰问金。

【为会员服务】 2018年，学习宣传贯彻习近平总书记在民营企业座谈会上的重要讲话精神，实施召开会议、政策宣讲等“十大行动”，着力优化营商环境。建立服务企业长效机制，成立五大服务团队，实施“双百行动”，开展集中服务企业活动，探索建立工商联促进经济发展联谊会制度，为企业发展提供“店小二”式服务，共促长清实体经济发展。召开促进经济发展政企对接会、促进经济发展银企对接会、长清商会优化营商环境座谈会、民营企业座谈会，构建“亲”“清”政商关系。落实营商环境政策宣讲，举办惠企政策“云+111”宣传长清专场及系列宣讲会，向全区企业负责人进行政策宣讲并赠送政策文件。组织全区100余名企业家参加“齐鲁企业家大讲堂”，对全区100余名企业家进行“构建和谐劳动关系”专题培训，助推企业参与新旧动能转换。开展以商招商活动，引进商会大厦、福建南安商会产业园、济南出版集团产业基地等项目。

【青岛市长清商会成立】 2018年12月26日，青岛市长清商会成立大会暨第一届会员大会在青岛海情大酒店召开。长清区委常委、区委统战部部长魏宏新，青岛科技大学党委副书记张元利，济南市政府驻青岛（烟台）办事处主任来震，济南市政府驻青岛（烟台）办事处副主任刘绪年，青岛市济南商

2018年12月26日，青岛市长清商会成立大会暨第一届会员大会在青岛市召开（区委统战部提供）

会会长、中信国安丰硕堂集团总裁张洪义，济南市长清区企业家协会会长、长清商会会长、山东福源设备安装有限公司总经理张士森等出席会议，驻青长清籍企业家共计80余人参加会议。参会人员听取青岛市长清商会筹备工作报告；按照法定程序，审议通过商会章程、会费管理办法、选举办法；选举产生商会第一届领导班子。方正当选为首任会长，张维东任监事长，周阳任常务副会长，孙瑾、候加珍、董泗亮、曾祥辉当选为副会长，周维刚任副监事长，候加珍兼任秘书长。聘请张元利为商会顾问，聘请张洪义、马浩为商会名誉会长。

（韩　玮）

法治·军事

政法和综治工作

【概况】 2018年，长清区委政法委员会（以下简称区委政法委）以“平安长清、法治长清、政法队伍”三大建设为主线，围绕中心，服务大局，忠诚履职，开拓创新，为全区经济社会各项事业发展营造和谐稳定的社会环境、公平正义的法治环境、优质高效的服务环境。12月30日，在第四届加强和创新社会治理成果交流会上，长清区荣膺2018全国社会治理创新示范区。同年，长清区被评为“2018年全省无非访县区”。

长清区荣膺2018年全国社会治理创新示范区称号

【维稳工作】 2018年，区委政法委落实长效机制，实现常态管理，坚持把重要节点安保维稳工作作为重中之重，完成三级“两会”、青岛峰会等重要节点安保维稳任务。全区摸排涉事涉军涉稳重点人员1200余人次，全年共召开政法信访例会、涉法涉诉及专案研判会议121次，研究会商刑事、治安、信访个案221件次，化解矛盾纠纷不稳定隐患1296件，化解信访积案126件，全年抢夺、抢劫“零发案”，刑事发案比2017年下降4.6%，群众的安全感和幸福感显著提升，人民安居乐业、社会和谐稳定局面已经形成。全市涉法涉诉信访法治化建设现场推进会在长清区召开。长清区连续两年被评为全省“零非访县区”。

【创新社会管理】 2018年，区委政法委创新实践新时代“枫桥经验”，投资4000万元，建设高标准“智慧长清”综合信息服务中心，提升“雪亮工程”工作水平。优化网格划分，以双泉镇孟庄村、柳杭村，文昌街道长兴社区，崮云湖街道常春藤社区等为重点打造“管理形成网、责任落到格、服务精细化”的“多网合一”“管网一体”新型农村社会治理网格化管理服务体系。

【扫黑除恶专项斗争】 2018年，先后召开长清区扫黑除恶专项斗争千人大会、扫黑除恶专项斗争推进会，多次召开案件协调会及各项例会。提升政治站位，成立扫黑除恶专项斗争领导小组和专项工作小组5个，科学谋划，精心组织，强力推进。深入宣传发动，制定《长清区扫黑除恶专项斗争宣传方案》，综合运用传统媒体和各类新闻媒体，开展舆论宣传引导，形成全社会关注参与的舆论氛围。健全工作机制，建立周例会调度、会商联动、下访督导检查、工作通报、重点行业重点领域监管、软弱涣散基层组织整顿、有奖举报等7项工作机制，确保专项斗争规范高效。坚持主动进攻，充分发挥公安主力军作用和各成员单位职能作用，从重从快依法严厉打击。深化线索摸排，按照“11个摸排范围、7个摸排方法措施、29条黑恶势力常见外在表现形式、3项工作要求”等部署，全方位、无缝隙梳理排查情报线索，精准服务打击工作。强化组织建设，摸排软弱涣散

长清区扫黑除恶专项斗争推进会议　（付宁　摄）

基层党组织29个，并纳入软弱涣散党组织台账，选派第一书记强化村“两委”建设。坚持打防并举、标本兼治，常态长效推进扫黑除恶专项斗争，形成对黑恶势力犯罪的压倒性态势。公检法合力推进全省首个“套路贷”案件，打响长清区扫黑除恶“第一枪”。全年共打掉涉黑犯罪组织团伙4个，抓获黑恶违法犯罪分子236人，查处涉黑腐败和“保护伞”问题9起11人。

【平安建设】　2018年，政法系统围绕全区“1+654”工作体系，建设现代化山水魅力新城的工作目标，以“立足本职服务中心，促进发展保驾护航”为工作着力点和落脚点，着力优化政法系统营商服务环境，实施一系列服务保障举措。区法院打好执行难攻坚战，制定印发《为全区工作大局提供司法服务和保障的意见》。区检察院严惩阻工挠工、妨害公务、故意损坏公私财物等违法犯罪行为，制定印发《关于服务保障全区重点项目建设的十条措施》《关于强化法律监督优化营商环境的意见》。区司法局组建法律团队深入现场一线提供服务。区民政局完成城乡社区治理、换届选举纠纷调解、“扫黑除恶”村级民主自治范围内涉嫌的黑恶势力清退等重点、难点任务。公安机关发挥“尖刀”和主力军作用，为保护全区重点项目依法快速推进，在全市率先成立重点工程保卫大队，从局领导班子到每个科室及基层派出所，服务发展的理念和行动高度统一、卓有成效，先后在三甲医院二期工程地上物清理、孝里黄河滩区迁建、文昌城中村改造、归德凯瑞食品城市中央厨房项目开工、开发区片区拆迁等项目现场，重拳打击10余起阻工挠工、非法聚集、敲诈勒索等违法犯罪行为。各级政法机关在全区创造安全的政治环境、稳定的社会环境、公正的法治环境、优质的发展环境，有力保障长清区经济社会健康发展。

（付　宁）

公　安

【概况】　2018年，济南市公安局长清区分局（以下简称长清区分局）以“打造最安全城区，建设最满意过硬队伍”为目标，以提升群众获得感、幸福感、安全感为基点，启动巡处警专责化、刑事打击专业化、目标考核专属化、社区民警专职化4项机制改革；筹办全市公安机关“执法规范标准化建设年”动员部署会暨长清现场会、全市驻济高校安保工作推进暨“平安高校”长清现场会、全市公安机关内保行政执法长清现场推进会、全市公安机关信访法治化长清现场会及全市信访法治化长清现场会等5个现场会；完成三级两会、上合组织青岛峰

长清区分局获“出彩型”好团队称号

会等重大安保维稳任务，全区连续两年保持零非访，公安信访零积案，行政复议、行政诉讼零撤销零败诉，执法质量考评连续4年全市第一；街面“两抢”零发案，连续10年命案全破，八类重案侦破率100%，打掉恶势力集团2个，恶势力团伙2个，涉恶类共同犯罪团伙7个，破获全省首例“套路贷”系列案件；社区警务“1+2+N”和“一村一警务助理”全部到位，社区民警占派出所警力40%的要求提前完成，情指联勤中心、案件管理中心、执法办案中心、涉案财物保管中心以及标准化解剖室等攻坚项目已全部投入使用。

2018年，长清区分局有38个集体、236人次受到各级表彰奖励。长清区分局被市委、市政府评为济南市担当作为“出彩型”好团队，获2018年度全区行风评议第一名、2018年度全区经济社会发展综合考评第一名。

【“110”接处警】 2018年，长清区分局围绕“警民牵手110，共创平安迎大庆”的公安主题，推进和提高指挥中心接处警工作服务民生的新举措、新成果，提升人民群众对公安机关的满意度。长清区分局实行指挥长制度和情指联勤一体机制，加强重大案事件及重要敏感时期的指挥调度工作；派出所、交警大队、巡警大队全面推进移动接处警工作，实现巡逻中接处警，增强接处警单位的快速反应和应急机动能力；运行“110”社会联动工作机制，实行“110”警情分流，发挥公安机关职能作用。全年，“110”接警服务台共接处警3.8万次，为群众提供救助8437次。

【政治维稳】 2018年，长清区分局做好改革开放四十周年系列活动等各项重大会议的安保工作，完成重大节日安保维稳任务，妥善处置“7·28”聚众故意毁坏公私财物等群体性案事件20余起，确保社会治安秩序。加强政治维稳工作，严厉打击邪教组织违法犯罪活动，刑事拘留9人，收缴书籍、宣传品等资料1宗，维护全区社会政治稳定。

【打击犯罪】 刑侦工作。2018年，强化打击主业和破案主责两个意识，全年破案410起，抓获犯罪嫌疑人466人，抓获逃犯63人。扎实开展扫黑除恶专项斗争，全年打掉套路贷、张某某恶势力犯罪集团2个，其他涉恶犯罪团伙9个，刑事打击处理犯罪嫌疑人91人，涉恶类治安案件行政处罚116人。全年破获重案27起，破案率100%，其中7起现行命案全部破获，连续10年保持命案全破，同时妥善处理非正常死亡事件70起。严厉打击系列侵财犯罪，相继破获王某某系列入室盗窃案、房某某系列盗窃电动车案、金某某系列盗窃车内物品案和杨某某、贾某某系列集市盗窃案等一批民生案件。全年破获本地电信网络诈骗案件5起，打击12人，追回损失180余万元，接警止付、冻结资金522万余元。精准打击“食药环”犯罪，移送起诉食药环犯罪嫌疑人17人。

长清区分局召开侦破“1·23套路贷”案件新闻通报会 （费聿凡 摄）

经侦工作。2018年，以“全面提升遏制犯罪、防控风险、服务发展、维护稳定效能”为目标，强化警银、警企、警税协作，严厉打击各类经济犯罪。成功破获系列信用卡诈骗案件、豪诺公司虚开增值税专用发票案、山水集团被假冒注册商标案、中国重汽曼润滑油销售假冒注册商标商品案等重大案件。全年，共立经济案件85起，刑事拘留25人，取保候审27人，提请逮捕16人，移送起诉12案22人，涉案金额2000万元，挽回经济损失1000余万元。

禁毒工作。2018年，加强缉毒破案、易制毒化学品专项治理、吸毒人员管控、禁毒教育宣传等工作，破获“3·07”贩卖毒品案、“9·26”贩卖毒品案等涉毒案件10起，打掉吸贩毒团伙2个，抓获吸、贩毒人员17人，缴获海洛因、冰毒、K粉、麻古等毒品共100余克。3月12日，“长清区禁毒教育展馆”在团省委青少年素质教育基地建成启用，成为青少年毒品预防教育的重要阵地。7月，“长清区禁毒文化苑”及禁毒公园在济南园博园内建成，营造良好禁毒宣传工作氛围。

【治安防范管理】 公共安全监管。实行大型群众性活动“社会化”运营模式，安全监管园博园灯会、灵岩寺祈福会等大型群众性活动37项，并依据安全风险评估审查，依法取缔大型活动2项。4月28日，济南国际园博园景区面向社会免费开放，长清区分局督导景区引入人像识别系统、身份证入园核查系统等安全管理系统，确保景区平安。完成全国高等教育自学考试、春季高考、夏季高考、中考等各种考试安保任务49次，健全完善“单位负责，行业主管，公安监管”学校安全责任体系，筹办驻济高校安保工作推进暨平安高校长清现场会。提升规范校园安保工作，全年暗访检查中小学、幼儿园358家次，召开校园安全专题会议15次。督导物流治安管理工作，制定《物流寄递行业治安管理工作规范》，通过督导检查，下发物流寄递行业整改通知书96份，整改治安隐患106处，利用物流寄递渠道破获行政、刑事案件18起。对全区78处银行网点全部进行检查评估，配合市公安局对8处新建、改建网点进行检查验收。

枪支弹药危险物品管理。2018年，长清区分局做好烟花爆竹禁放工作，收缴置换烟花爆竹700余件，处罚违规燃放案件4起，组织销毁活动1次；开展枪爆违法专项行动，共查处涉枪、涉爆案件23起，收缴枪支15支、管制刀具56把、弩6支、仿真枪26支、废旧炮弹2发；安全审批监督使用炸药900余吨。制定《长清分局散装汽油销售管控行政执法工作规范》，加强全区散装汽油实名登记管控，指导民警依法开展散装管控行政执法工作，并开出长清区分局散油管控首起、全市第二起“反恐罚单”。

群体性突发事件处置。2018年，稳妥处置维稳、堵门等各类突发、个人极端和其他应急性群体事件21起，维护社会秩序的持续稳定。

场所行业管理。以治安要素管控为根本点，制定旅馆业等行业管理规范，推出“旅馆业十项机制”“送奖上岗”“公安、业户微信工作群”等有效工作措施，依法处罚不按规定登记旅馆27家次。

打击“黄、赌”。2018年，长清区分局办理涉黄案件42起，其中刑事立案11起，采取刑事强制措施7人，行政处罚39人，收容教育2人；办理涉赌案件5起，其中刑事立案1起，采取刑事强制措施2人，行政处罚10人。同时，督促拆除场所违规硬件设施28处，挤压黄赌案件发生空间。

【治安巡逻】 2018年，全警全力强化社会面巡防，提高城区见警率、管事率、盘查率，确保社会治安秩序稳定。全时流动警务、武装巡逻屯警街面，确保街面高见警率，打造巡防处突“尖刀队伍”。警务巡逻车作为移动警务服务平台，为遇困群众提供救助服务，提升和谐警民关系。全年，治安巡逻接处警1629起，参加重大活动安保50余次，参与处置大型群体性、突发性事件

30余起，出动巡逻警力6600余人次，服务群众1300余人次，严厉打击各类街面违法犯罪，实现全年城区街面“两抢”零发案，群众安全感和满意度不断提升。

【交通安全管理】 2018年，推动恒大绿洲小区道路交通设施提升改造，强化有序规范管理。制定三级预警四级管理的交通安保和应急方案，完成园博园免费开园和2018首届济南（长清）国际马拉松活动交通安保任务。7月—10月，全员全力妥善应对处置因浮桥拆除造成的峰山路、中川街车辆超饱和交通疏导，并保障城区5条高压线落地项目施工期间道路顺畅通行。以全国文明城市复核为契机，开展静态交通秩序整治行动，打造“三纵三横”交通示范街板块，完成城区内7个路口电警设备提升改造。全年，共查处道路交通违法26万余起，其中非现场执法23万余起，行政拘留115人，刑事立案29起，排查整改区级交通安全隐患12处。推出研判工作法，布控车辆1120余辆次，分析研判假牌、套牌车辆388例，查获嫌疑车辆380余辆。落实交管“放管服”和优化营商环境改革措施，车管所大厅、交通违法处理大厅实行“5+2”工作日和一站式服务。成立社会救助基金办公室，救助伤者52人，启用救助基金160余万元。

【消防管理】 2018年，长清区分局全面对接城市综合发展战略，围绕消防安全责任落实“一条主线”，全面推进消防安全责任制落实、重大火灾隐患整治、消防基础设施建设和消防应急救援能力“四大工程”建设。全区共发生火灾241起，未发生亡人及有影响的火灾。火灾“四项指数”、万人火灾发生率、亡人率均处于全市乃至全省较低水平。开展电气火灾专项整治、电动车充电隐患专项整治、老旧小区专项改造、群租房专项整治、区域性火灾隐患专项整治等活动，全年共检查单位2526家，发现隐患8868处，临时查封44处，责令“三停”35家，罚款260余万元，拘留5人。开展全民消防演练，强化消防宣传教育。11月9日，在齐鲁工业大学举办“全民消防演练启动仪式”，10个街镇和11所大学全部组织开展演练活动。同年，全区10个街镇、687个村居、1243个单位全部开展消防演练。

【户政管理】 2018年，长清区分局在“全市户政系统业务技能比武练兵竞赛”中获全市第一名。

常住人口管理。2018年，济南市公安局制定《优化营商环境方便办事创业办理户口、居民身份证便利服务9项30条措施》，全年购（租）房落户迁入2036人，引进人才迁入411人。各户政窗口共收到锦旗12面，感谢信7封。年底，全区常住人口56.85万人。

居民身份证管理。2018年，共办理居民身份证2.92万个，其中全市通办2951个，全省通办1970个，全国通办679个，为行动困难群众上门办证129个，办理临时身份证4098个。

流动人口管理。2018年，共采集流动人口信息4.98万条，抓获逃犯6人，新增互联网社会用

长清区分局获全市户政系统业务技能比武练兵竞赛第一名
（田曾伟 摄）

户2151户，新增出租房屋3185家。通过悬挂宣传横幅、印制张贴通告、签订责任书等方式，宣传出租房屋和流动人口登记管理的法规政策，告知责任义务，引导群众自觉遵守出租房屋管理规定，营造齐抓共管的良好氛围。

【出入境管理】 境外人员入境管理。2018年，处罚违反《中华人民共和国出境入境管理法》案件30起。其中，行政拘留12人，监护出境6人，遣送出境2人，劝返患有传染病的外国人4人。协助7所高校完成700余名外国留学生的入学工作。完成旅馆住宿外国人前台登记员培训120余家。完成世界青少年斯诺克比赛、首届国际马拉松比赛等12项涉外安保活动。

中国公民出境管理。2018年，投资5万元，建设24小时自助签注业务，开辟双向速递业务，为办事群众提供优质便捷服务。全年，受理公民因私出境4万余人次。

为外国留学生服务 （郝斐 摄）

【监所管理】 2018年，长清区分局落实监所和民警队伍“双安全”总体要求，完成各项监所工作。与区人民医院签约，派驻医护人员在监所工作，基本实现监所医疗卫生社会化，做到在押人员“小病不出监所、大病及时治疗”，维护在押人员健康权益，保障刑事诉讼活动顺利进行。投资100余万元，改善武警执勤岗楼、监室门和活动场所执勤设施，增强安全性能。全年，看守所共收押犯罪嫌疑人、被告人323人，出所340人。

【保安服务管理】 2018年，长清区分局开展保安员持证上岗专项治理、保安服务市场专项整治等行动，保安监管工作扎实推进。检查保安从业单位175家，新增自招保安员备案单位75家，组织保安员考证400余人次。下发责令限期改正通知93份，整改各类违法单位85家，处罚保安企业2家。开展金融、学校、厂企、党政机关、物业、商场等全部六类行业保安员教育培训，培训101场次，会同区教育体育局开展中小学安保力量整顿治理工作，规范保安公司经营行为，提升中小学保安人员素质。

（王庆志）

检　察

【概况】 2018年1月，长清区人民检察院（以下简称区检察院）职务犯罪侦查职能完成转隶，撤销反贪污贿赂局、反渎职侵权局。区检察院主动提升政治站位、强化责任担当，全面实现党的决策部署落地见效。围绕强基固本抓党的建设，夯实筑牢战斗堡垒；围绕长治久安抓扫黑除恶，夯实发展稳定的根基；围绕促进发展抓营商环境，夯实跨越赶超的保障。围绕中心、服务大局，全面服务保障山水魅力新城建设。服务和保障三大攻坚战，服务和保障社会和谐稳定，服务和保障民生民需。聚焦主业、强化监督，全面捍卫法治尊严与权威。强化刑事诉讼监督、民事审判和行政诉讼法律监督、公益诉讼工作、刑罚执行和监管活动法律监督。严格教育、严格管理，全面打造过硬检察队伍。坚持素质强检，加强业务能力建设；坚持品牌兴检，加强创新能力建设；坚持从严治检，加强纪律作风建设。同年，区检察院继续保持山东省文明单位称号；被最高人民检察院、检察日报社授予2018年度全国检察宣传先进单位称号；被区委、区政府评为全区经济社会发展先进单位、扶贫工作先进单位、全区信访稳定工作先进单位、全区档案工作先进单位等。

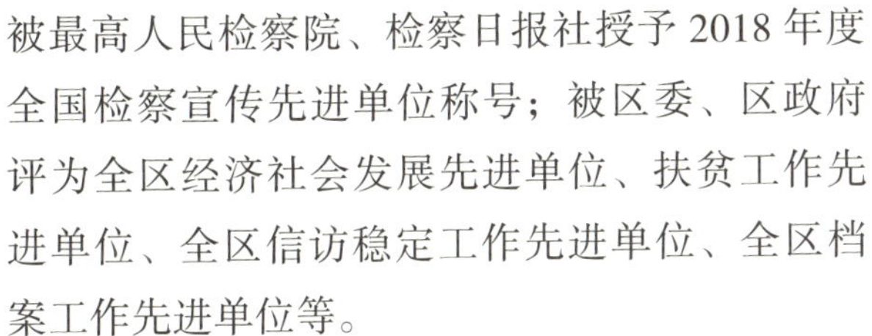

区检察院提起公诉的全省首例侦破的“套路贷”案件在长清区人民法院一审开庭（张帅　摄）

【侦查监督】　2018年，区检察院共批准逮捕各类刑事犯罪嫌疑人143人，不捕97人。组织开展打击金融领域犯罪专项立案监督，批准逮捕犯罪12件23人。开展“破坏环境资源和危害食品药品安全犯罪专项立案监督”，批准逮捕涉嫌生产销售有毒有害食品案件犯罪嫌疑人5件6人，向有关部门公开送达检察建议1件，保障群众“舌尖上的安全”。

【公诉】　2018年，区检察院共提起公诉382人，不起诉28人。开展认罪认罚从宽制度试点工作，适用认罪认罚从宽制度97人。成功办理济南市监察委员会成立后移送的首起职务犯罪案件，对章丘市原副市长袁某某受贿、贪污案突破性地适用认罪认罚程序。强化涉农检察工作，坚决惩治危害农村稳定、破坏农业生产和侵害农民利益的犯罪，对生产销售有毒有害食品案件5件14人依法提起公诉。

【扫黑除恶专项斗争】　2018年，区检察院担负扫黑除恶的政治责任和司法责任，成立领导小组，制定实施方案，建立完善各项制度规定13项。注重加强与公安、法院的协作配合，特别是对公安机关立查的于某某、齐某等16人“套路贷”案件提前介入，提起公诉后，区检察院党组书记、检察长王文出庭支持公诉，《检察日报》作报道。加大扫黑除恶宣传力度，新华网、《检察日报》、大众网、《山东法制报》等多家媒体给予报道。至年底，共排查梳理研判出涉黑涉恶线索8件；受理审查逮捕涉恶案件9件32人，经审查，其中2件5人不属于涉恶案件；批准逮捕涉恶案件7件16人，不批准逮捕11人，共审查起诉涉恶案件4件28人，已提起公诉1件14人，不起诉2人。

【刑事执行检察】　2018年，区检察院强化刑罚执行和监管活动法律监督。开展收押、释放检察701人次，交付执行检察75人次，羁押期限检察668人次，无一起超期羁押。加强与司法行政机关的配合协作，开展社区矫正工作，及时监督纠正违法行为。办理羁押必要性审查案件18件，审查批捕罪犯又犯罪案件8人，审查起诉罪犯又犯罪案件7人。

【民事行政检察】 2018年，区检察院强化民事审判和行政诉讼法律监督，共办理各类民事行政诉讼监督案件62件。其中，民事诉讼监督案件14件、行政违法监督案件26件、协助市检察院办理案件22件。年逾70岁的申诉人王某某房屋被强行霸占，有家不能回，在外漂泊10余年。办案干警认真审查案件，深入调查取证，认真履行监督职能，妥善解决10余年的矛盾纠纷。

【公益诉讼】 2018年，区检察院以办理行政公益诉讼案件为主攻方向，特别是针对党委政府关注、群众反映强烈的问题，办理行政公益诉讼诉前程序案件14件，发出检察建议14件，已全部回复整改完毕。办理刑事附带民事公益诉讼案件2件，切实保护国家利益和社会公共利益。公益诉讼工作多次得到区委、区人大、区政协等重要领导批示和肯定。

【控告申诉检察】 2018年，区检察院加强控告、申诉和信访接待工作，强化社会矛盾排查化解，妥善处理群众来信来访96件，完成三级“两会”和上合组织青岛峰会安保维稳工作，继续保持“全国检察机关文明接待示范窗口”称号。

【法律政策研究】 2018年，区检察院在最高人民检察院《检察研究参考》《山东检察》等期刊公开发表检察理论与实务调研文章18篇。其中，1篇调研文章在中国法学会上获奖、1篇文章在第六届中国检察官文化论坛征文上获奖。召开检察委员会会议7次，研究议题10项，召集检察委员会委员集体学习4次，办理监督员案件3件。起草各类文件、总结、报告等150余篇。济南市人民检察院检察长宋文娟、长清区委王勤光书记和长清区委副书记、区长赵居安等领导对《关于山东省首例“套路贷”案件办理情况的报告》《关于公益诉讼工作开展情况的报告》等6份文件作出批示，并给予充分肯定。发布微博700余条、微信268条、客户端信息81条、官网信息79条。在各级各类媒体发布宣传稿件120余篇。其中，中央级媒体23篇，省级媒体16篇，市级媒体27篇，《齐鲁晚报》栏目《民心检察在行动》发布信息49篇。

【队伍建设】 2018年，区检察院培育全市业务标兵能手7人，年轻干警在省级以上刊物公开发表论文18篇，其中《行政违法行为检察监督与检察机关提起行政公益诉讼关系研究》被中国法学会评为三等奖。回应群众对检察工作的新期待，探索建立外来人员司法救助保护工作机制，开通外来人员维权绿色通道，被市检察院评为创新成果二等奖。向区人大常委会专题报告工作2次，邀请代表委员视察调研5次。公开案件程序性信息499次，公开法律文书251份。开展以“走近12309，检察为民新体验”人大代表、政协委员视察座谈会。强化检务督察，对值班执勤、上下班纪律等开展检察，区检察院自恢复建院40年来无违法违纪和无安全责任事故发生。

区检察院开展“走近12309，检察为民新体验”人大代表、政协委员视察座谈会 （张帅 摄）

（刘 燕）

法　院

【概况】 2018年，长清区人民法院（以下简称区法院）围绕“努力让人民群众在每一个司法案件中感受到公平正义”的目标，忠实履行宪法法律赋予的职责，加强审判执行和自身建设，开展执行攻坚、扫黑除恶专项斗争、信访法治化建设等工作。全年，共受理各类诉讼、执行案件8214件，结案8421件，结收比102.58%，员额法官人均结案234件。区法院获2018年度全国法院司法宣传先进单位、全市法院审判执行工作先进集体等称号。

区法院获2018年度全国法院司法宣传先进单位称号

【服务大局】 2018年，区法院围绕重点项目建设、新旧动能转换、棚改旧改、乡村振兴等，制定《为全区工作大局提供司法服务和保障的意见》《关于服务民营企业发展的十条意见》，增强司法保障和服务的针对性、前瞻性、有效性，济南市中级人民法院院长张爱云和长清区委书记王勤光，区委副书记、区长赵居安，区人大常委会主任刘延文等对此相继作出重要批示，济南市委和省、市法院以信息形式转发。回应人民群众的新期待，着眼“一次办成”，落实“一站式服务”“一次性告知”，推行网上立案，方便当事人诉讼。依法妥善审理涉及“全区五项重点工作”案件，坚决防止和杜绝在司法环节影响全区发展大局。参加“双百”行动，走访企业26家，征求意见建议，开展法律培训，优化营商环境。全院科级以上干部68人，参与精准脱贫攻坚战，定期入户，因人施策，全体帮扶对象稳定脱贫。

【刑事审判】 2018年，区法院审结刑事案件304件388人。其中，依法审结故意伤害、抢劫、盗窃、交通肇事、危险驾驶等犯罪案件242件282人；审结涉山水集团聚众扰乱社会秩序案，依法严厉惩处被告人4人；审结非法吸收公众存款、金融诈骗等破坏市场经济秩序犯罪案件24件48人；审结利用邪教组织破坏法律实施、泄露国家秘密等危害国家安全犯罪案件3件5人。推进反腐败斗争纵深发展，审结市监察委移送起诉的首例职务犯罪案件。宽严相济，对198名罪行较轻、确实不致再危害社会的被告人，依法适用非监禁刑；对11名被告人依法免予刑事处罚。贯彻教育、感化、挽救方针，推行“圆桌审判”，审结未成年人犯罪案件2件。

【民商审判】 2018年，区法院共审结民商事案件4720件。推进家事审判改革，审结婚姻家庭、赡养抚养、继承等案件646件，保障老人、妇女、儿童合法权益，区法院民一庭被山东省老龄工作委员会授予“山东省老年人维权示范岗”称号。注重保障劳动者合法权益，规范企业用工行为，妥善处理劳动争议案件269件。加强人身权、财产权司法保护，审结交通事故、医疗损害等侵权案件397件。引导民间借贷规范运行，审结民间借贷案件523件。优化保护民营经济司法环境，妥善审理涉及民营企业的金融借款、建设工程施工、加工承揽等纠纷案件977件。坚持司法为民、便民、利民，为困难群众减免诉讼费11万元，对生活陷入困境的刑事被害人和申请执行人，给予司法救助23万元。

【行政审判】 2018年，区法院审结行政诉讼案件67件，审查非诉执行案件34件。落实行政机关负责人出庭制度，增强依法行政意识，出庭应诉率78.7%。审结京台高速崮山段桥下建筑物强拆案，为拆违拆临工作提供法律保障。加强行政案件协调工作，经协调后原告主动申请撤诉案件21件，撤诉率31.3%。加强与行政机关良性互动，发送司法建议4条，到区行政执法局、区环保局等单位举办法制讲座5场次。

【扫黑除恶】 2018年，区法院学习贯彻总书记习近平关于开展扫黑除恶专项斗争重要批示精神，坚决落实中央决策部署和省、市、区相关要求，提高政治站位，加强组织领导，强化责任担当，狠抓工作落实。坚持深挖彻查，对涉嫌存在违法犯罪前科的村两委成员逐一核查，与区纪委、区监察委建立完善问题线索移送反馈机制。强化政法机关协作配合，参加联席会议，统一执法思想，严格证据标准，凝聚工作合力。审结涉及14名被告人、4项罪名的山东省侦破首例“套路贷”案件，100余名人大代表、政协委员、高校学生、被告人亲属参加旁听，《法制日报》《工人日报》及山东电视台等30余家媒体跟踪报道。

【案件执行】 2018年，区法院向党委汇报解决执行难工作开展情况，依靠党委解决执行攻坚中遇到的困难和问题。与区公安分局、区检察院协同配合，特别是通过公安机关协助查找下落不明的被执行人信息，对13名被执行人实施拘传拘留。这一做法被全省法院学习借鉴，《人民法院报》《齐鲁晚报》等多家媒体报道。加大执行机制规范化建设，推进网上办案，实现全程留痕、全程公开、全程监控。建立执行案件转破产机制，推动执行程序中资不抵债的“僵尸企业”依法破产。加大执行力度，扎实开展“百日执行攻坚”“走出去，动起来，大干50天”等专项执行行动，专门成立执行法警中队，实现强制执行常态化，全年共拘传拘留被执行人348人次。严厉打击规避执行、抗拒执行的违法犯罪分子，7名被执行人涉嫌犯罪被移送公安机关。集中开展“清欠行动”，为工商银行、农商行等金融机构挽回经济损失4000余万元。加大失信曝光力度，公布失信被执行人信息2910人次，营造“一处失信、处处受限”的社会环境。全年，共受理执行案件3251件，结案3294件，案件结收比为101.32%，实际执行到位案款4.73亿元。

2018年10月31日，区法院一审公开开庭审理山东省侦破的首例“套路贷”案件 （董俐敏 摄）

执行攻坚 （孟雪 摄）

2018年11月27日，区法院党组书记、院长毕惠岩为张夏街道井子坡村诉调对接联络室和叶继香调解工作室揭牌　　（董俐敏　摄）

【普法宣传】　2018年，区法院在消费者权益保护日、“八一”建军节、“九九”重阳节、国家宪法日等节点时期，开展专题法治宣传活动19次。开展“法治六进”，深入学校、部队、机关、企业、村居上法治课17场次。院校对接，指导山东中医药大学主办“大学生模拟法庭大赛”，在石麟小学、实验小学、张夏镇井子坡村等设立“驻校法官工作室”“诉调对接联络室”。强化司法宣传，在《人民法院报》《山东法制报》《齐鲁晚报》《济南日报》等媒体刊发稿件300余篇，在中央及省、市、区电视台播出典型案例专题节目97期。新媒体创新应用，官方微博、新闻客户端影响力稳居全国法院前10名，官方微信影响力位居全省法院前5名。

【队伍建设】　2018年，区法院健全完善党组理论学习中心组学习制度，丰富学习内容和形式，全面加强党组自身建设。开展先锋党支部和优秀党员评选活动，打造“誓词记在心上，先锋亮在岗上”特色品牌，实现党建工作与业务工作精准融合。落实领导干部党建职责，定期开展“主题党日”活动，党支部每周五下午组织集中学习，利用内网、电子大屏、微信等平台，采取集体学习、领导领学、邀请讲学、交流研学等方式，学习传达中央和省、市、区委会议精神及学习内容，筑牢党员干警思想根基。扎实开展“大学习、大调研、大改进”活动，推进机关党建“六个一”（坚持一个方向，突出一个主题，抓住一个重点，提升一个素质，强化一个保证，实现一个目标）工程，确保各项工作做实做细做到位。建立专业法官会议制度，制定审判权力清单，完善案件监督管理体系，构建依法放权、严格监督、科学追责三位一体的审判权运行机制。强化院（庭）长审判管理监督职能，带头承办疑难、复杂案件，院（庭）长办案4841件，占结案总数的57.7%。集中开展“学习培训周”活动，邀请资深法官、专家教授讲授法律知识。全年，参加上级法院组织的各类业务培训330人次。在中国法院2018年度案例评选和济南市法学会“枫桥经验的济南实践”“新旧动能转换”等主题征文活动中，共有17名干警获奖，获奖总数和层次均居全市政法系统首位。

（刘建国）

司法行政

【概况】　2018年，长清区司法局（以下简称区司法局）以实施温润普法育民工程，温情调解暖民工程，温暖法援惠民工程，公证服务便民工程，村（社区）法律顾问全覆盖利民工程，百名法律服务人员服务百家企业“双百”兴民工程，社区矫正标准化安民工程，司法行政队伍素质提升健民工程“八大工程”，助推司法行政工作创新发展。区司法局获2018年度平安长清建设先进单位、2018年度扫黑除恶专项斗争先进单位等称号。

【普法教育】 2018年，区司法局落实普法责任清单和以案释法制度，梳理工作经验，印发《关于在全区深入开展宪法学习宣传教育活动的通知》；在全区中小学开展“宪法晨读”活动。全年，共开展“法制进校园”25场次；组织全区机关干部、企业职工、青少年参加“良法”知识竞赛3.6万人次；开展“法治六进”，针对环保、扶贫、拆迁、扫黑除恶等社会热点难点问题，开展专项法治宣传活动559次。

【人民调解】 2018年，区司法局践行新时代“枫桥经验”，在平安街道、崮云湖街道试点推行人民调解“以案定补”工作模式。医疗、交通等行业性调解组织建设继续深化，完善律师参与申诉值班制度，诉前调解联动体系初步建立。围绕全国“两会”“上合峰会”等重大活动，结合扫黑除恶专项斗争，开展矛盾纠纷大排查大调处行动。全年，共受理调解各类民间纠纷4421件，调解率和调解成功率分别是100%和99.4%。

【社区矫正与帮教安置】 2018年，区司法局开展社区矫正执法规范行动，发挥社区矫正执法大队职能，提升执法规范水平，加强社区服刑人员集中学习教育力度，利用集中点验、集中授课强化社区服刑人员意识。对全区安置帮教人员和社区服刑人员进行涉黑涉恶排查，最大限度降低不稳定因素。全年，累计开展判前调查评估133人次，接收社区矫正人员236人，解除矫正192人，在册247人，无脱管漏管现象。

【公证工作】 2018年，公证处开展惠民八项举措，简化小额遗产继承办证程序，围绕黄河滩区迁建、拆违拆临靠前服务。推进减证便民服务工作，探索开展“全链条服务、公证延时服务”“最多跑一次”工作。全年，公证处办理各类公证1.22万件，其中民事类1.07万件，经济类0.15万件。

【律师工作】 2018年，在灵岩、从德、天齐合伙3家律师事务所基础上，新成立贤庭律师事务所、王韬律师事务所个人事务所2家，律师法律工作者为全区591个村（社区）担任法律顾问。全年，共开展大型普法宣传768场次，受理法律案件148件，参与修订村规民约587条，解答群众咨询万余人次；律师法律工作者与百家企业“一对一”结对子，做好重点工程“法律会诊”，共担任企事业604家法律顾问，办理各类案件3526件。

【法律援助】 2018年，区法律援助中心成立交通事故法律援助站，启动法律顾问担任法律援助承办员模式，实现受援群众“最多跑一次”。在全区开展为老年人和妇女儿童办实事活动，发挥法治扶贫作用，全区发放法律援助精准扶贫绿卡9373户。全年，共受理法律援助案件571件，结案474件。

【“148”协调指挥中心】 2018年，区“148”协调指挥中心完善公共法律服务APP，注册量达到5万余人次，实体、热线、网络三大公共法律服务服务体系建设完成。

（杨　艺）

军　事

【概况】　中国人民解放军济南市长清区人民武装部(以下简称区人武部)强化“干好首任、跑好首棒”的责任意识，大项工作有特色，日常管理不松懈，民兵预备役全面建设新发展。优化民兵编组布局，锤炼队伍素质；征兵内容形式丰富多样，廉洁征兵质量不断提高；双拥共建不断深入，扶贫帮建成果显现。区人武部被山东省军区评为高炮实弹射击优胜单位，被评为济南市森林救火先进单位、征兵工作先进单位，被济南警备区表彰为先进单位、新闻报道先进单位、兴武建功政治工作先进单位、兴武建功保障工作先进单位，被长清区评为支援地方经济改革先进单位。

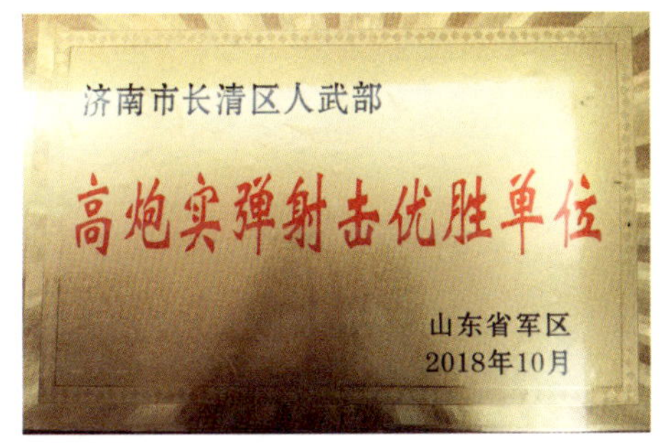

区人武部获高炮实弹射击优胜单位称号

【征兵工作】　2018年，区人武部提高兵员质量，确保廉洁征兵，做好征兵宣传工作。在做好各街镇征兵宣传的基础上，同时做好各高校征兵宣传工作。严把体检政审关，严格体检、政审培训考核，坚持先培训后上岗，参加培训人员考核不过关的补考或调整人员，提高征兵工作业务水平。开展“一站式”政审服务，有效提高征兵政审效率。廉洁征兵，组织征兵工作人员学习政策要求，写出廉洁征兵个人承诺书，从思想上顶住诱惑。坚持建章立制，逐级签订廉洁征兵责任书，成立由地方纪检部门参加的廉洁征兵督察组，参与征接兵的全过程，采取明察暗访、调查了解和问题倒查等方法对征兵工作实施全程监督，全方位检查，确实把征兵工作做成群众放心满意的“阳光工程”。8月1日—12日，长清区征兵体检。区人武部按时完或征兵任务，实现身体、政审双项“零退兵”。

【民兵工作】　2018年，是民兵组织调整改革推进五年中的第一年，规模数量缩减，编建质量要求提高。区人武部针对民兵组织调整改革新变化，加强组织领导，科学统筹计划。召开党委会，学习军委国防动员部、山东省军区《民兵调整改革落实情况检查考评细则》、济南警备区工作指示等，及时向长清区人民武装部委员会第一书记王勤光等领导作专题汇报，调整成立民兵组织调整改革工作领导小组，召开长清区民兵组织调整改革暨征兵工作部署会。开展调查摸底工作，对全区10个街镇、12个区直部门及企业、3所高校进行调查研究，广泛征求意见。针对民兵组织调整改革任务“新”与基层武装部长人员“新”的实际，加强业务培训，重点对军委国防动员部《民兵调整改革落实情况检查考评细则》、基干民兵分队《编制表》等进行培训。

【国防教育】　每年9月的第3个星期六为“全民国防教育日”、每年的11月为“全民国防教育宣传月”，区人武部集中进行全民国防教育宣传。2018年，区人武部在全区中小学生中开展“国防教育知识竞赛”，参赛中小学生1.1万余人，受教育人数达3.1万人。开展国防教育宣传活动，悬挂横幅30余条，张贴标语6000余条，出动宣传车20台次，发放宣传单1万余份，在公民中强化“天下虽安，忘战必危”的忧患意识，营造人人关心国防建设、支持国防建设的良好氛围。区人武部先后组织当地驻军为6所中学近6000名学生、9所高校近10万名大学生进行国防教育及新生军训，增强全社会贯彻执行《中华人民共和国国防法》《中华人民共和国兵役法》的自觉意识和责任意识。

【“双拥”共建】 2018年，区人武部配合长清区迎接山东省双拥创城检查，实现“零”扣分，列济南市5个区首位。“八一”来临之际，山东省电视台开展文艺进军营活动，济南警备区副司令员李铁军参加活动。11月底，协助驻地某部举办老兵退伍文艺演出，与大学城3所高校进行沟通，筛选8个节目参加演出。拨付帮扶村扶贫资金2万元，走访慰问贫困户，协调项目资金120万元，硬化路面0.7公里，建成光伏发电项目和文化广场。

【人民防空】 2018年，长清区人防工程不断壮大，地下防空面积达×万平方米。加大《人民防空条例》宣传教育力度，加强人防工程的管理和保护。人防工程使用，除战时用于防空袭外，根据平战结合原则，因地制宜，开发利用部分工程设施。建成区人防指挥中心，增加警报器49台，警报鸣响率达100%，音响覆盖率普遍达到90%以上。按照《防空袭预案》，结合重大节日或纪念活动，鸣放警报，有计划、有重点地组织防空演练，主要在各大中小学校、机关、企事业单位进行。

（安成军）

经济管理

发展和改革

【概况】 2018年，长清区发展和改革委员会（以下简称区发改委）围绕全区“1+654”工作体系，着眼长远编制完成全区国民经济社会发展计划，并组织精准实施，全区经济运行呈现快速发展；围绕工业、农业、三产服务业、城市建设、道路交通、民生实事、特色小镇七大领域，实施项目重点推进，新旧动能加速转换；围绕发展抓改革，经济体制改革、公车改革等各项改革取得阶段性成效；围绕优化流程提效能，审批环境大幅提升；完成全年各项工作任务，为全区经济社会发展作出贡献。区发改委被授予长清区经济社会发展标兵单位、财政工作先进单位、项目建设先进单位、美丽乡村建设先进单位、扶贫工作先进单位等称号。

【计划综合管理】 2018年，区发改委按照区委、区政府安排部署，结合长清区发展实际，制定印发《长清区区域性经济中心建设2018年度目标任务》。加大全区经济运行的执行监测力度，及时与区统计、财政、农业、经信、住建等有关部门衔接，督促计划进展。搞好经济运行分析，坚持“月调度、季分析、半年汇报、年终总结”制度，及时发现经济运行中存在的问题，提出对策和建议，为宏观经济管理和领导科学决策提供依据。

【国民经济和社会发展计划编制】 2018年，区发改委全面贯彻落实中央、省、市经济工作会议精神，在深入调研、征求意见的基础上，结合长清区发展实际，科学编制完成《长清区2018年国民经济和社会发展计划》及专项发展计划，并通过区十七届人大二次会议审议。综合考虑外部环境、发展条件、运行走势等各方面因素，确定2018年经济社会发展的主要预期目标是：生产总值增长8.4%，一般公共财政预算收入增长12%，固定资产投资增长20%，规模以上工业增加值增长14%，服务业增加值增长9%，社会消费品零售总额增长11.5%，进出口总额增长6.5%，实际到账外资增长7%，城镇居民人均可支配收入增长8.2%，农村居民人均可支配收入增长8.7%，人口自然增长率、城镇登记失业率、万元生产总值能耗、二氧化硫排放、化学需氧量排放等指标完成上级下达任务。

【固定资产投资】 2018年，长清区列入市重点项目13项，计划总投资434.7亿元，年计划投资106.8亿元。区发改委做好全区重点项目的调度考核，加强政府投资项目管理，办理济南市发展和改革委员会下放的行政审批权限事项及行政许可事项公示公开工作。做好核准项目与备案项目双平台对接运行，全年办理项目立项349项。加强市场主体事后监管，做好行政许可和行政处罚双公示工作。全年固定资产投资比上年增长19.6%。

【服务业】 2018年，全区实现服务业增加值182.4亿元，比上年增长9.7%。规模以上服务业企业增加3家，累计36家。全区完成社会消费品零售总额165亿元，比上年增长9%。完成限额以上住宿餐饮业零售额8900万元，比上年增长26.1%。全区全年接待游客865万人次，实现旅游消费总收入87.65亿元，分别增长15.4%和15.1%。全区金融机构存款余额418亿元、贷款余额206亿元，分别比上年增长22%、21%；完成金融业增加值13.2亿元，金融业税收9585万元。新三板挂牌企业达到3家，齐鲁股权挂牌企业达到4家，完成规模企业改制22家。全年完成企业上云671家，济南奥图自动化股份有限公司、山东国辰实业集团有限公司、长兴集团被评为企业上云标杆企业。

【新旧动能转换】 2018年，区发改委按照省、市、区部署要求，参照上级推进体制机制，结合长清区实际，成立长清区新旧动能转换重大工程建设领导小组。围绕“六大功能区”（创新创业活力区、高端制造集聚区、建筑建工发达区、生态旅游观光区、健康养老首选区、宜业宜居示范区）定位，深入调研产业现状，明确发展方向，形成调研报告。以项目建设为切入点，梳理上报重大工程，山东宏达科技集团有限公司深冷容器技术浓度开发利用及装备产业项目纳入省新旧动能转换重大项目库第一批优选项目。

（郑海霞　董光法　彭臻　魏玮）

统　计

【概况】 2018年，长清区统计局（以下简称区统计局）围绕区委、区政府中心工作，以提供优质高效统计服务为重点，扎实开展统计调查、统计监测，加大统计分析、统计调研力度，较好地完成各项统计工作任务。区统计局被评为2017年度山东省统计系统文明单位，山东省第三次农业普查先进集体，2017年山东省1%人口抽样调查先进集体，济南市第三次农业普查先进集体；被区委、区政府评为四德工程建设先进单位、扶贫工作先进单位等，获机关优秀创新工作成果二等奖。

【统计调查】 2018年，区统计局以防范和惩治统计造假、弄虚作假为目标，严格执行国家、省市统计方法制度，进一步提高数据质量，统计公信力明显提升。按时保质保量完成工业、投资、建筑业、房地产业、批发和零售业、住宿和餐饮业、服务业等联网直报单位的2017年年报和2018年定报工作，以及城乡一体化住户调查、1%人口抽样调查、农作物对地调查、月度劳动力调查、农民工市民化、价格调查、小微企业调查等各项工作任务。

【统计服务】 2018年，区统计局充分发挥职能作用，及时反映主要经济指标完成情况，加强对数据的分析解读，对经济运行情况进行预测、预警、预判，以《统计快报》的形势报送区委、区政府主要领导，为区委、区政府预判经济形势提供参考，多篇《统计快报》得到区政府主要领导批示。深入基层开展调研，掌握经济发展的第一手资料，及时发现经济运行中的问题，认真分析，提出解决问题的建议。2月，起草《关于建立健全全区经济运行工作责任机制》，以区政府文件下发，明确部门主管责任、街镇主体责任，发挥部门统计作用，促进全区主要经济指标任务的完成。11月下旬，利用社情民意调查专线0531123401，完成全区282个事业单位绩效考核的电话调查，拨打电话1.69万个，有效成功样本9870个；完成全区135个单位、部门和街镇的党风政风行风正风肃纪民主评议工作，拨打电话1.47万个，有效成功样本7250个。

举行济南市第四次经济普查专项试点启动仪式　（区统计局提供）

【第四次全国经济普查工作】 2018年，是经济普查年。6月，济南市统计局在长清区文昌街道开展第四次经济普查专项试点工作，取得显著成效。区委、区政府高度重视第四次经济普查工作，成立由区长赵居安任组长、副区长潘兴华任常务副组长，37个部门主要负责人任成员的第四次经济普查工作领导小组，下发《济南市长清区人民政府关于做好第四次经济普查工作的通知》，10个街镇分别成立党政主要领导为双组长的领导小组，全面落实普查经费、机构、人员、办公场所和设备，统一采购100台PAD设备，10台笔记本电脑及硬盘；领导小组成员单位充分履职尽责，提供普查有关数据，形成经济普查全区上下一盘棋的良好局面。经过全区上下1200多名普查员和指导员3个多月的全面清查及查遗补漏工作，第四次经济普查取得阶段性成果。

【城乡一体化住户调查】 2018年，住户调查工作在原有纸质记账的基础上，推行电子记账工作，通过实施电子记账，实现记账数据实时在线，实时监测、实时修正，保证数据来源于源头，数据质量稳步提高。

【月度劳动力调查】 2018年，长清区月度劳动力调查涉及文昌、归德、万德3个街道的4个调查点，调查户共有80户，按月监测劳动力就业情况。12月，区统计局制作入户调查微视频教材宣传片，得到省调查队副总队长、市调查队队长崔刚的批示。

【农民工市民化动态监测】 2018年，长清区农民工市民化进程动态监测样本小区3个，入户调查160户，成功样本50户，完成调查任务。

【统计基层建设】 2018年，区统计局开展街镇统计“七有八化”（“七有”，即有机构、有牌子、有人员、有办公场所、有办公设备、有工作制度、有资料专柜；“八化”，即统计机构网络化、统计人员专业化、统计管理制度化、业务流程规范化、统计基础法制化、统计手段现代化、统计资料档案化、统计服务优质化）回头看活动，推进部门统计基础工作的规范化建设，以“四上”（规模以上工业、有资质的建筑业和房地产业、限额以上贸易业、规模以上服务业）企业星级管理指导企业完善统计工作规范化建设。1月，在全国统计系统先进表彰大会上，文昌街道统计站被人社部和国家统计局联合授予“全国统计系统先进集体”称号。

【法制建设】 2018年，区统计局利用统计培训会、年报会等载体，“9·20”中国统计开放日、“12·4”国家宪法日、“12·8”《中华人民共和国统计法》颁布纪念日、第四次全国经济普查等时间节点，组织开展统计普法宣传活动。推进“双随机”统计执法，对全区14家“四上”单位进行统计执法检查，实现统计执法常态化、制度化和规范化。推进《中华人民共和国统计法》进党校，为学员发放《中华人民共和国统计法》100余册，营造全区依法统计、诚信统计、实事求是的统计氛围。

（赵　猛）

审　计

【概况】 2018年，长清区审计局（以下简称区审计局）贯彻济南市审计局《加强审计资源调度统筹、打造“审计共同体”的意见》，通过购买劳务派遣形式新聘本科学历5人开展协审服务。根据《审计署关于内部审计工作的规定》有关条款，向内审协会购买服务，新聘3人参加协审工作。印发《济南市长清区审计局特约审计员工作办法》，首次聘请5名民主党派成员和无党派人士担任特约审计员，自觉接受民主监督有效手段，实现党内监督和党外监督的有机结合。全年完成审计项目55项（其中计划内项目20项、计划外项目35项），查出问题金额21.89亿元，通过审计整改入库税款169.53万元，核减投资额2504万元。区审计局被长清区委评为干事创业好团队、被山东省审计厅评为干事创业好团队。

【预算执行审计】 2018年，对区财政局负责的中期规划制定情况、政府综合财务报告编制情况进行审计。对事业单位绩效工资制度、农民工职业技能提升3年行动计划、提高就业与创业能力5年规划推进情况进行审计。强化预决算编制和公开、预算执行管理、专项资金的使用和绩效管理情况的审计，关注全口径预算编报范围的全面性、内容的完整性、程序的合规性，关注国库集中支付制度推进情况和财政存量资金的盘活情况，选取8项资金实行全覆盖审计，全面摸清资金规模、投向、绩效情况，促进绩效管理提质扩围。开展政府采购审计调查，揭示政府采购预算编制、采购计划管理工作推进迟缓；存在政府采购方式少，不够灵活、科学等问题。

对济南市地方税务局长清分局2017年的税收征管情况进行审计，在全面获取地方税收征管系统数据的基础上，通过省市下发疑点及与国土、国税、工商等部门涉税数据对比筛选，共确定并落实疑点97户，交由长清地税分局分析疑点数据5800条，延伸审计企业7户，延伸调查企业30户，跟踪以前年度问题整改事项40条。审计中认定应征未征税款164.53万元。在审计实施及审计报告征求意见期间长清地税分局进行整改，补缴税款及滞纳金169.53万元。

区审计局按照山东省审计厅4个系统预算执行和预算绩效管理审计方案，对区人社局、区编办、区食药监局、区扶贫办进行审计，强化“三公”经费、会议经费等专项审计。关注部门单位在会议、“三公”等方面的特权思想和特权现象，促进持之以恒正风肃纪。

【政策跟踪审计】 2018年，区审计局对区精准扶贫政策落实及资金管理使用情况进行审计，深入4个街镇及所辖的9个贫困村，入户走访调查26户，延伸项目16项，落实疑点153条，从扶贫产业收益分红分配、贫困户的精准识别等入手，发现存在收益分红固定化，把“造血”资金变为“输血”资金，新纳入或脱贫的贫困户不达标准，扶贫信贷发放规模较小，金融杠杆撬动作用不明显，扶贫资金的使用过于简单，致使存在一定的资金结余等问题，对发现的济南万物丰有限公司改变土地用途问题移送至有关部门，区扶贫办及相关单位对审计发现的问题高度重视，进行及时整改、排查、落实。

区审计局根据山东省审计厅统一安排，对沂南县易地扶贫搬迁政策落实情况开展审计调查，涉及政府及所属发展改革、财政、国土等有关部门，孙祖镇等4个乡镇、宝石峪等9个村集体及有关单位，审计资金 1.14 亿元。通过审计，查出项目管理不规范、建设程序不完善、采购程序不规范、多计取建设服务费等方面问题 16 个。经被审计单位整改，通过签订补充协议的方式节约财政资金 1480 万元。

【固定资产投资审计】 2018 年，区审计局加强对中介机构实行“三备案一审核”管理方式的监督，即项目机构、人员备案，合同备案，成果备案，中介机构每月定期向审计局提报审计月报，区审计局在对项目进行全面了解的基础上，根据项目规模、重要性、社会关注程度等对审计质量进行抽查、审核，并将相关情况纳入考核，对中介机构库的构成进行动态管理。全年，共对黄河滩区迁建、东王城中村改造、东北关城中村改造、北大沙河综合治理、高压线改造、文昌山公园建设 6 个重点项目实施备案审核。

组织社会中介机构完成决算审计项目 57 个，总金额 2.42 亿元，审减 2504.08 万元。规范政府投资项目造价管理行为，严肃工程结算纪律，节省政府投资。

按照济南市审计局的统一安排，组成审计组对济南市槐荫区 2017 年保障性安居工程（含公共租赁住房、经济适用住房、限价商品住房等保障性住房和各类棚户区改造、农村危房改造，以下统称安居工程）的计划、投资、建设、分配、运营等情况及配套基础设施建设情况进行审计。对 7 个安居工程征迁项目及 3 个区本级实施的安居工程项目建设管理情况进行检查，重点审计安居工程政策落实、工程管理绩效及遵守法律法规情况。查出违规、管理不规范金额 6497.80 万元，追回 57.80 万元，规范资金 523.33 万元；提出征收拆迁补偿政策执行方面问题 5 个。在全市保障性安居工程审计综合评比中取得第一名。

【经济责任审计】 2018 年，区审计局共实施经济责任审计项目 21 项，查出领导干部负有相应责任的问题资金 1.32 亿元，主要有预决算管理方面的问题、项目管理不规范、结余资金未及时上缴财政、资金支付管理不规范、“三公”及其他经费支出中存在的问题，提出审计建议 23 条。

与经济责任审计统筹实施开展平安街道自然资源资产离任审计项目，运用先进审计技术方法，结合当地自然资源和生态环境特点，把握领导干部任期内的资源环境实物量和质量变化情况、约束性指标或目标责任书完成情况、重大环境或资源环境毁损事件发生情况，合理选择重点领域、管理环节、部门单位、项目和资金进行审计，坚持与领导干部履职尽责情况紧密挂钩，充分体现领导干部在自然资源资产管理和生态环境保护方面的履职尽责情况，揭示耕地、林地使用、地表水水质等方面的问题。

【专项审计调查】 2018 年，区审计局开展长清区规范举债融资行为防控政府性债务风险审计调查项目，主要审计长清区财政局管理的政府债务情况，并延伸审计 7 户行政事业单位、2 个街道办事处、融资平台等公司 5 户，在摸清区政府举债融资规模和结构的基础上，揭示政府性债务风险方案制定不及时、国有企业转型工作有待加强等问题，提出加强和规范政府债务管理的审计建议。

对长清区拆违拆临建绿透绿重点工作推进落实情况开展专项审计调查。本次审计调查在全面了解长清区 2017 年 1 月至 2018 年 6 月底拆违拆临建绿透绿重点工作推进落实情况的基础上，重点关注拆违拆临政策措施贯彻落实总体情况，拆违拆临、建绿透绿实施及专项资金使用情况，抽查平安街道、崮云湖街道共 1722 处 143.15 万平方米，分别占拆违拆临项目数和面积数的 16.87% 和 35.28%。审计发现执行市级资金支出进度较慢等问题 5 个，提出加大资金投入、严格执行政府采购相关法律法规、加强项目管理的审计建议。

开展医药体制改革专项审计调查，对 5 所卫生医疗机构进行调查，促进医疗卫生机构运营管理绩效水平，推动医药体制改革制度的落实，同时规范财务收支行为。对6所中小学开展财务收支审计调查，通过对内部控制建设、预算编制及审批、义务保障经费及各项专项资金的管理和使用、资产及负债情况的审计调查，揭示资金闲置、资产损失浪费等问题，从机制、制度和管理层面深入分析中小学存在的突出问题和主要矛盾，提出中小学规范财务收支、资产管理等措施建议。

【服务中心工作】 2018年，区审计局根据区委、区政府和上级审计机关安排部署，对区机关食堂成本核算情况、疾病预防控制中心财务收支情况、区自来水服务中心运营情况、YBC有关事项等进行调查，配合公交一体化改革实施区运输公司资产调查工作，对长清区职务犯罪预防协会、区统计局、区贸促会、大学园区指挥部、化肥厂清算组财务收支情况及长清苗圃资产负债情况进行审核。

对济南市下拨留存补交党费和区留存补交党费管理和使用情况开展专项审计，核实真实性、完整性，提出完善管理的相关意见建议。

协助万德街道纪委对界首村财务收支情况进行调查，追根溯源，深挖村级会计账务委托代理工作中存在的问题，举一反三，防微杜渐，形成审计情况上报区政府。

对济南大峰山革命根据地纪念馆建设、长清区黄河滩区迁建项目进行审计服务。包括协助项目单位确定跟踪审计单位，按照项目情况提出审计建议，对跟踪审计结论进行复核等。

（杨　震）

国土资源管理

【概况】 2018年，济南市国土资源局长清分局（以下简称长清分局）按照长清区委、区政府的总体部署，服务中心，保障大局，主动作为，争先创优，国土资源管理工作不断取得新成效。长清分局被济南市国土资源局、济南市农业局评为全市永久基本农田划定工作先进单位，被长清区委、区政府评为服务地方经济科学发展标兵单位、招商引资工作先进单位、项目建设先进单位、四德工程建设先进单位。

【征地供地】 2018年，长清分局采取整治挖潜、易地购买、预借偿还等措施破解耕地占补平衡难题。在菏泽市东明县购买占补平衡指标66.7公顷，保障重点项目耕地占补需要。全年共上报征地卷宗9个批次1个单独选址项目，面积148.71公顷，确保G220东深线及S105济聊线长清绕城段改建工程、济菏高速互通立交和山东师范大学、齐鲁工业大学、济南市驾驶员培训中心、黄河滩区外迁安置配套教育、济南经济开发区棚改等项目用地需求。推进重点项目供地。2月26日，长清一中东地块以18亿元价格出让。6月6日，小柿子园城中村改造一期地块6.95公顷挂牌出让，9家企业经过82轮激烈竞价，最终山东雅齐房地产开发公司以10.3亿元竞得该宗土地。全年共供应土地190.67公顷，包括项目用地42宗和道路、绿化带、边角地。项目用地包括东王安置房、东北关安置房、王宿安置房、黄河大桥、马山焚烧垃圾发电等民生工程及韵达物流、润特制冷等实体经济企业项目。

【耕地保护】 2018年，长清分局完成全域永久基本农田划定工作，完成“落地块、明责任、设标志、建表册、入图库”五项任务和数据库建设。全域永久基本农田划定后，长清区永久基本农田保护面积3.87万公顷，设置保护标志牌32块，埋设界桩478块，签订责任书1787份。长清分局及归德国土所被评为全市永久基本农田划定工作先进单位。通过2016年—2017年耕地保护责任目标履行情况检查。

【规划管理】 2018年，长清分局严格执行土地利用规划。做好重点项目用地预审，共预审玉符河综合治理工程、外热入济管线工程、济郑高铁长清段项目、济南市长平滩区护城堤等各类用地项目33个，其中出具建设用地预审5个，土地规划复函28个。按时完成济南市长清区土地整治规划修编工作任务。

【矿产管理】 2018年，长清区有各类持证矿山企业10家，其中省级发证企业2家，市级发证企业5家，探矿权企业3家。通过巡查、聘请矿产资源开发利用方面的技术专家，对持证生产矿山企业多轮次动态现场督查，督促开采企业严格按照开发利用方案执行。编制完成长清区《矿产资源总体规划》并通过市级评审。4月3日，长清区政府召开打击非法开采整治工作会议，会议听取各街镇打击非法开采情况汇报，通报全区打击非法开采工作情况。区委常委、常务副区长董庆哲肯定非法开采专项整治行动采取的措施和取得的成效，并提出下一步工作要求。

【地质灾害】 2018年初，完成《地质灾害防治规划》编制工作并通过专家审查。编制《长清区2018年度地质灾害防治方案》，按照“不留死角、有备无患”原则，分别制定防范措施。在汛期来临之前，长清分局邀请省地环总站的专业人员深入隐患点开展全面排查，安排实地监测人员，发放“防灾工作明白卡”“避险明白卡”。各级防灾办公室汛期24小时值班值守，随时掌握隐患点动态变化，做好预警信息传达和险情速报等工作，确保地质灾害“零事故、零伤亡”。做好山体绿化及地质灾害防治工作，申请上级资金3200万元，对部分关停矿山、地质灾害隐患点、破损山体进行治理，主要包括齐鲁风情8号路地质灾害隐患点和归德街道、双泉镇关停矿山及山东女子学院内破损山体等项目。

【土地资源节约集约利用】 2018年，长清分局按时完成闲置土地处置任务。9月，对辖区内2年以上批而未供土地进行再梳理，加大批而未供土地的供应力度，利用3个月时间供应土地50余宗，供应面积61.6公顷。调整利用5宗，调整面积17.2公顷。

全区打击非法开采整治会议 （王荣磊 摄）

【地籍管理】 2018年，长清分局开展第三次土地调查工作，区政府成立领导小组，召开专题会议进行安排部署，完成资料整理、资金申请、招标工作及2017年度变更调查工作。

【不动产登记业务】 2018年，长清分局围绕打造营商环境，采取税务一窗办理、压缩办理时限、免费邮寄等措施，实现办证提速。全年共办理不动产登记业务1.7万件。

【土地整治】 2018年，长清分局稳步实施土地整治及挂钩项目。孝里镇潘庄村土地开发项目通过验收，新增占补平衡指标8公顷。完成双泉镇贾庄村、万德街道石胡同村等20个村高标准农田建设项目结算审计，共计1200公顷。完成2019年度高标准农田建设项目现场勘测及初步规划设计，共计1066.67公顷。孝里镇、归德街道黄河滩区外迁安置增减挂钩拆旧安置项目批复。

【执法监察】 2018年，长清分局做好2017年度土地卫片执法检查工作，违法占用耕地面积占当年新增建设用地占用耕地面积比例为4.35%。加大巡查力度，严厉打击非法开采行为。全年，共开展巡查220次，夜查40次，扣押开采设备20台。

【自然保护区】 2018年，长清分局根据自然保护区总体规划边界和功能分区，在原有保护区剖面标志碑的基础上，更新制作保护区大型宣传牌3块、标识牌4块，对保护区边界、功能区边界进行实地勘测定点，埋设界桩80块，明确保护区和功能区边界。加强保护区管理和动态巡查，杜绝旅游现象。

【设施农用地管理】 2018年，长清分局明确用地分类管理，规范办理程序，加强对设施农用地的监管。围绕国土资源领域整治重点及职责任务，制定实施方案，成立领导小组，做好日常监管、线索排查、违法处置、线索移交等工作。做好设施用地清理和大棚房整治工作。全年，注销设施用地备案手续11家，督促云溪庄园拆除非农设施，完成整改任务。

【国土资源宣传】 2018年6月25日，长清分局在万德街道举行国土资源集中宣传活动，悬挂宣传横幅，分发宣传册、宣传画等宣传资料，宣传

国土资源宣传 （王荣磊 摄）

山体保护、资源保护、地质灾害防治知识等，设立咨询站，介绍国土资源相关政策，解答群众咨询。

（王荣磊）

物价管理

【概况】 2018年，长清区物价局（以下简称区物价局）围绕全区“1+654”工作部署，通过抓学习、提效率，转作风、强纪律，保民生、督落实，促进各项工作制度化、科学化、规范化运行，在效能建设、业务目标等方面得到整体提升，群众关心、社会关注的价格热点、难点问题得到有效解决。推进能源领域价格改革，不断降低企业负担。建立收费目录清单制度，进一步增加收费透明度。加大市场价格巡查频率，严厉打击哄抬物价行为。区物价局通过市级文明单位复审。

【价格监督检查】 2018年，区物价局开展涉农、

涉企、医疗服务、节假日市场、供水供电、供暖供气和电信领域等检查活动，严厉打击各种乱收费行为。

【价格和收费管理】 2018年，推进能源领域价格改革，落实减费政策，实行两部制电价，降低企业负担。在生产领域，推行差别电价、峰谷分时电价、超标准耗能加价，严格执行燃烧发电机组脱硫、脱硝、除尘等环保电价政策。4月27日，召开济南市长清区城市居民阶梯水价听证会，对长清区城市居民生活用水基本水价进行调整并实行阶梯水价制度，此改革自5月1日起执行。同时，配合区水务局完成长清区农业综合水价改革。开展全区收费年度报告工作，对各执行部门收费情况实现信息化管理，共审验单位33个，收费22项1.1亿余元。建立收费目录清单制度，制定并公布《长清区行政事业性收费目录清单》《政府定价政府指导价经营服务性收费目录清单》《涉农收费目录清单》《涉企收费目录清单》，实行动态调整，进一步增加收费透明度。对济西湿地、灵岩寺、五峰山、马山慢城、园博园等旅游市场相关收费进行管理，制定联票降价政策。开展规范非营利性民办幼儿园收费工作。区物价局结合部门职能，共梳理公共服务零跑腿事项1项，只跑一次事项3项，行政权力一次办成事项2项，全部实行单元分解和颗粒化运行，不需任何证明材料，达到减证便民目的。

济南市长清区城市居民阶梯水价听证会召开
（王宝智 摄）

【价格服务】 2018年，区物价局为司法和行政部门服务，完成涉案物品价格认定事项72件，标的额62.07万元。密切关注价格市场动态，加大市场价格巡查频率，完成各类监测报表501份共6386种次，形成市场分析和调研材料8篇。加大对黄河滩区迁建相关物资价格监测力度，严厉打击各种哄抬物价行为。完成长清区农户种植意向、存售粮、农资购买情况、小麦、玉米预产成本、生猪成本收益调查等任务，为政府制定政策、调整农业产业结构、促进农民增产增收提供科学依据。做好"12345"市民热线受理工作，全年共受理各类价格投诉、举报案件900余件，服务过程满意率、结果满意率、总体满意率均在90%以上。

（王宝智）

市场监督管理

【概况】 2018年，长清区市场监督管理局（以下简称区市场监管局）不断深化"一次办成"改革，优化营商环境，履行服务发展、市场监管、消费维权三大职能。夯实履职担当能力，服务发展、市场监管、消费维权持续提升。提速增效、服务发展，打造最优营商环境，通过微信办照办结业务2285件，通过全程登记电子化办结业务2343件，自受理之日起1个工作日内办结营业执照已全部实现。挖掘市场主体快速增长点，新增市场主体6806户，达到4.45万户，完成新增任务目标数的121.38%。扶持企业争优创先，全区8家企业获省、市名牌奖励资金110万元，11家出口企业申报注册马德里国际商标，推荐省级“守合同重信用”企业65家、市级“守合同重信用”企业57家，6家企业获济南市第十二届消费者满意单位称号。调度农贸市场提升改造工程项目，实现投资276万元。市场环境更加有序，突出重点时段打击侵权假冒产品，组织全局执法力量重点对过节常备商品进行检查，全覆盖完成成品油和煤炭抽检工作。坚守安全底线，狠抓特种设备监管，特种设备定检率始终保持在99.5%以上。年底，济南市工商行政管理局对全市12个区县市场监管局2018年度工商业务工作进行考核评价，区市场监管局“服务发展”类别得分98.7分，列全市第2位；“监管执法”类别得分95.7分，列全市第3位；“消费维权”类别得分97.8分，列全市第3位；“政风行风”类别得分93.8分，列全市第1位。区市场监管局通过省级文明单位复审，获长清区招商引资工作先进单位等称号。

【企业注册登记】 2018年，国家、省、市不断深化商事制度改革措施。6月，中国工商行政管理总局等13部门下发《关于推进全国统一“多证合一”改革的意见》，省、市政府推出新的涉企证照事项纳入“多证合一”改革任务，涉企证照事项45项，建立起从经营范围到证照事项、信息采集、部门共享间的对应关系。6月19日，济南市委、市政府印发《深化“一次办成”改革进一步优化营商环境的若干措施》，登记效率得到极大提高，在区政务服务中心市场监管局窗口和各基层所窗口，自受理登记材料之日起1个工作日内办结营业执照且当场发照率达90%。8月2日，济南市工商行政管理局下发《关于优化营商环境促进市场主体快速增长的若干措施》，实行压缩企业开办时间、放宽经营范围等10项措施，优化营商环境，激发市场活力和社会创造力，促进新增市场主体规模不断扩大，至年底全区市场主体总量达4.45万余户。9月30日，企业注册业务入省“一窗通”系统。企业在省政务服务网登录后填写工商登记信息及一窗通部门信息，待业务系统核准以后，工商登记信息将通过省政务服务网推送到一窗通部门，真正实现部门之间信息互联共享。10月10日起，山东省工商局实行审核合一、一人通办登记制度改革。11月10日，按照国务院部署，全面推开“证照分离”改革。同年，设立登记各类市场主体12268户，同比增加5062户。其中，企业2386户，同比增加361户；个体工商户9853户，同比增加4741户；农民专业合作社29户，同比减少40户。

【公平交易执法】 2018年，区市场监管局重拳打击冒用企业厂名、厂址换热机组违法行为，助力民营企业发展。1月，长清区某换热设备有限公司实名举报，称在河南省驻马店市某单位采购的换热器并非其公司生产，是冒用其厂名、厂址的换热器。区市场监管局经查，驻马店市某单位采购的换热器是确属冒用举报人厂名、厂址的换热器，依据《中华人民共和国产品质量法》的有关规定，对当事人作出行政处罚，罚款1.1万元。2月，开展春节打击传销宣传活动，共发放、张贴宣传材料100余份，在街镇集市及人员密集场所悬挂横幅，并公布监督电话，引导群众自觉监督，形成人人“防传”良好氛围。3月，开展关于处置非法集资工作的专项检查，引导群众对非法集资不参与、能识别、敢揭发。开展打击传销、网络传销、聚焦性传销、查处以直销名义和股权激励、资金盘、投资分红等形式实施传销违法行为及打击传销规范直销等专项检查，共出动执法人员826人次，车次150台次，检查网络平台4个。“3·15”期间，在各街镇驻地、大学园区开展现场咨询活动12次，悬挂大型条幅并设置展台，现场发放宣传材料8000份。与济南市公安局长清区分局联合成立协作联动办公室，建立健全案件转办和移交制度，密切协作配合，对传

联合打击假冒伪劣商品 （范勇 摄）

销活动坚持露头就打，重拳出击，持续打击，强力推进打击涉传案件，严惩传销违法犯罪分子。6月，开展扫黑除恶专项斗争。6月9日与公安机关联合对长清区明珠广场摩尔公寓B座某室进行检查，发现当事人杨某某、董某某、段某某涉嫌以销售“黑卫士”大蒜素压片糖果的名义非法从事传销活动及11月6日接投诉举报张某某从事牛蒡茶经营涉嫌传销行为，均移送公安机关。开展反不正当竞争执法工作、打击市场混淆行为、整治公用企业限制竞争和垄断行为突出问题等专项检查活动。区市场监管局围绕群众关心的热点问题，组织专项执法行动，共查处违法案件3件，罚款26.5万元。开展打击违法向老年人推销医疗器械和保健食品专项行动，共检查从事医疗器械、保健食品销售的商户350户，出动检查人员3003人次，组织宣传活动134场次，发放宣传材料5612份，媒体播放宣传71次，网络宣传52次，受众1.2万余人。配合民政部门开展全区殡葬领域突出问题专项整治行动，共出动人员160余人次，对辖区内殡葬行业3家企业及21户个体工商户进行检查。与知名企业联合开展“打假保名优”工作，主动联合济南趵突泉酿酒有限责任公司、山东鲁花集团有限公司等知名企业检查没收假冒“鲁花”牌花生油（5S压榨一级花生油、5升/桶）209桶，罚款2万元，扣押假冒“趵突泉”白酒200余箱，货值4万余元，罚款8万余元。全年查处案件40起，罚没款62.9万元。

【市场管理】 2018年6月，区市场监管局开展“限塑”专项整治工作，下发《关于进一步加强商品零售场所“限塑”监管工作的通知》，印发宣传材料1000余份。开展专项抽检工作，组织成品油抽检8次，抽检加油站72家，188个样品，成品油案件立案4起，结案2起，罚没款2.4万元。9月，组织农资抽检，共抽检农资经营户6家，样品11个，其中样品不合格2个，已立案查处2起，结案1起，罚没款1.05万元。12月，开展农村集贸市场专项整治活动，规范市场经营秩序。

【合同管理】 2018年，共受理抵押登记申请44件，协助企业融资4.5亿元。推荐上报长清区企业参加省、市级守合同重信用公示活动，共有63家企业被山东省工商局公示为“2016—2017守合同重信用”企业，有52家企业被济南市工商局公示为“2016—2017守合同重信用企业”。10月，召开守合同重信用企业公示证明颁证会议。

【行政执法】 2018年，区质量技术监督稽查大队先后开展地条钢、农资打假、放心消费等多个专项执法检查，严厉查处行政违法行为，共办结案件14起，在区政府网站公示案件15起。1月，制定《关于彻底查处“地条钢”的实施方案》，成立专项工作领导小组，并在区政府网站公布违法线索举报电话，利用发放宣传材料等形式向社会各界宣传国家钢铁产业政策和查处“地条钢”的相关要求。经过细致排查，未发现存在生产销售“地条钢”的违法行为。3月，开展化肥产品农资打假专项行动。利用“3·15”消费者权益保护日宣传活动，向群众发放宣传材料300余份，普及识假辨假知识，提高群众质量意识和依法维权能力。4月，开展2018年“质检利剑”专项行动。5月—6月，开展特种设备安全大检查活动，共查封未经检验的起重机、叉车等特种设备29台，下达特种设备安全监察指令书12份，督促当事人及时整改，消除安全隐患。8月，制定2018年度特种设备行政执法计划，下发至各市场监管所。

【网络监管】 2018年，区市场监管局共受理“12315”平台转办的各类网络交易投诉举报224件，回复率100%，比2017年同期受理消协转办件75件增长199%。“12315”网络平台投诉举报出现持续增长态势，网络消费纠纷明显增加。区市场监管局依托省工商局网络交易监管平台已建档、研判率100%。“6·18”“双11”期间，随机抽取部分商家进行定向监测，排查问题及时上报并督促纠正，倡导商户诚信守法经营，营造良好的市场环境。

【广告监管】 2018年，区市场监管局按照打击和处置非法集资整治行动的要求，对全区非法集资金融广告案件进行检查督导，做好社会稳定工作。做好虚假违法广告的投诉举报处理及案件查处指导工作，按照全省广告整治工作会议要求，明确整治重点和领域，对医疗、药品、房地产以及食品广告案件重点查处。全年共出动执法人员30余人次，出动执法车次10次，立案查处广告违法案件21件，罚没款23万元。

【商标监管】 2018年，培育企业申请马德里商标国际注册和驰名商标申请，主推企业走出去，建立自主国际品牌。按照省市政府商标品牌战略部署，以推进外经外贸发展转型升级为目标，开展商标国际注册扩量行动，提升外贸企业国际竞争力。协调区商务局掌握全区出口企业名单，举办出口企业商标国际注册培训会议2期，邀请知识产权专家结合具体案例，讲解商标国际注册的意义、马德里商标国际注册体系、商标国际注册的方法和途径等内容，引导企业超前考虑商标国际注册工作，争取产品出口到哪里商标注册到哪里，树立“市场未动，商标先行”的理念，加大品牌海外保护力度。开展行政指导，以精细化服务帮助企业开展商标国际注册，走访全区出口企业20余家，讲政策、说案例、话未来、树品牌。全年共有11家企业申请马德里国际商标注册，在市政府考核中取得满分的好成绩。建设启用济南市长清计算机应用公司、济南强大肥料有限公司、济南方山乡村文化旅游有限公司商标品牌指导站3个，为企业提供个性化帮扶，协助企业实施商标品牌长效发展规划。全年新注册商标671件，全区商标有效注册4093件，驰名商标5件，著名商标25件。全区共查处商标侵权案件15件，罚没款8.09万元。

举办长清区马德里商标国际注册培训班 （曹建华 摄）

【法制建设】 2018年，区市场监管局结案101起，一般程序87起，办理万元以上案件24起。举办主题讲座2次，推行执法责任制，核审各类案件。依法行政落实行政执法评议考核、过错责任追究制度、规范行政处罚裁量权等制度规定，规范行政执法行为，全年无行政违法、复议撤改、行政诉讼和行政赔偿案件。

【消费维权】 2018年，开展消费者满意单位创建活动，通过宣传、自愿报名和资格初审，6家企业被评为济南市第十二届消费者满意单位。集中开展“3·15”消费维权系列活动，着力提升消费维权工作社会影响力。3月9日，对接区电视台拍摄以“贯彻十九大关爱夕阳红”为主题的老年消费维权专题节目（电视圆桌会），引导老年消费群体远离消费陷阱，科学、理性消费。各街镇市场监管所结合实际情况于“3·15”前夕分别深入乡村、校园、社区、集市和企业，通过发放宣传材料、真假产品识别、专题讲座、交流座谈、指导培训、行政约谈等方式，向各界社会群体普及消费维权知识。3月15日，区消费者投诉中心联合山东师范大学法学社和中医药大学法律服务协会共同开展以“品质消费美好生活”为主题的消费普法进社区宣传教育活动。全年共受理“12345”转办件2443件，处结2443件；接收处理全国“12315”互联网平台投诉举报595件；接待来人、来电投诉举报86人次。

消费安全进社区　（冯潇　摄）

【标准化管理】 2018年，区市场监管局推进长清区企业产品标准自我声明公开，全年共公开843条。3月，组织8家企业申报省级标准化试点项目，其中6家获批2018“山东标准”农业试点建设项目，2家获批2018“山东标准”服务业试点建设项目。长清区3个项目列入《贯彻落实省政府〈关于开展国家标准化综合改革试点工作的实施方案〉重点项目》。12月，长清区4家企业通过省级农业标准化试点验收。

【计量管理】 2018年3月，开展民用“四表”（热能表、燃气表、水表、电表）计量专项监督检查，对民用“四表”安装使用检定情况进行调查摸底。5月，在黄河商场门口开展“5·20世界计量日”宣传及免费咨询活动，发放宣传彩页，宣传普及民用计量器具使用及维护知识，同时在现场受理消费者计量投诉。标准计量科联合长清区计量检定所，对辖区内25家富群连锁超市的104台电子计价秤进行集中检定。6月，组织各市场监管所开展集贸市场贸易计量器具专项整治行动，共涉及全区40个集贸市场，配备公平秤15台，检查计量器具1064台件。8月，长清区计量检定所免费为社区居民提供血压计检定服务。12月，长清区计量检定所开展压力表进企业免费检定活动。全年共签发4家企业78项计量标准器具核准证书，免费检定计量器具3211台（件），为企业减负44.41万元。

【特种设备安全监察】 2018年，区市场监管局贯彻执行《中华人民共和国特种设备安全法》等法律、法规规定，确保设备安全使用，特种设备定期检验合格率99.5%以上。至年底，全区在用特种设备共4015台，其中起重机械1583台、电梯1545台、容器542台、场内专用机动车辆232辆、锅炉94台、大型游乐设施19台，工业管道7.2公里。全年新登记特种设备672台，比2017年增加176台；新增工业管道32个单元1.38公里。注销或停用设备179台，办理变更使用登记信息59台。全年共出动检查人员2000余人次，检查特种设备使用单位700余家，下达特种设备安全监察指令36份。开展大型游乐设施安全事故应急演练1次，省、市、区有关领导参加活动，全市游乐设施经营单位负责人观摩演练。利用安

举办燃油（气）锅炉作业人员培训班 （张广超 摄）

全月等，开展《中华人民共和国特种设备安全法》等法律法规宣传，设置展板，发放宣传资料。举办燃气锅炉作业人员培训班1期，培训62人。

【民营经济】 2018年，区市场监管落实济南市委、市政府《深化“一次办成”改革进一步优化营商环境的若干措施》和济南市工商行政管理局《关于优化营商环境促进市场主体快速增长的若干措施》，压缩企业开办时间、实行住所申报承诺、放宽经营范围等，优化营商环境，激发市场活力和社会创造力，促进新增市场主体规模不断扩大。至年底，全区累计登记各类市场主体4.45万户，比2017年增加1.22万户。其中，企业10613户，比2017年增加2386户；个体工商户33010户，比2017年增加9853户；农民专业合作社815户，比2017年增加29户。同年，新设立登记各类市场主体12268户，同比增加5062户。其中，企业2386户，同比增加361户；个体工商户9853户，同比增加4741户；农民专业合作社29户，同比减少40户。

2018年，企业登记户数和注册资本均呈现上升趋势，长清区累计登记注册企业10613户，比2017年增加2386户；新增注册资本（金）累计1015.1亿元，比2017年增加148.2亿元。企业发展日趋稳定，全年新登记注册企业2386户，其中规模以上企业414家，比2017年增加63家。其中，新设立公司规模以上企业（注册资本超过1000万元）投资一、二、三产业的比重与2017年基本持平。

2018年4月1日、4月15日，组织辖区31家民营企业参加市委组织部等11部门联合举办的2018年济南市高校毕业生大型系列就业双选会，现场收取简历612件，达成初步就业意向163人。4月14日，长清区民营经济发展协调推进指挥部、产学研融合发展指挥部、工业经济发展协调推进指挥部联合召开促进长清经济发展银企对接会，全区17家金融企业参加此次会议。5月，组织辖区企业参加山东省工商行政管理局在上海交通大学举办的小微企业培训班。7月，参加区委统战部、济南市工商联惠企政策“云＋111”宣传报告会，区市场监管局安排专人做专题报告，讲解工商、市场监管部门的优化营商环境、惠企政策，全区200家企业参加此次报告会。

（谢安凯）

食品药品监督管理

【概况】 2018年，长清区食品药品监督管理局（以下简称区食药监局）坚持以“守住食药风险点、破解监管难点、突出服务重点、增加工作亮点”为四个主攻方向，实施“严格监管、依法监管、专业监管、协同监管、智慧监管”，不断提升食品药品安全治理能力，助推食品医药产业持续健康发展，守住不发生重大食品药品安全事故的底线，为全区人民群众饮食用药安全提供坚实保障。区食药监局先后被评为济南市药品不良反应监测工作先进单位、济南市化妆品不良反应监测工作先进单位，被区委、区政府评为扶贫工作先进单位，获2018年度机关优秀创新工作成果三等奖。

2018年，全区有持证餐饮服务单位1088家；学校食堂131家；保健食品生产企业2家，保健食品经营单位303家（其中专营11家、兼营292家），化妆品经营单位58家。全区流通环节各类食品经营主体共有2684家（其中个体工商户2175家、企业509家）；批发经营户17家。获证食品生产企业107家，纳入监管的食品生产加工小作坊52家。药品批发企业5家，药品零售企业237家（其中药品零售连锁总部6家、连锁门店220家、单体药店11家）。医疗器械经营企业282家（其中经营高风险医疗器械品种的108家、药店兼营医疗器械的104家、隐形眼镜店32家），二类医疗器械经营企业备案145家。

【食品监管】 2018年，区食药监局开展食用农产品市场监管提升活动，督促黄河商场、大峰山市场开展规范化农贸市场创建活动，两处市场通过省级规范化市场达标验收。开展“食安护佳节”等专项行动，共检查各类食品生产经营服务单位1057家，其中生产单位33家、小作坊7家、餐饮环节经营单位230家、大中型商超40家、食品店747家，集中交易市场13处（次），对发现的违法行为进行立案查处。

对全区85家获证食品生产企业进行风险分级，其中A级47家、B级26家、C级2家、D级3家、停业7家，并根据企业划定的监管频次做好食品生产企业的监管工作。开展交叉飞行检查活动，共检查食品生产企业19家，对飞行检查中发现问题较多的企业开展“回头看”活动，督促企业彻底整改到位。全年创建食品安全示范街1条（长清区常春藤商业街）、“食安山东”示范食堂1家（齐鲁工业大学第一食堂）、“食安山东”示范街1条（长清区常春藤商业街）。

【药械监管】 2018年，区食药监局开展济南市药械质量监管、药品市场风险排查、处方药销售监管、中药饮片质量集中整治、疫苗专项整治、特殊药品专项整治等专项活动，专项检查与GSP跟踪检查、药品抽样、飞检等工作相结合。开展打击违法违规经营使用医疗器械专项整治、打击保健品和医疗器械专项整治等专项活动。以“双随机一公开”的方式，对辖区内药品、医疗器械经营企业、医疗机构开展飞行检查，全年共检查药店24家、医疗器械经营企业5家，依据《药品经营质量管理规范认证管理办法》《药品医疗器械飞行检查办法》等，撤销6家药店的GSP认证证书，同时对存在的违法违规问题移交食药所立案查处，在区政府网站对外公示，对问题企业集体约谈，有力打击和震慑违法经营使用药械行为。对辖区内药品连锁药店推行远程电子处方，至年底辖区内共有165家药店安装远程电子处方设备，覆盖率82.5%。

【监督检查】 2018年，区食药监局实施案源集中管理，强化案件责任监督，落实重大案件集体讨论制度。区食药监局先后制定印发《案源登记管理制度》《行政处罚管理办法》《案审委工作制度》《行政执法文书规范》《罚没物资管理制度》等8项执法制度，切实做到有法可依，有章可循。提升服务效能，创新监管方式。落实“一次办好”，16项行政许可事项、7项公共服务事项全部实现网上办理，全部行政许可事项承诺“只跑一次”。监管技术创新。做好全市食品药品“云平台”应用工作，为全区近5000家经营主体建立电子档案，提供数据分析、信用管理、电子地图定位等功能。强化执法办案力度。开展“利剑”“清源”“稽查办案月”“网剑”等行动，以强化执法监管为重点，集中精力拓宽领域查办案件；以提高基层食药监所执法办案能力为重点，强力推进食药监所执法办案。至年底，共查办食品药品违法案件100件，罚没款总额463.23万元。区食药监局开展“3·15”消费者维权日、食品安全宣传周、食品安全进校园、安全用药月、大手拉小手等主题宣传活动10余次。开展各类食品安全培训活动6次，培训村居信息员和食品从业人员1000余人（次）。联合新闻媒体，开辟报刊专栏，加强宣传教育，普及食药安全常识。通过微信公众号发布相关新闻宣传警示信息100余篇，新闻媒体食药安全报道30余篇。全年收到各类投诉举报1171件，接受咨询服务23余人次，投诉举报及时办结、回复率100%；落实投诉举报奖励制度，做到应奖尽奖，发放举报奖励3次，发放奖励金额6000元。

【监督抽检】 2018年，区食药监局完成省、市食药监局抽检454批次，完成区级监督抽检1679个批次。全年，累计抽检3020批次，合格率为98.2%。开展“你点我检”“你送我检”活动，在早市、大集、超市等现场免费为消费者提供快检服务，当场公示检测结果，让群众真正参与到食品安全工作中。

【专项整治】 2018年，区食药监局集中人员、集中力量对重点行业、重点时段、重点地段、重点品种开展专项整治行动。围绕校园及其周边食品安全、养老机构食堂、建筑工地食堂、农贸市场、酒类、粮油、水产、中药饮片、节日市场、网络食品市场以及中高考、园博园开放、济南（长清）国际马拉松比赛、农产品展销会等开展食品安全保障工作。

【智慧监管】 2018年，长清区食品药品智慧监管平台投入使用，实现远程集中监管。监管对象包括餐饮单位、食品生产企业、零售药店、药品（生产、批发、运输、仓储企业）等，利用视频监控技术进行远程集中监管。一期上线企业49家，涉及全区规模以上食品药品生产经营单位、大型餐饮单位、高校食堂等。

（张　璐）

安全生产监督管理

【概况】 2018年，长清区安全生产监督管理局（以下简称区安监局）以推进安全生产领域改革发展为主线，以防范遏制重特大事故为目标，以持续开展安全生产隐患大排查快整治严执法集中行动为抓手，强力推进风险分级管控和隐患排查治理双重预防体系建设，开展安全生产大检查和危险化学品、非煤矿山、烟花爆竹、工商贸等重点行业领域转型升级和专项整治，严格监管执法，各项工作取得明显成效，有效遏制各类事故发生。全年共发生各类生产安全事故33起、死亡38人，未发生较大及以上事故，全区安全生产形势总体稳定。区安监局被评为济南市"安全生产月"先进单位。

【安全生产目标责任制】 2018年3月8日，召开全区安全生产大会，长清区委副书记、区长赵居安出席全区安全生产大会并讲话，副区长潘兴华代表区政府与10个街镇和济南经济开发区安监局签订责任状。会后，各分管副区长与其分管的有关职责部门签订责任书。发挥区安全生产委员会办公室和区安全生产委员会领导包街镇综合督导检查组的作用，加强对各街镇、部门的调度和督导检查，强化责任落实，确保各项安全生产工作措施落到实处。适度增加街镇及责任部门安全生产年底考核权重，落实“一票否决”制，严格兑现年初承诺，对完不成年度任务，出现较大及以上生产安全事故的街镇、部门不得评先树优。通过开展日常监管、执法检查和企业安全生产主体责任落实情况专项执法检查，督促企业履行安全生产主体责任，确保全区生产安全。

【综合监管】 2018年，区安监局发挥区安全生产委员会办公室职能作用，强化综合监管，根据各阶段省、市安全生产工作重要决策部署，紧密跟进，抓住安全生产各个重点时期和重要环节，先后召开全区性安全生产工作会议2次和安全生产专项会议11次，印发、转发文件70余件。实行区安委会副主任单位包街镇制度，集中开展全区性督查活动2次。组织“三高”（高速铁路、高速公路和高架路）沿线安全隐患专项整治，核查各类隐患44处，全部按时整改完毕。

2018年3月8日，全区安全生产大会召开 （翟福洲 摄）

【执法检查】 2018年，区安监局科学制定2018年度执法检查计划，明确执法检查目标、内容和被检查企业名单。开展“大快严”（大排查、快整治、严执法）集中整治、安全生产集中攻坚、安全生产大检查、重点领域专项整治等行动，对4家非煤矿山、77家危险化学品生产经营单位、1家烟花爆竹批发企业、1家烟花爆竹仓库及57家烟花爆竹零售点进行执法检查，全面推进风险管控及隐患排查治理。

充实调整工贸行业“双随机”抽查企业名单，制定随机抽查方案和工作实施细则，明确抽查依据、抽查主体、抽查内容和抽查方式，全年共检查一般工贸企业150家次，查处隐患620处。同时，迎接省、市执法检查和异地互查活动4次。

【行业监管】 非煤矿山监管。2018年，长清区4家非煤矿山企业全部通过安全生产风险隐患双重预防体系评估验收，全部登录山东省安全生产风险分级管控和隐患排查治理监管巡查信息平台，其中通过二级标准化评审1家，通过三级标准化评审3家。4家非煤矿山企业全部与专业技术服务机构签订协议，落实专家查隐患、企业抓整改机制，全年技术服务机构开展服务21家次，帮助企业排查隐患，提高安全管理水平。

危险化学品监管。2018年，区安监局按照《济南市安委会办公室关于印发2018年危险化学品安全综合治理工作方案的通知》要求，制定具体实施计划，做到责任到位、措施到位，确保危险化学品安全综合治理各项目标任务落到实处。通过制定实施方案、调查摸底、企业自评、招标第三方机构程序，组织化工生产企业四评级一评价和危险化学品经营企业评级工作。深化安全风险摸排管控，逐步建立危险化学品分布情况档案，完善“一张图一张表”。开展危险化学品企业安全风险评估诊断定级，按照红、黄、橙、蓝对6家生产储存企业进行评估诊断定级，实施分类监管。根据应急管理部关于全面实施安全风险研判和承诺告知的要求，督促危化品企业对生产装置、罐区和仓库每日状态和风险进行公告。

烟花爆竹监管。2018年，全区共有1家烟花爆竹批发企业，于6月完成转型升级，退出烟花爆竹市场。春节期间，办理烟花爆竹零售许可57户，组织183人参加安全培训。做好文昌、平安、崮云湖3个街道的禁售、禁放烟花爆竹法制宣传工作，成立40余人的联合执法队伍，保证烟花爆竹市场安全形势稳定。烟花爆竹零售许可证到期后，全部收回，并做好剩余烟花爆竹安全处置。

工贸行业监管。区安监局以推进“一网双控”（安全生产网格化、风险分级管控与隐患排查治理双重预防体系）建设为重点，先后组织“双重预防体系”建设推进会议1次，跨区现场观摩培训会1次，现场点评调度会议3次，全区通过“双重预防体系”评估企业23家，规模以上企业全部登录山东省安全生产风险分级管控和隐患排查治理监管巡查信息平台，录入风险点9310个，隐患点707个。全区通过执法检查、会议调度、定期通报等方式督促企业落实安全生产标准化建设。至年底，全区通过标准化评审企业159家。

职业健康监管。2018年，区安监局坚持安全生产和职业健康一体化执法的意见，确定各街镇联络员名单，将职业病防治列入执法检查重要内容，定期对企业开展职业健康执法检查。全区近300家企业进行职业病危害因素申报，规模以上企业全部进行职业病危害因素检测，并组织职工进行健康查体2000余人。

【宣传教育】 2018年，区安监局坚持舆论先行、宣教结合，充分利用广播、电视、报纸、网站、微博等各种媒体，通过开设专题、专栏、刊播消息和简报等形式，宣传安全生产工作的重要意义、工作举措、典型做法、好的经验等。同时，加大《中华人民共和国安全生产法》《地方党政领导干部

2018年6月28日，举办长清区生命至上、安全发展知识竞赛 （陈家伦 摄）

安全生产责任制规定》《山东省安全生产条例》《山东省行政责任制规定》《山东省生产经营单位安全生产主体责任制规定》和各类安全常识的宣传力度，强化街镇属地监管责任意识、部门行业监管责任意识和企业安全生产主体责任意识。6月，开展“安全生产月”活动，组织“6·15”安全宣传咨询日、安全生产知识竞赛、政企主要负责人谈安全等活动，发放宣传资料1.2万份。全年被采用宣传稿件119篇，其中区政府网站29篇、市局网站77篇、手机报10篇、新华网山东频道1篇、济南大众网1篇、《齐鲁晚报》1篇。

【应急救援】 2018年，区安监局强化应急值守，重点时期坚决执行24小时值班制度和领导带班制度，加强应急演练，全年共组织开展综合性和现场处置演练100余场次，参演人员2400余人，有效提高应急管理水平。

（李晓亮　陈家伦）

检验检测

【概况】 2018年，长清区综合检验检测中心（以下简称区综合检验检测中心）开展通过资质认证的102个产品中的1225个参数的检测工作，能够检测食品中营养成分、重金属污染物、部分食品添加剂、微生物学指标、农产品中的三大类55种农药残留等项目。依据政府指定性抽检计划，主动对接区食药局、农业局，重点对辖区内的食品、农产品进行检验检测，确保源头上食品安全，为职能部门科学监管提供依据。

【农产品、微生物能力验证】 2018年，区综合检验检测中心通过“请进来”“走出去”培训学习，不断提升检测技能，并通过山东省农业厅、质监局组织的能力验证。6月，通过山东省农业厅农产品质量安全检测能力验证。10月，以偏差0.1的好成绩通过省质监局食品微生物（大肠菌群）能力验证。

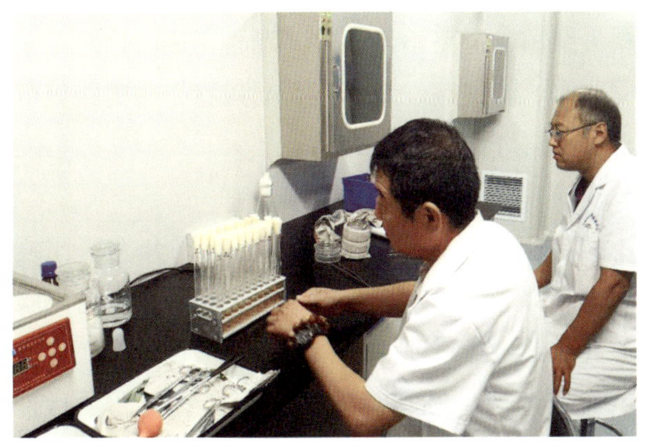

微生物能力验证　　（崔莎莎　摄）

【农产品质量检测】 2018年，区检测中心对全区蔬菜种植基地和市场流通环节的蔬菜、水果中的农药残留（如毒死蜱、甲拌磷、六氯苯等）44项，重金属（总汞、总砷）2项，共46项检测参数进行检测。全年共检测农产品110批次，检测结果均符合国家标准的卫生要求。

【食品质量检测】 2018年，区检测中心对全区流通及餐饮环节食品中的营养成分（蛋白质、脂肪等）、食品添加剂（苯甲酸钠、糖精钠、柠檬黄等）、农残以及微生物指标（菌落总数、大肠菌群等）共1000余个检测参数进行检测。全年，共检测食品24批次，检测结果均符合国家标准的卫生要求。

（崔莎莎）

园区建设

济南经济开发区

【概况】 2017年11月15日，中共长清区委、长清区人民政府印发《济南经济开发区改革发展实施方案》的通知，重新规划调整济南经济开发区管委会内设机构，设党政办公室、投资促进局、审批服务局、建设管理局、经济发展局、财政金融保障局、社会事务局，行政编制23人，事业编制21人，实有干部职工96人。机构改革后，聘用后的编制内人员，按照“三个分离”（即原编内任职、档案工资、人事档案管理与现岗位聘职、实际薪酬、合同聘用管理全部分离）的原则，聘用人员保留原有身份、编制和职级，实行“隔离管理、双轨运行”（即岗位管理和干部档案管理）。济清建设开发有限公司、济清控股有限公司，为济南经济开发区管委会投资的国有独资公司，实行区委区政府、开发区管委会领导下的管理体制。

2018年，济南经济开发区实现生产总值137.2亿元，完成规模以上工业增加值38.5亿元，规模以上工业主营业务收入161.1亿元，进出口总额5913万美元，实际利用外资1098万美元，固定资产投资126.9亿元，基础设施投资15.3亿元，全年完成税收收入11.9亿元，公共财政预算收入10.5亿元。至年底，济南经济开发区共有注册企业616家。其中，规模以上企业124家，高新技术企业49家，省级工程技术研究中心13家，市级工程技术研究中心16家，院士工作站2家，创新创业平台10家，形成高端装备制造、节能环保、电子信息、现代服务业四大主导产业和现代建筑、绿色食品两大特色产业发展格局。

【市政建设】 2018年，济南经济开发区投资1.2亿元，实施市政道路建设、翻新及绿化提升工程。其中，完成文科北路中央分车带和两侧绿化带的绿化以及亮化提升工程；对凤凰路进行亮化及绿化提升，在重要路口设置射灯；完成玉清路北延段道路建设工程及全路段亮化提升；完成玉皇山路全路段亮化绿化提升工程；完成张桥二号、三号路道路建设工程，完成两条路段绿化及亮化工程；完成顺兴路、同兴路、富美路、顺通路、玉皇山路北侧等市政道路绿化提升工程，解决道路缺失绿植、道路不畅通等问题；完成时代路、平安北路、滨河路、华德路、同兴路、富美路等市政道路路灯节能改造工程。

文科北路绿化及亮化工程 （开发区办公室提供）

【招商引资】 2018年，济南经济开发区围绕高端装备制造、节能环保、电子信息、现代服务业四大主导产业和现代建筑、绿色食品两大特色产业开展精准招商。加大招商宣传和项目推介力度，精心打造大学科研成果转化服务中心，为科研成果孵化、中试到产业化完整链条提供平台载体。全年，共签约项目15个，协议总投资

济南经济开发区管委会主任袁长奎（中）出席招商引资项目集中签约仪式　（开发区办公室提供）

额 510.16 亿元。其中，轻轨康养城项目，投资 160 亿元，占地面积 620 公顷；圣丰军民融合软件智谷项目，投资 80 亿元，占地面积 113.8 公顷；济南国际智造科创谷项目，投资 80 亿元，占地面积 50.9 公顷；红星美凯龙智慧小镇项目，投资 70 亿元，占地面积 66.67 公顷；济南经济开发区核心区加速器及配套建设项目，投资 14 亿元，占地面积 12 公顷；济南·智造云谷项目，投资 11 亿元，占地面积 20.67 公顷；连城智造时代项目，投资 10 亿元，占地面积 23.33 公顷；济南经济开发区污水处理厂建设项目，投资 3 亿元，占地面积 2 公顷；奔腾物流供应链管理服务产业园项目，投资 1.7 亿元，占地面积 4.4 公顷。大学科研成果转化服务中心入驻齐鲁工业大学高端人才团队项目、山东创能机械科技有限公司水动力系统研究院项目、山东申华光学高端晶体生产及加工研发基地项目、山东斯玛菲尔智能消防项目、济南创明网络科技有限公司电商项目、山东国控融资租赁项目共 6 个，总投资额 0.46 亿元。实现外资到账 1098 万美元，其中山东山水水泥集团有限公司到账 510.63 万美元、济南智造云谷机电有限公司到账 510.37 万美元、东福置业（山东）有限公司到账 77 万美元。

【项目建设】 2018 年，济南经济开发区以提高经济总量和发展水平为目标，千方百计抓落地、抓开工、抓建设、抓投产，推进重点项目建设进度。全年共推进工业物流项目 30 个，其中续建项目 8 个、新建项目 13 个、手续办理项目 9 个。续建项目 8 个，其中，联东 U 谷·济南长清国际企业港项目，总投资约 6 亿元，占地面积 12.27 公顷，总建筑面积 15.1 万平方米，该项目一期、二期工程已投入使用，三期工程手续正在办理中；济南沃德汽车零部件有限公司年产 6000 万支汽车发动机气门产品生产线建设项目，总投资 1.2 亿元，占地面积 1.8 公顷，建筑面积 1.8 万平方米，已投入使用；山东栋梁科技设备有限公司年产 1000 套教学实训系统项目，总投资 1.2 亿元，占地面积 2.79 公顷，总建筑面积 3.5 万平方米，一期工程已投入生产，二期工程正在办理施工手续；美森工业标准厂房项目，总投资 1.8 亿元，占地面积 2.8 公顷，建筑面积 6.2 万平方米，正在进行图审；济南港航实业有限公司三期科研办公楼项目，总投资 1.6 亿元，占地面积 4.33 公顷，已投入使用；山东平安建设集团有限公司应急照明灯具项目，总投资 1.3 亿元，占地面积 3.33 公顷，建筑面积 1.84 万平方米，已投入使用；济南城建集团有限公司预制管片厂建设项目，总投资 3 亿元，占地面积 6.84 公顷，建筑面积 2.8 万平方米，已竣工投产；济南轨道交通集团有限公司轨道交通 R1 线制梁场项目，

济南沃德汽车零部件有限公司生产线建设项目已投入使用　（开发区办公室提供）

总投资12亿元，占地面积50.33公顷，建筑面积16万平方米，正在进行试运行。新建项目13个，其中，大众报业印务项目，总投资4.5亿元，占地面积10公顷，建筑面积2万平方米，正在进行内部装饰施工；山东北辰新能源装备生产基地项目，总投资5亿元，占地面积13.07公顷，总建筑面积10.5万平方米，办公楼正在进行装饰施工，车间正在进行行车安装；济南黄老泰食品工业园项目，投资1亿元，占地面积6.67公顷，建筑面积5.9万平方米，一期正在进行装饰施工，二期正在进行主体施工；山东广汇力德国ABB机器人装备生产线自动化设备项目，总投资1.25亿元，占地面积3.03公顷，总建筑面积1.7万平方米，正在进行设备安装调试；济南赛信机械有限公司挤压食品机械制造生产项目，总投资0.8亿元，占地面积2公顷，总建筑面积1.1万平方米，正在进行主体施工；山东新佳怡包装有限公司年产6000万只纸罐和铁罐项目，总投资5100万元，总建筑面积1.5万平方米，正在进行三期新建车间项目装饰施工；山东华硕工程有限公司产业园建设工程项目，总投资2.5亿元，占地面积8.47公顷，总建筑面积5.3万平方米，第一车间正在进行装饰施工，第六车间主体施工已完成；山东庞大创新产业特色小镇项目，总投资10亿元，占地面积6.92公顷，总建筑面积16.2万平方米，正在进行主体施工；济南金沃优博实业有限公司食品包装机械生产加工项目，总投资1.2亿元，占地面积2.6公顷，总建筑面积2.1万平方米，正在进行主体施工；济南红霖实业股份有限公司企业文化创意、产品印刷包装生产厂区工程建设项目，总投资2.3亿元，占地面积4.67公顷，总建筑面积2.5万平方米，车间正在进行竣工验收；济南市粮食局食品产业园项目，总投资1.8亿元，占地面积6.6公顷，总建筑面积6.9万平方米，正在进行基础施工；山东现代畜牧业科技示范园项目，总投资0.4亿元，占地面积4.27公顷，总建筑面积1.05万平方米，正在进行主体施工；泰普石油项目，投资600万元，总建筑面积1800平方米，已竣工验收。手续办理项目9个，其中，昊岳科技有限公司汽车尾气后处理系统综合性产业基地项目，占地3.33公顷，总建筑面积3.1万平方米，因涉及郑济高铁沿线问题，市规划局已暂停审批；山东省韵达电子商务有限公司物流产业园项目，总投资6亿元，占地面积10.87公顷，总建筑面积10万平方米，正在进行主体建设；鼎瑞泰沣项目，总投资1.5亿元，占地面积3.25公顷，建筑面积3.3万平方米，正在进行联审；济南壹米腾飞物流供应链产业园项目，总投资1.7亿元，占地面积4.0公顷，建筑面积4万平方米，规划方案正在调整中；美艺纸品项目，占地面积1.7公顷，总建筑面积3.2万平方米，正在进行基础建设；亿同伟业项目，占地面积3.3公顷，建筑面积4.2万平方米，正在进行基础施工；其他项目正在办理手续。

【城中村改造】 2018年，济南经济开发区推进王宿铺、郭庄、高垣墙、平安、小刘、张桥、齐庄、北汝8个村城中村改造安置房项目。其中，王宿片区城中村改造项目，总投资8.84亿元，总建筑面积12.88万平方米，其中地上建筑面积8.87万平方米、地下建筑面积4.01万平方米，主要安置王宿铺村和郭庄村，安置套数864套，安置人口1971人，分A区、B区二期建设，A区已取得不动产权证书、建设用地规划许可证、建设工程规划许可证及建筑工程施工许可证，所有手续已办理完成，主体二次结构施工已经完成；B区取得不动产权证书、建设用地规划许可证、建设工程规划许可证及建筑工程施工许可证，完成车库结构及主楼1～6层结构施工。高垣墙城中村改造项目，总投资6.98亿元，总用地面积3.80公顷，主要建设8幢高层住宅（15～18层）及配套公建，总建筑面积11.27万平方米，其中地上建筑面积7.6万平方米、地下建

2018年3月18日，济南市长清区2018年上半年重点项目集中开工仪式在高垣村城中村改造项目现场举行 （开发区办公室提供）

筑面积3.67万平方米，安置套数684套，安置人口1559人，已取得不动产权证书、建设用地规划许可证、建设工程规划许可证、建筑工程施工许可证、配套幼儿园用地规划许可，完成地下结构施工及主楼1～6层结构施工。平安小刘城中村改造项目，总投资12.6亿元，项目建设规划用地面积6.16公顷，总建筑面积12.4万平方米，一期已建成7幢6层多层住宅，已建成建筑面积2.56万平方米，安置套数216套，安置人口552人；二期占地面积4.42公顷，建筑面积9.84万平方米，其中地上建筑面积6.1万平方米、地下建筑面积3.74万平方米，安置套数608套，安置人口1347人，完成项目立项手续并取得批复，完成勘察、设计、项目管理、跟踪审计单位招标程序，取得人防建设咨询意见，取得项目单体方案设计规划审查意见，完成施工图设计并经图审站审查合格，启动原已建成7幢楼划拨地块收储工作，新建项目地块根据规划红线，开始准备勘测定界图等相关资料，推进该项目地块成本落实方案；9月25日，项目二期正式启动，完成临设搭建、土方开挖、基坑支护、垫层、防水及筏板基础施工。张桥齐庄城中村改造项目和北汝城中村改造项目，完成项目立项手续并取得批复，完成济南市重点项目审批绿色通道，取得节能评估审查意见、环境影响评价意见，完成勘察、设计、项目管理、跟踪审计单位的招标程序，取得人防建设咨询意见，取得项目单体方案设计规划审查意见，完成施工图设计并经图审站审查合格。张桥齐庄城中村改造项目，总投资15.2亿元，规划用地面积5.7公顷，总建筑面积16.07万平方米，其中地上建筑面积11.31万平方米、地下建筑面积4.76万平方米，安置套数1028套，安置人口2336人。北汝城中村改造项目，总投资15.48亿元，项目建设规划用地面积6公顷，总建筑面积16.94万平方米，其中地上建筑面积11.87万平方米、地下建筑面积5.07万平方米，安置套数1068套，安置人口2458人。9月20日，张桥齐庄城中村改造项目和北汝城中村改造项目正式启动，完成临设、搭建、土方开挖、基坑支护、强夯静载试验和动力触探、CFG桩钻孔及混凝土浇筑。

【软环境打造】 2018年，济南经济开发区以建设产业优质、环境优美、品质优越、宜业宜居的“平安新城”为目标，将大学科研成果转化服务中心、双创大道活力轴、文科街区作为“平安新城”建设的引爆点和突破点，立足开发区、大学科技园区、主城区“三区融合”，加快布局“一轴”（双创大道活力轴）、“两心”（大学科研成果转化服务中心、核心区孵化器加速器）“两组团”（济南智造港、新动能科创园）“四片区”（文科片区、文旅片区、轻轨康养城片区、农高片区）建设。建立完善督查、年休假、外出备案、内控等制度建设，机关建设更加科学规范。

【服务大改善】 2018年，济南经济开发区深

山东电视台《政事面对面》报道济南经济开发区推行"店小二"式服务模式

2018年11月5日，全国蔬菜登记品种现场观摩会2018中国·山东国际种业博览会在济南农高区开幕

（开发区办公室提供）

化"一次办成"改革，实现企业设立和项目建设审批权限承接90%以上。按照"拿地即开工"模式，精简审批流程，缩短审批时限，提高审批服务业务本领，打造行政效能高、办事讲规矩、全心全意为企业服务的审批服务队伍，当好服务企业、服务项目的"勤务员""店小二"。

【泉城农业公园】 2018年，泉城农业公园完善基础设施，推进项目建设，探索经营管理模式，推动旅游业健康发展。完成农高区路灯维修养护工程，对明发路段京广高速以东雨水沟进行疏浚。黄老泰、猪博物馆项目进展顺利，推进潘村路建设。协调、研究济南市粮食食品产业园项目，完成项目复工。济南中牧澳利生物科技有限公司项目，总投资2亿元，用地面积3.33公顷，一期投资8000万元，于9月15日开工建设。推动旅游业健康发展，全年共接待各类团体、游客6万余人次。

【全国蔬菜登记品种现场观摩会2018中国·山东国际种业博览会在济南农高区开幕】 2018年11月5日，由全国农业技术推广中心和山东省农业农村厅主办，济南市农业局、山东省种子管理总站、长清区人民政府承办的全国蔬菜登记品种现场观摩会2018中国·山东国际种业博览会在济南农高区开幕，会期2天。300多家国内外种子企业，13个大类1000多个瓜菜新品种参展。本次观摩会把展位设在田间地头，和当地展示品种一起向参会者开放，真正实现种子使用者"看禾选种，不再东奔西走"。秋季品种展示评价在山东设立两个点：一个位于济南市农耕示范园，主要展示番茄、辣椒、甜瓜、西瓜等登记品种及南瓜、菠菜等非登记品种共计约1000个品种；另一个是位于济南市蔬菜技术推广服务中心基地，主要展示登记作物有大白菜、结球甘蓝、番茄、辣椒等登记品种249个。

【山东济清建设开发有限责任公司成立】 2008年12月，济清建设开发有限责任公司成立，注册资本3.33亿元，是济南经济开发区管委会投资的国有独资公司，实行区委区政府、开发区管委会领导下的管理体制。公司下设办公室、物业管理部、财务部、工程项目一部、工程项目二部、土地策划部、招标办公室7个部门。主要承担济南经济开发区内王宿、高垣墙、平安小刘、张桥齐庄、北汝等城中村改造工程、济南经济开发区孵化器项目建设、土地熟化及市政维护任务。

（商雪蒙）

大学科技园

【概况】 2018年，长清区大学科技园管理服务中心（以下简称区大学科技园管理服务中心）不断加大工作力度，推动大学城各重点项目加快建设。大学城实验学校10个月建成投用；三甲医院一期工程主体实现封顶，二期工程开工建设；华谊兄弟电影城（济南）老济南街项目主体完工，进入内外装饰阶段；济广高速大学城互通立交工程开工建设。会同区直相关部门服务高校，解决一批实际问题。推动校、地、企三方合作交流，开展各类共建活动。配合推动区域创新发展，整合各类双创资源力量，着力打造“双创大道”科创长廊。区大学科技园管理服务中心被山东省档案局评为山东省档案工作科学化管理先进单位，被济南市精神文明建设委员会评为文明单位，被评为全区经济社会发展先进单位、担当作为“干事创业”好团队。

【大学科技园综合整治绿化提升工程】 2018年，调动区直及街道多方力量，建立落实长效机制，全面加强大学城商业街综合整治工作。协调投资2000余万元，对大学路等多条道路进行整体绿化提升，补植乔木、灌木等共计30万株，满铺草坪10余万平方米。

【住宅小区建设】 2018年，大学科技园新开工建设济水别苑、天风云墅、金基悦麓、原香溪谷四期等住宅项目70万平方米，总居住面积达350万平方米，生态宜居、配套完善的长清大学城已成为市民及高校人才安家居住的首选。

【大学科研成果转化中心建设】 大学科研成果转化服务中心位于通发大道1399号，总建筑面积约13万平方米，由3万平方米的科创大厦、3万平方米的人才公寓和7万平方米的标准化工业厂房三部分构成。2018年，区大学科技园管理服务中心配合长清区产学研指挥部与高校联系对接，遴选高校优秀科研成果在展厅集中展示。大学科研成果转化服务中心已入驻齐鲁工业大学工业设计中心、山东师范大学高端晶体研发基地等企业。促进高校科研院所与区内企业间的产学研深度融合，全年新签订校地、校企产学研合作协议36份，累计252份；转移转化科研成果58项，新建研发中心、联合实验室、院士（专家）工作站、设计院等创新平台26个，其中新建院士（专家）工作站3家。至年底，完成人才公寓主体建设，标准化工业厂房正在筹建。

【济南西部创新园成为全区首个亿元税收大厦】 济南西部创新园（原山东数娱广场）位于大学城商业核心区域，总建筑面积14万平方米，涉及企业总部、数字软件、文化传媒、教育培训等多种业态，已入驻中铁十四局三公司、山东高速等企业210余家。2018年，实施园区内外环境提升工程，着力打造现代品牌创新园区。10月20日，元童诗文书画生命经营主题艺术展暨瑾艺术馆开馆仪式在济南西部创新园开幕。开幕式上，济南西部创新园“济南市长清区创业孵化基地”揭牌。至12月，园区企业上缴税额达2.6亿元，成为长清区第一座“亿元楼”。

【华谊兄弟电影城（济南）项目】 华谊兄弟电影城（济南）项目主要包括电影小镇、电影世界两大核心版块。2018年，在建的电影小镇第一条街“老济南街”集电影文化体验、展览演艺、特

华谊兄弟电影城老济南街主体封顶 （陈静　摄）

色美食于一体的综合文旅街区，占地面积5.67公顷，建筑面积2.7万平方米，包括城门楼、戏院、王府、城隍庙等单体建筑共计72组。年底，主体全部完工，正在装修装饰阶段。

【济南轨道交通1号线全面建成】 2018年，济南轨道交通1号线全面建成。济南轨道交通1号线南北向贯穿西部城区，将济南西站片区、济南经济开发区、长清大学城连在一起。全程运营里程26.1公里，南起工研院站，途经长清区、市中区、槐荫区，北至方特站，全线设车站11座，其中地下站4座、高架站7座（其中在长清区境内设6座），设范村车辆基地1处、控制中心1座，总投资129亿元，是全市轨交线网中贯穿南北的一条主干线。

【山东省高等学校“长青联盟”成立大会举行】 2018年12月7日，山东省高等学校“长青联盟”（以下简称“长青联盟”）成立大会在山东师范大学长清湖校区一号报告厅举行。山东省委教育工委常务副书记，省教育厅厅长、党组书记邓云锋，济南市委常委、宣传部长，市委教育工委书记杨峰，济南市长清区委副书记、区长赵居安出席会议并致辞。省教育厅有关处室主要负责人，济南市、长清区有关部门负责人，联盟成员单位校领导和职能部门、教师、学生代表等共计300余人参加会议。会上，山东中医药大学副校长田立新宣读《联盟倡议书》，齐鲁工业大学副校长任民宣读《联盟章程》。联盟成员单位——山东师范大学、山东中医药大学、齐鲁工业大学、山东交通学院、山东艺术学院、山东工艺美术学院、山东女子学院、山东管理学院、山东劳动职业技术学院、济南幼儿师范高等专科学校10所高校领导在联盟章程上签字。“长青联盟”是以增进高校之间互动与合作，实现资源共享、协同创新、优势互补、互利共赢为目的，由驻长清大学城高校自愿成立的、非独立法人、非营利性合作发展共同体。“长青联盟”以“自愿平等、互信互利”的原则，秉持“协同创新、开放高效、共建共享”的理念，充分发挥和利用联盟成员优质办学资源，创新合作机制与模式，推动建立全方位、可持续互利合作关系、共同搭建资源共享平台，强化协同创新，促进优势互补，形成发展合力，达成整体共赢，共同构建一流高等教育集群。

【高校校长论坛在崮云湖街道梦翔小镇举行】 2018年4月24日，由山东女子学院、长清区产学研指挥部、长清大学城建设指挥部、崮云湖街道办事处联合举办的首届高校校长论坛在崮云湖街道梦翔小镇路演大厅举行。长清区政协副主席、区产学研指挥部副指挥刘宝林为论坛致辞。山东女子学院校长盛国军作关于《山东女子学院建设发展与地方经济社会发展有机结合的思考》报告。山东女子学院校长盛国军代表学校与中国重汽集团房地产开发有限公司签署战略合作协议书。论坛的成功举办必将更好地助力高校与社会、市场接轨，助推长清新旧动能转换发展。

8月16日，第二届长清大学城校长论坛在崮云湖街道梦翔小镇举办。济南市委组织部副部长韩洪强，山东师范大学校长唐波，长清区委书记王勤光，济南市城乡水务局供排水监测中心党支部书记、主任贾瑞宝，长清区政协党组书记、主席、区产学研融合发展指挥部总指挥张昭森等出席活动。长清区委书记王勤光致欢迎辞，济南市委组织部副部长韩洪强作重要讲话，山东师范大学唐波校长作《加强校地政研协作，创新驱动新旧动能转换》报告。此次论坛是实现高校、地方和企业有机融合、共同发展，促进科技成果转化及人才共享的战略性举措，是联系多方、共赢未来的纽带桥梁，为“政产学研创”五位一体协同发展提供优秀的“长清模板”。

【济广高速大学城互通立交工程开工仪式举行】 2018年12月9日，济广高速大学城互通立交工程开工仪式在长清苗圃举行。齐鲁高速公路股份有限公司董事长李刚，齐鲁高速公路股份有限公司总经理彭晖，中建路桥集团有限公司党委委员、董事、副总经理李占国，济南城市建设集团副总经理史海成，长清区委副书记、区长赵居安等出席开工仪式。济广高速大学城互通立交工程位于济广高速与平安南路交叉处，顺接省道105长清绕城线，互通立交中心位于济广高速K59+289处。主线设计速度120公里/小时，匝道设计速度40公里/小时，桥梁设计荷载等级为公路–I级；主线长1.16公里，匝道长1.90公里，主线加宽路基长935米，加宽桥梁长210米，新建1座主线桥梁52米、中小桥3座，路基填筑土石方18万立方米；设置匝道收费站车道数为3入5出，养护工区1处与收费站同址建设。项目建设总工期20个月，总投资1.5亿元。

（刘秀军　陈　静）

【大学简介】 山东师范大学　山东师范大学坐落在历史文化名城济南。建校以来，学校植根齐鲁文化沃土，汲取泉城人文灵韵，秉承“尊贤尚功、奋发有为”的校园精神和“弘德明志、博学笃行”的校训，自觉传承创新齐鲁文化，努力彰显教师教育特色，至2018年已发展成为一所学科专业齐全、学位体系完备、师资人才充沛、社会声誉优良的综合性高等师范院校。

学校办学可追溯到1902年山东大学堂内设师范馆。1950年10月，在原华东大学教育学院和山东省行政干校的基础上组建山东师范学院，系新中国成立后山东省成立最早的本科高校。1952年原齐鲁大学物理、化学、生物三系并入。1970年9月，学校机关及部分系部迁到聊城办学。1974年4月，迁回济南。1981年3月，学校被确定为省属重点高等学校；同年8月，更名为山东师范大学。2012年11月，学校被确定为山东省首批重点建设应用基础型人才培养特色名校。2014年3月，学校被批准为山东省和教育部共建高校。2017年11月，学校被评第一届全国文明校园。

2018年，学校在历下区和长清区两地办学，总占地面积近258.78公顷，建筑面积141.05万平方米。设有国家级虚拟仿真实验教学中心1个、国家级实验教学示范中心1个、省部共建高等学校协同创新中心1个、教育部重点实验室1个、

山东师范大学长清校区鸟瞰图　　（王承忠　摄）

山东师范大学图书馆　　（王承忠　摄）

教育部工程技术研究中心1个、教育部人文社科重点研究基地1个、山东省重点实验室6个、山东省工程实验室1个、山东省工程技术研究中心5个、山东省理论建设重点研究基地2个、山东省重点新型智库1个、山东省高等学校协同创新中心4个、山东省高等学校实验教学示范中心7个、山东省“十三五”高等学校科研创新平台9个等53个国家级省部级以上研究培训机构。图书馆馆藏书刊452.94万册，数据库198个，各类电子图书912.94万册，电子期刊4.44万种。

2018年，设有学院（部）24个，本科专业87个，博士后科研流动站9个，博士学位授权一级学科14个、硕士学位授权一级学科33个、专业学位授权类别16个，覆盖十大学科门类，学科、专业学位数量居省属高校前列。有国家重点学科1个、国家重点（培育）学科1个。3个学科进入基本科学指标数据库（ESI）学科排名前1%。6个学科进入山东省一流学科建设行列。在全国第四轮学科评估（2017年）中，24个学科参评，其中有13个学科进入B及以上等次，B+等次和B等次数量均居山东省属高校首位。学校建有国家级特色专业9个，省级品牌专业和特色专业18个，获评山东省高水平、应用型专业8个，获评山东省一流专业20个，获批山东省高水平应用型立项建设重点专业（群）、山东省教育服务新旧动能转换专业对接产业项目8个。

教学成果丰硕。承担教育部“质量工程”全部类别项目，获国家级教学名师称号4人，获国家“万人计划”教学名师2人，获国家级教学成果奖18项，建成国家级教学团队2个、国家级专业综合改革试点项目1个、国家级特色专业建设点9个、国家级精品课程和国家级精品资源共享课8门、国家级双语教学示范课程1门、国家级人才培养模式创新试验区和国家级大学生校外实践教育基地2个、国家“十二五”规划教材6部，国家级大学生创新创业训练计划项目1100余项。是全省最早承担“国培计划”的高校，获全国普通高等学校招生工作先进单位、全国普通高校毕业生就业工作先进集体、教育部首批创新创业示范性高校、教育部卓越中学教师培养计划实施院校等称号。

师资队伍精良。有双聘院士10人。25人次入选国家“千人计划”、国家“万人计划”、973首席科学家、长江学者、国家杰青、全国“四个一批”人才（理论界）和国家百千万人才工程人选，22人获全国优秀教师等称号，90人享受国务院政府特殊津贴，5人入选教育部“新世纪优秀人才支持计划”。1个教师团队获评“全国高校黄大年式教师团队”。6人6次当选全国党代会代表，5人12次当选全国人大代表，5人10次当选全国政协委员。3人次入选山东省“泰山学者”攀登计划，2人入选山东省“泰山学者”优势学科领军人才支持计划，16人入选山东省“泰山学者”特聘教授，10人入选山东省“泰山学者”青年专家，1人入选国家优青，31人获山东省有突出贡献的中青年专家称号。

科研实力雄厚。“十二五”以来，主持承担国家“863”“973”、国家重点研发计划、国家社会科学基金、国家自然科学基金等项目712项。2012年，成为“973”项目首席科学家单位。先后获国家自然科学奖二等奖2项、国家科技进步二等奖3项，国家杰出青年科学基金项目2项、国家自然科学基金优秀青年科学基金项目1项，国家社科基金重大项目4项，教育部哲学社会科学重大项目3项，1个团队入选科技部创新人才推进计划重点领域创新团队，1个团队入选教育部创新团队并获滚动支持。获山东省社科重大成果奖4项、全国教育科学优秀成果一等奖2项、鲁迅文学奖1项，以及“十佳全国优秀科技工作者”提名奖、山东省自然科学最高奖等国家级、省部级科研奖励近300项。主办学术期刊6种。学校获全国高校科研管理工作先进单位、山东省富民兴鲁劳动奖状、山东省产学研合作创新突出贡献奖等。

山东中医药大学　（校宣传部提供）

交流合作广泛。学校是教育部批准的首批外国留学生定点招生单位、首批孔子学院奖学金生接收院校、联合招收华侨、港澳台地区学生单位，与30个国家和地区的138所院校建立校际交流合作关系。入选“高等学校学科创新引智计划”。在韩国、肯尼亚、美国、巴西合作建设4所孔子学院和3所孔子学堂，是全国省属高校和师范院校合建孔子学院较多的高校。

（王言浩）

山东中医药大学　山东中医药大学创建于1958年，1978年被确定为全国重点建设的中医院校，1981年成为山东省重点高校，是教育部本科教学工作水平评估优秀学校、山东省人民政府和国家中医药管理局共建中医药院校、山东省应用基础型人才培养特色名校、山东省首批高等学校协同创新中心、山东省首届省级文明校园、山东省一流学科建设单位、省属高校绩效考核优秀单位。

学校在省属高校中拥有国家级重点学科最多，首批获硕士、博士学位授权，首批设立博士后科研流动站，首批成为国家“973”项目首席承担单位。

学校围绕立德树人根本任务，坚持社会主义办学方向，全面贯彻党的教育方针，秉承“厚德怀仁、博学笃行”的校训，坚持“以文化人、厚重基础、注重传承、勇于创新”的办学特色，累计培养10余万中医药人才和健康服务相关专业人才。

2007年，学校由济南市历下区主体迁入长清大学科技园大学路4655号。2018年，学校三校区（含青岛中医药科学院）办学，总占地面积133余公顷，总建筑面积53.9万平方米。学校图书馆馆藏纸质图书201万册、电子图书75.4万册、古籍善本3万册，为山东省古籍重点保护单位。设置教学机构17个、科研机构5个、教辅机构4个，拥有直属附属医院3所、非直属附属医院17所、教学医院24所，山东省研究生联合培养基地10家、中医局住院医师规范化培训基地18家，国家级实验教学示范中心1个，国家级大学生校外实践教育基地1个。

学校拥有本科专业28个，涉及医、理、文、工、管、法、教育等学科门类；有中医学、中药学、中西医结合博士学位授权一级学科3个、二级学科15个，硕士学位授权一级学科9个、硕士二级学科46个；拥有中医博士专业学位授予权和中医、中药学、药学、生物医学工程、护理学硕士专业学位授予权。至2018年，学校全日制在校生2.1万余人，其中研究生3000余人。学校与40余所国外知名大学、医疗机构建立长期友好合作关系。

2018年，学校有教职医护员工3400余人，其中博士生导师174人，硕士生导师683人。获国家“国医大师”称号者3人，“全国名中医”3人，“岐黄学者”3人，“973”项目首席科学家1人，全国优秀教师8人，中医药高等学校教学名师2人，山东省教学名师10人，山东省优秀教师6人，山东省“泰山学者”特聘专家10人，山东省“泰山学者”攀登计划专家1人，省部级有突出贡献的中青年专家26人，享受国务院特殊津贴专家52人，山东省名中医药专家96人，“山东名老中医”6人。有山东省优秀教学团队6个，山东省十大优秀创新团队1个，“全国高校黄大年式教师团队”1个。获省级以上教学成果奖58项。

学校坚持突出特色、争创一流，形成一批优势和特色学科专业，有中医基础理论、中医医史文献、中医内科学国家重点学科3个，中医学、中药学山东省一流学科2个，国家中医药管理局重点学科29个；国家临床重点专科13个，国家中医药管理局重点专科21个；有中医学、中药学、针灸推拿学和制药工程国家级特色专业4个，省级特色专业11个；拥有山东省高水平应用型重点建设专业群2个、重点培育专业群3个；3个专业（群）获山东省教育服务新旧动能转换专业对接产业项目立项。建成10门在线开放课程上线运行。

学校坚持以文化人、以文育人，打造特色鲜明的文化品牌。学校充分发挥孔孟之乡、扁鹊故里、针灸发源地的文化优势，坚持把中医文化和齐鲁文化作为以文化人的重要资源，塑造独具特色的大学文化品格。成立全国首家省级中医药文化协同创新中心，获批省内首家中医药智库——山东省中医药政策与管理研究基地。策划承办第八届世界儒学大会——儒家思想与中医药文化专题论坛，成立儒医文化研究会，首次将中医药文化推向高层次国际学术平台。成功立项国家中医药管理局国际合作专项——中国—波兰中医药中心，引领全省高校在“一带一路”建设上取得实质性突破。山东省中医药博物馆获批为全国中医药文化宣传教育基地、山东省中医药文化宣传教育基地、山东省中医药文化旅游示范基地、山东省第十一批社会科学普及教育基地。

学校注重科技创新驱动，打造一流科研平台。现有中医学、中药学、中西医结合博士后科研流动站3个，设有国家教育部重点实验室1个，国家中医药管理局三级重点实验室6个，国家中医药管理局重点研究室2个，全国学术流派传承工作室2个，全国名老中医药专家传承工作室33个，山东省重点实验室2个，山东省工程技术研究中心4个，山东省示范工程技术研究中心1个，山东省工程实验室1个，山东省高等学校协同创新中心4个，山东省高校科研创新平台7个。“十二五”以来，共承担厅局级以上科研课题686项，其中国家级项目198项，连续获山东省科技进步一等奖8项。建校以来，获国家级和省部级一等奖科研成果共29项，拥有国家中医临床研究基地、国家重大新药创制平台（山东）中药单元平台。

（孙一进）

齐鲁工业大学 齐鲁工业大学主校区位于济南市长清区大学路3501号，南邻大学路，东、北各至瓦特路，西至海棠路。2013年，由山东轻工业学院更名为齐鲁工业大学，是国家“产教融合”项目首批建设高校、山东省首批应用型人才培养特色名校、山东省高校协同创新中心首批立项建设单位。2017年5月，齐鲁工业大学和山东省科学院整合。齐鲁工业大学（山东省科学院）是山东省重点建设的应用研究型大学，同时也是山东省最大的综合性自然科学研究机构。

2018年，学校（科学院）总占地面积249.7

齐鲁工业大学　（齐鲁工业大学宣传部提供）

公顷，设有长清、彩石、历城、历下、千佛山、菏泽6个校区，在济南、青岛、济宁、临沂、菏泽等地设有研究机构，主校区在济南长清大学科技园。学校（科学院）拥有完善的现代化教学基础设施和实验设备。有省部级以上重点学科及研究平台117个，其中省部共建国家重点实验室1个、省部共建国家地方联合工程实验室1个、国家工程技术研究中心1个、国家超级计算济南中心1个、教育部重点实验室1个、国际科技合作基地3个、国家产业技术创新战略联盟1个、省级协同创新中心3个、省级重点学科9个、省级重点实验室16个、省级工程实验室9个、省工程技术研究中心26个、省工程技术创新中心1个、省级高校重点实验室5个、省产业技术创新战略联盟5个、省国际合作研究中心6个，省级社科基地（中心）3个；有省级实验教学示范中心3个，省级人才培养模式创新实验区1个，智能制造省级新旧动能转换实训基地等学生实践教学和实训基地408个。校舍建筑总面积123万平方米，教学科研设备总值10.3亿元，图书馆藏书249万册，电子图书148万册。建有山东教育科研网大学科技园网络节点和覆盖全校的千兆以太计算机网络，科学与艺术深度融合的齐鲁陶瓷玻璃博物馆。校园环境优美，为“省级园林化校园示范单位”。

2018年，学校（科学院）有专任教师2016人，其中副高级以上专业技术职务人员1018人，具有博士学位的1032人。有“双聘”院士4人，外籍院士1人，国家万人计划2人，国家百千万人才工程4人，国家有突出贡献的中青年专家1人，中央联系专家1人，国家杰青2人，长江学者2人，全国优秀科技工作者1人，泰山学者攀登计划专家2人，泰山学者特聘教授、专家39人，泰山学者青年专家6人，泰山产业领军人才6人。教育部新世纪优秀人才支持计划5人，科技部中青年科技创新领军人才2人，山东省有突出贡献的中青年专家37人，山东省高端智库专家7人，享受国务院政府特殊津贴专家23人，全国师德标兵1人，全国优秀教师1人，山东省教学名师6人。在职在岗的各类省部级以上高层次人才191人次。

2018年，学校（科学院）有全日制在校本科生、研究生、留学生3万余人。设23个教学单位，15家创新研究机构。共有9个省部级重点学科，

齐鲁工业大学图书馆　（齐鲁工业大学宣传部提供）

14个硕士学位授权一级学科，93个硕士学位授权二级学科，9个工程硕士专业学位授权领域，3个艺术硕士专业学位授权领域，2个翻译硕士专业学位授权领域，1个金融硕士专业学位授权领域，75个本科专业。学科专业涵盖工学、理学、文学、经济学、管理学、法学、医学和艺术学等8个门类，化学、工程、材料科学三个学科进入ESI世界学术机构排名前1%。

学校（科学院）是教育部本科教学工作水平评估优秀学校。办学70年来，累计为社会培养输送各类人才15万余名，涌现出一大批行业领军人物，被誉为“工程师的摇篮，企业家的沃土”。现有国家级特色专业4个，省级特色专业10个，国家级精品课程1门，省级精品课程33门，省级教学团队7个。在最近一届省级教学成果奖评选中，获特等奖1项，一等奖7项，二等奖10项。学生在“挑战杯”“创青春”“数学建模”等大赛中共获省部级以上奖励3100余项，其中国际级奖励29项，国家级奖励510余项，是山东省大学生创业教育示范院校和山东省高校毕业生就业工作先进集体，毕业生年底就业率长期保持在95%以上，被主流媒体评为山东省十大最具社会口碑学校、最具就业竞争力本科院校、最佳社会声誉高校。学校（科学院）发挥科教融合特色和优势，建设院所一体的科教融合学院，成立“齐鲁英才学堂”特色班，形成“产学研用”一体化、全链条人才培养模式，全面加强创新型人才培养。

近年来，共承担国家重点研发计划、“973计划”“863计划”、国家自然科学基金、社会科学基金等国家级科研课题502项，省部级项目491项；获省部级以上科研奖励87项，其中获国家技术发明二等奖2项，国家科学技术进步二等奖2项，中国专利优秀奖4项，山东省科技最高奖1项，山东省技术发明一等奖2项，山东省科技进步一等奖11项，山东省社科优秀成果一等奖2项，泰山文艺一等奖1项；获国家发明专利1400项，山东省专利奖一等奖2项；学术论文被SCI、SSCI收录2378篇，出版著作174部。主办《齐鲁工业大学学报》《科学与管理》《山东科学》3种学术期刊。

学校（科学院）积极参与国家和山东省发展战略，面向主导产业发展需求开展科技成果示范推广和产业化工作，全面服务山东省新旧动能转化重大工程。近5年，与30余个政府，90余个龙头企业建立科技合作关系，创办科技企业70余家，共建科技示范基地30余个，累计创造直接经济效益1000余亿元。被授予中国创新驿站山东区域站点、国家技术转移示范机构、国家级科技合作示范基地、国家级科技成果研究推广中心、国家级成果产业化基地、山东省产学研合作创新突出贡献单位等称号。

学校（科学院）坚持走国际化、开放式道路，主动融入“一带一路”，塑造开放办学新优势。先后与40余个国家和地区的高校及科研院所建立友好合作关系，建有国际研究生院和科教融合国际学院，设有博士后工作站，与国外著名高校联合培养博士研究生；与亚太体育总会共建世界体育大学部分学院，举办国际体育赛事；举办中外合作办学本科项目2个，设有移民签证雅思考点，建有国家级和省级国际科技合作基地（研发中心）33个，并有多个高水平专业化国际联合实验室。近5年，先后承担各类国际合作项目220余项，国家、地方引智项目210余项；每年到校交流、访问的外国专家400人左右，长期工作的外国专家超过50人，获国家外国专家局授予的“引进智力工作先进单位”称号。

（徐少萍）

山东艺术学院 2018年，山东艺术学院有济南市文化东路和长清两个校区，设有音乐学院、美术学院、戏剧学院、现代音乐学院、设计学院、艺术管理学院、舞蹈学院、戏曲学院、传媒学院、职业教育学院、电影学院、国际艺术交流学院、公共课教学部、马克思主义学院14个教学单位。学校建筑面积近37万平方米，拥有固定资产总值近10亿元，馆藏图书94万余册。有全日制在校生1.1万人；有教职工931人，专任教师769人，其中具有正高级职称88人、副高级职称253人，享受国务院政府特殊津贴专家9人，全国优秀教师8人，山东省高等学校重点学科首席专家5人，山东省有突出贡献的中青年专家5人，省级教学名师7人。有艺术学门类一级学科5个、本科专业31个、专业方向50个；有国家级特色专业（绘画、公共事业管理、艺术设计）3个，山东省品牌特色专业（绘画、公共事业管理、艺术设计、表演、音乐学、广播电视编导）6个，山东省高水平应用型立项建设专业群（广播电视编导专业群、戏剧影视导演专业群）2个；有国家级人才培养模式创新实验区（美术学科自主成才人才培养模式实验区）1个；有“山东省一流学科”培育建设学科（音乐与舞蹈学）1个，山东省重点学科（音乐学、美术学、戏剧戏曲学，其中音乐学为山东省特色重点学科）3个，山东省文化艺术科学重点学科（音乐学、美术学、中国画学、设计学、艺术学理论、舞蹈学、戏曲学、广播电视艺术学）8个；有省级研究、培养基地（音乐文化研究基地、非物质文化遗产研究基地、“山东秧歌”山东省优秀传统文化传承基地、齐鲁传统音乐传承研究基地）4个。

2018年，是山东艺术学院建校60周年，师生、校友、各界人士举行庆祝大会、文艺演出、学术论坛等系列活动。学校与山东省委宣传部共同主办的纪念改革开放40周年“时代的温度”——山东艺术学院建校60周年美术作品展在中国美术馆举行，著名校友彭丽媛教授专程莅临参观指导，同时大型民族歌剧《檀香刑》在国家大剧院上演。山东省委书记刘家义七一前夕到校看望老党员并座谈，就践行总书记习近平文艺工作重要讲话精神、做好新时代文艺工作提出明确要求。学校实施博士学位授予立项建设单位建设规划，邀请专家对硕士学位授权点建设进行合格预评估。音乐与舞蹈学被批准为“山东省一流学科”培育建设学科。美术学等8个学科获评“十三五”山东省文化艺术科学重点学科。实施“123”人才支持计划，引进高层次人才7人，优秀青年博士人才53人。获批国家级、省部级科研项目31项。教师发表中文核心期刊及以上论文160篇，出版专著80部。师生获省部级以上专业奖项146个。完成国家艺术基金项目5项。围绕黄河滩区脱贫迁建重大工程开展“黄河入海”主题艺术创作。参加庆祝改革开放40周年文艺晚会、央视春节联欢晚会等重大文艺演出活动。成立电影学院，成立教学质量监控中心、教学实验中心、教师发展中心。1名教师获评国务院政府特殊津贴专家，续聘“泰山学者”特聘专家，1人获评山东省有突出贡献的中青年专家，1人被授予“山东省先进工作者”称号。1名学生被评为山东高校十大优秀学生，1名学生被授予“山东省大学生自强之星标兵”称号。成立山艺教育发展基金会，先

山东艺术学院　　（校办提供）

后收到捐赠4000余万元。开展校园优化提升工程18项，办学条件和育人环境更加完善。

（李维虎）

山东工艺美术学院 2018年，山东工艺美术学院设有千佛山和长清两个校区，总占地面积58.67万平方米，是全国31所独立设置的公办艺术院校中唯一一所设计类大学，已形成研究生教育、本科教育、高等职业教育、继续教育、社区艺术教育和高中美术教育等多层次办学格局。学校图书馆馆藏纸质图书70万册，电子图书24.65万册，订阅中外文期刊报刊947种，电子期刊5.88万种，馆藏文献建设突出艺术设计特色，建有学位论文库、设计学民艺学学科导航等自建特色数据库。学院设有视觉传达设计学院、建筑与景观设计学院、工业设计学院、服装学院、造型艺术学院、现代手工艺术学院、数字艺术与传媒学院、人文艺术学院、应用设计学院、继续教育学院、公共课教学部、思想政治理论教学研究部、艺术与设计实践教学中心、创新创业学院（淄博陶瓷学院）等教学单位。建有博物馆、美术馆，设有中国民艺研究所、设计策略研究中心、艺术人类学研究所等研究机构。编辑出版学报《设计艺术》、校报《山东工艺美院报》。建有学校网站及“设计·中国”等专业网站。学院有教职工767人，其中博士生导师3人、硕士生导师58人、教授62人、副教授131人。教师中有“万人计划”哲学社科领军人才1人，泰山学者特聘教授2人，中央联系的高级专家1人，中宣部“四个一批”专家1人，教育部高等学校教学指导委员会副主任委员1人，国务院特殊津贴12人，山东省突出贡献中青年专家5人，山东省专业技术拔尖人才5人，全国优秀教师6人，山东省教学名师4人，山东省高校首席专家2人，齐鲁文化英才1人，“黄大年”教学团队1个。在校生7158人，其中硕士研究生237人、普通本科6453人、普通专科468人。

学校学科专业建设特色优势明显。学科设置涉及艺术学、文学、工学、管理学4个学科门类、11个一级学科，构建以设计学为主导、美术学为基础、相关学科为支撑、传统工艺美术为特色的学科专业布局。设计学为山东省一流学科培育建设学科。设计艺术学、艺术学、戏剧与影视学为山东省“十二五”重点学科，其中设计艺术学为山东省特色重点学科。设计艺术学、艺术学为“泰山学者”岗位。艺术学理论、设计学、美术学为一级学科硕士学位授权点，艺术设计、美术为艺术硕士（MFA）专业学位授权学科领域。学校建有国家人才培养模式创新实验区、国家级实验教学示范中心、山东省高等学校人才培养模式创新实验区、山东省实验（教学）示范中心。艺术设计、动画、艺术设计学为国家级特色专业。学校4个专业群为山东省高水平应用型立项建设专业群。学校坚持立德树人，以“为人民而设计”为使命，践行社会主义核心价值观，建立并不断优化设计教育“创新与实践教学体系”，培养具有“科学精神、人文素养、艺术创新、技术能力”的创新型应用设计人才。

2018年山东工艺美术学院新建体育馆 （校办提供）

学校科研创作成绩突出。建有国家动漫产业发展基地、中国非物质文化遗产保护中心传统手工艺研究基地、山东省非物质文化遗产研究中心、环境艺术设计综合实验室等科研平台。学校先后承担、完成国家社科基金重大招标项目、国家社科基金重点项目等国家级、省部级重点研究项目；参与“中国民间文化遗产抢救工程”“手艺农村”等科研及设计项目，作品入选首届“中国设计大展”并获奖；学校师生在“全国美展”等国家级展赛，以及在德国红点概念设计大赛、德国IF国际设计竞赛、美国弹力方程式国际设计锦标赛等国际设计大赛中成绩优异。学校发挥专业优势，参与完成北京奥运会官方海报设计、完成第十一届“全运会”视觉形象系统设计，参与完成上海世博会山东馆、韩国丽水世博会山东活动周、中国（深圳）文博会山东展区等设计施工运营工作，完成山东区域发展战略主题展、哈萨克斯坦阿斯塔纳世博会中国馆山东活动周等系列重点设计项目，参与完成上海合作组织青岛峰会相关艺术创意设计任务。学校与山东省10余地市人民政府及浪潮集团、海尔集团等知名企业签署合作协议，全面开展工业设计、城市规划、文创产业等重点项目合作和智库服务。学校设有山东省文化创意产业“金种子”孵化器，不断完善专业人才培养、创意设计研发、区域经济与文化服务一体化的产教融合发展机制。

学校是国家“十三五”产教融合发展工程规划建设单位、山东省首批应用型人才培养特色名校工程建设单位、山东省2017年—2023年博士学位授予立项建设单位。2018年，学校被山东省委、省政府授予“上合青岛峰会服务保障工作先进单位”称号，艺术创意设计团队获山东省“干事创业好团队”称号。

（张　洁）

山东交通学院鸟瞰图　　（蔺国智　摄）

山东交通学院　山东交通学院始建于1956年。2000年，由交通部划转山东省，实行中央与地方共建管理体制。2011年，经国务院学位委员会批准为培养硕士专业学位研究生试点工作单位。2013年，获批为山东省高等教育应用型人才培养特色名校立项建设单位，是教育部应用技术大学改革试点战略研究单位。2017年，获批山东省硕士学位授予立项建设单位（A类）。学校是“全国高校毕业生就业50强”典型经验高校。

2018年，学校总占地面积213.3公顷，分为长清校区、无影山校区、威海校区、东校区4个校区办学，共有全日制在校学生2.5万余人，在职教职工1600余人，其中享受国务院特殊津贴者5人、省部级优秀教师18人、山东省有突出贡献的中青年专家3人。

学校设有汽车工程学院、交通土建工程学院、工程机械学院、交通与物流工程学院、信息科学与电气工程学院、航空学院、轨道交通学院、理学院、经济与管理学院、外国语学院、艺术与设计学院、交通法学院、国际教育学院、航海学院、船舶与轮机工程学院、国际商学院、马克思主义学院等二级学院17个，还设有基础教学部、体育教学部、继续教育学院（职业技术学院）。开设土木工程、航海技术、飞行器制造工程、飞行技术、轨道交通信号与控制、机器人工程、数据科学与大数据技术等本科专业59个，交通运输工程、船舶与海洋工程2个工程硕士专业学位领域，涵盖工、理、经、管、文、艺、法七大学科门类，设有道路与铁道工程、交通运输规划与管理等省级重点学科4个，载运工具运用工程省级特色重点学科1个，交通运输、土木工程国家级特色专业2个，车辆工程、机械设计制造及其自动化、船舶与海洋工程等省级特色专业7个，轮机工程、物流工程、金融学等省级高水平应用型重点建设专业（群）5个，其中轮机工程专业群获批山东省教育服务新旧动能转换专业对接产业项目立项。

近5年来，学校获山东省科技奖、山东省社会科学优秀成果奖等省部级科研奖励10余项，发表SCI、EI、CSSCI等各类学术论文2000余篇，出版学术专著116部，授权发明专利200余项，制定行业、地方标准10余项，科研项目立项和经费逐年攀升，获批市厅级以上纵向科研课题500余项，2018年科研经费到账9000余万元。

学校拥有全国交通运输行业重点实验室1个、工信部实验室（山东）1个、山东省工程技术研究中心3个、山东省工程实验室1个、山东省交通运输行业重点实验室4个，是山东省高校协同创新中心“智能交通协同创新中心”牵头单位。威海校区获批组建威海市工程技术研究中心3个、威海市重点实验室1个。设有国际商务研究中心、交通教育研究基地山东省高校人文社会科学研究基地2个。

学校聚焦新产业、新技术、新业态、新模式，始终对接产业和技术发展的最新需求，充分发挥学校优势和特色，着力提升服务国家战略以及解决地方经济社会发展中重大问题的能力，为交通强国战略、乡村振兴战略、海洋强省建设、新旧动能转换重大工程等贡献“交院力量”。与临沂市人民政府合作在临沂市成立独立法人科研机构——“山东交通学院临沂研究院”，与威海市南海新区管委会合作成立“威海海洋信息技术研究院”，与山东省乾云科技有限公司等单位合作成立“山东省交通大数据研究院”。机动车检测实验中心具有国家有关部委批准的国家实验室认可资质，国家车辆事故深度调查（NAIS）工作站（山东）、中国交通教育研究会交通法学研究中心、国家技术转移东部中心交通产业中心、山东内燃机学会秘书处、国家科技部众创空间设在学校。

学校坚持“引进、学习、融合、发展”的国际合作办学原则，不断丰富中外合作办学内容，开展国际交流与合作，与俄罗斯、美国、英国、德国等20余个国家的62所高校建立合作关系，开展师生交流和学术科研合作。学校响应国家“一带一路”倡议，同“一带一路”沿线国家开展合作。同俄罗斯高校合作，在山东交通学院设立非独立法人机构——“山东交通学院顿河学院”；同泰国高校合作，在泰国孔敬省设立分校区。学校重视留学生的教育与培养，累计招生来自50个国家的留学生525人。

（王　菲）

山东女子学院　山东女子学院位于长清区大学科技园大学路2399号，南邻大学路，东北至居里路，西靠紫薇路，占地面积71.60万平方米。2005年，学校由济南市玉函校区主体迁入长清大学科技园。至2018年，学校建成办公楼、教学楼、学生宿舍楼等共12幢，建筑面积25.35万平方米。学校图

山东女子学院　（杨兴魁　摄）

书馆馆藏纸质图书 25.35 万册，电子图书 154.86 万册。学校现有 15 个教学院（部），33 个普通本科专业、17 个普通专科专业，涉及教育学、法学、管理学、经济学、艺术学、文学、工学、理学 8 个学科门类。学校全日制在校生共有 1.2 万人，其中本科生 9496 人、专科生 2577 人。有教职工 753 人，其中，教授 61 人、副教授 208 人；享受国务院特殊奖励津贴 2 人。有山东省高水平应用型立项建设专业（群）2 个，“山东省高等学校优势学科人才团队培育计划”1 个。2018 年，毕业生 3422 人，其中本科生 1556 人，专科生 1856 人，总体一次就业率 97.31%，优质就业率 75.18%。

2018 年，教学改革持续推进，教学成果丰硕，获批省级教学改革研究项目 7 项，获省级高等教育教学成果一等奖 1 项、二等奖 4 项，省级职业教育教学成果一等奖 2 项，学生获全国大学生数学建模竞赛国家级一等奖 1 项、二等奖 2 项，省级奖 31 项。获山东省大学生数字媒体创意大赛一等奖 1 项、二等奖 6 项。

2018 年，创新创业成果凸显，学生自主创业注册公司 57 家，学校获批省级大学生众创空间，获批教育部大学生创新创业训练计划项目 12 项，《共青团在女大学生创业教育中的作用研究》获全国学校共青团优秀研究成果一等奖。

2018 年，重点学科和重点实验室建设取得重大突破，“女性音乐学”“文化旅游研究”获批“十三五”山东省文化艺术重点学科，“智能媒体与交互设计重点实验室”获批“十三五”山东省文化艺术重点实验室。科研层次不断提升，获批国家社科基金项目 2 项、全国教育科学规划国家级项目 1 项，国家艺术基金 1 项，教育部人文社科项目 3 项，其他省部级项目 41 项。工商管理学院农业品牌智库团队研究成果得到省委书记刘家义等省领导肯定性批示。“现代高效农业品牌产业链价值提升协同创新中心”获批山东省高等学校对接产业类协同创新中心。原经济管理学院教师团队获“山东省高校黄大年式教师团队”，1 名教师获国务院特殊津贴，3 名教师获山东省高校产业教授，2 名教师入选山东省理论人才“百人工程”。

2018 年，学校在山东省内招收首批学前教育专业公费师范生 100 人；首次开展专科综合评价招生工作，面向全国 14 个省（自治区）共录取新生 4212 人，生源质量整体稳中有升。

2018 年 5 月 12 日，学校第一届文化艺术节开幕，举办艺术展演类、平面展示类、体育活动类、互动体验类、讲座论坛类等五大类 30 场次活动，集中展示学校近年来美育建设方面取得的成果。

2018 年，学校争取专项资金 600 万元，建设教学实训中心，完成主体框架封顶。争取专项资金 100 万元，完成 1 ~ 4 号学生公寓供暖改造工程。完成中水站三期中央财政项目工程。完成 16.8 公顷土地征用手续。附属幼儿园通过市级一类园评估验收。改造校园网，实现有线与无线网络深度融合，网络服务质量进一步提升。完成“一卡通”系统升级，启用无感知认证、扫码付以及数字迎新系统，开通自助服务大厅。

（孟　涛）

山东管理学院　山东管理学院其前身是 1938 年创建于革命老区沂水县的山东省总工会干部学校，1950 年迁至济南。1987 年，改建为山东省工会管理干部学院。2013 年，经教育部、山东省人民政府批准，改建为普通本科院校，更名为山东管理学院。山东管理学院是以管理学科为主体的一所特色鲜明的公办普通本科高校，也是全国唯一一所具有工会背景的省属本科高校。

2018 年，山东管理学院设有两个校区，分别位于历城区和长清区，总占地面积 73.5 公顷，其中长清校区 68.3 公顷。建有功能齐全的现代化图书馆、教学楼、实验楼、学生公寓，馆藏纸质图书 100 万余册，拥有设备先进的工程中心、大学生就业创业孵化基地、同声传译实训室等校内实验实训室 56 个，在省内外有实习实训基地 170 余个。

山东管理学院长清校区全景　　（山东管理学院招生就业处提供）

学校设有劳动关系学院、工商学院、会计学院、人文学院、艺术学院、经贸学院、信息工程学院、机电学院、国际交流学院、继续教育学院等二级学院10个，本科招生专业23个、专科招生专业21个，形成管、经、工、文、艺、法等多学科协调发展的学科专业体系。建有国家级教学改革试点专业1个、省级教学改革试点专业1个、省级特色专业6个、山东省高水平应用型立项培育专业群1个、省级教学团队4个、省级精品课程28门、省级成人特色课程4门。2018年，面向全国17个省份招生，全日制在校生近1.2万人。

学校拥有一支师德高尚、业务精湛的师资队伍，高级专业技术职务教师30%以上，专任教师硕博比例90%以上，有山东省“黄大年”式教师团队1个、新世纪“百千万人才工程”国家级人选、山东省有突出贡献的中青年专家1人，省级优秀教师、省级教学名师5人，还有一支以专家学者、劳动模范、技术能手为代表的兼职教师队伍。经省编办批复，成立齐鲁工匠研究院，省教育厅批准立项建设“十三五”山东省高等学校科研创新平台3个。近5年，获批国家级、省部级及厅级课题400余项，公开发表学术论文1000余篇，科研获奖近200项。

学校实行开放式国际化办学的发展战略，与美国、英国、法国、加拿大、德国、澳大利亚等国家和地区的21所高校师生交流、科研合作、合作办学、联合培养等方面建立多层次、多形式的交流合作关系，每年选派优秀教师到国外孔子学院任教，选派优秀学生赴海外交流或本科就读，培养一批具有国际化视野的复合型人才。

学校始终坚持社会主义办学方向，落实立德树人根本任务，秉承“依托工会，突出特色，为经济社会和谐发展服务”的办学方针，坚持立业教育为基础，立人教育为根本的“双立教育”的育人理念，为经济社会和工会事业发展培养大批专门人才，近两年毕业生综合就业率均在97%以上。先后被评为山东省高校毕业生就业工

文体中心　　（山东管理学院党委宣传部提供）

作先进单位、山东省德育工作优秀高校、山东省高校人才培养工作水平评估优秀单位、全国学校艺术教育先进单位。

学校传承中华优秀传统文化，服务经济社会和谐发展，是国家级非物质文化遗产项目传承基地、山东省非物质文化遗产传承人群研修研习培训基地、山东省古琴传承基地、山东地方戏传承基地、山东省社会科学普及教育基地。

山东劳动职业技术学院南广场　　（张传龙　摄）

学校作为山东省工会干部培训基地和工会理论研究基地，建校以来共培训工会干部近30万人，多项工会理论研究成果为省总工会决策提供重要参考，主办的《山东工会论坛》是国内外公开发行的中国工运类核心期刊，是中国政治类专业期刊、华东地区优秀期刊、山东省优秀期刊，在工运界具有较高的影响力。先后被评为山东省工会女职工培训示范学校、全国工会女职工培训示范学校、全国工会干部教育培训示范校、全国职工教育培训优秀示范点，获“富民兴鲁劳动奖状”。“十三五”以来，学校牢固树立服务工会、依托工会、融入工会理念，逐步搭建工会干部培训、工会理论研究、产业工人素质提升和工会专业人才培养的“四位一体”发展格局。

（高凌琴　王　媛）

山东劳动职业技术学院　山东劳动职业技术学院（长清校区）位于长清大学科技园区海棠路800号，南邻紫薇路，西至海棠路，东、北至北大山。学院隶属于山东省人力资源和社会保障厅，1955年建校，是山东省第一所公办技术学校。1990年，创办全国第一所高级技工学校——山东省高级技工学校。2000年，改建为山东劳动职业技术学院。学院分为长清和槐荫两个校区，总占地面积70公顷。

学院办学底蕴深厚，具有培养“专科学历+技师职业资格”“双证书”的独特优势，先后被评为全国职业教育先进单位、国家高技能人才培养示范基地、国家继续教育基地、山东省高等教育技能型特色名校、山东省技工教育特色名校、山东省优质高等职业院校建设单位、国家技能人才培育工作突出贡献奖单位、山东省机械行业职业教育培训集团牵头组建单位、山东省直文明单位。

2018年，学院总建筑面积33万平方米，拥有机械制造、数控技术、3D打印、工业机器人、精密测量、电气技术、物流快递、苹果ios等校内实训中心、实习场地166个，各类实习、实训和生产设备7000余台（套），图书馆藏书70.54万册，教学实训设备值1.1亿元，资产总值9.5亿元。

学院有专任教师590余人，其中副高及以上专业技术职务人员210余人。“双师型”教师比例在90%以上，享受国务院特殊津贴教师1人，获全国模范教师、全国技术能手、山东省优秀教师、山东省首席技师、山东省有突出贡献技师等称号者20余人，获山东省富民兴鲁劳动奖章者9人。

2018年，学院设有机械工程系、机制工艺系、电气及自动化系、汽车工程系、信息工程与艺术设计系、经济管理系、技师部和基础部8个教学系部，以及党委（院长）办公室、组织人事处、党委宣传部、纪检监察室、图书馆、网络中心等

18个管理、教辅部门，下设实习工厂（济南第六机床厂）。学院现有数控技术、工业机器人、机电一体化技术、汽车检测与维修技术、焊接技术与自动化、电子商务、物流管理、数字媒体艺术设计等高职专业36个、技工专业17个。其中，机械设计与制造专业是全国高职高专教学改革试点专业，电气自动化技术专业是山东省高职高专示范专业，机械设计与制造、模具设计与制造、数控技术、电子商务、软件技术5个专业是山东省高职高专特色专业；数控技术、电子商务2个专业的教学团队是山东省高职教育优秀教学团队。办学层次主要有大专、技师、高技3种，现有全日制在校生1.48万人，其中高职1.13万人，技工0.35万人。

2018年，学院全年组织申报院外纵向课题72项，立项17项，实现历史性突破；实现横向课题零的突破，横向课题立项12项，技术服务合同额100余万元。在技术发明方面，新授权发明专利8项。教学成果获奖实现质和量的突破，全院共获各类教科研成果奖26项，其中四年一度的职业教育教学成果奖获山东省一等奖2个。

2018年，在世赛全省选拔赛中，学院CAD机械设计等10个项目获全省一等奖；在全国选拔赛中，学院平面设计、货运代理、商品展示技术、家具制作4个项目进入国赛前10名，并入选国家集训队。学院被人力资源和社会保障部确定为第45届世界技能大赛货运代理、CAD机械设计项目国家集训基地单位，被山东省人力资源和社会保障厅确定为山东技能大赛研究中心。

学院毕业生主要面向大中型企业就业，以“素质高、技术好、能力强”广受用人单位的欢迎，平均每个学生有3个以上岗位可供选择，就业率一直保持在98%以上。学院先后被评为全省高校就业工作先进单位、全省高等学校创业教育示范校、改革开放30年山东教育总评榜——最具就业推动力高职院校等。

学院秉承“卓越技能，出彩人生”校训，开展“润心领路，追求卓越”文明创建活动，把立德树人放在人才培养工作首位，坚持培养德智体美劳全面发展的高端技术技能人才，不断改革创新培养模式，在校企合作、工学结合培养高端技能人才方面走出自己的特色之路。先后与瑞典斯凯孚、日本日立电梯、联想集团等世界知名企业进行校企合作，共育高端技能人才。与德国西门子公司签订合作协议，在标准化实训中心建设、教师培训、创新型技能大赛、学生培训认证、教学资源库建设、新技术展示活动等六个方面展开全面合作，打造世界一流技能人才培养基地。

（张远向　宋爱全）

山东省社会主义学院　山东省社会主义学院（以下简称省社院）是中共山东省委领导的统一战线性质的高等政治学院，是民主党派和无党派的人士的联合党校，统一战线人才教育培养主阵地，是党和国家干部教育培训体系的重要组成部分。

省社院位于长清大学科技园，西邻海棠路，南接瓦特路，北靠紫薇路，占地面积7.3公顷，设教学用房、行政用房、学术交流中心、礼堂、信息网络用房、学员宿舍、餐厅、文体中心及配套附属设施、地下停车场等，总建筑面积6.03万平方米。学院核定人员编制80人，学院内设机构11个。

2018年，省社院主动适应新时代统战教培新要求，将2018年确定为社院“改革创新年”。以建设全国一流社院为目标，立足政治学院的职能定位，发挥统一战线人才教育培养主阵地作用，全年共举办各类班次53期，培训学员3783人次，覆盖省内外统战各领域代表人士和统战干部。

2018年，省社院坚持以教学为中心，改革创新，探索出一条具有山东特色的教学改革新路径，为提高共识教育的针对性、时效性积累有益经验。全面推进“4+6”教学改革，在深入调研基础上，创新推出具有山东特色的“4+6”模块化教改体系（“4+6”即“初心与使命”“大统战”“新山东”“齐鲁文明传承创新”4个模块和贯穿各模块的“6个讲清楚”：讲清楚历史、文化、理论、道路、制度、能力），推进“齐风鲁韵·文化山东”共识教育现场教学点建设，打造“理论+实践”统战教培新模式，形成四大模块104个专题课程方向，确定首批现场教学点77个，推荐现场教学路线14条。不断提升科研资政一体化水平，坚持科研支撑教学、服务资政，形成“教学出题目、科研出成果、成果促教学”的良性机制。与山东省社会科学界联合会联合面向全社会发布招标课题，全年共立项省级以上各类课题22项，发表论文19篇。其中，《全面从严治党视域下民主党派民主监督问题研究》获全国统战部理论创新成果二等奖、全省统战理论政策研究优秀成果特等奖；《中华文化浸润基督教研究——基于山东实践的思考》获全省统战理论政策研究优秀成果二等奖，省社院获全省统战理论政策研究先进单位、一等奖；《20世纪中国史学通史》入选国家社科基金重大项目，《社会主义国家多党合作的历史考察与比较》《乡村振兴战略背景下新乡贤文化构建研究》等4项课题入选中央社院高端智库课题。推进山东中华文化学院建设，深入挖掘齐鲁文化资源优势，在全国率先研究制定山东中华文化学院《齐鲁文化传承创新工作方案》。成功承办全国第十二次中华文化学院工作会议暨第九届中华文化论坛。“国民学堂”开展公益讲座24期，宣传普及优秀传统文化，通过进社区进乡村和同步直播，线下线上受众超过100万人次。

（杨牧原）

济南幼儿师范高等专科学校外景　　（呼庆伟　摄）

济南幼儿师范高等专科学校　济南幼儿师范高等专科学校是2011年4月经国家教育部批准，由济南师范学校、济南幼儿师范学校、济南广播电视大学合并组建的全日制高等专科学校，举办方是济南市政府。

学校现有长清总校区和明湖校区两个校区，以及附属幼儿园5所，总占地面积51.2公顷，建筑面积18.63万平方米，其中教学行政用房面积13.73万平方米。长清总校区是教育教学中心，明湖校区是济南市远程开放教育支持服务中心、济南市全民学习中心和济南市教师教育中心。

2018年，学校设有学院8个，有教职工543人。其中，学前教育学院、初等教育学院、艺术教育学院、职业教育学院、基础教育学院为全日制教育，共开设师范类专业8个和非师范类专业7个，全日制在校生5313人；远程教育学院、继续教育学院和网络教育学院以成人学历教育、继续教育为主。

学校教学科研仪器设备总值5187万元，纸质图书50.30万册，校内实践基地46处，包括600平方米的高水准心理咨询中心和占地4.7公顷的校内劳动实践基地（被列为省级环境教育基地），同时建有济南市党史教育基地——王尽美事迹展陈室和近700平方米的校史馆。有校外教育教学实践基地146处。

学校先后被评为山东省文明单位、全省教师教育先进单位、全省首批教育信息化示范单位、第三批省级环境教育基地、全省高校思想政治教育工作先进集体等。

（王　蕾）

山东圣翰财贸职业学院　山东圣翰财贸职业学院是由山东长城实业集团总公司投资建设，经山东省人民政府批准（鲁政字〔2001〕370号）、国家教育部备案的全日制普通高等院校。山东长城实业总公司是集商业、房地产、教育产业于一体的大型企业集团，不断加大办学投入，改善办学条件，保障学校可持续发展。

学院始终坚持正确的办学方向，坚持走“企业办学、专家治校”的道路，请专业人士做专业事，学院的顶层设计和现代化管理水平不断提高。学院办学思路明确，确立“始终致力于将学院办成具有国际水准的强校、名校，精心培养复合型、创新型、发展型、服务型的现代化高端技术技能人才”的办学宗旨；学院坚持以提高学生的就业竞争力为导向，突出职业教育特征，按照“真实环境真学真做掌握真本领”和“高等职业教育五个对接一个重点”的要求，进行人才培养模式改革，坚持“理实一体化”教学，推行工学结合，注重培养学生实践动手能力，培养出大批高素质高技能人才。

学院位于济南长清大学科技园，占地面积66万平方米，固定资产5.8亿元，其中教学仪器设备5472万元。学院下设财贸学院、工商管理学院、信息工程学院、汽车工程学院、建筑工程学院、艺术学院、五年制高职学院等7个二级学院。学院立足区域经济发展需要，合理调整专业设置。至2018年，学院设统招高职专业58个，涵盖财经商贸、电子信息、装备制造、土木建筑、文化艺术、旅游等14个专业大类。学院有专任教师399人、校外兼职教师87人，开设理实一体化课程比例超过70%，突出技能培养的课程体系贯穿人才培养全过程，充分体现高等职业教育的特色。学院建有省级特色专业3个，省级品牌专业群1个；省级精品课程13门，省级职业教育精品资源共享课程1门；省级教学团队2个，省级教学名师3人。

学院致力于打造学生具备较强的职业技能、具备较高的职业素养和毕业能够百分百高质量就业的教育品牌。学院制定《专业人才培养方案》和《课程标准》，采用“理实一体化”教学模式，实现专业设置与产业需求对接，课程内容与职业标准对接，教学过程与生产过程对接，毕业证书与职业资格证书对接，精心培养复合型高端技术技能人才。学院把教育贯穿学生管理全过程，建立心语档案制度，关爱特殊学生心理健康；设立班级管理研究理事会，培养学生领导和组织能力；每日诵读导悟词，重视启迪学生心智。为学生提供综合咨询，宽带办理医疗保险、医疗就诊、心理咨询、助学贷款、勤工俭学、居住证明等38项全方位服务。定期举办多姿多彩的文体活动、社团活动、文艺竞赛及专业技能竞赛，丰富学生的课余生活。建有设施齐全的学生公寓并配有完善安全保障体系，为学生提供舒适的生活环境，给予学生更多的获得感、幸福感、安全感。设有奖助学金，评比公开透明，获得奖助学金的学生占在校总人数的20%。

山东圣翰财贸职业学院主教学楼　（韩强　摄）

学院重点落实国家职业教育文件，规范有序开展实习就业工作，严抓实习就业工作全过程管理。全面深化校企合作，推行校企联合培养模式，学院与国内外知名企业联合实施一体化招生，共同制定《人才培养方案》，并根据企业生产特点定制课程，企业选派技术专家参与教学，学生定期到企业顶岗实习，通过学院与企业联合培养的模式，着力打造符合岗位技能要求的高素质专业人才。至2018年，学院已与上海浦发银行、山东浪潮软件集团、中国重汽等198家国内外知名企业、大型国有企业、上市公司、500强企业合作，为学生提供实习和就业岗位9962个，创造“校企共培养、入校即入职、毕业即就业”的圣翰职业教育品牌。

学院与加拿大、美国、新西兰、日本、韩国等高校及企业开展教育交流与就业合作，学生在校期间可到国外高校进行技能培训和专业深造，学生专业能力具备国际水准。

山东圣翰财贸职业学院按照国际职业教育理念和先进的人才培养模式实施教育教学管理，学院综合管理水平显著提升。学院响应国家发展现代职业教育、培养“大国工匠”的号召，扎实推进“理实一体化教学”，鼓励学院师生参加各项国家级、省市级技能比赛。通过“以赛促教、以赛促学、以赛促创”等方式，着力培养具有圣翰教育品牌标志的大国工匠，充分展现圣翰师生扎实的专业技能。学院先后获中国教育总评榜“社会满意度”十佳院校、大众日报社“山东省就业前景十佳高校”、大众网“山东优势专业十佳高校”、山东省“花园式”学校、中国孔子基金会“传统文化教育基地”高校、全国十一五教育科研先进集体等称号，获全国十一五教育科研优秀成果二等奖、全国大学生专利产品设计大赛金奖、全国大学生数学建模竞赛一等奖、全国商科院校技能大赛财会专业竞赛一等奖、全国“新道杯”沙盘模拟经营大赛一等奖、山东省大学生机电产品创新设计竞赛一等奖、第九届大学生科技节暨第四届山东省大学生电子与信息技术应用大赛一等奖、2017年中国技能大赛"鲁班杯"全国首届电梯安装维修工职业技能竞赛二等奖、第九届山东省大学生科技节建筑BIM信息化应用创新技能大赛一等奖、第九届山东省大学生科技节创新创业沙盘模拟经营大赛一等奖、CATICS全国计算机CAD应用技术大赛一等奖、山东省第二届高职院校辅导员职业能力大赛二等奖等。

（管晓媚）

园 博 园

【概况】 2018年，实施园博园开放维修项目，总投资5500万元。4月28日，济南国际园博园正式免费开放。投资168.2万元，新采购一批交通设施。全年共组织承接环湖跑、健步走、音乐节类小型活动20余次，2018首届济南（长清）国际马拉松在济南国际园博园举行。全年接待游客100万人次，实现营业总收入608.08万元。

【园博园建设】 2017年11月，济南城市建设集团根据济南市政府免费开放济南国际园博园的要求，启动园博园开放维修项目。项目主要内容包括原有破损道路广场及展园维修、苗木补植、园区智能安全系统、亮化等园区开放所必须满足的基础设施维修建设以及垃圾箱、座椅等配套项目采购。2018年4月底，维修改造项目全部完工，总投资5500万元，累计维修房屋墙面1.2万平方米，钢结构打磨刷漆6000平方米，木结构油漆彩绘1200平方米，移植乔木450株，移植灌木460株，铺设智能化管道4600米，更换太阳能电池560组，主入口加装客流量统计系统9台，人证对比闸机系统9套，人脸抓拍系统4台，新增高清摄像机242台、一键紧急报警柱4套，对讲机60部。9月，园区新采购一批交通设施，小型自行车100辆，13座游览

园博园　（曹建民　摄）

车15辆，8座中型游览车5辆，电动高尔夫球车5辆，微型消防车2辆，共计投资168.2万元。节假日期间，全部投入使用，基本解决“人等车，坐车难”问题。

【园区活动】　2018年，利用园区场地优势，组织承接环湖跑、健步走、音乐节类小型活动20余次，其中环湖跑、健步走类活动10余次，千人以上3次。配合长清区政府完成2018首届济南长清马拉松大型赛事。承接不同特色的户外婚礼3场、国际性CKU犬种比赛1次、艺术考试类场馆使用7次。协助长清区政协承办《区政协“双月经济发展”暨“共建园博园、圆梦新长清”协商推进会》大型会议1次。

【园博园正式免费开放】　2018年4月28日，园博园正式免费开放。游客须携带本人身份证刷脸入园，园区内除国际展园和设计师展园外的区域都免费开放，开放时间为6时～21时。在园博园“水之门”入口处，“Z”字型护栏处设人证比对终端装置4台，将本人身份证放在终端机上，经捕捉与使用者的人脸信息匹配成功，闸机就会开启。“刷脸”系统与警方联网，一旦发现网上在逃人员将报警。园博园改造提升后，所有展园修葺一新，园区覆盖免费WIFI。园区设游客出入口4个，北侧大学路为水之门主出入口，南侧丁香路为南门出入口，西侧海棠路南段为西门、北段为西北门出入口，其中南门、水之门、西北门设有3个主停车场，可停车1600余辆，临时停车场天一路、紫薇路、海棠路周边停车区域可停放5000余辆，应急停车场为交通学院、山东艺术学院、齐鲁工业大学停车区可停车4000余辆。园博园增加客流量统计系统，在遇有重大突发事件、极端灾害天气或景区客流达到安全警戒水平时，景区管理方可临时实行限流、闭园等措施。

【2018首届济南（长清）国际马拉松在济南国际园博园水之门广场举行】　2018年9月23日8时，由济南市体育局、济南市旅游发展委员会、济南市长清区人民政府、济南市城建集团主办，长清区文化广电新闻出版局（旅游局）、长清区教育体育局承办的2018首届济南（长清）国际马拉松在济南国际园博园水之门广场举行，共有参赛运动员6150人。本次马拉松大赛共分为全程马拉松、半程马拉松、迷你马拉松三种类型。

全程马拉松（42.195公里），竞赛路线：园博园水之门广场东马路（起点）—紫薇路—芙蓉路—海棠路—丁香路—园博园南门右拐—园博园环湖—丁香路—海棠路—天一路—文澜路—大学路—紫薇路—芙蓉路—海棠路—丁香路—园博园南门右拐—园博园环湖—丁香路—海棠路—天一路—文澜路—大学路园博园水之门广场北马路（终点）。

半程马拉松（21.0975公里），竞赛路线：园博园水之门广场东马路（起点）—紫薇路—芙蓉路—海棠路—丁香路—园博园南门右拐—园博园环湖—丁香路—海棠路—天一路—文澜路—大学路园博园水之门广场北马路（终点）。

迷你马拉松（4公里），竞赛路线：园博园东门（起点）—紫薇路—丁香路—园博园（终点）。

（金　燕）

农　业

综　述

【概况】　2018年，长清区委农村工作办公室（以下简称区委农办）编制并组织实施全区乡村振兴规划，强化美丽乡村建设，实施农业项目，全力推进农业强、农村美、农民富各项工作，服务“三农”水平全面提升。区委农办获区委、区政府招商引资工作先进单位、美丽乡村建设先进单位、扶贫工作先进单位、生态环保先进单位等称号，美丽乡村建设指挥部（设在区委农办）获区委、区政府经济社会发展先进单位称号。

【乡村振兴】　2018年4月，召开全区农村工作会议，并以区委“一号文件”印发《关于贯彻落实中央决策部署实施乡村振兴战略的意见》。根据省、市乡村振兴工作要求，编制《长清区乡村振兴战略规划》，由区发展和改革委员会牵头组建规划编制工作组，26个区直部门和10个街镇参与，编制工作正在有条不紊地推进。在整体推进、全面提升基础上，全区投资1.2亿元，打造文昌街道西李村、万德街道马套村等12个省内一流、全国知名的乡村振兴样板典范。

【美丽乡村建设】　2018年，按照“富裕、宜居、秀美、和谐、活力”标准，加大美丽乡村建设力度。根据新的考核标准，制定下发省级美丽乡村达标创建规范，全区确定100个拟达标村，覆盖率指标为22%，超过市定覆盖率18%以上的达标率。年底，100个拟达标村全部达到创建标准。全年争创省级、市级美丽乡村示范村13个，总投资2800万元，重点巩固提升张夏街道“三十里玉杏谷”精品示范线路，新打造五峰山街道“红樱桃小镇”、双泉镇“生态双泉·魅力水乡”两条精品示范线路和文昌街道西李示范村。在全市美丽乡村建设工作第三方考核中，长清区位列全市第二名。

【农业项目建设】　2018年，发挥全区农业重点工程项目建设指挥部职能，实施项目建设联席会议制度，通过工作微信群，对项目建设进度一周一汇总，一月一调度，一季一观摩，制发工作简报，促进项目建设健康、快速推进。推进农村沼气服务化组织建设，全年共争取市财政资金108万元，对7家农村沼气服务组织项目补助提升。

（张绪江）

种植业

【概况】　2018年，长清区农业监察大队撤销，相关职能及人员划转长清区综合行政执法局。长清区农业局（以下简称区农业局）贯彻落实中央、省、市、区农业农村工作会议精神，推进乡村振兴战略、农业新旧动能转换，打造乡村振兴齐鲁样板，着力推进农业产业提质增效，提高农民收入和生活水平，开创新时代农业现代化工作新局面。组织实施现代农业综合体、绿色农业示范区、中央财政支持农技推广、山东省农产品质量安全县创建等一批农业重点项目。长清茶产业规模不断壮大，全区茶园总面积673公顷，干茶年产量220吨，总产值1.2亿元。完成农业部、省、市农产品质量安全抽检任务227项，区级检测任务224项。推进农村集体产权制度改革，为乡村振兴注入制度活力。颁发土地经营权证10本，交易流转土地91.4公顷。为39家新型农业经营主体及个人办理抵押担保贷款4406万元，涉及土地流转面积2242公顷。长清区被授予“山东省农产品质量安全区”称号。区农业局先后获全市农业工作先进单位、创新奉献奖，全区农业系统先进单位、全区美丽乡村标准化建设先进单位、十九大安保维稳先进单位、平安长清建设标兵单位等称号。

【粮食作物】　小麦　2018年，全区小麦种植面积1.78万公顷，总产量8.89万吨，平均单产每公顷4985千克。小麦种植面积比2017年减少396公顷。

玉米　2018年，夏玉米种植面积2.11万公顷，平均单产每公顷6051千克，总产12.75万吨。玉米种植面积较2017年减少747公顷。

地瓜　2018年，全区地瓜种植面积1346公顷，平均每公顷产量8069千克。

大豆　2018年，大豆种植面积较2017年减少88公顷，种植面积867公顷，总产2376吨。

谷子　2018年，谷子种植面积呈增加趋势，全年种植面积3364公顷，平均单产每公顷5069千克，总产1.70万吨。谷子种植面积较2017年增加1032公顷，总产增加5573吨。

【经济作物】　2018年，花生种植面积4167公顷，总产1.85万吨，棉花种植面积226顷，总产208吨，花生种植面积较2017年减少556公顷，棉花减少77公顷。

【特色种植】　2018年，按照济南市委、市政府《关于振兴十大农业特色产业的实施意见》，编制完善长清寿茶产业振兴规划，强化基地建设，重点发展绿色茶叶原料生产和名优茶加工，着力打造北马套绿色茶种植、三产融合齐鲁8号风情路、坡里庄标准化生产、万南良种科技示范区、界首旅游休闲等休闲观光茶区。扩大灵岩御菊、五峰蒲公英、马山丹参等种植和产品研发，将茶文化融入“齐鲁8号风情线”，推进文旅茶融合和产学研一体化。争取全省高效特色农业发展平台茶叶产业县——圣虎山茶树种苗繁育基地项目，实施期限2018年10月至2019年9月，总投资587万元，其中省以上财政补助资金300万元。至年底，全区茶园总面积673公顷，采摘面积400余公顷，年干茶产量220吨，产值1.2亿元；中药材产业重点打造马山中医药文化产业园、万德灵岩御菊生态示范园、五峰山蒲公英观光农业园和双泉神秀谷中药材生产基地，以丹参、蒲公英、御菊芽等为代表的全区中药材基地面积达1533.33公顷。

【品牌农业】　2018年，泉城茶旗舰店和立泰山茶庄文昌店被确定为济南市现代农业体验店；泉城绿茶和兵兵Q鸡蛋入选第三批省农产品知名品牌目录。在全市首届“双十佳”评选中，山东立

“莲心雪芽”牌泉城白茶获第二届中国国际茶叶博览会金奖
（路云广　摄）

泰山茶叶科技发展有限公司和济南安普瑞禽业科技有限公司产品获全市“十佳最受欢迎品牌农产品”，济南维康庄园生态农业发展有限公司和长清区安亮家庭农场包装获全市“十佳品牌农产品包装”。4月，济南南湖玉露茶叶科技开发有限公司的“泉城绿”牌茶叶在西班牙国际食品及饮料展览会上获金奖。5月18日—22日，在杭州举办的第二届中国国际茶叶博览会上，长清区政府围绕打造“长清茶”品牌，举办“长清茶”品牌推介活动，山东儒茶集团有限公司“莲心雪芽”牌泉城白茶获金奖。12月7日—9日，在第十九届中国绿色食品博览会暨第十二届国际有机食品博览会上，长清区的济南维康庄园生态农业发展有限公司和济南圣虎山茶叶科技开发有限公司获金奖。至年底，全区共有认证的国家地理标志农产品4个，分别是“长清茶”“马山栝楼”“张夏玉杏”“灵岩御菊”。全年新认证有机食品4个、无公害农产品2个、绿色食品20个。

2018年长清区新增有机、绿色、无公害农产品一览表

表13-1

认证类别	产品名称	认证单位	产地
有机食品	鸡	济南维康庄园生态农业发展有限公司	张夏街道靳庄村
有机食品	鸡蛋		
有机食品	野鸡		
有机食品	野鸡蛋		
无公害农产品	葡萄	山东和正生态农业开发有限公司	文昌街道水泉峪村
无公害农产品	辣椒	济南大峰山农业科技有限公司	孝里镇岚峪村
绿色食品	菊花菜	济南晋康食品有限公司	万德街道灵岩村
绿色食品	马铃薯	山东济西湿地生态农场有限公司	平安街道冯庄村
绿色食品	甜椒		
绿色食品	芦笋		
绿色食品	菜花		
绿色食品	西红柿		
绿色食品	白菜		
绿色食品	生菜		
绿色食品	甘蓝		
绿色食品	绿茶	济南圣虎山茶叶科技开发有限公司	万德街道万南村
绿色食品	红茶		
绿色食品	西红柿	济南市农业开发服务有限公司	济南市农高区
绿色食品	甜椒		
绿色食品	西葫芦		
绿色食品	草莓		

续表

认证类别	产品名称	认证单位	产地
绿色食品	黄瓜	济南市农业开发服务有限公司	济南市农高区
绿色食品	大蒜		
绿色食品	茄子		
绿色食品	洋葱		
绿色食品	葡萄		

【现代农业综合体建设】 2018年，山东儒茶集团有限公司、济南伟农农业技术开发有限公司、济南好晨岭农业开发有限公司、济南金谷农业科技有限公司等4家企业上报济南市现代农业综合体建设项目。马套村被农业农村部确定为全国100个休闲农业和乡村旅游精品景点线路之一。

【农业产业化】 2018年，济南赛斯家禽科技有限公司、山东济西湿地生态农场有限公司、山东耕辰农业科技开发有限公司、山东和正生态农业开发有限公司、济南康泽生物科技有限公司、济南世德旺食品有限公司、山东儒茶集团有限公司、济南圣虎山茶叶科技开发有限公司8家企业被评为第十五批市级农业龙头企业。至年底，全区共有市级以上龙头企业67家。

【良种推广】 2018年，按照小麦良繁体系建设要求，安排大田用种田面积180公顷。其中，泰农18面积100公顷，齐麦一号面积26.7公顷，齐麦2号面积33.3公顷，济麦22面积20公顷，共涉及自然村4个。所有地块严格按照种子田田间检验操作技术规程，经检验均达到国家种子质量标准，合格率100%。

2018年，区农业局配合山东省种子站在长清国家农作物品种区域试验站安排小麦新品种试验示范41个，玉米新品种试验示范40个。利用长清区农作物新品种展示示范场，完成承担的济南市小麦、玉米展示示范任务。展示市小麦推介品种18个，小麦新品种大面积示范种植1个，设计播种量对比试验1个，田间小区种植鉴定品种10个；展示市玉米推介品种25个，玉米新品种大面积示范种植2个，设计种植密度对比试验1个，田间小区种植鉴定品种9个。筛选出适合长清区种植的小麦品种有齐麦2号、济麦23、峰川9号、烟农1212、济麦22号；玉米品种有郑单1002、汉单777、登海605、YF3240、金阳光9号、明科玉77、强盛368。

【植物保护】 2018年，全区病虫害发生总面积18.23万公顷次，其中病害发生面积4.15万公顷次、虫害发生面积9.56万公顷次。完成总防治面积13.58万公顷次，其中病害防治面积4.15万公顷次、虫害防治面积9.43万公顷次。全年共计挽回粮食损失2.52万吨。

【植物检疫】 2018年，完成产地检疫面积300公顷，签发合格证6份，合格种子2250吨。全年调出小麦、玉米种31批次共77.23吨。

【农药管理】 根据《农药管理条例》第24条规定，国家实行农药经营许可制度。2018年，全区农药经营许可共受理148家，发证148家。区综合行政执法局检查取缔无证经营门店17家。全年，区农业局开展“双随机”检查8次，累计检查农药经营业户273家。农药经营备案285种，办理“12345”热线投诉6起，满意率100%。开展科技服务下乡、放心农资下乡等活动，发放服务指南、告知书、《农药管理条例》读本、如何购买和使用农资致农民朋友一封信、如何识别农药真假的方法等材料5000余份。

【农产品质量安全监测】 2018年，接受农业部、山东省农业厅、济南市农业局抽检12次，共抽检蔬菜样品295个，涉及蔬菜品种七大类和茶叶制品，抽检蔬菜样品及茶叶制品全部合格。完成区级风险检测312个，合格率99%。长清区规模化蔬菜种植基地全部实现农产品上市前检测全覆盖。至年底，完成定性速测8.8万个。

【山东省农产品质量安全区创建】 2018年，全区10个街镇农产品质量安全监督管理办公室及30个基地农产品检测设备、40个农药经营店农药销售一体机安装调试完毕，已正常使用。4月3日、7月5日、7月6日、9月25日—26日，先后举办长清区省级农产品质量安全区创建及农产品质量安全监管培训班4期，主要针对“三大平台”（农产品质量安全追溯系统、投入品管理系统、农产品质量检测系统）建设内容及系统运用、新形势下农产品质量安全网格化监管进行培训。8月27日，山东省农业厅组织第三方考核机构对长清区农产品质量安全区创建项目进行实地核查，综合评价已达到验收标准。12月，长清区被授予“山东省农产品质量安全区”称号。

【产权交易】 2018年，颁发土地经营权证10本，涉及农户308户，交易流转土地91.4公顷，交易金额1005.33万元。为39家新型农业经营主体及个人办理抵押担保贷款4406万元，涉及土地流转面积2242公顷。利用济南市农村产权交易信息网，为有土地流转需求的4个村进行网络挂牌交易，为17家新型农业经营主体及22个农户办理抵押担保信息登记业务。

【科技教育】 2018年，区农业局推介发布年度农业主推技术16项。实施全国基层农技推广体系改革与建设补助项目，确定技术指导员71人、特聘农技员10人，遴选培育农业科技示范主体426个，分产业在全区建设农业科技试验示范基地5处。落实“基层农技推广人才免费定向培养需求计划”2人。完成国家新型职业农民培育工程培训400人，新认定长清区第五批新型职业农民137人，新型职业农民累计895人，认定中、高级新型职业农民24人，其中高级4人，中级20人。完成山东省农业扶贫培训项目任务30人，市级农业农村人才培训任务650人。组织农技人员分批次、层次参加省、市各类培训班，组织100名农技人员到山东大学苏州研究院开展异地培训学习。开展市级科技推广能力建设项目申报工作，获批科技创新计划项目2个、农业科技成果转化项目2项。加强农业转基因生物知识宣传、培训工作，利用快速检测手段，抽检玉米籽粒、叶片样品127个。

【农村财务管理】 2018年，按照济南市委、市政府《关于稳步推进全市农村集体产权制改革的实施意见》《关于印发济南市农村集体资产清产核资实施方案的通知》及区委、区政府要求，全面开展农村集体产权制度改革工作。至年底，全区605个村居全面完成清产核资工作，全区99%的村居完成农村集体产权制度改革任务。制定各类文件11件，印发简报22期，在省、市各类媒体发表文章15篇。11月，组织区直相关部门、第三方等12名人员成立联合验收组，对全区集体资产清产核资工作进行验收。12月，按照省、市关于开展村集体经济组织经营收益情况统计的通知要求，对全区村居进行调查摸底。全年，全区605个村居中，村集体经济组织经营收益3万元以下村323个（其中无经营收益的村153个），收益3万～5万元的村82个；收益5万～10万元的村104个，收益10万～100万元的村84个，收益100万元以上的村12个。全区605个村居全部实现“双委托”，即账务、资金纳入街镇统一管理，并全面实施电算化记账，代管资金余额1.31亿元。

【粮食直补】 2018年，区农业局根据济南市农业局《关于做好2018年度小麦种植面积核定工作的通知》要求，全区核定小麦种植面积1.75万公顷，发放农业支持保护补贴（耕地地力保护补贴）3277.76万元。

【家庭农场】 2018年，济南市长清区兴庆养殖家庭农场、永丰家庭农场被认定为山东省省级示范农场。至年底，全区共注册家庭农场404家，其中省级示范农场6家，市级示范农场29家。

【全国杂粮绿色高质高效技术观摩交流会在长清区召开】 2018年8月15日—16日，全国（全省）杂粮绿色高质高效技术观摩交流会在长清区召开，来自全国15个省市区的农业领域代表及相关专家学者300余人参加会议。山东省农业厅副厅长褚瑞云、济南副市长王京文、长清区委书记王勤光等出席开幕式。15日上午，现场观摩长清区重点打造的孝里镇杂粮试验示范基地，该基地占地面积15公顷，主要种植谷子、黍子、高粱、绿豆、红小豆、薏米等共计108个品种，安排谷子品种对比筛选试验、谷子油菜压青抗重茬高产栽培试验、绿豆对比种植示范、红小豆对比种植示范及黍子、大豆、薏米、高粱、甘薯等作物品种种植示范等15类栽培方式。其中，“金谷一号”品种“孝里小米”被济南市农科院、农业局评为金奖，并在中央电视台播出。观摩交流会上，与会专家围绕“国际杂粮销售形势分析研讨”“谷子绿色轻简高效栽培技术”等主题作报告。山东省、黑龙江省、贵州省、济南市分别交流研讨杂粮绿色高质高效技术试验推广及产业发展的经验与成效。

【首届中国农民丰收节暨长清区第二届农产品展销会和长清旅游推介会举行】 2018年10月1日—7日，济南市长清区庆祝首届中国农民丰收节暨长清区第二届农产品展销会和长清旅游推介会在济南国际园博园举行。济南市农业局局长李季孝、济南市旅游发展委员会副主任魏晓林，长清区委书记王勤光，区委副书记、区长赵居安，区委副书记曹军，区委常委、宣传部长曲京鹏，区委常委、区委办公室主任亓明，区委常委夏红军，副区长刘永亭等出席开幕式。展会着力展示长清现代农业和旅游发展成果，宣传特色农业与旅游资源。来自长清区的44家农业龙头企业、合作社、家庭农场等单位和安厨乐美成员单位，展示茶叶、中药材、蔬菜、果品、小杂粮、水产品、畜产品、花卉和加工品等农产品。长清茶、灵岩御菊、“马山”雪桃、“纸坊”大樱桃、“泉城绿”茶叶、“乒乓Q”鸡蛋等100余个品牌农产品亮相展会。

长清是北方饮茶文化祖庭，是扁鹊故里、栝楼之乡，也是齐长城西源头。这里有佛教圣地灵

首届中国农民丰收节暨长清区第二届农产品展销会和长清旅游推介会
（路云广　摄）

岩寺、道教圣地五峰山、革命圣地大峰山，还有历史悠久的古村落，生态优美的樱桃村、柿子村、杏花村。旅游线路推介，有灵岩寺、五峰山佛道文化体验以及园博园休闲游、齐鲁 8 号风情路、十八里谷道、齐长城文化访古游等旅游精品线路。长清区创新发展休闲农业和观光旅游。全区有省级农业旅游街镇 4 个、旅游特色村 14 个、精品采摘园 13 个、工农业旅游示范点 22 个、旅游商品研发基地 2 个、星级农家乐 34 家，休闲农业和乡村旅游从业人员达 4 万人。依托“国家全域旅游示范区”创建，长清区打造万德茶业特色小镇、马山中医药康养小镇、五峰山蒲公英特色小镇，特别是马套村在发展特色农业乡村游方面走在前列，成为乡村振兴的齐鲁样板。

（路云广）

蔬　菜

【概况】　2018 年，全区菜田面积 6666 公顷，蔬菜播种面积 1.33 万公顷，蔬菜年产量 80 万吨，产值 15 亿元，占农业总产值的 28.6%，占种植业产值的 42%。市级蔬菜标准园达到 16 家，蔬菜“三品”（有机、绿色、无公害农产品）认证 120 个，国家地理标志产品 1 个，蔬菜恒温库 2 万平方米，加工车间 2 万平方米，园区从业人员 5000 余人，受益农户 5000 余户，成为济南市重要菜篮子生产基地，农业增效、农民增收的重要渠道。

【主要产区】　2018 年，蔬菜产区集中于平安街道、文昌街道、归德街道、孝里镇。其中，平安街道各类园区 12 家、面积 400 公顷；文昌街道各类园区 9 家、面积 160 公顷，甘蓝等露地菜 566.7 公顷；归德街道各类园区 10 家、面积 140 公顷，大蒜等露地菜 2666.7 公顷；孝里镇各类园区 6 家、面积 140 公顷，西瓜等露地菜 400 公顷。

【蔬菜品种】　2018 年，全区蔬菜品种主要有 12 大科 36 种及食用菌 4 种。百合科主要有大蒜、韭菜、洋葱、大葱、芦笋；十字花科主要有大白菜、水萝卜、甘蓝、有机菜花、小白菜；茄科主要有马铃薯、茄子、番茄、辣椒；葫芦科主要有黄瓜、西瓜、甜瓜、南瓜、西葫芦、冬瓜、丝瓜、苦瓜；薯蓣科主要有山药；豆科主要有菜豆、豇豆、扁豆；伞形科主要有芹菜、芫荽、胡萝卜；菊科主要有灵岩御菊、莴苣、茼蒿；睡莲科主要有莲藕；藜科主要有菠菜；楝科主要有香椿；姜科主要有生姜。食用菌主要有平菇、杏鲍菇、金针菇、黑木耳。

【标准园创建】　2018 年，全区 3.33 公顷以上规模化种植园区达到 45 家，种植面积 866.67 公顷。新认定市级蔬菜标准园 7 家，总量达到 16 家，占全市总数 25%。新增大棚、大拱棚面积 33.33 公顷，联栋智能温室 2 处。完成园区建设投资 2800 万元，其中，济西湿地生态农场 1300 万元，济南晋康食品有限公司 300 万元，安亮农场 100 万元，济南惠绿农业科技有限公司 300 万元，济南石马农业科技有限公司 300 万元，山东厚源农业科技有限公司 500 万元。园区远程监控、二维码标识、创建办法在全市推广，建设标准和规模走在全市前列。

【技术推广与服务】　2018 年，长清区蔬菜技术服务中心（以下简称区蔬菜中心）发展推广水肥一体化、PO 膜、杀虫灯、防虫网、多膜覆盖、双色膜、有机肥沤制腐熟发酵、石灰氮、物联网等新技术 10 项，引进甜瓜、西红柿、山药、甜椒、白蒜等蔬菜新品种 30 个，推广拱棚韭菜、西红柿一年两大茬、早春甘蓝+越夏蔬菜等新模式5种。印发《长清区蔬菜技术管理与标准化生产服务手册》1000份，举办新技术培训班、观摩会4期，培训菜农200人次。发表栽培技术论文24篇，生产信息、市场信息150条。总结提炼的园区基地创建管理“特、准、养、技、机、分”（即园区创建要做到产品有特色，要精准管理和种植，要培肥地力、用养有度，要引进利用新技术，要推行机械化种植，要产品分级分拣包装）“6字口诀”得到专家充分肯定。“大白菜+西（甜）瓜+青蒜苗”三作三收种植模式被省蔬菜专家顾问团推选为全省蔬菜种植模式。

【蔬菜产业项目】 2018年，济西湿地生态农场、济南市农业开发服务有限公司成为济南市政府“菜篮子进社区”工程运营单位，购置菜篮子配送车辆20辆，为济南市20家社区配送生鲜蔬菜。文昌千亩蔬菜示范区建设项目，总投资56万元，为文昌街道袁庄村和吕庄村新建蔬菜秸秆沤制池，容积600立方米。济西湿地农场公司完成温室提升工程项目，总投资29.1万元，建设安装物联网监控平台和移动端APP及大气、土壤温湿度传感器、采集终端及补光系统、二氧化碳发生系统、智能卷帘系统等。晋康公司完成蔬菜产地冷链物流设施建设项目，投资31万元，完成低温储藏库制冷及相关设备配套。基层农业技术改革推广项目，选聘技术指导员12人，确定示范主体16家，示范基地5家。

【标准化生产】 2018年，区蔬菜中心完善规范园区基地农资台账、田间生产记录；检验检测有设备、人员和场所，配备二维码打印仪器和设备，实现质量可追溯；技术操作规程做到一棚一牌、一区一牌。16家园区基地实现检验检测数据与济南市农业局平台上传联网。制定下发《推广配方施肥水肥一体化技术方案》《推广使用高效低度农药生物农药办法》《推广绿色防控技术意见》《严格规范使用农药意见》等，确保蔬菜质量安全。全年，农业部、省农业厅、市农业局对长清区三级三类蔬菜抽检12批次360个样品，没有出现农残超标问题。

【信息技术服务】 2018年，区蔬菜中心建立完善蔬菜信息网站平台、微信公众平台、服务热线平台、农业技术推广APP服务平台，平台集技术服务、政策宣传、产品推介、质量安全、生产信息、市场行情、远程监控等功能于一体，价格行情一日一发布，蔬菜生产销售信息一月一发布。全区园区基地建立网站和电商平台10家，在济南开办体验店5家。建设完成蔬菜物联网系统2家，采用“3+5模式”（即一个智慧菜篮子网站，一个远程监控系统，一个六项指标显示系统，实现实时监测、终端显示、数据查询、智能控制、自动调节等5项人工智能）。

（杜英虎）

畜牧业

【概况】 2018年2月，撤销长清区畜牧兽医监察大队、长清区生猪屠宰稽查大队，相关职能及人员全部划转长清区综合行政执法局。长清区畜牧兽医局（以下简称区畜牧局）完成非洲猪瘟等重大动物疫病防控工作；以规模饲养为重点，推动畜牧业转型升级；构建绿色生态型畜牧业，完成环保督察迎检工作；狠抓畜产品质量安全监管，确保肉蛋奶食品安全；完成精准扶贫、信访稳定、安全生产、帮扶企业、文明创城等各项工作。区畜牧局被评为济南市精神文明建设先进单位、济南市长清区“担当作为、干事创业”好团队。

2018年，全区畜牧业实现总产值18.14亿元，肉、蛋、奶产量分别为3.66万吨、2.71万吨、3.87万吨。全区共创建标准化规模养殖示范场47家，其中国家级示范场5家、省级示范场15家、市级示范场27家。全区规模养殖占总养殖量的80%以上，其中奶牛占到100%。

【家畜饲养】 大家畜。2018年，全区存栏大家畜4.06万头，其中肉牛2.85万头，奶牛1.03万头，马、驴、骡等其他大牲畜0.18万头。肉牛品种以利木赞、西门塔尔、夏洛莱等优良肉用牛为主。奶牛主要品种为荷斯坦奶牛，以济南佳宝乳业有限公司第一牧场、第二牧场为龙头，全区标准化奶牛场7处。济南张景牧业有限公司在文昌街道义合村建成黑驴养殖基地，存养黑驴1000余头。山东奥克斯畜牧种业有限公司是国内一流的荷斯坦公牛种源基地，年生产能力性控细管10万支，常规细管300万支。

小家畜。2018年，全区生猪存栏18.5万头，肉羊存栏17.04万只，兔存栏23.02万只。长清区是瘦肉型猪商品生产基地，全区有生猪规模化养殖场67处。其中，年出栏万头以上猪场3家，生猪出栏31万头。山东鼎泰牧业有限公司为超大型现代化猪场，是济南市农业龙头企业，济南市第一家原种猪场，并入选国家100家核心猪场，设施设备达到国内一流水平。猪场采用先进的生产工艺和全自动封闭式管理，养殖管理仅用9人就实现“六个全自动”，即自动喂料、自动饮水、自动消毒、自动控温、自动通风、自动排污。该公司应用GBS猪场管理软件，每头猪的日龄、生长、吃料、饮水、防疫、孕期、预产期、料肉比等情况记录详实，实现种猪生长繁育全生命周期及日常经营管理的规范化、科学化、透明化，实现种猪饲养生产可追溯，年出栏生猪10万头。羊的养殖以小尾寒羊、波尔山羊等良种羊为主。

特种养殖。主要有犬和蜜蜂养殖，此外还有梅花鹿、骆驼、鸵鸟、七彩山鸡等零星小规模饲养。

【家禽饲养】 蛋鸡。蛋鸡饲养以规模场和饲养大户为主，蛋鸡品种以海蓝、罗曼、伊沙为主，除部分山区村户外，已基本改变传统散养方式。2018年，全区存养蛋鸡162.6万只，存栏5万只以上的规模场4家。其中，济南安普瑞禽业科技有限公司利用科学的养殖程序和建筑施工及先进养殖设备进行蛋鸡养殖，存栏蛋鸡24万只，将蛋鸡饲养周期由原来的500天延长到650天，蛋鸡养殖效益得到较大提高，开辟蛋鸡养殖业全新养殖模式；济南鑫盛达生物工程有限公司存栏量2.7万只，主要从事高品质SPF祖代鸡和种鸡养殖，引进德国大荷兰人公司成套自动化本交笼设备，达到国内领先水平，建成除德国和美国之外全球第三家SPF祖代鸡场——中国自己的SPF鸡种源基地。全区大部分养鸡场引进自动投料、自动饮水、自动清粪设备，实现机械化养殖。

肉鸡。肉鸡的饲养方式以大棚养殖为主，每个大棚饲养1～3万只，实现全自动机械化饲养，饲养时间45～56天，出栏体重2.5～3公斤左右。

济南安普瑞禽业有限公司养鸡场　（高亮亮　摄）

主要集中在张夏、万德、马山、孝里等街镇。全年出栏肉鸡210万只。

肉鸭。肉鸭养殖以规模化为主，饲养方式以六和集团为龙头，向饲养户投放雏鸭，签订回收合同，形成产、供、销一体化生产格局，肉鸭生产主要分布在归德、孝里、张夏、万德、马山等街镇。2018年，全区肉鸭养殖量100万余只。

鹅、鸽、鸵鸟。在农村有零星散养，存栏量较少。

【疫病防治】 2018年，长清区动物疫病预防与控制中心负责全区动物疫病免疫、动物疫病的监测和流行病学调查以及全区重大动物疫病疫情监测和应急处理工作。全区各街镇设村级防疫与畜产品质量安全监管员，协助街镇兽医站进行基层疫情测报及畜产品安全工作，完善县乡村三级疫情测报体系。强制免疫的高致病性禽流感、口蹄疫和小反刍兽疫疫苗经费由中央、省、市、区四级财政承担。每年散养畜禽春、秋两季集中免疫，规模化畜禽场程序化免疫。全区畜禽强制免疫密度动态化100%，免疫抗体合格率70%以上。由于布鲁氏菌病逐年的检测净化，加上防控知识宣传、消毒灭源等工作，全区人感染布鲁氏菌病发生12例，呈下降趋势。7月，牛羊布鲁氏菌病纳入国家强制免疫。8月，非洲猪瘟首次传入中国，并相继在全国部分地区出现非洲猪瘟疫情。长清区按照“外堵、内控、严防”的方针，全方位做好非洲猪瘟防控工作。9月29日，国务院非洲猪瘟防控工作督导组到长清区检查，全区无重大动物疫情发生。

【畜禽屠宰管理】 2018年，畜禽屠宰管理职能由区畜牧兽医局直属正科级事业单位长清区生猪屠宰稽查大队行使。2月，综合执法改革，生猪屠宰稽查大队撤销建制，相关执法职能和人员全部划转区综合行政执法局。依据《生猪定点屠宰管理条例》，对生猪实行定点屠宰管理，长清区无生猪定点屠宰站经营，其他畜禽尚未实行定点屠宰。严格落实病死畜禽无害化处理制度，推广畜牧政策性保险，杜绝病死畜禽流入市场。

【基地建设】 长清区依托区位优势，推进畜牧产业基地建设，形成“四大基地”。以佳宝乳业为龙头的乳品加工和科研开发基地。以佳宝乳业第一牧场、佳宝乳业第二牧场、鲁源奶牛合作社等全国奶牛示范养殖场为龙头，长清区奶牛规模化、集约化饲养步伐加快。济南佳宝乳业有限公司合同收购原奶，吸纳社会养牛，形成龙头企业带动基地、基地连接农户的高速发展模式。2018年，全区存栏奶牛1.03万头，年产原奶4.8万吨。以山东省种公牛站、山东奥克斯畜牧种业有限公司和山东鼎泰牧业为龙头的良种繁育推广基地。山东省种公牛站存栏种公牛91头，为省内外奶牛良种普及提供良种。山东奥克斯畜牧种业有限公司位于济南市农业高新技术开发区，主要从事奶牛冻精生产，荷斯坦奶牛冻精份额占全国市场10%以上。鼎泰牧业种猪场系济南市唯一入选全国100家核心原种良种猪场。以山东大发饲料、新星饲料、明发兽药和泰丰生物为代表的兽药饲料研发、生产基地。至年底，全区共有饲料生产企业31

济南佳宝乳业有限公司 （高亮亮 摄）

家，兽药生产企业15家，生物制品生产企业1家，兽药饲料业实现年产值5.40亿元。以丰富市民“菜篮子”为目标的副食品供应基地。其中，安普瑞禽业有限公司蛋鸡存栏24万只，每年供应济南及周边地区优质鸡蛋4000余吨；华夏维康公司乒乓Q鸡蛋引领国内鸡蛋市场，是全省唯一获得认证的有机鸡蛋品牌；张景牧业黑驴、明发同茂黑猪、龙河芦花鸡、峰山种蜂等特色养殖丰富市民菜篮子。

（高亮亮）

林　业

【概况】　2018年，长清区林业局（以下简称区林业局）以“扩总量、保存量、增效益”为重点，全力打造“生态林、经济林、绿色廊道、速生丰产林”四大林业体系。全年造林作业面积504.4公顷，其中新造林418.1公顷、更新造林86.3公顷；完成退耕还林还果352.1公顷，森林抚育66.7公顷，道路绿化50公里，义务植树165万余株。实施山体绿化提升及郊野公园建设、荒山造林、退耕还果还林、绿色廊道建设、森林抚育等工程项目。举办2018年济南市新闻媒体走进长清植树增绿暨长清区全民义务植树等活动，建成琵琶山和北大山两处森林休闲新景点。双泉镇被评为全省森林乡镇，万德街道马套村、归德街道沙河辛村、张夏街道茶棚村、孝里镇北凤凰村、文昌街道陈庄村、双泉镇刀山峪村被评为全省森林村居。推进林业产业发展，全区特色经济林、花卉苗木和林下经济面积分别达到1.6万公顷、3133公顷、2733公顷，林业企业达到45家，山东景舜园林工程有限公司被评为全省林木种苗龙头企业，济南金谷农业科技有限公司、山东林博园生态科技有限公司、山东汇友市政园林集团有限公司、山东省家和园农业发展有限责任公司被评为全省观光苗圃，“铁梅”铁皮石斛种苗、干花和“圣虎山”长清红茶获中国林产品交易会金奖。加强森林和林地、湿地、野生动植物等资源保护，加大执法力度，防控森林火灾和林业有害生物，全年未发生大的火情、虫情，筑牢生态安全屏障。区林业局开展森林经营规划编制、造林绿化空间调查、第二次林业工作站本底调查、经济林资源调查、省市级公益林落界等工作。区林业局获市级文明单位和全区美丽乡村建设工作先进单位、全区扶贫工作先进单位等称号。

【荒山绿化】　2018年，荒山绿化工程涉及归德、五峰、万德、张夏、崮云湖等5个街道和孝里、双泉、马山3个镇共28个村52个小班，完成造林351.8公顷，总投资450余万元。

【科技推广】　2018年，举办全市林业科技下乡扶贫苹果现代高效栽培技术、核桃栽培技术和全省果树行业关键技术、林木苗木培育和花卉栽培技术等培训班，共培训人员100余人次。3月6日—7日，区林业局在马山镇马东村核桃基地和济南农民培训基地分别举办全区核桃提质增效管理技术培训现场会和长清区果树生产管理技术培训班，邀请山东省林业科学研究院核桃专家、研究员侯立群和山东农业大学桃专家、教授彭福田分别授课，全区各街镇林业站科技人员、食用林产品质量安全协管员以及核桃、桃生产重点村、大户、合作社、龙头企业代表共170余人参加。完成“低产低效核桃提质增效技术示范与推广”“铁皮石斛在济南地区的引种推广”和“济南市荒山绿化阔叶树种容器育苗造林技术示范推广”项目，并通过验收。“北方有机茶高效栽培技术示范推广”项目获

2018年3月7日，举办长清区果树生产管理技术培训班
（张桂兰　摄）

山东省林业科技推广三等奖。组织有关单位申报山东省第三批知名农产品区域品牌、2018年林业成果转化示范项目、2018年度中央财政林业科技发展补助推广示范项目。加强科技扶贫，设区县级林业扶贫专家7人、乡镇林业技术员30人、贫困村技术明白人119人，举办科技推广培训班80余期，受训果农1200人次。

【名优特产】　核桃。核桃是长清区重点发展的果树树种，主栽元丰、香玲、强特勒、鲁光、丰辉、当地绵核桃等近20个优良品种，全区各街镇均有栽培，主要集中在南部山区。2018年，全区核桃面积9700公顷，产量4500吨。

樱桃。樱桃是长清区重点发展的果树树种，是济南樱桃最佳适栽区和最大主产地，主要集中在五峰山、万德、张夏街道和双泉镇。2018年，全区樱桃面积1340公顷，产量3300吨。

红玉杏、红荷包杏。主产地张夏街道和五峰山街道。红玉杏至今已有2600多年的栽培历史，是山东杏中之魁。红荷包杏1980年从当地荷包杏中选出，是山东省极早熟优良品种，上市早，品质优。2018年，全区杏面积506.7公顷，产量4750吨。

桃。主要种植区在马山镇、孝里镇、双泉镇和万德街道。主栽品种为中华寿桃、冬雪王桃和金秋红蜜桃等品种，孝里镇新种植的瑞蟠21号、瑞油蟠2号填补全区蟠油桃空白。2018年，全区桃面积886.7公顷，产量4200吨。

梨。主栽品种有爱宕梨和水晶梨，主产地在文昌街道、孝里镇。2018年，全区梨面积80公顷，年产量860吨。

柿子。主栽品种有车头柿、磨盘柿和水柿，主产地在万德和张夏街道，盛产鲜柿和柿饼。2018年，全区柿子面积500公顷，产量9550吨。

板栗。万德和张夏街道是泰山板栗主产地。2018年，全区板栗面积1406.7公顷，产量3165吨。

油用牡丹。主要集中在双泉镇和文昌街道。2018年，全区油用牡丹面积133.3公顷，产量120吨。

【林果生产】　2018年，清明节期间，一股较强寒流袭击长清，4月7日凌晨气温急剧下降至零下，造成罕见的晚霜冻害，导致全区大多数果树严重减产，其中樱桃、葡萄减产80%左右，杏、猕猴桃、核桃减产60%左右，苹果、梨等减产50%左右，加之核桃炭疽病等病虫害影响，全区经济林生产遭遇重创，产量较2017年减少47.2%，产值较2017年减少41%。

板栗连续5年稳定在较高价位，收购价10～12元/公斤，经济效益可观，产业持续向好。

核桃价格呈现优质优价现象，普通核桃价格为10～12元/公斤，优质香玲、强特勒等品种核桃价格为16～24元/公斤。

柿子产业持续萎靡，价格低（鲜柿0.4～1元/公斤，粗加工糖浆柿饼3～4元/公斤），收购者甚少，收获期的柿子少人采摘，经济效益持续走低，柿园面积逐年减少。

油用牡丹收购量和价格受外来收购商制约，价格保持低位（每公斤9元左右），较2017年价格有所回升，但起色不大。

2018 年长清区经济林产品生产情况表

表 13-2

指标名称	年末实有种植面积（公顷）	年末实有结果面积（公顷）	产量（吨）
各类经济林产品总量	16010.8	11321.7	34794
一、水果	3338.8	2840.4	15492
1. 果	173.3	106.7	1550
2. 梨	80.0	66.7	860
3. 葡萄	36.0	36.0	180
4. 桃	886.7	866.7	4200
5. 杏	506.7	506.7	4750
6. 猕猴桃	49.01	26.7	150
7. 樱桃	1340.0	1083.3	3300
8. 山楂	113.3	113.3	450
9. 石榴	16.0	10.0	16
10. 李子	17.7	17.7	36
11. 樱桃李（野酸梅）	113.3		
12. 蓝莓	6.7	6.7	2
二、干果	2125.3	1714.7	14217
1. 板栗	1406.7	1000.0	3165
2. 枣	213.3	213.3	1500
3. 柿子	500.0	500.0	9550
4. 榛子	5.3	1.3	2
三、林产饮料（干重）	266.7		110
1. 茶叶	266.7		110
四、林产调料产品	446.7		355
1. 花椒（干重）	413.3		230
2. 香椿（鲜重）	33.3		125
五、木本油料	9833.3	6766.7	4620
1. 核桃	9700.0	6666.7	4500
2. 油用牡丹	133.3	100.0	120

【花卉苗木】 2018年，完成新育苗面积457.3公顷，新发展花卉苗木面积121.7公顷，累计总育苗面积3125公顷。全区花卉苗木产业建成以文昌街道西李村、南王村、后三村为主的万亩集苗木生产、经营、赏花、踏青、游乐、休闲于一体的生态都市花卉苗木精品园产业区，以104国道为轴线的果树、针叶苗木产业带，以220国道为轴线的乔灌苗木产业带、以104省道为轴线的针阔叶苗木产业带的“一区三带”发展布局，并初步形成以白皮松苗木为主导、园林花卉苗木为特色的产业园区。

【食用林产品质量安全监管】 2018年，区林业局开展食用林产品专项整治行动3次，对规模化种植生产基地、“三品一标”（有机、绿色、无公害农产品，国家地理标志农产品）基地和标准化示范园进行检查，整治生产中使用克百威、氧化乐果等剧毒高毒农药以及滥用菊酯类、多菌灵、毒死蜱等低毒农药的违法违规行为，对滥用和不科学合理使用农药行为及时指导纠正。完成速测任务1000余个批次，涉及樱桃、杏等12个品种，加大对安全隐患多的树种、品种特别是桃的监测力度。配合省、市开展抽检113个批次，除马山镇因未出农药安全间隔期采样导致检测不合格1例外，其余全部符合省、市标准，首次对果品抽检不合格的经营者采取行政处罚措施。推广使用无公害、绿色、有机产品标准化生产技术，指导农民按照标准化生产技术规程进行田间管理，开展标准化示范园、“三品一标”认证和品牌创建活动。推行食用林产品质量安全追溯制度，筛选生产企业、农民专业合作社、种植大户开展先期试点8家，实现产业链可追溯管理。开展食用林产品质量安全宣传，先后举办技术培训班2期。制定《长清区食用林产品质量安全事故应急预案》，成立领导小组和专家组，应对突发质量安全事件。

【森林防火】 2018年，全区森林防火工作以“预防为主，积极消灭”的工作方针，做到强化组织领导、强化宣传教育、强化火源管控、强化能力建设、强化值班督查，防控火情发生。区、街镇、管区、村各级建立健全森林防火组织机构，及时召开会议进行安排和调度，做到行政首长亲自抓、负总责，分管领导靠上抓、抓具体，推行森林防火行政领导负责制，逐级签订责任状，层层落实责任，实行区森防指成员单位包街镇、街镇干部包村、村干部包山头等措施。4月5日，长清区委书记王勤光先后到马山镇、五峰山街道和五峰山林场视察森林消防中队和防火检查站值班备勤情况及清明节期间森林防火工作安排和防控措施等工作。开展“森林火灾隐患排查整治”“百日攻坚、严防森林火灾”等活动，对清明节等关键时间和关键地点进行重点布防，严防火源进山入林。10月31日，副区长刘永亭主持召开全区森林防火工作会议，全面部署2018—2019年度森林防火工作，并代表区政府与防火单位代表签订森林防火责任书。印发《关于做好今冬明春森林防火工作的通知》《关于2018年—2019年明确指挥部成员单位工作职责及联系街道（镇）、景区、林场

举办长清区2018年食用林产品质量安全培训班 （张传青 摄）

2018年4月5日，长清区委书记王勤光到马山镇视察森林防火工作
（董希军 摄）

分工的通知》。区人民政府森林防火指挥部办公室成立督导组5个，深入基层开展隐患排查整顿，下达森林火灾隐患整改通知书16份，提出整改措施53条。重点抓好区及街镇森林消防专业队伍和护林员队伍，落实责任区域，实行网格化管护。区森林消防（防汛）专业队伍共有队员100人，根据防火侧重点的不同，分东、中、西三线驻守，其中苗圃中队兼顾大学城以及文昌街道部分山峪，莲台山中队兼顾张夏街道和万德街道，五峰山中队兼顾马山镇和五峰街道、归德街道，大峰山中队兼顾孝里镇和双泉镇。区林业局组织开展“森林防火宣传月、宣传周”活动，营造全民防火氛围。11月4日，组织全区防火指挥员和扑救队员进行集中培训，共培训500余人次。新建森林防火电子卡口23处，启动电子卡口建设招标120处，新购置火场巡查监测无人机1架、灭火服装310套。坚持“五个24小时”（带班、值班、瞭望人员、防火队伍24小时在岗在位，林火视频监控24小时运行并自动报警）制度，落实火情日报、火警通报曝光和责任追究等制度，全年未发生大的火灾。

【林业有害生物防控】 2018年，区林业局监测的林业有害生物有16种，其中病害2种、虫害14种。设立系统测报点7处，街镇测报点68处，配备虫情调查员75人，做到美国白蛾、杨树食叶害虫、松树病虫害等主要虫情监测全覆盖。及时对美国白蛾的网幕期、松材线虫的红叶期和危害木进行调查，确保疫情及时发现和排除。集中开展松材线虫病普查2次，普查面积1746.7公顷，发现枯死松树1975株，送检松树样本31份。孝里镇付庄村、归德街道大觉寺村进行捆塑料裙监测和防控草履蚧尝试，收到良好效果。对美国白蛾、松墨天牛林业有害生物采取性诱剂引诱等方式进行监测，对杨小舟蛾、杨扇舟蛾、春尺蠖等采取灯诱措施，提高监测准确率。6月21日—23日，组织实施飞机施药防治作业面积4000公顷，虫口基数明显降低。万德街道利用烟雾机和高枝修剪，控制美国白蛾疫情蔓延，同时采取措施快速控制邵庄舞毒蛾虫害的蔓延。7月下旬，万德、文昌、归德街道部分村庄以及南水北调两侧树木发生较重的美国白蛾虫情，区林业有害生物防治指挥部办公室下发通知，采取防控措施，进行药物喷洒控制疫情蔓延。

【林业执法】 2018年，区林业局组织开展“春雷2018”“绿剑2018”“打击非法占用林地等涉林违法犯罪”“打击非法猎捕出售野生动物”“扫黑除恶”“林木种苗双打”等专项行动，打击盗伐滥伐林木、非法占用林地、非法猎捕出售野生动物和侵犯知识产权制售假冒伪劣种苗等违法犯罪行为，对各街镇开山采石山场、长清大集、马山路花鸟市场等重点区域位置进行突击检查，通过以打促防、打防结合措施，森林资源得到有效保护。全年共查处涉林案件56件（其中刑事案件2起）。同时，完善涉林案件“补植复绿”生态修复机制，对2014年以来结案的案件开展补种树木大检查，对办理案件中向违法犯罪人员下达的责令补种树落实情况逐个进行检查落实，2017—2018年度补种树木完成率90%以上。

【资源监管】 森林资源目标责任制。2018年，区林业局实行保护发展森林资源目标责任制，开展森林督查，对全区疑似破坏森林资源的图斑237个进行现场核查，配合有关部门完成生态红线划定、扶贫光伏选址、残次林地调整、黄河滩区迁建等工作。

“放管服”改革。推进“放管服”改革，行政权力清单动态管理，落实“双随机一公开”监管措施，推行“一次办好”改革，累计办理审批事项1429件，其中办理林木采伐许可证1366件、林木种子生产经营许可证35件、植物检疫证20份、野生动物驯养繁殖许可证1件，其他许可事项7件，审批采伐林木蓄积8.5万立方米。

生态公益林和高速公路绿化带管护。2018年，全区生态公益林补偿面积2.66万公顷，其中国家级1.38万公顷、省级1.07万公顷、市级0.21万公顷，共招聘护林员380人。济菏高速、G20高速公路绿化带护林员共36人。

林木种质资源宣传保护。特邀南京林业大学教授方炎明对全区壳斗科栎属植物进行调查分析，新发现栓皮栎、槲栎野生种质资源分布群落，摸清栎类植物分布情况，丰富全区林木种质资源。拟定“一库七区”林木种质资源保护规划，做好莲台山省级林木种质资源保护库建设，辐射带动双泉书堂峪沙枣林木种质资源保护区、大峰山朴树林木种质资源保护区、五峰山猫乳林木种质资源保护区、张夏王泉柘树林木种质资源保护区、灵岩寺青檀林木种质资源保护区、卧龙峪芫花林木种质资源保护区、张夏小寺大花溲疏林木种质资源保护区等“七区”建设。

森林公园监督管理。组织检查全区森林公园8处，与森林公园经营管理机构和相关街道签订森林公园管理责任书，落实管理责任与目标。解决金箭山森林公园多年经营开发主体更换频繁、管理混乱问题。马山森林公园硬化道路2200余米，对景区防火通道、隔离带进行清理，加强景区综合治理。

规范湿地保护管理。投资100万元，建成王家坊湿地公园管理办公室，实施王家坊省级湿地公园保护与恢复。

大峰山市级自然保护区保护管理。完成界碑界桩以及管理制度和管理机构等问题整改。

【省市级公益林落界】 省市级公益林落界工作以林地“一张图”和2017年林地年度变更中的省级、市级公益林数据资料为基础，采用内业判读和外业补充调查相结合的方法，识别省级、市级公益林中的非林地小班，以及不符合区划范围标准的小班、改变林地用途的小班。落界后，全区符合区划标准的现有省级公益林落界面积为10751.86公顷，市级公益林落界面积为2094.82公顷。其中，省级公益林141.63公顷、市级公益林352.27公顷，已划入济南市高新区创新谷街道管辖范围。

【林业保险】 2018年，全区林业保险在保面积2.55万公顷，保额3.14亿元，保费181.04万元。其中，公益林保险完成2.52万公顷，保费为每公顷60元，每公顷保险金额最高为1.2万元，保险期限为1年，保费由国家、省、市、区四级级财政共同承担；商品林保险完成247.13公顷，其中核桃146.27公顷、樱桃33.33公顷、杏63.33公顷、枣4.2公顷，涉及万德、张夏、双泉3个街镇，投保采取财政补助与农户个人出资相结合的方式，每公顷保费1200元，保额4.5万元（其中果树1.5万元，果实3万元），农户个人出资标准为樱桃每公顷150元，杏、核桃、枣每公顷60元。同年4月，全区发生低温冻害，经查勘、定损，确定投保范围内共有14个村（合作社）受灾，受灾树种为樱桃、杏、核桃，受灾面积166.03公顷，赔偿金额94.11万元。

【国有场圃建设】 2018年，区林业局完成国有林场改革，长清区苗圃整建制并入五峰山林场。9月，通过省、市初步检查验收。国有林场和苗圃做好责任范围内森林防火、病虫害防治。大峰山林场招聘季节性护林员33人，建成宽12米、长61公里的防火隔离带，重新粉刷防火牌61块，进行林区病虫害防治200公顷；开展市级自然保护区总体规划调整，完成修编工作。莲台山林场抓好森林防火和林业有害生物监测防治工作，加强林木种质资源库建设，实施轻基质育苗项目，完成荒山轻基质苗木补植8000余株。五峰山林场新建护林房4处，面积共280平方米，完成古树名木保护、病虫害防治、中幼林抚育及防火道整治等工作。长清区苗圃开展以景观树木为方向的苗木培育工作，繁育周氏啮小蜂3亿余头，在全区进行定点放蜂用于防治美国白蛾，并完善和保护100余个病虫害标本。

【森林经营规划】 2018年，按照《国家林业局关于印发〈全国森林经营规划（2016年—2050年）〉的通知》要求和全国森林质量提升工作会议精神，区林业局组织编制《长清区森林经营规划（2016年—2050年）》（以下简称《规划》）。《规划》以全周期多功能森林经营理念为引领，结合长清区实际，研究提出未来35年全区森林经营的指导思想、基本原则、目标任务、经营布局、经营策略、作业法体系和建设规模，明确森林经营重点工程，提出保障《规划》实施的政策和措施等。《规划》涵盖造林、抚育、采伐、更新造林等森林培育活动，并对资源保护、森林防火、林业有害生物防控等提出原则性要求。

【林业站本底调查】 2018年，按照国家林业和草原局林业工作站管理总站及省市部署，区林业局组织完成第二次林业工作站本底调查，摸清县区管理机构、队伍基本情况，乡镇林业站机构、队伍、辖区资源、设施设备、基本建设投资及职能作用发挥情况，乡村护林员情况，乡村林场情况，以及林业经济合作组织等情况。

（王　峰）

水　务

【概况】 2018年，撤销长清区水政监察大队，相关职能及人员划转长清区综合行政执法局。长清区水务局（以下简称区水务局）全面对标区委、区政府“1+654”工作体系，突出“民生水利”和“创新争优”两大亮点，抓好十大工程，强化六个保障，统筹做好各项水利工作，推动水务工作再上新台阶。同年，长清区获全省小水库体制改革校准县称号，区水务局获全省水利系统文明单位、水利部质量稽查全省第一名、全省水利法治建设示范点、全省档案工作科学化管理示范单位、济南市河湖长制考核第一名等称号。

【农田水利建设】 2018年，长清区“五小水利”建设项目涉及文昌、五峰山、万德、归德、张夏、崮云湖、孝里、双泉、马山等9个街镇的29个行政村，其中贫困村16个。项目总投资404.08万元，其中市级财政补助资金320万元，区级财政补助资金56.21万元，自筹资金27.87万元。建设工程55处，其中新建小水池9处，总容积650立方米；整治小泵站3座、新建小泵站17座；改造小水渠1处长75米、新建小水渠16处总长12.9公里；整治坑塘3处，维修大口井1眼，新建拦河坝3处，河道治理1处，泉眼保护池1座。年底，工程全部完工。项目完工后恢复、改善灌溉面积 193.33 公顷，年增产效益 24.8 万元，节水 20.3 万立方米。

2018 年，高效节水灌溉工程市扶持项目涉及崮云湖街道、万德街道、孝里镇的长清区乐佳种植农民专业合作社、长清区万德灵岩驿栈富硒核桃种植专业合作社、长清区玉永茶叶种植专业合作社、长清区合龙寺仙桃种植专业合作社、济南南湖玉露茶叶科技开发有限公司、济南广盛源生物科技有限公司，共发展高效节水面积 64 公顷，项目总投资 191.74 万元，其中市级补助 95 万元，园区自筹 96.74 万元。12 月，工程全部完成。

2018 年，长清区实施农业水价综合改革，改革面积 5333.34 公顷。其中，归德街道 34 个行政村，有效灌溉面积 2666.67 公顷；孝里镇 38 个行政村，有效灌溉面积 2666.67 公顷。灌溉水源主要是引黄水和地下水，以泵站、机井供水为主。主要改革内容是在归德街道安装水电双控卡片式超声波流量计 45 套；在孝里镇安装水电双控卡片式超声波流量计 30 套，安装外夹式（或插入式）泵站超声波流量计 2 套，安装标准流量槽 11 套、声学多普勒流量设备 1 套；新开发农业用水信息管理平台 1 套；总投资 185 万元。

【农村饮水安全工程】 2018 年，建设实施济南市长清区 2017 年农村饮水安全维修养护项目，建设内容包括新李水厂、万德水厂、广里联片、荆庄联片、书堂峪供水工程维修养护项目 5 处，主要建设任务包括维修养护潜水泵、供水压力罐、变频供水设备、变压器、供水主管道等。1 月 31 日，该工程公开招标，中标单位是济南市水利工程总公司。该项目已经全部建设完工。建设实施济南市长清区 2016 年—2017 年贫困村饮水安全结余资金项目。经财务审计济南市长清区 2016 年—2017 年贫困村饮水安全提升改造项目结余资金 109.8 万元，经过实地调查，根据贫困村的实际需求，利用该资金对下铺子等贫困村的饮水工程进行提升，该项目已经全部建设完工。编制完成《济南市长清区 2018 年农村饮水安全维修养护项目实施方案》，本项目共涉及文昌、平安、五峰山、归德、万德、马山、双泉等 7 个街镇，计划对西李水厂、三龙水厂、万德水厂、国庄水厂等 4 处规模化供水工程以及双泉镇马头村、五峰山街道西黄村、石窝村等 9 处单村供水工程进行维修养护，工程总投资 65.14 万元。该项目完成招标。

【塘坝建设工程】 2018 年，完成双泉房庄、大邹、东坦五号 3 座塘坝建设工程，总投资 113.54 万元。其中，房庄塘坝建设工程投资 58.67 万元，大邹塘坝建设工程投资 25.87 万元，东坦塘坝建设工程投资 29 万元。

【防汛抗旱】 2018 年，区委、区政府调整区防汛抗旱指挥部成员，组织召开全区防汛会议，制定以行政首长负责制为核心的防汛责任制度。结合全区水利工程实际情况，按照防大汛、抗大洪、抢大险、救大灾的要求，从工程运用、调度指挥、人员组成、通讯联络、抢险救护、群众转移等环节入手，修订和完善各类防洪预案及在建工程度汛方案。汛前，区防汛指挥部对各街镇和重点水利工程进行防汛安全拉网式检查，区防汛指挥部及时下发清障通知及整改意见，限期整改到位。汛期，严格执行“领导带班、专人值守”24 小时轮流值班制度。长清区组建 100 人的常备防汛抢险大队，增强防汛抢险力量。为每座小水库配备安全巡查员，共配备安全巡查员 54 人，确保 24 小时有专人盯守。完成本年度山洪灾害非工程措施建设群策群防工作，完成监测预警平台提标升级，监测预警平台（视频会商）延伸到 10 个街镇。5 月 25 日，在区人武部民兵训练基地举办山洪灾害防治暨防汛知识培训。6 月 30 日，在东风水库举行山洪灾害水上搜救及群众转移培训演练。

【水资源管理】 2018 年，水资源管理工作结合水资源费改税的新情况，加强管理。加强水资源费改税文件的学习，加强各项制度建设，提高水资源管理规范化水平。区财政局、地税局、水务局组织本机关内部水资源管理人员学习费改税相关政策，提高水资源管理人员的业务素质。联合制定《水资源管理人员学习制度》《水资源监督管理文件合法性审查制度》《水资源管理人员党风廉政制度》；区财政局与税务局、水务局联合制定《水资源税征收联席会议制度》。水资源费改税后，提高应税企事业单位的办证和交税自觉性。全年，共新办理取水许可证12家，比2017年同比增加140%，共计征收水资源税965万元，比2017年同比增加40%。11月，全区登记在册的入河排污口全部整治完成。同年，区水务局获水资源考核优秀等次。

【水土保持】 2018年，长清区实施双泉镇孟庄小流域综合治理工程，治理水土流失面积1.09平方公里，其中种植水保林28.76公顷，封育治理80.24公顷，新建拦水堰坝3座，共完成投资125万元，其中市级财政投资100万元、地方自筹25万元。

【水库移民扶持】 2018年，全区水库移民后期扶持2515人，发放扶持资金150.90万元。实施大中型水库移民后期扶持项目2个，批复资金178万元，主要实施交通道路建设等。实施小型水库移民扶助基金项目1个，批复资金80万元，主要建设交通道路等。

【水产养殖】 2018年，全区水产养殖面积344公顷，渔业总产量1248吨，总产值3147万元。长清区泉新蔬菜种植专业合作社、长清区昌盛淡水鱼养殖专业合作社、长清区新起点种植养殖中心3家单位被济南市农业局认定为2018年度济南市渔业标准园和渔业休闲观赏园。马山锦鲤文化小镇已成为济南市乡村振兴战略齐鲁样板。7月26日，2018年长清区“放鱼养水”活动在长清湖举行，济南市农业局渔业办、区总工会、区妇联、团区委、区教体局、园博园管理处负责人参加放鱼养水活动，共投放鲢鳙鱼、草鱼、鲤鱼等水产优质鱼苗约25万尾。11月3日—5日，组织有关技术人员、养殖合作社负责人参加济南市水产科技人员继续教育培训班。

（曹丽丽）

黄河河务

【概况】 2018年，济南市黄河河务局长清黄河河务局（以下简称长清河务局）以防汛抗旱减灾为要务，依法行政，确保安全生产无事故，落实首长负责制，配合上级及区委、区政府做好防汛抗旱工作；完善河道管理制度，开展法制宣传教育、水事违法案件查处及河道内建设项目管理工作，维持辖区内正常水事秩序；坚持绿色环保理念，开展水生态文明建设，确保安全度汛。长清河务局被山东省黄河河务局授予“山东黄河过硬党支部”称号。

【河道管理】 2018年，长清河务局按照山东黄河河务局、济南黄河河务局《黄河河道巡查制度》以及《水政监察工作章程》的要求，制定《长清黄河河务局河道巡查实施方案》，成立联合巡查小组，水政、派出所联合开展河道执法管理巡查工作。结合长清黄河河道管理实际，加大巡查力度，巡查每周不少于2次，发现问题及时汇报，确保辖区内各类水事违法行为早发现、早制止、早查处，最大限度地减少人为因素对河道及工程的侵害，确保黄河防洪工程安全完整。全年开展日常巡查河道157次，出动执法人员569人次，现场制止违法行为41次，扣留涉嫌违法机械设备2台套，案件查办率100%。快速处理桃园工程管护地违规打井案、彻底拆除违规建设的长清黄河公路大桥主桥沉淀池，维护防洪工程的安全完整。

【普法宣传】 开展“世界水日”“中国水周”“全国法制宣传日”等普法宣传活动，开展法律专题宣传教育活动，开展送法下乡、送法进企业、送法进校园活动，设立水法规咨询站等。更新普法长廊2处，建成孟李普法广场1处。

【引黄供水】 2018年，长清河务局严格按照济南黄河河务局要求，对长清段水资源的取用进行普查，形成《2018年度长清黄河取用水项目普查报告》。按照《山东黄河水量调度管理办法》开展水资源管理工作，确保用水计划和调水指令畅通。根据上级分配调水指标，结合取水口实际情况进行水量分配。全年，长清区共引黄河水365万立方米。

【防汛防凌】 防汛。2018年，长清河务局做好防汛前各项准备工作，配合区政府组织召开防汛工作会议，配合组织完成长清黄河滩区迁安救护演练，起草制订黄河防汛工作意见，逐级落实防汛责任制，修订完善防洪预案，对各类防汛备料进行登记，指导沿黄各街镇编制完成《滩区迁安救护方案》。汛期实行24小时防汛值班，汛情及时上传下达，确保黄河度汛安全。

防凌。2017年12月至2018年2月，长清河务局做好防凌各项工作，完善黄河防凌预案，落实防凌专业队伍、群众防凌队伍等社会团体及群众防凌料物柳秸软料、铅丝等储备。加强凌汛期工程巡查，适时进行冰凌普查，做好防凌值班，及时上报凌情。

防汛队伍。沿黄4个街镇以基干民兵和沿黄街镇企业人员为主，组建群众抢险队伍12支，共计490人，主要负责工程的巡查、防守、抢险及滩区群众的迁移安置。

防洪工程。2018年5月，长清黄河燕刘宋控导上延工程开工建设，该工程位于平阴与长清交界长清区庞道口村西，工程长790米，土方填筑1.06万立方米，进占体石方0.76万立方米，散抛石护坡0.75万立方米，铅丝笼石0.58万立方米，乱石粗排0.14万立方米，9月工程主体竣工，完成投资664.65万元。

（王朋双）

农业机械

【概况】 2018年，长清区农业机械管理局（以下简称区农机局）突出科技创新，建设智慧农机服务模式，与中国移动长清分公司联合定制开发长清区智慧农机互联网管理服务平台，使农业机械管理科学化、规范化、可视化，更好地服务农业生产。“三夏”“三秋”期间，组织小麦联合收割机700余台和玉米联合收割机500余台投入抢收作业。组织跨区作业，开辟“绿色通道”，为机手及时提供农情信息，确保“三夏”“三秋”生产顺利进行。区农机局推广农业机械化新机具、新技术，提高农机作业质量和综合利用水平，推进和完善农机服务体系。区农机局获济南市农业系统先进单位、济南市农业系统创新奉献奖、全区服务三农先进单位、全区安全生产工作先进单位、全区招商引资工作先进单位等称号。

2018年，全区农机总动力48.19万千瓦，农机总值3.72亿元，拥有小麦联合收获机660台，玉米联合收获机506台，拖拉机6272台，配套机具8900余台，机耕作业面积3.8万公顷，机播作业面积4.09万公顷，机收作业面积3.77万公顷，秸秆机械化还田3.42万公顷，机械化深松666.67公顷，无人机植保作业0.67万公顷。

【农机购置补贴】 2018年，全年共实施农机购置补贴资金650.55万元，受益农户436户，补贴各类农机具500台（套），直接带动农民投资1500余万元。一批效率高、能耗低、性能好的先进大中型农机具得到推广，农机装备实现质的转变，由低档次向高性能、由单项作业向多功能复式作业发展，农机化步入良性发展轨道。区农机局精简办事环节，创优“上门服务一趟办结”工作模式，设立“农机一站式办结服务车”，深入街镇农村将农机购置补贴、牌证办理、安全检验、驾驶员培训报名等业务同步进行，由原来要跑三四趟变为在家门口一次办结，农民办理农机业务实现“零跑腿”。

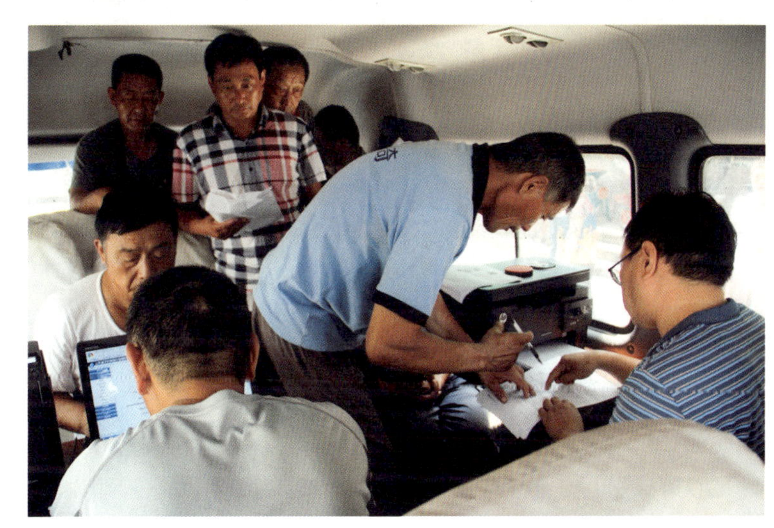

农机一站式办结服务车为农机手办理农机购置补贴手续（张元轶 摄）

2018年长清区国家购机补贴机械一览表

表13-3

补贴资金（万元）	补贴户数（户）	补贴机具								
		拖拉机（台）	小麦联合收割机（台）	玉米联合收割机（台）	播种机（台）	还田机（台）	田间管理机（台）	冷库（座）	其他（台）	合计（台）
650.55	436	80	2	8	43	28	271	3	65	500

【农机修配】 2018年，长清区共有规范化维修网点32家，其中四星级8家、三星级24家，全区农机维修技术人员持证率95%以上。

【农机监理】 2018年，长清区拖拉机、联合收割机年审率85%以上，办理牌证91台，挂牌率98%以上，购机补贴机具挂牌率100%，农机生产安全无事故。

【农机培训】 2018年，举办各类农机培训班6期，培训农机从业人员600余人次。

【农机推广】 2018年，举办花生机械化收获、谷物联合收获、果蔬冷藏、植保无人机等现场会5次，加快新机具、新技术推广进程，提高长清区经济作物机械化作业水平。植保无人机保有量16台，植保无人机每小时可喷洒农药约6.67公顷，与传统的人工喷洒方式相比，具有减少污染、喷洒均匀、效率高、不伤苗的优点，降低劳动强度，减少人工成本。5月，区农机局引导农民利用植保无人机对小麦进行大规模喷药作业，提高小麦植保作业效率，节约农药50%、水90%，作业效率是传统人工喷洒的30倍左右。

植保无人机田间作业（张元轶 摄）

捆机4台，全区秸秆综合利用率98%以上，重点区域100%。

【农机专业合作社】 2018年，全区在工商部门登记注册的农机专业合作社共有51家，入社社员831人，拥有各类农机具1400余台（套），其中大中型拖拉机364台，小麦联合收割机162台，玉米联合收割机51台，植保无人机14架，配套农机具及高地隙植保机械、烘干设备齐全，固定资产4000余万元。全年服务作业面积7672公顷，合作社年总收入3200余万元。

【农机跨区作业】 2018年，长清区小麦联合收割机、玉米联合收割机、大型拖拉机、植保无人机等农业机械参加跨区作业370余台次，作业面积7000余公顷，收入700余万元。

【秸秆综合利用】 2018年，全区拥有小麦联合收割机660台、玉米联合收割机506台，均安装秸秆切碎抛洒装备，另有秸秆还田机740余台、秸秆青贮机9台、秸秆铡草机470余台、秸秆打

【土地托管】 2018年，全区推进土地托管工作，共签订土地托管合同5000公顷，整村托管59个，其中黄河滩区迁建村51个，种粮大户及家庭农场托管29个，散户托管1.6万余户。托管范围辐射齐河县赵官镇、槐荫区吴家铺街道、平阴县安城镇等地。

（孙 倩 张元轶）

工　业

综　述

【概况】 2018年，长清区经济和信息化局（加挂长清区商务局牌子）〔以下简称区经信局（商务局）〕围绕区党代会、区人代会提出的打造现代产业集群工作目标，把握创新发展工作总基调，加大工业工作推进和服务力度，加快推动新旧动能转换。全区工业经济呈现出稳中有升的良好态势，全年完成工业增加值43.4亿元，增长8.9%，高于全市增速1.8%；实现主营业务收入194.9亿元，增长9%；实现利税14.4亿元，其中利润8.6亿元，分别增长57.3%、138.2%，增幅均列全市第一位；新增规模企业8家，累计198家。区经信局（商务局）被区委、区政府评为项目建设先进单位、美丽乡村建设工作先进单位、扶贫工作先进单位等。

【招商引资】 2018年，区经信局（商务局）共实施招商项目21个，实际到位资金9987万元，超出年计划2987万元。济南大秦阳光有限公司、济南山水物流港有限公司、济南嘉和世纪餐饮包装制品有限公司、济南天宇君诚包装制品有限公司、济南恒辉科济食品配料有限公司、山东新美热能科技有限公司、济南金强激光数控设备有限公司、济南展鸿岳龙智能设备有限公司、山东踏诺智能科技有限公司9个项目签约落地，其中山水物流港项目实现当年引进、当年落地，当年交税1283万元。济南玖久同心有限公司冻食品加工及工业旅游项目、阿里巴巴线上合作、济南华欣数控机床有限公司高精度数控机床项目、济南力支测试有限公司、如家商旅酒店、永恒清洁能源有限公司等6个项目正在洽谈；中油昆仑燃气有限公司山东分公司、济南新路昌试验机有限公司、济南汇英机械有限公司、济南申融房地产开发有限公司原山官邸项目、山水集团世纪创新粉磨站项目、山东众森科技有限公司等6个原引进服务项目加快推进。开展“百家企业引进百个项目”活动，全区共引进或投资新上项目92个，其中企业引进项目60个、企业自身扩大生产新上项目32个，项目总投资102亿元。企业引进的60个项目中，有高端装备项目11个、节能环保项目8个、引进技术项目8个、建材项目5个、物流项目5个、印刷设计项目7个、电子软件项目2个，涉及农业、文旅、食品、商贸服务、商住等项目14个。企业招引项目数量创近年来最多，“双百”活动成为全年工作的亮点。

长清区2018年下半年招商引资项目集中签约仪式
（区经信局提供）

【技术创新】 2018年，区经信局（商务局）组织重点企业到高校进行用工招聘和科技成果转化对接，组织2批6人次来自美国和德国的中国科协海智计划专家到长清区考察，指导16家企业61个研发项目列入山东省技术创新项目计划。济南长兴建设集团有限公司、中广核宏达环境科技有限公司被认定为山东省第二十五批省级企业技术中心；10家原有省级企业技术中心、1家省级工业设计中心全部通过两年一度的复审工作。济南奥图自动化股份有限公司、山东国辰实业集团有限公司、长兴建设集团工业科技有限公司被认定为济南市第九批"一企一技术"创新企业。山东众森科技股份有限公司入选山东省制造业创新中心（第二批）建设试点。济南乐邦企业管理服务有限公司获批第五批山东省中小企业服务机构。山东国辰实业集团有限公司、济南康泽生物科技有限公司、中广核宏达环境科技有限公司、山东新纪元特钢有限公司、山东龙标幕墙建材股份有限公司、山东迅达康兽药有限公司、济南火哨安全科技有限公司、山东百特溽威节能装备有限公司、济南广盛源生物科技有限公司、山东博霖环保科技发展有限公司、济南泉中鑫建材有限公司等11家企业获批济南市第六批"专精特新"中小企业。济南奥图自动化股份有限公司被命名为山东省中小企业"隐形冠军"企业、山东省制造业单项冠军企业。济南奥图自动化股份有限公司的"热成型板材上下料高速双臂机械手"、山东国舜建设集团有限公司的"工业烟气湿法脱硫及湿式静电除尘成套设备"2种产品被列入《山东省高端技术装备新产品推广目录》（第六批）。济南奥图自动化股份有限公司的"高强钢热成型自动化生产线"被列入2017年山东省智能制造试点示范项目。济南奥图自动化股份有限公司的"汽车冲压件智能制造系统"、济南冶金化工设备有限公司的"热耦合负压脱苯－再生一体化工艺装置"、济南时代试金试验机有限公司的"机车弹簧自动检测线"3种产品被列入山东省首台（套）技术装备。为山东郭府酒业有限公司新上的窖藏纯粮白酒品质提升技改项目、济南鼎润纸制品有限公司新上的年产9000万平方米瓦楞纸板生产线技改项目、济南广盛源生物科技有限公司新上的年产120吨兽药产品技改项目办理备案手续。年底，全区累计拥有国家级技术中心1家、省级企业技术中心12家，市级企业技术中心21家。

【新旧动能转换】 2018年，区经信局（商务局）推进智能制造、出口创汇、节能环保、创新创业、应急产业、商贸服务业等工业和商贸企业新旧动能转换的六大会议推进机制，先后召开创新驱动报告会、商贸企业座谈会、科技创新座谈会、外贸企业座谈会、电商企业现场会等，以此搭建企业交流平台，调动企业创新创业积极性，引导企业比学赶超，服务企业做大做强。致力于培育企业高新动能，主动为企业牵线搭桥，促进校企对接融合，校企合作、企业之间合作成效明显。先后促成济南时代新纪元科技有限公司与山东管理学院签署机器人基地签订合作协议；济南绿洲科技有限公司与重汽集团济南专用车公司签订扫路车合作生产协议，与山东交通学院签订无人驾驶合作协议；山东华昱压力容器有限公司与山东大学能源与动力学院签订换热器共性开发合作协议；山东国辰实业集团有限公司与山东建筑大学建立"山东国辰实业集团产学研实验中心""山东建筑大学市政与环境工程学院大学生实训基地""山东建筑大学市政与环境工程学院校企产学研研发实验中心"；济南鲁日钧达皮革有限公司与中国工程院院士、四川大学教授、博士生导师石碧牵手，成立院士专家工作站，这是长清区挂牌成立的第三家院士（专家）工作站。山东灵岩石艺有限公司与山东大学合作共建"山东大学灵岩石文化/固体废弃物综合利用研究中心"，被山东省石材行业协会授予"新旧动能转换示范企业"称号，并承办山东石材行业新旧动能转换研讨会。山东宏达科技集团有限公司的"深冷容器技术深度开发利用及装备产业化项目”被列入山东省新旧动能转换重大项目库第一批优选项目。

节能宣传 （区经信局提供）

【节能降耗】 2018年，区经信局（商务局）通过济南市政府对长清区2017年度节能目标责任考核，经过考核组评定，超额完成2017年度节能工作目标任务，全年单位地区生产总值能耗下降9.45%，超目标任务下降5.47%，考核评价得分99分，位列全市首位，被评为超额完成等级。通过2017年度公共建筑重点用电单位用电限额评价考核，齐鲁工业大学、山东师范大学等8家重点用电高校全部执行用电限额标准，其中4家单位获超额完成等级。分解落实市政府下达长清区的年度节能强度目标和重点用能单位“双控”目标责任。抓好重点耗能企业的监管，实行每月一调度，重点监测企业主要能源消耗、主要产品生产情况和单位产值（产品）能耗变化。坚持每月监控规模以上工业企业能源消耗数据填报情况，确保企业能耗增长与产值增幅相协调，全区规模以上工业企业能耗下降2.76%，增加值能耗下降10.7%。指导7家重点用能单位完成2017年度能源利用状况报告填报工作，配合省节能协会开展节能管理实证研究项目第二阶段能源消费情况调研，完成省节能环保产业统计系统、资源综合利用系统及公共机构能源管理系统季度、年度填报工作。开展清洁生产审核，山东金拓热能科技有限公司、济南鲁日钧达皮革有限公司等6家企业完成清洁生产审核。组织8家企业参加山东省节能环保重点项目银企对接会，10家重点用能单位参加济南市节能新技术、新模式、新业态推介会。推进资源综合利用，组织实施山东灵岩石业有限公司再造石文创产品保护等5项资源综合利用研发项目，年可利用石材废弃物32万立方米，年可处理建筑垃圾60万吨，年产生再生覆膜砂5万吨。组织开展形式多样的节能宣传活动，共制作节能宣传标语和展板50多幅，发放节能宣传册1000余份，环保购物袋600余个。山东北辰机电设备股份有限公司的“新能源装备生产基地项目”入选山东省节能环保产业重点项目库。山东国舜建设集团有限公司“工业烟气多污染物超低排放技术装备绿色设计平台建设及应用项目”和济南鲁日钧达皮革有限公司“绿色工厂项目”入选山东省绿色制造项目库。山东迅达康兽药有限公司“‘太阳能+’多能互补工业热利用项目”、西电济南变压器股份有限公司“分布式屋顶光伏发电项目”入选济南市“工业绿动力”项目库。山东金拓热能科技有限公司的“承压节能型隧道窑余热回收器”和山东国信工业设备有限公司的“高压电极式蓄热锅炉”被列入《山东省重点节能技术、产品和设备推广目录（第八批）》。

【工业化标准厂房】 2018年，区经信局（商务局）全力推进50万平方米工业化标准厂房建设工作。全区共确定重点项目40个，计划总建筑面积74.4万平方米，已完成建筑面积62.3万平方米，超额完成年度目标任务。其中，中小微企业产业园项目7个，联东金诚投资有限公司建设的联东U谷·济南长清国际企业港项目，一期7万平方米14幢标准厂房和二期3.5万平方米15幢标准厂房于3月竣工交付使用，已招商入驻企业44家。山东华硕工程有限公司产业园项目车间1完成主体施工，车间6正在进行主体施工，2个车间共1.9万平方米。济南市长清计算机应用公司的罗伯特应急产业园、济南继东彩艺印刷有限公司的济南继东中小微企业文化产业园、山东众森科技股份有限公司的众森资源循环利用环保装备产业园、济南红霖实业股份有限公司的济南红霖“纸男孩”设计智造小镇、山东连城置业有限公司的连城·智造时代5个项目取得济南市中小微企业产业园标准厂房分割转让联席会议办公室审批的确认函，确认数量列全市第一。企业标准工业厂房建设项目33个。其中，济南沃德汽车零部件有限公司高性能发动机气门生产线、济南精锐机器人科技有限公司机器人机械设备制造、济南新路昌试验机有限公司新路昌试验机等14个项目已竣工，厂房投入使用；山东北辰机电设备股份有限公司新能源装备生产基地、山东广汇力数控机械有限公司德国ABB机器人装配生产线、济南赛信机械有限公司挤压食品机械制造生产等14个项目主体施工已完成，正进行内外装饰、设备安装等工作；济南金沃优博实业有限公司食品包装机械生产加工建设项目、济南植物油库粮食食品产业园、济南鼎润纸制品有限公司厂房建设等5个项目已开工建设。

召开全区企业形象提升工作流动现场会 （区经信局提供）

【重点企业形象提升行动】 2018年，根据《中共济南市长清区委办公室济南市长清区人民政府办公室关于印发〈济南市长清区城市提升工程实施方案〉的通知》要求，由区经信局（商务局）、济南经济开发区经济发展局、区环境保护局、区城市管理局、区安全生产监督管理局等五部门联合制定《长清区重点企业形象提升行动工作方案》。区经信局（商务局）成立经信系统重点企业形象提升领导小组，组织召开重点企业形象提升动员会，选择济南时代试金试验机有限公司、济南沃德汽车零部件有限公司、山东国舜建设集团有限公司3家企业作为标杆企业召开现场会，制定百分制量化评分标准，根据企业规模和质量、区域位置、“三高”沿线、城市出入口以及行业领先等条件共确定64家企业，明确以打造“名企名牌名家”三名企业为目标，以整治厂容厂貌、提升企业价值、确保安全平稳运行等为主要内容，每个企业列出整改清单和措施，利用工作群时时调度发布整改进展，利用“爱济南”媒体、济南市经济和信息化委员会网站、长清新闻等平台刊发工作信息60余篇，协调移动、联通、电信公司处理城市管理综合考评平台反馈的杆线整治问题21件。全区重点企业共栽植树木7000余棵，绿化面积2.4万平方米，划定车位2000余个，粉刷墙壁4万平方米，更换垃圾桶300余个，企业路面、路灯、门面、文化、安全生产等内外综合素质全面提升。山东国辰实业集团有限公司代表长清区迎接全市重点企业形象提升行动示范点检查考核。

【棚改工作】 老党校片区棚改项目共涉及经信系统困难企业3家，分别是原济南长清标志服装厂、原长清酒厂和原山东长清第一水泥厂。2018年7月16日，区经信局（商务局）成立棚改工作领导小组，统筹、协调、督促、调查、分析解决棚改工作的各种复杂问题。专职工作组配合老党校片区棚改指挥部的工作部署，入户宣传，盯靠现场处理遇到的问题，掌握棚改过程中的矛盾点，及时化解各种风险，积极为困难企业职工依法争取合理的安置政策，确保依法合规完成经信系统困难企业棚改拆迁任务。至年底，共拆除3家困难企业职工住户33户，拆除集体企业1处。其中，原山东长清第一水泥厂土地1宗，位于长清老城中川西街路南，面积1532.7平方米，其中建筑面积671.1平方米，拆迁住房4户均已房改。原长清酒厂，土地1833平方米，作为建设用地酒厂迁移后建宿舍，拆迁职工住户7户。原济南长清标志服装厂土地2宗，位于长清老城清河街路北，总面积4409.52平方米，办公楼、车间、附属房面积1855平方米，拆除有证职工住户17户，无证未房改职工住户5户。

【老旧小区改造】 原县乡镇企业局自建职工住宅小区位于龙泉街2159号，1997年12月完工入住，共两幢56户，2018年列入济南市老旧小区改造计划。该项目严格按照政府采购规定程序进行招标和施工，招标总价48.40万元，中标价48.07万元，山东益通安装有限公司中标，2018年9月15日签订施工合同，计划工期50天。项目施工共分住宅小区道路工程、装饰工程及小区院内小房、照明、监控、安全门等用电工程三部分。同年11月10日，所有施工工程完工。

（葛广志）

工业门类

【高端装备制造业】 2018年，全区拥有高端装备产品生产制造企业30余家，其中规模以上企业11家，完成产值54.5亿元，占全区工业总产值的27.4%。其中，中国石油集团济柴动力总厂完成产值16.51亿元，增长29.7%，出口3190万元，增长51.6%；中国重汽集团济南橡塑件有限公司完成产值24.33亿元，增长11.5%；济南沃德汽车零部件有限公司完成产值6.72亿元，增长13.5%，出口2.18亿元，增长74.9%，出口额位列全区首位；济南中船设备有限公司产值1.05亿元，增长33.9%，出口3656万元，增长-8.9%；济南龙安机械有限公司完成产值1.22亿元，增长51.6%；济南鲁联集团有限公司完成产值1.02亿元，增长87.8%。

中国石油集团济柴动力有限公司鸟瞰图（区经信局提供）

【智能装备制造业】 2018年，全区拥有智能装备制造规模以上企业44家，完成产值25.5亿元，占全区工业总产值的12.8%。主要产品有数控铸造锻压设备、智能机器人、试验机、自动焊机等。其中，济南铸造锻压机械研究所有限公司完成产值1.68亿元，增长-15.3%，出口3647万元，增长2020.68%；济南时代试金试验机

济南奥图自动化股份有限公司车间　（区经信局提供）

值3.19亿元，增长29.3%；山东宏达科技集团有限公司完成产值1.57亿元，增长18.2%；济南冶金化工设备有限公司完成产值2.85亿元，增长18.6%；山东鲁润热能科技有限公司完成产值1.49亿元，增长18.3%；山东华昱压力容器有限公司完成产值1.1亿元，增长8.6%；山东国辰实业集团有限公司完成产值1.07亿元，增长60.4%；山东博霖环保科技发展有限公司完成产值0.78亿元，增长38.8%；济南玖源机电科技有限公司完成产值0.20亿元，增长100.5%；山东瑞清环境科技发展有限公司完成产值0.20亿元，增长110.6%；山东国建建设集团有限公司完成产值0.51亿元，增长103.1%；山东张夏水暖设备制造有限公司完成产值0.42亿元，增长618.4%。

有限公司完成产值1.25亿元，增长5%；济南奥图自动化股份有限公司完成产值2.00亿元，增长2.97%；山东通发实业有限公司完成产值1.37亿元，增长45.2%；济南同日数控设备有限公司完成产值0.22亿元，增长60.7%；山东锦兴自动化科技有限公司完成产值0.36亿元，增长44.6%；济南天旭数控机械有限公司完成产值0.5亿元，增长6.8%，出口0.3亿元，增长27.6%；山东明美数控机械有限公司完成产值0.47亿元，增长46.2%，出口712万元，增长72.6%；济南江河工贸有限公司完成产值0.25亿元，增长6.2%，出口693万元，增长21.2%。

【节能环保产业】　2018年，全区拥有各类节能环保制造企业70余家，其中规模以上企业40家，全年完成产值38.8亿元，占全区工业总产值的19.5%。主要产品有各种环保节能锅炉、核容器、深冷容器、大气污染治理设备、烟气治理设备、水处理设备、焦化设备、高效换热设备、余热回收装置等100余个品种系列。其中，山东国舜绿色钢结构有限公司完成产值14.00亿元，增长16.5%；山东北辰机电设备股份有限公司完成产

【电子电气产业】　2018年，全区拥有电子电气生产制造规模以上企业16家，完成产值13.3亿元，占全区工业总产值的6.7%。主要产品有变压器、报警器、阀门、开关等。其中，西电济南变压器股份有限公司完成产值4.84亿元，增长14.8%；济南西电特种变压器有限公司完成产值3.35亿元，增长11.3%，出口601万元，增长147.7%；

国舜集团　（区经信局提供）

西电济南变压器股份有限公司　　（区经信局提供）

济南市长清计算机应用公司完成产值 1.21 亿元，增长 2.5%；山东博泰电气有限公司完成产值 0.86 亿元，增长 10.3%；济南海安特安防装备有限公司完成产值 0.35 亿元，增长 62.8%；济南蓝信电子设备有限公司完成产值 0.31 亿元，增长 11.2%；济南港鲁电气设备有限公司完成产值 0.23 亿元，增长 41.02%；山东森鼎电气有限公司完成产值 0.22 亿元，增长 23.8%。

【食品医药产业】 2018 年，全区拥有食品医药生产规模以上企业 21 家，完成产值 15.5 亿元，占全区工业总产值的 7.8%。其中，济南佳宝乳业有限公司完成产值 7.9 亿元，增长 -2.5%；济南资源饲料有限公司完成产值 1.17 亿元，增长 -10.9%；济南华牧饲料有限公司完成产值 0.24 亿元，增长 58.8%；山东迅达康兽药有限公司完成产值 0.60 亿元，增长 50.8%，出口 271 万元，增长 7.7%；济南广盛源生物科技有限公司完成产值 0.51 亿元，增长 -14.2%，出口 536 万元，增长 79.9%；山东省长清农药厂有限公司完成产值 0.52 亿元，增长 69.4%；山东省大发饲料有限公司完成产值 0.31 亿元，增长 11.3%；山东明发兽药股份有限公司完成产值 0.21 亿元，增长 6.3%；济南家家乐味精有限公司完成产值 0.34 亿元，增长 1.7%；济南国泰生物饲料有限公司完成产值 0.45 亿元，增长 14%；济南众海饲料油脂有限公司完成产值 0.3 亿元，增长 9.7%。

佳宝工业园　　（区经信局提供）

【应急产业】 2018 年，全区拥有安全应急产业关联企业 30 余家，其中规模以上企业 15 家，完成产值 65.7 亿元，占全区工业总产值的 33%。主要有可燃气体监测报警器生产企业、工程救援设备生产企业、内燃机发电设备企业、特种消防装备企业四类。可燃气体监测报警器生产企业，代表企业有 4 家，分别为济南市长清计算机应用公司、济南火哨安全科技有限公司、济南市大秦机电设备有限公司、济南海安安环设备有限公司，主要产品有气体报警控制器、点型气体探测器、独立式气体探测器、便携式气体探测器、GPRS 无线智能终端检测系统、防毒面具，产品广泛应用于燃气、石油、化工、消防、冶金、电力、矿井、燃气交车等存在易燃、易爆、毒性气体的危险场所。工

中国石油集团济柴动力有限公司生产的新型175高性能柴油发动机（区经信局提供）

程救援设备生产企业，主要有山东鲁航实业有限公司、山东安科矿山支护技术有限公司2家，产品主要有321装配式公路钢桥、贝雷片、“自锁式”“碗扣式”“盘扣式”建筑脚手架及调整螺杆；桥梁桩基超声波检测管、桥梁异型钢模板、建筑用紧固模板系列配件、矿山支护设备及器材、仪器仪表、矿用及岩土工程机械设备。内燃机发电设备企业，中油济柴核心业务是中大功率内燃机的研发制造企业，是中国非道路用中高速中大功率内燃机规模最大的研发制造企业，主要产品有140缸径系列（JC15–30）发动机及配套机组、175缸径系列高性能柴油机、190缸径系列发动机及配套机组、260缸径系列（26/32）发动机、320缸径系列（32/40）发动机。特种消防装备企业，主要有济南海安特安防装备有限公司、济南同日数控设备有限公司、济南宏达科技有限公司3家。其中，济南海安特安防装备有限公司是从事工业消防产品研发、安防装备制造、消防装备维修检测和消防工程施工为一体的专业公司；济南同日数控设备有限公司则主要是研发新型消防装备系统；济南宏达科技有限公司主要研发生产液氮储罐油气灭火系统。

【文化创意产业】 2018年，全区拥有文化创意生产规模以上企业5家，完成产值3.35亿元，占全区工业总产值的1.7%。其中，济南巨鑫包装制品有限公司完成产值0.97亿元，增长21.9%；济南鼎润纸制品有限公司完成产值0.97亿元，增长23.9%；济南众发印务有限公司完成产值0.51亿元，增长–5%；山东新佳怡包装有限公司完成产值0.36亿元，增长28.8%；济南红霖实业股份有限公司完成产值0.57亿元，增长32.6%。济南继东中小微企业文化产业园、济南红霖“纸男孩”设计制造小镇、山东大众报业集团有限公司、蓝光文旅新城小镇、华谊兄弟（济南）电影文化城等项目正在建设中。

【住宅产业化】 2018年，全区拥有住宅产业规模以上企业19家，完成产值28.6亿元，占全区工业总产值的14.4%。涉及住宅工业化制品及水泥粉磨、新型墙体材料、保温隔热材料等。其中，山东山水水泥集团有限公司完成产值17亿元，增长27.7%；济南长兴建设商砼有限公司完成产值3.77亿元，增长82.7%；山东鲁发混凝土有限公司完成产值1.30亿元，增长53.6%；山东汇富建设集团建筑工业有限公司完成产值1.09亿元，增长170.2%；山东平安建筑工业化科技有限公司完成产值1.05亿元，增长41.2%；山东港基建设集团商砼有限公司完成产值0.88亿元，增长243.3%；山东鼎瑞泰沣实业有限公司完成产值0.71亿元，增长216.4%；山东龙标幕墙建材股份有限公司完成产值0.46亿元，增长93.7%；山东众森科技股份有限公司完成产值0.87亿元，增长34.2%；济南德信门窗有限责任公司完成产值0.31亿元，增长35.7%；济南平安门窗有限公司完成产值0.32亿元，增长13.4%；山东新纪元特钢有限公司完成产值0.52亿元，增长54.2%。

（葛广志）

电　力

【概况】 2018年，国网山东省电力公司济南市长清区供电公司（简称区供电公司）在安全生产、电网发展、经营管理、优质服务、队伍建设方面实现全面提升。区供电公司营业区人口59.67万人，电网覆盖面积1209平方公里，境内有500千伏变电站1座，220千伏变电站2座，公司所属110千伏变电站9座、35千伏变电站12座，变电站主变容量928.7兆伏安，输配电线路合计1882公里，全年销售电量12.12亿千瓦时。连续安全生产2556天，区供电公司被评为山东省电力行业安全生产工作先进单位，连续32年保持省级文明单位称号。

高压线入地工程施工　　（区供电公司提供）

【用电管理】 2018年，区供电公司完成售电量12.12亿千瓦时，同比增长24.2%；平均售电单价652.13元/千千瓦时；综合线损率3.8%；电费回收率、上缴率保持100%。

【电网建设】 2018年，供电公司主动服务全区精准脱贫工作，加大贫困村电网建设，投资220万元，完成贫困村电网升级改造10个，新建改造线路14.4千米、配电变压器8台。完成第三批光伏扶贫项目39个，结算光伏扶贫资金449万元，实现精准扶贫1037户。助力黄河滩区居民迁建工程，完成黄河滩区线路迁改7条及供电业务扩展配套项目，新建线路24.4千米（其中电缆线路6.3千米）、配电变压器18台。助力打赢污染防治攻坚战，完成“煤改电”2970户，替代电量4651万千瓦时，参与区政府环保治理等联合执法56次。落实降低企业用能成本政策，全面完成一般工商业用能降价10%的目标任务。协调解决龙泉居、逸和新居等小区用电历史遗留问题，完成玉福园小区电力配套设施移交。完成8个街镇“一图一表”规划成果编制，其中五峰山街道规划作为全省4项课题之一入选省山东电力公司规划成果推广库。加快项目建设，完成配农网工程投资1.04亿元，新建改造10千伏线路174千米、配电变压器106台，10千伏线路联络率提升至81.4%，农村户均容量提升至2.15千伏安。做好属地协调工作，配合推进高压线入地5条。

【经营管理】 2018年，加快管理改革创新，编制完成市县一体化管理，开展“攻坚·争先”双十行动，年度问题、任务销号率100%。依法合规完成集体企业改革精简工作，各项业务平稳有序衔接，主动开拓市场，营业收入实现历史性突破。开展报装接电专项治理行动，建立业务扩充报装“日通报、周例会”机制，高、低压平均接电时间分别降至45个工作日和2个工作日，累计受理申请及验收业扩总容量同比增长10.43%

和51.57%。发挥配网不停电作业区域协作优势，开展带电作业1177次，减少停电6.7万时户，增供电量400万千瓦时，实现接电效率和供电质量“双提升”。组织开展优化营商环境考试，提升全员服务意识。深化“全能型”供电所建设，开展供电所硬件设施提升和督导帮促工作。

（宗　玲）

水　泥

【概况】 2018年，长清区散装水泥办公室（以下简称区散办）严格执行区委、区政府的各项政策规定和节能减排的工作意见，发展散装水泥、城市禁止现场搅拌两方面开展工作，抓好宣传。

【散装水泥发展】 2018年，全区共发展散装水泥86.26万吨，实现综合节能效益3881.7万元。其中，水泥企业生产销售散装水泥26.64万吨，建筑工程使用散装水泥59.62万吨，4家商品混凝土企业生产混凝土156.29万立方米，3家预拌砂浆企业生产预拌砂浆20.4万吨。

【市场监督检查】 2018年，区散办注重从使用环节入手，做好全区建筑工程使用散装水泥情况的监督检查。加强对各大开发公司、商品混凝土生产企业、干混砂浆生产企业的监督检查，并将检查情况每季度汇总上报济南市散装水泥办公室。加强对散装水泥政策贯彻宣传，共发放宣传材料3000份，长清区建筑市场水泥使用散装率95%。

（李　峰）

交通·邮电

交通管理

【概况】 2018年，长清区交通运输局（以下简称区交通局）推进交通重点项目建设，实现黄河大桥顺利通车，G220东深线及S105济聊线绕城工程通车，完成村级公路网化示范县工程。城乡公交一体化改造工作全力推进。“四好农村路”养护管理工作再上新水平。区交通局被评为全区经济社会发展先进单位、财政工作先进单位、项目建设先进单位、美丽乡村建设工作先进单位、扶贫工作先进单位、生态环保先进单位，获济南市固定资产投资统计先进单位、济南市第三批市级节约型公共机构示范单位称号。

2018年，全区通车总里程1775.22公里，其中高速公路81.50公里，国道、省道187.98公里，县道156.28公里，乡道275.64公里，村道1059.56公里，专用道路14.26公里。

【重点工程建设】 2018年10月，G220东深线及S105济聊线长清绕城段工程完成路基路面及桥梁等主体工程建设；11月，该项目交工验收；11月25日，竣工通车。该工程全长15.2公里，路基宽25.5～33米，完成投资11亿元，大、中桥各1座。

2018年11月25日，G220东深线及S105济聊线长清绕城段建成通车
（卢栋　摄）

5月底，完成长清区村级公路网化示范县建设项目，共铺设沥青路面324公里，完成总投资2.3亿元。

黄河滩区临时撤离道路建设，总里程102.4公里，涉及3个街镇57个村。10月8日，黄委批复第一批87.1公里的临时撤退路和连接路，12月20日开工建设。

【济南长清黄河大桥建成通车】 济南长清黄河大桥是济南市黄河上的第8座公路大桥，全长8800米，总投资15.2亿元，采用BOT模式，由上海建通投资有限公司设立的济南黄河长清大桥投资有限公司投资建设、运营管理。2014年9月开工建设，2017年9月8日竣工验收。2018年5月17日，收费手续通过省交通厅、省物价局审批。6月21日，济南长清黄河大桥建成通车。

【农村公路养护管理】 2018年，全区县乡公路中等路以上占93%，三级路以上占53.1%。全年完成养护大中修295公里，整修路肩160公里，疏通边沟12公里。完成破损路面挖补、灌缝、刷油维修30公里。崮云湖危桥改造维修桥面1560平方米，完成界首铁路桥隐患治理工程。开展月检查12次，季度检查4次。实施路网提档升级，完成县乡道和村道路网提档升级任务12公里。落实公路巡查制度，对发现的乱堆乱放、乱搭乱建、破坏路产路权等违法行为及时制止。

【交通监察】 2018年，做好日常路面稽查工作，开展集中执法行动32次，查扣各类违章行为400起。与交警、公路部门开展24小时联合治超行动，检查各类车辆5700辆，查处超限车辆260辆，强制拆除改装车辆90辆。

【路政管理】 2018年，区交通局开展常态化公路巡查，共清理"三大堆"150余处，清理占道经营行为80余次，拆除非法设置的非公路标志3处。麦收、秋收期间，治理农村公路打场晒粮行为，共清理打场晒粮行为60余处。推进农村公路安全生命防护工程建设，投资120万元，对农村公路安全生命防护工程未整治到位的路段进行统一整治。投资110万元，对齐鲁8号风情路及夏码路部分路段进行安防设施提升。

【运政管理】 2018年，全区拥有营运货车8234辆，危险品运输企业3家、危险品运输车辆86辆。

2018年，长清区交通局运输管理所对新增(或换证)运输企业实施现场核查47家(次)，做出符合开业(换证)许可条件的核查报告41件，不符合开业(换证)许可条件的核查报告6件，共审验营运车辆5000台次。

【客运管理】 2018年，区交通局以政府购买服务方式，由长清区运输公司、济南好运巴士公共交通有限公司落实并完成"全区贫困村通客车"任务目标。争取上级资金支持，建设城区客运(公交)候车亭6处，建设农村客运候车亭88处。

【水路运输】 2018年7月16日，济南市长清区长齐(长清—齐河)阴河浮桥服务中心提出浮桥终止运营并注销国内水路运输经营许可的申请。7月23日，济南市长清区交通运输局根据《中华人民共和国行政许可法》相关规定，依企业申请，注销该企业的经营资质。

(卢　栋)

公路管理

【概况】 2018年，长清区公路管理局(以下简称区公路局)协调济广高速公路大学科技园互通立交项目，完成项目用地指标、用地规模、项目用地批复等工作，于12月9日开工建设；做好道路保洁、设施维护保养和扬尘防治工作；处置桥梁病害，进行桥梁的小修保养，发挥桥梁的功能及用途；做好防汛、除雪和恶劣天气应急处置工作。

2018年，全区干线公路总里程209.53公里，实际总里程201.31公里(220国道与105省道重复路段8.22公里)。其中，高速公路82.01公里，其中京台高速40.69公里、济广高速41.32公里；国道86.13公里，其中104国道41.05公里、220国道45.07公里；省道41.39公里，其中104省道24.67公里、105省道16.72公里。全区干线公路综合优良路率99.3%，其中国道优良路率98.6%、省道优良路率100%。

【重点工程建设】 2015年12月，济广高速大学科技园互通立交项目由山东省发展和改革委员会批复立项。2016年7月，经山东省国土资源厅批复按照单独选址方式进行征地工作。2017年

10月底，完成所有审批手续。2018年，完成济广高速大学科技园互通立交项目用地指标、用地规模、用地等批复工作。12月9日，济广高速大学科技园互通立交项目开工建设，项目总投资1.5亿元。

【公路桥梁养护】 2018年，区公路局提高公路养护质量，加大桥梁管养力度，落实桥梁养护制度，在规定时限内及时处置桥梁相关病害，有针对性地进行桥梁小修保养，确保桥梁技术状况良好。4月，完成220国道前夏桥、下巴桥更换TST（TST桥梁伸缩缝也叫无缝伸缩缝粘接料，是一种沥青填充式桥梁伸缩缝）伸缩缝41.5米。5月、6月、10月，分别用超强灌浆料维修220国道三里庄大桥、凤凰桥、S104线王家坊桥伸缩缝12.33平方米。6月，对省道104线大刘桥、张庄桥、苾村铺桥桥头跳车现象进行沥青混凝土铺筑处理，修补面积335.7平方米。提升恶劣天气下公路应急救援处置能力，加大巡查频率，对全线穿村路段石边沟及集水井定期疏通清理，对易积水和易水毁路段进行定期排查，对交通事故现场、车辆撒漏及时清理，对路面冲刷的泥沙及时清理，及时修复水毁边坡及挡墙，累计完成清理边沟1.6万米，清理集水井1246个，维修石砌路肩、石挡墙184.8立方米，勾缝224.1平方米，更换排水管、盖板31米，增设中央护栏底座泄水孔16个。

2018年长清区公路养护情况表

表15-1

总里程（公里）	高速（公里）	国道（公里）	省道（公里）	桥梁（米/座）	晴雨通车里程（公里）	绿化里程（公里）	综合全年好路率（%）
209.527	82.009	86.127	41.391	23700.3/214	209.527	198	99.3

【路政管理】 2018年，区公路局路政巡查12.3万公里，处理路赔事案20起，收取路赔款10.1万元，结案率100%，无一起行政复议案件；清理各类违法非标402处，经营摊点279处，各类堆积物129处。配合区拆违拆临办公室，做好国省道沿线非法建筑、非法广告的拆除工作，共拆除违法建筑3处，大型非公路标志49块。至年底，辖区路段公路两侧无新增违法建筑及违法大型非公路标志。联合区公安、交通部门，以文昌治超站为依托，共同打击超限超载车辆。运用新工作流程，将卸载车辆货物、类型输入电脑，一报车号就能查到卸载录像、卸载位置。至年底，治超站共检测超限运输车辆320辆，卸载货物4439.02吨。

【扬尘治理】 2018年，区公路局贯彻落实关于大气污染防治的工作部署和安排，多措并举，扎实开展道路扬尘防治工作。延长保洁时间，为每辆保洁车辆配备司机2名，延长作业时间，最大限度增加保洁里程，重点保障国道104线大学路口以北、国道220线经十西路及省道104线一级路段等城市出入口路段的机械化清扫和洒水作业。增加保洁人员全天守岗捡拾，人工保洁路段增加清扫次数，重点路段增加保洁人员，及时清除路面撒漏及垃圾杂物。加大公路巡查频次，对国省道可能存在扬尘的现象及时发现，并立即采取降尘措施。在重要时段和路段，与区城市管理局协调，共同配合，提高洒水和清扫频率。加大监督检查力度，通过养护公司自查、公路站日常巡查、养护科不定期抽查、局领导亲自带队全面检查等方式，形成主要领导亲自抓，分管领导具体抓，其他人员配合抓的良好工作格局。

（张　静）

邮　政

【概况】　2018年，中国邮政集团公司济南市长清区分公司（以下简称邮政长清分公司）隶属于中国邮政集团公司济南市分公司。全年完成邮政包件131.14万件、报刊流转额1100万元、储蓄余额净增2.68亿元、集邮88.2万枚、特快专递5.92万件，共完成邮政业务总量674.1万元，实现收入5640.68万元。

【邮政】　2018年，邮政长清分公司经营的主要业务有国内、国际信函和包裹寄递业务、快递包裹、报刊、图书订阅投送、邮票发行销售、代理金融保险、函件广告、邮政物流、电子商务、买卖惠以及国家规定开办的其他业务等。公司共有邮政网点8个，外包邮路3条。全区共有投递段道50条，其中城区投递段道17条，乡邮投递段道33条。城市投递道段长度（单程）243公里，农村投递线路长度（单程）2483公里，服务人口70余万人。

【函件】　2018年，函件除传统业务外，还开办中邮专送广告、数据库商函等个性化函件业务。名址信息中心、账单函件制作中心，负责各种邮资信封、邮资明信片、商业信函、DM广告、各种对账单等的设计、报批、制作、邮寄和投递等一条龙邮政服务。全年，函件业务完成收入247.3万元。

【快递包裹】　2018年，邮政长清分公司快递包裹业务主要是推进“营揽收”与“仓配寄”两个一体化建设，完成新快递包裹业务125.1万件，收入710万元；毕业季共收寄校园包裹0.69万件。资费标准：新快递包裹限重20千克，资费实行全国统一价格，同一地区、同一时段，面对同一客户的资费保持一致。单件重量500克以内的，区分省（区、市）内和省际资费。单件重量500克以上的，采取分区和首续重计费模式，500克以上1000克以内为首重，1000克以上部分为续重。按寄递范围，全国共分5个计费区，一区范围为省（区、市）内；二区范围为省会城市距离1000公里以内的省（区、市）；三区范围为省会城市距离1000公里～2000公里的省（区、市）；四区范围为省会城市距离2000公里以上的省（区、市）；五区为寄往西藏、青海和新疆3个省（区）。对长宽高有一项超过60厘米的快递包裹要进行计泡，计泡比为6000。

【报刊发行】　2018年，邮政报刊发行业务充分利用邮政通信网络点多、线长、面广等特点，将报纸、杂志，以订阅、零售等方式发送给读者。客户可到邮政网点或网上办理订阅手续。报刊零售是报刊发行业务的基本方式之一，是邮局利用自有经营网点设施和社会委办力量，通过多种销售方式，向读者出售报刊。全年报刊流转额1100万元。

【汇兑】　2018年，邮政汇兑业务分为国内汇兑业务和国际汇兑业务，国际汇兑业务按照与境外机构的合作方式分为国际邮政汇款、“一汇通”国际银邮汇款和西联汇款3种。邮政汇款的单笔最高限额为5万元，超过5万元，分笔办理。在限额内按汇款金额1%收取汇费；不足1.00元部分，按1.00元收取。最低汇费2.00元，最高汇费50.00元。全年完成汇兑业务1986笔，收入0.62万元。

【集邮】 2018年，预定新邮票3438套，销售戊戌年金邮票100套，将传统与网络营销相结合，实现营销收入279.34万元。集邮业务主要经营普通邮票、纪念邮票、特种邮票、首日封、邮折、明信片、集邮册等集邮品。开办个性化邮票业务，为个人、团体、企事业单位办理个性化邮票、商务年册服务。

【代理金融保险】 邮政金融代理业务包括代理和代收代付二大类业务，代理业务主要包括代理保险、代理国债、代理理财等；代收代付业务主要包括代发工资、代发养老金、代收通讯资费、代收公益事业费、代缴税金等业务，品种达数十种。全区设乡镇网点8个，城区网点3个。全年，金融总量完成5.21亿元，其中余额完成2.68亿元，保险完成1.63亿元，理财、基金、国债合计完成0.9亿元。

（赵 娜）

电 信

【概况】 2018年，中国电信股份有限公司济南长清区分公司（以下简称电信长清分公司）下设综合部、政企支局、城区支局、归德支局、平安支局、自有厅支局和校园支局7个部门，共有在职员工71人。全年完成电信业务收入2692万元。

【电信业务】 2018年，电信长清分公司在恒大绿洲小区、长清湖小区等新小区接入光网扩展建设。3月—4月，在实现城镇地区光网和4G覆盖的要求下，针对长清城区老旧小区及城中村开放性小区共28个，实施光改提速入户工程，光改后速度提升至每户100M。6月，中国电信济南市公司对孝里镇米庄村进行精准扶贫帮扶，投资11.6万元，完成孝里镇米庄村全部网络通信安装。7月1日，中国电信开始全网实施取消流量漫游政策。

（尹延芝）

移 动

【概况】 2018年，中国移动通信集团山东有限公司长清分公司（以下简称长清分公司）设综合部、市场部、重客部、建维部、校园营销中心5个职能部门，辖街镇经营部10个，社区经营部3个，共有职工131人，其中正式员工123人，聘用制员工8人。全区共建自办营业厅3处，大学城校园自办营业厅11个，全区各村建立合作营业厅178个。基站总数856处，城乡移动信号覆盖率98.37%%。全年业务收入2.41亿元。至年底，全区4G用户30万户，移动用户51万户。

【网络建设】 2018年，打造4G持续领先工程，累计建成4G基站638个。长清家庭宽带共计覆盖553个村，行政村覆盖率97.19%，社区覆盖率97.01%。累计覆盖家庭数33.69万户。横跨全区的京沪高铁、京广高速、济菏高速、104国道及220国道已实现区域内全程覆盖，京沪高铁实现专网形式覆盖；主城区、大学城及各个街镇驻地和人口密集村庄实现全覆盖。对驻长清高校、各大型企业及部分事业单位等人口密集区域，进行室内分布建设，基本实现全区重要企业及单位的室内4G全覆盖。

【客户服务】 2018年，长清移动公司对营业厅严格按照星级营业厅和星级营业员的标准严格要求，对营业人员统一着装、挂牌服务，统一使用文明用语，创建星级营业厅1个、省级青年文明号1个、市级文明窗口2个、巾帼文明岗1个。健全客户投诉机制，对客户咨询及投诉24小时内做到回复并保证客户满意。聘请社会服务质量监督员20余人，广泛听取社会各界的意见和建议，自觉接受社会监督。定期召开监督员会议，真正使"沟通从心开始"这一服务理念贯穿于公司生产、经营、建设和服务的全过程。建立一对一的客户服务体系，实行客户关系管理，加强对大客户的服务管理，落实大客户"三优"（优先办理业务、优先提供优质服务、优先享受优惠待遇）、"三快"（业务办理速度快、咨询投诉处理快、业务信息传递快）、"三上门"（定期上门走访、按时上门办理业务、及时上门演示新业务）的服务宗旨。

（卢圣义）

联　通

【概况】 2018年，中国联合网络通信有限公司济南市长清区分公司（以下简称联通长清区分公司）设综合部、市场营销服务中心、建设维护中心、政企综合营销服务中心、城区综合营销服务一中心、城区综合营销服务二中心、高校综合营销服务中心、中心营业厅、平安综合营销服务中心、崮山综合营销服务中心、万德综合营销服务中心、归德综合营销服务中心、孝里综合营销服务中心、双马综合营销服务中心，共有员工240人，其中合同制121人、外包119人。全年实现业务总收入1.35亿元。连续16年保持省级文明单位称号。

【联通通信】 2018年，联通长清区分公司加强过程管控，以行业开发为主体，以行业应用为重点，加快信息化业务推广应用。手机用户净增4600户，宽带网用户数累计6.9万户，联通电视用户累计1.35万户，全年完成业务收入1.35亿元。

【网络建设】 2018年，联通长清分公司组织光衰整改工作，辖区内宽带光衰问题用户占比持续下降。年底，光衰问题用户占比下降至3.71%。完成固话用户割接迁移1.35万户。推进OLT（光线路终端）双路由建设，充分利用现有资源，优化光缆资源，实现OLT（光线路终端）全部双路由。

【客户服务】 2018年，联通长清分公司在完善自有营业厅、开办社会代理的同时，运用网上营业厅，借助店外互联网线上营销、线下现场办公引流及异业合作商户网点，不断扩大触点开展营销，为客户提供便捷的通信服务。实施主动维护，消除故障隐患，提升客户满意度。全年宽带装移机竣工率98.77%。

（孙焕伟）

城建·环保

规　　划

【概况】　2018年，济南市规划局直属第四分局（以下简称规划局第四分局）为正处级参公事业单位。全年共办理“三证”审批事项119件。其中，工程许可60件（含乡村许可），面积365万平方米，比2017年增长45%；建设许可41件，面积143公顷，比2017年增长58%；规划核实25件，面积84万平方米。

【规划编制】　2018年，规划局第四分局落实“科学务实规划”要求，开展《马山镇总体规划》编制工作，试行乡村振兴、产业组团布局、支撑点状供地的有机结合。《马山镇总体规划》已经市政府批复，控规方案已经规划审查会同意。四组团（和信综合体、海子洼片区、大学科技园核心区、经济开发区核心区）城市设计形成初步方案。指导招商引资项目和信综合体、文科等重点片区城市设计工作。

【规划衔接】　2018年，规划局第四分局牵头组织旧改、招商、新兴产业等项目部门联席会议，商议项目推进措施，重点项目进展定期向区政府汇报，及时梳理问题总结经验。主动与济南市建筑图纸审查中心衔接，协商施工图调整，出具规划意见。采取灵活便捷方式，加快推动项目规划工作进程。

【提升服务】　2018年，规划局第四分局全面贯彻“严格规划管理、优质高效服务”的要求，主动作为，助推民生工程。针对棚改旧改项目，从规划选址、策划方案到建筑单体审查，多次会同相关部门现场征求村民意见，力争规划方案实现村民诉求、政府收益和区域环境统筹平衡提升。规划工作压茬推进，高效办理黄河滩区迁建、大学城高校、综合医院等项目规划手续。细致服务，优化营商环境。推行“一企一策”和“一对一”精准服务，上门走访重点企业，现场审查设计方案，一次性告知修改意见。先行先试“容缺预审”“拿地即开工”和“中小微企业标准化厂房”审批流程，审查办理美艺纸品、齐鲁工大实训中心和继东彩印标准厂房等项目。

（魏　潇）

城乡建设

【概况】　2018年，长清区住房和城乡建设委员会（长清区城市更新局）（以下简称区住建委）围绕全区“1+654”工作部署，以“坚持问题导向、弥补历史欠账、惠及民生福祉”为工作原则，扎实推进棚改旧改、城市开发、市政建设、农村改厕、危房改造等各项城乡建设工作，较好地完成年初各项目标任务。片区开发和城市规划工作取得新进展，挂牌出让东王、小柿子园地块，出让总金额28.3亿元。全域规划编制取得初步成果，确立山水知识城、创新创业谷的总体发展思路和一城、两轴、多镇的发展框架。棚改（征收拆迁）工作成效显著，王宿二期、高垣墙、张桥齐庄北汝、平安小刘城中村改造4个项目列入省级棚改计划；老党校地块棚改项目列入市级计划，在全市考核中排名第二。重点项目建设强力推进。文昌山公园建设工程开工建设，总投资3亿元，年底基本完工；四馆（图书馆、文化馆、博物馆、档案馆）项目开工建设，总投资5.1亿元，正在进行施工。五条高压线迁改工程基本完成土建部分，正在敷设电缆。城市形象进一步提升，中川街西段拓宽改造工程、五峰路南延工程、牛山路建设工程竣工通车，改造提升峰山路、海棠路、经十西路、文胜街等道路，城市面貌焕然一新。农村人居环境不断改善，全年共完成农厕改造1.48万户，危房改造366户，街巷硬化30个村。区住建委被区委、区政府评为全区财政工作先进单位、棚改旧改（征收拆迁）先进单位、项目建设先进单位、美丽乡村建设工作先进单位、扶贫工作先进单位、“四德工程”建设先进单位、生态环保先进单位等，获机关优秀创新工作成果三等奖。

【城市建设】 2018年，长清区片区土地熟化开发出让取得历史性突破，挂牌出让东王、小柿子园地块，出让总金额28.3亿元。其中，东王城中村改造一期开发用地出让金额18亿元，创长清区土地挂牌出让之最。

全域规划编制取得初步成果，确立山水知识城、创新创业谷的总体发展思路和一城、两轴、多镇的发展框架，修改后报市规划委员会审议。

2018年，区住建委成立重点项目服务办公室，筛选40个项目实行帮包责任制，安排专人盯靠服务，协助解决项目建设过程中的各种困难和问题，全力推动重点项目建设进度。文昌山城市健康公园是长清区委、区政府强力推动实施的一项重点民生工程，总投资3亿元，年底工程基本完工。10月20日，“四馆”（图书

2018年10月20日，济南市长清区四馆项目工程开工奠基仪式举行 （徐倩倩 摄）

馆、文化馆、博物馆、档案馆）项目开工建设，总投资5.1亿元。5条高压线迁改工程完成土建部分，正在敷设电缆。

【棚改旧改】 棚改是长清区拓展城市发展空间和改善民生福祉的“一号工程”。2018年，长清区平安街道王宿二期、高垣墙、张桥齐庄北汝、平安小刘城中村改造4个项目列入省级棚改计划，老党校地块棚改项目列入市级棚改计划。全年完成征收拆迁3274户，超出计划1855户，完成率230%；安置房新开工5144套，超出计划1014户，完成率124%；已拆除房屋面积106.99万平方米，超出计划37.12万平方米，完成率153%。

【市政建设】 市政道路建设。2018年，区住建委实施打通断头路工程，实现路路相通、主次干道连接有序。6月15日，中川街西段拓宽改造工程竣工通车，完成投资3286万元，工程全长960米，道路宽度25米，车行道宽25米。8月25日，牛山路道路工程开工建设，投资560万元，全长356米，道路宽度为20米，车行道宽14米，两侧人行道宽各3米，12月19日牛山路竣工通车。11月20日，五峰路南延道路全面竣工通车，投资7040万元，全长780米，道路红线宽度40米，机动车道宽21米，绿化带宽3米，非机动车道宽3.5米，人行道宽3米。莲台山路南段、轻轨

道路整修 （董贤 摄）

1号线道路恢复工程正在实施。金牛街、阜新街等海子洼片区5条市政道路已完成工程立项、环评、规划等建设手续。其中，金牛街临时道路建成投入使用，莲台山南路、金牛街雨污水管线建设工程开工建设。

城市道路改造提升工程。2018年，改造提升峰山路、海棠路、经十西路、文胜街等道路，挖补维修路面4.6万平方米，新铺设人行道花砖1.2万平方米，更换花岗岩路沿石5878米。实施市政设施维修维护，新安装交通信号灯3处，维修路灯824余基、信号灯132次；更换提升高压钠灯924个，节能灯826个；粉刷路灯杆438基、信号灯杆46处，美化装饰配电箱82处，亮灯率保持99%。

城乡结合部道路硬化工程。2018年，共投资596万元，完成53处3.22万平方米城乡结合部道路硬化施工，解决抑制扬尘和车辆带泥上路问题。

黑臭水体整治提升工程。2018年，区住建委对护城河黑臭水体进行整治，河道全长4000米，总投资3600万元，完成清理河道内淤泥清理并硬化、加高两岸河堤、部分护坡改造和河岸绿化美化，完成原污水管道加固补漏、河内侧污水收集管线布设和河岸二期绿化美化工程，并通过国家环保部督导验收。

【村镇规划】 2018年，完成马山镇小城镇总体规划编制并报市政府审批；双泉镇小城镇规划编制完成，待上报审批。完成孝里镇编制黄河滩区41个村庄安置规划，完成归德镇编制黄河滩区24个村庄安置规划。

【村镇建设】 农村无害化厕所改造。2018年，长清区厕所改造任务是2967户，实际完成农厕改造1.48万户。

农村危房改造。2018年，长清区危房改造任务是165户（其中建档立卡内103户、建档立卡外62户），至10月底，已全部竣工。按照区委、区政府脱贫攻坚工作部署，对新排查的201户建档立卡享受政策贫困户进行危房改造，已全部完成。全年共完成危房改造366户，总投资1800余万元，建成总面积1.8万平方米。

村庄街巷硬化。2018年，济南市建委给长清区街巷硬化任务试点村28个，各街镇摸底排查

农厕改造 （王霞 摄）

农村危房改造 （王霞　摄）

确定实施街巷硬化 30 个村，其中贫困村 23 个。10 月底全部完成硬化，总投资 1300 万元，硬化总面积 12 万平方米。

村庄街巷硬化 （王霞　摄）

【城市防汛】 2018 年，区住建委加大城区积水点整治力度，实施城区地下排水管网疏通疏浚工程，疏通雨水管网 30 余公里，清理雨污水井 2000 余个，更换雨水篦子 92 套，清运垃圾淤泥 800 余立方米。加大地下管网改造力度，在凤凰路西侧、乐天小区东道路新增污水管网 1000 余米，新增雨水篦子 30 余套，实现雨污分流；投资 198 万元，完成大学路以南紫薇路西侧增设雨水管道 700 米，解决常春藤西门积水问题；在文胜街增设雨水管道 500 米，解决雨季雨水倒灌居民楼问题。落实防汛队伍，成立由 60 人组成的 6 支应急抢险小分队，遇到突发事件，立即投入抢险救灾。备好抢险物资，按照“分级负责、分级储备、分级管理”的原则，根据具体情况对抢险物资进行统一调拨，确保应急抢险使用。

【民生改善】 老旧住宅小区整治改造。2018 年，对区商业局、区经信局、石麟小学家属院等 16 个老旧住宅小区进行整治改造，改造总面积 30.6 万平方米，惠及居民 3020 户，在济南市县域组考核中排名第二。

清洁取暖工程。2018 年，完成冬季清洁取暖 4961 户，其中气代煤用户 1991 户，电代煤用户 2970 户。完成 10387 户即有用户统计，其中气代煤 6281 户，电代煤 3508 户、集中式电代煤 598 户。

既有居住建筑节能改造。2018 年，完成广播局宿舍、公路局宿舍、万德街道家属楼等 12 个项目的节能改造，改造总面积 10.9 万平方米。

【物业管理】 2018 年，区住建委解决群众反映的物业方面“12345”热线问题 5716 件。完成大学科技园 A1 地块、保利盛景台花园等 9 个项目的区域划分；完成山东师范大学艺体综合楼、文汇嘉苑小区的物业合同备案。整治改造完成后的老旧小区 16 个成功签约物业公司。不断建立健全物业管理体制，启用物业企业信用信息档案管理系统。组织安全生产、电动车集中整治、扫黑除恶、有限空间排查等活动及检查，确保物业小区均达到管理规范要求。

【住房保障】 2018 年，共接受公共租赁住房申请 1292 人，全区符合条件的 340 户家庭已分批选房入住。累计发放公共租赁住房补贴 6.16 万元。办理房改上市交易业务 60 余户，对房改房历史遗留问题进行摸底统计。累计完成办理租赁备案1300户，做到租住同权，为引进外来人员、扩大济南市城镇化规模及经济发展提供有力政策保障。

公租房业务办理　　（刘文莉　摄）

【天然气工程】　2018年，主要完成环城南路、乐天小区中压、丹凤小区中压以及苗圃中压等市政中压工程18.1公里，投资2500万元；完成低压及庭院管道10.8公里，室内管道安装24.05公里，投资2800万元；完成安装居民用户4574户，投资800万元；完成工商用户21户，投资140万元；完成锅炉用户6户，投资150万元。

【人防工作】　2018年，承接市人防办下放的18项权利，在区政务中心设立服务工位，共审批办结在建项目××个，新批准建设人防工程×万平方米，拆除报废区老党校早期人防工程等×处，收取易地建设费496万元。加强对人防防汛和人防工程管理维护工作的组织领导，开展早期人防工程安全隐患整治，确保人防工程安全。5月3日，组织举办2018年长清实验中学防空防灾应急疏散演练，全校师生参加。

防空防灾演练　　（庄田　摄）

（张　承　万娜娜）

供　　水

【概况】　2018年，长清区自来水服务中心（以下简称区自来水服务中心）按照“1+3264”（深入学习宣传贯彻党的十九大精神、实现三大目标、推进两个改革、实施六大供排水工程手续办理与施工四个改造）工作思路，稳中求进、稳中有为，处理污水1139万立方米，完成供水收入2425万元。农村供水公司全年供水20万立方米，与60个村签订供水合同。全年实现安全供水1600万立方米，水质合格率100%。在全市城市污水处理考核中被评为优秀等级，获“以奖代补”资金316万元。根据《中华人民共和国价格法》《政府制定价格听证办法》的有关规定，根据成本监审结论，依法召开听证会，报请区政府批准，决定从6月开始调整长清区城市居民用水价格并实施阶梯水价。区自来水服务中心获山东省城镇供水工作先进集体、山东省档案工作科学化管理先进单位、济南市城镇供水、排水协会工作先进单位、济南市思想政治工作优秀企业等称号，被区委、区政府评为财政工作先进单位、美丽乡村建设工作先进单位、“四德工程”建设标兵单位、创建全国文明城市先进单位等。济南水长清饮用水有限公司获省级卫生先进单位称号、“食安山东”2018年度优秀企业和2018年度品牌价值贡献奖。

抢修管道 （孙靖 摄）

【管网建设】 2018年，区自来水服务中心完成莲台山南路、北辰集团等10项市政工程供水管网铺设，铺设管网6700米。完成创新谷汇力、恒大、汇侨、名流家园等小区配套工程建设，铺设管网4578米，安装远传水表2633块。完成区广播电视台、供电公司、移动公司家属院及文胜街小区铺设供水管网2020米，安装水表300块。完成中建五局、平安集团等26处接水工程。更换消防栓15台，新增消防栓5台，拆表9处。完成安置房三期山体支护及附属工程。完成服务外包工程，新建配电房1座，更换水泵电缆，更换消防栓2处，增加消防栓防护罩9台。完成西关水厂立项工作。完成海棠路等7条市政道路供水工程设计，郦水嘉园等6个小区规划红线内供水设施配套工程设计。

【供水安全】 2018年，全年实现安全供水1600万立方米，供水产销差率14.64%，水质合格率100%，供水设备完好率98%，封闭自备井26眼。

【管网管理】 2018年，区自来水服务中心加强供水管道日常检查，实行城区配水管线设施日巡日报制度，做到及时发现、及时上报、及早维护。完善供水设施管理维护长效机制，细化管护责任，实行每个供水点专人负责制，养护作业维护人员按照养护计划，逐路逐段进行检查。强化管网维护保养，对巡查中发现的水表井盖破损、立式水表箱不密封、管道保温棉老化或脱落、保温套管或盖板破损等情况进行修复。对裸露在外的排气阀、倒流防止器以及裸露管道加强防冻措施。

【供水服务】 2018年，区自来水服务中心本着一切为客户着想的原则，接收“12345”热线承办件1066件，现场协调上访问题20余次，办结率100%，回访群众满意率99%。涌泉热线受理用户来电3500余个，答复率、满意率均为100%，客户投诉率为零。

【污水处理】 2018年，污水处理厂有效运行时间365天，累计处理污水1139万立方米，集中处理率99%，削减COD（化学需氧量）4641吨，削减氨氮521吨，削减总磷49吨，安全处置污泥1万吨。

【智慧水务】 2018年，区自来水服务中心打造供水调度一体化，水表抄录自动化，水压、水质监测智能化，客户服务精细化，收费形式多样化的综合城乡供水服务平台。启动用户自助查询系统、智能排队系统等多项功能的供水综合服务大厅，营收系统推出银行转账、微信支付宝缴费、自助缴费机缴费多渠道多样化缴费方式。智慧水务客服调度平台接听座席2个，实行“一站式服务”业务办理功能。安装车辆定位系统，补充完善居民资料1.5万余户。新建、在建小区全部安装智能远传水表，实现水表在线查抄，抄表率、准确率100%。

【城镇供水新旧动能转换暨智慧水务论坛在长清区举办】 2018年5月10日，城镇供水新旧动能转换暨智慧水务论坛在长清区自来水服务中心举办。此次论坛由济南市城镇供水排水协会主办，协会理事单位长清区自来水服务中心与青岛积成电子股份有限公司联合承办，来自山东省内的40家会员单位100余人出席会议。济南市城镇供水排水协会书记高凤池主持大会，长清区自来水服务中心主任曹德忠致辞。随后，青岛积成电子股份有限公司智慧水务事业部总经理曲延河对“城乡供水一体化智慧水务平台”进行讲解及系统演示。与会的40家单位进行现场技术交流分享，对传统水务行业如何探索智慧水务建设，以实现智慧生产、智慧经营、智慧服务和智慧管控进行深入探讨。

（孙 靖 田静雯）

2018年5月10日，城镇供水新旧动能转换暨智慧水务论坛在长清区自来水服务中心举办 （田静雯 摄）

供 热

【概况】 长清区热电中心（以下简称区热电中心）归口区住房和城乡建设委员会管理，是企业化管理的正处级事业单位，2018—2019年供热季，全区供热面积300万平方米，用暖户2.1万余户。供热季用煤6.9万多吨，灰渣可燃物基本控制在10%，失水量控制在800～900方/天，实现节能降耗新突破。

【安全生产】 2018年，区热电中心坚持“安全第一，预防为主”方针，实行24小时领导带班制。9月20日管网注水，11月9日点炉运行，2019年3月16日正式停暖，创造安全生产178天无事故的纪录。

【供热调度中心】 2018年，投资200余万元，建成供热调度中心，实现热源、管网、换热站三级监控，实现运行数据上传，远程监控，平衡调度，节能降耗。

【供暖工程】 2018年，完成恒大绿洲C地块

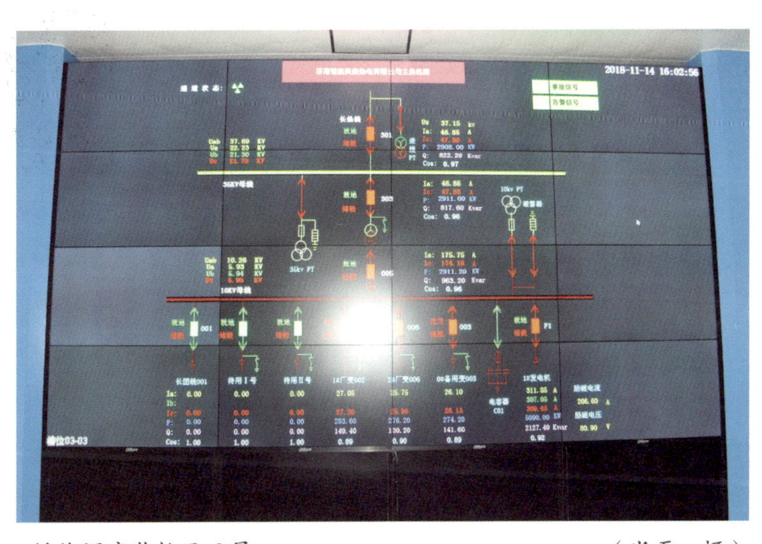

供热调度监控显示屏 （肖磊 摄）

22～26号楼的管网安装工程，供热面积15.6万平方米，总投资约400万元，供暖季节居民已正常供暖。完成百突泉小区管网安装，共投资200万元，实现正常供暖。

【设施改造】 2018年，区热电中心根据环保部门要求，9月底完成厂内脱硫、脱硝设备升级改造，共投资200余万元，新设备投入正常运行，实现达标排放，是济南市2017年第一批实现超低排放标准的单位。投资400余万元，对电气设备进行更新，10月完工并正式投入运行。

电气配电柜安装 （肖磊 摄）

（刘少儒）

房屋征收

【概况】 2018年，长清区房屋征收服务中心（以下简称区房屋征收服务中心）围绕区委“1+654”工作体系，立足国有土地上房屋征收工作职责，以“作风建设年”“大学习、大调研、大改进”等活动为动力，聚焦聚力、善谋善为，全力做好老党校地块棚改项目、和信综合体国有土地上房屋征收项目、龙泉街道路改造项目等房屋征收工作。

【房屋征收】 *老党校地块棚改项目*。该项目用地范围：东至石磷山路，西至古城护城河，南至清河街，北至中川街，老党校地块占地面积29公顷，占原老城改造项目规划的五分之一。拆除房屋面积13万平方米，共667户，安置补偿费13亿元。项目范围内除文昌街道东关居委会外，还涉及区委党校、文昌街道、区粮食局、区经信局（被服厂、酒厂、水泥厂）、区农机公司、区商业集团（五金公司、饮食公司、蔬菜公司）、区市场监管局、区供电公司等17家单位。2018年6月14日，济南市长清区住房和城乡建设委员会发布《征收冻结通告》，冻结时限为2018年6月14日至2019年6月14日。7月8日，召开动员大会。7月9日，开始入户测量摸底调查。8月31日，对入户调查情况在征收范围内进行公示。9月21日，将补偿方案公示并征询公众意见。随后，在维稳部门指导下对项目风险进行评估，认为该项目程序合规、风险可控、项目可行。

张贴征收冻结通告 （刘晶 摄）

和信综合体国有土地上房屋征收项目。项目房屋征收范围：中川街以北、红山路以东，共涉及140余户，面积2万余平方米。按照征收程序，完成入户调查、预评估机构选定、补偿方案的制定及公示征求意见、未登记建筑认定、征收资金测算、落实安置房源、社会稳定风险评估、征收决定备案审查等程序。2018年8月28日，长清区人民政府

房屋征收决定公告　　（刘晶　摄）

发布《房屋征收决定公告》。征收部门为长清区住房和城乡建设委员会，征收实施单位为长清区房屋征收服务中心。征收期限为8月28日至12月31日。征收补偿签约期限为10月8日至11月21日。

龙泉街道路改造工程项目。项目房屋征收范围：东至五峰路，西至规划马山路，南至规划道路红线，北至道路中心线，共涉及45户，面积约1.1万平方米。2018年6月28日，长清区人民政府发布《房屋征收决定公告》。征收部门为长清区住房和城乡建设委员会，征收实施单位为长清区房屋征收服务中心，房屋签约期限为6月28日至7月7日。

（王永良）

城管执法

【概况】 2017年12月29日，区编委印发文件，组建长清区综合行政执法局、长清区综合行政执法大队。2018年2月3日，长清区综合行政执法局、长清区综合行政执法大队正式挂牌成立，长清区综合行政执法局为区政府直属正处级行政执法机构，长清区综合行政执法大队为长清区综合行政执法局所属正处级公益一类财政拨款事业单位。同年，长清区城市管理局、长清区综合行政执法局〔以下简称区城管（综合执法）局〕设办公室（挂财务科牌子）、综合管理科、渣土管理科、法制科、督查科5个科室，下辖长清区环卫绿化管护中心（正处级）、长清区数字化城市管理中心（副处级）、长清区环卫清运服务中心（股级）和长清区综合行政执法大队（正处级）事业单位4个，共有干部职工216人。2018年，区城管（综合执法）局攻坚克难，取得显著成绩。道路保洁实行科学、高效人机结合“洗路”模式，道路保洁工作取得突破性进展，城市洁净度显著增强。环卫车辆、设施、垃圾中转站建设、绿化建设及养护管理、公园改造提升、数字化城管软硬件建设及管理等实现历史性突破，城管、执法各项工作取得快速发展。积极筹措资金，资金投入创历年最高。加强管理，城市管理质量、档次、水平显著提高，由粗放型向精细型转变，人居环境明显改善，城市品质显著提高。提前并超额99%完成市政府给长清区下达的年度拆违任务，取得长清区拆违工作历史性突破，被誉为“长清速度”。同时，打造一批拆违建绿亮点。立柱广告在全市率先清零，济菏高速、京福高速两侧及104国道两侧、城区主要道路两侧立柱广告仅用10余天时间全部拆除完毕，被誉为拆违拆临后又一新的“长清速度”，山东省委副书记、济南市委书记王文涛对长清区立柱广告拆除工作专门批示：“立说立行，真抓实干”，并要求发专报在全市推广工作经验。楼顶广告标识拆除在全市率先清零。多个市、区兄弟单位到区城管（综合执法）局就拆违工作进行学习取经。占道经营和烧烤油烟整治连续4个月在全市排列前两名，其中，烧烤治理在全市考核中连续5个月“零”扣分，连续全市排名第一。烧烤治理“8632”工作法被大众日报社评为山东省“20大最受关注改革创新案例”，并被列入“2018年度长清区优秀创新成果”。渣土扬尘整治在全市考核中名列前茅，督促建筑渣土运输企业新上新型智能环保渣土车125辆，以旧换新淘汰老式渣土车24辆，在济南市率先完成老式渣土车更换工作，新型智能环保渣土车占比100%，从源头上有效控制扬尘污染。严格建筑工地管理、执法，有效遏制建筑渣土扬尘污染现象。投资3600万元率先建成全市第一家建筑垃圾再利用企业，并通过住建部验收。在2018年下半年全省城乡环卫一体化民意度调查中，长清区位列全市第三名。建成济南市最大垃圾分类教育基地，按照先试点再推广的原则，以点带面，全区确定垃圾分类示范点20个。推进阳光堆肥房、大件垃圾拆解厂、有害垃圾暂存点、垃圾分类宣传教育基地建设工作。推进综合执法改革，在全市率先立案查处涉农方面的案件36件，综合执法工作实现新突破。区城管（综合执法）局被济南市委、市政府评为创建全国文明城市先进单位，被济南市文明委评为市级文明单位。

【道路保洁】 2018年，区城管（综合执法）局会同平安、文昌、崮云湖街道对467.2万平方米的主次道路和71.6万平方米的支路街巷共计538.8万平方米道路进行标准化保洁，其中道路机械化保洁面积482.2万平方米，保洁员627人，机械化保洁车辆55辆。通过提高道路保洁标准、创新保洁模式、增置保洁车辆、设施、延伸保洁、延时保洁、扩大机械化保洁作业覆盖面、增加机械化保洁频次、标准化保洁道路创建、开展保洁整治行动、提高保洁员待遇等方式，城区道路、公共环境设施保洁水平及洁净度显著提高，环境卫生面貌焕然一新。提高道路保洁标准，要求主次道路达到“六净一洁，一见本色”的标准要求，即：路面净、路牙净、井箅子净、树穴净、绿化带（地）净、墙根净，视野范围内清洁，路见本色，道路保洁“一日两普扫，全天保洁”。创新保洁模式，开启科学、高效“洗路”模式，洒水车、机扫车与人工洗刷相结合，对道路深度冲刷、清洗，彻底清除道路积泥、沙石、污迹；人工保洁推行推扫的方式，以防止二次扬尘污染。增置保洁车辆、设施，新购

人机结合洗刷道路　　（区城管局提供）

置高压清洗清扫车6辆、洒水车16辆、扫路车1辆，为城管队员配备电动巡查车16辆，为保洁员配备电动捡拾车60辆，购进新式果皮箱400余个。延伸保洁，除对道路、果皮箱、垃圾桶加强保洁外，还对护栏、隔离墩、道路宣传栏、广告牌、公交站牌等进行清洗保洁，对小广告、乱贴乱画进行清理。延时保洁，对学校周边、繁华路段、公厕等实行延时保洁。增加洒水、冲刷、洗扫机械作业频次，全年高压冲洗、洒水作业1.24万余车次，洗扫作业5000余车次，里程14万余公里。开展标准化保洁道路创建工作，提高道路保洁水平。开展保洁整治行动，联合相关单位对大学城商业街和104国道等进行专项整治。通过绩效考核、提高保洁员待遇等方式，充分调动保洁员工作积极性。

【垃圾清运】 2018年，区城管（综合执法）局通过增置垃圾清运车辆、设施，合理调配、调度人员、车辆、延长垃圾清运时间、增加垃圾清运频次、实行垃圾桶定点放置、延伸清运范围、义务清理垃圾死角、提高垃圾收集、清运标准、发放便民服务卡等方法，确保垃圾清运工作高效运转，及时将垃圾收集、运出。增置垃圾清运车辆、设施，新购置垃圾压缩车（收集车）26辆，钩臂车（运输车）9辆，摆臂车（运输车）2辆，电动垃圾运输车5辆，吸粪车1辆。延长垃圾清运时间，增加垃圾清运频次。由原来的早4:30至晚8:00延

长至早3:30至晚9:00，平均每天延长清运作业时间2小时；垃圾清运频次由原来的一天清运2次增加到一天清运3次。提高垃圾收集、清运标准，要求垃圾清运日产日清、密闭运输、车走地净、垃圾桶摆放整齐。延伸清运范围，由清运道路垃圾为主逐步向老旧小区、街巷、公路、铁路沿线等延伸，义务清理垃圾死角。实行垃圾桶定点放置，同时配置便民监督公示牌，减少垃圾桶放置的随意性，便于行人、业户投放垃圾，同时方便垃圾收集清运人员收集垃圾，提高垃圾收集效率。发放便民服务卡，为群众提供便民服务。全年共收运生活垃圾12.7万余吨，生活垃圾全部运往无害化处理厂，无害化处理率100%。

【环卫设施】 2018年，区城管（综合执法）局实施环卫设施提升工程，创历年投资最高，城市管理水平显著提高。投资3300万元，新购垃圾压缩车、清洗扫路车、洒水车、钩臂车等各类大小环卫车辆66台、垃圾桶1.4万余个。投资2700万元，在归德街道建设新垃圾中转站1处。

机械化保洁车队 （区城管局提供）

【城乡环卫一体化】 2018年，区城管（综合执法）局推进城乡环卫一体化、城乡环境综合整治、美丽乡村建设等工作，全区城乡人居环境显著提升。全区583个建制村全部实行城乡环卫一体化。制定完善城乡环卫一体化工作制度、标准、考核、奖惩办法。加强督导检查、指导交流，区、局领导多次带队，以问题为导向，到街镇、村庄找问题促整改，进一步提高城乡环卫一体化和农村环境整治水平。加强城乡环卫一体化检查、督查、考核力度，以查代管，奖优罚劣，实行“每天一督查，每月一检查一通报一排名，每季一奖惩”考核办法。每天督查发现的问题及时上传至区城管局数字化城管平台并反馈至各街镇、部门，限期责令整改，将整改情况计入每月城市环境综合考评成绩，形成检查督导长效管理工作机制。配套完善城乡环卫一体化基础设施设备，新购置垃圾压缩车22辆和垃圾桶1万余个。先后开展城乡环境综合整治行动、“城乡清洁行动”“大清理、大走访、大宣传”活动、“村村户户搞清洁、干干净净迎春节”等活动，重点对农村的垃圾死角、“三大堆”、河道垃圾、小广告等进行全面清理整治，整治范围除村庄的主要街道外，将背街小巷、河塘沟渠也列入整治重点范围，街镇驻地、旅游景区、重点村居、国省道、旅游路、道路两侧环境得到较大改善，城乡环境整体面貌显著提升。推行城乡环卫一体化市场化外包工作，提升城乡环卫一体化专业化、标准化水平。在下半年全省城乡环卫一体化民意度调查中，长清区位列全市第三名。

【公厕建设管理】 2018年，区城管（综合执法）局投资410万元，新建公厕5座，改造提升公厕11座。新建公厕分别是长清区清怡园公厕、济南经济开发区玉清路公厕、老皮革厂公厕、长清区恒大石麟小学公厕、长清区万德街道马套旅游示范基地公厕。改造提升公厕分别是长清区技术监督局公厕、大学路明珠广场东公厕、大学路轻工公厕、自来水公司对面公厕、长清区明珠广场北公厕、文昌路北（银座西）公厕、大学路高速路口公厕、小梁桥公厕、粮库公厕、大学路女子学院公厕、马山路（清心园）公厕。在公厕管理方面，区城管（综合执法）局提高公厕保洁标准及设施维护要求，加强公厕监督考核。要求地面洁净，无积水，无纸屑、烟头、痰迹和杂物；要求墙面、

大学路高速出口公厕（区城管局提供）

清河街景观绿化（区城管局提供）

天花板洁净，无积灰、污迹、蛛网，无乱涂画，墙面光洁；要求公厕外墙、屋顶保持整洁，无污迹、广告、涂鸦等；要求门窗洁净，门正、反面和门把手洁净、无污迹和吊挂杂物，门缝及闭门器无垃圾、积灰、锈蚀，窗玻璃干净明亮，窗台、窗框、窗纱、排风扇等处无垃圾、杂物、蛛网、积灰；要求厕位洁净，蹲台干净、无污物、污迹，大便器（槽）无粪迹、尿碱、尿垢，小便器（池）内无尿垢、水锈、烟头等污物，无堵塞；要求走廊、通道无乱堆乱放、无杂物。强化公厕专人保洁，全日守岗保洁，时刻保持公厕内、外环境和管理间干净整洁。要求公厕管理人员每天对公厕设施逐一检查，保持洁净，并排除故障隐患。加强公厕监督考核，奖优罚劣。通过加强公厕管理，全区公厕清洁度及设施完好度得到显著提高。

【道路绿化】 2018年，区城管（综合执法）局按照“一路一貌、一街一景”“三季有花、四季常青”及出精品、出亮点、创特色、上水平的绿化原则，科学运用植物配置，因路造景，因景配绿，高标准、高质量实施城市道路绿化工程建设，城区道路绿化档次大幅度提高，绿色生态环境、观赏效果明显改善。实施轨道交通R1线道路绿化工程，R1线道路绿化恢复工程总投资2800万元，完成栽植白皮松、白蜡、法桐等乔木1409株，栽植西府海棠、垂丝海棠、绚丽海棠、紫丁香等花灌木3669株，栽植扶芳藤、麦冬、瓜子黄杨等地被植物4.01万平方米，栽植攀缘植物三叶地锦4760株。实施节点绿化工程，对经十西路与大学路东北角进行绿化，栽植大叶女贞13株，栽植红枫、绚丽海棠、百日红、紫叶李、红叶石楠球、冬青球等花灌木200余株，栽植红叶石楠、金边黄杨绿篱665平方米，满铺草皮2730平方米，铺装园路700余平方米，安装路沿石347米，安放石木坐凳3套。对凤凰路与大学路节点进行绿化，对凤凰路与大学路西北角和东南角绿地进行整体改造提升，栽植百日红、红叶石楠球85株，栽植小龙柏、冬青、红叶石楠绿篱1400余平方米，地被草皮和麦冬4000余平方米，完成铺装园路240余平方米。对大学路常春藤商业街处进行绿化，栽植大叶女贞、白蜡等乔木79株，栽植樱花、丁香、龙柏球、冬青球、小叶女贞球等灌木773株，满铺草皮3万余平方米，铺装园路400余平方米，

大学路高速出入口节点打造（区城管局提供）

高速公路崮山出入口绿化　（区城管局提供）

大学路绿化　（区城管局提供）

更换调整汀步石 582 块，安装园路灯 53 盏，粉饰亭子 1 处，安设石凳 10 套，整个绿地埋设喷灌设备，保证绿地草皮及时供水。实施裸露土地绿化工程，实施裸土覆绿面积 59.5 万平方米，提前超额完成预期任务目标，有效防治扬尘污染。实施拆违拆临建绿透绿工程，投资 1455 万元，完成拆后建绿透绿地块 55 块，建成绿地面积 5.13 万平方米，清运渣土 3500 余立方米，回填种植土 9190 立方米，栽植乔灌木 4300 余株，栽植地被苗木 4.89 万平方米。

【绿化养护管理】 2018 年，区城管（综合执法）局倡导全局绿化工作人员及养护队伍在绿化养护管理工作中发扬“绣花精神”“工匠精神”，倡导科学养护管理方式，采取落实绿化养护管理责任制、提高绿化养护管理标准、加强检查督导及开展绿地“清零”行动、行道树修剪行动、病虫害防治行动等措施，城区绿化养护管理水平显著提高，绿化景观效果明显增强。严格落实绿化养护管理责任制，将每条街、路的绿化养护管理责任落实到人，确保养护管理工作扎实推进。提高绿化养护管理标准，通过提高修剪、绑扎、补植、浇水、施肥、植物保护、预防病虫害、除虫、除草、除杂物、垃圾、落叶、枯枝、萌蘖枝等绿化养护管理标准，细化养护管理要求，城区绿化养护管理做到高标准、精细化。严格检查督导，区城管（综合执法）局主要领导每天坚持到一线检查督导绿化养护管理工作，确保绿化养护管理工作的高质高效，同时绿化管理人员加强日常巡查、管理，城区绿化养护管理做到精细化、常态化、长效化。新购置洒水车 5 台，对绿化苗木加强浇水、灌溉。对绿化带防护栏进行清洗保洁。开展绿地“清零”行动，采用人工清、风机吹等方式，对绿化带、绿地内的落叶进行全方位不留死角清理，同时对绿化带、绿地内垃圾、枯枝等进行彻底清理，绿化带、绿地内环境卫生得到较大改观，绿化植物通透性增强，有效促进绿化植物健康生长。开展行道树修剪行动，对五峰路、清河街、中川街、水鸣街、龙泉街、宾谷街、峰山路、大学路、凤凰路、文昌路、玉符街、湄湖路等道路法桐、国槐及白蜡等乔木进行修剪，及时调整树木的树形树势，保证道路绿化景观效果及用电安全。开展病虫害防治行动，对病虫害进行早防早治，主要对法桐树、方翅网蝽、美国白蛾等进行监测和防治，全覆盖喷药防治 6 次，对雪松松大蚜进行药物防治等，对全区行道树通过刷涂白剂进行冬季保暖及虫害防治。对城区主干道路绿化带周边等缺失、损坏路沿石 1879 余米进行整修补齐。加强古树名木保护工作，实地考察古树名木生长情况，重点对急需抢救保护或具有安全隐患类、需重点保护复壮类古树名木制定抢救措施和保护复壮方案，并严格监督实施。对处于施工范围内的古树名木，按照《城市绿化管理条例》划定保护范围，制定避让和保护措施，包括清除周围有碍生长的植物，垒砌树池围台，安装护栏，修补树洞治疗伤口，清理枯死树枝，树池周围打孔通气，施肥及防治病虫害等。对新发现的古树名木按照要求做好登记、拍照等信息采集工作和及时挂牌保护工作。

【公园广场建设】 2018年，区城管（综合执法）局对长清乐园、清怡园、清悦园、清心园4处城区公园广场进行改造提升，对双龙山、文昌山、北大山3处山体公园开展绿化及相关建设工作。投资90万元，对长清乐园、清怡园、清悦园、清心园进行改造提升，将原有的植草砖更换为透水砖，部分位置铺设大理石板、青石板、彩色鹅卵石园路，更换破损的路牙，补植瓜子黄杨、红叶小檗、麦冬等植物。对双龙山山体公园进行建设，新建工程位于大学科技园，西至紫薇路，东至三圣堂，南至山东艺术学院，北至文汇路山东师范大学，面积约110万平方米，工程总投资近2000万元，包括景观绿化工程、电气照明工程、建筑工程、给水工程，部分标段正进行登山路修建、节点景亭基础和引水上山施工，已完成登山道路修建4100余米，望湖亭、舞秀园、钟灵毓秀、跃龙岗、小南山等节点已完工，种植乔木1000株，完成总工程量的73%。对文昌山山体公园进行建设，续建工程总投资350万元，5月初开工建设，工程内容主要包括登山道路、休憩廊亭、蓄水池、输水管道等，完成登山道路修建1000米，完成休息廊亭主体、蓄水池及休息平台5处，已完成总工程量的70%。对北大山山体公园进行建设，续建工程总投资300万元，4月中旬开工建设，工程内容包括徐志摩纪念园、车行道、登山道路、水井房、果皮箱、苗木栽植等，完成车行道及路沿石安装、部分登山道路修建、休憩亭廊主体及徐志摩纪念园主体铺装建设等，完成总工程量的98%。

【市容整治】 2018年，区城管（综合执法）局坚持“标本兼治、疏堵结合”的执法理念及“教育劝离为主、暂扣处罚为辅”的执法原则，通过加强巡查、落实“门前三包”责任制、规范便民市场、取缔扰民堵路市场、加强重点区域、重点时段市容秩序整治、施划非机动车停放疏导点等措施，违规占道经营、店外经营、摊贩乱摆乱卖、非机动车违规占道等问题逐步减少，市民群众出行环境更加干净、畅通。加强巡查，随时清理占道经营和店外摆放。落实“门前三包”责任制，与沿街经营业户签订“门前三包”责任书，发放“门前三包”明白卡及《致沿街经营业户的一封信》，并向业户宣传城管执法相关法律法规和管理规定，引导和调动沿街经营业户落实“门前三包”，自觉维护周边环境、秩序，共同打造整洁、有序、优美、文明的城市环境。规范便民市场，重点对水鸣街早市、

文昌山山体公园一角　　（区城管局提供）

清理占道经营　　（区城管局提供）

乐天集市等市容秩序进行彻底整治。取缔马山路夜市，共取缔该处较固定商贩70余家，取缔区医院对面、乐天西门等扰民堵路市场。加强重点区域、重点时段市容秩序整治，对主次干道、校园、市场周边、小区门口等重点区域及早市、夜市、上学、放学等重点时段重点盯守，实行定人、定岗、定责及错时值班制度，保证重点区域、重点时段市容秩序良好。施划非机动车停放疏导点，联合相关部门施划非机动车辆停放点，施划停车标线，安置非机动车辆停放指示牌，有效规范非机动车辆乱停乱放问题。

【油烟整治】 2018年，区城管（综合执法）局坚持文明执法与严管重罚相结合的原则，通过扩大“禁烧区”、设置在线监控点、责令限改、“8632”工作法等措施，城区空气环境质量得到明显改善。扩大“禁烧区”，在2017年3月长清区率先在全市划定“禁止露天烧烤”区域基础上，2018年6月，长清区进一步扩大“禁烧区”范围，由原来的“东至凤凰路，西至经十西路，南至龙泉街，北至清河街”，扩大至“东至凤凰路，西至峰山路，南至龙泉街，北至中川街”，面积比原来扩大4倍。设置在线监控点，在烧烤经营业户相对集中的位置安装监控设备，实施“油烟在线监控试点片区”，并与局城管数字化平台进行技术对接，实施在线监控，发现油烟问题及时制止、查处。对于不按要求安装油烟净化设备的，下达责令限期改正通知书，对未按期整改的，依法采取强制措施，坚决取缔。督促全区157家直营或兼营烧烤业户全部安装油烟净化设备，全部建立业户台账，逐户签订烧烤经营承诺书。实行烧烤治理“8632”工作法，即“八项措施”“六字工作法”“三位一体”巡查体系、“线上、线下”两张网经验做法，逐步建立烧烤治理长效机制。烧烤治理“8632”工作法被大众日报社评为2018年度山东省“20大最受关注改革创新案例”，并被列入“2018年度长清区优秀创新成果”。联合食药监、市场监管、公安、环保等多部门开展大型联合执法行动3次。辖区内全面取缔露天烧烤、烧烤店外摆放和店外就餐等违法行为，全年累计处置烧烤投诉件230余件次，回复有效率、满意率均达100%。长清区在全市烧烤考核中实现连续5个月“零”扣分，连续全市排名第一，《齐鲁晚报》《生活日报》《济南日报》多次对全区整治露天烧烤工作情况进行报道。

夜查烧烤　（区城管局提供）

【户外广告】 2018年，区城管（综合执法）局坚持高标准、严要求，彻底清理、整顿破损、违规及不规范设置广告牌匾，坚决拆除破损、违规设置广告牌匾，改造提升不规范设置广告牌匾，打击震慑违规设置广告牌匾行为，遏制新建违规广告牌匾滋生蔓延，城区市容环境面貌显著改观。门头牌匾拆除与整治达到整齐划一、规范有序。拆除一店多招、一店多匾等乱架乱设的情况，全年共拆除2200余处，1.2万余平方米，集中整治104国道炒米店段、紫薇路三庆青年城、银座商业街、丹凤小区沿街和宾谷街等路段门头牌匾，共投资200余万元。楼顶标识集中整治在全市率先清零，累计拆除1164处，4.4万平方米。

【查处违法违章建设】 2018年，区城管（综合执法）局发扬勇于担当、敢打必胜的精神，坚决做好拆违拆临、建绿透绿工作。在拆违拆临工作中，

东潘再生棉加工区拆违现场 （区城管局提供）

实行“六项制度”（督办协调制度、执法权力下放制度、微信建群交流点评制度、媒体通报和报道制度、督导问责制度、常委包街镇制度）工作措施，坚决拆除违建，同时加强拆后垃圾清运及建绿透绿工作，遏制新增违建，城区人居环境质量显著提高。提前并超额99%完成市政府给长清区下达的年度拆违任务，全年共拆除违建5608处，379.88万余平方米，市政府下达拆除任务目标191万平方米，拆除速度全市领先，被誉为拆违拆临的“长清速度”。同时，打造一批拆违建绿亮点，投资1455万元，完成拆后建绿透绿地块55块，建成绿地面积5.13万平方米。其中，拆除全市最大单体违建群——东潘再生棉加工区，拆除面积14万余平方米，并在拆后全部及时建绿。立柱广告在全市率先清零，济菏高速、京福高速两侧及104国道两侧、城区主要道路两侧立柱广告仅用10余天时间全部拆除完毕，被誉为拆违拆临后又一新的“长清速度”，楼顶广告标识拆除在全市率先清零，多个市、区兄弟单位到长清区就拆违工作学习取经。

【建筑渣土管理与执法】 2018年，区城管（综合执法）局坚持“重拳出击、严管重罚”的原则，做好建筑渣土管理与执法工作，通过加强工地源头管理、实行24小时巡查值班制度、推行新型智能环保渣土车使用、加强渣土堆放点安全隐患排查、加大执法处罚力度、严格查处夜间施工噪音扰民等各项措施，规范建筑渣土运输、处置秩序，有效控制渣土撒漏及扬尘，路面清洁度及空气环境质量明显改善。加强工地源头管理，严格按照“三个一律”“四不出门，五不开工”“六个一”（“三个一律”即裸露渣土一律覆盖、施工道路一律硬化、不规范工地一律停工；“四不出门”即未落实现场保洁人员的不能出门、车辆密闭不严的不能出门、车体不整洁带泥上路的不能出门、手续不齐全的不能出门；“五不开工”即工地不做扬尘防治措施的不得开工，建设、施工、运输单位未落实建筑渣土倾倒场点的不得开工，未使用核准运输单位及车辆的不得开工，未签订建筑渣土规范处置承诺书并交纳保险金的不得开工，现场管理人员不到位的不得开工；“六个一”即一条硬化路、一组管理保洁人员、一个清洗站、一套工地管理档案、一套建筑垃圾运输管理系统、一组文明施工公示栏）等管理规范及标准要求，监管员24小时到岗到位，实行“双向签单”制度，确保渣土运输车辆“平槽”运输，不超载、不撒漏，按规定的倾倒地点、路线运输。实行24小时巡查值班制度，对巡查值班发现的和群众反映的渣土车违规运输及夜间施工噪音扰民行为及时制止、查处。推行新型智能环保渣土车，督促建筑渣土运输企业新上新型智能环保渣土车125辆，以旧换新淘汰老式渣土车24辆，在济南市率先完成老式渣土车更换工作，新型智能环保渣土车占比100%，从源头上有效控制扬

新型智能环保渣土车 （区城管局提供）

尘污染。加强渣土堆放点安全隐患排查，联合有关部门对全区渣土堆放点安全隐患进行排查，重点是土体堆高、与周围环境安全距离、排水措施、边坡加固等，并要求所有渣土堆放场点设立公示栏，明确建设施工单位责任人、监管责任人、堆放期限、安全措施等。加强渣土扬尘违规行为的查处力度，全年渣土扬尘执法共立案146件，结案146件，罚款121万余元。投资3600万元，率先建成全市第一家建筑垃圾再利用企业，并通过住建部验收。渣土扬尘整治工作在全市考核中名列前茅。

【数字化城管建设】 2018年，区城管（综合执法）局加强数字化城管平台硬件、软件建设，数字化城管平台承接、转办、汇总、反馈各类城市综合管理问题，数字化城管工作实现跨越式发展，城市综合管理实现由粗放型向精细型转变。择优调整办公地点，扩展办公空间，打造集办公区、电子大屏幕、会议室于一体的全新办公环境。对原有电脑更新换代，新配备电脑9台、彩色打印机1台、复印机1台。新配备数字化平台人员7人，并全部进行岗前培训。推进数字城管平台与一线城管工作融合，投资20万元，进行城管作业车辆管理信息采集服务；投资59.2万元，安装热点地段城管数字化视频监控，对长清中心城区、各街镇驻地重点区域进行实时监控，对市容秩序、工地扬尘及露天烧烤等实施在线监控，及时发现、处理问题；投资54万元，对数字化城管平台改造提升，建立区级案件督办考评机制，将平台系统与城管公众号对接，畅通市民参与城管工作渠道；投资49万元，进行数字化城管无线信息采集服务。全年，共受理、转办济南市城市管理综合考评第三方问题3076件，全部予以整改；受理、转办“16039”济南市数字化城管平台案件617件，各案件全部有效解决；受理“12345”热线问题2333件，全部得到有效回复；转办区城管局督查督办问题5902件。做到“事事有回音，件件有回复”，办结率100%。

（安 娣）

建筑业

【概况】 2018年，全区建筑业、房地产业实现快速健康发展。建筑产业化工作进展顺利，全区建筑产业化企业发展到6家，其中4家被评为国家级产业基地，2家被评为山东省产业基地，年产能100万立方米。建筑业发展取得新突破，长兴建设集团晋升建筑工程施工总承包特级资质，全区特级总承包资质企业达到3家，一级总承包资质企业6家，建筑业企业共95家，逐步形成以房屋建筑施工总承包为龙头，以钢结构工程、市政工程、管道工程、设备安装工程、装饰装修等专业为补充，大中小企业梯次结构合理，总包、专业分包和劳务分包配套成龙的行业结构体系。房地产项目稳步推进，新引进雅居乐、西城置业等大型房地产企业，为房地产业发展注入新的活力。同年，全区共完成建筑业总产值220亿元，累计施工面积1450.77万平方米，缴纳建筑业总税款5.23亿元。房地产开发投资（包括大学城）41.5亿元，施工面积331万平方米，销售面积（包括大学城）45.4万平方米，销售额（包括大学城）35.1亿元。

【建筑队伍】 2018年，全区共有建筑业企业95家，涉及专业门类26个（建筑工程、市政公用工程、机电工程、石油化工工程、电力工程、水利水电工程、公路工程、铁路工程、施工总承包共8个；桥梁工程、隧道工程、机场场地工程、预拌混凝土、建筑装修装饰、起重设备安装、建筑幕墙、钢结构、防水防腐保温、古建筑工程、环保工程、地基与基础工程、城市及道路照明、电子与智能化工程、铁路电务、公路路面工程、公路路基工程、消防设施工程专业承包共18个）。其中具有特级总承包资质企业3家，一级总承包资质企业6家，二级总承包资质企业10家，三级总承包资质企业29家，总承包企业共48家；专业承包一级资质企业1家，专业承包二级资质企业21家，专业承包三级资质企业9家，专业承包不分等级资质项10家，专业承包企业共41家，劳务企业6家。

【建筑管理】 2018年，区住建委共招标房屋建筑及市政基础设施工程106个，造价74亿元。加强建筑工程质量安全监管，全区共获泰山杯工程2个，省优质结构杯工程10个，省安全文明工地1个。

2018年，济南大学科技园核心区A-1地块建设项目一期1号、8号、9号、16号、21号、22号楼被评为山东省高星级绿色建筑示范工程；山东国舜建设集团有限公司、济南汇富建筑工业有限公司、山东鼎瑞泰沣实业有限公司被评为2018年山东省装配式建筑产业示范基地；长清郦水嘉苑地下车库扩建项目人防工程被评为山东省装配式建筑示范工程。

2018年，区住建委组织开展在建工程质量安全生产大检查工作，共检查在建工程项目65个，开展专项行动12次，单体工程497个，总建筑面积445.7万平方米，下达限期整改通知书357份，排查安全隐患530条。1月，开展扬尘治理大检查，每天至少检查3次，夜间抽查，共检查903项次，下达限期整改通知书157份。建筑产业化工作进展顺利，全区生产线达到23条，生产各类混凝土建筑部品22.6万立方米，钢构件7000吨。

【企业选介】 山东平安建设集团有限公司。山东平安建设集团有限公司（以下简称山东平安建设集团）成立于1993年，位于济南市长清区经十西路7888号。2018年，山东平安建设集团共有员工1.13万人，其中技术人员3100余人，设项目部72个，辖子公司24个，全年完成生产总值47.7亿元，施工面积435.68万平方米，上缴税金1.18亿元。山东平安建设集团拥有建筑工程施工总承包特级、工程设计建筑行业甲级、钢结构工程专业承包壹级、市政公用工程施工总承包壹级、起重设备安装工程专业承包贰级、建筑装修装饰工程专业承包贰级、建筑幕墙工程专业承包贰级、水利水电工程施工总承包叁级、预拌混凝土专业承包资质等资质，主营业务有房屋建筑工程施工、房地产开发、新型建材、预拌商品混凝土、干粉砂浆、防火防盗门窗、钢结构构件生产与销售、精工制造、市政、园林绿化、水利水电、道路桥梁等工程施工及房屋建筑设计、建筑设备租赁、普通货运、大型物件运输、建设工程检测、餐饮住宿、商贸、典当、旅游服务、天然泉水生产等。2018年，山东平安建设集团承接济南国际医学科学中心、黄河滩区移民安置、长清区"四馆"等多个市、区重点工程，在聊城承接6公里大型装配式地下管廊建设项目。山东平安建设集团先后获建筑行业最高奖——"鲁班奖"及"泰山杯""泉城杯""山东省优质结构杯"等奖项，是山东省省级技术中心、全国优秀施工企业、全国建筑业先进企业、全国守合同重信用企业、全国工程建设质量管理优秀企业、中国建

山东平安建设集团承建的滨河新居公租房1号楼获2018年度泉城杯奖　（翟恒宇　摄）

筑业最具成长性百强企业、中国工程建设社会信用AAA级企业、中国企业信用评价AAA级信用企业。同年，产业化基地获批国家级高新技术企业，获国家混凝土产品技术开发二等奖，在国家级杂志发表论文7篇，主编省级砼工程施工与质量验收规范等6项标准和3项课题的制定，获济南市建筑行业专家工作站、济南市科技局院士工作站称号。山东平安建设集团积极承担社会责任，全年公益捐助330万元。

济南长兴建设集团有限公司。济南长兴建设集团有限公司前身为长清县第四建筑工程公司，2004年8月企业名称变更为济南长兴建设集团有限公司。2018年11月5日，济南长兴建设集团有限公司晋升为建筑工程施工总承包特级资质企业，拥有工程设计甲级资质及装饰装修、钢结构、市政工程等各类别资质11项，有专业技术人员、各类别注册执业师2100余人。同年，施工总面积500余万平方米，年产值70.62亿元，纳税1.6亿元。公司先后承接济南市清雅居公租房工程（2015年度鲁班奖工程）、山东电力研究院新院区建设项目（2015年度国家优质工程）、章丘市人民医院急诊保健综合楼（2018年度国家优质工程）等省市优质工程、绿色示范工程180余项，省市安全文明标准化示范工地、优良工地90余项。公司先后获全国优秀施工企业、全国守合同重信用企业、中国工程建设社会信用AAA资信企业、全国工程建设质量管理先进企业、全国优秀民营科技创新企业、山东省建筑业企业综合实力50强、山东省富民兴鲁劳动奖状、山东省著名商标企业等80余项称号。

公司承建的章丘市人民医院急诊保健综合楼获2018年度国家优质工程奖 （邵广超 摄）

山东港基建设集团有限公司。山东港基建设集团有限公司成立于1995年，位于长清区灵岩路3219号。公司注册资金4亿元，具有建筑工程施工总承包壹级资质、钢结构工程专业承包贰级资质、古建筑工程专业承包贰级资质、建筑幕墙工程专业承包贰级资质、装修装饰工程专业承包贰级资质、防水防腐保温工程专业承包贰级资质、市政公用工程总承包三级资质。2018年，公司完成生产总值21.11亿元，施工面积242.6万平方米，上缴税金3347万元。公司获全国建筑业AAA级信用企业、全国优秀施工企业、全国守合同重信用企业、山东省守合同重信用企业称号；获山东省建筑质量泰山杯1项、济南市安全文明施工示范工程9项、济南市泉城杯3项、市级优良工程5项、省级结构杯1项、市级结构杯7项。

港基城市广场港基大厦获2018年度泉城杯奖 （刘卓 摄）

山东汇富建设集团有限公司。山东汇富建设集团有限公司位于长清区清河街东首路南汇富大厦。2018年，公司注册资金3亿元，下设工程部、经营部、市场部、总工总监部、财务部、办公室6个部门，28个项目部，有山东汇富建设集团建筑劳务有限公司、山东汇富建设集团市政园林工程有限公司、山东汇富建设集团建筑工业有限公司等3家全资子公司，共有员工2000余人，其中技术人员380人，全年完成产值11亿元，施工面积63万平方米，上缴税金1500余万元。拥有建筑工程施工总承包壹级、建筑装修装饰工程专业承包贰级、防水防腐保温工程专业承包贰级、钢结构工程专业承包贰级、市政公用工程施工总承包叁级资质，主要经营房屋建筑工程、建筑装饰装修工程、建筑节能外墙保温工程、水电暖安装工程、钢结构工程、金属门窗工程、市政公用工程、公路工程、土石方工程等施工。同年，公司共获结构杯7个，其中省级1个、市级6个，大学城A1地块1号、8号楼获省级安全文明示范工地，东王安置房项目6号、7号、9号、10号、11号楼获市级安全文明示范工地。公司获守合同重信用单位、长清区明星企业、慈善工作先进单位等称号。

山东国舜建设集团有限公司。山东国舜建设集团有限公司（以下简称国舜集团）始建于1985年，位于长清区济南经济开发区国舜路1号，注册资金1.17亿元。2018年，国舜集团完成生产总值17.64亿元，工程价款收入5.01亿元，上缴税金1.0亿元。拥有建筑施工总承包壹级资质、建筑工程设计甲级、环境工程设计专项甲级、机电安装工程施工总承包壹级、环保工程专业承包壹级、钢结构工程专业承包壹级、锅炉安装改造维修壹级、压力管道安装、市政公用工程总承包等近20项施工、设计、制造资质。国舜集团拥有甲级设计院2家，设集团办公室、财务中心、物资供应部、市场营销部、绿建事业部、工程综合管理部、运营管理事业部、节能环保事业部等14个职能部门，拥有新型材料科技有限公司、青岛海纳化工环保设备有限公司2家子公司，拥有湿式静电除尘、钢结构、脱硫剂、垃圾焚烧设备制造、电气设备加工5个加工制造中心，共有工程项目部20个、运行项目部16个，职工2100余人，其中工程技术人员460人、博士生4人、高级职称36人、中级职称182人、壹级建造师35人、贰级建造师47人。深耕环境治理、装配式绿色钢结构建筑、垃圾焚烧投资运营、废水污泥投资治理及综合智慧能源等领域，形成集研发、设计、制造、施工、运营、投资服务为一体的发展格局。国舜集团先后获国家知识产权优势企业、国家级高新技术企业、环保部首批环保服务试点企业、中国建设工程鲁班奖、中国建设行业质量信用AAA级单位、山东省节能环保产业示范企业、企业信用登记AAA级单位、省级守合同重信用企业、山东省环保示范工程、山东省安装工程鲁安杯、中国安装工程优质奖、山东省烧结机烟气污染防治科研施工单位、济南市创新型企业、济南市高端装备制造企业、山东省生态文明建设十佳企业、工信部首批环保装备制造规范企业等称号。

山东福源设备安装有限公司。山东福源设备安装有限公司位于济南经济开发区华德路620号，注册资金2.62亿元，企业资质机电安装施工总承包一级。2018年，公司共有员工1793人，其中技术人员217人，全年完成生产总值15.59亿元，上缴税金5230万元。公司设办公室、财务部、市场开发部、预算科、技术科、质量安全部、施工计划部，有山东福源锅炉有限公司、山东福源设备成套有限公司、济南福源劳务有限公司、济南福源置业有限公司、山东福源新能源工程有限公司等子公司9家，设项目部33个。公司是以机电设备安装，锅炉安装、改造、维修，管道安装为主，集化工设备、汽轮发电机组、太阳能、风能、压力容器、电器、仪表、空调、房屋建筑、市政工程、钢构工程、环保工程等安装，非标设备制安及金属修复、表面喷涂、化学清洗、污（废）水处理、烟气脱硫除尘等设计制作安装，锅炉配件、辅机、耐火材料的生产、销售于一体的股份制企业。主行业为建筑安装、兼非标设备制造企业。公司先后获全国质量信得过单位、山东省守合同重信用企业、山东省建筑企业先进集体等称号。

（张　承　万娜娜）

环境保护

【概况】 2018年，长清区环境保护局（以下简称区环保局）以改善环境质量为目标，围绕推动美丽长清建设，集中力量做好大气、水和土壤污染防治，抓好中央和山东省环保督察整改、执法监管、环境安全等重点工作，生态建设和环保工作取得明显成效。1月—12月，PM_{10}（可吸入颗粒物）、$PM_{2.5}$（细颗粒物）、二氧化硫、二氧化氮四项指标平均浓度分别为104微克/立方米、53微克/立方米、19微克/立方米、38微克/立方米，比2017年同期分别改善5.5%、11.7%、26.9%、15.6%，空气质量良好以上天数177天，同比增加2天，大气污染治理考核长清区与高新区并列全市第一。水环境质量方面，地表水全部达到四类（地表水环境质量标准）水体要求，北大沙河水质明显好转，地下水水质保持优良，水环境质量排名全市第二名。区环保局被济南市委市政府评选为担当作为"出彩型"好团队，被区委、区政府评为担当作为"干事创业"好团队。

【大气污染防治】 区环保局落实京津冀及周边地区2018年秋冬季大气污染防治方案和实施细则，推进大气污染治理措施，坚决打赢治霾攻坚战。制定《长清区锅炉窑炉摸底调查工作方案》《长清区锅炉深度治理工作方案》和《长清区工业炉窑专项整治实施方案》，对长清区工业窑炉和锅炉进行全面排查，工业炉窑共4家，锅炉共62家，其中59家89台燃气锅炉、1家生物质锅炉（现已停用），2家燃油锅炉。根据秋冬季攻坚方案，燃气锅炉须进行低氮改造，氮氧化物排放浓度不高于50毫克/立方米，对全区59家89台燃气锅炉进行低氮改造工作。至年底，已有15家企业完成低氮改造。联合区交通部门开展对机动车停放地抽检工作，全年共进行驻地抽检7次，抽检车辆68辆。与区交警部门配合在机动车辆集中通行地开展路检，对车辆尾气进行检测，全年共进行路检33次，检测车辆5000余辆次。

【水污染防治】 2018年，区环保局贯彻落实《长清区水污染防治行动计划实施方案》，推进济南经济开发区污水集中处理和重点企业深度治理，济南佳宝乳业有限公司污水治理工程投入正式运行。落实河长负责制，推进北大沙河河道截污整治和城区护城河主干管清淤疏通工程进度，督促推进黑臭水体治理和污水管网及设施建设，彻底解决城区污水直排环境问题。主城区外7个街镇污水处理站全部建成，老城护城河截污清淤及黑臭水体治理取得阶段性成果。加强饮用水源地环境保护，推进饮用水水源地一级保护区规范化管理，完成农村集中式饮用水水源地保护区划定，处理河道污染案件16起，全区水环境质量不断改善。

【总量减排】 2018年，区环保局科学编制《2018年度主要污染物总量减排计划》，逐项明确每个减排项目的建设内容、责任单位、完成时限、减排量，并将减排项目计划下达监测站和监察中队，科学指导长清区污染物减排工作的开展。全年，共完成减排项目及全口径项目 29 个，其中全口径项目 5 个、高校污水处理项目 1 个、街镇污水处理站项目 1 个、超低排放改造项目 2 个、燃煤锅炉清洁能源替代（淘汰）项目 11 个。全年化学需氧量（COD）、氨氮、二氧化硫、氮氧化物减排量分别为 113.68 吨、26.11 吨、526 吨、95.3 吨，减排计划项目全部完成。

【污染源普查】 2018 年，区环保局按照国家、省、市普查办的部署要求，成立普查工作领导小组，制定普查实施方案，推进全区第二次全国污染源普查工作。6 月，完成工业源、农业源、市政入河排污口、集中式污染治理设施普查清查，建立普查基本单位名录库。完成各类污染源入户调查和数据采集，并将普查表导入专网。借助审核软件对普查表格进行审核修改。全区纳入普查范围对象共 1408 家（个），其中工业企业 581 家，规模化畜禽养殖场 84 家，行政村和社区生活源 628 家，移动源 69 家，集中式污染治理设施 17 家，入河排污口 9 个，生活源锅炉 20 家。选聘普查员和普查指导员 256 人，划分普查小区 651 个，将入户调查任务与普查员相匹配。组织开展集中培训、街镇轮训、企业专场培训 21 次，培训总人数 1500 余人。制作第二次全国污染源普查宣传短片，并借助清悦园广场大型户外电子显示屏播放，在广场张贴宣传条幅、宣传画，向群众发放宣传手册，讲解普查政策和内容。

【环保审批】 2018 年，区环保局强化环评审批服务，在严格环评把关的同时，“敢于说不，善于说行”，做好建设项目审批“一号通”运行工作，提高工作效率。全年，共审批建设项目 203 个，验收建设项目 72 个。推进长清区重点建设项目及早落地，对北大沙河治理工程、国舜集团新增喷漆线、经济开发区花卉路、泉星路等重大建设项目，开通环评绿色审批，办结率 100%。

【环境监管】 2018 年，区环保局严厉打击各类环境违法行为，强力推进铁腕治污。立案查处环境违法案件 72 件，下达责令改正决定书 83 份，依法对 4 家企业下达限产决定。发挥群众监督作用，强化为民服务意识，解决百姓诉求，扎实做好“12345”市民服务热线环保联动工作，全年共受理“12345”市民服务热线转办件 1243 件，案件处理率 100%、回复回访率 100%、群众满意率 96.5%，妥善解决一批群众反映强烈的环境问题。开展油气回收治理工作，对全区各加油站及油罐车数量建立管理台账，对未安装油气回收治理设施的依法进行查处。至年底，全区 72 家加油站已全部完成三次油气回收治理改造任务。按计划对加油站进行监督检查，对不正常使用油气回收设施的进行查处，全年共检查加油站 216 家次，实现加油站日常监督检查全覆盖，同时按比例完成对 24 家加油站的监督性抽测任务。

【环境监察】 2018 年，区环保局以中央环保督察及整改“回头看”、山东省委省政府环保督察、生态环境部“蓝天保卫战”强化督查为契机，明确任务，细化分工，强化措施，压实责任，制定《济南市长清区中央环保督察反馈意见整改方案》，明确整改落实工作的任务、目标、措施和责任主体，对 2017 年和 2018 年中央和省级环保督察期间分别交办的 92 件和 68 件信访件以及生态环境部强化督查转办的 43 个问题全部办结。

【生态建设】 2018 年，区环保局开展生态红线划定工作，全区纳入生态红线范围的涉及 10 个街镇 16 个区域共 133.44 平方千米，占全区总面积的 11.03%。对区畜牧部门统计的 86 家规模化畜禽养殖场进行现场检查，落实有无环保手续、建设废弃物综合利用和污染防治设施是否正常使用、污水是否外排、粪便有无及时清运乱堆乱放等情况。与区畜牧部门联合设立监管公示牌，悬挂在监管养殖场醒目位置。开展“十三五”期间农村环境综合整治项目工作，根据年度任务分解目标，计划完成33个村庄环境综合整治工作。至年底，实际完成34个村庄整治任务，完工率103%。

（高宁宁）

财政·税务

财　　政

【概况】　2018年，长清区财政局（以下简称区财政局）主动作为，履职尽责，积极组织财政收入，持续优化支出结构，深入推进财政改革，稳增长、惠民生、保重点，有效化解收支矛盾，各项工作取得新成绩。区财政局被评为长清区经济社会发展标兵单位、长清区招商引资先进单位、全区项目建设先进单位、全区美丽乡村建设先进单位、全区扶贫工作先进单位、全区生态环保先进单位等。

【财政体制】　区财政体制。增值税25%部分（不含中央四大部门企业上缴部分）、营业税（地方分享80%部分）、企业所得税（地方分享32%部分）、个人所得税（地方分享40%部分）、城镇土地使用税、房产税、契税，市按区、县（市）两个类型管理，各自执行统一分享比例。市与长清区实行四、六分享，市分享40%，区分享60%。城建税、教育费附加收入日常征收、缴库可按照其他分享税种的统一分享比例入库，市财政按月根据应分享比例和实际入库情况计算各自应分享数额，及时调整库款，年终一并通过体制结算由县（市）区上解或由市补助。两项收入的分享比例根据各级事权变化情况进行调整。行政性收费、罚没收入、排污费收入、城市水资源费收入、其他收入、国有资产经营收益等，仍按原体制规定实行分级管理，分别作为市级、县（市）区级预算收入。

街镇财政体制。税收属地管理，核定街镇收支基数，收支挂钩，增长分档分成。街镇收入范围为：其行政区划范围内实现的所有税收（不含耕地占用税）；支出范围主要包括：人员经费、公用经费、计生经费、公费医疗支出、其他支出等。

经济开发区财政体制。划定收支范围，确定收支基数，收支挂钩，环比增长，分档分成。收入范围为：平安街道的全部加文昌街道辖区内13家企业的税收（不含耕地占用税）；支出范围为开发区自身聘用人员工资、正常公用经费及业务费、区内道路占地补偿及小型基础设施投资及维护。

【财政收入】　2018年，区财政局积极组织财政收入，深入推进财税改革，保障和促进全区经济和社会事业健康发展。全年一般公共预算收入实现23.5亿元，比2017年增长15.4%，加上级税收返还、各项补助、债券转贷收入、调入预算稳定调节基金、上年结转收入等51.88亿元，收入总计75.38亿元。

【财政支出】　2018年，全区一般公共预算支出实现66.80亿元，比2017年增长93%（主要原因是2018年黄河滩区迁建工程增专款支出22亿元）；加各项上解支出、补充预算稳定调节基金、债务还本支出及结转下年支出等8.58亿元，支出总计75.38亿元。

【行政事业财务管理】　2018年，在全面保障教职工工资的同时，投入城乡义务教育经费保障机制资金5261万元，中职免学费、学前公用经费、高中公用经费1899万元，学前、中职、高中助学金等救助资金588万元，农村民办代课教师教龄补助、班级管理费、校长职级工资、优秀校长及副校长补贴资金1605万元，城镇普通中小学大班额问题、“全面改薄”、校舍维修改造、幼儿园建设、职业教育、校车运营等资金1.89亿元。落实文化体育与旅游资金3228万元。其中，落实全区公共文化服务体系建设支出经费927万元，用于农村文化建设、三馆免费开放、档案馆建设等；安排贫困村农村文化大院资金72万元；落实旅游专项资金613万元；落实非物质文化遗产和文物保护等资金816万元；落实体育事业发展资金800万元。

【农业财务管理】 2018年，投资1802万元，实施五小水利、高效农业发展、农业水价综合改革、耕地质量保护和化肥减量增效、生态效益补偿、秸秆禁烧和综合利用等工程。整合涉农资金1888万元，重点支持水肥一体化、荒山绿化、菜篮子工程、粪污综合利用等项目。争取国家级田园综合体项目，项目总投资3.1亿元。投资3378万元，实施扶持村级集体经济发展、产业化经营和田园综合体项目建设。投资4536万元，打造省、市级“乡村连片”治理和高标准农田项目。投资6910万元，用于村级组织运转及村级公益事业。统筹整合涉农资金4625万元，用于打赢脱贫攻坚战。

【非税收入管理】 2018年，区财政局按照年初制定的工作计划和总体工作部署，以规范政府非税收入管理行为、强化非税收入征管和加强土地资金管理为重点，完善非税收支管理，加大财政资金统筹力度，不断加强非税收入征管，推进非税收入规范化、法制化管理，确保改革工作贯彻落实。全年非税收入实现6.29亿元，其中纳入财政一般预算管理3.45亿元、纳入基金预算管理2.41亿元、纳入财政专户管理0.43亿元。

2018年年初，在全区开展“非税收入管理提升年”活动，以完善收费目录清单公示等制度、建立涉企收费监察员等为切入点，营造良好非税收入管理环境。区财政局联合区物价部门清理规范长清区行政事业性收费和涉企收费，收费目录清单定期在区政府门户网站上公示，同时进一步完善收费目录清单“一张网”管理制度，实现动态更新。规范土地出让金分成返还流程，加快土地出让资金收支返还运转，实现城市国有土地资产良性循环。全年共成交宗地项目18宗，其中工业用地11宗、商业用地1宗、城中村用地6宗，成交金额36亿元。至年底，按分成政策区级应分成资金已全部到位，共29.8亿元，同时争取济南市财政局土地出让金暂借资金4.1亿元。全年共争取各类专项资金1.25亿元，其中保障性安居工程资金7198万元、高标准农田项目资金749.46万元、市级投资土地整治项目资金1868万元、泰山区域生态修复资金1300万元、老旧小区奖补资金1235万元、不动产登记费94万元，土地征管业务工作经费30万元。

【社会保障资金管理】 2018年，落实各项就业援助政策，补贴就业资金1319万元。提高城乡居民低保和农村“五保”补助标准，发放补助资金4187万元。提高义务兵优待金标准，发放优待金1180万元。安置退役士兵1255人，发放工资和社保资金4514万元。为1.21万名80岁以上老人发放老龄补助1693万元，为1920名老乡医发放生活补助700万元，为10.2万名居民按月发放基础养老金1.54亿元，为全区6656名行政事业单位离退休人员发放养老金3.44亿元。投入居民基本医疗保险政府补助1.01亿元，将居民医疗保险政府补助标准提高至每人每年490元，参保人员39.4万人，同时为1.8万名贫困人员代缴医疗保费450万元。投入基本药物制度改革补助资金4431万元，保证基层医疗卫生服务机构和村卫生室平稳运行和发展。投入2751万元，推进基本公共卫生服务均等化进程。投入8329万元，为1.18万名机关事业单位职工参加医疗、工伤、生育等保险。安排资金170万元，为全区离休干部、军转干部和武警官兵解决医药费。

【部门预算管理】 2018年，在预算编制方面进行改进，全部采用软件系统，纳入财政综合应用平台模块，进一步加强财政综合平台的运用，规范预算编制方法，细化预算编制内容，提高预算编制效率。严格按照《中华人民共和国预算法》要求，对2018年财政收支预算、预算单位2018年部门预算和“三公经费”预算按时进行政务公开，全区按规定除涉密信息外共公开单位74家。同时，对经区人大常委会批准的区政府预算、预算调整、决算、预算执行情况的报告及报表，均按要求及时向社会公开。盘活存量资金，对连续结转两年及以上仍未使用完的区级项目资金，一律收回本级财政预算统筹安排；对上级专项转移支付安排形成的结转项目，收回后，如上级未对其资金管理做具体规定的，按相同科目安排使用；同时，严格控制新增存量资金，认真落实预算执行，对年初预算已确定的项目，督促预算单位加快项目进度，提高资金拨付率，加强重点项目资金使用情况检查，对未开展的项目资金，根据科室意见做到随时回收，进一步督促单位项目资金使用效率。

【农村综合改革】 2018年，共争取省市农村综合改革资金6852.5万元，全力推进乡村振兴工作。全区共争取村级集体经济发展试点项目10个，资金1378万元，充分发挥山、水、林、地等自然优势，把资源优势转化为经济优势，有效促进村集体经济发展，增加村集体收入，带动农民致富。争取省、市级生态振兴试点项目各1个（其中省级马山镇、市级五峰山街道），共投资2200万元，其中省级资金1000万元、市级资金600万元、区级600万元，共惠及15个村，近万人受益。安排组织振兴区级资金2823万元（包括社区党群众服务经费），市级以上拨付资金2384万元，街镇配套资金336万元，达到上级要求的村均9万元的标准。严格落实一事一议普惠制工作、农村改厕项目、农村产权制度改革等政策，抓好部门配合和项目建设。

【政府采购管理】 2018年，区财政局监管的政府采购项目采购额21.58亿元。其中，公开招标6.15亿元，竞争性谈判705万元，竞争性磋商1.7亿元，询价1553.5万元，单一来源12.95亿元，协议供货5525.7万元。主要完成城区道路绿化、公园改造提升、美丽乡村、农业综合开发、乡村连片治理等工程公开招标及济南长清农业发展有限公司归德、孝里黄河滩区外迁安置项目，济南经济开发区道路新建、项管项目、测绘等项目；区王宿片区城中村改造政府购买棚区服务项目单一来源项目，区林业局北大山郊野公园施工招标项目、区住房和城乡建设委员会电缆线迁移项目、老旧小区等招标项目。

【财政监督】 2018年，区财政局围绕财政中心任务，切实加强财政监督检查工作，坚持在检查实施过程中把好“政策关”“程序关”“纪律关”“整改关”，严格依法依规履行财政监督检查职能。全年共检查29个单位37个项目财政专项资金2.06亿元，资金涉及农村改厕、农村危房改造、国省道养护、食品药品安全等民生及重点行业，延伸检查170个村、16家项目公司及站点。牵头组织开展2016年至2018年6月全区违规配备使用公车、滥发津补贴、违规公款吃喝、违规收送礼品礼金专项检查，共检查部门和单位83个。对区教体局、西区污水处理厂、区劳动就业办、双泉镇东坦村、区城市管理局、区食药局、区林业局等7个单位财政专项资金1711万元开展财政重点预算绩效考核，完成2018年度财政重点绩效考核任务。

【国库集中支付】 2018年，区财政局进一步加快一般预算和基金预算支出进度，做好支出进度的均衡性和时效性研究。年初开始实行对各科室上级专款每周一、三、五定期汇总类款项制度，及时上报人行增加支出额度，掌握平台支付主动权，保证各项支出顺利进行。进一步规范财政平台支付业务操作办法，及时完成重点项目资金支付以及平台上现有指标急需办理的大额支出，保证棚改拆迁、信访维稳建设、热电中心冬季购煤等重点支出需要。全年国库集中支付单位124家，支付资金2.48万笔，金额124.06亿元，其中：财政直接支付资金122.47亿元，比2017年同期增加53.47亿元，增长77%；直接支付占比99%，授权支付额度1.58亿元，1513笔；按代理银行分类：工行清算资金84.59亿元，农行清算资金39.47亿元；区直单位直接支付比重90%。

【工资发放管理】 2018年，共有113个单位1.03万人纳入财政工资统发范围，全年统发工资支出7.57亿元。提高住房公积金缴存基数和比例。经长清区政府第16次常务会议研究决定，自2018年1月起，全区住房公积金缴存比例提高到24%，个人和单位缴存比例分别是12%，缴存基数是应发工资数额，全年增加公积金缴存6144万元，新增支出3072万元。机关事业人员级别（薪级）工资晋升于4月开始执行，月增加支出84万元，新增支出1008万元。职工取暖补贴10月按时发放到位，发放金额2620万元。补发2015年2至5月4个月的增资，补发金额4800万元。12月按时发放年终一次性奖金，发放金额4935万元。

【会计管理】 2018年，区财政局以加强会计管理和服务为主线，以实施行政事业单位内部控制和宣传贯彻政府会计制度为重点，不断改进管理与服务手段，全面提升会计管理工作水平。10月26日，举办全区行政事业单位会计人员财会专题培训班，

会计报名上门服务　　（区财政局提供）

保障各单位账务衔接工作有序开展。组织开展行政事业单位内控填报培训，完成内控制度填报工作。组织会计中级职称报名，开展会计初级职称报名送服务进校园活动，“一次办成”落到实处。

（丁　天）

税　务

【概况】 2018年7月，济南市长清区国家税务局与济南市地方税务局长清分局合并组建国家税务总局济南市长清区税务局（以下简称区税务局），设办公室、法制科、税政一科、税政二科、社会保险费和非税收入科、收入核算科、征收管理科、税收风险管理科、税源管理一科、税源管理二科、税源管理三科、税源管理四科、财务管理科、人事管理科、考核考评科、机关党委（党建工作科）、老干部科、纪检组等18个科室和第一税务所（办税服务厅）、第二税务所、文昌税务所、平安税务所、崮云湖税务所、五峰山税务所、归德税务所、万德税务所、张夏税务所、孝里税务所等10个派出机构，以及信息中心、纳税服务中心等2个事业单位，编制226人，实有

211 人。同年 9 月，设立中共国家税务总局济南市长清区税务局党委。区税务局稳步推进“放管服”、税源专业化管理、各种税收优惠政策、国地税征管体系改革等事项，税源管理水平显著提升，纳税服务质效明显优化，全年完成各项收入 25.24 亿元。年底，通过山东省精神文明建设委员会“省级精神文明单位”复审。

2018 年 7 月 20 日，国家税务总局济南市长清区税务局挂牌成立　（李丹蕾　摄）

【税收收入】　2018 年，全年共完成各项收入 25.24 亿元，比 2017 年增收 4.81 亿元，增长 23.57%。其中，区公共财政预算收入完成 15.93 亿元，比 2017 年增收 2.55 亿元，增长 19.02%，完成年度计划的 101.18%，超收 1851 万元。

【税收征管】　2018 年，区税务局按照国地税征管体制改革要求，原长清区国、地税征管科实行集中办公，通过互相交流、共同探讨等方式，深度整合征管流程，推出“三个一”注销流程、规范办税服务厅和税源管理部门的职责，提前实现部分涉税事项办理流程的统一，有效推动征管体制改革的进展。及时进行征管系统中人员岗位权限调整，为所有人员在原国税、地税金三系统中配置岗位和权限，全面推进统一工作平台上线。对于长期欠税的纳税人，采用四种手段不断施压。结合纳税信用积分管理和纳税信用等级评定，对纳税人办理相关涉税事项予以不同待遇；扩大欠税公告的发布范围，扩散欠税企业信息，降低欠税企业法人的诚信度；发挥联合惩戒作用，通过第三方的限制对纳税人施加压力；对纳税人进行税收保全和强制执行措施，通过公开拍卖的方式以纳税人的资产抵偿欠税。

告知电子办税流程及方法　（陶淑达赛　摄）

【纳税服务】　2018 年，区税务局在原导税团队基础上，配备 6 名原国税、地税业务素质高的导税人员，组成高效导税团队，同时增设“快速办理通道”“绿色通道”，为纳税人员提供高效便捷的办税通道。全年完成新房契税 9120 户共 6467 万元，耕契两税 69 户共 1.6 亿元，二手房税 1702 户共 5373 万元，原国税代开 11.47 万户共 1383 万元，原地税代开 1791 户 273 万元，车购税 1.47 亿元。全年共走访企业 300 余户次，实地辅导 40 余场。11 月，组织个人所得税改革政策宣讲会，共开展 40 场，发放宣传手册 3.58 万份。同月，在清河街 1799 号正式向纳税人开放 24 小时自主办税服务厅。开通“长清税务”微信服务号，

举办个税改革辅导班　（曲彦梅　摄）

24 小时开放自主办税服务厅 （陶淑达赛 摄）

宣传税收优惠政策 （李丹蕾 摄）

实现便捷办税途径。全面推广微信预约、微信叫号功能，已通过微信叫号 2.5 万件，微信预约办税 1000 余件。

【税收宣传】 2018 年，围绕“优化税收营商环境，助力经济高质量发展”和机构改革等内容，借助电台、电视台、纸质媒体、微信公众号等渠道和宣传员走村入户开展税收宣传。做好工作动态宣传和素材提供工作，全年在济南市税务局税收动态上发表信息动态 50 余篇、专报 4 篇，在《齐鲁晚报》《济南日报》《济南时报》《山东国税》《税收与民生》等新闻媒体刊登稿件 40 余篇。

（曲彦梅）

金　融

金融综述

【概况】　2018年，长清区人民政府金融工作办公室（以下简称区金融办）不断完善工作机制、细化任务目标，强化责任担当，以目标为导向找准金融工作的着力点和突破口，完成全年各项经济指标和重点工作任务，全区金融业取得较好成绩，完成金融业增加值13.2亿元，金融业实现税收9585万元。金融机构实现各项存款余额418.7亿元，同比增22.1%；实现各项贷款余额205.8亿元，同比增长20.5%。全区共有驻区银行机构15家，地方金融机构8家，注册纳税保险机构20家。区金融办获2018年度“市级文明单位”、长清区“四德工程”建设先进单位称号。

【银政企合作】　2018年，长清区委、区政府召开全区政银企深度融合发展会议，制定《关于促进政银企深度融合发展的意见》，共推出融资需求项目76项，银行和企业现场签约总额38.8亿元。区金融办联合长清区民营经济发展协调推进指挥部、产学研融合发展指挥部举办银企对接会，加强银企间互联互通，着力解决中小企业融资难问题，促进民营经济健康良性发展。力促济南农村商业银行长清支行实施星级“文明诚信幸福村（社区）”助力乡村振兴建设工程，全年向农户发放贷款近1000万元。

召开长清区“文明诚信幸福村”现场观摩暨阶段性推进会

（路玉湘　摄）

【资本市场发展】　2018年，区金融办及时落实资本市场奖励政策。做好济南奥图自动化股份有限公司、济南南湖玉露茶叶科技开发有限公司、山东泽泰农业科技有限公司、济南淳熙民间融资登记服务有限公司等“金九条”补助资金申报工作，有关资金已兑现到位。开展全区规模企业公司制改制工作，将改制工作纳入区域性金融中心年度目标重要工作内容，全年共完成规模企业改制22家。举办全区企业挂牌上市培训班，加大政策宣传力度。做好新三板挂牌企业和有关后备上市挂牌企业调研工作，帮助企业解决土地、房产等不动产登记中的问题。至年底，全区共有新三板挂牌企业3家，齐鲁股权挂牌4家，上市后备资源企业20余家，与中介机构签订协议5家。

【金融招商】　2018年，建立完善金融招商项目库，全方位做好金融招商引资服务。成立区PPP工作领导小组，邀请有关专家进行授课，聘请专业咨询团队。区金融办在创促大厦八楼策划打造“双创金融服务示范基地”，引进新型金融业态入驻创促大厦。全

举办远离非法集资和不良校园贷款专题报告
（路玉湘　摄）

远离非法集资宣传　（路玉湘　摄）

年共引进保险代理公司1家，保险经纪公司1家，注册成立融资租赁公司3家，签约蚂蚁金融普惠金融项目。

【地方金融监管】　2018年，区金融办切实履行地方金融监管职责，做好小额贷款公司、担保公司、民间资本管理公司的监管工作，召开全区地方金融机构监管工作会议，完成各类公司的年审、分类评级工作。做好有关机构的申报和变更工作，完成济南聚成民间融资登记服务机构申报工作及济南市长清区北辰小额贷款有限公司等有关机构的变更初审工作。

【金融环境】　2018年，下发《长清区人民政府办公室关于印发济南市长清区金融突发事件应急预案的通知》。3月5日，区金融办在老年公园开展“理性投资理财，远离非法集资”为主题的打击非法集资宣传活动。在山东女子学院、山东工业大学举办打击非法集资工作进校园宣讲活动。5月，开展打击非法集资宣传月活动，发动街镇多方参与，深入机关、社区、企业进行宣传，提高居民防范非法集资的意识。与有关部门联合开展企业金融风险排查、互联网金融、私募股权专项调查、企业风险专项调查、返利超市、现金贷、校园贷等专项风险排查，配合济南市公安局长清区分局破获一起涉嫌诈骗、敲诈勒索、强迫交易、故意伤害、非法拘禁犯罪的“套路贷”涉恶团伙。

（刘　薇）

中国工商银行股份有限公司济南长清支行

【概况】　2018年，中国工商银行股份有限公司济南长清支行（以下简称工行长清支行）下设办公室、风险管理部、市场营销一部、市场营销二部4个部室，辖营业网点6个，分别是营业室1个、分理处3个、二级支行2个，共有员工104人，其中大专以上学历93人。为35万余有效个人客户、2000余户对公客户提供全方位金融服务。工行长清支行始终坚持以全力支持地方经济发展为出发点，以不断加快各项业务发展为立足点，以有效防范风险事故的发生为归宿点，结合区域经济发展实际，牢固树立加快发展和勇于创新的经营理念，围绕存款、贷款、中间业务收入、网络金融产品等中心工作，开拓进取，攻坚克难，各项业务持续保持安全、健康、快速发展，整体经营管理水平和综合竞争力显著提升，持续盈利能力显著增强。继续保持市级“精神文明单位”称号，

工行长清支行外景　　（王彬　摄）

连续31年实现安全、无事故，取得业务发展风险防范与精神文明工作的双丰收。年底各项存款余额44.93亿元，各项贷款余额21.64亿元。

【存款业务】　2018年，工行长清支行借助于部分营业网点装修改造的时机，全方位持续开展文明优质服务活动，视客户为亲人、朋友，让客户有一种到“家”的感觉。注重服务细节管理，不断提高业务处理效率，切实增强客户满意度。开展各项存款营销拓展活动，注重对存量客户的管理维护工作，充分利用各种理财产品业务等优势，强化宣传推介，合理配置，打造银行与客户双赢局面，有效稳定夯实客户基础。加大客户市场营销拓展力度，宣传各项业务特点，特别是新兴网络金融业务产品，吸引客户开户办理各项业务。切实加快业务处理速度，缩短客户等待时间，赢得更多客户。至年底，各项存款余额44.93亿元，比2017年末净增8.30亿元。其中，公司存款时点余额7.69亿元，比2017年底净增2.64亿元；日均存款余额5.06亿元，比2017年底增加1.22亿元；机构存款时点余额7.41亿元，比2017年底净增3.20亿元，日均余额5.44亿元，比2017年底增加1.94亿元；储蓄存款余额27.04亿元，比2017年底净增1.92亿元。所辖的6个营业网点，有5个网点储蓄存款日均增量，排在市分行辖属营业网点的前30名，各项存款时点及日均增量，均创历史同期最好水平。

新装修后的营业厅　　（王彬　摄）

【贷款业务】　2018年，工行长清支行抓住本区域经济发展驶入快车道的契机，以支持地方企业快速发展为己任，以新旧动能转换项目为重点，深入客户市场，开展调查研究，不断拓展资产市场，扩大融资渠道，切实加大信贷投放力度，最大限度地满足客户资金需求，促进地方实体经济快速发展。至年底，各项贷款余额21.64亿元，与2017年底基本持平，其中住房按揭及普惠金融等个人类贷款余额7.00亿元，比2017年底净增1.06亿元。同时，进一步提升风险防范能力，把可能出现的风险隐患消灭在萌芽状态，实现公司不良资产零余额。

【经营效益】　2018年，工行长清支行在切实加大法人信贷业务投放、支持地方经济快速发展的同时，持续加大对各类代理保险、理财、公务卡、汽车分期、e分期、融e借、经营快贷等业务产品的营销拓展力度，切实满足不同客户的金融需求，进一步加快中间业务发展速度，不断提升综合收益水平，带动综合经营效益稳定增长。至年底，实现中间业务收入4209万元，人均中间业务收入40.08万元，连续4年超过省行人均标准值，实现拨备前利润1.14亿元。

【业务拓展】　2018年，工行长清支行充分利用各项业务产品的特点、优势，开展各类营销拓展活动。在个人客户业务发展方面，实现理财产品销售额 7.18 亿元，借记卡发卡 2.26 万张；融 e 行净增客户 6467 户，融 e 联金净增客户 1.64 万户；工银信使累计定制 30.19 万户；信用卡发卡 2869 张；二维码商户 649 户；“银校通”成功上线新迁址学校省实验、幼儿园、培训机构 5 户，实现缴费人数 725 人，缴费金额 105 万元。在对公业务发展方面，结算账户新开有效户 572 户，营销实物贵金属 451 套，销售结算套餐 164 户，法人理财有效客户新增 40 户，企业手机银行累计完成 606 户。

（王　彬）

中国建设银行股份有限公司济南长清支行

【概况】 2018 年，中国建设银行股份有限公司济南长清支行（以下简称建行长清支行）内设办公室、公司业务部、个人金融部、内控合规部，个贷中心、机构业务中心，下辖营业室 1 个，分理处 4 个，在职职工 74 人。建行长清支行落实济南分行党委关于济南地区“率先突破”的战略要求，坚定信心，真抓实干，抢抓市场营销。至年底，一般性存款余额 28.01 亿元，比年初新增 3.47 亿元。日均存款余额 31.25 亿元，新增 6.39 亿元，济南地区排名第六位。其中对公存款余额 9.79 亿元，比年初新增 0.67 亿元，济南地区排名第 11 位；对公日均存款余额 13.95 亿元，比年初新增 4.36 亿元，济南地区排名第 8 位；个人存款余额 18.22 亿元，比年初新增 2.80 亿元，济南地区排名第 8 位；个人日均存款余额 17.30 亿元，比年初新增 2.03 亿元，济南地区排名第 4 位。全行实现中间业务收入 2200 万元，比 2017 年同期增加 180 万元。

【金融业务】 2018 年，建行长清支行多措并举，账户营销实现新突破，结算账户、基本户、全量客户、有效客户、对公商户等考核指标均超额完成全年收口计划。寻找源头，稳存增存。通过做好 VIP 客户特别是私人银行客户的维护，利用私人银行产品吸引行外大额资金，成功营销信托产品 1 笔，客户行外资金转入建行 1.5 亿元，其中购买信托产品 1.2 亿元、沉淀存款 3000 万元。通过产品联动抓存款，以“账户保”切入客户的资金安全保障服务，同时为客户配置“薪享通”“聚财”等产品，实现行外资金的归集。全年“账户保”开户数量及保费均居全省第一名，成功归集行外资金 5000 余万元。利用客户联动抓存款，利用已有拆迁客户，借助存量客户去撬动其他银行拆迁资金，通过拆迁客户成功撬动其他银行资金 2000 万元。稳步推进，信贷项目实现突破，完成济南长清城市建设开发有限公司棚户区改造项目 7 亿元贷款投放工作，现已累计投放 6.61 亿元，是建行长清支行近 10 年来实现的数额最大的贷款投放项目。强化营销，实施住房租赁、金融科技、普惠金融三大战略。至年底，新增企业房源 1 户，共享房源 846 套；以金融科技为武器，转变营销思路，实现客户批量获取，党群建设综合服务平台对公获客数、对私获客数，安心养老综合服务平台对公获客数、对私获客数，企业共享服务平台对公获客数共 48 户；小企业快贷客户 34 户，比年初新增 30 户，余额 2303 万元，比年初新增 2260 万元，贯彻普惠金融战略，到归德街道、万德街道等拓展裕农通业务，全年新增 44 户，签约银行卡 217 张，关联存款 154 万元，签约银行卡及关联存款两项指标均排名分行第二名。

【基础管理】 2018 年，建行长清支行年初修订支行考核方案，加大基础管理与中层绩效获取的挂钩比例，全行基础管理水平进一步提升。贯彻“内控、合规、发展、价值”原则，始终把依法合规经营作为内控合规工作的出发点。支行各级经营管理人员、业务操作人员从全行过去经验教训和各项业务加速发展的现实需要出发，深入思考风险与发展、效率与合规之间的关系，坚守“制度底线”，不踩“政策红线”。组织全行人员系统学习《三线合规教育手册》，确保各项经营管理活动“时时合规、处处合规、事事合规、环环合规”，牢固树立“三线”意识、切实掌握“三线”内容、用“三线”约束全行员工行为。强化员工管理，组织员工参加合规警示教育，并撰写心得体会，引导员工将各项合规要求转化为员工自觉地合规行动，让“合规”形成一种态度、一种习惯、一种职业精神。

（李承刚）

中国农业银行股份有限公司济南长清支行

【概况】 2018年，中国农业银行股份有限公司济南长清支行（以下简称农行长清支行）内设综合管理部、运营财会部、个人金融部、公司业务部、风险管理部5个部室，下设9个营业单位，共有在职干部职工129人。服务范围涵盖资产、负债和中间业务三大业务领域。至年底，各项存款余额累计68.9亿元，各项贷款余额15.9亿元。

【存款业务】 2018年，农行长清支行坚持“以客户为中心”，立足区域经济资源，重点抓“客户、账户”，采取“进社区、进校区、进商户、进市场、进政府、进企业”等“六进”措施，客户结构进一步优化。网上商事取得实质性成果，通过宣传业务、产品、服务等优势，成为长清区首家驻点政务大厅工商登记窗口银行。长清区职业年金账户在农行长清支行开立。年底，各项存款余额68.9亿元，其中个人存款余额39亿元、对公存款余额29.9亿元。

【信贷业务】 2018年，按照区委、区政府“以经济开发区为重点，加快推进新型工业化”的要求，主动加强与企业联系，寻找合作项目和扶持对象，做好客户信用评级和授权授信工作，成功营销黄河滩区迁建资金、东北关城中村改造项目政府债券资金、政府棚改及城市建设资金，持续与恒大绿洲、郦水嘉苑、汇侨城、长清湖等楼盘保持合作，并实现商贷投放。年底，各项贷款余额15.9亿元。

中国农业银行股份有限公司济南长清支行办公楼（农行长清支行提供）

【风险防控】 2018年，农行长清支行坚持“风险防范为第一责任”，树立“大风险”意识，强化信贷管理和不良贷款防控，守住风险底线。年末不良贷款余额、不良贷款占比继续保持“双降”。推进运营过程管理，组织监管经理对全区营业网点进行现场检查辅导，提高运营核算质量。核算系统控制率100%；对账相符率100%。开展“抓制度执行，创优秀团队”活动、柜台业务培训、“金擂台”技术练兵、金融知识普及宣传、消防演练等活动，从制度建设、机制完善、能力提升等方面夯实管理基础，全行没有发生案件和责任事故，实现业务经营平安运行。

（冯启航）

中国银行股份有限公司济南长清支行

【概况】 2018年，中国银行股份有限公司济南长清支行（以下简称中行长清支行）抓机遇、解难题，守底线、走新路，扎实推进“两增一降一调、四聚焦、一全面”（增存款、增收入，降不良、调结构，聚焦不良清收、聚焦三比三看三提高工作法、聚焦体制机制建设、聚焦员工队伍稳定，全面加强党的建设）工作主线，突出做好网点厅堂环境改善和员工工作，发展呈现稳中求实、稳中求质、稳中有进的向好态势。至年底，共有在岗职工68人，人民币各项存款余额17.62亿元，各项贷款余额10.03亿元。

【公司业务】 2018年，中行长清支行围绕“客户分层、四级服务”，狠抓客户基础、强化产品销售，实现公司有效户较年初新增21户。5月，举办长清区进出口企业客户产品推介会，为地区外贸企业提供优质高效服务，国际结算业务不断实现新突破，信用证开证超过1000万美元，外币存款新增400万美元。6月，以客户需求为切入点，以适销对路的产品为抓手，金融市场客户新增29户。7月，成功叙作首笔福费廷业务，中间业务收入持续增长，国际结算特色优势持续巩固。

【个人业务】 2018年，坚持做大做强个人客户基础，通过E社区、住房贷款、信用卡发卡，深化场景营销；通过个人保证金产品运用实现批量获客；借助手机银行、中银来聚财等业务推广，优化客户体验，提升服务质效，实现加权个人客户新增4694户。推动助农业务发展，辖属助农点18家，其中双百助农点15家。加强理财经理队伍建设，以专业优秀队伍优化客户金融资产结构。转变经营理念，把手机银行作为改善客户结构、拓展客户基础的重要渠道，真正将手机银行作为“银行”来经营，手机银行月活客户数超过4000户。

【存款贷款】 2018年底，各项人民币日均存款当年新增8162万元，其中公司日均存款余额7.68亿元，当年下降0.17亿元；个人日均存款余额

中行营业厅　　（朱迎新　摄）

为9.19亿元，当年新增0.98亿元。各项外币存款日均余额596万美元。各项人民币贷款余额10.03亿元，其中公司贷款4.36亿元，个人贷款余额5.67亿元。

【优质服务】 2018年，中行长清支行实施厅堂环境整治，改善网点形象，厅堂面貌显著改善；科技元素不断增加，智能柜台厅堂版、移动版全部投入运行，网点业务智能柜台迁移率超过93%，服务流程更加顺畅，客户到店体验持续优化提升。

（孙焕磊）

中国邮政储蓄银行股份有限公司济南市长清区支行

【概况】 2018年，中国邮政储蓄银行股份有限公司济南市长清区支行（以下简称邮储银行长清支行）围绕改革、调整、稳定、提高的工作方针，进一步深化管理体制和运行机制改革，稳步推进业务创新，优化服务管理，拓展优质市场，切实提高质量效益，各项工作取得较好成绩。至年底，个人总资产累计11.33亿元，公司业务存款余额9.25亿元，信贷总资产结余12.16亿元。

【个人业务】 2018年，邮储银行长清支行始终坚持以个金业务作为全行基础业务，推荐营销模式转型，围绕客户价值提升，以储蓄存款、理财产品、卡类结算业务、电子银行业务为重点，不断优化客户结构，扩大业务规模，提升市场竞争力，个金业务健康快速发展。年底，个人总资产11.33亿元，其中储蓄余额8.68亿元，全年累计增长1.42亿元。

【公司业务】 2018年，邮储银行长清支行结合当地实际情况对公司业务发展进行定位，首先开发中小企业、个体经济等中低端客户，提高市场占有率。其次是渗透财政事业、大型企业等高端客户，提高企业经济效益。通过对各公司定时上门拜访，及时掌握资金动向，实时监控，即时营销，重点项目推进成效显著。年底，公司存款余额9.25亿元。

【信贷业务】 2018年，邮储银行长清支行定位于“以服务城乡大众、支持三农”为主的国有大型零售商业银行，不断加强信贷业务，创新服务和产品，发挥连通城乡二元经济、网络覆盖面广的优势，突出产品特色。持续拓展巩固农村和城市市场，为各类客户提供个性化特色服务，解决农村家庭融资问题，更好地为“三农”、小微企业服务。全年，邮储银行长清支行累计发放各类贷款47.54亿元。

（张叶岚）

中国农业发展银行济南市长清区支行

【概况】 2018年，中国农业发展银行济南市长清区支行（以下简称农发行长清支行）位于长清区玉符街127号，设办公室、客户部、会计结算部，共有员工31人。年底，存款余额13.4亿元，贷款余额11.2亿元。农发行长清支行党支部被农发行山东省分行授予“十大特色党支部”称号。

【金融业务】 农发行长清支行担负国家政策性

金融职能，重点支持区域公共基础设施建设、水利建设、新农村建设和以中央财政补贴和地方财政预算安排的涉农公路建设项目、以高标准农田建设为主体的农业生产基地建设项目等，主要开展土地收储整治、农民集中住房建设、土地复垦开发、中低产田改造等，促进农业综合生产能力稳步提高，保障国家粮食安全。2018年，农发行长清支行贯彻有效发展理念，突出重点，落实推进，全年成功营销辖区内中长期项目5个，审批授信额度共51.5亿元，全年累计发放项目贷款7.85亿元，发放地方储备粮轮换贷款6400万元，支持储备企业收购小麦4.5万吨。年末，实现账面利润3277万元，比上年增加2993万元，增长1053%。

（谷为民）

中国光大银行股份有限公司济南长清支行

【概况】 2018年，中国光大银行股份有限公司济南长清支行（以下简称光大银行长清支行）依托光大银行全国性的经营网络、高素质的员工队伍和卓越的创新能力，结合长清区域特点，本着立足当地、服务当地经济的宗旨，充分发挥自身在服务、产品和创新方面的优势，通过理财产品、个人贷款、企业贷款等产品，助力当地中小微企业发展，服务当地居民需求。年底，各项存款余额25.3亿元，贷款余额12.9亿元。

【金融业务】 2018年，光大银行长清支行开办的主要业务有储蓄存款、对公存款、对公贷款、信用卡、国际金融、代发工资等。至年底，储蓄存款余额5.3亿余元，对公存款余额20亿元，对公贷款12.9亿元。

【优质服务】 2018年，光大银行长清支行以“阳光服务，创造价值”为立行宗旨，坚持“服务第一、客户至上”原则，向客户提供优质、便捷的服务。将阳光服务作为重中之重，营造整洁干净的营业场所，工作人员为客户提供周到的热情服务。在银行营业厅内，配备自助设施，增加便民设备，力求为客户提供最人性化的服务。

（孟凡霞）

交通银行股份有限公司济南长清支行

【概况】 2018年，交通银行股份有限公司济南长清支行（以下简称交通银行长清支行）设综合网点1处，位于经十西路15579号，在职干部职工13人，业务范围涵盖负债、中间和资产三大业务领域。年底，居民储蓄存款余额2.1亿元，对公存款余额2.5亿元，个人贷款余额1.8亿元。

【个人业务】 2018年，交通银行长清支行作为客户身边的财富管理银行，切实从客户角度出发，为客户财务的保值增值提供服务。至年底，居民储蓄存款余额2.1亿元，个人贷款累计投放3亿元。

【公司业务】 2018年，交通银行长清支行重点与区内政府机构、高校、重点企业展开合作，重点支持山东管理学院、济南联东金诚投资有限公司和济南新南置业有限公司，累计投放项目贷款4亿元。支持区内中小企业4家，累计投放0.5亿元。对公存款余额2.5亿元。

（孙光明）

济南农村商业银行股份有限公司长清支行

【概况】 2018年，济南农村商业银行股份有限公司长清支行（以下简称农商银行长清支行）内设综合部、信贷管理部、业务发展部、运营管理部、资产管理部，下辖营业室1个、二级支行11个、分理处24个，共有在职员工407人。济南农商银行长清支行围绕长清区政府三年发展规划，抢抓机遇，开展春天行动、聚力零售、“文明诚信幸福村”评定、清收风暴等系列活动，推动经营管理水平提升和业务快速发展。年底，存款、贷款余额分别为106.94亿元、44.07亿元，市场占有率分别为25.54%、21.4%，实现各项收入2.58亿元，上缴税收1450.18万元。

长清区“文明诚信幸福村”现场观摩暨阶段性推进会

（李润有　摄）

【存款业务】 2018年，农商银行长清支行全体员工协力攻坚，存款余额快速增长，首次突破100亿大关，成为长清区首家也是唯一一家存款破百亿元的金融机构。通过“树模范、提士气；严考核、增动力”的方式营造全员营销的好局面，建立“能者多劳、多劳多得”的激励机制，形成你追我赶的竞赛热潮。围绕省（市）重点棚改项目、大型招商引资项目、新农村建设项目、黄河滩区迁建以及新旧动能转换等重点项目，抢抓优质客户，加强对机关、事业单位的服务力度，推动对公存款增长。至年底，各项存款余额106.94亿元，其中对公存款余额12.70亿元、个人存款余额94.24亿元。

【信贷业务】 2018年，农商银行长清支行紧跟政策方向，瞄准新旧动能转换和乡村振兴战略，找准承贷主体，拓宽投放渠道，实现贷款业务快速健康发展。对十大重点产业、重大项目重点支持，其中投放到新能源建设开发等重点转换领域的贷款达1.16亿元。服务乡村振兴战略，坚持对涉农贷款精耕细作，将信贷服务送到农民家中。推广开展“文明诚信幸福村”建设，至年底全区评定村居（社区）106个，评级户数844户，授信457户，金额7807万元。与区委、区政府强化协作，签订“乡村振兴战略合作协议”，建立长期战略合作关系。全面推广移动办贷，已发放“信e贷”贷款677户，金额5316.96万元。扎实推进“大零售”战略，围绕产业链、社区、家庭、民生，搭建分层别类的客户对接平台，建立网格化营销模式，零售业务大幅增长。至年底，各项贷款余额44.07亿元，其中零售类贷款余额31.74亿元、对公贷款余额12.33亿元。

【优质服务】 2018年，农商银行长清支行不断提升服务水平，树立品牌形象，改造网点环境，打造全新现代化银行网点——大学科技园支行，提升客户体验。开展“送福上门”“情人节赠礼”“庆佳节送元宵” “魅力女神节” “爱在重阳”等形式多样的回馈活动，利用庙会、杏花节等地方特色活动为游客提供指路服务、免费矿泉水，发放纪念品。

（安 凤）

大学科技园支行 （郑婷 摄）

齐鲁银行济南长清支行

【概况】 2018年，齐鲁银行济南长清支行有网点2处，员工25人。年底，支行各项存款余额21.46亿元，各项贷款余额14.29亿元，实现利润3573万元。

【金融业务】 2018年，齐鲁银行济南长清支行坚持“忠诚、责任、创新、效率”的服务理念，践行“您的需求，我们的责任；您的满意，我们的标准”的服务态度，以公司金融、零售金融、金融市场、互联网金融、县域金融为核心业务板块，倾力发展普惠金融，为客户提供近在“家门口”的贴心服务。响应区委、区政府号召，立足长清、扎根长清，服务长清，支持当地实体经济发展，不断满足居民多元化金融需求。至年底，支行开立各类个人存款账户4.1万户，单位结算账户682户。全年为69户中小企业发放贷款3.91亿元，签发银行承兑、保函4.53亿元；贴现资金1.69亿元。累计为2941户城镇居民发放个人贷款11.6亿元，累计为761户个体工商户发放创业贷款5138万元。

【优势产品】 税融e贷。线上申请，简便快捷，以税定贷，额度最高300万元，期限最长5年，还款方式灵活。

齐鲁市民贷。面向济南公积金缴存客户，线上申请，无抵押，无担保，额度最高30万元，可循环使用，随借随还。

薪金贷。以个人薪金收入作为还款保证，最高可贷30万元，无需其他担保。

【举行长清区政银企座谈会】 2018年12月26日，齐鲁银行济南长清支行联合长清区人民政府金融

营业厅 （郭美慧 摄）

工作办公室举行“长清区政银企座谈会”。长清区政协主席张昭森、区政府副区长周波，齐鲁银行总行副行长李九旭、投行部副总经理李人国、营管部总经理王光明、副总经理周艳以及26名支行重点企业客户负责人等出席会议，会议由长清区人民政府金融工作办公室主任亓鲁主持。

（郭美慧）

济南长清沪农商村镇银行

【概况】 2018年，济南长清沪农商村镇银行（以下简称沪农商银行）设综合部、营业部、市场部、风险部、合规部、文昌支行、新华支行，共有员工50人。沪农商银行积极应对市场挑战，强化风险管理，实现稳健发展、安全经营。年底，各项存款11亿元，累计发放贷款28亿元。

【金融业务】 2018年，沪农商银行坚持“立足长清，面向三农”的服务宗旨，对客户提供灵活、方便、快捷的金融服务，为长清区“三农”和小微企业发展提供支持。年底，各项存款11亿元，累计发放贷款28亿元，其中农户贷款858户，共9.07亿元；小微企业贷款477户，共20.71亿元。

（王春华）

莱商银行股份有限公司济南长清支行

【概况】 2018年，莱商银行股份有限公司济南长清支行（以下简称莱商银行长清支行）位于长清区大学路8118号长泰大厦1～2层，设信贷科、会计科，有在岗职工14人。年底，各项存款余额2.91亿元，贷款余额1.71亿元。

莱商银行长清支行全体员工 （毕亚男 摄）

【金融业务】 2018年年初，莱商银行长清支行人民币存款余额2.11亿元。始终把存款工作放在首位，坚持存款是立行之本的发展理念，充分发挥小银行的优势，为居民和企业客户提供优质高效服务。提供多种居民存款产品，有一般定期存款、大额存单等，满足多种人群需求。抓住产品优势，先后开拓济南西城投资开发集团有限公司、济南润健商贸有限公司、济南三轴数控设备有限公司等一批优质客户群体。以提升优质服务水平、提高群众满意度为突破口，推广文明礼仪、优质规范服务，增强员工文明素质和服务意识，规范服务行为、提高工作效能。运作的理财产品实现多样化，为客户带来更高的收益，全年累计销售理财产品2.09亿元。开展“反假币公益宣传”“防范电信网络诈骗宣传”“金融知识进万家”等各种公益宣传。年底，各项存款余额2.91亿元，贷款余额1.71亿元。

（毕亚男）

日照银行股份有限公司济南长清区支行

【概况】 2018年，日照银行股份有限公司济南长清支行（以下简称日照银行长清支行）设营业室、业务部，共有员工17人，服务范围涵盖负债、资产、中间业务三大领域。至年底，总存款15.34亿元，其中储蓄存款8.30亿元、对公存款7.04亿元；各项贷款余额5.43亿元。日照银行长清支行获济南市“工人先锋号”称号。

标准化服务 （王继珂 摄）

【个人业务】 2018年，日照银行长清支行个人业务围绕客户需求，内部不断提升服务水平，外部持续开展社区营销活动。至年底，储蓄存款余额8.30亿元，比2017年增加4.27亿元。

【公司业务】 2018年，日照银行长清支行合理制定支行经营计划，对接辖区经济建设发展规划，按照支行全员协作、齐抓共管、精准营销、快速发展思路，拼抢辖区资金市场，支行班子成员抓大户，普通员工抓小户，大堂经理抓社区的营销思路，不断拓展新客户群体。至年底，对公存款余额7.04亿元，比2017年增加5.32亿元；各项贷款余额5.43亿元，比2017年增加3.76亿元。

日照银行长清支行全体员工 （王继珂 摄）

【特色产品】 2018年，日照银行长清支行发展个人消费信用贷款“阳光贷”，无抵押无担保，以快捷方便的审批流程和优质的服务满足客户在大件商品或服务消费个人资金需求。对个体经营户、小企业主、小微企业发放的“3大贷”经营性贷款，满足小微企业“短、频、急”贷款需求。借款人以日照银行发放的借记卡为支付介质，在合同约定的最高可用额度和额度期限内，凭签约借记卡及卡密码，自助循环使用贷款资金的授信业务“即时贷”，达到“标准化、流程化、时效化”要求。

（吴士刚）

天津银行股份有限公司济南长清支行

【概况】 天津银行股份有限公司济南长清支行（以下简称天津银行长清支行）位于大学城科技园紫薇路2345号。2018年，天津银行济南长清支行设公司部、个金部、营业部，共有在职人员15人。年底，各项存款余额15.36亿元，各项贷款余额22.88亿元。

【个人业务】 2018年，天津银行长清支行贯彻执行总行“超常规发展大零售”战略，围绕居民日常消费、健康养生、衣食住行等行业拓展各类场景。运用全新思维方式稳健发展线上贷款业务，与360金融合作项目成功对接，发展以助贷合作模式发放线上操作个人消费贷款业务。深入网点周边社区、学校及幼儿园，进行专项外拓和宣传活动。推出个人大额存单业务，采用电子化发行方式，产品共包含3个月、6个月、1年、2年和3年五种期限，利率均较人民银行基准利率上浮52%，认购起点20万元。

【公司业务】 2018年，天津银行长清支行落实有保有控信贷方针，进行分类管理，推进信贷结构转型，结合政策导向、行业风险、客户差异性特征，在保证存量续作业务基础上，新增授信主要投向实体经济、民生领域，匹配行业风险收益水平。对区政府重要职权部门进行跟踪式服务，开展进一步的业务发展与维护。拓展大型国有企业业务，有针对性的做好目标客户营销，成功营销中国电建集团核电工程有限公司，授信审批通过敞口3亿元，带来日均存款3000余万元。储备山东机场集团有限公司、上海韵达物流集团、山东超威电源、雅居乐地产等客户资源。同时加大对小微企业投放支持，成功向山东得普达电机股份有限公司发放贷款300万元、向滨州金安热电有限公司发放贷款1000万元等。新增山东庞汇置业有限公司商用房按揭业务4800万元。

（庞继舟）

济南市长清区北辰小额贷款有限公司

【概况】 2018年，济南市长清区北辰小额贷款有限公司（以下简称北辰小额贷款有限公司）是由山东北辰集团有限公司主发起，位于长清区大学路恒大绿洲21号楼1楼101室， 设业务部、财务部、综合部、风险管理部，共有员工11人。北辰小额贷款有限公司严格执行国家金融政策，坚持“方便、灵活、快捷、诚信”经营理念，以小额分散、“短、平、快”的经营方式，办理各类流动资金贷款，主要服务于“三农”、中小企业及个体工商户，在小额贷款公司行业年审中连续4年被评为Ⅰ级。

【贷款业务】 2018年，北辰小额贷款有限公司在控制好贷款风险的基础上继续拓展业务，充分发挥小贷公司的特点和优势。全年公司累计发放贷款110笔，累计放贷金额9624.5万元，期末贷款余额1.16亿元。公司主要针对“三农”和中小企业提供贷款，全年对85个“三农”客户放贷109笔，金额9574.5万元，期末贷款余额1.09亿元；对1户“中小企业”放贷1笔，金额50万元，期末贷款余额432万元。按贷款期限分类，0 ~ 6个月的贷款86笔，余额6130.02万元，本年度累计发生额5924.5万元；7 ~ 12个月的贷款36笔，余额5430万元，本年度累计发生额3700万元。全年实缴税金196万元。

（姬生彬）

济南市长清区宏达小额贷款有限公司

【概况】 济南市长清区宏达小额贷款有限公司（以下简称宏达小贷公司）位于长清区湄湖街199号，注册资本1亿元，主发起人为山东宏达科技集团有限公司。2018年，宏达小贷公司设贷款业务部、风险管理部、财务部、综合部4个部室，共有员工9人，全年实现收入509万元，上缴税收35万元。

【贷款业务】 2018年，宏达小贷公司强化制度建设，调整贷款结构，加大清收不良贷款力度，坚持“小额分散”原则，以服务“三农”“中小企业”为宗旨，支持长清地方经济发展。全年累计发放贷款6335万元，累计收回贷款6081万元，年底贷款余额1.25亿元，实现利息收入509万元，上缴税收35万元。

【经营管理】 宏达小贷公司严格按照有关规定操作，将贷款风险防控放在资金安全首位，密切把控客户第一还款来源，严格监控资金走向，加强内部管理，加强风险控制。同时，不断强化员工风险防范意识，创建企业文化，做好公司形象标识。确立合法合规经营、稳健可持续的经营宗旨，不片面追求业务发展速度、不片面追求经营利润，对贷款业务严格按照公司业务流程和制度规定办理。树立良好的服务理念，建立灵活、高效、规范的运行机制，公司对客户贷款申请无论金额大小、距离远近，坚持主动上门，做到及时调查，及时核保，有效监控信贷资金走向。

（孙会聪）

济南启新融资担保有限公司

【概况】 2018年，济南启新融资担保有限公司位于济南经济开发区通发路东段路北，是长清区内唯一一家融资担保公司，设3部室，有职工4人，实现业务收入25.27万元。

【公司业务】 公司始终坚持“诚信、快捷、创新、发展”的经营理念，主要为长清区中小微企业、“三农”企业解决融资难提供担保业务。服务范围有贷款担保、票据承兑担保、贸易融资担保、项目融资担保、信用证担保和诉讼保全担保、投标担保、预付款担保、工程履约担保、尾付款如约偿付担保的履约担保业务及与担保业务有关的融资咨询、财务顾问中介服务等。2018年，公司对外担保企业4家共590万元。

（朱晓林）

济南汇鑫源典当有限公司

【概况】 2018年，济南汇鑫源典当有限公司注册资金2000万元，其中济南平安精工机械制造有限公司出资1200万元，占股60%；济南平安门窗有限公司出资200万元，占股10%；雷达出资400万元，占股20%；史勇出资200万元，占股10%。公司下设营业部、综合部、财务部，共有职工7人，实现销售收入433.04万元。

【典当业务】 公司严格执行典当管理办法，秉承“诚信至上，方便快捷，服务周到，合作共赢”的方针，典当业务深受中、小型企业及个体经营者的青睐，发展迅速，已涉及济南五区及省内其他城市。公司以动产质押、房地产抵押、财产权利质押典当业务为主，咨询、评估、办理抵押或质押手续快捷，实现当天申请，当天放款，急客户所急，深受客户欢迎。至2018年底，公司累计发放典当贷款2003.46万元，实现收入433.04万元。

（方　芳）

济南鲁信银丰典当有限公司

【概况】 2018年，济南鲁信银丰典当有限公司设营业部、综合部、财务部3个部，共有职工9人，注册资金2000万元，实现收入261万元。

【典当业务】 济南鲁信银丰典当有限公司严格执行典当管理办法，秉承“诚信至上，方便快捷，服务周到，合作共赢”的方针，典当业务深受中、小型企业及个体经营者的青睐，已涉及济南五区及省内其他城市。公司以动产质押、房地产抵押、财产权利质押典当业务为主，咨询、评估、办理抵押或质押手续快捷，实现当天申请，当天放款。至2018年底，公司累计发放典当贷款4583万元，实现收入261万元。

（孙洪军）

中国人寿保险股份有限公司济南市长清区支公司

【概况】 2018年，中国人寿保险股份有限公司济南市长清区支公司（以下简称人寿长清支公司）设个险销售部、银行保险部、团险销售部、综合管理部、客户服务部、健康保险部、教育培训部，下辖营业网点9个，有合同制员工23人，派遣制员工6人，代理制员工30人。人寿长清支公司按照省、市公司总体部署，强化内学外比，统筹做好重价值、强队伍、稳增长、防风险等重点工作，坚持转型升级、全面复兴超越的发展理念，赢得市场主动权，业务发展和组织规模建设方面取得长足发展。全年保费收入2.73亿元，赔付金额1439.98万元。人寿长清支公司被评为2018年度济南大病保险服务标杆单位。

营业厅 （国莹莹 摄）

【保险业务】 2018年，人寿长清支公司坚持以人力发展为工作主线，通过队伍的发展带动业务的突破，加强团队架构优化及独立职场经营，重视短险推动，个险短险保费完成预算的115%，名列全市第二，县域第一。公司主要业务有城乡居民大病保险、银龄安康工程保险、学生平安保险、小额人身保险、精准扶贫保险、计生家庭保险、女性安康工程保险、各种健康型保险等，共有60余个险种。其中城乡居民大病保险，全年承保客户3.15万人，实现保费收入2564.3万元，承保率100%。1月20日，中国人寿与山东省妇联签署“关爱女性精准扶贫”全面合作协议，人寿长清支公司进一步与区民政部门沟通，签订贫困人口医疗商业保险合作协议。全年保费收入2.73亿元。

2018年，人寿长清支公司持续提升理赔服务品质，以专业理赔为基础，坚持“主动、及时、准确、合理”的理赔宗旨，不断优化理赔流程，做到“便捷理赔，快速理赔，透明理赔”。全年理赔案件4500起，赔付金额1439.98万元。

（刘晶晶）

中国人民财产保险股份有限公司济南市长清支公司

【概况】 2018年，中国人民财产保险股份有限公司济南市长清支公司（以下简称财保长清支公司）下设综合财务部、农险部、车商部、商非部、续转团队、理赔部、出单中心等部室，共有职工52人，营销人员110余人。全年完成保费收入4475万元，赔付金额2672万元。

【保险业务】 2018年，财保长清支公司坚持“以市场为导向、以客户为中心”的经营理念，在深化服务内容的基础上，坚持边缘服务和超值服务，为客户解决实际困难。险种从最初30余个发展到100余个，不断推出适应市场需要的保险产品。开办的主要险种有机动车保险、企业财产保险、家庭财产保险、人身意外伤害保险、货物运输保险、治安保险、种植业保险、养殖业保险和各种责任保险等。公司以效益为中心，不断提高保费规模，壮大营销队伍，扩大市场份额，业务呈现稳定持续健康发展，市场占有率30%以上，全年实现保费收入4475万元。理赔从便利客户出发，服务专线“95518”坚持24小时接受报案和事故处理，尽量减少理赔环节上带来不必要的麻烦。对客户反映强烈的“投保容易索赔难”等突出问题，设立投诉举报电话，建立经理接待日制度，发现问题及时处理。公司以“95518”服务专线打造服务品牌，将“95518”建成与客户无缝隙联系的服务平台。在理赔过程中，履行风险检验程度，提升业务技能和工作效率，进一步完善小额案件的快速理赔。公司对交通事故现场小额人伤案件责任明确、事故属实、现场经查勘人员确认无误的，无需报交警，双方当事人若无争议，可现场快速处理，填写小额人伤快速处理单，直接结案，解决客户后顾之忧；小额案件车损在2000元以下的无需拆检的事故直接定损价格，无需修车发票，直接进入转账环节。全国范围内车险代查勘、代定损服务，客户异地出险，只需拨打“95518”客服电话，就能享受到事故出险地公司快速、便捷、优质的理赔服务。全年赔付金额（含农业保险）2672万元，其中小额快速理赔案件321起，赔付金额124万元。

（王咏梅）

中国太平洋财产保险股份有限公司济南市长清支公司

【概况】 2018年，中国太平洋财产保险股份有限公司济南市长清支公司（以下简称长清支公司）下设综合柜员、电销业务专员、农险业务专员、车商业务专员、交叉销售专员等岗位，共有职工6人。全年完成保费收入1530万元，赔付金额1070万元。

【保险业务】 2018年，长清支公司以“诚信天下、稳健一生、追求卓越”为核心价值观，以效益为中心，不断提高保费规模，壮大营销队伍，扩大市场份额，业务呈现稳定持续健康发展，全年实现保费收入1530万元。在注重业务的同时，重抓服务，从前台接待服务，到理赔各项服务，对员工进行重点培训，本着一切让客户满意的宗旨，服务更加完善。在理赔上，从方便客户出发，服务专线“95500”坚持24小时全方位受理客户报案，启动简易理赔流程，尽量减少理赔环节上带来的不必要麻烦。同时车险理赔实行人伤案件专人联系制，对客户提供全流程一对一服务，简化索赔手续，推行电子化单证，运用3G快速理赔新技术，明显缩短车物损案件的结案周期。对交通事故现场小额人伤案件责任明确、事故属实、现场经查勘确认无误的，无需报警，双方当事人若无争议，可现场快速处理，填写小额人伤快速处理单，直接结案。对反映强烈的“投保容易索赔难”等突出问题，设立投诉举报电话，发现问题及时处理。公司以“95500”服务专线打造服务品牌，将“95500”建成与客户无缝隙联系的服务平台。全国范围内车险代查勘、代定损服务，客户异地出险，只需拨打“95500”客服电话，就能享受到事故出险地太保财险公司快速、便捷、优质的理赔服务。全年理赔案件800起，赔付金额1070万元，赔付率70%。

（曹冬梅）

中国太平洋人寿保险股份有限公司济南市长清支公司

【概况】 2018年，中国太平洋人寿保险股份有限公司济南市长清支公司（以下简称长清支公司）设个险销售部、团险销售部、客户服务部、续期部，下辖营业网点3个，共有合同制员工7人，代理制员工340人。全年保费收入800万元，赔付金额216万元。

【保险收入】 2018年，深化政府合作，进一步与区民政、区残联等部门沟通，城乡居民大病保险承保客户3.92万人，承保率100%。长清支公司主要业务有城乡居民重大疾病险、老年癌症险、学生平安保险、小额意外险、理财险、出行险、少儿疾病、各种健康型保险等，共有险种50余个，全年保费收入 800 万元。

【保险理赔】 2018 年，太保长清支公司持续提升理赔服务品质，以专业理赔为基础，围绕“太平洋保险在你身边”的主题，以“诚信天下，稳健一生，追求卓越”为企业核心价值观，以 " 推动和实现可持续的价值增长 " 为经营理念，不断为客户、股东、员工、社会和利益相关者创造价值。客户只需拨打“95500”客服电话，就能享受到事故出险地公司快速、便捷、优质的理赔服务。全年累计赔付金额 216 万元。

（王　震）

商　贸

综　述

【概述】　2018年，全区完成社会消费品零售总额165亿元，比2017年增长9%，其中完成限上住餐业零售额0.89亿元，比2017年增长26.1%。全区完成进出口总额8.84亿元，比2017年增长15.2%。其中，出口6.87亿元，增长16.3%；进口1.97亿元，增长11.7%。

【商贸流通】　2018年，区经信局（商务局）加大民用优质燃煤推广工作，制定《2018年—2019年采暖季民用优质燃煤推广工作实施方案》，完成民用优质燃煤招标及中标企业考察工作。至年底，共推广优质燃煤2.01万户1.3万吨，更换新型燃煤炉具7280台，清洁能源及其他替代户1.26万户，累计完成替代户3.27万户，超额完成全年目标任务。监测分析市场运行和商品供求状况，发布商务预报信息50余篇。每月及时督促和汇总各成员单位报送“双打”（打击侵犯知识产权和制造假冒伪劣产品）数据，并通过2017年度“双打”工作考核，取得全市第一名。协调处理行业投诉工单170余件，其中涉及汽车销售114件、餐饮服务11件、家政服务5件、美容美发15件、家电维修15件，其他10件。做好商贸流通企业安全管理工作，全年共开展安全教育6次，开展实地检查督导10余次。做好冬春蔬菜储备工作，按照市商务局《关于做好2018年冬春蔬菜储备工作的通知》要求，联合区发改委、区财政局、区蔬菜技术服务中心，确定2018年冬春蔬菜储备承储企业，督促承储企业严把储备蔬菜质量关，按批次做好质量检测，确保质量符合国家蔬菜安全卫生相关标准。

【外经外贸】　2018年，区经信局（商务局）开展培训交流活动，先后举办出口信用保险费用全额报销事项培训班、中非商务论坛、济南制造+外贸操作实务培训班、服务贸易创新发展专题培训会和服务贸易产业扶持政策暨统计业务培训会。组织企业参加国内外展会，先后组织济南天旭数控机械有限公司、济南江河工贸有限公司、长清华通有限责任公司、济南福众商贸有限公司、济南七色花语芳香植物有限公司、济南鲁日钧达皮革有限公司等6家企业参加广交会；组织济南康泽生物科技有限公司参加东京食品展；组织济南天旭数控机械有限公司、山东泽奥商贸有限公司参加巴基斯坦中国机电产品展；组织山东

2018年6月16日，山东中刚鑫洁能源科技有限公司业务启动仪式暨中非商务研讨会在长清区举办　　（区商务局提供）

富群商业有限公司、济南美鲜食品有限公司、济南晋康食品有限公司3家企业随省商务厅赴丹麦、芬兰、冰岛进行农产品采购活动；组织山东国舜建设集团有限公司、山东华昱压力容器有限公司、济南鑫源鑫机械制造有限公司、山东福源设备安装有限公司等8家企业参加首届进博会，成交额0.65亿元。山东巨力电工设备有限公司出口哈萨克斯坦奇姆肯特市58万欧元的电力设备8个货柜搭乘中欧班列自霍尔果斯出境，这是长清区企业首次使用中欧班列出口货物。全年共为49家企业申请济南市开放型经济发展引导资金499万元，为6家企业申请中央外经贸发展专项资金44万元，为济南经济开发区申请济南市园区经济发展资金1226万元。全年新增实绩出口企业8家，进口企业2家，全区进出口企业累计62家，新办进出口权备案企业29家，迁入备案企业6家。全区完成进出口总额8.84亿元，其中出口6.87亿元，进口1.97亿元。

【物流中心建设】 2018年，区经信局（商务局）招商引进韵达物流、壹米腾飞、长久重汽项目3个，总投资8.7亿元，其中韵达物流项目投资6亿元、壹米腾飞项目投资1.7亿元，长久重汽项目投资1亿元。全年完成投资1.37亿元，其中韵达物流项目投资0.97亿元，壹米腾飞项目投资0.2亿元，长久重汽项目投资0.2亿元。列入市级重点物流项目2个，计划完成投资0.5亿元，实际完成1.27亿元，其中贰仟家项目完成0.3亿元，韵达物流项目完成0.97亿元。新增长清黄河大桥有限公司、山东长久重汽物流有限公司、山东通发物流有限公司等规模以上物流企业3家。组织济南美鲜冷链物流有限公司、山东国宇物流有限公司、山东豪诺医药物流有限公司参加济南市组织的齐鲁工业大学、济南大学等校园招聘会活动。推荐济南美鲜冷链物流有限公司参加济南市冷链物流龙头企业评选。

【电子商务】 2018年，区经信局（商务局）推进农村电商工作，成立长清区电商创业联盟，组织召开电商企业现场会、座谈会、电商扶贫交流会等活动，组织电商企业参加天猫山东省首届招商大会、第四届济南电子商务博览会。推荐长馨绿野蔬菜有限公司、济南祝君成食品有限公司、南湖玉露茶叶有限公司等7家企业、56种商品入驻邮政买卖惠及邮乐网平台，已形成订单4000余笔，批销交易额5万余元。组织20余家农特产品企业参加济南市“泉有范儿”农特产品上行培训，其中济南市长清区刘家石磨豆腐皮销售部、济南市长清区瑞丰农作物种植专业合作社、济南祝君成食品有限公司、济南市长清区天健农场、济南启源农业技术有限公司、山东正丰农业有限公司、济南梦缘木鱼石有限公司、山东耕辰农业科技开发有限公司、济南唐风农业发展有限公司、山东尚春（原济南春汇）农业科技有限公司、济南市长清区万源蔬菜种植专业合作社等11家企业入围济南市前50名，入围企业将免费享受市商务局提供的各项线上推广包装策划等服务。

【行业监管】 2018年，区经信局（商务局）印发《关于切实做好2018年汛期及重大活动期间安全生产工作的通知》，突出重点行业领域安全隐患排查治理，有效防范和坚决遏制重大事故的发生。在成品油监管方面，召开全区加油站及散装汽油销售管控工作会议，完成民营加油站年审40家，对72家加油站分4次进行汽、柴油油品抽样检测工作，按时完成油品升级，实现国6标准车用汽柴油全面供应。根据环保督查要求，做好丰久加油站拆除前油罐油品抽空工作。在油气管道保护方面，组织开展管道保护宣传活动，协调处置输油气管道非法占压、圈占10余处，协调推进汉越线迁线改建工作，制定输油气管道安全应急预案，联合鲁宁线马山管理站组织开展安全应急演练。在民爆安全督导方面，组织民爆公

召开成品油专项整治工作会议 （区商务局提供）

司开展“陕西祥盛民爆公司‘4·10’爆炸事故”专题警示教育活动，并做好全市民爆行业安全生产综合整治迎检和特殊时期民爆安全督导轮值工作。对辖区内企业开展打击取缔“地条钢”集中排查工作，督促企业建立完善台账。严格落实环保要求，执行错峰生产方案并做好督导巡查工作。督导中介服务单位对辖区内的5家化工企业实施“四评级一评价”（安全、环保、节能、质量评级和转型升级评价）工作，配合国家和省环保督查组，推进化工企业环保销号工作，共完成化工企业环保销号7家。

【信息化工作】 2018年，区经信局（商务局）推进通信基础设施建设，制定《关于加快推进通信基础设施建设工作实施方案》，协调移动、联通、电信公司配合做好黄河滩区迁建通信基础设施建设。协调督促铁塔公司完成基站选址161处，其中已建设完成156处，完成市政府下达任务。完成园博园、灵岩寺、莲台山、五峰山等重点景区和清悦园、清怡园、区医院无线WIFI覆盖并迎接山东省电子信息产品检验院的检测验收。为区政务中心、区城管局、区医院共申请无线WIFI奖补资金24.2万元。推进企业上云工作，先后以街镇为单位组织开展企业上云专题培训班6期，培训人员500余人次。组织60余家企业参加省、市组织的企业上云培训及信博会、云行齐鲁等活动。全年完成企业上云671家，超出市里下达任务471家。为25家企业申报企业上云资金39.41万元，济南奥图自动化股份有限公司、山东国辰实业集团有限公司、济南长兴建设集团工业科技有限公司获评“企业上云标杆企业”，山东国辰实业集团有限公司被评为济南市“互联网+工业”示范企业。深入机关事业单位调研政务信息系统情况，与相关单位进行对接，分批开展政务云迁移工作，全年共完成10家单位、15个信息系统的政务云迁移工作。组织195家规模以上企业开展两化融合评估工作。配合区城管局督促移动、联通、电信公司做好主城区弱电线缆的日常管理工作，全年共处理弱电案件及“12345”热线共60余件。

（葛广志）

归德街道企业上云培训会举办 （区商务局提供）

投资促进

【概况】 2018年，长清区制定鼓励投资促进发展的政策措施，举办北京招商推介会和儒商大会长清推介交流会等系列招商活动，引进圣丰军民融合、金港赛车等重大项目75个，总投资额达1000亿元。实际到账外资实现三年新突破，增幅居全市首位。长清区投资促进服务中心获2018年度全区经济社会发展标兵单位。

【政策机制】 2018年，制定《长清区人民政府鼓励投资促进发展政策措施》，明确实体经济、总部经济、外资企业等优惠政策措施。实行重点招商项目调度机制，利用每周三“招商研究日”，对全区重点招商引资项目进行调度，研究推进产业新城、济南环境科技产业园、普洛斯智慧物流园等重点项目100余次。建立招商引资新考核机制，制定《长清区扩大高质量招商引资招才引智考核办法》，将招才引智纳入考核体系。

【招商引资】 2018年，长清区借助省、市举办儒商大会、全国工商联高端峰会等重大招商活动契机，组织策划儒商大会长清考察交流、德国山东商会考察等9个活动，对接中国中小企业协会、荣民集团等知名协会和企业，推介创新大厦、大学科研成果转化服务中心。儒商大会期间，圣丰军民融合、金港国际赛车小镇项目代表济南市实现签约，总投资额230亿元。4月26日、10月27日，分别举行长清区2018年上半年、下半年招商引资项目集中签约仪式，两次共签约项目63个，总投资额665.74亿元。其中，龙凤庄园、希曼标识等8个签约项目实现当年签约当年开工。

【推介渠道】 2018年，创新项目推介，策划推出文旅类、城建类、科创小镇、创业孵化等重点招商引资项目58个，其中列入济南市重点招商引资项目15个，提升项目对接精准度。拓宽推介渠道，对长清区招商项目进行高密度推介，同时利用区内媒体形成全方位融合宣传矩阵，《经济日报》《大众日报》《济南日报》及山东电视台、齐鲁网、济南电视台等权威媒体和济南市投促局对长清区招商引资工作及成果予以重点关注。

【外资工作】 2018年，创新引进外资新产业，全面对标全市“四个中心”、十大千亿产业和全区六大功能区定位，高质量引进现代物流项目和文化旅游项目。制定外资招商优惠政策，在《长清区人民政府鼓励投资促进发展政策措施》中，明确对实际到账外资奖励政策，吸引每日一淘、泉康产业园等外资企业到长清区洽谈投资，超额

“至诚儒商聚泉城”签约仪式在济南举行。长清区委副书记、区长赵居安（右一）、济南经济开发区管委会主任袁长奎（右二）参加签约仪式

（魏光亮　摄）

完成全年实际利用外资任务指标，同比增长 6785.87%，列全市第 1 位。

2018 年 10 月 27 日，长清区 2018 年下半年招商引资项目集中签约仪式举行（魏光亮 摄）

【营商环境】 2018 年，制定《长清区建立“服务大使”工作机制推进重点招商项目实施意见》，44 个部门设立服务大使 90 人，先后为时代新纪元等 34 个企业解决问题。实行企业全程代办服务，专门设立代办员为企业服务。全年，办理轨道交通集团、金銮新材料、港鲁农业、宝世博等企业注册、备案手续 27 次，协助山水文旅、港鲁农业等 10 家企业开设外资账户。开展“外企服务月”活动，举办外企大走访、外资培训会、外资座谈会等活动，走访企业 50 余家，协调需要解决实际问题，促进北辰集团与德国制造企业协会对接储能技术、伦渠集团境外上市等事宜，提高外资利用水平。

【长清区 2018 年上半年招商引资项目集中签约仪式举行】 2018 年 4 月 26 日，长清区 2018 年上半年招商引资项目集中签约仪式在济南国际园博园举行。济南市副市长李自军出席会议并讲话，区委书记王勤光致欢迎辞，长清区委副书记、区长赵居安主持，副区长董庆哲做长清区招商推介，济南经济开发区管委会主任袁长奎做济南经济开发区招商推介。此次签约共落户长清区 31 个大项目，签约总金额 392.88 亿元。集中签约项目涵盖实体经济、产城融合、文旅康养等多个领域，包括商业综合体、现代物流、田园综合体、特色小镇等多种业态。

2018 年 4 月 26 日，长清区委书记王勤光出席签约大会并讲话（魏光亮 摄）

【长清区 2018 年下半年招商引资项目集中签约仪式举行】 2018 年 10 月 27 日，长清区 2018 年下半年招商引资项目集中签约仪式在济南国际园博园举行。区委书记王勤光致欢迎辞，长清区委副书记、区长赵居安主持，济南市投资促进局局长张军讲话，副区长董庆哲做长清区招商推介，济南经济开发区管委会主任袁长奎做济南经济开发区招商推介。此次签约共落户长清区 32 个大项目，签约总金额 272.86 亿元。集中签约项目涵盖现代物流、创新创业、高端装备与智能制造等多个领域。

【“轨道新时代，秀美新长清”济南长清——北京“双招双引”推介会在北京举行】 2018 年 12 月 25 日，“轨道新时代，秀美新长清”济南长清—北京“双招双引”推介会在北京举行。

济南市副市长李自军，市政协副主席、济南轨道交通集团有限公司总经理王伯芝出席推介会。区委书记王勤光致欢迎词，区委副书记、区长赵居安主持推介会，副区长董庆哲做长清区招商推介并代表长清区人民政府进行签约，济南经济开发区管委会主任袁长奎做济南经济开发区招商推介，副区长潘兴华、刘永亭分别做长清区工业项目和农业文旅项目招商推介。本次推介会有10个项目签约，签约额155亿元。

（魏光亮）

国有商业

【概况】 2018年，长清区商业集团总公司（以简称区商业集团）开展“作风建设年”、“大学习、大调研、大改进”等活动，党员干部思想境界、责任意识、纪律意识、创新意识明显提升。实施机关宿舍老旧小区提升改造工程，完成投资70余万元，改造面积6000余平方米。全力支持配合征收拆迁工作，按照时间节点完成拆迁任务，商业系统共拆迁81户，拆迁面积1.4万平方米。做好维稳工作，开展送温暖活动，救助困难党员、职工53人次。长清区商业集团获市级文明单位称号。

【老旧小区提升改造工程】 2018年，实施机关宿舍老旧小区提升改造工程，该工程最早开工，率先完工。老旧小区提升改造工程集中解决弱电、下水道堵塞、化粪池清理、窨井疏通、更换楼道窗户、粉刷墙面、安装路灯、楼宇监控及路面硬化等，共完成投资70余万元，改造面积6000余平方米。该工程代表长清区老旧小区提升改造工程迎接济南市城市更新工作领导小组检查。区委书记王勤光、区委副书记曹军等到机关宿舍老旧小区提升改造工程现场视察。

【拆迁工作】 2018年，和信综合体和老党校片区拆迁项目是区委、区政府打造西部新城的重大举措，区商业集团党委高度重视，成立工作领导小组，全力支持配合征收拆迁工作，涉及拆迁企业同时成立工作班子，加强领导。区商业集团党委提前谋划，精心准备，积极配合，做好前期摸底、政策宣传工作。至12月中旬，商业系统共拆迁81户（其中公产3处），拆迁面积1.4万平方米，已全部按照时间节点完成拆迁任务。

【日常管理与服务】 2018年，区商业集团做好维稳工作，建立退役士兵一对一台账，对所有退役士兵进行信息采集。加大“第一书记”帮扶力度，强化帮扶措施，投资1.5万元，实施五峰街道后

2018年10月4日，区委书记王勤光到机关宿舍老旧小区提升改造工程现场视察 （刘伟 摄）

太平村河道整修和巷道硬化等工程。开展送温暖活动，通过区委组织部、区总工会、区人社局、区民政局等部门，争取政策和救助资金，对因病、因灾致贫的困难党员、职工家庭全部纳入救助范围，全年共发放救助资金3.6万元，救助困难职工和困难党员30人次。春节期间，救助困难党员、职工53人次。新办理特困职工优惠证40个，大病救助、金秋助学、互助互济共发放救助金额9.2万元。

（管宏伟）

物资经营

【概况】 2018年，长清区物资集团总公司坚持“抓管理，求突破，保稳定，促发展”的总体思路，抓好保利民爆济南销售有限公司长清分公司经营管理和安全生产工作，做好失业职工的户口、计划生育、失业党员等管理服务工作。对生活困难失业职工进行分类帮扶，对患重病、意外伤害职工多渠道争取救济，全年共救济36户，发放救助资金8380元。注重矛盾纠纷排查，源头上消除隐患，做好思想沟通工作，营造和谐稳定环境。

【爆炸物品经营与管理】 保利民爆济南销售有限公司长清分公司是长清区唯一的民用爆破器材销售企业，主要存储销售工业炸药、工业雷管、导爆管、导爆索等。2018年，公司有雷管库1座，炸药库1座，值班室1个，岗哨1个，消防水池1个，仓库全天电子监控。全年销售爆炸物品900余吨，雷管6.4万发，实现销售额1115万元，上缴税金125万元，安全无事故。

（石　玉）

供销合作

【概况】 2018年，长清区供销合作社联合社（以下简称区供销社）创新农业生产服务方式，改造规范放心农资店20个，新增各类日用品、农资连锁经营网点15个。以各基层社领办的种植、养殖专业合作社为平台，推进土地托管工作，实现测土配方施肥和土地托管面积2133.3公顷。提高农业生产组织化程度，发展农民专业合作社13家，组建乡镇级农民合作社联合社9家。提升农村现代流通服务水平，在孝里供销社成立“济南市长清区孝堂山电子商务有限公司”，实施“互联网+供销社”，从淘宝店做起，对接省社线上交易平台，构建网上销售网络，利用村级电商服务站、电商平台为周边老百姓销售“十八里谷道”小米、核桃等当地农产品5万余斤，销售额30多万元。以土地托管为切入点，推进现代农业服务规模化，结合开放办社，提升归德供销社原永平综合服务中心为农服务规模，联合当地旱作机械专业合作社，为农民进行农业规模化服务，涉及测土施肥、智能配肥、农机维修、农作物托管、农民培训等服务，围绕耕、种、管、收、加、贮、销等农业生产环节，推广“保姆式”“菜单式”等多种形式的托管服务模式，为农民增收30余万元。全年总购进7.6亿元，总销售9.18亿元，实现利润23万元。

【商业服务】 2018年，区供销社加强实体性合作经济组织建设，提高农业生产组织化、规模化、标准化程度，推进供销社综合改革，以土地托管为切入点，着力提升为农服务能力。完善农村连锁经营体系，改造升级日用品、农资网点建设。以信息化手段改造传统经营服务网络，通过商业合作等手段，发展农村电子商务，实现当地农产品和线上优质商品双向流通。

【长清区供销农民合作社联合社成立】 2018年10月12日，按照中央、国务院以及省、市、区《关于深化供销合作社综合改革的实施意见》，成立“济南市长清区供销农民合作社联合社”。服务范围：组织成员交流自动化农田作业及种植、养殖经验技术推广；提供生产流通和市场信息服务；提供农资、农机、农副产品的团购、团销信息服务；组织成员进行农作物种植、畜产品养殖及其产品加工、销售；开展成员种植、养殖、储存农产品所需的运输、储藏、包装服务；供应种植所需的化肥、农地膜。联合社成立以来，以供销农业服务公司为龙头，吸纳农业专业合作社9家，从创新农业生产服务方式、提高农业生产组织化程度、提升农村现代流通服务体系、拓宽供销社服务领域等，助力全区乡村振兴战略，实施“党建带社建社村共建”工程，与村两委共建各类种养殖专业合作社13家，实现供销社一个机构，两块牌子。

【农村合作经济组织】 2018年4月，归德供销合作社参与经营运作济南市长清区嘉兴大蒜种植专业合作社、永平旱作农业机械专业合作社，并成为开放办社合作企业。全年，结成开放办社4家，全区基层社领办、引办、参办各类农村合作经济组织13个。发挥基层供销社为农服务职能，吸收、优化种植大户、专业合作社等各种社会资源，壮大供销社为农服务水平和实力。同时，以领办的种植、养殖专业合作社为平台，从测土配方、农资直供、技术指导等各方面来推动土地托管服务的开展，从大田作物到山区果树种植，实行全托管和半托管。测土配方施肥和土地托管面积达到1333.3公顷。

【网点改造】 长清区土产杂品公司原仓储设施改造工程，投资约2600万元，改造面积1.5万平方米，经过11个月紧张施工于2018年2月全部竣工交付。

（裴玉峰）

土产公司原旧仓库改造项目 （郝华 摄）

粮油经营

【概况】 2018年，长清区粮食局（以下简称区粮食局）全年累计实现粮食购销总量22.79万吨，同比增长2.01%。

【粮食储备】 2018年，山东长清国家粮食储备库贯彻国务院及省市粮食安全部署，围绕“绿色、优质、安全”这个中心，秉承“生态优先、绿色发展”的理念，应用电子测温、机械通风、环流熏蒸等科学储粮技术和智能化升级系统，5000吨地方储备粮的数量和质量实现计算机管理，远程监控、互联互通、智能自动，达到数量准确、质量良好、储存安全要求。

【市场监管】 2018年，区粮食局严格按照《粮食流通管理条例》《粮食流通监督检查暂行办法》《山东省粮食收购管理办法》等法律法规要求，先后开展各类粮食执法活动14次，出动执法人员79人次，检查企业75个次，全年没有发生违规违纪、投诉、行政复议和行政诉讼案件。

【粮食购销】 2018年，国有粮食购销企业充分发挥主渠道作用，严格执行“五要五不准”（要严肃收购政策，不准坑害农民；要做到随到随收，不准为难农民；要坚持公平定等，不准算计农民；要准确过磅计量，不准克扣农民；要坚持现款结算，不准折腾农民）收购守则。全年累计实现粮食购销总量22.79万吨，其中小麦10.39万吨，玉米12.40万吨。

2018年长清区粮食购销量（包括社会收购量）情况表

表19-1

项目	合计（吨）	品种	
		小麦（吨）	玉米（吨）
收购	114985	52105	62880
销售	112878	51764	61114

（翟泽农）

盐　　业

【概况】 济南盐业公司长清分公司（以下简称长清分公司）是长清区人民政府授权的盐业主管部门，隶属于济南盐业公司管理。2018年，长清分公司拥有总资产915万元，净资产-155万元。全年完成盐产品销售量4191吨，实现销售收入358万元。

【食盐经营】 2018年，长清分公司发挥长清盐业市场主渠道供应工作，根据长清区行政区域划分为北片区、西片区、东片区、大学园区4个供应区域。安排固定人员、车辆实行直接送货到客户，确保小包装食盐供应，并建立信息登记回访制度，确保所送食盐数量和质量，维护市场小包装食盐安全。大包装食盐采取直供方法，分类管理，加强跟踪服务。全年完成盐产品销售量4191吨，实现销售收入358万元。

（孙军政）

烟草专卖

【概况】 2018年，长清区烟草专卖局（营销部）主要负责全区烟草专卖管理和卷烟销售工作，全年实现卷烟销量1.76万箱，实现销售收入（含税）4.39亿元。

【卷烟营销】 2018年，全区共有卷烟零售客户2225户，营销部实现卷烟销量1.76万箱，实现销售收入（含税）4.39亿元。以严格规范经营为前提，不断加强营销队伍建设，以深耕特色市场为抓手，不断带动品牌培育升级，以两线一带市场开发为依托，不断提质终端建设水平，规范经营、网建升级、终端建设、品牌培育等各项工作显著提升。

【市场管理】 2018年，区烟草专卖局全年查处各类涉烟违法案件160起，查扣各类违法卷烟78.19万支，案值40.32万元。刑事拘留10人，行政拘留1人，逮捕6人，判刑1人。

（邱纯璞）

石油经销

【概况】 2018年，中国石化销售有限公司山东济南长清石油分公司（以下简称中石化长清分公司）设业务、财务、安全、综合办4个科室，共有干部职工112人。全年完成成品油销售4.33万吨。

【石油销售】 2018年，中石化长清分公司主要经营汽油、柴油、CNG 、LNG、润滑油、便利店商品等，完成成品油销售4.33万吨，便利店销售商品100万元。

（张 燕）

教育·科技

教　　育

【概况】 2018年，长清区教育体育局（以下简称区教体局）被山东省体育局评为山东省群众体育先进单位，被区委、区政府评为经济社会发展先进单位、财政工作先进单位、项目建设先进单位、美丽乡村建设工作先进单位、扶贫工作先进单位、“四德工程”建设标兵单位；长清一中被国家民族事务委员会授予“全国民族团结进步创建示范学校”称号；万德街道中心小学被中国教育科学研究院研究中心确定为“益智课堂与思考力培养的实践研究基地学校”。

教育多元，结构优化。9月，济南市大学城实验学校和华东师范大学济南实验学校开学典礼暨揭牌活动举行，完成城区400余名小学毕业生分流。小学一年级和初中一年级录取大学城高校教职工子女184名、长清区优秀生源237名，实现“长清优秀学生不外流、大学教职工子女留得住、区外优秀生源引得来”的目标。集群化办学实现全覆盖。按照“化零为整，集约管理，教师共用，资源通调，成果共享”原则，实现学校集团化办学增点扩面和办学联盟集群“纵横”发展模式，组建三大教育集团（长清一中教育集团、长清区实验小学教育集团、长清区石麟小学教育集团）、七个办学联盟（长清一中办学联盟、长清区第一初级中学办学联盟、长清区实验中学办学联盟、长清区第二实验中学办学联盟、长清区实验小学办学联盟、长清区石麟小学办学联盟、长清区乐天小学办学联盟），以街镇中心校为依托，成立25个办学联盟，集群化办学实现全覆盖。

制定实施中心城区基础教育设施三年计划。投资11.8亿元，新建提升中小学、幼儿园10所，新增学位8870个。深化办学模式改革、评价体系改革，强化督查室建设，与大学城各高校和济南市市中区教育粘合度增强，进行普职融合试点，探索“高中+高校”联合育人模式，不断激发教育活力。以乡村教育振兴“十大行动”为抓手，将“双师课堂”“益智课堂”“全阅读”在全区推广。实施长清区中小学生艺术体育素养“1+1”工程，实现教育工作重心从外延到内涵的过渡。

2018年，全区有各级各类学校112所（含公办幼儿园14所），在校生5.29万人，教职工4587人，专任教师4545人（包含教研室56人）。其中，小学74所，在校生2.79万人，专任教师1918人；普通中学19所，在校生2.34万人，专任教师2188人；成人中专1所，在校生1602人（均为业余专、本科班），专任教师43人；职业学校1所，在校生1598人，专任教师143人；进修学校1所，专任教师25人；特殊教育学校1所，在校生117人，专任教师34人；体校1所，专任教师34人。幼儿园136所（含公办幼儿园14所），在园幼儿1.46万人，专任教师998人（含公办教师102人）。学前3年幼儿入园率91.02%，适龄儿童入学率100%，小学在校生巩固率100%，初中在校生巩固率99.5%，初中毕业生升学率50%（升入普通高中）。

【学前教育】 2018年，全区共有幼儿园136所，其中政府办园1所、教育办园43所、事业办园3所、村办园29所、民办园60所。其中，省级示范园12所，市一类园17所；城区公办及公办性质幼儿园7所，街镇中心园9所；新建幼儿园9所，改扩建 2 所。完成普惠性民办幼儿园 36 所认定工作，清理整顿无证幼儿园 3 所。在园幼儿 1.46 万人，学前 3 年幼儿入园率 91.02%，学前一年入园率 99.42%，在职教职员工 1542 人。

【小学教育】 2018 年，全区有小学 74 所，在校生 2.79 万人，专任教师 1918 人。小学在校生巩固率 100%。在巩固“零择校”的基础上，全面落实“零择班”。

【初中教育】 2018 年，全区有普通初级中学 16 所，在校生 15469 人，专任教师 1487 人；初中在校生巩固率 99.5%，初中毕业生升学率 50%（升入普通高中）。

【高中教育】 2018 年，全区共有普通高中 3 所（长清一中、长清中学、一中大学科技园校区），长清职专设高中班 8 个，共有高中在校生 7952 人，专任教师 724 人。全区一本上线人数 388 人。

【民办教育】 2018 年，区教体局对全区所有民办培训机构进行全面摸底排查，建立民办非学历培训学校台账。成立长清区民办培训机构专项整治行动领导小组，召开区民办培训机构集中整治专项会议，联合执法检查，停办民办培训学校 7 处，停办长清区双语学校及长清区新曙光培训学校。完成全区 55 处民办培训学校的年度质量评估工作，公示评估结果。修订审核《民办初等非学历教育培训机构设立、变更、终止全链条审批服务指南》，全年审批培训机构 19 家。完成全省校外培训机构管理系统录入，对接全国校外培训机构管理服务系统，全区 31 处中小学培训机构基本信息已录入全国系统。

【职业教育】 2018 年，长清区职业中等专业学校通过冠名班、企业进校园、工学交替等形式与企业深度融合。连续承办技能大赛市赛项目 2 个，以第一名的成绩参加省赛。获山东省教育厅批准开始招生三二连读专业 3 个；新增“物流服务与管理”专业。新立项数控技术、电子商务专业等市级试点培育项目 9 个。通过长清教育大讲堂，与全区中小学分享执行力与精细化管理经验做法。与长清中学合作，探索普职融合新途径。

【成人教育】 2018 年，长清社区教育学院依托济南市全民学习服务中心“泉学汇”项目，打造“翰墨飘香书画培训”“健身舞起来手拍鼓培训”“社区缤纷读书会”“茶叶飘香茶艺培训”品牌培训项目 4 个。6 月 4 日，长清社区教育学院被评为全国城乡社区教育特色学校。7 月 20 日，召开长清区第一届社区教育工作会。10 月 30 日，在济南市全民学习活动周启动仪式上，长清社区教育学院被评为济南市 2017 年度十佳泉学 e 站。12 月 16 日，济南市成人教育协会第六届会员代表大会选举长清社区教育学院为常务理事单位。

【特殊教育】 2018 年 3 月，长清区聋哑学校更名为长清区特殊教育学校，在校生 105 人。与济南宜信电子科技公司合作，为适龄学生提供实习和就业岗位。资源中心和文昌资源教室分别投入使用。12 月，山东工艺美术学院等支教基地落户学校。

【教师进修】 2018 年，共举办培训班 9 场。1 月 5 日，举办长清教育大讲堂“思·享”浙大研修专场，8 位德育干部、校长分享参加德育干部素养提升班的收获与感悟。1 月 19 日，举办长清区教体系统治理效能提升专家报告会，中国政法大学教授、浙江大学兼职教授夏雪做专题报告，参加培训 200 余人。4 月 8 日—14 日，在浙江杭州举办区级骨干教师培训班，参加培训 90 人。4 月 27 日—28 日，举办长清区教科室主任培训班。5 月 14 日—16 日，在长清区亚太礼学院举办小学传统文化骨干教师培训班。6 月 8 日—9 日，在长清区实验小学举办“华师大基础教育集团济南教师培训基地启用仪式暨长清区第一期教育干部培训”，华东师范大学副校长戴立益授课。6月19日—22日，对2017年选招的104名新教师进行试用期集中培训后的实践考核工作。7月1日—3日，举办“长清区2018年新高考、新课标、新课堂高中教师研修培训”。8月6日—12日，举办中小学教育教学管理干部提升高级研修班，主要依托浙江省浙派教育生态科学研究院展开集中培训，培训中小学教育干部100人。8月24日—26日，举办2018年新教师试用期集中培训班，培训新教师123人。12月14日，举办中小学教师培训者素质提升研修班，共培训93人，打造长清区专兼职结合的专业化培训师资队伍，实现培训、教研、电教、科研有机整合。12月17日，完成“山东省中小学教师队伍建设”迎检工作。

【教育科研】 2018年，区教体局通过市级课题立项11项、省级课题立项1项。开设“长清教体局益家亲家教平台”。11月15日—16日，济南市“习近平新时代中国特色社会主义思想融入心理课堂展示观摩活动（高中组）”在长清一中举行。12月11日，教科室与长清一中共同申报的国家级“十三五”教育科研规划重点课题《新高考背景下学校生涯教育工作路径研究》的子课题《新高考背景下高中学生生涯规划教育方法的探索与研究》经专家评审，获准通过立项。长清一中被定位全国生涯规划实验学校。12月20日，在乐天小学四楼会议室举办“市中长清心理学科深度融合暨小学心理联合教研活动”。

【教学研究】 2018年，开展以联盟核心校为龙头的区级集体备课活动，尝试“先导课”研究与落实，解决街镇小规模学校师资薄弱问题。组织命题培训活动4次，参与教师100余人。学习济南市市中区先进的教学经验，先后请育英中学、济南实验初中、十六里河中学等学校的优秀教师和领导到长清区指导集体备课、备考研讨等培训活动，参与教师500余人。利用大学城高校优质教研力量，实现长清区与高校互利共赢，助力教师专业发展。开展“订单式”服务，进行精准教研，到乐天中学、山师大学城实验学校、第三初级中学、第五初级中学、第二实验中学、华师济南实验学校等学校，开展“集体备课、课堂研究、校内视导、校本教研”等活动10余次，参与教师400余人次。在初中一年级全面开设英语“双师课堂”，让外教走进课堂，与学生听说互动，培养学生英语听说交流能力，参与教师70余人次，开展1200余节课，受益学生5000余人次。借助现代信息技术，实施网络同步课堂。落实济南市教研院的“学科教研示范学校”创建工作，以全区19个学科品牌建设为抓手，利用17个中学名师工作室骨干力量，开展形式多样课堂研讨活动20余次。各学校开发人文素养课程（国学诵读、论语讲堂、入校离校课程、养成教育课程）、艺术素养课程（舞蹈、合唱、剪纸、书法、素描）、体育素养（阳光大课间、武术、橄榄球、篮球、体育文化节）、综合素养课程（生命教育、户外拓展、远足游学、社会实践）共计四大类多门课程。在区直学校开展教学视导工作，通过“听、看、查、座谈”等方式，累计听课112节，查看教学及管理资料3000份，学科教师座谈及诊断90余次，参与街镇及区直学校10余所。

2018年4月，在孝里镇庞道口小学举行“长清区小学学校管理与课程建设现场会”，推介庞道口小学作为小规模小学的办学经验，200余人参会。同月，组织小学师生参加童谣评比，市级参赛23首，最终有4首获国家级奖励。5月，“济南市小学数学课堂教学现场会”在石麟小学举行，市教研院向全市推介石麟小学课改经验，济南市各区县教研员及骨干教师300余人参会。语文、英语、科学、道德与法治、美术5个市级学科教研示范创建校分别在石麟小学、实验小学举行市级展示活动，省市教研专家、济南市各区县教研人员及骨干教师1500余人参加。区级优秀传统文化、小学心理健康教育、科学学科现场会分别在乐天小学、孝里镇中心小学、归德中心小学举行。9月，“小学语文习作导评改课程的研究”申报为济南市教育科学“十三五”规划重大课题，并开题。10月，长清区小学“全阅读”项目启动仪式在实验小学举行，通过召开研讨会、展示会，城乡师生同阅读、共成长，并在教体局微信平台开辟寒假“全阅读电台”。组织区首届小学青年教师素养大赛评比，8个学科106名教师参加，每人参加8个单项评比。打磨课例参加特色课堂评选，小学语文、道法课例被评为市特色课堂，并经过选拔代表济南市参加省级特色课堂评选。各学科推介打磨课例参加市区“一师一优课”评选，其中获市级奖励74人，获市优质课一等奖11节，获区级奖励51人。全年，小学同步课堂网络直播32节，涵盖所有学科，城乡师生共享优质课堂。区级按需送教送研30次，涵盖所有街镇。全年教学科研成果获省级奖项52人、市级奖项61人、区级奖项459人。

【教育督查】 2018年3月，成立区教体局督查室，抓好区教体局党委重大决策、重要工作部署和领导批示交办事项的督促检查。3月13日，召开全区教体系统督查工作会议，各街镇教办、区属各学校（幼儿园）设1名领导干部作为督查员，全面负责督查督办事项的落实。3月19日—26日和9月3日—30日分两次对街镇、区属15所与市中区结对学校进行跟进调研督查，推动教育深度融合战略向纵深化发展。3月26日至4月6日，对全区中小学进行校园文化专项督查。4月9日—22日，对全区学校进行作风建设年专项督查。4月23日—28日，对长清一中等15个党（总）支部及宣传法规科进行“大学习、大调研、大改进”专项督查。5月7日—18日，抽查全区11所中小学及教体局电教站进行教育信息化工作专项督查。6月27日至9月1日，局办公室、督查室、信访监察室对机关干部作风及制度纪律建设进行专项督查。10月8日至11月30日，对全区中小学校进行专项督查。

【教育装备及应用】 2018年，建设区教育资源公共服务平台及实验小学、石麟小学VR（虚拟现实技术）实验室，在16个校区建设智慧教室68间。长清一中全部安装智学网，初中4所学校69个班安装智学网。开展“智慧课堂、益智课堂、双师课堂”平台展播活动，开展教育部“十三五”教育科学规划课题《益智课堂教学与学生思考力培养实践研究》和教育部重点课题《信息技术条件下双师在线英语听说教学模式构建》的研究，万德中心小学被评为全国基地学校，石麟小学、万德中心小学被授予全国优秀实验学校、重点实验学校，朱莉莉、孙红艳被授予全国优秀实验教师。区教体局被确定为“益智课堂全国实验基地”。《小器具大魔法让智慧在指尖闪光》获年度区优秀创新工作成果一等奖。2018年中央电教馆举办的新媒体新技术教学应用课例评比、全国中小学创新课堂教学实践优质课评比中，实验小学杜圣菊、石麟小学王培培、第二实验小学李东、朱秀芳获全国二等奖。

【创客教育】 2018年，区教体局组织第二届创客节，在全市中小学生创客大赛中，获一等奖11人、二等奖16人、三等奖21人、优秀奖1人。4月，

长清区中小学生创客节 （方金明 摄）

在山东省创新大赛中，实验小学获特等奖8人、一等奖4人。12月20日，在第十一届济南市青少年科技节——机器人工作室联赛中，实验小学代表队获一等奖3项、6金4银，石麟小学代表队获2金4银3铜，被评为市创客空间学校6所。

【艺术教育】 2018年，区教体局获市教育局第十三届（班级）合唱节优秀组织奖。6月29日，长清一中学生美术作品3幅和区石麟小学教师孙晓红、区教体局教师李捍东的2篇美育改革创新案例入围省级比赛。10月20日，在“划梦之桨·扬戏之帆”首届济南市中学生戏剧节决赛中，长清第一初级中学原创作品获一等奖；长清一中高中部、长清中学的原创作品分别获二等奖。8月13日，孝里镇广里中心小学合唱团参赛节目《茉莉花》获2018少年之歌全国青少年声乐艺术节全国总决赛特金奖。

济南市第十三届中小学（班级）合唱节——长清区专场比赛 （区教体局提供）

【安全教育】 2018年，区教体局为学校厨房配备35公斤灭火器131个，灭火毯225个，各学校安装电子巡更系统，94辆校车更换自动收缩式安全带2331条。公开招标4家安保服务公司，制定安保服务公司考核办法和细则，发放安保资金400万元。开展安全管理专项督查和散装煤气罐停用专项整治、消除彩板房、室内外坠物专项整治、学校电气火灾综合治理、危险化学品专项统计、农村学校旱厕和废旧沼气池隐患专项整治、消防安全隐患大排查大整治、汛期地质灾害专项排查、防溺水、扫黑除恶专项斗争等10项活动，停用散装煤气罐171个，拆除彩板房6个、废旧沼气池设备11组，累计消除安全隐患5483条。迎接市、区两级扫黑办检查6次，检查校车162车次，发现16车次存在违规行为32条，共通报日常运营违规校车119车次。查处无校车驾驶资格的驾驶员1人，吊销校车驾驶员资格2人。在全市12项安全教育专题中，长清区有7项名列全市第一。

【基础建设】 长清区全面改造薄弱学校工作2014年启动，历时5年，至2018年底全面完成规划任务。全区“全面改薄”项目学校共94处，项目545个，总投资2.13亿元。其中，校舍建设3.52万平方米，校园附属设施1.95万平方米，运动场地31.04万平方米，设施设备购置0.51亿元。实施《中心城区基础教育设施三年建设规划》，推动10所新建学校建设，其中7所学校竣工投入使用，新增学位8870个，完成投资11.8亿元。实施中小学校舍建设工程，完成4所中小学校舍建设，新增校舍建筑面积5671平方米，完成投资0.13亿元。

【队伍建设】 2018年，区教体局深化校长职级制改革，对校长职级绩效工资及管理人员绩效奖励进行核算发放。加强师德师风建设，评选“百名优秀教师”“百名优秀班主任”“百名优秀教育工作者”，并在教师节进行集中表彰。开展在职教师有偿补课专项整治。教师交流轮岗312人，占符合交流轮岗条件的19%。招聘补充新教师129人，其中为农村学校补充教师68人，占补充教师总数的53%；为农村学校补充音体美薄弱学科教师18人，占补充农村教师总数的26%；使用周转编制18个，为6所初中学校补充新教师18人，解决部分初中学校结构性师资紧缺问题。

【考试招生】 2018年3月，与长清区人民医院联合完成4599名考生的体检工作，体检卡验收零失误。同月，组织专升本考试，共3个考点444场次。6月，全区共有高考考生2688人，设长清一中、长清中学两个考点，共92个考场。组织高三学生1300余人英语口语测试。同月，高中学业水平考试设长清一中、长清中学2个考点，夏季报考5310人，冬季报考2864人次。初三学业水平考试考生5039人，初二学业水平考试考生5009人，同时完成理化实验、生物实验考查、志愿填报等工作。组织教师资格证考试2次，上半年5个考点412场次，下半年3个考点290场次。10月，组织成人高考，共5个考点609场次。12月，组织研究生考试，共408场次。全年，共组织考试16次，报名12次，做好暑期高考、初中学考志愿填报及密码修改工作，服务全区考生2万人次，服务大学城考生及社会考生10万人次。

【高等教育自学考试】 2018年，组织自学考试2次，上半年4个考点共482场次，下半年4个考点共427场次。组织自考新生报名现场确认2次，累计报名人数1000余人。做好自学考试的宣传组织工作，6月、11月共发放毕业生材料200余份。

（李　毅）

农广教育

【概况】 2018年，山东省农业广播电视学校长清区分校（以下简称区农广校）贯彻落实中央、省、市、区农业农村工作会议精神，实施乡村人才振兴战略，采取“农民点菜，专家下厨”的培训模式，全年举办田间课堂120余期，培训农民1万余人次。完成青年农场主50人、新型职业农民400人培育任务，中央、省、市、区等新闻媒体介绍长清区职业农民培育工作先进经验100余次。区农广校获2017年度全省新型职业农民培育工作优秀示范学校、山东省农广校系统先进集体、长清区机关创新工作成果一等奖、“四德工程”先进单位、美丽乡村建设先进单位、扶贫工作先进单位等称号。

【新型职业农民培育】 2018年，区农广校开展新型职业农民认定和跟踪服务工作。5月，邀请省、市、区专家对2017年度参加培训的农民进行认定，共有137人获得初级职业农民资格，并颁发区政府盖章的资格证书。24人被评为济南市中、高级职业农民。

区农广校充分发挥体系全、人脉广优势，帮助职业农民学员扩大宣传，提升长清区职业农民知名度。长清职业区农民培育工作在中央、省、市、区电视台介绍20余次。推介优秀学员王娟参与山东省农业厅《走在前列——山东农业改革开放四十年》系列专题纪录片的录制。张德财、高梅参加山东省农广校组织的台湾现代农业学习一周。新型职业农民学员创办、领办的山东鸿之源家庭农场有限公司、寅源生态农业专业合作社、灵岩御菊基地等6处挂牌“山东省新型职业农民乡村振兴示范站”。组织职业农民赵西岭、高梅、刘洪杰参加首届全国新型职业农民发展论坛优质农产品展览会布展。职业农民王娟、庞冲和杨丰裕在山东省新型职业农民技能大赛中取得优异成绩，向全省、全国展现长清区职业农民的风采。

12月1日，区农广校与区委组织部、团区委等部门联合举办新型职业农民培育第一期培训班，在济南市农民教育培训基地开班，进行为期6天的半军事化脱产培训。采取“分段式、参与式”的培训方式，“准军事化集中培训＋现场实训＋参观学习”相结合的培训模式，培训期间，先后安排一二三产业融合发展、新型农业经营主体运营与发展等15门集中教学课程。

按照“引进来，走出去”的原则，区农广校先后组织新型职业农民学员400余人次赴章丘、历城、济阳、商河和市农高区等地考察学习。在区农广校的帮助下有30余名学员先后成功申办家庭农场和合作社。

区农广校解决职业农民发展中资金短缺的难题，区农广校与中国邮储银行长清支行创新金融合作，联合成立新型职业农民小额贷款工作组，宣传金融贷款政策，走进田间地头、农户家中审核贷款资格，发放贷款。全年审核符合条件的新型职业农民30余人，发放贷款500余万元。

【农民培训】 2018年，区农广校开展万名农民大培训工作，该项工作为全区农业重点项目之一。区农广校与各街、镇农广校年初签订目标责任书，要求每个街、镇培训不少于10期，充分利用冬春农闲时节，结合各街镇主导产业开展有针对性的培训。孝里镇开展小杂粮培训6期，打造市级小杂粮基地；五峰山街道举办大樱桃培训10期，提升万亩大樱桃品质；万德街道举办茶叶专项培训600人次，促进长清茶发展；归德街道举办大蒜技术培训班5期，促进大蒜产业提质增效；双泉镇举办林果技术培训8期，促进老果园更新改造。承担省、市扶贫培训任务，举办培训班15期，培训农民1000余人次。承担山东省农广校培训3期、培训300余人次。承担济南市“一二三四工程”培训3期，培训200人次。开展实用技术培训60期，培训4500人次。长清区农民教育培训工作走在全国的前列，成为山东省的典型，全国职业农民培育十大模式之一。

（卫　亮）

科　技

【概况】 2018年，长清区科学技术局（以下简称区科技局）围绕全区“1+654”总体思路和科技创新中心建设“三年大变样”的目标任务，开拓进取，真抓实干，各项工作取得显著成效。强化项目带动，加快集聚创新资源要素，全年组织申报省重大科技创新工程2项，市科技发展计划项目40余项。注重高新技术产业培育，全区申报高新技术企业31家，获认定24家，其中新认定16家，总数达到63家。强化知识产权创造和运用，自主创新能力持续增强，全年全区发明专利申请量903件，授权量247件，万人有效发明专利拥有量15.3件。激励企业加大研发投入，科研体系建设日趋完善，全区科研投入经费6.3亿元，占GDP比重首次突破2%。激发科技创新载体活力，创新创业生态不断优化，全年新增市级科技企业孵化器1家，省级众创空间3家，新建院士工作站2家，新增省级研发机构4家。普及防震减灾知识，全面推进防震减灾工作。

【科技计划】 2018年，区科技局密切跟踪省、市对科技项目征集立项安排，通过电话联系、走访调研、入企指导和摸底排查等形式，择优筛选一批整体实力好、科技含量高、发展潜力大的高、精、尖项目推荐上报。全年组织申报省重大科技创新工程2项，市科技发展计划项目40余项。其中，济南沃德汽车零部件有限公司的“新型燃料汽车发动机气门的先进制造技术与装备研发及应用产业化”、济南时代试金试验机有限公司的“大型结构件智能焊接机器人系统的研发”2个项目被列入市领军企业关键产业提升计划，各获扶持资金100万元；济南艺高数控机械有限公司的“EBL-3X1600数控高校梯形板下料堆垛生产线”被列入市小巨人企业关键产品提升计划。

【科技创新】 2018年，区科技局坚持把科技创新作为跨越发展的关键点、奋力赶超的着力点、动能转换的切入点，加快众创空间、科技企业孵化器、工程技术研究中心、院士工作站等载体建设，激发企业创新创业活力，为大众创业、万众创新搭建舞台。全年新增市级科技企业孵化器1家，省级众创空间3家；新建院士工作站2家；新增省级研发机构4家，是长清区获批省级研发机构最多的一年。首次牵头承担3项研发及成果转化载体的打造工作，完成吸引国内外知名高校、知名企业、科研机构在长清区设立研发或成果转移转化机构5家。全区登记技术合同成交额2.7亿元，超额2.11亿元完成2018年度目标绩效考核指标，创历史新高。全区科研投入经费6.3亿元，比2017年度增长70.5%，占GDP比重首次突破2%，达到2.02%。

【科技服务】 2018年，区科技局坚持走“店小二”科技服务模式，定期深入企业进行实地调研，了解创新现状，及时查找问题，落实改进措施。深入企业宣传科技政策，帮助企业用足用活科技政策。充分发挥科技系统桥梁和纽带作用，不断加强与企业、高校和科研院所的交流联系。开展“4·26世界知识产权日”“科技活动周”“科技服务进千企”等活动，集中宣传法律、法规和科技知识，发放宣传资料5000余份，宣传图册800余份，科普书籍320余本。

【人才培养】 2018年，区科技局高度重视人才引进及培养工作，切实抓好培养、引进、使用3个关键环节，加快培育高层次创新创业人才和创新型团队。坚持把人才培养、人才引进与实施科技重点任务、重大项目结合起来，在创新实践中发现人才、培养人才、凝聚人才，有效地实现创新智力要素的聚集。全年入选泉城产业领军人才支持计划创新团队2个，泉城产业领军人才支持计划创业人才2人。

【高新技术产业】 2018年，全区申报高新技术企业31家，获认定24家，其中新认定16家，总数达到63家，全区高新技术产业产值比2017年增长11.06%，累计占规模以上工业比重达到36.54%，比2017年增长2.95%。举办高新技术企业专题培训班，邀请省市专家授课，让企业了解掌握用足用活政策，并建立数据库，挖掘自主创新意识强、核心技术新、成长潜力大的企业进行重点培育。在申报关键节点上，加强调度，帮助企业联系中介机构，督促指导企业申报，开展专业辅导，提高申报质量和认定通过率。以区域性科技创新中心建设为总抓手，以大学城、经济开发区、梦翔小镇等为载体，推动高新技术产业集群式发展，着力培育新能源产业、智能制造产业、高端装备产业、节能环保产业等发展前景好的高新技术产业集群。

【产学研融合】 2018年，区科技局发挥政府部门的桥梁纽带作用，全方位、多渠道推进校地、校企、科研院所与企业科技交流与合作，促进产学研深度融合。山东迅达康兽药有限公司与华中农业大学动物医学院联合建立动物兽药工程实验室；中广核宏达环境科技有限责任公司与国家海洋局天津海水淡化与综合利用研究所联合建立高盐废水深度处理工程实验室；济南沃德汽车零部件有限公司与武汉理工大学摩擦学研究所联合建立内燃机气门工程实验室；济南新助友联精工机械装备有限公司与太原科技大学机械工程学院联合建立智能制造技术研发实验室。

【专利申报】 2018年,区知识产权局利用“4·26”世界知识产权日、科技活动周、专利大集、知识产权大讲堂等活动，加强知识产权政策宣传培训和业务指导服务，对企业生产经营中的创新点进行深入挖掘，帮助指导企业申请专利，提升企业自主创新意识和核心竞争能力。全年，全区发明专利申请量903件，授权量247件，万人有效发明专利拥有量15.3件。

【防震减灾】 2018年，加强“三网一员”（地震宏观测报网、地震灾情速报网、地震知识宣传网和防灾减灾助理员）建设，推进群策群防工作。利用科技活动周、防震减灾宣传周等时机，先后到马山镇中心小学、滨河社区，通过发放防震减灾知识手册、现场讲解等多种形式，向社区居民宣传防震减灾法律法规、自救互救、应急避险等知识，营造防震减灾的浓厚氛围。组织小学师生和社区居民开展地震应急避险和紧急疏散演练活动，提高应急反应能力和自救互救能力。开展防震减灾“六进”（进机关、进学校、进企业、进社区、进农村、进家庭）活动，发放防震减灾宣传图册、明白纸800余份，悬挂横幅10余条，张贴挂图20余幅。区科技局与区教体局、区科协组织中小学生参加全市中学生防震减灾知识竞赛和全市小学生防震减灾科普知识手抄报大赛，获手抄报大赛一等奖1名、二等奖2名、三等奖4名，区科技局、区教体局、区科协获手抄报大赛优秀组织奖。

（赵福昌）

气　象

【概况】 长清区气象局（以下简称区气象局）为正处级单位，位于长清区大学城海棠路6755号，属于国家一般气象站，受济南市气象局、长清区人民政府双重领导，实行双重计划财务体制。2018年2月，区气象局根据济南市气象局党组要求，报请长清区委组织部批准，成立济南市长清区气象局党组。区气象局围绕济南市气象局下达的目标任务，层层分解任务，明确重点工作，制定具体措施，在气象服务、人工影响天气、安全生产、科普宣传等方面取得显著成绩，全区气象事业实现新突破。区气象局被评为济南市综合目标管理考核优秀达标单位、济南市气象服务先进集体、长清区服务三农先进单位、长清区慈善工作先进单位等，获第四届济南市气象行业职业技能竞赛团体第一名。

【气象观测】 2018年4月，自动气象站备份站升级改造，实现双套新型站（DZZ4）同时运行，气温、相对湿度、气压、风向风速、雨量、地温、能见度、视程障碍天气现象实现自动观测、发报，雪深、冻土、日照仍需人工观测，取消雪压观测。9月1日起，为降水现象平行观测第二年，降水现象记录以自动观测为主。11月，安装光电式日照计。至年底，全区共建成乡镇区域自动气象站15个、土壤水分自动站2个、小气候自动站2个。

【气象服务】 公众气象服务。2018年，全区发布预警信号92期（其中暴雨预警9期），发布气象服务短信32万余条（包含预警信息、节假日专项预报、重大社会活动气象服务等）。及时发布“4·22”暴雨黄色预警、“6·25”暴雨红色预警、“8月18日—19日”暴雨红色预警，并多次及时发布强对流、短时强降水等突发恶劣天气预警信息。开展环境指数预报，包括晨练指数、晒衣指数、紫外线指数、舒适度指数、雨伞指数、感冒指数、森林火险指数等，“12121”应急气象电话免除信息费，拨打量较往年有明显增加。长清电台每天滚动播出天气预报2次，收看气象电视节目近60万人次，气象预报服务覆盖全区。全年因气象灾害直接经济损失比近5年平均值有明显下降，全区因恶劣天气引起人身财产事故下降显著。

决策气象服务。全年制作决策气象等服务材料200余期，其中《重要天气预报》22期，被区委、区政府等决策部门多次引用。

专业专项气象服务。全年共发布春运、中高考等重大活动和“五一”“国庆”等节假日及其他专题服务13项。春运期间及时启动重大气象灾害（重污染）Ⅱ级应急响应，并联合交警、公安、交通运输等部门做好交通保障服务，确保回乡路安全畅通。

农村气象服务。全区有基层气象信息服务站613个，气象信息员1226人。全年共发布《三夏气象服务专报》16期，为全区各农机服务站保障“三夏”期间作业提供气象服务。

防灾减灾气象服务。2018年，启动重大气象灾害应急响应10次，发送决策预警短信5万余条。准确预报“4·22”暴雨、“6·25”大暴雨、“8月18日—19日”大暴雨等6次强降水天气过程，及时准确提供气象服务信息，全区人员“零伤亡”，无重大经济财产损失。针对本区多大风天气，联合林业部门发布《森林火险等级预报》40期。

【人工影响天气】 2018年，区气象局制定完善相应的工作机制和工作规章。6月底，完成全区7个炮点27名人影炮手的岗位培训工作，确保人工影响天气工作的专业化、规范化、制度化。全区共有文昌、归德、马山、双泉，万德（武庄）、张夏增雨火箭点6处，全年作业17次，发射火箭弹320余枚，作业区域内增雨效果明显。

【防雷安全检查】 2018年，区气象局制定实施防雷安全监督检查工作规程和防雷安全检查项目清单，实现执法检查流程、检查项目、检查标准、检查档案“四统一”。对辖区内危化企业及易燃易爆场所的安全生产进行防雷安全执法检查，现场勘查加油站及危化企业36家，下达整改意见通知书2份，与监管单位签订防雷安全生产责任书，确保防雷安全。通过“3·23”世界气象日、安全生产月等活动，加大对防雷法律、法规和防雷知识的科普宣传力度，提高全民气象防灾减灾安全意识。

签订防雷安全生产责任书 （区气象局提供）

（王 鹏）

文化·卫生·体育

文化综述

【概况】 长清区文化广电新闻出版局（区旅游局）（以下简称区文广新局）以创建文化强省建设先进区和国家全域旅游示范区为总揽，坚持“文化提升、旅游突破”总要求，围绕“3466”（即打造3个创新课题、4项亮点工作、6项文化重点工作、6项旅游重点工作）工作思路，全区基层综合性公共文化服务中心基本实现全覆盖，全区旅游逐步实现从生态观光向休闲度假转变，公共文化服务体系均等化、标准化建设成效明显，国家级全域旅游示范区创建取得阶段性成果，文化旅游发展新动能不断显现，全区文化旅游事业发展迈上一个新的台阶。长清区被山东省委、省政府评为山东省第三届文化强省建设先进区、被授予“首批山东省文旅产学研促进基地”称号，区文广新局被评为全区招商引资工作先进单位、全区经济社会发展先进单位、全区美丽乡村建设先进单位、全区扶贫工作先进单位、全区四德工程建设先进单位、全区精神文明建设标兵单位、全区宣传思想工作标兵单位。

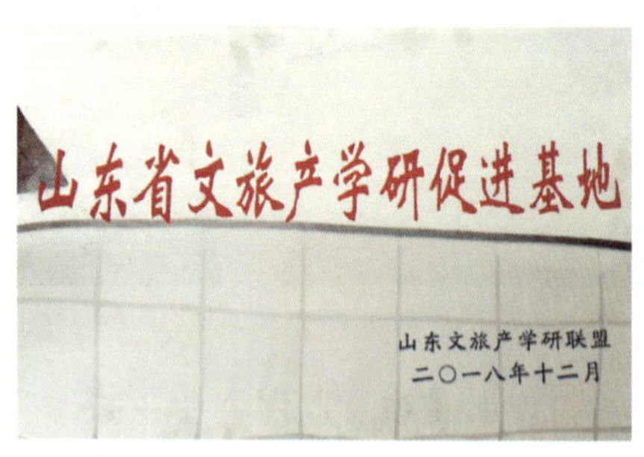

长清区获山东省文旅产学研促进基地称号

【文化设施】 2018年，区文广新局推进公共文化服务体系建设，全区建设完成481处村综合性文化服务中心，达标率98.16%。文化精准扶贫工作扎实推进，建成贫困村综合性文化服务中心24个，投资72万元。为4处文化活动示范点和3处村（社区）文化服务中心配发设备器材，投资23万余元。争取扶贫基金资助项目7个，资金204万元。为农家书屋补充更新图书7万余册，投资130余万元。

2018年12月14日，区文广新局举行综合性文化服务中心设备发放仪式　（张照军　摄）

【文化活动】 2018年，区文广新局组织开展庆新春、消夏广场等各类文化惠民演出活动103场，专题文化惠民活动88场次，“一年一村一场戏”工作全年演出272场，“一村一月一场”公益电影放映7010场次。开展“倡导全民阅读 建设书香长清”青少年朗诵大赛、童声书韵朗诵大赛、“情系农民工送福进万家”、送文化进敬老院等活动91场次，参加活动18万人次。举办中国传统习俗展、摄影艺术展、“全民阅读书香中国”等各类展览21场次。

【文化服务】 2018年，区图书馆、区文化馆坚持免费开放，常年举办各种形式的文化活动，服务基层、服务群众。区图书馆开设尼山书院国学大讲堂，利用“我们的节日”主题活动，举办太极拳、围棋、剪纸等各类公益讲座36场次；开设图书馆第二课堂，不断强化与学校合作，与山东师范大学马克思主义学院建立大学生思想政治教育实践基地，与石麟小学建立友好合作关系。区文化馆举办各类公共文化辅导培训181场次，培训人员6110余人。

开展网吧交叉检查 （王凯 摄）

【戏剧曲艺】 2018年，区文广新局筹备创作以“乡村振兴”为主题内容的山东梆子剧目，由省艺术研究院青年编剧高志娟执笔，召开座谈会，多次到孝里镇、归德街道实地考察、搜寻有关资料。9月5日，参加第七届山东省戏剧红梅大赛，济南市豫剧团有5位演员进入决赛，其中刘元新、刘猛获一等奖，杨羚翔、郭念生、刘兰菊获二等奖。小品《今夜花开月正圆》获济南市新创作优秀群众文艺作品一等奖，并作为展演剧目在国家公共文化云平台上进行录播。12月15日，刘元新被济南市文化广电新闻出版局授予“济南市青年文艺之星”称号。

【公益电影放映】 2018年，长清区继续实施农村公益电影放映工程，坚持“一村一月一场”公益电影放映，开展标准化放映服务，提高农村公益电影放映服务质量。全区共有放映队24个，全年放映电影7010场次。

【网吧市场管理】 2018年，区文广新局结合“两节、两会”、创城实地测评等重大节点，对网吧实行分片分级管理，明确工作目标，细化分级标准，及时调整重点监管网吧名单，实行一、二、三级分级巡查模式，加大对进入黑名单网吧的巡查力度，对违法违规行为实行处罚量化上线处罚，并及时录入全国信用监管平台公示曝光，从严从重进行管理，形成多部门群防群治、齐抓共管的新格局。推进网吧信息平台建设，做到日常巡查信息全部录入“全国文化市场技术监管与服务平台”，网吧终端电脑全部安装互联网服务营业场所管理系统，实行24小时远程技术监管，有效提高工作效率。10月，开展全省“异地交叉”检查，与菏泽市开展综合执法交叉检查，针对网吧、娱乐场所、印刷企业经营单位贴近实战，以案代训加强综合执法业务交流。全年共出动执法人员2067人次，执法车辆422车次，检查经营单位1268家次，开展专项集中行动5次，排除安全生产隐患76条，下达责令整改52份，立案查处11家，取缔非法经营2家。

【娱乐演出市场管理】 2018年，区文广新局加大对大型营业性演出管理，通过加大市场准入门槛，坚持事中事后审查程序，严把演出剧目内容，重点查处利用演出活动推销劣质商品的经营行为，维护消费者基本权益。全年有效监管营业性演出活动62场，依法取缔“草班子”非法演出5场。开展中、高考护航行动，以各考场中心涉及周边考生聚集的居民小区、宾馆、卡拉OK歌舞厅、露天广场舞、户外LED大屏幕、商业庆典、网吧为重点，发放《关于加强中、高考期间文化市场管理的一封信》95份，检查休闲露天广场、经营场所55家次，责令立即改正9家次，排查考生听信网上作弊设备、提供高考试题等违法虚假信息3条。

区文广新局在清怡园广场开展"绿书签"集中宣传周活动

（张照军　摄）

【新闻出版市场管理】　2018年第十八个国际知识产权日，长清区2018"绿书签"集中宣传周活动在清悦园广场举办，宣传盗版侵权的危害和保护版权的重大意义。结合全市"护苗、固边、清源、净网、秋风"五大专项行动统一部署，以打击、封堵政治类、宗教类政治出版物为重点，收缴侵权盗版出版物1120册，立案处罚3家。强化印刷企业的管理，有效封堵非法印刷品出版、印刷、复制等活动，维护新闻出版市场经营秩序。推进"扫黄打非"进基层工作，对全区10个街镇"扫黄打非"进基层办公室、工作站发放相关工作制度牌1200块、牌匾609块，建立基层示范点4个，被评为省级"扫黄打非"工作站1个。

【广电执法管理】　2018年，对高铁沿线万德、张夏、崮云湖3个街道23村开展擅自安装和使用卫星地面接收设施专项整治活动，共拆除设施331套，行政处罚25家。配合市文化执法局、市无线电委员会开展联合"黑电台"整治活动，拆除长兴苑、汇侨城非法医疗药品黑广播电台3个，切实维护全区广电市场正常播出秩序。

【电影市场管理】　2018年，区文广新局严格贯彻执行《中华人民共和国电影产业促进法》，排查影院安装使用未经备案或不合格的售票系统、手写票、不出电脑票、无票等各类违法偷漏票房经营行为，有效杜绝放映影院盗录、盗放影片、放映未取得电影公映许可证影片等违规活动，全年共开展电影市场专项检查行动6次，检查影院38家次，整改安全隐患16条，责令限期整改2家。

【非物质文化遗产】　2018年，组织省、市非遗专家对2018年申报的项目及传承人进行专家评审，确定长清区第七批区级非物质文化遗产代表性项目7项，第四批非物质文化遗产代表性传承人11人。举办"文化和自然遗产日"非遗展示、非遗进校园、非遗进社区等各类非遗活动35场，累计参与人数1.7万人。年底，全区有省级非物质文化遗产手龙绣球灯、孟姜女传说、扁鹊传说、木鱼石雕刻制作技艺、山东梆子、山东落子6项，市级非物质文化遗产46项，区级保护项目52项。

（薛云辉）

文　物

【概况】　2018年，长清区文物部门以重点文物保护项目为抓手，加强历史文化遗产保护利用为目标，组织开展各项文物保护工作，编制文物保护规划，实施文物保护工程。至年底，全区有各级文物保护单位243处，其中全国重点文物保护单位6处（孝堂山郭氏墓石祠、灵岩寺、齐长城遗址、汉济北王墓、长清莲花洞石窟造像、明德王墓），省级文物保护单位16处（石佛堂、小屯遗址、大柳杭遗址、张官遗址、五峰山洞真观、月庄遗址、王泉摩崖造像、龙兴寺丈九佛造像、长清县学文庙大成殿、大峰山古建筑群、小娄峪古建筑群、万德西南遗址、张营遗址、方峪建筑群、津浦铁路万德火车站旧址、史元厚烈士纪念堂），市级文物保护单位25处，县级文物保护单位47处，依法登记单位15处，第三次全国文物普查新发现登录公布文物保护单位134处。

明德王墓地、长清莲花洞石窟造像、汉济北王墓国家重点文物保护规划征求意见会议 （常永军）

【文物保护规划】 2018年，实施明德王墓地、长清莲花洞石窟造像、汉济北王墓3处国家重点文物保护单位保护规划编制工作，完成以上3处国家重点文物保护单位规划成果（初稿）并组织开展规划征求意见工作。

【文物保护】 2018年，完成明德王墓地陵园6号墓东、南、西垣墙抢救性保护工程及灵岩寺辟支塔维修保护工程、五峰山洞真观修缮保护工程，完成长清莲花洞石窟造像、明德王墓地、汉济北王墓安全防范建设工程，通过省、市文物局专家组合格验收。组织申报完成省、市级文物保护单位大峰山古建筑群、小娄峪古建筑群、五峰山洞真观、史元厚烈士纪念堂等修缮保护项目，并获省、市文物局批复及专项资金支持，当年完成各申报项目的方案编制和工程资金申请工作。组织实施县级文保单位麒麟关帝庙、马岭关帝庙修缮保护展示工程。争取市级财政对长清区市级文物保护单位胜利玉皇庙、靳庄真武阁、神宝寺遗址，县级文物保护单位前夏三官庙、五峰讲书院土地庙等文物保护项目支持。配合完成长清文昌街道东王城中村改造中东王墓地、平安街道赵家营村房建中赵家营古墓葬、长清四馆建设中古墓葬的抢救性发掘。完成黄河滩区迁建文物调查和乡村文物普查工作，复查文物200余处。

（薛云辉）

广播电视

【概况】 2018年，长清区广播电视台（以下简称区广播电视台）以打造区委、区政府满意、群众喜爱、职工热爱的宣传阵地为目标，对内宣传鼓舞士气、对外宣传提升形象，唱响主旋律，打好主动仗，讲好长清故事，提升长清区的知名度和美誉度，为全区经济社会发展提供强大思想舆论支持。全年四套电视节目实现播出“零”事故。10月，区广播电视台通过山东省县级电视台标准化建设一级台验收。区广播电视台获山东广播电视台2018年度电视宣传先进集体一等奖和广播宣传先进集体一等奖，获济南广播电视台宣传工作先进集体。

区广播电视台获2018年度电视宣传先进集体一等奖

【广播】 2018年，《阳光政务直通热线》共完成116期，上线单位80个，接听电话301个，转办事件80个，现已全部办结，周末连线单位36个，交流法律热点42期，整理热点政策98条。全年完成广播新闻类节目200期，音乐类娱乐节目110期，村村响广播节目560期。

【电视设施】 2018年，投资200余万元用于电视台标准化建设，购置数据库主备服务器、数据流蓝光盘库系统、文稿系统、安全与监控系统、四通道数字监播系统等11套电视播出系统；采购数据存储服务器、备用播出系统、双电源直播数字调音台、内部通话系统、音频调度控制矩阵、中央电台信号解码器等电台播出系统10套；新增广播级高清摄像机及配套设备5台，高标清非线性编辑机，UPS电源2套。提升广播电视节目信号质量，保障广播电视节目安全播出，满足标准化建设各项设备要求，被评为全省第一批达标“县级广播电视台标准化建设一级台”。

【电视节目】 长清电视台除转播中央台《新闻联播》《山东新闻》外，自办节目主要有《长清新闻》《长清发现》《百姓大舞台》《身边》《走近你》《长清圆桌会》《温暖》《长清新视界》《长清政务百叶窗》等栏目。录制播出全区“扬帆新征程 建设新长清”长清区2018年春节电视文艺晚会，组织策划新华杯“倡导全民阅读 建设书香长清”青少年朗读大赛、“中国梦 新时代”长清区百姓宣讲比赛、“2018唱响泉城——改革开放40年影视金曲大家唱”长清赛区比赛及全区首届电视嘻哈少儿街舞大赛、长清公安分局巾帼建功表彰暨事迹报告大会、全区安全知识竞赛、长清区首届旗袍秀展演大赛、宪法知识竞赛等文化活动。

【长清区2018年春节电视文艺晚会】 2018年1月5日晚，在长清一中礼堂二楼，全体区级领导、正区（县）级老领导、驻地高校领导观看“扬帆新征程 建设新长清”春节文艺晚会，共演出节目15个，主要节目有歌伴舞《好儿好女好江山》、舞蹈《锦上三月》、独唱《风景独好 》、《戏曲联唱》、诗朗诵《美哉！长清》、器乐合奏《拉呱》、小品《今夜花开月正圆》等，参演人员200余人。

“扬帆新征程 建设新长清”2018年长清区庆新春文艺晚会

（李伟 摄）

长清广播电视台新闻频道 2018 年节目单

表 21-1

开始时间	名称	时长（分钟）
6：30	呼号 + 国歌	
	山水长清　魅力新城	13
	广告	
	新闻前广告	
6：50	长清新闻	16
	新闻后广告	
7：11	自办专题（日播）	10
	广告	
	上午剧场第一集剧	45
	广告	
	上午剧场第二集剧	45
	新闻前广告	5
9：00	长清新闻	16
	新闻后广告	
9：21	自办专题（日播）	10
	广告	
	公益广告	
	广告	
9：50	上午剧场第三集剧	45
	广告	
	上午剧场第四集剧	45
	广告	
	公益广告	
11：35	《商界》	15
	广告 + 公益广告	
	新闻前广告	5
12：00	长清新闻	16
	新闻后广告	5
12：20	自办专题（日播）	10

续表 1

开始时间	名称	时长（分钟）
	广告	
12：45	商界	15
	广告	
12：50	下午剧场第一集剧	45
	广告	
	下午剧场第二集剧	45
	广告	
	下午剧场第三集剧	45
	广告	
	下午剧场第四集剧	45
	广告	
16：00	快乐生活一点通（一集）	30
	广告	
	快乐生活一点通（二集）	30
	广告＋公益广告	
17：15	菁菁校园	30
	广告＋公益广告	
18：00	商界	15
	广告	
18：12	自办专题（日播）	10
	公益广告	
	新闻前广告	5
18：30	转播山东新闻联播	25
	新闻后广告	5
	中央新闻前公益广告	
19：00	转播中央新闻联播	30
	新闻前广告	
19：35	长清新闻	16
	新闻后广告	

续表 2

开始时间	名称	时长（分钟）
	天气预报	3
	广告 + 公益广告	
20：01	自办专题（日播）	10
	公益广告	
	广告	
	晚间第一集剧	45
	广告	
	晚间第二集剧	45
	广告	
	公益广告	
	新闻前广告	5
22：00	长清新闻	16
	新闻后广告	5
22：21	自办专题	
	广告	
	光影纵横	45
23：30	再见	

【宣传成果】 2018 年，区广播电视台电视新闻向省台发稿 200 余条；向市台发稿 730 余篇。广播新闻向省台发稿 48 条，向市台发稿 60 余条。长清区广播电视台获山东广播电视台 2018 年度电视宣传先进集体一等奖和广播宣传先进集体一等奖，获济南广播电视台宣传工作先进集体。手机台整站访问量 139.9 万次，其中直播浏览量 107.2 万次。至年底，手机台自办栏目更新 2120 期，资讯更新 711 条，活跃用户累计 5 万余人；开设四千会、两会、党代会、新春走基层、城市提升、扫黑除恶等专栏 7 项，更新发布重要时政、民生、社会信息 300 余条；开办春晚网络图文直播、唱响泉城网上报名和视频直播等 3 项活动。秀美长清微信公众号发布文章 1528 条，回复粉丝留言 5000 余条，总阅读数 236 余万次，头条阅读量 120 万次，共吸纳粉丝 5.8 万名，整理发布《山水长清 魅力新城》《航拍雪中灵岩》等原创文章 40 余篇；守护长清蓝天、禁放烟花爆竹相关推送 28 篇，节能宣传周相关推送 7 篇，扫黑除恶相关推送 20 篇，青岛上合峰会期间推送好客山东宣传片 20 余篇。区广播电视台媒体融合工作被省广播电视台评为先进单位，充分发挥宣传主阵地传播力、引导力、影响力、公信力。

（张　林）

广电网络

【概况】 2018年，山东广电网络有限公司长清分公司(以下简称广电网络长清分公司)围绕“改革创新攻坚年”主题，应对日益复杂激烈的竞争，寻求新的增长点，在经营保户、网络优化、集客发展、地推营销、文化惠民、服务提升等方面进行探索，取得良好成效。至年底，全区有线数字电视用户6.54万户，广电宽带用户2.88万户。

【互联网】 2018年，推出宽带提速降价等政策，宽带用户新发展1.11万户，再创用户发展新高，总户数2.88万户。

【网络建设】 2018年，广电网络长清分公司实施新建项目18个，在建项目6个，零星工程72个，共敷设光缆127.77公里，完成线路改造和新建36村(小区)，完成FTTH光纤入户8000余户。

【服务政府】 2018年，广电网络长清分公司依托政府、服务政府、借力政府，利用网络资源，以有线电视网络为基础寻求政府性合作，参与政府招标项目，成功中标创促大厦专线服务项目及执法局热点监控项目。9月，协调区委组织部为全区46个贫困村开通50M广电宽带。12月，以搭建智慧社区平台为突破口，与万德街道马套村合作，建设马套智慧社区。

(颜世嘉)

档案工作

【概况】 2018年，长清区档案局(长清区档案馆)(以下简称区档案局)参与新馆建设前的各项准备工作，提供建设相关标准、数据等资料，学习借鉴先进地区经验做法，为新馆建设在图纸优化、配套设施设备等方面建言献策。档案业务建设成效显著，开展“业务建设提升年”活动，建立档案工作长效机制。开展档案业务能力精准培训，切实提高档案干部业务能力。开展“群众满意窗口”活动，改进和细化各项工作，提升档案人员查档能力和水平，提高查档质量，群众满意度不断提升。提升民生档案信息共享平台服务功能，通过政务内网实现共享服务延伸到所有的街镇，将零跑腿和一站式服务落实到档案工作中。区档案局获2018年度全省档案宣传工作先进集体称号，被评为济南市档案工作管理与服务创新优秀案例评选优秀组织单位。

【档案工作】 2018年3月5日，召开全区机关党建暨档案保密工作会议，副区长梁艳玲主持会议，并宣读《关于表彰2017年度全区档案工作先进单位和先进个人的通知》，区委常委、区委办公室主任亓明作重要讲话。区档案局发挥馆藏档案信息资源优势，主动发挥档案资政参考作用。接待济南战役离退休人员、部队转业干部和退伍军人信息核实、党员信息核实等民生档案查阅。提供清康熙《长清县志》、清道光《长清县志》、民国《长清县志》的查阅利用工作，为长清区人文交流、社会各界认识了解长清、招商引资建设、文化项目建设、族谱编写等提供历史资料。接待齐河县志交流、族谱查阅50余人次。完成破产企业职工档案的管理工作，接待破产企业职工档案查阅、转移职工档案280余人次。做好干部个人信息完善、复退军人安置、干部调整、征地批复、婚姻档案查询、知青、招工等内容的档案查询利用工作，全年共接待档案查阅、利用3400余人次，提供档案资料2.5万余件。

2018年3月5日，全区机关党建暨档案、保密工作会议召开　（孔艳艳　摄）

【企事业档案】　2018年1月30日，区档案局到农业局指导整理集体产权制度改革档案工作。4月，开展文书档案集中立卷归档，参与集中立卷单位80余个，集中立卷率90%以上。9月12日—30日，区档案局机关文书指导科对全区各单位2017年文书档案、照片档案的收集、整理、归档工作进行验收。在全区机关企事业单位中，开展山东省档案科学化管理测评工作，区水务局以102.3分通过科学化管理示范单位测评，区大学科技园管理服务中心、区粮食局、长清一中、长清区疾病控制和预防中心通过先进单位测评，区农机局、长清中学、长清区特殊教育学校等7家单位通过合格单位测评。推进企事业单位规范化建档工作，至年底，宏达集团和山东鲁润热能科技有限公司已按照国家标准健全档案管理体系，达到企业档案规范化建档标准。

档案业务指导　（刘新　摄）

【农村档案】　2018年，区档案局组织行政村（社区）集中立卷2万余件，涉及490个行政村（社区），占总行政村（社区）总数的80%。开展新农村档案规范化建设和千村示范工程，与精准扶贫、产权制度改革、乡村振兴等相结合，主动协调，上门指导，完成辖区内13个示范村（社区）创建工作。2016年—2018年，共完成116个示范村创建工作。马套村被定为全省乡村振兴战略档案工作试点单位，已完成初步方案和材料收集工作。土地确权档案全文数字化达到100%，并通过验收。

【重大建设项目档案】　2018年，区档案局完成长清区市级重点建设项目档案管理登记工作，并对长清区人民医院（市第九人民医院）新医院建设项目、长清区大学城实验学校、长清区棚改旧改王宿片区、长清区黄河滩区脱贫迁建项目黄河段等4个重点建设项目下达档案管理监督书，并与长清区住房和城乡建设委员会联合对这4个项目进行督导，现场提出整改建议。

【档案培训】　2018年，区档案局创新培训方式，探索提高培训的针对性和实效性，立足短板定内容，坚持“用什么、学什么，缺什么、补什么”的培训导向，有针对性地举办档案培训班6期，共培训500余人次。3月13日至4月24日，举办初任档案员业务培训班2期，对区直机关集中立卷进行指导，整理文书档案8000余件，照片档案600余张。举办城市社区档案业务培训班，并对社区档案的整理难点问题进行现场演练。举办产权制度改革培训班，解析整理档案标准，并对6个试点村集中立卷。举办畜牧监管档案培训班，对区委巡察办公室档案整理跟踪服务等。

【档案宣传】 2018年6月7日，区档案局举办以“图片档案中的长清”为主题的纪念“6·9”国际档案日图片展，以馆藏篇、机关建设篇、新馆建设篇、族谱篇、“新时代、新长清”篇和街镇风采篇为主要内容。同时，在全区10个街镇、1所高校、1所中学、1个社区及创新谷开展图片档案巡展活动，受众人数2000余人次。

（张兴娟）

档案日图片展 （孔艳艳 摄）

报 纸

【概况】 2018年，长清区新闻信息中心围绕全区中心工作，牢固树立政治意识、大局意识、核心意识、看齐意识，以“唱响主旋律”为主题，坚持党性，突出特色，为全区改革、发展、稳定营造良好舆论氛围。编辑出版全区重大新闻事件、新闻人物、典型事迹，宣传党的路线方针政策，为全区经济社会发展服务。全年出版《新长清》报100期，刊发各类稿件5000余篇；编发《舆情·监测》18期，完成市级网络评论稿件7800篇。

【新长清】 2018年，共出版《新长清》报100期，刊发各类稿件5000余篇、照片1000余幅。在栏目设置上，开设“灵岩文苑”“摄影长廊”“长清人物”“长清地理”等文化品牌；在稿件来源上，单位与街镇宣传部门，书画、诗歌、摄影爱好者及旅游部门建立通讯员制度，接受社会各界文学、摄影爱好者投稿；在内容选择上，文化品牌主要收录诗歌、散文、地方史志、自然景观、书画作品、人物剪影、作品介绍、人物传记等。以专栏方式彰显主题宣传，开辟《人大代表风采》《科普园地》《落实禁放法规 打造更优越城市环境》《落实全区“两会精神” 建设现代化山水魅力新城》《魅力教育》《理论与学习》《科普园地》《创建食品安全城市》《长清创城进行时》《工作与研究》《落实全区四干会精神 建设现代化山水魅力新城——全区街镇部门一把手访谈》《长清脱贫攻坚在行动》《建设山水魅力新城 树良好风气 创至善之业》《新时代 新女性 新风采》《树良好风尚 创至善之业》《“大走访 大调研 促发展”主题实践活动——走进区教体局》《新征程 新作为 来自济南经济开发区的报道》《全区作风建设年活动系列报道》《魅力新城添光彩 典型就在我身边》《大学习 大调研 大改进》《展政协委员风采 建山水魅力新城》《全力以赴打赢城市提升攻坚战》《开展百日整治行动 优化长清发展环境》《长清区城市提升工程光荣榜》《长清十大杰出青年事迹巡礼》《全域旅游 全民参与 全新追求》《传承黄河文化 共建美好家园 推进黄河文化景观带建设》《争创出彩人家 共建美丽乡村》《1+654亮点工作巡礼》《风情万种——来自齐鲁八号风情路的报道》《长清区庆祝改革开放40

年风采展示》等专栏，对全区旅游景点、旅游、民生、城建、脱贫、乡村发展等工作开展进行全方位宣传。对黄河文化景观带、园博园、马山慢城、齐鲁8号风情路、济西湿地公园、华谊兄弟电影小镇、梦翔小镇、灵岩寺景区、五峰山景区、大峰山革命教育基地、齐长城、十八里谷道、文昌山城市健康公园、孝堂山等进行深入宣传，对张夏杏花节、五峰樱桃节、马山雪桃节、双泉油菜花节、牡丹节、茶文化节、山药节等群众参与性强、影响较大的活动开辟专栏宣传。还开设图片新闻区，栏目包括“我学习 我践行社会主义核心价值观”“无偿献血 无上光荣”“扫黑除恶宣传”“孝里镇：四德之风劲吹 文明之花怒放”“太极拳进校园”“双鱼杯全民乒乓球大赛”“普通话宣传活动周”“遏制农村陋习 倡导文明新风”“百善孝为先——重孝道 知感恩 传美德”“长清阳光健身俱乐部公益跑活动”“学习雷锋精神 争做美德少年”“安全食品检查”“警校共建扫黑除恶主题宣传活动”“推动移风易俗树立文明新风”以及“区扶贫办组织学习《习近平扶贫论述摘编》”等内容。

【互联网信息管理】 2018年，编发《舆情·监测》18期，完成市级网络评论稿件7800篇，在市级以上网络媒体发帖5万余条，上报舆情信息2000余条，编发手机报236期，其中长清新闻2400余条，观天下2400余条，生活贴士700条。建立完善舆情监测值班AB角制度，按照制度要求，值班人员坚持每天早上8点前，报送主要网络、贴吧中有关长清区的舆情情况，并及时处置有害信息。同时，严格落实全区宣传中心工作，不断服务领导决策，不断强化大局意识。加大新闻报道及舆论引导，围绕全区新旧动能转换、重点项目建设、拆违拆临、精准扶贫、滩区迁建等重点工作，充分发挥《新长清》报及手机报宣传平台作用，形成宣传合力，彰显中心宣传主流意识前沿阵地作用。手机报的内容为前一天全区重要活动及会议，上传、发送时间为当天上午。手机报上传流程明确有序，且有专人负责，随时关注平台信息更新，保证手机报内容准确及时。

（刘　峰　许　锋）

图书发行

【概况】 山东新华书店集团有限公司长清分公司（以下简称新华书店长清分公司）位于长清区宾谷街，是一家国有文化企业，负责一般图书、电子音像出版物和教学用书发行任务。2018年，新华书店长清分公司销售码洋1908.59万元，比上年减少115万元，折让33.32万元，比上年减少19万元，实现利润137万元。自2003年起，一直保持山东省文明单位称号。

【图书及教材教辅发行】 2018年，图书及教材教辅发行实现销售总码洋1908.59万元，其中教材销售码洋755.85万元，教辅销售码洋929.24万元，图书销售码洋208.8万元，音像及其他销售码洋10万元，非出版物码洋4.7万元。切实做好教材教辅发行工作，保证长清区每一个学校的每一名学生都在课前收到教材教辅。

（朱文博）

卫生综述

【概况】 2018年，长清区卫生和计划生育局（以下简称区卫计局）落实新时代卫生与健康工作方针和省市区卫生计生工作会议精神，以“争创人民满意卫生计生事业”为目标，各项工作都取得新进展、新突破。全区共实施医疗精准帮扶1.5万人次、减轻就医负担323.83万元。按照个性化治疗方案免费送药0.92万人次，计71.11万元。落实国家基本公共卫生服务项目工作再创佳绩，免费实施基本公共卫生服务项目14项，更多城乡居民免费享受到更加优质的基本公共卫生服务。连续3年在济南市考核中位居前列。由山东省基层卫生协会专家组成的第三方对长清区进行国家基本公共卫生服务项目绩效考核，列济南市第二名。其中家庭医生签约服务项目开展情况居济南市第一名。区人民医院与山大齐鲁儿童医院、山东省耳鼻喉医院分别达成联合体。山东庆松微创医生集团入驻区中医医院，成立微创治疗协作基地。长清区被确定为全省医养结合示范先行县（区），通过全省医养结合示范创建中期评估。加大全面两孩政策宣传力度，加强监测预警，强化规范管理，全面两孩政策平稳实施。近3年，长清区生育监控到位率各项指标均列全市前列。同年，全区各类卫生技术人员1840人，拥有床位1353张，全年业务收入4.12亿元，总诊疗人次143万人次，门诊病人次均医药费用142.7元，出院病人3.6万人。区卫计局获全国基层中医药先进单位、全市中医药工作先进单位、全市药械化安全性监测工作先进单位、全区人大代表建议工作先进单位、全区档案工作先进单位、全区扶贫工作先进单位等称号。

【经济社会发展综合考核】 2018年，区卫计局承担全市经济社会发展综合考核指标2项，分别为人口均衡发展和卫生健康服务保障，总分10分。其中，人口均衡发展水平占5分，主要包括出生缺陷综合防治、出生人口性别比两项，全部完成目标值；卫生健康服务保障占5分，包括家庭医生签约服务工作落实率、县级医院医疗服务能力达标率、医养结合工作落实率和严重精神障碍患者服务管理率，全部完成目标值。

【打击“两非”】 2018年，区卫计局贯彻落实济南市人口和计划生育领导小组办公室《关于下达2018年度全市查处“两非”案件基数指标的通知》（“两非”指非医学需要的胎儿性别鉴定、非医学需要的选择性别的人工终止妊娠），开展打击“两非”、性别比综合治理活动，查处“两非”案件2起，违法经营销售终止妊娠药品案1例，利用B超非法进行胎儿性别案1例，分别依法依规进行处罚。

【独生子女父母政策】 2018年，按照区政府《关于落实城镇部分独生子女父母奖励扶助政策的通知》文件要求，组织上报审批城镇其他居民独生子女费116人次，共计429人，发放金额41.37万元。

【计划生育奖励扶助】 2018年，长清区新增农村部分计划生育家庭奖扶对象3180人，新增农村双女户奖扶对象662人，新增计划生育特别扶助对象90人。全区各类奖励扶助对象累计达到2.61万人，配套发放奖励扶助金2951.15万元。

【计生服务】 2018年，长清区“全面两孩生育政策”稳步实施，出生统计上报及时准确。全年共出生6185人，出生率10.98‰，其中一孩2212人、二孩3728人、多孩245人，出生二孩数占全体出生数的60.3%。全区计划生育出生统计合格率98.75%，孕情上报及时率84.8%，生育登记覆盖率95.5%，均位于全市前列。

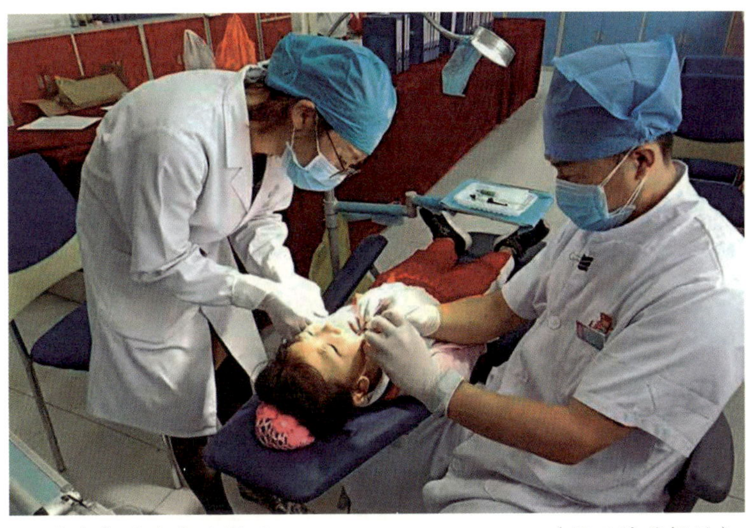

儿童免费牙齿窝沟封闭　　（区卫计局提供）

【基层医疗机构标准化建设】 2018年，新建卫生室6处、改扩建卫生室6处。全区共有4处社区卫生服务中心、6处乡镇卫生院、343处卫生室业务用房、科室设置、运行质量、服务能力达到基层医疗机构标准化建设要求。

【乡镇卫生院等级评价】 2018年，根据《关于印发济南市乡镇卫生院评价工作实施方案的通知》要求，归德镇中心卫生院、孝里镇中心卫生院、万德镇中心卫生院参加第一批乡镇卫生院评价工作。经市级专家组评价，全市共评出首批乡镇卫生院8家，其中长清区归德镇中心卫生院为一级甲等、孝里镇中心卫生院为一级甲等、万德镇中心卫生院为一级乙等。

【医疗精准扶贫】 2018年，区卫计局制定《医疗精准扶贫暂行管理办法》等系列文件，市、区两级财政投入医疗精准扶贫资金362万元。全区12家医疗机构实现居民基本医疗保险和大病保险报销、医疗机构减免、医疗救助、医疗商业补充保险、医疗精准扶贫专项帮扶“一站式”结算。全年，累计帮扶1.5万人次，累计帮扶金额323.83万元。

【适龄儿童免费牙齿窝沟封闭防龋项目】 2018年，区卫计局与区教育体育局联合印发《济南市长清区2018年适龄儿童免费牙齿窝沟封闭防龋项目实施方案》，对全区4393名小学二年级学生进行口腔健康检查，检查率100%；对确定适合做牙齿窝沟封闭的2858名学生进行牙齿窝沟封闭，封闭率100%。

【中小学生健康体检】 2018年，区卫计局与区教体局联合印发《长清区中小学生健康体检工作实施方案》，对全区111所学校5.2万名学生，按照“早发现、早诊断、早矫治”的原则，集中开展体检工作，体检完成率100%，录入率100%。

【健全完善中医药管理机制】 2018年7月1日，山东省“中医中药中国行”暨“扁鹊文化泉城行”启动仪式在长清区举办，旨在进一步弘扬中医药文化，宣传普及中医药法律知识，提高民众中医养生保健素养。9月，区卫计局通过全国基层中医药工作先进单位复审。10月15日，“全国知名健康媒体济南行”首日走进长清，集中采访长清区中医医院扁鹊医院、扁鹊康养小镇民俗区等中医药特色项目，对长清区中医药特色文化建设给予高度评价。区人民医院、区中医院成功创建山东中医药大学教学医院。10处街镇卫生院（社区卫生服务中心）全部高标准建成国医堂，长清区中医药工作水平不断提升。区卫计局承办全市

2018年7月1日，2018山东省“中医中药中国行”暨“扁鹊文化泉城行”启动仪式在长清区举行　（区卫计局提供）

“弘扬扁鹊文化 推进中医药事业发展座谈会”，全面深入研究探讨扁鹊文化传承发展。举办全区中药传统技能竞赛，选拔出优秀选手4人参加济南市决赛，获团体二等奖。

【百白破疫苗补种】　2018年，积极稳妥做好百白破疫苗续种补种、受种者损害认定等问题疫苗应急处置工作。至年底，累计补种百白破疫苗1841人次，完成应补种任务的97.72%，列全市前列。

【医养结合】　2018年4月25日，召开全区医养结合示范先行区创建工作启动大会，区政府办公室印发《全区建设全省医养结合示范先行区工作方案》。长清区被确定为全省医养结合示范先行县（区），8月通过全省医养结合示范创建中期评估。全区10家街镇医疗机构全部与街镇敬老院签约，村卫生室与幸福院结合率70%以上，为入住老人提供医疗服务，组建家庭医生签约团队，为辖区老年人提供基本公共卫生服务。区人民医院、区中医医院均成立老年病科，全区12家医疗机构全部开通老年人就医绿色通道，实行先住院后结算。探索“中医药+旅游+特色小镇”模式，扁鹊小镇初具规模。

【卫生应急】　2018年，全区设有“120”急救调度中心1个，急救站4个（分别为长清区人民医院、长清区中医医院、张夏急救站、孝里急救站）。建成符合中国及国际标准、满足全区院前急救服务需求的高可靠、高效率、高性能、高实用的“120”急救指挥调度系统，实现与市急救中心、区分中心进行快速、实时、有效的信息沟通，实时掌握各分中心的事件、车辆、人员和急救物资备用情况。全区共设立突发公共卫生事件应急队伍13支（区级医院2支、疾病控制中心1支及乡镇卫生应急队伍10支），有116人组成，并设立41人组成的突发公共卫生事件专家咨询委员会，分设传染病防控组、中毒处置组、医疗救治组、预防预警组及综合组等5个小组。全年共参与突发应急及大型事故10起，其中车祸3起，死4人，伤5人；溺水事件2起，死亡3人；意外坠落事件4起，死亡4人；电击事件1起，死亡1人。出动救护车15车次，医护驾驶15人次。影响较大交通事故1起。区120调度中心1月—12月急救出车1.2万车次，有效保障全区人民的身体健康。

【医疗质量安全管理】　2018年，区卫计局采取多项举措加强医疗质量安全管理，保障医疗服务安全。9月，抽调二级医院专家组成检查组，对医疗机构医疗质量、核心制度、院内感染、基本药物等医政业务进行督导检查，发现问题当场反馈，并要求各单位及时整改并撰写整改报告，进一步贯彻落实医疗质量安全核心制度，规范医疗行为，改善医疗服务行动，建立健全质控管理长效机制。开展对口支援，从二级医院选派58名主治医师到街镇卫生院（社区卫生服务中心），采取定期坐诊、培训等方式，帮助提升基层医务人员诊疗水平和基层医疗机构医疗服务能力。12

月7日，区级专家对区卫计局发证的医疗机构进行院感专业知识培训，规范各医疗机构的院感知识储备，以培训促提高、促整改。同月，邀请市级专家对各医疗机构进行院感专项检查，及时发现问题，整改落实。

【基本药物制度实施】 2018年，长清区共有2处二级医院、10处政府办基层医疗卫生机构、342处村卫生室继续巩固实施基本药物制度，按规定执行零差率销售、省网集中采购、集中结算，药品采购全面实施“两票制”（两票制指药品生产企业到流通企业开一次发票，流通企业到医疗机构开一次发票）。10处基层医疗卫生机构全年配备使用药品576种，采购总金额4064.30万元，销售总金额3786.4万元。2处二级医院全年配备使用药品921种，采购总金额1.18亿元，药品销售总金额1.35亿元，省网采购比例100%。组织基本药物合理使用专题培训11期，其中区卫计局组织专题培训1期，10处基层医疗机构各开展合理用药全员培训1期，培训覆盖率100%。

【药事管理】 2018年，完成10处政府办基层医疗机构基本药物制度、麻精药品使用管理、处方点评及抗菌药物合理使用专项督导检查1次，有效促进基层医疗机构药事管理水平的提高。完成382处医疗机构抗菌药物静脉输注备案工作，备案管理率100%。

【流动人口】 2018年，全区共有全员流动人口6766人。其中，流出3120人（男性1637人、女性1483人），流入3646人（男性2051人、女性1595人）。已婚育龄妇女流动人口2586人，其中流出1157人、流入1429人。全部纳入正常管理，综合服务率98%以上。

（袁　君）

疾病预防控制

【概况】 2018年，长清区疾病预防控制中心（以下简称区疾控中心）重点做好疾病预防控制和重大传染病的应急处置工作，确保不发生重大传染病暴发流行为目标，加强疾病监测，提高疾病预警预测能力。全年共报告法定传染病2488例，比去年同期上升12.94%，无死亡病例，无甲类传染病报告，无重大传染病暴发流行，实现“一个确保”目标。做好医疗机构、公共场所、学校卫生、放射诊疗、生活饮用水专项监督检查工作，全年共监督检查单位1568户次，立案65件，结案65件。

【免疫接种】 2018年，区疾控中心贯彻执行《中华人民共和国传染病防治法》《疫苗流通和预防接种管理条例》《预防接种工作规范（2016年版）》等法律、法规和国家、省、市卫生和计划生育委员会有关文件要求，切实落实扩大国家免疫规划政策和经济社会发展综合考核目标任务，巩固消灭脊灰、消除麻疹、控制乙肝和免疫规划疫苗针对疾病防控成果。加强预防接种单位标准化建设和管理，推进预防接种信息化建设，全面提升免疫预防工作管理水平和服务水平。年底，10个街镇全部建成高标准的数字化预防接种门诊。

利用“4·25”全国预防接种宣传日、“7·28”世界肝炎日，采用电视、广播、宣传栏等形式，加大免疫预防知识的宣传力度，做到家喻户晓，增强群众自觉参与意识。每年对从事预防接种人员进行免疫预防知识综合培训。

举办长清区重点传染病防控技术培训班（张波　摄）

全年，建卡5306人，建卡率100%，建证5306人，建证率100%。全区2～3岁本地流动儿童“八苗全程接种率”92.53%，11个预防接种门诊“八苗全程接种率”全部达到90%以上。全区医院产科新生儿出生儿童3030名，24小时内接种乙肝疫苗及卡介苗2981名，接种率及24小时内及时接种率98.38%。全区预防接种门诊乙肝疫苗接种1.11万人次，卡介苗接种298人次，脊灰减毒活疫苗接种1.61万人次，百白破接种2.16万人次，白破疫苗接种4048人，A群流脑疫苗接种9958人次，A+C群流脑接种7336人，乙脑减毒活疫苗接种1.24万人次，甲肝减毒活疫苗接种6975人，麻风疫苗接种4929人，麻腮风疫苗接种1.13万人次，脊灰灭活疫苗接种5729人次。

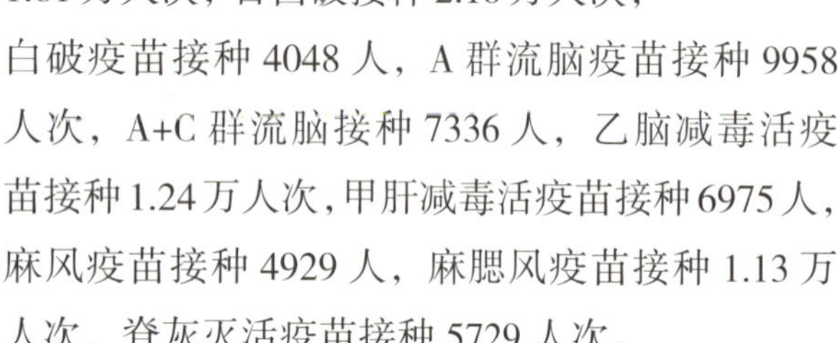

根据群众需求，提供第二类疫苗接种，全年完成AC群结合疫苗接种639人次、ACYW135流脑多糖疫苗接种1333人、流脑hib联合疫苗接种110人次、水痘疫苗接种7941人、hib疫苗接种5433针次、五联疫苗接种34针次、EV71疫苗接种4203针次、流感疫苗接种4045针次、23价肺炎疫苗接种337针次、人乳头瘤疫苗四价接种104人次等。

【传染病防治】 腹泻病防控。2018年，全区感染性腹泻病共发病721例，无死亡病例，发病数较2017年（388例）上升85.82%。4月27日，召开霍乱腹泻病及手足口病防控工作会议暨防治技术培训班；6月8日，在区卫生和计划生育局五楼会议室举办重点传染病防控技术培训班；两次共培训33个单位，59人次。全区腹泻病门诊共接诊腹泻病人732例，做快诊248例，快诊率33.88%；霍乱弧菌培养86例，培养率11.75%。按照上级业务部门工作要求，每月开展病毒性腹泻监测工作。长清区人民医院、长清区中医医院分别采集疑似病毒性腹泻就诊患者大便标本31份、48份，全年共采集大便标本79份，送济南市疾病预防控制中心病毒所进行实验室检测。经市疾病预防控制中心病毒所检测，79份大便标本阳性18份，阴性39份，其中诺如病毒I型阳性1例，诺如病毒Ⅱ型阳性5例，A组轮状病毒阳性12例。

手足口病防治。2018年，全区手足口病共发病879例，重症1例，无死亡病例报告，发病数较2017年（895例）下降1.79%。4月27日，召开霍乱腹泻病及手足口病防控工作会议暨防治技术培训班，共培训12个单位12人。对11起手足口病聚集性疫情进行调查处理，按要求完成散发普通病例样品采集、聚集性疫情样品采集，共完成流行病学调查并输入数据库病例59例，采集便样59份，呈阳性52例，其中肠道病毒71型感染15例，肠道病毒Cox A16型感染1例，其他肠道病毒感染36例。完成手足口患儿急性期血清标本及恢复期血清标本采集2例。

发热伴血小板减少综合征防控。2018年，长清区共报告发病发热伴血小板减少综合征病例16例，其中死亡5例。全部开展个案调查，其中完成5例1∶2病例对照危险因素调查、采集病例恢复期血10份，采集对照血样10份，送济南市疾病预防控制中心检测。

流感防控。2018年，全区共处置流感样病例聚集性疫情1起。由于疫情发生后报告及时、干预及时、措施正确，疫情得到有效控制，没有蔓延扩散。

长清区2018年麻风性病防治工作会议（王长美 摄）

【病媒生物防治】 2018年，根据《全国病媒生物监测方案》和《2018年济南市消毒监测与病媒生物控制工作意见》要求，全面开展蚊、蝇、蟑螂、鼠密度监测，共设立蚊监测点5个、蝇类监测点5个、鼠监测点3个、蟑螂监测点6个。经检测平均蚊密度14.7只/灯·夜，平均蝇密度指数26.93只/笼，平均鼠密度0.54%，平均蟑密度6.74只/张。

【碘缺乏病防治】 2018年，共采集5个街镇20个村户盐302份，碘盐中位数23.2毫克/千克，碘盐合格率92%，合格碘盐食用率91.39%。对200名8～10岁儿童进行甲状腺B超检查，同时采集200份学生尿样和100名孕妇尿样检测尿碘含量。其中学生尿碘中位数155.15微克/升，孕妇尿碘中位数97.45微克/升。

【结核病防治】 2018年，全面落实结核病防治工作措施，加强综合医院归口管理督导检查，强化医防合作，提高结核病人转诊率。利用网络信息，采用多种形式，及时追踪可疑病人，提高总体到位率。全年疑似患者初诊登记1228人，活动性结核病人发现治疗管理190例，其中初治涂阳病人37例，仅培阳1例，初治涂阴病人129例，结核性胸膜炎23例。结核病人发现完成计划的106.7%，结核病人治愈率达到97.6%，各级医疗机构转诊率98.1%，疑似结核病人总体到位率98.5%。各项结核病防治业务指标均达到省、市规划要求。

长清区实施“中国疾病预防控制中心中盖结核病智能药盒/手机APP患者管理项目”，完成该项目目标和工作任务。作为山东省两家项目承担单位之一，项目实施质量和实施效果通过国家督导组评估验收，并给予充分肯定。

【皮肤病性病防治】 2018年3月30日，在区卫生和计划生育局五楼会议室召开长清区2018年麻风性病防治工作会议，济南市皮肤病防治院王大见、于德宝等3位专家应邀到会对全区麻防兼职医生、二级医院化验室人员进行培训。5月16日，组织全区57名麻风愈后存活病人到济南市皮肤病防治院进行免费健康查体、建档。5月25日，对药房、药库、财务盘点清资。执行国家发展和改革委员会等八部门印发的《关于进一步整顿药品和医疗服务市场价格秩序的意见的通知》，结束皮防所以药养医的历史。11月23日，在济南市麻风性病防治技能竞赛复赛中，长清代表队获集体二等奖和优秀组织奖。

【艾滋病防治】 2018年，长清区开展艾滋病防治进农村、进学校、进社区、进家庭、进重点场所活动，发放宣传单3.5万份，宣传折页5000份，制作大型户外宣传牌5块，专题培训7次。开展自愿咨询检测，共咨询检测1100余人次。开展高危行为干预工作，定期对宾馆、饭店、洗浴场所、茶吧、歌吧等进行宣传、咨询、检测，推广

“世界艾滋病日”宣传（丁春明 摄）

宣传使用安全套等。落实国家“四免一关怀”（“四免”分别是农村居民和城镇未参加基本医疗保险等医疗保障制度的经济困难人员中的艾滋病病人，可到当地卫生部门指定的传染病医院或设有传染病区的综合医院服用免费的抗病毒药物，接受抗病毒治疗；所有自愿接受艾滋病咨询和病毒检测的人员，都可在各级疾病预防控制中心和各级卫生行政部门指定的医疗等机构，得到免费咨询和艾滋病病毒抗体初筛检测；对已感染艾滋病病毒的孕妇，由当地承担艾滋病抗病毒治疗任务的医院提供健康咨询、产前指导和分娩服务，及时免费提供母婴阻断药物和婴儿检测试剂；地方各级人民政府要通过多种途径筹集经费，开展艾滋病遗孤的心理康复，为其提供免费义务教育。“一关怀”指的是国家对艾滋病病毒感染者和患者提供救治关怀，各级政府将经济困难的艾滋病患者及其家属，纳入政府补助范围，按有关社会救济政策的规定给予生活补助；扶助有生产能力的艾滋病病毒感染者和患者从事力所能及的生产活动，增加其收入）政策，定期对感染者进行随访、CD4 细胞检测。至年底，全区对艾滋病病毒感染者和病人进行免费抗病毒治疗 59 人。

【慢性非传染性疾病防制】 2018 年，长清区慢病防制工作以推进慢病防治死因登记信息网络直报和山东省慢性病监测网络直报工作为重点，加强内部管理，采取多种形式开展慢病防治干预工作。2 月 1 日，召开长清区 2017—2018 年度城市癌症早诊早治项目启动暨培训会，山东省肿瘤防治研究办公室主任王家林、济南市疾病预防控制中心副主任张军等参加会议。长清区共录入问卷 2327 份，系统评估高危 2834 人次，组织查体 1246 人次，归德、五峰两家社区完成查体任务。8 月，开展 2018 年济南市死因监测人群漏报调查工作，长清区归德社区、万德街道开展死因监测人群漏报调查，开展 2015—2017 年死亡摸底，共调查 2543 例。12 月，年度山东省高危人群筛查和干预项目启动，完成 2017 年度任务中的阶段性随访，完成心脑血管病流行病学现状调查，做好 2018 年度员外人权干预及随访工作。“高血压日”“卒中日”“糖尿病日”“世界无烟日”等重大宣传日期间，印制专题宣传材料，上街咨询宣传，张贴条幅，开展慢病宣传活

长清区 2017—2018 年度城市癌症早诊早治项目启动暨培训会（杨红 摄）

动。开展慢病监测工作，扩大监测覆盖面。全年，共登记报告死亡3743例，粗死亡率6.64‰。肿瘤登记随访工作，报告肿瘤发病共登记报告新发肿瘤病例1576例，报告发病率279.54/10万。心脑血管急性病例发病共登记脑卒中病例4284例，报告发病率760/10万；冠心病病例633例，报告发病率112.35/10万。

爱国卫生月宣传 （刘霞 摄）

【健康教育】 2018年，区疾控中心健教科根据《2018年济南市健康教育与健康促进工作实施方案》，在各级医疗机构开展健康教育工作。1月—3月，在全区各医疗机构开展“送烟=送危害”宣传活动。4月，疾控中心参加区卫生和计划生育局组织的第29个爱国卫生宣传月活动。5月，在全区各医疗机构开展“世界无烟日活动”。9月1日是中国第12个“全民健康生活方式行动日”，区疾控中心及辖区医疗机构通过多种形式开展宣传教育活动。10月29日是“世界卒中日”，区疾控中心开展宣传活动，与社区居民进行互动交流，解答居民有关问题。11月14日是联合国“糖尿病日”，疾控中心及辖区医疗机构开展糖尿病日宣传咨询活动。同月，长清区归德街道、双泉镇、崮云湖街道、孝里镇作为监测点，开展居民健康素养监测工作。

【卫生检验】 2018年，实施县级疾控中心实验室装备项目，强化实验室检测与健康危害因素监测评价职能，提升突发公共卫生事件应急处置和疾病预防控制服务能力。投资116.55万元，采购实验室设备23台，确保实验室A类和B类设备配置达标。投资100余万元，开展实验室提升改造工程，并对实验室污水、废气处理设备进行重点改造，确保环保达标。

2018年，完成艾滋病自愿咨询者采血、抗体检测共261人，看守所羁押人员艾滋病抗体检测137人，暗娼检测82人。完成生活饮用水监督检测及饮水工程274份，检验5119项次；完成全区农村户盐碘检测302份，尿碘检测300份；完成农村降氟改水氟化物检测46份。完成婴幼儿食品中婴幼儿谷类辅助食品监测15份，婴幼儿配方食品（乳基）监测15份，水产品中甲壳类（虾蟹）监测10份、海蜇监测30份，检测项目均为铅、镉、总汞、总砷、铝，共检验350项次。完成生活饮用水中细菌学指标检测448份；完成乳及乳制品中巴氏杀菌乳监测10份，检测项目为大肠菌群、金黄色葡萄球菌（定量）、沙门氏菌、阪奇肠杆菌；乳及乳制品中灭菌乳监测10份，检测项目为商业无菌；完成双随机样品142份，302项次。完成布病采血、虎红平板凝集试验1034份，检出布病抗体阳性15份，并送济南市疾病预防控制中心；完成疟原虫血片复核93张；完成食物中毒样品检测5批，样品40份。

【质量管理】 2018年3月，完成山东省地方病防治研究所下发尿碘质控样品2份。5月，完成山东省疾控中心组织水质检验能力验证，验证项目有总硬度和氟化物。6月，完成省质量技术监督局食品微生物（大肠菌群）检测能力验证。7月，完成省疾病预防控制中心下发的艾滋病质控样品，考核成绩优秀。12月，完成济南市疾病预防控制中心下发的盲样考核，考核项目有氨氮、硫酸根、砷、金黄色葡萄球菌定性。

【卫生监督管理】 2018年，依法开展经常性公共卫生监督，开展旅馆、游泳场所、理发美容、餐饮具消毒等专项整治10余次，开展经常性卫生监督检查1568户次。保障全区重要会议、重大活动及重大节日期间公共卫生安全7次。全年新发公共场所卫生许可证84份，其中美容美发44家、小旅店24家、浴室10家、商场2家、影剧院2家、游泳场2家。依法开展学校卫生监督，重点加大对学校传染病防控和生活饮用水监管，开展在校学生因病缺课、休退学和预防保健监督。依法开展生活饮用水监督检查，重点对卫生许可证、从业人员健康证、水质消毒设施、水源保护地防护及自检情况开展监督检查。做好供水水质抽检工作，监督检查覆盖率100%。依法开展放射监督检查，重点对放射诊疗许可证、放射医师健康查体及个人剂量监测情况及放射场所监测情况、个人防护用品配备情况开展监督检查，监督检查覆盖率100%。加强卫生监督协管工作，制定《长清区卫生监督协管工作实施方案》，各街镇成立卫生监督协管站10个。加大对违法行为的查处力度，及时处理投诉举报。全年立案65起，结案65起，收缴罚款4.82万元。

【医疗市场监管】 2018年，长清区针对无证行医行为以及医疗机构使用非卫生技术人员、超范围执业等问题，开展拉网式监督检查。对于取缔的非法行医场所进行"回头看"，对监督中发现的违法问题全年共结案10件。区疾控中心（卫生计生监督所）对医疗机构负责人和医务人员签订依法执业告知书和非法行医共犯问题告知书，强化医疗机构和人员依法执法自觉性。

（王　东）

爱国卫生

【概况】 2018年，长清区爱国卫生运动委员会办公室（以下简称区爱卫办）以开展"健康城市健康村镇"建设试点工作、巩固创卫成果工作为重点，扎实开展爱国卫生运动，以人民身心健康为着力点，重点做好国家级、省级卫生乡镇、单位、村创建及病媒生物防制、控烟、健康细胞工程创建等工作，不断改善城乡环境卫生面貌，引导群众养成良好的卫生习惯，从源头上控制和减少疾病发生，促进全区爱国卫生事业持续健康发展。

【爱国卫生月活动】 2018年4月10日，区爱

爱国卫生月宣传　（孙娟　摄）

卫办联合长清区卫生和计划生育局、长清区市场监管局、长清区城市管理局、长清区食品药品监管局等18个部门，在清悦园广场开展以“关注小环境 共享大健康”为主题的第30个全国爱国卫生月宣传活动。通过义诊、设立咨询站、发放宣传资料等形式开展活动，印制发放居民健康素养知识66条宣传册500余份。

【病媒生物防制】 灭蚊蝇。5月—10月，委托专业消杀队伍对全区公共场所进行消杀，消杀用药2300公斤，消杀面积414万平方米，水体用药750公斤，消杀89.4万立方米。指导全区605个行政村美丽乡村建设病媒生物防制工作。完成全区588个村农村改厕调查统计工作。

蚊蝇消杀　　（孙娟　摄）

灭鼠。11月至次年3月，在全区范围内开展冬春季集中灭鼠活动，全区共投放灭鼠毒饵15吨。

【卫生创建】 协调做好巩固提升国家卫生城市成果督导、调研、暗访、检查等工作。根据专家组反馈结果，居民小区、五小行业、农贸市场、公厕、健康教育宣传栏等方面存在的乱贴乱画、道路保洁、占道经营、健康证过期、公厕无防蝇门帘、熟食摊点无三防设施、医疗广告及非法小广告、毒饵站管理等问题进行整改。区爱卫办参与城市清洁行动、蓝天行动，市容市貌和秩序持续改善，国家卫生城市成果不断巩固提升。

开展国家、省级卫生先进乡镇、省级卫生单位、村创建工作。文昌街道成功创建国家卫生乡镇，创建省级卫生单位4个（山东长能电气集团有限公司长能工程二处、齐鲁高速公路股份有限公司长清管理处、济南市长清区职业中等专业学校、山东和正商务服务有限公司），省级卫生先进乡镇1个（长清区孝里镇），省级卫生先进村47个（长清区五峰山街道东马村、长清区五峰山街道葛条峪村、长清区五峰山街道小庵村、长清区五峰山街道宋庄村、长清区五峰山街道石窝村、长清区文昌街道东门里村、长清区文昌街道新周村、长清区文昌街道西李村、长清区文昌街道吕庄村、长清区文昌街道东齐村、长清区文昌街道陈庄村、长清区文昌街道华新社区、长清区崮云湖街道范庄村、长清区崮云湖街道土山村、长清区崮云湖街道小梁社区、长清区崮云湖街道石围子王社区、长清区崮云湖街道务子北社区、长清区孝里镇常庄村、长清区孝里镇凤凰村、长清区孝里镇四街村、长清区孝里镇北凤村、长清区孝里镇刘营村、长清区万德街道六律村、长清区万德街道店台村、长清区万德街道马套村、长清区万德街道义灵关村、长清区万德街道拔山村、长清区万德街道玉皇庙村、长清区万德街道南纸坊村、长清区万德街道大刘村、长清区张夏街道薛庄村、长清区张夏街道邵庄村、长清区张夏街道上泉村、长清区张夏街道井字坡村、长清区张夏街道下龙村、长清区平安街道后朱村、长清区平安街道罗屯村、长清区平安街道史庄村、长清区平安街道鹁鸽孙村、长清区平安街道全福村、长清区平安街道景庄村、长清区平安街道东楼子村、长清区归德街道沙河辛村、长清区归德街道万庄村、长清区归德街道平房村、长清区归德街道李官村、长清区归德街道坟台村）。12月，长清区马山镇通过国家卫生乡镇暗访评估。

【健康城市健康村镇建设】 2018年3月，济南市爱国卫生运动委员会办公室专家组到长清区进行健康城市健康村镇建设中期评估工作，重点检查长清区文昌山公园建设、垃圾处理、绿化等情况，检查双泉镇柳杭村健康村的建设情况。组织全区开展健康细胞工程创建活动，共创建健康社区（村）2个，健康学校3个，健康企业4个，健康机关2个，健康医院2个，健康市场1个，健康广场1个，无烟单位3个，健康家庭4个，健康大使7个。

【控烟工作】 2018年，在医院、学校、公共场所单位、公共交通工具设置禁烟标志1500处。开展控烟宣传，加大对公共场所吸烟现象的劝阻力度。创建无烟学校1所、无烟单位2个。利用“5·31”世界无烟日，在大学校园及广场发放健康教育宣传材料6000余份，制作宣传展板200余块，并现场解答咨询人员。

（孙　娟）

区人民医院

【概况】 2018年，长清区人民医院（以下简称区医院）共有卫生技术人员780人，编制床位490张，全年门诊量63万人次，出院病人1.8万人次，年收入2.3亿元。区医院强化党风廉政建设，扎牢制度笼子，持续健康稳定发展；通过卫计委专家组“二甲”复审；强化科技创新，消化内科等科室开展无痛内镜检查治疗等新技术新项目20余项；开展科研项目10项，其中8项已结题，新立项2项；开展医联体建设工作，与山东省耳鼻喉医院合作建立紧密型医联体——山东省耳鼻喉医院长清分院。大学城三甲医院一期主体封顶。开展精准扶贫、慈心一日捐、对口支援、义诊、适龄儿童窝沟封闭、中小学生健康查体、征兵查体、“两会”“两考”医疗保障等社会公益活动。区医院连年保持全国爱婴医院、全国百姓放心示范医院、省级文明单位等称号。

【技术创新】 2018年，区医院心内科联合齐鲁医院心内科新开展远程动态心电监测项目，消化内科系统开展无痛内镜检查及治疗新项目，神经内科开展脑血管病规范化治疗及帕金森病异动症、神经症治疗研究，呼吸内科新设呼出气一氧化氮（FENO）测定项目。7月，内分泌、肾内科开展糖尿病周围神经病变感觉阈值检测。综合内科应用微量泵持续泵入氟尿嘧啶联合奥沙利铂对肝癌病人进行化疗。重症医学科开展双气道正压通气技术、下肢气压泵预防静脉血栓技术及振动排痰技术。普外一区开展首例甲状腺超微创精准消融术。普外二区新开展腹腔镜胆道镜联合保胆取石术、腹腔镜下胆总管切开取石T管引流术，腹腔镜下肝血管瘤切除术。神经外科规范开展颅脑血肿穿刺引流术。泌尿外科新开展尿流动力学检查。骨外科新开展肩胛盂粉碎骨折切开复位内固定术。产科规范开展剖宫产横切口皮内可吸收线缝合术。妇科门诊新开展液基薄层细胞检测（TCT），早期发现宫颈病变微创新技术。儿科新建新生儿重症监护室。肛肠科开展肛肠有关疾病微创疗法。眼科新开展“干眼症”治疗项目。耳鼻喉科新开展电子鼻咽喉镜检查及窄带成像（NBI）早起癌症筛查，鼻部手术后鼻腔局部利用布地奈德加生理盐水减轻鼻腔粘膜水肿，全麻气管插管——利用支撑喉镜辅助鼻内镜或显微镜下切除声带息肉、声带小结术，泪前隐窝入路切除上颌窦病变术。检验科开展大便沉渣分析、传染病8项定量检测等新技术、新项目10项。

【科研教学】 2018年，区医院有在研项目10项，8项已结题，新立项2项。组织申报新课题4项，2项等待审核立项。各科室发表学术论文26篇。6月1日，区医院被山东省卫生和计划生育委员会评为山东中医药大学教学医院，承担山东中医药大学等院校的临床教学实习工作。继续巩固与省立医院、齐鲁医院、千佛山医院、市立三院、市立四院等医院的技术合作关系。

2018年9月16日，长清大学城三甲医院一期项目主体工程封顶（胡连强 摄）

【医改工作】 2018年，区医院开展紧密型医联体、医共体和医养结合建设工作。10月25日，区医院与山东省耳鼻喉医院结成紧密型医疗联合体，成立山东省耳鼻喉医院长清分院，专家定期到院坐诊、查房、会诊和业务指导，区医院专科技术水平不断提高。与省立医院、齐鲁医院、千佛山医院等医院分别建立心内科、手术麻醉科、妇科、儿科、肛肠科等专科联盟。区医院与全区6家街道社区卫生服务中心筹建医共体，开展技术帮扶和分级诊疗工作。开展省级医养结合示范先行区工作，成立老年病科，开设老年病科门诊（设在保健科）和老年病科病房，与长清区荣泰老年公寓合作开展“医养结合”项目。

【长清大学城三甲医院】 长清大学城三甲医院占地面积14.9公顷，规划建筑总面积18万平方米，设置床位1200张。2018年3月16日，医院一期项目正式开工建设。一期项目建筑面积约7.8万平方米，主要建设门诊楼、医技楼、行政办公楼、地下停车场、餐厅等项目。11月，新医院一期项目主体工程封顶。

2018年10月25日，山东省耳鼻喉医院长清分院揭牌成立（高晗晗 摄）

【通过二级甲等综合医院复审】 2018年，区医院按照《二级综合医院评审标准及实施细则》要求和《中华人民共和国执业医师法》《医疗质量管理办法》《中华人民共和国传染病防治法》《处方管理办法》《中华人民共和国劳动法》《中华人民共和国会计法》及18项医疗核心制度等国家有关部门法规制度，结合医院实际，健全完善院内各项管理制度和工作机制，先后多次修订区医院《规章制度汇编》《应急预案》《岗位职责》《护理技术操作规范》等制度、规范，各项工作做到有章可循，医院管理逐步实现制度化、规范化、标准化。12 月 13 日，区医院通过济南市医院等级评审专家组二级甲等综合医院复审。

（胡连强）

区中医医院

【概况】 2018 年，长清区中医医院（又名扁鹊医院）（以下简称区中医院）围绕发展大局，抓住公立医院改革、山东中医药大学教学医院创建等机遇，完善设施设备建设，加强人才培养，全面提升医院综合服务能力；加强医院内涵建设，突出中医特色，弘扬中医文化，打造扁鹊品牌，通过山东中医药大学教学医院评审验收；推进医联体及分级诊疗，提升医疗技术水平；狠抓安全生产，确保医院稳定发展；贯彻全区卫计工作暨创建全省医养结合示范先行区会议精神，设立老年病科和老年病房；与区交警大队联合成立道路交通事故救助服务工作站；开展各项公益活动，开展中医中药进乡村、进社区义诊活动。区中医院被评为济南市中医药文化建设示范单位，济南市无偿献血工作先进集体，济南市卫计系统护理岗位技能大赛团体优秀组织奖；长清区先进工会组织、长清区创建全国文明城市先进单位、长清区消防工作先进单位等。

【科研创新】 区中医院《托胃康复带治疗胃下垂的临床研究》获 2018 年山东省中医药科学技术三等奖。《化痰通络汤治疗风痰阻络证中风病的临床观察》获第十四届济南市自然科学学术创新三等奖。《一种用于治疗胃下垂的托胃康复带治疗胃下垂及配合使用的脐疗药包》获 2018 年发明专利。

【业务发展】 2018 年，区中医院独立完成下腔静脉滤器置入术、取出术；股骨骨折微创倒打髓内针、股骨颈锁定板治疗股骨颈骨折；颈部动脉血管成像、下肢动静脉血管成像、血管减影、眼部肿瘤、肛周脓肿、肛瘘等肛肠疾病诊断；腹腔镜肾盂－输尿管成形术、腹腔镜输尿管－膀胱再植术、输尿管镜碎石取石术、经尿道前列腺剜除术、经尿道前列腺柱状水囊扩张术、腹腔镜肾部分切除术、甲状腺结节硬化剂治疗术、超声肾囊肿抽液硬化治疗术。

（邵榕榕）

体　　育

【概况】 2018 年，全区以各级各类学校、社会团体、企事业单位和大学城为主要依托，开展适合不同人群的赛事活动，逐步形成学校体育、群众体育、竞技体育和体育产业相融合的体育工作新局面，在全国、省、市各项赛事活动中取得优异成绩，全区体育工作全面发展，经常参加体育锻炼人数 30 余万人。区教体局被山东省体育局评为山东省群众体育先进单位。

【体育设施】 2018 年，按照省、市美丽乡村健身工作总体安排和部署，长清区在区体彩公益金中支出 115 万元，用于 100 个美丽乡村体育健身器材的差额配备，全区健身器材覆盖率达 86%。启动全民健身中心改扩建工程，拆除原体育馆改扩建为全民健身中心，总建筑面积 2.14 万平方米，采用钢结构建筑形式，总投资 1.4 亿元，年内完成主体框架施工。文昌山城市健康公园开工建设，占地面积 92 公顷，实现当年拆迁、当年建设、当年基本竣工。

【学校体育】 2018 年 4 月 27 日—28 日，在长清第一初级中学举行“体彩杯”全区中小学生田径运动会暨学校体育双特色初级成果展示，15 人次破 7 项年龄段最高纪录。5 所学校代表全区参加市教育局举办的阳光班级联赛。邀请韩国水原市青少年到长清区进行足球文化交流，以长清第一初级中学为班底的初中学生和以实验小学、平安小学、石麟小学为班底的小学生与韩国青少年进行足球交流比赛。平安中心小学、崮云湖小学、长清第一初级中学获国家教育部命名的国家级校园足球特色学校称号；实验中学获国家教育部命名的国家级校园篮球特色学校称号；长清第一初级中学武术课程进校园获 2018 年全国学校武术优秀教改单位奖和展播二等奖；乐天小学获“舞动中国——排舞联赛”总决赛冠军；实验小学获全国软式棒垒球团体亚军，获全市中小学校园篮球联赛（小学男子组）团体冠军。学校施行《国家体育锻炼标准》，施标率 100%，达标率 94.2%。

学校体育双特色成果展示——长清第一初级中学武术操（张克 摄）

【体育比赛】 2018 年，第八届全民健身运动会共举办 17 个单项 43 场次的比赛，带动辐射人群 3 万余人。承办市毽球比赛、“双鱼”杯全民乒乓球黄金大赛山东赛区比赛、济南（长清）首届国际马拉松比赛。

【群众体育】 2018 年，全区有各级各类体育协会 17 个，各级社会体育指导员 1947 人，各类健身活动站点 200 余个，青少年体育俱乐部 2 个。参加体育锻炼的人数达 30 万余人，占总人口的 43%。

【竞技体育】 2018 年，长清区输送的运动员在山东省第 24 届省运会中获金牌 5 枚、银牌 4 枚、铜牌 9 枚。在市青少年暨中小学生体育竞赛中，获拳击项目金牌 10 枚、银牌 6 枚、铜牌 6 枚，获古典跤项目金牌 3 枚、银牌 5 枚、铜牌 2 枚，获自由跤项目金牌 2 枚、银牌 1 枚、铜牌 5 枚，获柔道项目金牌 1 枚、银牌 3 枚、铜牌 1 枚，获散打项目金牌 1 枚、银牌 5 枚、铜牌 5 枚。全年，向市级体育训练单位输送运动员共 25 人。

（李　毅）

旅　　游

旅游综述

【概况】 2018年，长清区以建设全域旅游示范区为工作重心，已形成宗教观光、生态旅游、休闲度假、乡村旅游四大旅游产品。全区有A级旅游景区12处，其中灵岩寺、园博园为AAAA级旅游景区，五峰山、大峰山、莲台山、马套将军山、济南泉城茶博园、龙凤庄园、灵岩大佛山为AAA级旅游景区，金谷园文化旅游农业公园、圣虎山庄、山东人文纪念公园为AA级旅游景区。有国内旅行社及营业网点26家，星级旅游饭店2家，宾馆、旅社、招待所400余家，农家乐400余家，其中星级农家乐34家，各酒店及农家乐餐位共1.8万个。全区已建成玉杏、樱桃、雪桃、茶叶、柿子采摘等乡村旅游区，以及万德街道、双泉镇、五峰山街道、崮云湖街道4处旅游强乡镇，拔山村、马套村等14处旅游特色村。农业旅游示范点14家，工业、畜牧、医药等旅游示范点基地8处，精品采摘园13处，旅游商品研发基地2处。万德街道马套村代表齐鲁8号风情路列入山东省对外重点推介的两条线路之一，列入全国100条休闲农业和乡村旅游精品景点线路。长清区是省级休闲农业和乡村旅游示范区，马套村先后被评为3A级景区、省级旅游特色村、省全域旅游示范村、全国文明村和中国最美休闲乡村等。“长清旅游”品牌的知名度和影响力不断扩大，已成为济南西部旅游核心区和近郊游、乡村游、休闲游的目的地。全年接待游客865万人次，实现旅游消费总收入87.65亿元。

【旅游资源】 长清区风光秀美，古迹荟萃，旅游资源丰富，拥有千年古刹灵岩寺、齐鲁仙境五峰山、济南国际园博园、世外桃园莲台山、革命圣地大峰山，景区星罗棋布，青山绿水相依；有义净法师祖庭福地义净寺、世界地质公园馒头山、山东崮云湖国际山地高尔夫球场、生态旅游胜地凤凰岭、卧龙峪；还有先于秦万里长城490余年的齐长城、中国最古老的地上建筑孝堂山汉代石室、鲁中奇山马山、双乳山西汉古墓、原生态济西万亩湿地公园、华谊兄弟电影城、泉城农业公园、齐鲁8号风情路、马山慢城小镇等。孝堂山郭氏墓石祠、灵岩寺、齐长城遗址、汉济北王墓、莲花洞石窟造像、明德王墓为国家重点文物保护单位。2018年，济南泉城茶博园、龙凤庄园、灵岩大佛山被评为AAA级旅游景区，金谷园文化旅游农业公园、圣虎山庄、山东人文纪念公园评为AA级景区，全区A级景区达到12处。全区上述景观构成东线以佛教道教文化为主、西线以秦汉文化为主的“山河文化”景观群。

【旅游规划编制】 2018年，推进《灵岩寺风景名胜区详规》《莲台山片区旅游规划》《长清区山区旅游发展规划》等各类规划的编制工作，修改完善《长清山区旅游发展规划》，《灵岩寺风景名胜区详规》已按照程序上报。部分街镇全域规划、驻地控制规划积极推进。马山总体发展规划于2018年6月正式通过审批。归德街道已签订合同制定《归德街道全域旅游总体规划》。五峰山省级旅游度假区已列入新旧动能转化先行区。对接大学城总体规划，参与济南市新一轮总体规划修编。

【景区开发建设】 2018年，济西文旅小镇、泉城锦鲤小镇、金港赛车小镇等项目有序推进，北京华苹科技集团星际方舟奇幻旅游度假区项目、伟光汇通旅游产业发展有限公司项目、双泉国际艺术小镇、“茶富谷”国际农商文旅休闲示范区等文旅项目集中签约。园博园免费对外开放，马山慢城核心区开园纳客。投资5000余万元的大峰山党性教育基地开馆。金谷庄园实现开园。归德济菏高速服务区、崮云湖京广高速服务区已建成旅游景区并正式开业，实现由单一生活服务区向综合型旅游服务区转型升级。华谊兄弟电影城一期济南老街工程全面验收。义净寺成功举办海上“一带一路”论坛。打造全国知名、全省一流的齐鲁8号风情路乡村振兴齐鲁样板工程，成立万德街道8号风情路党委和8号路区级指挥部，全年共接待省内外考察团队260余个、游客132万人次，比2017年增长165%。为万德街道乡村旅游集群片区争取省级扶持资金500万元，为马套将军山、灵岩大佛山A级景区及佳宝乳业、张景牧业等旅游示范点争取资金150余万元，争取旅游厕所扶持资金30万元。与济南市文旅发展集团签署战略合作协议，统筹全区文旅资源和项目建设，取得积极进展。完善旅游设施建设，推动文旅融合发展。同年3月，成立区文旅公司，设立区旅游集散中心。全市首家全域智慧旅游信息化平台正式启用，旅游形象标识及宣传广告语正式对外发布。制作安装旅游交通指示牌22块。完善公共文化设施建设，区文化馆、图书馆、博物馆、档案馆新馆和全民健身中心“四馆一中心”及文庙大成殿落架大修工程开工建设，文昌山城市健康公园正式开放，扁鹊文化纪念馆完成规划设计，北大沙河景观综合整治即将完成。

【乡村旅游】 2018年，继续发展乡村旅游，不断提升品质、打造样板。举办各类乡村节庆活动，加大对济南市春季旅游启动仪式暨第十七届杏花节、五峰樱桃节、双泉油菜花节的策划宣传，举办杏花、油菜花赏花游、樱桃采摘游、休闲游等十大文旅活动。强化从业人员培训，举办全域旅游示范区专题培训、乡村旅游发展人才培训班等活动，组织40余名旅游管理、从业人员赴江浙地区学习考察。加大基础设施投入，完善公共服务设施，全区旅游厕所达到168处，投资2.5亿元建成通景区乡村道路100余公里，成立农旅产品营销中心，规范旅游标志标识。打造齐鲁样板，全区开展“齐鲁8号风情路”提升工程，持续推进旅游集群片区建设，引进培育新业态，注重8号路细节打造，该线路成为全国知名、全省一流的齐鲁乡村振兴样板。推进旅游融合发展，马山镇推进双泉庄村木鱼石老房子民宿改造建设，孝里镇推进南黄至岚峪乡村旅游道路建设，万德街道继续完善齐鲁8号风情路民宿，马套村建设购物街区。全年打造万德圣虎山庄、孝里金谷庄园等“农业+旅游”产业融合示范点2处，推出佳宝乳业、郭府酒业等省级工业旅游示范点2处、张景牧业省级畜牧旅游示范点1处，耕辰市级中药材基地旅游示范点1处，新开发研学游线路3条，推出名胜古迹游、红色记忆游、亲子研学游、美丽乡村游、山水休闲游、观光度假游等精品旅游线路6条。

【节庆旅游】 2018年，长清区打造灵岩新年祈福法会、灵岩寺佛教文化节、孝里慈孝文化节、张夏杏花节、马山庙会、五峰山樱桃赏花节、双泉油菜花节、樱桃采摘节、万德金秋柿子节、马山雪桃节、长清茶文化节、黄河文化征文等一系列节庆活动，形成张夏黄家峪万亩杏园片区、武庄万亩柿子板栗园片区，以及万德、双泉、五峰万亩樱桃园、马山千亩雪桃园、双泉油菜花基地等规模连片的赏花、采摘游基地。

成功举办首届济南（长清）国际马拉松赛事、庆祝中国首届农民丰收节暨长清区第二届农产品展销会和长清旅游推介会、2018济南长清全域旅游宣传营销暨旅游招商项目推介会、孝里十八里谷道全国杂粮绿色高质高效模式观摩交流现场会，长清知名度进一步提高。开展“知孝明理，感恩立德”等研学旅游活动。

【旅游宣传】 2018年，长清区加大旅游营销推广，注重市场运作，营销策划迈出新步伐。在省、市报纸、电视等传统媒体开展高密度、多层次、全覆盖的旅游宣传，在《济南电视台》新闻频道天气预报前播放为期1年的长清全域旅游形象宣传广告，与济南报业集团、《新长清》报合作开设宣传专栏。运用全域旅游信息平台、微博、微信、手机客户端等新媒体实时推介长清休闲旅游产品。组织举办各类推介活动，参加舜耕国际旅游交易会、湖北恩施旅游推介会等活动，举办2018济南长清全域旅游宣传营销暨旅游招商项目推介会及杏花、油菜花赏花游、樱桃采摘游、休闲游等系列活动，重点推介佛道圣地祈福游、赏花采摘游、修学游、民俗美食游以及长清二日文化游、清凉避暑周末游等产品，在主流媒体连续推出系列整版，适时推介节庆活动及旅游产品。

【旅行社管理】 至2018年年底，全区共有旅行社4家，分社、营业部及网点22家。各旅行社开展旅游业务日趋广泛，旅游线路遍布全国各地。区旅游监管部门贯彻落实《中华人民共和国旅游法》等法律法规，加强对旅行社经营行为的监督检查，依法履行旅游安全监管责任，加强行业监管，要求各旅行社严格按照标准组团合同开展旅游经营活动，确保旅游市场规范经营和健康发展，确保全年旅游安全有序。

【旅游饭店管理】 2018年，全区共有星级饭店2家，分别是玉珠泉酒店（三星级）、园博园度假酒店（四星），星级农家乐34家。重点对旅游饭店的必备项目、设施设备、饭店运营质量、节能环保、安全和应急管理、培训7个方面进行监管督查。创新行业管理，推行“四制”（问责制、行业公示制、窗口服务办理制、旅游服务质量暗访制）工作法。先后举办旅游饭店服务技能大赛、行业风采展示赛、行业运动会等活动，开展法律法规、国家标准和行业标准、酒店营销等培训。

【旅游市场监管】 2018年，贯彻落实《中华人民共和国旅游法》等法律法规，依法履行旅游安全监管责任，开展旅游市场综治专项检查，通过抽查、暗访等方式，对旅游行业安全、服务质量、食品卫生、农家乐等和无证经营、虚假宣传等问题进行综合整治。在春节、“五一”“十一”等重要节点加强对旅游景区、乡村旅游点的监管。各景区景点、宾馆饭店、乡村旅游点针对自身情况，重点做好环境提升、食品安全、消防设施、客房硬件设施、服务规范等方面工作。加强旅游安全管理，贯彻新修订的《中华人民共和国安全生产法》，落实“党政同责”“一岗双责”“行业管理安全职责”，成立旅游发展中心安全工作领导小组，与各街镇、各景区签订安全责任书，建立安全管理制度，重点抓旅馆业、A级旅游景区和旅行社的安全生产监管，突出抓好消防安全、食品卫生监管，集中打击、整治非法违规旅游行为，全区旅游行业未发生安全生产责任事故。

【旅游培训】 2018年，实施乡村旅游带头人培训工程，为乡村旅游业发展提供人才支撑。区人大、区旅游部门组织全域旅游示范区创建专题培训会议，邀请山东旅游职业学院书记陈国忠做《发展全域旅游 建设美丽新长清》专题报告，对全区300余名人大代表进行全域旅游集中培训。在龙凤庄园举办全区乡村旅游培训班，各街镇分管领导、旅游办主任、乡村旅游带头人等共100余人参加培训。组织参加济南市旅游发展委员会举办的“泉城旅游大讲堂”专家培训、济南旅游智库主题研讨会等活动。11月4日—10日，区文广新局（旅游局）组织相关街镇、村、旅游企业共40余人到浙江考察学习，充分吸收借鉴外地乡村旅游发展经验。

【六大主题精品线路】 2018年，长清区推出名胜古迹游、红色记忆游、亲子研学游、美丽乡村游、山水休闲游、观光度假游等精品旅游线路。

名胜古迹游。名胜古迹游线路由灵岩寺—五峰山—莲台山—义净寺4处历史文化景区组成。灵岩寺景区是国家AAAA级旅游景区，也是世界自然与文化遗产泰山的重要组成部分。灵岩寺佛教底蕴丰厚，自唐代始与南京栖霞寺、浙江天台国清寺、湖北江陵玉泉寺并称天下“四大名刹”，为“海内四大名刹之首”。清末学者梁启超赞誉千佛殿泥塑罗汉像为“海内第一名塑”，辟支塔密檐楼阁式建筑结构为中国独此一例。被誉为齐鲁仙境的五峰山，与“天下第一山”——泰山、灵岩并称“鲁中三山”。五峰山始建于秦，兴发于北魏，广拓于金元，繁荣于元明，垢污于明末清初，振兴于当代。五峰山莲花洞石窟造像为全国重点文物保护单位。金元时期道教在此兴盛，是古代江北最大的道教圣地之一。莲台山为国家AAA级旅游景区，有“江北第一天然植物园”之称，汉代大将军娄敬曾在此山中隐居，以其洞奇、林秀而著称。义净寺位于张夏街道，义净寺寺院恢宏壮观，义净法师与东晋法显、玄奘并称为“三大求法高僧”。2015年，常净法师率领着诸弟子历经3年恢复重建义净寺。

生态观光游。生态观光游线路分为两条，即中部的园博园景区—马山慢城景区 双泉镇和生庄园景区，东线的万德街道龙凤庄园—泉城茶博园—圣虎山庄。济南国际园博园位于长清区大学科技园内，占地面积345.1公顷，其中湖面面积96公顷，是国内最大的陆地园博园。2018年4月28日，园博园重新修整后对外免费开放。水之门、花博大道、和谐广场等主题建筑各具特色，金港湾游乐园水上项目和陆地项目精彩纷呈。马山慢城景区、双泉和生庄园景色优美，集园林生态度假休闲、养生修学、文化艺术、农副特产加工等功能为一体。龙凤庄园位于万德街道店台村的东山，海拔560米，总面积330余公顷，为AAA级旅游景区，是一个四季有花、三季有果、全年有景的现代农业观光旅游采摘园。圣虎山庄位于万德街道万南村，是省级精品采摘园，茶叶、菊花茶为其特色，是一处集“自然、生态、野趣”为一体的休闲旅游景区。

休闲度假游。休闲度假游由两条线路组成，一条是济西湿地公园—伟农庄园—金箭山公园，一条是园博园景区—黄金高尔夫—五峰山蒲公英小镇。济西国家湿地公园是一处按AAAAA旅游景区标准打造的湿地公园，园内提供游船、游览车等服务项目，逐步建设成为融生态保护、科普教育、文化展示、休闲旅游等多功能于一体的综合性国家湿地公园。黄金高尔夫俱乐部位于崮云湖南侧，可在这里挥动球杆，体验高尔夫球的乐趣。蒲公英小镇位于五峰山陈庄村，可体验蒲公英茶的制作流程，品尝蒲公英制作的特色美食。伟农庄园位于平安街道，金箭山公园位于文昌街道，皆为集特色采摘、花卉欣赏、美食体验为一体的综合性庄园。

红色记忆游。红色记忆游线路由归德街道雷锋广场——大峰山革命历史纪念馆、党性教育基地——老战士广场组成。归德雷锋广场位于街道驻地。大峰山党性教育基地是济南市最大的党性教育基地，展陈厅总建筑面积3208平方米，1938年张耀南、魏金三在大峰山建立长清县抗日根据地，中共第一届长清县委就诞生在这里。山东老战士纪念广场位于长清区孝里镇龙泉官庄南侧的山东人文纪念园内，老战士纪念墙中间是一组大型浮雕，浮雕主题展示的是解放战争中山东将士南征北战、冲锋陷阵、英勇杀敌的场面。

亲子研学游。分西线、东线、中线三条研学旅游线路。西线由孝堂山—方峪古村—大峰山革命历史纪念馆—金谷庄园组成；东线由灵岩寺—圣虎山庄—马套将军山度假村组成；中线是走进大学校园，体验校园游，由山东艺术学院等院校和佳宝工业园区组成。孝堂山郭氏墓石祠约建于东汉初年，是中国现存最早的地面建筑，1961年被国务院公布为全国第一批重点文物保护单位。齐长城始建于春秋时期，被誉为“中国长城之最”和“世界壁垒之最”，西起黄河河畔的长清区孝里镇广里村北，东至青岛市黄岛区小珠山入海，全长618.9公里。灵岩寺景区内的国学馆，可以让孩子观察各个时期的建筑风格，也可以亲自体验古代传统碑刻拓片的技艺。马套将军山景区，位于长清区万德街道马套村，提供垂钓休闲、餐饮食宿和茶叶采摘炒制品尝服务，集乡村旅游、居家养老、观光采摘、休闲娱乐、餐饮接待为一体的旅游度假观光区。大峰山革命根据地是山东省现保存完好、进行革命历史红色教育的重要资源之一，是当年中共泰西抗日根据地的重要组成部分。金谷庄园位于孝里镇政府南2公里处，规划面积666.7公顷（1万亩），是一处集园林、山水、国学体验、拓展训练、雷锋精神传承等为一体的综合性研学拓展园区。方峪古村是明代洪武年间由山西移民方姓后裔建立的宗族聚居村落，至今600余年，仍存留明清风格北方山地民居300余处。长清大学科技园入驻山东师范大学、齐鲁工业大学等12所高校，佳宝工业园为省级工业旅游示范点，可体验牛奶生产制作过程。

美丽乡村游。根据节令，适时开展赏花采摘游以及名泉游。张夏三十里玉杏谷、五峰山樱桃谷、双泉油菜花基地、马山雪桃基地等每年举办丰富多彩的赏花采摘活动。常态化线路由马套将军山—齐鲁8号风情路—拔山村组成。“齐鲁8号风情路”位于长清区万德街道，是在“美丽乡村”建设基础上重点打造的省内首条美丽乡村精品旅游线路。该风情路一线串起8村，已打造八仙风情、集贸风情、园艺风情、茶马风情、御道风情、岱玉风情、灵秀风情、山居风情主题等八大风情区，初步形成济南、泰安及周边的近郊游、生态游、休闲度假游、亲情欢乐游、民俗体验游、乡村风情游、金秋柿乡游等“一线多点”游的火热场面。

（董文明）

灵岩寺

【概况】 2018年，长清区灵岩寺旅游区管理委员会、长清区灵岩寺文物管理委员会（以下简称区灵岩寺管委会）抓重点做好文物保护、宣传营销、服务提升等工作，取得良好的经济效益和社会效益。全年共接待中外游客18.4万人次，实现旅游综合收入1133万元。通过省级文明单位、全国AAAA级旅游区、山东省爱国主义教育基地等年度复核验收。

灵岩寺 （曹建民 摄）

灵岩山，原名方山，因山顶四壁如削四面方正而得名，又因山形似玉玺，亦称玉符山。北魏郦道元《水经注》称玉符山。灵岩名字的由来和朗公和尚的故事有关。《神僧传》云：“朗公和尚说法泰山北岩下，听者千人，石为之点头，众以告，公曰：‘此山灵也’，遂名灵岩。”

灵岩寺初建于东晋，兴于北魏，盛于唐宋，最盛时殿阁40余处，禅房500余间，僧侣500余人。唐李吉甫在《十道图》中将灵岩寺与浙江天台国清寺、湖北江陵玉泉寺、江苏南京栖霞寺同称“域中四绝”。灵岩寺经历代修葺增建，寺院布局恢弘，文物古迹丰富，主要建筑有千佛殿、大雄宝殿、御书阁、钟鼓楼、辟支塔等，还有积翠证明龛、墓塔林、五花殿石柱及唐代李邕书《灵岩寺颂碑》、元代日本僧人邵元撰书《息庵禅师道行碑》等唐宋以来碑碣，具有较高的历史价值和艺术价值，最为引人入胜的是千佛殿内40尊宋代彩色泥塑罗汉，历来为观者和专家们赞誉不绝，梁启超称其为“海内第一名塑”。灵岩寺峰峦奇秀，风光旖旎，以风景幽深、泉石秀丽著称于世。这里群山环抱、岩幽壁峭；柏檀叠秀、泉甘茶香；古迹荟萃、佛音袅绕。有高耸入云的辟支塔，传说奇特的铁袈裟；亦有隋唐时期的般舟殿，宋代的彩色泥塑罗汉像；更有“朗公石”“一线天”“五步三泉”“千岁云檀”“方山积翠”“明孔晴雪”等自然奇观，无不体现出灵岩寺作为世界自然遗产的巨大魅力。寺内外有宋·释仁钦题灵岩十二景：鸡鸣山、明孔山、卓锡泉、双鹤泉、般舟殿、铁袈裟、绝景亭、甘露泉、石龟泉、证盟龛、朗公山、置寺殿；有明户部主事金鼎题灵岩八景：方山积翠、甘露澄泉、镜池春晓、明孔晴雪、书楼远眺、默照幽吟、松斋皎月、竹径晚风；还有乾隆御题灵岩八景：巢鹤岩、甘露亭、卓锡泉、摩顶松、铁袈裟、白云洞、雨花岩、爱山楼。古往今来，李白、苏轼、苏辙、王安石、杜仁杰、边贡、康熙、乾隆、梁启超、刘海粟等文人骚客驻足其间，流连忘返。故明代学者王世贞有“灵岩是泰山背最幽绝处，游泰山而不至灵岩，不成游也”之说。

1982年3月，经国务院批准，灵岩寺被列为全国重点文物保护单位。1987年12月，作为泰山的附属部分被联合国教科文组织公布为世界文化与自然遗产。1998年5月，灵岩寺被省委宣传部确定为山东省爱国主义教育基地。2001年1月，灵岩寺旅游区被确定为全国首批AAAA级风景旅游区。

【主要景点】

大灵岩寺碑　原嵌于广场戏楼前，后移到灵岩寺山门西南处，今位于山门正南方。“大灵岩寺”4字为元至正三年（1343年）山东廉访副使文书讷书写。

大雄宝殿　原为宋代的献殿，在千佛殿偏东南处。宋崇宁大观年间（1102年—1110年），住持僧仁钦创建，是寺僧诵经的地方。明正德年间（1506年—1521年），鲁王捐塑佛像于其内后，更名大雄宝殿，面阔5间，进深6间，前为外廊式卷棚顶，后是硬山顶，建造精巧，勾角玲珑，上施黑瓦，现存的殿是清朝中叶建造。早期塑像已毁。1994年，新塑释迦牟尼佛和菩萨像。今这里是寺中僧人佛教活动的主要场所。

千佛殿　位于寺内，是灵岩寺中保持完好、规模最宏大的主体建筑物。唐贞观年间（627年—

大灵岩寺碑　　（区灵岩寺管委会提供）

大雄宝殿　　（李健　摄）

644年），由慧崇和尚创建，宋嘉祐六年（1061年）琼环长老重建。唐宋时为大雄宝殿，千佛殿一名始见于宋庆历年间（1042年—1048年）张公亮《齐州景德灵岩禅寺记》：“千佛殿、般舟殿、辟支塔皆为古刹塔”。现存之殿为明嘉靖年间（1522年—1556年）重建，梁间有“时大明万历十五年岁次丁亥九月初八日德府重修”的墨迹为记。

千佛殿屹立于踏步11级高约2米的石基之上，殿面阔7间，进深4间，单檐庑殿顶，上盖灰筒瓦和绿琉璃瓦，前檐8根石柱，雕刻精丽华美，柱周雕深凹入直棂16条，至顶微微收分，檐下多棱石柱，彩绘斗拱，檐下出“铺作”斗拱3跳，使该殿出挑疏朗宏大。该殿虽经历代重修，有些已非原物，但它仍保存着唐宋的风格。

千佛殿正中，置长方形石座，上有三尊大佛，中为毗卢遮那佛，通高5.46米，通体贴金。据李公颜《金像记碑》记载，这尊佛是宋治平二年（1065年）僧惠在钱塘制造运来，是藤胎髹漆塑造，端坐在莲花座上。东侧为卢舍那佛，通高3.87米，铜质，通体贴金。明成化十三年（1477年），孙海、邓通发愿募施，用铜2500公斤铸造。西侧为释迦牟尼佛，通高3.67米，也为铜质，通体贴金。明嘉靖二十二年（1543年）贾信施资用铜2500公斤铸造。三尊大佛于1998年6月又重新贴金。毗卢遮那佛像前两侧梁上立有二飞天，供养佛像。殿内四周墙壁上有数以千计高30厘米铜铸或木制小佛，千佛殿由此得名（现为1998年重新复制，原明代木质小佛共284尊存放于文物库房）。殿东西及后壁台座上有40尊彩色泥塑罗汉像，其中32尊塑于宋治平三年（1066年），在明万历年间从般舟殿迁入千佛殿内，同时又补塑8尊，现为40尊。罗汉像于康熙五十三年（1714年）净意和尚重修千佛殿时进行过装銮。同治十三年（1874年）用银2700两重修千佛殿时又为塑像妆銮敷彩。每尊罗汉像头顶距座面高度在105 ~ 110厘米之间。其制作方法是先做出木质骨架，再用芦苇和谷草构成肌体雏形，然后压大泥，塑制胚胎，采用压、贴、塑、削等手法做出具体形象，雕琢细部，泥胎即完成。阴干后再实施彩绘。泥塑罗汉身上的妆銮用朱砂红、黄丹、雄黄、石绿、大青、天蓝、茄皮紫等矿物质颜料涂饰，故永不褪色。每个罗汉不同肤色、袈裟、袍袖、手帕、衣带、

千佛殿泥塑　　（李鲁健　摄）

缨穗以及花边图案等，设色非常和谐精当，与身份神态十分协调。服饰的细微处也卓见工巧。每尊罗汉的神情状貌喜怒哀乐俱形于色，无一雷同。

自 1981 年 5 月，国家文物部门对 40 尊罗汉像进行为期两年多的修复，粘接遗落的手指，整修彩绘的起甲，粘补加固下垂于石座前开裂的罗汉下肢和衣裾。为不改变原貌，粘接部位进行做旧处理。在维修过程中，从部分罗汉像残损的体腔内，发现一些文物，有一具完整的丝质内脏，还有隋至宋嘉祐年间（1056 年—1063 年）的铜币 78 枚，其中“五铢”1 枚，“开元通宝”16 枚，余皆为宋代前三朝的铜币，共 18 种 61 枚；另有宋代亚形缠枝铜镜 11 面及宋治平三年（1066 年）六月墨书题记等。从西第十一尊罗汉体腔内，还剥离出一尊比较完整的铁质罗汉，体腔中空，双手抱拳，善跏趺坐，形象、动态与外层罗汉相同，头部模制，眼球嵌琉璃珠，局部尚存施彩痕迹。座后壁铸阳文题记：“大宋兴得军长清县和平乡天花南管寺侯丘三村口首创铁铸口罗汉。都维那头李宗平。时熙宁三年岁次庚戌口冬月口日······高氏······汉······官刘······和同高。”根据以上实物资料，罗汉系宋代塑造，距今已有 900 余年历史，是中国泥塑遗存的艺术瑰宝之一。1922 年 7 月，清末著名学者梁启超来此游览，亲笔写下的“海内第一名塑”碑碣，立于千佛殿前。艺术大师刘海粟题写：“灵岩名塑，天下第一，有血有肉，活灵活现。”

辟支塔 始建于宋淳化五年（994 年），竣工于嘉祐二年（1057 年），历时 63 年完工。“辟支”出于佛教，音译为“辟支迦佛陀”，略称“辟支佛”，辟支塔，意即辟支佛塔。它耸立在千佛殿西北百米处，是一座八角 9 层 12 檐的楼阁式砖塔，底围 48 米，塔高 55.7 米，塔基为石筑八角。1995 年，考古发掘时将塔基周围淤土清理后，发现塔基的 8 个立面有 37 幅精美的石刻浮雕（原来应为 40 幅），浮雕内容为古印度孔雀王朝阿育王皈依佛门的故事，雕刻构图活泼，刀法娴熟，为全国少见的宋代石刻艺术杰作。塔身为青砖砌筑，东西南北四面设门，底部 3 层为重檐，余皆单檐。塔檐由华拱两跳组成，朵数逐层变化，塔层高度与塔径自下而上逐层递减，收分得体，挺拔雄伟。塔内底层有塔心柱，1 ~ 4 层内设有登塔阶梯，第 5 层以上为实砌塔体，台阶设于塔身外檐，登塔时须沿塔檐平座绕行，可登塔顶。塔顶是铁质塔刹，由复钵、相轮、圆光、仰月、宝珠组成。另有 8 根铁链分别由 9 层塔檐的 8 尊金刚拽引加固。倘若蹬上 9 层塔顶，可尽览灵岩风光。辟支塔气势雄伟、造型美观、结构复杂、比例适当，呈典型的宋代风格，为灵岩寺标志性建筑。宋代文学家曾巩有诗赞曰“法定禅房临峭谷，辟支灵塔冠层峦”。

辟支塔 （区灵岩寺管委会提供）

墓塔林 位于千佛殿西南 0.5 公里，是灵岩寺历代高僧的墓地。现存墓塔 167 座，志铭

墓塔林　（区灵岩寺管委会提供）

碑81通。墓塔和志铭反映着不同历史时期的雕刻特征，寺宇史实。墓塔的形制多样，造型古朴、雕工精细。一般墓塔均由塔座、塔身、塔刹组成。塔座由地栿、圭脚、覆莲、束腰和仰莲组成，多呈方形或圆形，雕刻成莲瓣式金刚、力士顶托，多至数层，有的做成须弥座式。塔身光滑平整，一般较高大，有圆形、长方形、钟形等，正面刻为某禅师之塔，背面刻墓主生卒年月及立塔时间。塔刹分相轮、覆盆、仰月、宝珠、花卉、龙图等图案造型，一般呈长方形，雕刻着莲华瓣的复钵和圆形相轮，上置宝瓶或相轮式宝尖。墓塔旁通常有墓碑，记载高僧经历，见证灵岩寺历史沿革，是研究佛教发展史的珍贵史料。墓塔林中部为一南北甬道，其北端建有砖石结构、单层重檐式北魏祖师塔（法定墓塔），甬道两侧列峙全石结构群塔，依塔身形制分为方碑形塔、钟形塔、鼓形塔、窣堵婆塔（喇嘛塔）、经幢式塔、亭阁式塔六种。

卓锡泉　又名锡杖泉，位于千佛殿东石崖下，是“镜池”的源头。相传是当年法定来灵岩时用锡杖点出的泉水从洞中流出，潺潺注入镜池，崖上嵌“卓锡泉”大字额碑、乾隆年间王秉鉴书“白鹤泉”字额碑及乾隆题诗刻碑7通。卓锡泉为乾隆御题灵岩八景之一。2004年，被列为济南新七十二名泉之一。

独孤泉（袈裟泉）　又名印泉，位于寺院东侧水池南面。《灵岩志》记载：“昔有隐者姓孤独。结茅泉侧，后人以姓命泉也，明万历中，刘公严（即刘亮彩，又号印泉），退休林下，恶独孤之名，改名为印泉”。因泉边立一铁袈裟又得名袈裟泉。2004年，被列为济南新七十二名泉之一。

檀抱泉　位于寺院西南数里处，因泉旁长有千年青檀树而得名。它南依大山，北临村落，檀因泉润，泉因檀名，泉水旺涌，终年不息。2004年，被列为济南新七十二名泉之一。

【景区建设】　2018年，组织实施辟支塔工程初验、消防工程验收、千佛殿殿顶修缮等工作。做好2018年度文物保护项目计划，灵岩寺千佛殿

檀抱泉　（曹建民　摄）

部分罗汉像（10尊）保护、灵岩寺碑刻保护项目、防雷工程已经国家文物局批复立项，并按程序要求推进实施。加大景区宣传，与30余家旅行社签订合作协议，效果明显。加快智慧景区建设，落实微信、支付宝消费支付功能，方便游客消费。与济南报业集团合作，创新宣传模式，以“灵岩寺新年祈福会”“大灵岩寺佛教文化节”等“好客山东”品牌为依托，策划摄影比赛、世界自然文化遗产月研学活动，进一步提高灵岩寺景区的知名度和社会影响力。

灵岩寺新年祈福会　（杨立柱　摄）

【新年祈福会】　2018年1月27日，农历正月初一，2018’大灵岩寺戊戌新年祈福法会在灵岩寺举办，祈福法会由长清区人民政府、济南市旅游旅发展委员会主办，区灵岩寺管委会、灵岩寺僧团共同承办。灵岩寺新春祈福活动自2005年起，已连续举办14届。祈福会分为新年祈福大典、大灵岩寺新年祈福会仪规、“祈福灵岩，福运长久”灵岩寺新春万人祈福游活动、万盏福灯映灵岩、登山寻福等五大活动板块。其中，新年祈福大典是祈福会的最大亮点，大典仪式配合佛家礼仪，僧团、居士、来宾和游客共同参与祈福法会，共同祈愿新的一年万事吉顺、四海太平、人民安居乐业。祈福会期间，景区共接待中外游客2万余人次，综合收入100余万元。

【佛教文化节】　2018年，“十一”旅游黄金周期间，灵岩寺举办第十三届佛教文化节，主要活动有“迎请观瞻佛家宝物舍利子”“赏泉品茶”“做一天出家人生活体验”等。佛教文化节期间，共接待中外游客2万余人次，收入110余万元。

佛教文化节　（王若东师　摄）

（陈　巧）

济南国际园博园

【概况】　济南国际园博园是第七届中国（济南）国际园林花卉博览会会址，2008年10月19日开工建设，2009年9月22日建成开放，2011年1月5日被评为国家AAAA级景区，2018年4月28日济南国际园博园正式免费开放。园博园距离济南市区约25公里，与长清新城区相连，位置优越，交通便利，周围景色优美，山清水秀。园区占地面积345.1公顷，其中水面面积96公顷。园博园是集园林景观、生态旅游、植物科普、文化博览、休闲度假、水上游览为一体的大型综合

园博园全景 （曹建民　摄）

性国际博览园，是继“一山、一水、一圣人”之后山东省又一新的代表性旅游景点。整个园区设一条中央主轴、两条景观观赏轴、八个功能分区、三大主题建筑。自开园以来，不断完善园区内部配套设施，对中华园、世博山东馆、孔子广场等进行提升、改建、扩建，并引进金港湾游乐项目——园博园欢乐世界。金港湾游乐项目是济南园博园景区与山西金港湾娱乐有限公司合作建设的集水上与陆地项目于一体的大型综合型游乐场，该项目位于园博园和谐广场，占地面积10.6公顷。园区婚纱摄影产业已相对成熟，婚庆产品应有尽有。园区内配套设施完善，园博园度假酒店等宾馆饭店可满足游客食宿需求。园内设有多项拓展训练项目，可开展体育培训、会展培训活动，可承接大中小型会议、培训及各种类型的展览。华谊兄弟（济南）影视城项目已签约落户长清大学科技园核心区，将打造国内知名电影城。

【主要景点】 园区内主要有公共展区、中央湖区、国内园展区、国际未来园展区、专类园展区、休闲娱乐区、室内展区等景观区域，是国内最大的陆地园博园，展园总数108个，包括17个省内城市、45个其他城市、港澳台地区以及21个国外城市，加上9个设计师展园和13个专类园。泉韵广场、花博大道、天地人广场、和谐广场、水之门、主展馆、科技展馆等主题建筑气势宏伟，各具特色。园博园欢乐世界设有游乐项目28项，其中陆地游乐18项、水上游乐10项。

（董文明）

济西国家湿地公园

【概况】 济西国家湿地公园，北起沉沙池北部大坝，东接南水北调东线引水渠，南至冯庄村与老李村间道路，西邻黄河，占地总面积33.4平方公里，其中一期占地面积11.3平方公里。济西湿地公园是江北最大的国家级湿地公园，拥有得天独厚的原生态湿地景观，为融生态保护、科普教育、文化展示、休闲旅游等多功能于一体的综合性国家湿地公园。2011年，济西湿地开工建设。2017年2月，济西国家湿地公园正式揭牌，并获“山东最美湿地”称号。至2018年，济西湿地公园一期工程基本完工，完成池塘、水系疏通，道路整理硬化，园区内绿化种植提升，整体环境改善。建成旅游服务中心，设有售票厅、旅客接待区、餐饮区、观景台等服务设施，配套游船、游览车等服务项目、休闲餐饮娱乐养生设施和便民基础设施。

济西湿地 （曹建民 摄）

【主要特点】 济西湿地由多个河系汇流而成，有黄河的水，有泰山山脉的水，南水北调的水，拥有交织形成的大小岛屿97座，湿地内港汊纵横、水流清冽、景色宜人。湿地物种丰富，植物有860余种，动物有202种，其中鸟类140余种、鱼类20余种。湿地主要水生植物有野生蒲草、芦苇133公顷，种植荷花睡莲近66公顷。

（董文明）

孝堂山郭氏墓石祠

【概况】 孝堂山郭氏墓石祠位于长清城区西南22公里的孝里铺南孝堂山上。孝堂山原名龟山，春秋战国时期称巫山，山顶上建有一石屋，相传是汉代孝子郭巨的墓祠。孝堂山以此命名。此石祠是中国现存最早的地面房屋建筑。石祠始建年月不详，从石室内石梁上有东汉永建四年（129年）参观者的题记，证明石祠在此前即存在，从石祠内壁画风格分析其年代当在东汉之初。

石祠坐北朝南，平面为长方形，室内东西长3.8米，南北进深2.13米。前正中用八角石柱分隔为二，在八角石柱与后墙之间置三角石梁，使祠成为两间。石室内的北墙下横列东西向的低矮石台1座，系作为供奉祭祀用的。前檐东、西角有小八角柱各一，并有后代所加石板，支撑着前部房檐。

石祠的墙壁均以石材砌成，厚0.2米左右，东西山墙上端作三角形的大石，顶端直抵前后坡屋顶交叉点上，以承托屋顶两边的重量。后墙为长方形石块，承受后半坡屋顶的重量。前面东西两檐角下，各有竖立石条1块，以支持前檐的重量。

前檐有3根八角形石柱，两端各1根，直径较小，中间1根较大，上下端各有1个大斗，斗高均为0.27米，八角柱高0.86米，下面的大斗斗口向下，起柱础的作用，上面的大斗斗口向上，因需承托巨大的三角石梁的缘故，比例非常之大。上下大斗与八角柱系用1块整石刻成，非常坚固，经2000余年的沧桑变迁，石祠没有坍塌、变形，即与此支柱有关。而两旁的小八角柱，是后代人为补充前檐的两端支撑力量添加的。东边石柱上，刻有“维大中五年（851年）九月十四日建”11个大字，西边石柱上，刻有“大宋崇宁五年（1106年）岁次丙戌七月庚寅朔初三日，郭华自备重添此柱，并垒外墙”字样，可知，唐宋时代，即曾先后有人对石祠采取维护加固措施。

石祠屋顶的重量约20吨，主要落在东、西、

郭氏墓石祠　（区地方史志研究中心提供）

北3面石板墙壁和南面3根八角石柱上。同时，在正中八角柱与后墙之间，安置一幅三角石梁，净跨2.03米，高0.78米，后山并有小出头，在前檐与三角石梁直角相交处，安设有石制挑檐枋1条，搁于八角柱和两端竖立的石条之上，以承托出挑之前檐。

石祠为两面坡的石板屋顶，雕刻出脊背、瓦垄、勾头、椽头、连檐等形状。屋顶单檐悬山卷棚式，在前后两坡相交的屋脊上，瓦垄作成卷背式，屋顶瓦垄用板瓦仰铺，筒瓦俯铺，檐头的结构是在挑檐枋之上出大连檐，刻出椽子出头，椽子头上承托小连檐，小连檐头上刻出仰置板瓦和瓦当，无飞檐。椽头与瓦当数目一致，但上下并不对齐，板瓦没有滴水。檐头均刻出卷杀，在屋顶的两端，即悬出两山之上的部分，以5行横向的短瓦垄作成“排山”的形式，檐角的一垄作45度的斜出形状。

石祠院东侧有明成化二十二年（1486年）立的“汉孝子郭巨之墓”石碑。石祠外面原来曾有罩室，年久已废。中华人民共和国成立后，为保护好这一珍贵历史文物，于1953年重建罩室，并加筑一道围墙。1961年，国务院在此室前西旁立“孝堂山郭氏墓石祠”大理石碑，列入国家第一批重点文物保护单位。至1983年，国家先后拨款5.25万元，7次对孝堂山郭氏墓石祠进行全面维修。1999年，对石词及周边进行维修扩建，新建围墙、罩室，东西厢房及办公区等。

【石祠汉代画像】　孝堂山郭氏墓石祠汉代画像是历代石学家、学者和美术家重视的艺术珍品，在宋代金石家赵明诚的《金石录》、清代金石家翁方纲的《两汉金石志》、阮元的《山左金石志》、王昶的《金石粹编》和冯云鹏、冯云鹓的《金石索》中均有论述。这些技艺高巧的汉代风俗画，以流畅洒脱的阴文线条，再现2000年前山东地区的社会风貌和达官显贵的生活状况，是一幅珍贵而又生动的历史画卷。

石祠三面墙壁和三角石梁上，刻有精美的汉画，刻法是在平滑的石面上，用阴线刻出画像，部分采用凹入平面刻法。

北壁壁画正中，是3座高大的约两层殿堂，旁有亭阁式阙门，殿堂内各有朝拜参谒图像，楼上各坐一排人物。殿堂下方，有人物和车马行列，上列是孔子见老子的故事，下列是车骑队伍，计车9辆，乘骑6匹，躬身迎送者各1人。左起第一辆车，上刻“二千石”3字。汉朝官员的等级，按俸米计算，地方最高长官是“二千石”，可见车内乘坐的是一位高级官员。殿堂高大，门前车骑如云，显示出死者生前社会地位的显赫。

殿堂上方的车骑巡行行列，与东西墙壁画同一水平线上的车骑图相互衔接，行进方向一致，实为一体，形成一幅横贯全室的庞大车骑巡行图。整个画面长达8米，计有各类人物117人，其中乘车者17人，御者8人，步卒17人，骑士60人，乘骆驼者2人，骑象者3人，迎宾者10人，车8辆，马74匹，骆驼和象各1头。其中北壁左端一辆华盖四马车，上方刻“大王车”字样，车前有鼓乐车导引，说明车中乘坐者是一位高贵的王者。东墙壁画右端，有两列人物共10人，面向车骑迎接，最前一人头上方有一“相”字。按汉朝制度，当时封在各地的诸侯王，不得过问政事，政事有中央派去的“相”负责处理。今济南地区，汉时曾设有济南国和济北国。济北国在长清、平阴一代，因此，据推测，石祠主人应是汉济北王中的一个。

东墙壁画上端的三角部分，蛇尾人身手中持矩的是伏羲，持弓坐于屋下的是东王公，周围还有乐人、鼓车、戴镣的罪人等。下半部分，有历史故事、庖厨、乐舞、车猎、投谒等多种图像。庖厨图，有井有灶，牛、羊、犬、豕、鸡、鸭、鱼、兔俱全，厨夫忙碌操作，锥牛、宰羊，一片紧张准备景象。乐舞杂技，有建鼓舞、弄丸、高竿倒挂等演出节目。

西墙壁画上端的三角部分，是人首蛇尾的女娲，手中持规。西王母凭几端坐，近旁有手拿灵芝草的仙人、捣药的玉兔、三足乌和九尾狐。下半部分，表现的是战争、献俘和围猎图景。战场上，胡汉两军对垒，张弓飞矢，人马奔驰，断头坠马，追王逐北，战斗十分激烈。围猎图中，狩猎者或荷筚（捕鸟兽的网具）而行，或驱遣鹰犬，或举矛刺兽。陷入重围的虎、豹、鹿、兔惊慌万状，四处奔窜，画面表现的是对功业、胜利的赞颂，是对自然征服者的赞歌。

三角石梁东壁画像，正中是升鼎的故事，据《金石志》引《南越书》云：“熙安县山下有神鼎，天晴水澄可见，刺史刘道锡使人系其耳牵之，耳脱而鼎乃沉，执靮者莫不疾耳，盖尉陀之鼎也”。此画是打捞尉陀鼎的情形。在河岸的人头兽、人头鸟，像是《山海经》里说的神奇禽兽，其引弓射鸟者正是象征后羿射日的故事。

三角石梁西壁，画的是在一座桥上发生坠车的故事；石梁的底面是一幅星辰日月图。另外还有一块后补的画像石，上面画的是飞龙和类似猿的图像。

石祠西山墙外壁，刻有一篇北齐武平元年（570年）《陇东王感孝颂》。额题“陇东王感孝颂”为篆书两行，颂文为隶书。申嗣邕撰文，梁恭之书。文后又刻有唐开元二十三年（735年）杨杰题记。陇东王是当时担任齐州刺史的胡长仁。石刻字迹工整，笔势开张，用笔近似楷书，这是北齐隶书的共同特征。

（边绍林）

五 峰 山

【概况】 2018年，长清区五峰山旅游区管理委员会（以下简称五峰山管委会）围绕机关建设、项目推进、宣传营销、景区增收、民生改善、招商引资、信访稳定七大重点工作务实担当，完成全年目标任务。10月25日，山东省民族宗教事务局下发文件同意设立五峰山洞真观为道教活动场所。全年接待游客10.8万人次，比2017年增长8%，实现旅游总收入260万元，比2017年增长13%。

五峰山古来以其环境僻静、古幽秀丽而著称，赢得“登泰山而小天下，上五峰始知清幽”之誉，世人故将其与泰山、灵岩并称为“鲁中三山”。五峰山因有5个并列的秀丽山峰而得名，从西向东依次为：聚仙（亦称迎仙）、望仙、会仙、志仙、群仙峰。五峰绵亘错列，云绕峰巅，泉出石罅，环抱在绿树浓荫之中，宫、观、亭、台相互掩映，风景绝佳，堪称“齐鲁仙境”。五峰山文物古迹众多，有宫、观、亭、阁等古建筑27处，南北朝、宋、元、明、清历代碑碣、石刻等文物古迹30处。《五峰山志》载：“五峰山始建于秦，兴发于北魏，广拓于金元，繁荣于元明，垢污于明末清初。”金元时期道教在此兴盛，道观占地139公顷，规

五峰山全景 （曹建民 摄）

模宏大，明朝时期最为繁盛，是古代江北最大的道教圣地之一，自古是隐士幽居和人们游览的好地方。1992年11月，五峰山森林公园被山东省林业局批准为省级森林公园。2001年，五峰山旅游区被国家旅游局评为首批3A级旅游景区。2006年12月7日，五峰山古建筑群被省政府批准为山东省第三批省级文物保护单位。2013年，莲花洞石窟造像、明德王墓被列为全国重点文物保护单位。

【主要景点】

一天门　位于峪口处，有石砌盘路，盘路开始处，两崖并峙，形如关隘。明代万历年间，道士周云青的弟子史奇峰曾在这儿修建过“广生殿”“伏魔宫”等殿宇，并用巨石筑门，称为“一天门”，门上修阁，为“迎恩阁”。清顺治十一年（1654年）重修。1997年，筹资修复。

洞真观　一名神虚宫，北观，俗称大庵。坐落在五峰山山阳志仙峰下，是全山的主要建筑，建有三元殿、真武庙、玉皇殿、三清殿、九莲殿、吕祖庙等，是风光精华之所在。《五峰山志》记载，洞真观创建于金章宗泰和年间（1201年—1208年），为全真教道士丘志原所建，王志深、李志清等增修扩建，始有道院，金宣宗贞祐年间（1213年—1217年）定名为“洞真观”。洞真观在元、明两代均有所扩建，元代又封为“护国神虚宫”。明万历年间，明神宗朱翊钧命黄冠周云清劈山重修，“创构宫宇，楼殿岿崇，金碧辉荧，号称极盛”。朱诩钧为供奉其母李太后，修建豪华的九莲殿1座，封太后为九莲菩萨。万历二十七年（1599年），派遣全真道士周玄真（即周云清）在这里刻印《道藏》全经480函。改洞真观为“保国隆寿宫”，并敕建隆寿宫石坊。望仙峰山腰上尚存“青帝宫”遗址。青帝是道教奉祀的神灵，为五天帝之一，居东方，主春，又称“苍帝”“春帝”。此时，这里的道教活动空前兴旺，宫观殿宇富丽堂皇。观内古柏参天，青翠欲滴。

洞真观中有许多古碑，其中最早的碑刻是三元殿前金大定十年礼部牒碑，碑文记载金世宗（完颜雍）大定二年1162年礼部奉敕赐万寿院牒文。玉皇殿前西壁有元定宗三年（1248年）元好问撰文、王万庆书石的“金洞虚宫记”石刻。元好问（1190年—1257年）字裕之，号遗山，太原秀容（今山西忻县）人，仕金，曾任尚书省左司员外郎等职，诗文蔚为一代之宗。金亡后第二年（1235年），他曾到济南游历，撰《济南行记》，对济南山川

皇宫门　　　　（五峰山管委会提供）

多有题咏。

皇宫门　又称木牌坊，为进北观之始，牌坊建于石台基上，四柱三门式，它的底座建于金元时期，底座上面刻有八个卧狮，两两相向，各具情态。坊的上顶均为木制，始建于明代万历年间。1990年，重修，雕饰一新，飞阁流丹，气势雄伟，颇为壮观。古人在木牌坊周围的庭院里栽13棵柏树，名叫"十三太保"，现存12棵。

清冷亭　又称志仙亭，在志仙峰下，清冷泉边。亭为石筑，单檐四角攒尖顶，四檐翘飞，彩绘斗拱，碧瓦流光。亭子的梁架构造十分奇巧，三层叠起，每层皆为正方形，亭顶则为四棱锥形，极为少见。清泠亭为四柱方亭，亭柱上分别镌刻英树琴和黄易二人的楹联。英联为"到此息尘虑，对之清客心"；黄联为"露滴仙人掌，云流玉女盆"作于清嘉庆二年（1797年）。亭边泉水叮咚，昼夜不息，如琴弦筑击声，与山谷相回应，悦耳动听。

玉皇殿及殿前石刻　玉皇殿为洞真观主殿，建于金代，面阔3间，进深3间，单檐硬山顶，顶部为绿色琉璃瓦覆盖。前出廊厦，柱下施双覆莲柱础。1992年，复修。1994年，装塑修复一新。玉皇殿东西两侧配殿是龙王殿和虎神殿。东侧的龙王殿内有清泠泉的泉水流过；西侧的虎神殿内有五音石，敲击五音石四角及中央，能发出宫、商、角、徵、羽5个音阶，相当于1、2、3、5、6（乐谱音阶：刀、来、米、嗦、拉）。玉皇殿前是"仙亭桥"，桥面上和桥下水池旁均有石栏，共28根石柱，号称"二十八宿"。玉皇殿前院，碑石林立。最早的碑刻是玉皇殿西墙的金大定十年（1170年）牒碑。碑文记载金大定二年（1162年）礼部尚书奉敕赐万寿之院牒文。五峰道观最珍贵的石刻之一是"崔先生像赞碑"，立于仙亭桥东边池中。

银杏树　在玉皇殿后，清泠泉边，有一棵2600多年树龄的银杏树，树高35米，腰围6.5米，树冠覆盖面积2540平方米。枝柯参天，浓荫匝地。此树雌雄同株，它虽然孤独无偶，但年年开花结果，世间稀有，被誉为"银杏之王"。据《五峰山志》记载，此株银杏树"花中有精子，在植物中为特异。"它上擎一片绿云，下注一泓清凉，无数翠叶赶走盛夏的暑气。据测定：此处暑季气温比外界低3～5摄氏度。来到此处，全身每个毛孔都透进山间的清凉，五脏六腑都透进山间的清新，历来是游客歇脚乘凉之地。树上的繁枝密叶中栖息着众多禽鸟，啁啾宛转的鸟声，与清泠

银杏树 （五峰山管委会提供）

泉叮咚的水声相应和，演奏出美妙的乐章。

隆寿宫石坊　隆寿宫石坊位于会仙峰、三元殿、百丈阶下，全部石筑，形体高大，结构简洁。三门洞，当心间高，两肩门低，皆为庑殿式顶，翼角起翘，勾头滴水，仿木结构，形象逼真，惟妙惟肖。方形石础上立柱，前后有抱鼓石镶嵌。柱头之间由阑额、垫板拉扯承重。元代曾被敕封为“护国神虚宫”，明代万历年间封为“保国隆寿宫”，始建年代不详。明末清初，此坊被雷击毁大部。1997年6月29日，修复时在原柱间掘出大宋年间铜币2枚。修复后，隆寿宫石坊长9米，高8米，气势雄伟，威武壮观。

隆寿宫石坊 （五峰山管委会提供）

青帝宫　青帝宫位于朝阳洞西南侧，始建于明代，由主殿文昌阁和四个配殿构成，建筑面积2030平方米，占地面积6056平方米。原是五峰山内规模最大、最豪华的一古建筑群。至1996年，仅存断壁残垣。前面门楣书写“青帝宫”3个字，后面门楣上有“青未了”3字石刻，旁署嘉庆丁卯浴佛后二日英和、蒋予薄过此题识。2008年，修复青帝宫。

青帝宫 （五峰山管委会提供）

莲花洞石窟造像　位于五峰山迎仙峰西侧的山崖处，借自然山体，凿岩成窟。广阔各近 3.3 米，窟高 3 米，窟外另砌券拱门，门额置“天启六年五月圣佛莲花洞”刻石。洞中雕有主佛 1 尊，为一佛二菩萨二弟子建造样式，四壁及拱门两侧雕小佛 254 尊，窟顶有彩色莲花 52 朵。洞门两侧有佛像 33 尊，洞内造像题字大半尚可辨认，有“卢义基为之妻造像”等 20 余处，还有洞左边东魏武定五年（547 年）、北齐乾明元年（560 年）的造像题名。造像雕凿年代为东魏、北齐之间。1979 年 9 月，被评为市级文物保护单位。1992 年 6 月，被评为省级文物保护单位。2013 年 3 月，被公布为第七批国家重点文物保护单位。

莲花洞石窟造像　（五峰山管委会提供）

德王墓　位于道佛山的南面，当地盛称“十八王林”。墓群共 7 座，是明天顺元年（1457 年）至明末，明英宗朱祁镇次子朱见潾及其六世嫡系子孙的墓穴。1993 年，发掘的 4 号墓是德庄王朱见潾（亲王）、王妃刘氏、其子朱祐榑（济宁安僖王）的合葬墓。该墓穴最深处距地表约 12 米，地宫建在墓穴的中后部，砖石结构，分前、东、西三大殿，总面积为 105.50 平方米。墓门宽 1.8 米、高 4.2 米，门扉每扉宽 1.07 米、高 2.51 米、厚 0.19 米，正面各雕有纵横 9 排 81 枚乳头状门钉及铺首，三殿相通，内各置一须弥座式石棺床。德庄王墓的发掘，对于研究明代帝王的陵葬制度，具有重要价值。1995 年 12 月，被公布为市级文物保护单位。2006 年，被公布为省级文物保护单位。2013 年 3 月，被公布为第七批国家重点文物保护单位。

【景区建设】　2018 年，投资 5 万元，新建旅游厕所 1 处；投资 2 万余元，改造提升原有厕所 2 处。投资 2 万余元，完善景区标识，增设标示牌 26 处。投资 1 万余元，对百鸟林基础设施进行改造提升。实施景区安防工程，投资近 1 万元，增设安防监控摄像头 12 处。

（赵红星）

莲台山

【概况】　2018 年 11 月 19 日，济南市长清区莲台山度假村更名为济南市长清区莲台山会务中心。莲台山风景区管理处是长清区政府定点接待单位，设有莲台山庄、莲台别墅、莲台宾馆、康乐中心等，提供旅游、住宿、中餐、会议服务，为市民提供舒适、干净的休闲娱乐场所；同时做好文物保护管理工作和旅游设施的改造提升工作。全年共接待游客 5 万人，实现旅游总收入 642 万元。

莲台山位于长清区东南张夏镇境内，南与海内“四大名刹”之首灵岩寺相邻，西与“道教圣地”五峰山相望，距济南市区 25 公里，距长清城区

25公里。因汉代大将军娄敬在此栖隐，故名“娄敬洞山”。历史上曾称张山、万花山、娄景山、盘龙山。民国时，因山势环抱，山形似莲朵，又似佛座莲台更名“莲台山”。

莲台山被誉为“人间仙境，世外桃源”，以其洞奇、林秀而著称。洞穴有72处之多，著名古洞有娄敬洞、王母洞、朝阳洞、老君洞、三清洞、八卦洞、仙姑洞、青龙洞等，有的洞是洞内有洞，洞上有洞，洞内有佛，洞内藏山，山中有洞，洞穴幽深，奥妙无穷。莲台山气候宜人，自然风景优美，植物众多，树木达33科70余种，鸟类8目4科30多种，林木覆盖率达90%以上，因此有“江北第一植物园”的美称。山之东、南、北二面皆为峭壁，丹崖翠嶂，西面翠绿如屏，山前沙河横流，景色如画，加之该山环抱如城，形成独有的“小气候”，冬暖夏凉，与其他地方温差大约有2～5摄氏度。景区内景色如画，美不胜收。春天到来，迎春盛开，桃杏争艳；春夏之交，满山碧绿，野花纷呈；盛夏雨季，各山谷泉水潺潺，尤其是“玉柱峰”下的“虎啸泉”，狂奔如涛；最美的是莲台秋色，漫山遍野的黄栌树、枫树、柿子树，一夜秋霜，染遍满山红叶，分外妖娆。诗曰：“置身着色莲台山，红叶醉倒回家难”。主要景点有莲台胜境坊、观音堂、张仙祠、梯子崖、玉皇殿、娄敬洞、主佛殿、王母洞等。

【主要景点】

莲台胜境坊 位于小娄峪峪口，始建于1935年，是用青石砌叠的，坊阔面4.6米，高3.47米，厚0.79米，坊上嵌有“莲台胜境”匾额，坊石下侧嵌有“修建石坊字版”。据字版记载，石坊为历下（今济南）善士马尚芹捐铜圆600余公斤所筑。由于年久失修，后倒塌无存。1994年，新建“莲台胜境”牌坊，造型似莲花，坊面阔23米，高18.3米，坊身用白色瓷面砖镶嵌，坊上“莲台胜境”匾额用大理石制成，远眺似一朵洁白欲放的莲花，为莲台山风景区标志性建筑物。

莲台胜境坊 （贾潇 摄）

观音堂 亦名无梁殿。观音堂是供奉观音菩萨的场所，始建年代无从查考，有明崇祯九年（1636年）十一月重修观音堂的石碑一块，立于堂前。清康熙二十一年（1682年）在此东侧始建万花山三元宫（即天宫、地宫、水宫），三元为道教所供奉的神，传说天宫赐福、地宫赦罪、水

莲台山全景 （曹建民 摄）

宫解厄。清康熙三十七年（1698年），在此重建泰山云台庵蓬莱观。1922年，重修无梁殿。1924年，重修观音堂院落。观音堂院落布局完整，无梁殿为硬山顶，面宽三间，室内顶皆为石券，保护完好。1996年重修，观音像高2.13米。

观音堂　（贾潇　摄）

张仙祠　由三元宫拾级而上便是张仙祠。相传汉留侯张良曾在此隐居。张良，汉初大臣、政治家、字子房，相传为城父人（今安徽亳县东南）。1918年8月，重建张仙祠四合院，正殿、配房皆为硬山式，正殿刻有游龙图案，栩栩如生。1990年，改建，新塑张仙神像，高2.55米。

张仙祠　（贾潇　摄）

梯子崖　是登南天门、观娄敬洞必经之路。梯子崖用巨石砌叠，百步九折，共65级。每到盛夏，云雾缭绕，游客攀登梯子崖时，恰似在天空云中行。登上梯子崖，再回首，犹似泰山十八盘！

玉皇殿　登上南天门，便是玉皇殿。建于明万历年间，殿内塑有玉皇及童男、童女。此殿依山而建，为硬山式建筑形式，面阔8米，进深6米。据玉皇殿碑文记载："到此者悦如人居天上，境如桃源，福地洞天，为全山胜景之冠者"。1996年，重修。

玉皇殿　（贾潇　摄）

娄敬洞（透明洞）　位于玉皇殿东南。娄敬洞呈三角形，洞内南北贯通，长200余米，洞北开口处高30米，宽20米。进入洞北口不远处有一巨石大床，相传为汉代大将军娄敬休息的地方，旁边还有他的一块拴马石。洞南口石上凿一神龛，祀娄敬、张良、范蠡像。从洞口望去，阴森黑暗，不测深浅。洞内有山，山内有洞。借灯光可看清洞壁上灿烂的花纹，有如莲花，有如灵芝，惟妙惟肖，千姿百态。洞中间最开阔处20余米，有一块巨大的探海石。此洞亦是北方最大的蝙蝠洞，洞内有3种蝙蝠，约万只。走出洞口，豁然开朗，弯弯的山路，层层的梯田，山下便是大娄峪村。

主佛殿　位于娄敬洞北口上方50米处，建于1926年，建筑形式为叠涩式，窗棂是用石板雕刻。殿内有石刻佛像1尊，佛高3米，造型优美，神志端庄，佛山一体，该佛为镇山之佛，此佛已毁。2006年，新塑一佛，高5米。

王母洞　位于梯子崖南百余米处，王母洞高3米，深30多米，宽7米，洞中又有上洞，称鹞子翻身洞。上洞开口处12米，深60多米，宽3米，下洞高2米，宽1米，深20米。王母洞，洞上叠洞，洞中套洞，为莲台山洞穴中最秀美的洞。洞口镌一对联："壶中灵药山中采，宴内蟠桃洞中寻"，横批是"西望瑶池"。洞门口有一尊手持宝剑，身披盔甲，赤脚而立的武士石像，高1.70米，系清末所雕。传说，这是王禅老祖的徒孙孙武。王母洞分上下两层，洞中间是个井筒式的洞口，直上直下，洞内幽暗，从下往上看，约十几米高。洞壁上凿有登台，并置有铁把手，供游人攀登。当沿井筒式洞口向上攀登到中间，需要转身再往上攀登，鹞子翻身洞的名字由此而来。爬上洞口，俯首观望，谷深万丈，使人头晕目眩。站在万仞悬崖的石缝中，山峪中的美景尽收眼帘。远处，峰峦叠嶂，足下，花木丛生。峪中建筑，风格独特，错落有致。那绿瓦飞檐的张仙祠，簇拥在绿树丛中，在轻霭雾蒙中忽隐忽现，宛如海市蜃楼。

【设施改造提升】 2018年11月16日，对长清区莲台山风景区管理处的办公楼、康乐中心、锅炉房进行改造提升，总计划投资2000余万元。至年底，锅炉房已改造成新办公楼，并投入使用。

【小娄峪古建筑群修缮保护工程】 2018年7月6日，根据省财政厅、省文物局《关于做好2018年度省级重点文物保护单位专项资金申报工作的通知》和省、市文物局《关于下达2018年度省级重点文物保护单位补助资金项目计划书的通知》要求，通过公开招标完成对小娄峪古建筑群修缮保护工程设计方案编制招标工作。8月24日，完成《小娄峪古建筑群修缮保护工程设计方案》成果，并上报省、市文物局审核。10月12日，《小娄峪古建筑群修缮保护工程设计方案》获省、市文物局批复，同意实施。

（李宝华）

大峰山

【概况】 大峰山景区是国家AAA级旅游区、省级森林公园，是集人文古迹、度假、休闲、红色旅游于一体的综合性旅游景区。位于长清区孝里镇，距济南市区47公里，近靠220国道和济菏高速公路，交通便利。大峰山山势围合，三面峭立，曲如列屏，形若箕掌，因其顶峰高大，故得名——大峰山。大峰山海拔496米，南北长12公里，东西宽9公里，占地面积853.3公顷，森林覆盖率98%以上，已查明的树种有88种、鸟类60余种、药材60余种。有全国唯一保存最完整的战国时期齐长城与阵容宏大的屯兵营。大峰山是著名的道教名山，其主体建筑峰云观有900余年的历史，观内建筑错落有致，飞檐斗拱，雕梁画栋。大峰山既是一处文化古迹宝地，又是长清人民的革命摇篮，是长清县委的诞生地，是山东军民抗日战争烽

大峰山　（曹建民　摄）

火的发源地，也是泰西抗日根据地的重要组成部分，被誉为“长清的延安”，曾培养出400余名党政高级干部。2005年，被济南市委宣传部确定为济南市爱国主义教育基地、济南市三条红色旅游线路之一。2016年，长清区革命历史纪念馆被山东省宣传部、山东省委党史研究室分别命名为山东省爱国主义教育基地、山东省党史教育基地。2018年， 济南大峰山党性教育基地建成，该基地由大峰山革命根据地纪念馆、初心广场、烈士陵园和大峰山独立营（中共长清县委）旧址四部分组成。

【主要景点】 主要景点有齐长城、峰云观、屯兵营、璇玑洞、孟姜女哭长城处、灵官庙、白虎洞、革命历史纪念馆、烈士陵园、欢乐谷、木屋别墅、云根、月窟、回月楼、青龙潭、待月泉、关帝庙、玉皇殿等。

（董文明）

马套将军山

【概况】 马套将军山风景区位于长清区万德街道马套村，济南市的最南端，坐落于国家AAAAA级旅游景区五岳独尊泰山脚下，毗邻泰山桃花源景区。交通四通八达，地理位置优越。这里峰峦如聚，群山环绕，流水潺潺，鸟鸣深涧，古迹荟萃，芳草连天，森林绿化达80%，有“天然氧吧”之美誉。2016年9月，马套村获“中国美丽休闲乡村”称号。2017年，马套村被中央文明委评为全国文明村，马套将军山风景区被评为国家AAA级旅游景区。齐鲁8号风情路列入山东省对外重点推介的两条线路之一，列入全国100条休闲农业和乡村旅游精品景点线路，马套村是齐鲁8号风情路上的关键节点。至2018年，马套将军山风景区已形成“一个中心，三大区域”的旅游格局，即游客接待服务中心、水库游玩区、民宿体验区、茶叶采摘区。景区配套设施完善，可同时容纳300余人住宿，500余人就餐，景区内设有可容纳100人的会议室，初步形成集旅游、娱乐、餐饮、住宿为一体的旅游度假配套服务规模。

【主要特点】 马套将军山风景区承延泰山山脉，依偎在齐长城脚下，景区文物古迹荟萃，有齐长城遗址、将军山、钉头崖、吴道人庵等文物古迹或遗址。景区以生态旅游为主线，围绕景区民宿户和茶叶采摘两大特色，开展亲子游、露营、夏令营、野外拓展等主题旅游活动。景区打造高端民宿户，丰富茶叶体验形式，提供餐饮住宿、水库游玩、茶叶果蔬采摘等服务，形成集民宿居住、民俗体验、观光采摘、休闲娱乐、餐饮接待为一体的旅游度假观光区，突出健康养生、拥抱绿色、与大自然和谐共处，为现代人体验田园生活、享受田园风光营造一片净土。

（董文明）

马套将军山 （曹建民 摄）

济南泉城茶博园

【概况】 济南泉城茶博园始建于2010年，位于长清区万德街道坡里庄村，由济南南湖玉露茶叶科技开发有限公司投资建设。2018年，济南泉城茶博园被评为AAA级旅游景区。

济南泉城茶博园总规划面积763公顷。至2018年，累计完成总投资1.5亿元，建设泉城茶种植基地面积100公顷、基础设施总面积6000平方米，形成完善配套的茶叶加工中心和旅游服务接待中心功能，济南泉城茶博园已成为山东省单体生产规模大、加工能力强、加工茶叶种类较多的中国北方茶叶种植区。生产的“泉城”牌系列“长清茶”先后获大奖20余项，其中有西班牙国际展会金奖、第十八届中国绿色食品博览会金奖、“中茶杯”全国名优茶评比一等奖、山东省名牌产品等，注册的商标获山东省著名商标。

【主要特点】 济南泉城茶博园文化底蕴深厚，具有丰富的旅游资源，园区有齐长城遗址、孟姜女遗址、龙居寺、龙居泉、南湖、神龙大峡谷、威龙大峡谷、义和庄村遗址等。游客在游览自然景观和历史文化古迹的同时，还可学习种茶知识，亲自体验茶叶采摘。在基地茶艺师的指导下，采茶、拣茶、观摩炒茶，体验快乐的“茶文化之旅”。定期开展采茶比赛，茶树认领、寻宝比赛等拓展主题活动，增加别样趣味。

【济南市长清泉城茶道田园综合体项目】 济南市长清泉城茶道田园综合体项目获批2018年山东省财政厅省级田园综合体建设试点项目，是济南市唯一一个省级田园综合体项目。该项目建设地点位于长清区南部万德街道，北起黑水湾水库，南部与肥城市相邻，西侧至山顶分水岭村界，东至京福高速、104国道，处于“一山一水一圣人”旅游胜地的交通要道，交通便利，发展区位优势明显，涉及坡里庄村、长城村、孙家峪、万南村4个行政村共2561户，总人口8561人。建设期限自2018年8月至2021年7月，

济南泉城茶博园 （牛宗江 摄）

茶叶车间 （牛宗江 摄）

建设总面积约 1867 公顷，农业生产区建设规模 907 公顷，规划发展茶园面积 400 公顷、干果面积 507 公顷，项目 3 年计划总投资 3.32 亿元，其中政府 3 年扶持资金 6300 万元。项目计划引进投资 5 ~ 10 亿元，将泉城茶道田园综合体建成山东省一流的田园综合体、国家 AAAA 级旅游景区、中国北方高纬度茶种植示范基地、禅茶文化旅游综合体、现代农业休闲观光旅游为载体的特色小镇。

（牛宗江）

济南龙凤庄园

【概况】 济南龙凤庄园位于长清区万德街道店台村海拔 560 米的东山，延承南部泰山山脉，面积 330 余公顷。景区内树木繁多，文化资源丰富，包括红石寨、文殊院、大寨笔架山、磁盆山、齐长城遗址等景点。古老的齐长城犹如盘龙、贯穿南北。民间传说主要有红石寨传说、仙客楼子传说、牛鼻泉传说、王落庵子传说等。围绕“游龙凤庄园，品天上圣果，登古齐长城，观泰山日出”的主题，庄园进行规划建设。重点发展体验农业与休闲农业相结合的特色旅游，着重打造高山水果采摘精品体验游，形成“一二三产业”经济融合发展模式。2018 年，济南龙凤庄园被评为 AAA 级旅游景区，建成桃园 20 余公顷，大樱桃 10 余公顷，优质苹果园 13.3 公顷，蓝莓、桑葚、猕猴桃、葡萄、山楂、梨、杏等杂果 23.3 公顷，高山有机核桃 80 公顷，有机茶园 6.7 公顷，是一个四季有花、三季有果、全年有景的现代农业观光旅游采摘园。

【主要景点】 桃园山庄（桃园居）。桃园山庄坐落在群山环抱、绿树苍翠的龙凤庄园内，精品民宿区配备有高档床铺、热水器、空调、电视和无线网络等设备，建有可容纳 200 人同时就餐的餐厅、健身房、棋牌室等设施。依窗凭栏，原生态自然景色尽收眼底。山，雄浑巍峨；石，风骨铮铮；植被丰茂、郁郁葱葱。远观巍峨泰山之雄伟，近看苍松翠柏之壮美。

儿童乐园。儿童乐园是济南龙凤庄园专门为小朋友们开辟玩耍娱乐的场所，设有滑梯、攀岩墙、独木桥、挖掘机、海洋球池等益智娱乐设施，

龙凤庄园 （曹建民 摄）

让小朋友们尽情娱乐，享受童年。

小动物园。济南龙凤庄园饲养小马、孔雀等动物，在供游客观赏的同时，保护动物、和谐共生。

"茶文化"体验。济南龙凤庄园土质肥沃、水源纯净、环境优良，很适合茶叶种植，免费提供自产高山野生酸枣叶茶让游客品尝，全方位体验"茶文化"。

"葫芦娃"大比拼。济南龙凤庄园建设有2000余米"绿色景观长廊"，大大小小的葫芦挂满藤架。葫芦与"福禄"谐音，寓意着招财纳福、吉祥如意。龙凤庄园免费为游客提供彩绘工具，游客可以展现聪明才智，描绘一个富贵吉祥的葫芦，或者和小伙伴比一比，看看谁的葫芦娃更加萌萌哒。

齐长城遗址。齐长城先于秦长城490年，被誉为"中国长城之父""世界壁垒之最"。齐长城在龙凤庄园内穿过，巍峨恢宏，恰似东方巨龙，站在齐长城上观泰山日出是一种别样的体验。

（董文明）

灵岩大佛山

【概况】 灵岩大佛山景区位于长清区万德街道灵岩村，始建于2007年，规划面积5平方公里，2013年开始营业。景区突出生态、观光、休闲、佛教文化体验等功能，以大佛山和卧佛寺为核心，是集旅游观光、文化体验、户外休闲等功能于一体的景区。2018年，灵岩大佛山景区被评为AAA级旅游景区。

【主要特点】 至2018年，景区现已建成游客中心、集餐饮住宿于一体的特色农家乐、公共厕所、停车场等基础服务设施，拥有樱桃园、生态农庄等基地，可供游客采摘休闲。

（董文明）

金谷园文化旅游农业公园

【概况】 金谷园文化旅游农业公园位于长清区孝里镇，占地面积127公顷，植被茂密。景区内拥有古树、名花、稀有苗木1000余种，有鸟类8目14科30余种。金谷园文化旅游农业公园建有集孝文化、雷锋精神于一体的主题广场1处，建有农耕文化研学区，汇聚剪纸、面人、书画等一批非遗传人和文化作品。2018年，金谷园文化旅游农业公园被评为AA级旅游景区。

【主要特点】 景区划分为以金谷农业公园为代表的乡村旅游度假区，以历史底蕴景点为中心的古齐长城遗址、大峰山、方峪古村、孝堂山等历史人文游览区，以生态旅游为主线的果蔬种植采摘、茶园采摘、加工的主题园及农时农耕体验、观光为一体的多功能区，以体能锻炼、放松心情为核心的青少年军事拓展训练拓展中心、水产养殖饲养、儿童游乐等诸多设施体验园，打造集乡村民宿、居家养老、休闲娱乐、餐饮接待为一体的旅游度假观光区。

（董文明）

圣虎山庄

【概况】 圣虎山庄风景区位于长清区万德街道南 1.5 公里处，划分为以万南烽火台遗址为代表的古代文化观赏区、以采摘园为特色的都市休闲采摘区、以家庭式茶园庭院为代表的茶文化长廊、以生态旅游为主线的花卉主题园及农时农耕体验、观光为一体的多功能区，设有以体能锻炼为核心的青少年野外拓展训练拓展中心、水产养殖饲养、儿童游乐等设施体验园，打造集茶园观光、山居民宿、居家养老、休闲娱乐、餐饮接待为一体的旅游度假观光区。2018 年，圣虎山庄被评为 AA 级旅游景区。

【主要景点】 景区内主要景观有圣虎山石像、万南烽火台遗址、龙泉、抗日战争石屋遗址、小檀抱泉、虎山瀑布、御龙湾等。

（董文明）

山东人文纪念公园

【概况】 山东人文纪念公园位于长清区孝里镇，占地面积 66.7 公顷。公园以红色军旅文化为主，山东老战士纪念广场占地 6000 余平方米，为全国唯一一处彰显山东兵精神的爱国主义教育基地。山东人文纪念公园凭借山东老战士纪念广场等独特的人文资源，在人文纪念、教育基地、雕塑艺术、文化旅游、园林景观等方面都形成独特的风格，每年吸引社会各界人士到此缅怀历史，亲近自然。2018 年，山东人文纪念公园被评为 AA 级旅游景区。

【主要特点】 园内建有山东老战士纪念广场、山东省暨济南市遗体捐献纪念广场、二十四烈士纪念碑、见义勇为英雄王守峰雕像、革命军人专区红星园、社会名人专区孝慈园等。

（董文明）

马　山

马山　（曹建民　摄）

【概况】　马山，又叫隔马山，是长清境内最奇险的山峰。山势陡峭，雄浑隽秀。沿途皆臂粗柏树，土质呈赤红色，石质较松散。马山因其形似卧马而得名。自古就有“千里泰山，百里马山”的说法。每逢农历三月三，方圆百里的百姓，到马山祈求平安。马山距长清城区 20 公里，海拔 512.3 米。山顶东西不足 17 米，最窄处不足 7 米，南北长约 500 米。山顶北侧建有 72 级登山石阶，现存明代东西山门和部分明清碑文及古代浮雕，曾有战国前修的圣母神庙和塑像。东面山坡上的巨幅植物标语“毛主席万岁”面积 18.5 公顷，被列为“上海吉尼斯世界植物标语之最”。

【主要景点】　主要景点有观山亭、烧饼石、圣母影壁堂、跑马场、鹰嘴山、蛤蚌洞、穿心洞、天阶、东西山门、天池、天街、真武殿、王母殿、王灵官庙、南天门、晨钟、暮鼓、碑林、丰施候殿、玉皇殿、碧霞元君殿、天井、老君堂、山顶客栈遗址、仙人酒场、晾经台、观岱石、望河亭、天梯崖、车辙缝、观景台等。

（董文明）

凤凰岭

【概况】　凤凰岭生态旅游区位于泰山山脉北端，坐落于长清区万德街道境内，占地约 8 平方公里。北靠武药公路，至京福高速万德收费站 15 公里，距济南市 30 公里，交通便利。凤凰岭生态旅游区景色秀丽迷人，峻山秀岭，奇松名泉。南望泰山极顶，北眺灵岩胜境。凤凰岭生态旅游区气候温润，森林茂密，是天然的氧吧。山泉甘洌清澈，富含人体所需的矿物质。野菜、中草药品种繁多，果树主要有柿子、板栗、核桃等。

【主要景点】　由凤凰岭景区、龙溪岭景区、石门峪景区三部分组成。景点众多，有凤凰岭、青龙潭、小龙湾、古人洞、媳妇湾、仙女池、船瓢头、泪泉，并流传着许多美丽动人的传说。拥有济南市最高峰摩天岭，还有红石崖、百鸟林、蟠龙洞、神龟潭、霸王石、凤凰石、寿星石、卧象石、吻泉等众多的自然景观。

（董文明）

社会生活

民政事务

【概况】 2018年，长清区民政局（以下简称区民政局）践行为民、爱民理念，超额完成养老服务设施和农村社区服务中心建设任务；创新“12349”智慧养老品牌，助推健康养老首选区建设；创新“同心双拥、情暖军民”工作品牌，实现创建省级双拥模范城“三连冠”；创新“幸福活力社区”品牌，社区建设水平不断提升；创新“九助不落一人”品牌，助力打赢脱贫攻坚战；创新“社创益家”品牌，激发社会自治活力；创新窗口品牌，民政服务水平再上台阶；创新党建引领，党建成为民政发展的“红色引擎”。全年发表各类宣传稿462篇，化解信访难题3794件。区民政局先后获济南市信访维稳先进单位、长清区担当作为出彩型好团队、全区经济社会发展标兵单位、全区扶贫工作先进单位、全区档案管理先进单位、全区创建全国文明城市先进单位、区人大代表建议办理先进单位等称号。

【基层政权建设】 2018年，区民政局主要承担整顿软弱涣散基层组织、做好村（社区）“两委”换届“回头看”、发挥基层组织政治功能、落实抓基层组织建设责任等重点任务。借助扫黑除恶专项行动契机，区民政局精心组织部署、认真履职尽责，将“两委”换届期间矛盾纠纷多发，信访问题集中的村全部纳入软弱涣散台账，摸排问题，逐村分析原因，逐村制定整改方案，挂账督办，动态管理，对基层自治组织中存在扫黑除恶的现象严厉打击，净化基层组织环境。

【社区建设】 城市社区。2018年，按照济南市民政局相关文件要求，进一步提高城市社区专职工作者工资报酬，对城市社区“两委”专职成员工作报酬根据“比照当地事业单位同类人员工资水平确定”的要求，进一步规范城市社区“两委”专职成员工作报酬发放，并缴纳五险一金。区民政局制定《关于鼓励社区工作者参加社会工作者职业水平考试的通知》，切实提高基层社区工作者的治理服务能力和综合素质。在全区范围内推行全科社工，加强“全科社工”队伍建设，实施居民事务“一窗办理”服务模式。社区活动丰富多彩，借助“互联网+”和微信“双网”平台建设，逐步实现线上线下“双向”全科全能服务，建立“线上信息交流+线下服务保障”联动机制。推行“3456”群众工作法，实行“三访四到五员六报”，通过社区、楼长联席会制度，及时了解社情民意，协调解决居民反映的实际问题，遏制不安定因素发生，确保辖区社会安全稳定。社区开设“四点半课堂”，“四点半课堂”是山东师范大学青年志愿者开展的一项长期公益活动，社区的学生每天下午四点半放学后，大学生志愿者对孩子进行义务辅导作业、宣传科普知识、开展益智游戏等活动。青年志愿者与党员志愿者带动社区居民，定期到敬老院慰问老人，到社区给居民提供推拿、按摩、健康咨询等义诊服务。至年底，全区共有城市社区59个。

农村社区。2018年，完成全区农村社区服务中心建设任务25处，按照“一社区一品牌”的思路，通过完善社区阵地建设，不断丰富服务内容，按需设置服务项目，有效提升农村居民生活品质。至年底，全区共完成77处农村社区服务中心建设。

【协商民主】 2018年，区民政局着力在搭建协商平台、规范协商内容、健全协商程序、落实协商成果等方面开展工作，打造协商民主的“文昌样板”“万德模式”，成为群众点赞的“民心工程”。文昌街道创新提出“三四三”协商民主长效机制，通过“三法征民事”“四步促民决”“三措抓落实”来拓展协商范围和渠道，丰富协商内容和形式，形成协商主体广泛、内容丰富、程序科学、制度健全的村居协商新局面。文昌社区在“三四三”工作法的基础上，结合城市社区的特点，进一步细化，创新提出“四进访民情、五步促协商”和“1+7+X”协商民主模式，引导基层群众做到“自己的事情自己办，自己的家园自己建”，通过协商民主成功解决社区内存在的问题与矛盾。崮云湖街道的“协商议事六步法”、万德街道的“四议工作法”等创新做法为全区协商民主工作树立新的标杆。基层协商民主工作的开展，逐步由干部说事变为群众议事，由干部决策转变为群众拍板，由干部包办转变为群众监督，进一步强化村（居）党组织的核心地位，进一步培养村居后备力量，进一步激发基层群众民主参与意识，进一步提升基层社会治理水平。

【救助救灾】 2018年，实施统筹临时救助、医疗救助等制度。对因大病、车祸、溺水、火灾、人身伤害等特殊原因，导致家庭出现严重入不敷出，导致基本生活出现严重困难的家庭，给予不低于3个月不超过6个月的一次性临时救助。进一步细化完善“医疗救助制度”，促进医疗救助与城乡居民基本医疗保险、大病保险之间的有效衔接，将所有农村低保、农村特困供养对象纳入医疗救助重点保障范围，对农村低保医疗自费救助比例提高到70%，农村特困供养人员救助比例提高到100%，低保户医疗救助最高限额调整为1.5万元。至年底，全区成立“一门受理、协同办理”社会救助服务窗口11个，共实施医疗救助731人，发放医疗救助金378.87万元，实施临时救助67人，发放临时救助金22.12万元，有效缓解困难群众因病、因灾返贫问题。利用“5·12”防灾减灾日，开展防灾减灾宣传活动。组织参加全区消防安全演练活动，提升应急能力。

【城乡最低生活保障】 2018年4月起，城市低保标准由每人每月596元提高至616元，农村低保标准由每人每年4277元提高至4928元。年底，全区有城乡低保对象6934户1.04万人，下发城乡低保、分类施保资金和各类补贴共3882.69万元。加大扶贫兜底工作，全区农村低保对象中建档立卡扶贫对象3317户5054人。城乡低保大学生救助工作有序展开，将符合救助条件的21名低保大学新生纳入救助范围，发放救助金8.4万元。城市低收入家庭认定范围提高至每人每年不超过2.80万元，全年认定城市低收入家庭629户。开展城乡低保专项治理工作，下发《关于印发〈长清区城乡低保专项治理实施方案〉的通知》，集中治理“人情保”“关系保”“错保”“漏保”，坚决查处城乡低保工作中的腐败和作风问题。对全区城乡低保对象进行复核，符合条件的继续享受，家庭收入好转的及时清退，全年共注销家庭生活好转超出低保标准对象1398户2445人，纳入因病、残疾等原因致贫家庭低保范围566户878人，切实做到“应保尽保、应退尽退”，形成公开公平、进出有序的低保工作格局。

【社会养老】 2018年，养老服务设施建设工作不断推进。养老服务设施建设“三年行动计划”开局良好，全区建成街道综合养老服务中心4处、城市社区日间照料中心8处和农村幸福院16处，超额完成上级下达任务。社会福利事业取得重大进展。10月17日重阳节，长清区社会福利中心正式开工，建成后将收住失能老人、孤儿、精神病人等群体，填补长清区没有社会福利机构的历史空白。荣泰颐养老年公寓被列为全省医养结合老年公寓示范点，10处街镇敬老院进行消防设施

长清区慈航老年公寓到区民政局送锦旗　（王旭　摄）

改造并办理事业单位法人登记。“12349”信息平台在全国首创“二维码”服务模式，在全市率先推出居家养老服务包服务，其经验做法被民政部网站、《大众日报》等推广。至年底，全区共有“12349”养老服务信息平台1处、委托第三方机构运营的社区养老服务中心2处、农村幸福院126处（其中贫困村28处）、城市社区日间照料中心22处、街镇敬老院10处、民办老年公寓5处，逐步构建起“以信息化为支撑、以居家和社区养老为基础、以机构养老为补充、以医养结合为特色”的社会化“适度普惠型”养老服务体系，推动健康养老首选区建设。老年人福利保障工作不断完善。制定《深入开展养老院服务质量建设专项行动》文件，推进医养结合工作。组织养老培训，提升养老从业人员素质。开展农村幸福院运营规范工作，进一步提升现有农村幸福院运营水平。组织召开养老服务设施建设与运营工作观摩学习会。开展农村留守老人普查，进一步梳理居家养老服务开展情况，逐个核实享受居家养老服务的人员，开展失能老人评估信息录入工作。

【双拥共建】 2018年，长清区双拥工作以争创全省双拥模范城“三连冠”为总抓手，以军民融合式发展为主线，立足服务国防和军队改革发展大局，强力推进双拥十大体系建设，创新打造双拥十大品牌，全区双拥工作水平得到进一步提高。

长清区着力构建区、街镇、村居三级组织网络体系，形成军地领导常来往、双拥大事常商量的局面。1月，区民政局、区人武部和街镇联动，开展“新春送喜报”活动，逐户为立功受奖军人家属送去慰问金、春联，为他们更换新制作的“光荣之家”牌匾，在全区营造尊崇、关爱军人的良好氛围。春节、建军节前，区领导班子成员组成拥军优属慰问团，分四组共走访慰问驻军，送上慰问品和慰问金，军地双方互致节日祝福，全面推进军地协作，密切军政军民关系。区级班子成员分组走访重点优抚对象、符合安置条件的困难退伍军人代表，为他们送去节日问候和慰问品。全区各级机关、企事业单位与部队开展各种形式的共建、慰问、联谊活动，发挥部门单位优势，加大为部队办事力度，帮助部队解决基础设施建设、文体设施建设等方面的困难，增进军地情谊。春节前，中国退役士兵就业创业服务促进会山东办事处副主任、济南爱国拥军促进会会长何作俊率领慰问团到区自来水服务中心开展“迎新春关爱退役军人、军属”主题公益活动，为中心5名退役军人、军属送去价值近1万元的慰问品。长清区充分发挥爱国主义教育基地——石麟山烈士陵园、太峰山革命历史纪念馆、史元厚烈士纪念堂的作用，以清明节、建党节、建军节、烈士公祭日等节日为契机，组织社会各界开展以“重温入党誓词、缅怀革命先烈”“不忘初心、牢记使命”为主题的红色革命传统教育，追忆老一辈革命先烈的英雄事迹，受教育人数达3万余人。4月22日，驻区某部队学兵二营携手济南市红十字道德模范服务队、济南市泽岸志愿服务爱心先锋队共同举办“崇尚荣誉、报效祖国、能打胜仗、拥军优属”大型学雷锋献爱心拥军慰问报告会。战斗英雄、英模代表和爱心艺术家、企业家向部队赠送书籍、书画及慰问品，部队领导向拥军爱心人士颁发“学雷锋拥军模范”荣誉证书。“泉韵艺术团”为官兵献上精彩公益演出，赢得部队官兵好评。开展国防教育活动，充分发挥双拥和国防教育基地——刘成德事迹展览馆、雷锋广场等阵地作用，开展系列双拥和国防教育活动。5月4日，驻济高校大学生“泉城国防杯”主题演讲决赛暨“寻访身边红与绿”主题实践活动颁奖仪式在山东师范大学长清校区举行。

开展军地共建活动，深化军民融合。3月，长清区“军地共建绿色慢城”植树活动在马山慢城项目核心区举行，区直部门、马山镇机关干部、部队官兵及青年志愿者共300余人参加，以实际行动践行“绿水青山就是金山银山”的理念，进一步增强军民鱼水深情，筑牢官兵服务驻地的奉献意识，激发机关干部和驻区部队官兵参与双拥工作积极性。8月，文昌街道西李社区与驻区武警中队结对，先后开展拥军慰问、国防教育、签协议结对子、拥军志愿服务、座谈联谊、文化交流、爱民服务等系列活动，营造军民团结亲如一家的浓厚氛围。驻区某部队与双泉镇南付村结对共建，部队投资38.8万元，帮扶南付村建设水利设施，新打278米深水井1眼，铺设管道1600米，解决南付村耕地、林地灌溉难题；开展图书捐赠、义诊赠药、电影下乡、普法宣传等活动，为驻地困难群众送去米、面、食用油等慰问品，开展村内环境清扫、为群众义务理发、查体等爱民服务，展现出军民鱼水情、军民一家亲的良好局面。春节前，万德街道、灵岩管委会、驻地部队与泰安林场等五个部门举办双拥共建军民联欢会，军地领导、部队官兵与附近村民欢聚一堂，共同观看演出。建军91周年之际，山东广播电视台走进驻区某部队，举办文化进军营慰问演出。9月21日，济南爱国拥军促进会走进长清区文昌街道西李社区庆祝首届“中国农民丰收节”。开展助力随军家属就业工程，制定《长清区助力随军家属就业工程实施方案》，组织开展非本人原因未就业随军家属生活补助审核审批，为50名符合补助金发放条件的未就业随军家属发放补助金59.4万元。开展困难军人家庭救助活动，为200名因病、因灾、因祸造成家庭生活困难的现役军人发放救助金10万元，驻区官兵充分感受第二故乡温暖。

迎接上级督导调研，促进双拥工作开展。5月9日，参加《中国双拥》杂志社调研组到济南市调研采访活动，长清区双拥办在座谈会上作典型发言，长清区打造的“双拥十大体系、十大品牌”受到《中国双拥》杂志社调研组成员及省市双拥办领导的高度赞扬。济南市双拥办先后两次到长清区检查指导双拥工作，对全区的品牌亮点进行实地调研，对长清区双拥工作给予充分肯定。开展创城迎检工作，完成创城任务。加强领导，落实责任，及时调整充实区双拥工作领导小组成员，成立双拥创城工作领导小组，领导小组下设创城办公室（以下简称创城办），负责日常创建工作。创城办下设6个组（综合协调组、材料组、现场准备组、后勤保障组、会务组、宣传组），具体负责双拥创城档案资料整理归档和现场准备工作，为创城提供组织保障。7月12日，召开全区创城动员大会，全面安排部署双拥创城各项任务，先后组织区直七大口、街镇、驻区部队召开双拥创城调度会4次，创城办每日一调度，及时掌握全区双拥创城工作进度，了解创城工作推进过程中存在的问题，及时研究对策。定期实地检查指导，落实调度会议部署的各项工作。同时先后组织创城办成员到历城区、平阴县学习经验，拓宽视野，助力创城工作取得实效。9月16日，空军济南基地政治工作部副主任郝立伟带领省双拥模范城考评组到长清区考核双拥工作，听取长清区双拥模范城创建工作汇报、观看专题汇报片、查看双拥画册和档案资料，对驻军某部拥政爱民示范点、交通拥军“五个一工程”、双拥艺术团汇报演出、自来水服务中心“涌泉”双拥工作站、双拥一条街、西李社区双拥工作站、雷锋广场、刘成德事迹展览馆、马山镇双泉庄村双拥工作站等迎检现场进行检查，给予高度评价。9月，长清区被山东省双拥领导小组评为双拥模范城，实现创建省级双拥模范城“三连评冠”的目标。

【优待抚恤】 2018年，继续执行2016年1月1日下发的《济南市抚恤定补优抚对象参加居民基本医疗保险实施细则》，原七至十级残疾军人（城镇职工除外）、农村三属（即烈士遗属、因公牺牲军人遗属、病故军人遗属）每年发放门诊补助300元，带病回乡、参战、参试人员每年发放门诊补助200元。优抚对象的门诊医疗补助由原来的36万元增加到80万元，医疗实现全市定点医疗机构“一站式结算”目标，优抚对象权益得到有效保障。在生活、教育、医疗、住房等方面继续执行《优抚对象困难家庭临时救助办法》等一系列措施，将享受抚恤定补的优抚对象全部纳入救助范围。提高义务兵家庭优待金标准，达到每年每户1.6万元，发放优待金1300余万元，每年8月1日前发放到位。继续贯彻执行2016年《山东省军人抚恤优待办法》，将享受定期定量补助的优抚对象全部纳入丧葬补助优待范围。加大优抚对象走访慰问力度，发放各项补助款20万元，慰问品价值5万元。制定“轮流休养制度”，完成省级两个批次休养任务，安排到省荣军医院休养人员27人，泰安荣军医院休养17人。区光荣院、老年公寓参加轮流休养120人次。完成“三属”城乡一体化统筹，将农村“三属”补助标准调整为与城镇一致，并提高补助标准。烈属由每年2.31万元调整为2.54万元，因公牺牲军人遗属由每年1.99万元调整为2.19万元，病故军人遗属由每年1.87万元调整为2.06万元。全区共有优抚对象6300人，全年发放抚恤定补金4700余万元。

2018年长清区“三属”抚恤金补助标准表

表23-1　　单位：元/年

烈属	因公牺牲军人遗属	病故军人遗属
25440	21850	20550

说明：2018年8月1日起执行

2018年长清区伤残人员抚恤金补助标准表

表23-2　　单位：元/年

残疾等级	残疾性质	抚恤金标准
一级	因战	80140
	因公	77610
	因病	75060
二级	因战	72520
	因公	68710
	因病	66140
三级	因战	63640
	因公	59800
	因病	56010

续表

残疾等级	残疾性质	抚恤金标准
四级	因战	52150
	因公	47080
	因病	43260
五级	因战	40740
	因公	35620
	因病	33080
六级	因战	31830
	因公	30120
	因病	25440
七级	因战	24190
	因公	21650
八级	因战	15270
	因公	13980
九级	因战	12680
	因公	10190
十级	因战	8910
	因公	7620

说明：2018 年 8 月 1 日起执行。

2018 年长清区其他优抚对象定期定量生活补助金标准表

表 23-3

单位：元 / 月

在乡老复员军人		部分参战、参试退役人员	带病回乡退伍军人	60 周岁农村籍退役士兵	部分烈士子女
抗战时期	其他时期				
1323 元 / 月	1282 元 / 月	600 元 / 月	550 元 / 月	每服役 1 年 每月 35 元	440 元 / 月

【退役士兵安置】 2018 年，接收退役士兵 270 人，其中符合政府安置条件的 21 人，安置事业单位 11 人，安置到中央国有企业 10 人。退役士兵免费技能培训 259 人，参训率 96%，培训院校为考核合格者颁发劳动等级技能证书，并推荐就业。

【烈士褒扬】 革命烈士纪念馆位于石麟山烈士陵园北侧，总占地面积 530 平方米，高 8 米，内设展台 90 米，陈列部分烈士遗物。石麟山烈士陵园和纪念馆是党政机关、企事业单位、驻地部队和长清区大学科技园 20 万大学师生进行爱国主义教育的场所。2018 年，全年组织烈士事迹展 10 场，参加祭奠烈士的各界群众 3 万余人。

【社团管理】 2018 年，全区登记社会组织 166 家。扎实推进社会组织管理制度改革，深化社会组织领域“放管服”改革，着重培育社区社会组织。多措并举引导社会组织参与扶贫攻坚，济南市长清区青益志愿服务中心获“全市社会组织助力脱贫攻坚先进社会组织”称号。举办社会组织年检业务培训班2期，社会组织党建负责人培训班1期。加强社会组织综合监管和执法监察，开展打击整治非法社会组织专项行动，共取缔（劝散）非法社会组织54家。开展社会组织集中排查整治专项行动，累计下发限期整改通知书102份，行政处罚社会组织72家，其中撤销5家，警告67家。开展社会组织不规范名称整改专项行动，其中主动注销1家，整改3家。建立非法社会组织曝光台，对查处的非法社会组织进行网上曝光。公布17家行业协会商会涉企收费清单。登记过程实现“只跑一次腿”。设立区级社会组织服务平台1处。设立社会组织综合党委，社会组织党组织实现“应建尽建”，党组织和党的工作在社会组织中有效覆盖率100%。建立社会组织法人“智库信息系统”，社会组织信用体系初步形成。社会工作执业水平报考人数比2017年增长15%。联合山东女子学院举办社会工作专题培训班3期。志愿者队伍不断壮大，全区累计注册志愿者5.25万人，注册登记的志愿者占居民人口的9%，登记志愿服务组织2家。

【区划地名】 2018年3月，根据山东省民政厅工作部署和《山东省民政厅关于做好第五轮县级行政区域界线联检工作的通知》，做好2018年第五轮县级行政区域界线联检工作，区民政局与历城区民政局、泰安市岱岳区民政局联合制定实施方案、联检报告，并成立联检工作领导小组。12月，区民政局拟编制新版《长清区行政区划图》，已完成政府采购招标手续。按照山东省地名普查办转发的《第二次全国地名普查档案管理办法》等相关要求，“长清区地名普查档案”区民政局采取政府采购、公开招标的形式进行，按照程序已确定供应商。

【慈善事业】 2018年，长清慈善总会设会长1人，副会长13人，理事58人，常务理事24人，单位会员118个，个人会员178人。慈善总会办公室设在区民政局，下设街镇慈善分会10个，区直慈善工作站2个，慈善医院1个，慈善艺术团1个，村居全部建立慈善联络站，形成以区慈善总会为龙头，以街镇慈善分会为枢纽，以村居慈善联络站为基础的全区三级慈善网络体系。全年共募集善款486.1万元，市慈善总会资助75.4万元，定向救助贫困村、贫困户62万元。开展“情暖万家”“夕阳扶老”“朝阳助学”“康复助医”“爱心助残”等五大救助工程和“现役军人特困家庭”“慈善文化助老”“嘉鑫慈善助学”“万德镇慈孝基金”“成德基金救助道德模范贫困家庭”等自主救助项目，共惠及困难群众1.7万余人次，支出善款496万元。

【婚姻登记】 2018年8月，在婚姻登记处开展

举办结婚证颁证仪式 （王旭 摄）

创建“泉城爱帮”婚姻登记服务品牌工作，开展结婚“四个一”活动，即提供一次全程引导、见证一次爱的声明、举行一项颁证仪式、赠送一本“幸福护照”；开展离婚“四个一”活动，即设立一处冷静空间、进行一次专业辅导、坚持一次单独问询、给予一次善意提醒。10月，区民政局、区妇联联合拨款10万元对婚姻登记工作场所进行全面升级改造，改造后的登记处分为咨询台、6个登记窗口、候登区、婚姻家庭辅导中心以及开放式空间2个。创建“幸福来登记，服务无极限”党建服务品牌，同时创建“孝仪笑”品牌。全年结婚4003对，离婚1801对，补婚姻登记证2366对，共登记8170对，登记合格率100%。

【殡葬管理】 2018年，长清区殡仪馆属副科级自收自支事业单位，共有在职干部职工35人，其中在编10人、合同制25人。根据济南市《关于实行基本殡葬费用减免补助政策的通知》，长清区实行基本殡葬费用减免补助政策，将“殡葬普惠”政策的服务流程、申请范围和报批程序等全部公开，全年共为3764名群众减免基本殡葬费用237.13万元。同年，共火化尸体3764具。

【山东福寿园】 山东福寿园位于孝里镇，由山东省商业集团与上海福寿园集团共同投资兴建。2001年开始筹建，2004年清明节正式对外运营。占地面积66.7公顷，投资近亿元。2009年12月，建立山东省暨济南市遗体捐献纪念碑。2010年4月，落成山东老战士广场。2011年12月，建立金门战斗纪念碑。2015年，建立山东南下干部纪念碑和东江纵队抗日将士北撤山东纪念碑。先后开展“放飞思念，爱洒人间——遗体捐献者追思会”“奉献让生命更崇高——寒衣节捐献者家属集体追思会”“花坛葬集体安葬仪式”“生态殡葬回归自然——公益节地花坛葬集体安葬仪式”等多项公益活动。至2018年底，山东福寿园共建成墓穴8485座，安葬革命烈士1192人，安葬群众6935人。

【山东金陵文化陵园】 2009年6月，山东金陵服务有限公司在工商管理部门注册登记。同年7月3日，济南市人民政府以《济南市人民政府关于接管长清泰灵塔陵园有关问题的复函》，同意黄金集团在原商定预留陵园周边33.3公顷经营性公墓用地的基础上，结合土地利用总体规划修编，在陵园周边再规划调整20公顷经营性公墓用地。7月31日，主办单位变更后的长清县泰灵塔陵园和山东金陵文化陵园合并为一个公墓，统称“山东金陵文化陵园”。9月17日，“泰灵塔”善后工作组与黄金集团所属全资子公司山东金陵服务有限公司签订“协议书”，由山东金陵服务有限公司接管原长清县“泰灵塔”陵园，出资3.75亿元分5年按比例（25%、15%、15%、22%、23%）对原购买者进行退款。2010年，“山东金陵文化陵园”开始建设。2011年1月19日，金陵公司取得《山东省人民政府关于济南市长清区2010年第三批次城市建设用地的批复》。2013年8月8日，山东省民政厅同意山东金陵文化陵园正式营业。2014年11月14日，济南紫宸实业集团有限公司获山东金陵服务有限公司100%股权，正式接手山东金陵服务有限公司，变更营业执照并将山东金陵服务有限公司注册资本由600万元增资至1.5亿元。至2018年底，山东金陵文化陵园共建成墓穴2052座，安葬群众1035人。

【残疾人补贴】 2018年，按照《济南市人民政府关于贯彻鲁政发〔2015〕27号文件全面建立困难残疾人生活补贴和重度残疾人护理制度的实施意见》和区民政局、区财政局、区残联、区扶贫办《关于提高农村建档立卡的贫困重度残疾人护理补贴金的通知》等文件，继续发放残疾人两项补贴，发放标准是享受低保的困难残疾人每月100元、二级以上重度残疾人每月80元。建档立卡贫困户的重度残疾人补贴由每月80元调整为100元。全年累计为3501人发放困难残疾人补贴450.08万元；为5164人发放重度残疾人补贴530.66万元。

2018 年长清区困难残疾人生活补贴发放明细表

表 23-4

月份	正常		新增		注销		合计			
	户数	金额	户数	金额	户数	金额	户数	金额	市 40%	区 60%
1	3805	380500	33	26700	74	7400	3764	399800	159920	239880
2	3764	376400	15	6400	56	5600	3723	377200	150880	226320
3	3723	372300	13	6500	118	11800	3618	367000	146800	220200
4	3618	361800	11	6000	30	3000	3599	364800	145920	218880
5	3599	359900	15	9100	30	3000	3584	366000	146400	219600
6	3584	358400	23	26500	17	1700	3588	383200	153280	229920
7	3588	358800	1	400	61	6100	3495	349800	139920	209880
8	3495	349500	22	21500	32	3200	3485	367800	147120	220680
9	3495	349500	22	21500	32	3200	3485	367800	147120	220680
10	3485	348500	51	79300	19	1900	3517	425900	170360	255540
11	3517	351700	11	8600	13	1300	3515	359000	143600	215400
12	3515	351500	29	25300	43	4300	3501	372500	149000	223500
合计	43188	4318800	246	237800	525	52500	42874	4500800	1800320	2700480

（王　旭　司家懋）

人力资源和社会保障

【概况】 2018 年，长清区人力资源和社会保障局（以下简称区人社局）落实区委、区政府和市人力资源和社会保障局决策部署，抓重点、促改革、补短板、惠民生、防风险，人力资源和社会保障事业取得新成绩。坚持“凡进必考”政策，全年考录公务员 23 人。加强干部考核工作，评出优秀公务员 89 人，评出优秀事业人员 1493 人。落实工资福利政策，完成机关事业单位工作人员晋升级别、档次、薪级工作。举办“春风行动”专场招聘活动 5 场，初步达成就业意向 2000 余人。举办培训班 99 期，培训学员 3023 人。实现安置城镇就业 2979 人，城镇登记失业率控制在 2.53%，农村劳动力转移就业 8415 人。2018 年，全区居民养老保险参保 31.82 万人，参保率 95%；全区居民医疗保险参保 39.4 万人，参保率 95%。区人社局先后被评为全市“担当作为”出彩好团队、全区经济社会发展先进单位、全区招商引资工作先进单位、全区扶贫工作先进单位、全区美丽乡村建设先进单位、全区信访维稳工作先进单位、2018 年度全区十大党建品牌等，获 2018 年度机关优秀创新工作成果三等奖。

【公务员考录】 贯彻落实《中华人民共和国公务员法》，坚持“凡进必考”政策，加强公务员队伍建设。2018年，全区公务员考录23人，其中公务员21人，参照公务员管理事业单位工作人员2人；面向优秀村党组织书记招录1人、面向长期在乡镇（街道）工作人员招录2人、面向退役大学生士兵招录1人。

【事业单位招聘】 2018年3月，长清区公开招聘事业单位工作人员，招聘共设8个岗位，计划招聘9人，涉及长清区食品药品稽查大队、长清区动物疫病预防与控制中心、长清区新闻信息中心（长清区互联网信息办公室）、长清区环卫绿化管护中心、长清区数字化城市管理中心、长清区投资促进服务中心6个单位，共27人参加面试，最终确定拟聘用人员8人。按照济南市2018年事业单位用人计划（不含教育、卫生）全部用于面向“985、211”高校引进优秀人才的要求，全区共引高校优秀人才9人。

【干部考核】 2018年，对全区41个政府机关部门（含参公单位）580名（含参公人员87名）公务员进行考核，评出优秀89人，称职458人，未定等次32人，未参加考核1人；对全区9566名事业人员进行考核，评出优秀1493人，合格7954人，基本合格2人，不合格18人，未定等次99人，另有31人因病事假未参加考核。

【干部培训】 2018年，举办中层干部培训班1期，培训干部60人。

【干部调配】 按照干部管理权限，完善制度，规范程序，做好干部调配工作，确保人员合理有序流动。2018年，办理调配76人次，系统内调整557人次，办理借调手续18人次。

【人才队伍建设】 2018年，继续实施“5150”引才倍增计划，山东众森科技股份有限公司博士周永祥被评为“泉城特聘专家”。实施新引进研究生租房生活补贴和重点产业紧缺人才补贴，分别为17名研究生和14名紧缺人才发放补贴10.2万元和15万元。3名高层次人才分别被认定为C类、D类人才，获“泉城人才服务金卡”。4家企事业单位成立院士专家基层服务工作站。新招募“三支一扶”岗位3人。全年新增代理单位18个，为企业单位办理人事代理570人；办理个人人事代理286人；开商调函522份；查阅档案691人次；借出档案225份。转出流动人员和事业单位档案2362份，接收整理并存档材料890份。申报方面，全年申报企业专业技术人才工程类初级职称评审152人，初级职称确认47人，中级职称评审263人，中级确认11人，高级职称评审93人。长清区离校未就业高校毕业生登记率、服务率均为100%。

【专业技术人员管理】 2018年，共审核申报11个职称系列532名专业技术人员的中高级职称评审材料；组织召开2018年度综合初级评审会和2018年度教育初级评审会，全区共有336人通过相关系列初级职称评审。为符合设岗条件的5个事业单位进行岗位设置测算，共设岗611个，其中管理岗位7个、专技岗位595个、工勤岗位9个。为89个事业单位进行空岗补聘，368名符合岗位竞聘资格人员通过竞聘聘任到更高一级工作岗位。为28个单位共672人按照调入单位岗位情况，完善调动人员聘任材料，将相关人员聘任到新的工作岗位。按照事业单位管理相关规定，对教育系统2017年新录用教师进行合同备案，共涉及119名教师。完成机关事业单位工勤人员技术等级考核工作，全区共通过14人，其中高级工4人、中级工6人、初级工4人。按照济南市人事考试中心统一安排，对全区通过2017年度初级会计资格证考试的1023人进行资格审核、审验发证；审核发放通过2017年度中初级经济师和会计师资格考试38人的资格证书，其中会计师23人、经济师13人、初级经济师2人。

“春风行动”第一场现场招聘会　（区人社局提供）

【落实工资福利政策】 2018年，完成机关事业单位工作人员2018年1月正常晋升级别、档次、薪级工作。落实全区按年度考核晋升工资工作，审核业务1.22万人次。审批符合享受乡镇补贴政策要求的人员3860人次。对文昌、平安、万德3个街道61名“两委”专职成员工作报酬进行复核。为2014年10月1日以来到龄退休且在改革前获省部级以上劳模、独生子女父母、符合条件的中小学教师审批一次性退休补贴，共计956人次。对全区机关事业单位工作人员死亡后遗属生活困难补助标准进行调整，由每人每月894元调整到每人每月924元。审批见习转正、岗位变动、调动等日常业务共计1310人次。为到龄的278名干部和62名工人复核退休条件。根据鲁人社发〔2012〕23号文件，对机关事业单位牺牲病故人员的62名遗属审批生活困难补助费。

【就业培训】 2018年，举办“春风行动”专场招聘活动5场，共有298家企业参加，提供岗位近万个，1万余人进场求职，2000余人初步达成意向。开展技能培训69期，培训学员2117人；创业培训30期，培训906人。为881名个体工商户落实创业补贴258.9万元，为41家企业落实小微企业一次性创业补贴和一次性岗位开发补贴99.4万元，为304名创业者审核发放贷款2953万元。推荐中国美客文化创意产业园创业孵化基地参加省级大学生创业孵化示范基地评审，推荐山东交通学院大学生创业孵化基地参加市级创业孵化基地认定。长清区“美客杯”2018创业大赛在山东管理学院举办。实现安置城镇就业2979人，完成全年任务的110.33%，城镇登记失业率控制在2.53%，农村劳动力转移就业8415人，完成全年任务的104%。城镇零就业家庭实现动态消零。

【养老保险】 居民养老保险。2018年，全区参保居民31.82万人，参保率95%，收缴保费5972.75万元，财政补贴700万元，为6683名贫困人员代缴居民基本养老保险费66.83万元。领取居民养老金10.15万人，发放养老金1.46亿元（其中区财政承担7230万元）。居民基本养老保险基础养老金从55元提高到120元，实现“八连涨”。被征地农民参加居民养老保险工作取得重大突破，2011年—2018年，全区共有9个街镇113个村居被征地面积866.7公顷，被征地社会保障资金2.18亿元。全年共落实社保资金2.03亿元，资金落实率93.12%，超额完成市人力资源和社会保障局70%的任务目标。

企业养老保险。2018年，全区共有参保企业2525家，参保人员6.06万人，离退休（职）及遗属1.17万人，全年共征缴企业职工基本养老保险费4.78亿元，发放养老待遇2.8亿元。全区新增参保企业601家，扩面人数5372人，完成全年任务的130.45%。全区企业职工养老保险基金累计结余9.75亿元，基金可支付能力达35个月以上。全区共有企业离退休（职）人员1.08万人（其中离休人员32人、退休人员1.07万人、退职人员84人），遗属889人，已全部实行社会化发放。共为1万余名企业退休人员提高养老待遇，人均月增长149元，实现14年连涨，月人均基本养老金达到2400元。

机关事业单位养老保险。2018年，全区机关事业参保单位共340个，在职参保人员1.09万人，参保率98%以上；离退休人员共6220人。全年共收缴养老保险费3.26亿元（其中财政补贴1.22亿元），发放养老金3.4亿元，发放率100%。

【医疗保险】 居民医疗保险。2018年，全区居民医保参保39.4万人，参保率95%。全年共收缴保费2.72亿元，其中区财政补贴9700万元。全年共支出居民医疗保险费2.43亿元，其中为居民缴纳大病保险费2535万元，住院、门规报销10.1万人次，报销金额2.04亿元，门诊就医48.7万人次，报销金额1390万元。落实医保扶贫政策，为9001名贫困人员代缴2019年度居民医疗保险费258.8万元，全部由区财政承担；发放农村贫困失能老年人医疗护理券1791人次，拨付医疗护理费33.49万元。贫困人员大病保险起付标准减半，住院报销比例提高5%，年度大病保险最高支付限额提高到50万元，免费提供高血压、糖尿病、冠心病等5种基本药物。

职工医疗保险。2018年，全区共有2956家机关企事业单位5.38万人参加职工医疗保险，全年共征缴保费2.26亿元，全部纳入市级统筹，医疗报销费用从全市医保基金中统一列支。机关及全额事业单位还参加补充医疗保险，报销待遇得到进一步提高。

【工伤保险】 2018年，全区工伤保险参保单位共2555家，参保人员3.51万人，全年共收缴保费2300万元，为178名工伤职工支付工伤待遇补助金879万元。

【生育保险】 2018年，全区生育保险参保单位共2696家，参保人员4.44万人，全年共收缴保费1804.1万元，为1256名职工支付生育保险津贴1230万元。

【失业保险】 2018年，全区失业保险参保单位共2831家，参保人员4.45万人，全年共征缴失业保险费2087.6万元。自2018年11月起，失业保险金标准从每月1080元提高到1211元，全年共为726人发放失业保险金718.45万元。

（朱　峰）

老龄工作

【概况】 2018年，长清区老龄工作委员会共有成员单位34个，委员会下设办公室。全区10个街道、镇均建有老龄工作委员会，主任由党（工）委副书记兼任。长清区老龄工作委员会办公室（以下简称区老龄办）充分发挥协调职能，启动“老年人权益保障促进年”主题活动，开展城乡老年协会建设、高龄津贴、银龄安康工程三项重点工作，组织老年文艺演出广场活动等一系列老年文体活动，召开全区庆祝老年节大会，以评选表扬、典型带动、孝老倡议的形式推进孝德文化传承，老年人获得感、幸福感不断增强，养老、敬老、孝老政策体系和社会环境逐渐形成。年底，全区共有60岁以上老年人11.97万人，占全区总人口的21.24%。区老龄办获济南市实施银龄安康工程二等奖，创新项目《确保“三不”标准，高龄津贴惠民生》获长清区2018年度机关优秀创新工作成果三等奖。

【老年协会】 2018年6月7日 张夏街道金庄村第一届老年协会成立大会召开，同时举行现场观

2018 年 6 月 7 日，长清区委常委、区委统战部部长魏宏新为张夏街道金庄村老年协会揭牌
（臧家坤　摄）

摩会，张夏街道金庄村老年协会成为长清区第一个老年协会。8 月 3 日，万德街道店台村第一届老年协会成立大会召开。至年底，全区 600 个村居（社区）已成立老年协会，覆盖面 98%，为实现老年人自我教育、自我管理、自我服务提供平台。

【系列主题年】 2018 年是“老年人权益保障促进年”。区老龄办协调 13 个老龄委成员单位、10 个街镇公开向社会承诺为老年人办理 10 件实事。

2018 年长清区老年人权益保障促进年内容情况表

表 23–5

序号	活动内容和要求	责任单位
1	在村居、社区成立老年人协会，保证城乡老龄工作有人抓、老年人事情有人管、老年人困难有人帮。	区老龄办、区民政局、各街镇
2	落实 80 ~ 89 周岁无离退休金老人高龄津贴；将城乡居民养老保险基础养老金标准提高至 120 元。	区老龄办、区人社局、各街镇
3	深入实施银龄安康工程，扩大保险覆盖面，提高老年人抵抗意外伤害的能力。	区老龄办、各街镇
4	开展老年文化广场活动，组织举办各类比赛；《百姓大舞台》进乡村，为乡村老年人提供展示自我平台。	区老龄办、区广播电视台
5	组织健康义诊活动，免费为全区 65 岁以上老年人查体。	区卫计局
6	协调各景区落实老年人持证优惠政策；办理老年人法律援助事项 100 件。	区文广新局（旅游局）、区司法局
7	开展志愿服务活动。组织医疗卫生、文艺等志愿者队伍，到军休所、部分敬老院、社区青年志愿服务站、各街镇，为老年人开展健康查体、营养保健咨询、推拿按摩体验、广场舞健身操教学、文化体验、家务劳动、身体照料、田间劳动等志愿活动。	团区委、区总工会、区妇联
8	对城区内老旧住宅小区实施综合整治改造，进一步改善城区内老旧住宅小区环境面貌，方便老年人出行。	区住建委
9	定期为老年人办理乘坐公交车免费、优惠卡。更新公交车老年人专座设施，利用报站器和 LED 显示屏流动播放尊老温馨提示，有视频播放器的车辆向乘客播放敬老爱老传统美德的公益视频，开展“老年人权益保障促进年”主题活动。	区交通运输局
10	为全区特困老年人实施扶贫救助，计划救助 100 人，每人救助 1000 元；为全区贫困老年人实施危房修缮 100 户；为 2000 名老年人购买意外伤害保险。	区委农办

【为老服务】 山东省老年人优待证。持续优化服务，在全区范围内推广证件办理“一分钟工作法”，提高现场办结率，缩短老年人等待时间；宣传证件办理权限下放政策，提高老年人群体的周知率，在“全区通办”前提下实现“就近能办”。全年办理老年证 3705 个。

高龄津贴。2018 年 1 月 1 日起，根据济南市老龄工作委员会办公室《关于发放 80 ~ 89 周岁高龄津贴的通知》要求，长清区为具有长清户籍、80 ~ 89 周岁、无离退休金老年人发放高龄津贴，发放标准为每人每月 100 元，津贴由市区两级财政按照 5:5 的比例承担。1 月 29 日，下发《济南市长清区人民政府办公室印发〈济南市长清区高龄津贴发放管理实施细则〉的通知》，以规范性文件的形式规范高龄津贴发放工作。全年共发放省、市、区三级高龄津贴 1601.55 万元，惠及老年人口 1.2 万余人。

百岁老人服务。完善以“三登门”即生日登门祝福、节日登门慰问、夏季登门查体为一体的百岁老人服务体系，带领专家登门为 20 名百岁老人免费健康查体，携带蛋糕、字画为 8 名百岁老人登门祝寿。

困难老人救助。2018 年春节期间，开展困难老人救助活动，为 55 名困难老人发放救助金 2.75 万元。

2018 年长清区百岁以上老人统计表

表 23-6

姓名	性别	年龄	籍贯
王风珍	女	107	平安街道高庄村
兰培英	女	105	万德街道界首村
李玉芬	女	104	万德街道义灵关村
马兆祥	男	103	崮去湖街道炒米店村
董文玉	女	103	五峰山街道东菜园村
朱兴英	女	103	张夏街道靳庄村
孙景玉	女	102	五峰山街道西沟村
李兆兰	女	102	张夏街道吴庄村
路贞君	男	102	归德街道路庄村
房恩多	男	101	文昌街道东房村
于致强	男	101	张夏街道青北村
孔宪普	男	101	归德街道卫楼村
万美荣	女	101	归德街道前夏村
杨洪光	男	101	文昌街道宾谷街 233 号
吕永贵	女	101	孝里镇北凤凰村
杨修芳	女	100	文昌街道东北关村
薛树贞	女	100	平安街道名庄村

续表

姓名	性别	年龄	籍贯
代传玉	女	100	平安街道石马村
杨丙兰	女	100	平安街道高垣村
姬广风	女	100	崮去湖街道务子西社区
杜更玉	女	100	五峰山街道石窝村
庄玉俭	男	100	归德街道庄楼村
边庆美	女	100	归德街道路庄村
陈永莲	女	100	归德街道董庄村
郭家英	女	100	孝里镇潘庄村
肖庆兰	女	100	双泉镇王家庄村

【银龄安康工程】 2018年，全区“银龄安康”保费总额230万元，比2017年增长35%，受惠老年人4.6万人，达到历史最高。

2018年10月26日，长清区政府副区长梁艳玲指导老年维权暨为老服务宣传工作 （臧家坤 摄）

【老年人权益保护】 老年维权暨为老服务宣传活动。先后参与、举办宣传活动2次，组织区旅游部门、区法院、区公安分局、区级医院、区法律部门等宣传旅游优惠政策、旅游购物防诈骗知识、非法保健品识别知识以及提供法律咨询等，发放宣传册（页）2000余份，接受老年人咨询260人次。

志愿服务活动。协调相关部门开展志愿服务。仅老年节期间，由各街镇、单位、志愿者团体参与的为老服务共15次，服务涵盖亲情慰问、家政服务、医疗保障等方面。

敬老文明号。2018年，开展“敬老文明号”创建活动，区灵岩寺管委会、区中医医院继续被认定为“山东省敬老文明号”，区人民法院立案庭被新认定为“山东省敬老文明号”，区公安分局治安大队户政管理科等23个集体被认定为“长清区敬老文明号”。

【老年人文化活动】 2018年，组织开展“泉映晚霞”长清区老年人“助力城市提升，庆祝改革开放40年”老年人才艺展示活动、长清区老年人"庆祝全国第六个老年节暨改革开放40周年文艺演出"活动。普及发展太极拳运动，培训太极拳骨干力量100余人，组建老年太极拳队伍23支，辐射带动老年人参与太极拳训练1200余人。11月底至12月初，组织举办"2018山东省百万老年人打太极业务骨干展示活动"，区、街镇、村居三级先后组织展示活动15场，参与老年太极骨干1800余人。开展农村老年人文化基地、农村幸福院、社区老年活动中心等阵地建设，搭建老年文化活动平台，为13个村居配备"移动影库"。注重济南家庭电视老年大学的组织学习，发展注册学员2万余人。组织举办《我们的芳华》海选活动。

2018年10月16日，举行长清区老年人庆祝全国第6个老年节暨改革开放40周年文艺演出 （臧家坤 摄）

【老年节】 2018年10月17日是全国法定第六个老年节。10月1日—31日，开展"敬老月"活动，召开全区庆祝老年节大会，制作播放"强化根基性建设，凿破服务壁垒"专题片，展示2018年长清区老龄工作取得的重要成就；开展敬老爱老助老模范人物（单位）、最美孝心青少年等评选活动，评选表扬敬老爱老助老模范单位29个、敬老爱老助老模范个人47人、老龄工作先进单位20个、老龄工作先进个人20人、最美孝心青少年20人；举行长清区老年人庆祝全国第6个老年节暨改革开放40周年文艺演出。敬老月期间，区老龄办慰问百岁老人、高龄老人以及其他老年人34人，发放慰问金额4.07万元。10月10日，济南市老龄工作委员会办公室副调研员王汝明走访文昌街道百岁老人房恩多，送去慰问金1000元。10月16日，区委副书记曹军、区人大常委会副主任时华勤分别到福源老年公寓、马山镇周庙村、漩庄村走访慰问高龄老人。10月17日，长清区委副书记、区长赵居安到南山老年公寓走访，向老年人致以节日祝福。

（臧家坤）

民族宗教

【概况】 2018年，长清区共有少数民族33个，总人口6576人，占全区总人口的1.2%。少数民族中人口数量最多的是回族，共5500人。少数民族人口分布的特点是大杂居、小聚居，分布结构呈"散""点"状。回族群众主要集中在张夏街道青北村，平安街道赵家营村和崮云湖街道凤凰村。

长清区有宗教活动场所50处，其中佛教4处，道教3处，天主教2处，伊斯兰教4处，基督教37处，信教群众人数较多，共有1.03万人。

全区有青北、凤凰、赵营、金庄清真寺4处，有张夏街道青北回民小学1处，是长清区唯一一所民族学校，有教学班5个，学生107人，专任教师11人。长清一中是济南市第一个新疆内地高中班的承办学校，有在校生498人。2018年7月，长清一中被评为全国民族团结进步创建示范学校。

【落实少数民族权益】 2018年，长清区民族宗教事务局（以下简称区民宗局）为全区1503户农村穆斯林和4户城市穆斯林低保户发放牛羊肉价格补贴共60.28万元。结合美丽乡村建设，为张夏街道青北村争取少数民族扶持资金30万元，硬化道路，修建排水设施。6月16日是伊斯兰教的传统节日“开斋节”，区委常委、统战部长魏宏新，区人大常委会副主任时华勤，区政府副区长梁艳玲，区政协副主席赵洁，区委统战部副部长、民宗局局长李凤山，副局长王如泉等分成3个小组对全区4处穆斯林群众聚居的清真寺进行慰问，送去慰问金2万元。

2018年6月16日，长清区开展“开斋节”慰问活动（区民宗局提供）

【开展民族团结进步创建活动】 2018年，区民宗局协调区委宣传部、区委统战部开展民族团结进步创建示范单位评比活动。崮云湖街道被评为全市民族团结进步创建活动示范街道，长清一中被评为全国民族团结进步创建活动示范学校。

【民族团结进步宣传月】 2018年9月，全市开展第十八次民族团结进步宣传月活动。同时，区民宗局围绕“中华民族一家亲，同心共筑中国梦”民族工作主题，开展“送文化下乡、送医下乡、送温暖下乡”三项活动。

【宗教活动场所示范单位创建】 2018年3月14日，济南市民族宗教事务局对2017年度长清区推荐上报的义净寺进行综合考评。8月10日，张夏街道义净寺和伊甸园获“全市宗教活动场所示范单位”称号。

【宗教政策法规大宣讲活动】 2018年6月6日—26日，长清区开展宗教政策法规大宣讲活动，区委统战部常务副部长王玉法，副部长赵书斗，副部长、区民宗局局长李凤山，副局长王如泉分赴各街镇进行宣讲。此次宣讲覆盖全区街镇10个、管理区58个、村居626个，做到全覆盖。

2018年6月6日，长清区开展宗教政策法规大宣讲活动（区民宗局提供）

【恢复设立宗教活动场所】 2018年7月3日，济南市民族宗教事务局下发文件同意设立龙居寺为佛教活动场所。龙居寺位于万德街道坡里庄村西300米处，建在高6.5米的台基上，面阔3间、进深3间、单檐硬山顶，为灵岩寺下属。创建于元代，明代重修，现存大殿1间及明弘治、清乾隆重修碑各1通。龙居寺三面环山，清溪绕前，殿前有枝叶茂盛的银杏树1棵，可谓古木参天，谷幽院静。

2018年10月25日，山东省民族宗教事务局下发文件同意设立五峰山洞真观为道教活动场所。五峰山洞真观亦名神虚宫、北观，坐落在五峰山山阳志仙峰下。五峰山自南北朝以来便有佛事活动，金元以来，辟为道观。明万历年间，又进一步整修扩建，分为南观、北观，成为道教圣地，为江北最大的道教圣地之一。洞真观环抱在绿树浓荫之中，宫、亭、台相互掩映，其主要建筑有皇宫门、钟鼓楼、玉皇殿、碧霞祠、真武殿、隆寿宫石坊、百丈阶、三元殿、九莲圣母殿、鲁班祠、朝阳洞、青帝宫等。观内有一棵2600余年树龄的银杏树，被誉为“银杏之王”。洞真观中有众多古碑，最早者为三元殿前金大定十年(1170年)礼部牒碑。1979年9月，五峰山古建筑群被评为市级文物保护单位。2006年12月，被评为第三批省级文物保护单位。

【开展“四进”宗教场所活动】 2018年7月，区民宗局开展国旗、宪法和法律法规、社会主义核心价值观、中华优秀传统文化“四进”宗教场所活动。至年底，完成“四进”宗教场所活动95处，其中佛教4处、道教2处、伊斯兰教4处、基督教85处，义净寺专门制作“四进”文化墙两面。

【长清区佛教协会成立】 2018年8月22日，济南市长清区佛教协会成立暨第一次代表大会在灵岩宾馆召开。区政协主席张昭森，济南市民族宗教事务局副局长任立新，区委常委、区委统战部部长魏宏新，副区长梁艳玲，区委统战部副部长、区民宗局局长李凤山，民宗局副局长王如泉参加会议。区政协主席张昭森，区委常委、区委统战部部长魏宏新共同为长清区佛教协会揭牌。会议审议通过《济南市长清区佛教协会章程》《济南市长清区佛教协会第一届会员代表大会选举办法》，选举产生济南市长清区佛教协会第一届理事会和领导班子。大会选举山东大灵岩寺住持弘恩法师为区佛教协会会长。

【宗教工作自查督查“回头看”活动】 2018年，长清区成立宗教工作自查督查“回头看”工作领导小组，制定“回头看”工作实施方案，区民宗局对各责任单位和统战干部进行培训，并分片对村（社区）党组织负责人进行培训。长清区围绕中央督查组提出的12个方面内容，采取会议调度、现场督办、即知即改、马上整改等方法措施进行整改。至年底，全部完成整改任务。

2018年8月22日，济南市长清区佛教协会成立 （区民宗局提供）

【宗教慈善活动】 2018年2月5日，区民宗局开展迎新春走访慰问活动，为平安街道赵家营村、崮云湖街道凤凰庄村、张夏街道金庄村和青北村共71户少数民族困难家庭送去大米、面粉、花生油等慰问品价值1.7万元。开展宗教界爱心慈善、精准帮扶慰问活动，为142户困难户送去米、面、油等慰问品和慰问金共计4万余元。

（韩　瑛）

居民生活

【农村居民生活】 2018年，农村居民人均可支配收入1.78万元。农村居民人均消费支出1.30万元，其中食品烟酒支出3924元、衣着支出607元、交通通信支出2297元、教育文化娱乐支出1585元、医疗保健支出1175元、居住支出2576元。人均居住面积55平方米。每百户拥有电动自行车124辆、洗衣机96台、空调54台、电冰箱98台、手机254部。

【城镇居民生活】 2018年，城镇居民人均可支配收入3.93万元。城镇居民人均消费支出2.18万元，其中食品烟酒支出5213元、衣着支出1149元、交通通信支出2627元、教育文化娱乐支出3006元、医疗保健支出3038元、居住支出5190元。人均居住面积41平方米。每百户居民拥有家用汽车82辆、洗衣机102台、电冰箱104台、空调154台、手机267部。

（赵 猛）

人　　物

人物简介

正区级领导干部

王勤光　男，汉族，1965年10月生，济南市章丘区人。山东省委党校研究生（在职干部研究生班经济管理专业）。1984年7月，参加工作，任章丘县委办公室机要科机要员。1987年7月，加入中国共产党。1991年4月，任章丘县委办公室秘书科副科长。1992年2月，任章丘县委办公室秘书科科长。1994年1月，任章丘市刁镇党委副书记。1996年2月，任章丘市刁镇党委副书记、镇长。1998年2月，任章丘市刁镇党委书记。2000年3月，任济南市粮食局党委委员、副局长。2008年9月，任济南市粮食局党委副书记、副局长。2009年7月，任济南市长清区委副书记。2011年11月，任济南市市中区委副书记、副区长、代区长。2012年1月，任济南市市中区委副书记、区长。2017年1月，任济南市长清区委书记、济南经济开发区党工委书记、区委党校校长、区人民武装部委员会第一书记。

赵居安　男，汉族，1970年3月生，济南市章丘区人。经济学学士，在职研究生学历。1993年10月，加入中国共产党。1994年11月，在济南市工商局从事机关工作。1996年9月，在山东省委党校在职研究生班经济学专业学习，获在职研究生学历。2001年5月，任西藏自治区白朗县委常委、办公室主任（挂职）。2004年9月，任济南市政府法制办公室党组成员、副主任。2014年9月，任济南市政府办公厅党组成员、副主任。2016年11月，任济南市政府副秘书长、办公厅党组成员。2017年1月，任长清区委副书记、副区长、代理区长。同年2月，任长清区委副书记、区长、区政府党组书记。

刘延文　男，汉族，1962年1月生，长清区万德镇人。大学本科学历。1980年7月，在长清师范学习。1982年8月，任长清县万德镇六律中学教师。1983年8月，任长清县万德镇农业中学教导主任。1986年9月，任长清县万德镇三官中学教导主任。同年12月，任长清县万德镇党委委员、秘书。1990年4月，任长清县政府办公室副科级秘书。1992年5月，任长清县政府法制室副主任。1994年2月，任长清县归德镇政府镇长。1995年5月，任归德镇党委书记。1998年5月，任长清县农业委员会党委书记、主任。2001年6月，任长清县政府副县长、西藏自治区白朗县政府常务副县长（挂职）。2002年5月，任济南市长清区政府副区长。2006年11月，任长清区委常委、副区长。2012年1月，任长清区人大常委会党组书记、区人大常委会第一副主任。2017年2月，任长清区

人大常委会党组书记、区人大常委会主任。

张昭森 男，汉族，1962年9月生，山东省平阴县人。中央党校研究生学历。1981年8月，任平阴县公安局干警。1985年9月，山东广播电视大学平阴电大班党政干部专修科学员。1986年9月，加入中国共产党。1987年8月，任平阴县公安局干警。1989年7月，任平阴县委组织部干事。1992年12月，任平阴县刁山坡镇党委副书记。1994年3月，任平阴县刁山坡镇党委副书记、镇长。1995年11月，任平阴县安城乡党委书记。1998年3月，任平阴县孝直镇党委书记。2000年3月，任长清县人民政府副县长。2006年3月，任长清区人民政府副区长，临沂市莒南县委常委、副县长（挂职）。同年10月，任长清区人民政府副区长、济南经济开发区管委会主任、区政府党组成员，临沂市莒南县委常委、副县长（挂职）。同年12月，任济南经济开发区管委会主任、区政府党组成员，临沂市莒南县委常委、副县长（挂职）。2007年1月，任济南经济开发区管委会主任，临沂市莒南县委常委、副县长（挂职）。同年3月，任济南经济开发区管委会主任、党工委副书记。2010年5月，任长清区政协党组副书记。2011年1月，任长清区政协副主席、党组副书记。2017年2月，任长清区政协党组书记、主席。

袁长奎 男，汉族，1969年11月生，济南市历城区人。大学文化。1990年7月，先后任历城区委办公室办事员、秘书、行政科科长。1994年4月，加入中国共产党。1996年4月，先后任共青团历城区委副书记、区接待处副处长、历城区委办公室副主任兼区接待处处长。2000年4月起，历任历城区董家镇党委副书记、镇长，党委书记。2002年12月起，历任历城区政府党组成员、区长助理、副区长。2007年4月，任历城区政府党组成员、副区长兼唐冶新区管委会主任。2012年12月，任历城区委常委、政法委书记。2013年7月，任长清区委常委、常务副区长。2017年1月，任济南经济开发区党工委副书记、管委会主任。

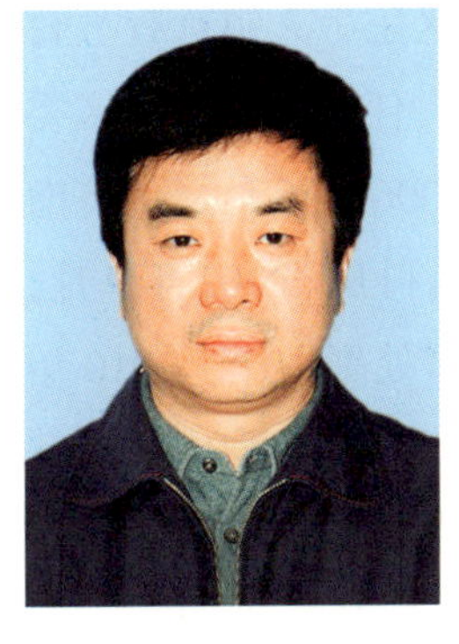

新任副区级领导干部

徐龙义 男，汉族，1979年2月生，山东省巨野县人。山东大学政治学与公共管理学院科学社会主义与国际共产主义运动专业毕业，研究生学历，法学博士学位。2001年12月，加入中国共产党。2006年7月，参加工作，先后任中共济南市委市直机关工委办公室干部、副调研员、副主任，市直机关团工委书记。2012年7月，任共青团济南市委党组成员、副书记。2017年8月，任济南市政府研究室党组成员、副主任。2018年7月，任济南市政府研究室党组成员、副主任，长清区委副书记（挂职）。

李广霞 女，汉族，1977年1月生，济南市历城区人。中央党校研究生院经济学经济管理专业毕业。1998年6月，加入中国共产党。2000年7月，任济南市历城区王舍人镇党政办党委秘书。2003年4月，任济南市历城区王舍人镇宣传科副科长。

2004年9月，任济南市历城区王舍人镇远程教育管理站副站长。2005年6月，任济南市历城区委组织部调研信息科副科长。2006年6月，任济南市历城区委组织部调研信息科科长。2007年9月，任济南市历城区东风街道办事处副主任。2010年3月，任济南市历城区东风街道党工委副书记、纪委书记。同年8月，任济南市历城区鲍山街道办事处主任、党工委副书记。2012年7月，挂职任济阳县垛石镇西索村第一书记。同年12月，任济南市历城区鲍山街道党工委副书记。2013年7月，任济南市水利局副巡视员。2016年3月，任济南市水利局副巡视员，挂职任平阴县委副书记。2017年6月，任济南市城乡水务局副巡视员，挂职任平阴县委副书记。2018年5月，任济南市长清区委常委、组织部部长。

刘广东 男，汉族，1975年2月生，山东省平阴县人。大学学历。1998年1月，加入中国共产党。同年7月，参加工作，任平阴县东阿镇政府镇长助理。2002年1月，任平阴县东阿镇副镇长。2005年7月，任济南市委、市政府信访局接访一处干部。同年10月，任济南市委、市政府信访局接访一处主任科员。2009年7月，任济南市委、市政府信访局接访一处副处长。2013年5月，任济南市委、市政府信访局接访一处处长。2014年4月，任济南市委、市政府信访局接访二处处长。2017年1月，任济南市长清区委常委、纪委书记。2018年1月，任济南市长清区委常委、区纪委书记，济南市长清区监察委员会主任。是中共济南市第十一届纪律检查委员会委员。

李建新 男，汉族，1970年5月生，山东省惠民县人。本科学历，工学学士。民进会员。

1992年7月，毕业于山东工业大学半导体物理专业。同年8月，任中国工商银行滨州市分行副科长。2001年3月，任中国太平洋人寿保险股份有限公司滨州中心支公司经理。2003年6月，任中国太平洋人寿保险股份有限公司山东分公司经理。2004年4月，任山东盈德律师事务所主任。2018年8月，任长清区政府副区长（挂职）。是济南市第十四届政协委员。

李立东 男，汉族，1969年1月生，济南市历城区人。山东省委党校研究生学历。1989年7月参加工作，在济南市公安局交通警察支队历城区大队见习。1990年7月，任办事员。1992年8月，任科员。1993年10月，加入中国共产党。1994年12月，任济南市公安局交警支队历城区大队交通肇事处理科科长（正科级）。1998年10月，任济南市公安局交警支队历城区大队副政委(副处级）。2001年8月，任济南市公安局历城区分局党委副书记、副政委。2002年4月，任济南市公安局历城区分局正局级侦查员、党委副书记、副政委（正处级）。2007年4月，任济南市公安局鲍山分局政委。2013年12月，任济南市公安局户政管理处处长。2017年7月，任济南人民警察职业培训学院政委、户政管理处处长（副局级）。2017年8月，任济南人民警察职业培训学院政委。2018年10月，任济南市公安局长清区分局政委。曾获“全国优秀人民警察”称号2次，荣立个人二等功2次、个人三等功2次。

先模人物

王方河　男，汉族，1951年12月生，长清区张夏街道人。1985年1月，在济南冶金化工设备有限公司工作至今。任工会主席期间，扎实为职工办实事、办好事，为解决公司南、北厂区职工来回生产安全问题，提出合理化建议，投资20余万元，建设天桥1座，切实保证职工安全。2011年—2017年，公司连续7年被长清区总工会授予“标兵工会组织”称号，先后被评为长清区厂（事）务公开民主管理工作先进单位、工资集体协商工作先进单位。2012年，他获济南市总工会“五一劳动奖章”。2014年，他被长清区总工会授予“道德模范”称号。2018年，他被中华全国总工会授予“全国优秀工会积极分子”称号。

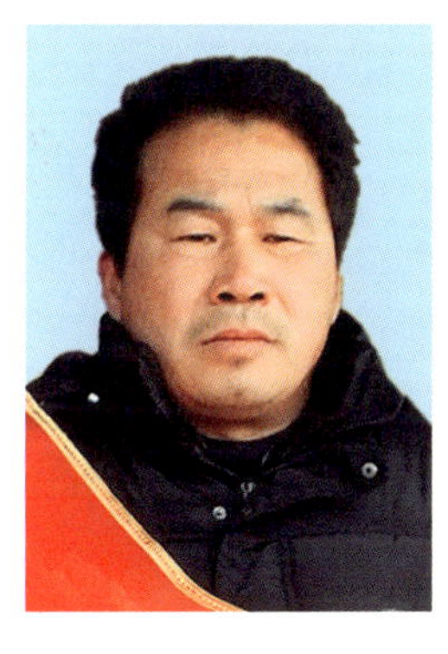

李文同　男，汉族，1960年3月生，长清区孝里镇常庄村村民。李文同的岳母有4个孩子，他的妻子是老大，兄弟和妹妹都在济南工作。李文同的老家在附近的胡林村，15年前，身体不健康的岳母忽然患上脑血栓，为照顾老人，李文同由胡林村搬到常庄村居住。老人的脑血栓比较严重，在医院里住院40余天，由于抢救及时，保住生命，但落下半身瘫痪的后遗症，从开始拄拐杖到坐轮椅直到最后变成植物人。作为家中排行老大的李文同主动给弟弟和妹妹们说：“你们都在外地工作不方便，就让我在家伺候咱娘吧，但你们有时间要经常回来看看，陪咱娘拉拉呱、解解闷儿”。李文同说到做到，十几年如一日，他一直践行着自己的诺言，照顾老人无微不至，任劳任怨。李文同说：“人家都说一个女婿半个儿，俺这半个儿也要对得起这个称号，把老人伺候好，让俺娘安享晚年，为她养老送终。”为照顾生活无法自理的岳母，李文同放弃外出创业的机会，专心在家照顾岳母的饮食起居。15年来，李文同每天早晨五点准时起床，帮妻子一起做饭。老人因后遗症张不开嘴，李文同做饭的时候就特别注意煮饭的时候多熬一会，然后把食物盛到碗里再捣碎，用针管往岳母嘴里推；有时候担心饭菜太热，害怕烫着老人，他就先用调羹舀起来凉凉，再慢慢地送进老人嘴里；为让老人吃出滋味，他经常赶集买些时令蔬菜和水果。通过夫妇俩悉心照顾，老人的病情逐渐好转，手脚慢慢地能够活动，李文同信心更加坚定。岳母能活动之后，李文同又开始担心老人在病床上长时间躺着不舒服，他把老人再背到轮椅上，一天这样来回三四次。李文同担心岳母晚上有事，就在老人床前加张床，随时照看。由于不方便活动，岳母有时便秘，李文同就干脆用手帮老人慢慢往外抠粪便，从不嫌脏。老人白天睡得比较多，晚上会经常醒，醒来喘气声比较大，李文同就过去给老人翻身，还要随时听着老人的喉咙声，如果有痰，他会用筷子蘸一点淡盐水帮岳母把痰弄出来，每天晚上三四次，他从来没睡个囫囵觉。在李文同夫妇的细心照顾下，岳母陈秀英身上从没起过一个褥疮，肤色红润，精神矍铄。如今，80余岁的老岳母仍需要照顾，但身体已无大碍，李文同也有了点空闲时间，买辆拖拉机在村里干点零活，补贴家用。身教胜于言传，李文同夫妇的儿子也一直很孝顺，每次在外地工作回来，为老人买些营养品和药物，陪老人晒太阳。

李文同全家7口人，四世同堂，美满和睦，登上该村的四德榜。李文同因其孝老爱亲的感人事迹被评为孝里镇“十大孝子”，并先后荣登“长清好人榜”“济南好人榜”“山东好人榜”，《新长清》报以《李文同：“半个儿”照顾瘫痪岳母15年》为题、《济南时报》以《照顾岳母15年从没睡过安稳觉》为题、《齐鲁晚报》以《“半个儿”照顾瘫痪岳母15年》为题对李文同的事迹进行报道。2018年1月，李文同入选2017年12月“中国好人榜”。

何长宾 男，汉族，1972年7月生，长清区马山镇人。1990年3月至1992年12月，在部队服役。1992年10月，加入中国共产党。1993年7月至1995年7月，在山东省人民武装学校人民武装专业学习。1995年7月，在长清县张夏镇工作。2011年3月，任长清区司法局张夏司法所科员、所长。2013年9月，任长清区司法局副主任科员、张夏司法所所长。2017年5月，任长清区司法局崮云湖司法所所长、长清区崮云湖街道办事处调解委员会副主任。担任司法所所长以来，刻苦钻研业务，细心积累经验，成为基层司法行政工作的行家里手。充分借鉴“枫桥经验”，创新调解方法，耐心细致地化解基层矛盾，做到矛盾不上交，切实维护辖区的和谐稳定。设立法德大讲堂，成立“和为贵”调解室，坚持“勤、情、细、大、和、意”六大工作理念，打造“孝、让、利、和”四篇文章，总结“人民调解+N”工作法，在全区率先实行“以案定补”工作机制，首创心理疏导PPT，在信访、拆迁、高校大学生三个矛盾领域重点调解，他的努力得到群众的由衷赞誉和街道党工委的肯定。崮云湖司法所“和为贵”调解室共调解矛盾纠纷220件，预防纠纷135件，调解成功率98%以上，街道上访案件减少30%，刑事案件减少25%。2015年，被评为全市优秀司法所长。2016年、2017年，连续两年获“平安长清”建设先进工作者称号。2017年，被评为全省优秀人民调解员。2018年，被评为“济南市十大调解专家”。2019年1月，被司法部授予“全国模范司法所长”称号。

人 物 表

2018 年长清区获市委市政府以上表彰人物情况表

表 24-1

姓名	性别	出生年月	工作单位	荣誉称号	授予单位	表彰时间
王　伟	男	1970.10	长清区平安街道社区卫生服务中心	实施中国复明扶贫流动眼科手术车项目先进个人奖	亚洲防盲基金会	2018.09
王　军	男	1975.02	长清区政协办公室	宣传工作先进个人	政协山东省委员会	2018.11
王少辉	男	1969.12	长清区教育体育局	山东省群众体育先进个人	山东省体育局	2018.09
王方河	男	1951.12	济南冶金化工设备有限公司	全国优秀工会积极分子	中华全国总工会	2018.09
王传锋	男	1969.01	长清区中医医院	山东省优秀医师	省卫计委、省中医药管理局	2018.08
孔令海	男	1964.02	山东平安建设集团有限公司	山东省劳动模范	山东省委、省政府	2018.04
邓洪刚	男	1971.04	平安街道	担当作为好书记	山东省委、省政府	2018.07
曲继萍	女	1970.12	联通长清区分公司	巾帼建功标兵	山东省联通公司	2018.12
吕建昆	女	1981.05	长清区妇女联合会	山东省第十一届好军嫂	山东省民政厅、省妇联、省军区政治工作局	2018.07
朱景森	男	1969.10	济南黄河河务局长清黄河河务局	安全行车 50 万公里无事故驾驶员	山东黄河河务局	2018.11
刘　燕	女	1978.02	崮云湖街道人社中心	被征地农民养老保险先进个人	济南市人力资源和社会保障局	2018.02
刘广泉	男	1963.07	长清区自来水服务中心	2018 年度杰出人物	山东省饮料协会	2018.12
孙焕伟	男	1972.04	联通长清区分公司	山东联通好员工	山东省联通公司	2018.12
李　伟	女	1969.4	长清区民政局	济南市担当作为“出彩型”好干部，并记三等功	济南市委、市政府	2018.07
李　晓	男	1987.07	济南市长清区大众创业服务中心	山东省抗灾救灾优秀青年志愿者	共青团山东省委	2018.09
李文同	男	1960.03	长清区孝里镇常庄村	2017 年 12 月“中国好人榜”	中央文明办	2018.01
李全年	男	1970.01	平安街道潘村管理区	济南市担当作为“出彩型”好干部，并记三等功	济南市委、市政府	2018.07
肖舒荣	男	1961.1	万德街道马套村	山东省劳动模范	山东省委、省政府	2018.04
何长宾	男	1972.07	崮云湖街道司法所	全国模范司法所长	司法部	2019.01

续表

姓名	性别	出生年月	工作单位	荣誉称号	授予单位	表彰时间
邹　鑫	男	1997.04	山东平安建筑工业化技术有限公司	山东省富民兴鲁劳动奖章	山东省总工会	2018.04
邹凡荣	男	1972.09	济南黄河河务局长清黄河河务局	安全行车50万公里无事故驾驶员	山东黄河河务局	2018.11
张　勇	男	1968.07	长清区委政法委员会	2018年度山东省扫黑除恶专项斗争优秀个人	山东省扫黑办公室	2019.01
张昌阳	男	1968.02	长清区人民法院	全省法院先进个人	山东省高级人民法院	2018.12
张道山	男	1958.03	万德街道店台村	山东省劳动模范	山东省委、省政府	2018.04
张德勇	男	1977.8	万德街道店台村	山东省乡村绿化楷模人物	山东省绿化委员会办公室山东省林业厅	2018.06
陈维杰	男	1987.02	长清区委党校	山东省委党校优秀教学奖	山东省委党校	2018.12
邵广超	男	1978.09	济南长兴建设集团有限公司	山东省劳动模范	山东省委、省政府	2018.04
国　静	女	1965.10	济南黄河河务局长清黄河河务局	黄河水利委员会纪检监察系统先进工作者	黄河水利委员会人事劳动教育局	2018.06
周德广	男	1979.5	马山镇政府	“济南慈善奖”慈善先进个人	济南市政府、济南慈善总会	2018.05
房玉芳	女	1970.03	长清区人民检察院	党的十九大安保维稳工作三等功	济南市委、市政府	2018.01
孟　捷	女	1971.10	长清区社会劳动保险事业处	全市人社系统新时代担当作为先进个人	济南市人力资源和社会保障局	2018.07
赵　国	男	1970.09	崮云湖街道	济南市担当作为“出彩型”好干部，并记二等功	济南市委、市政府	2018.07
郝本华	男	1967.12	济南市公安局长清区分局	“上海合作组织青岛峰会安保工作先进个人”，并记二等功	济南市公安局	2018.07
段　超	男	1977.02	崮云湖街道常春藤社区	济南市担当作为“出彩型”好干部，并记三等功	济南市委、市政府	2018.07
段登攀	男	1976.01	长清区政协办公室	宣传工作先进个人	政协济南市委员会	2018.12
徐　彬	男	1973.10	马山镇人大主席团	山东省安全生产工作先进个人	山东省人民政府安全生产委员会	2018.02
郭继山	男	1964.03	长清区中医医院	济南专业技术拔尖人才	济南市委、市政府	2018.09
絮保华	男	1975.12	长清区城市管理局	党的十九大安保维稳工作先进个人，记嘉奖	济南市委、市政府	2018.01

人物名录

中共山东省第十一次代表大会长清区代表名录

王勤光

中共济南市第十一次代表大会长清区代表名录

马德波　王　梅　王长龙　王本珍　王庆柱
王恩庆　王勤光　亓　明　方宝军　孔凡强
刘广东　刘兴文　刘继杰　孙　振　孙　静
李　刚　肖舒荣　时文进　宋传娥　张　瑾
张洪英　张振利　张桂兰　张爱云　张儒涛
周　波　房玉栋　孟　斌　赵居安　段宗美
徐秀花　姬忠霞　曹　军　董　霞　温洪玲

中共长清区第四次代表大会代表名录

于　华　于　磊　于军涛　于学征　马　辉
马　雍　马训生　马衍长　王　文　王　宁
王　林　王　钢　王　俊　王　亮　王　鹏
王　磊　王友平　王少辉　王允松　王玉法
王本珍　王东涛　王永胜　王庆华　王庆波
王如泉　王红梅　王怀波　王宝明　王春星
王恒茂　王振明　王恩庆　王家祥　王登娥
王勤光　王满庭　王殿珍　井普震　亓　明
牛广坤　方传庆　方希荣　方宝军　孔凡强
邓洪刚　石文平　石兆辉　石志广　石明媛
石学良　卢云成　卢家川　田　雨　田　超
田俊霞　付　勐　冯绪君　邢兆青　邢庆珍
毕惠岩　曲京鹏　吕宝勇　吕新伟　朱吉军
朱爱菊　朱海涛　刘　刚　刘　芳　刘　林
刘　莹　刘　峰　刘　敏　刘　超　刘　晶
刘　燕　刘万新　刘广东　刘少儒　刘长义
刘永亭　刘延文　刘延青　刘向松　刘兴文
刘兴刚　刘秀文　刘秀军　刘学勇　刘宝林
刘绍文　刘晓华　刘爱国　刘继营　刘道辰
刘殿军　安　燕　安立山　安兴柱　许　兵
许　振　许好军　阮　军　孙　振　孙　静
孙　震　孙久德　孙汇海　孙宝良　孙宗军
孙爱国　杜士东　杜建青　李　刚　李　欣
李　政　李　振　李　莹　李　晓　李　峰
李　涛　李广贤　李本文　李存寅　李成刚
李延奎　李怀忠　李忠山　李珊珊　李洪军
李高仑　李继涛　李盛云　李盛利　李鸿伟
杨仁清　杨立新　杨洪福　肖树辉　肖舒利
肖舒荣　时军华　吴　昊　吴龙海　何长贵
宋　杰　宋玉鲁　宋传华　宋传法　宋林军
宋信亮　宋继良　宋淑红　张　坤　张　勇
张　晓　张　峰　张　涛　张　辉　张　毅
张士磊　张玉山　张立新　张传军　张传耀
张延科　张兆斌　张明金　张承莲　张绍功
张荣芹　张昭森　张保银　张洪英　张洪强
张振利　张振河　张道杰　张殿义　张殿强
张翠芝　张儒涛　陈　涛　陈　赳　陈云霄
陈延利　陈洪飞　陈湘涛　邵恩强　武守华
范宗升　呼　强　金　晓　周　杰　周　波
周　胜　周　健　周万民　周广山　周德广
庞　军　郑建伟　房　岷　房　辉　房玉法
房玉奎　房冬梅　房菊泽　孟　刚　孟　斌
孟凡荣　孟文祥　孟令秀　孟令敏　孟庆武
孟宪平　孟宪德　孟黎明　赵　军　赵　国
赵　颖　赵士东　赵长利　赵化军　赵书斗
赵连伟　赵明傳　赵学勇　赵建军　赵居安
赵祥平　赵培新　郝兆林　郝建新　郝继长
郝景祥　荀　珍　胡立涛　胡继坤　钟玉栋
段国臣　段德瑞　侯宝森　侯殿富　费　忠
秦　娟　袁长奎　袁学军　贾云强　贾绪兰
顾建美　徐　勇　徐　航　徐方兰　徐希莹

徐明月　徐笃峰　徐养军　徐敬梅　高　臻
高长山　高远胜　高明友　郭　君　郭天宾
郭玉玲　郭训金　郭廷瑜　曹　军　曹立国
曹峰克　曹德荣　符学敏　梁英华　梁洪贵
梁艳玲　董　刚　董　奎　董　峰　董玉河
董传远　董庆哲　董江萍　董海林　董培忠
董殿臣　蒋立亮　蒋宝铸　韩　强　韩明清
韩忠法　韩宗兴　韩春银　程玉国　程庆勇
焦方勇　焦玉燕　焦念森　路　芳　靖　丽
阚　玮　翟贵祥　潘　珍　潘兴华　潘国磊
薛平涛　霍良村　魏　芳　魏　健　魏　珺
魏化鹏　魏兆辉　魏宏新

长清区出席山东省第十三届人民代表大会代表名录

王殿芬　刘晓芳　赵居安

驻长清区济南市第十六届人民代表大会代表名录

王　毅　王少辉　王京文　王铁志　王登富
王勤光　叶传海　田立新　刘　勤　刘延文
刘继营　刘绪生　孙　静　张士森　张淋生
张殿义　张德利　时文进　李　宁　李　刚
李军昌　李秀菊　李松岩　杨连玉　邹　宁
陈云霄　陈家钧　国　泉　金　哲　赵居安
赵振河　柴延峰　殷　晓　秦旭昌　崔金燕
韩春银　靳卫兰　翟贵祥

长清区第十七届人民代表大会代表名录

丁惠东　万立文　于成爱　于培东　马文才
马永奇　马光芝　马怀珍　马建丽　马恒丽
马衍长　马德云　亓　明　尹焕美　方庆刚
方绪强　牛玉忠　王　文　王　东　王　平
王　军　王　峰　王　祯　王　静　王　燕
王士忠　王本珍　王立红　王兴霞　王庆柱
王成峰　王纯军　王英吉　王金祥　王金晶
王　勇　王树磊　王洪禹　王家祥　王恩庆
王培俊　王琳琳　王登娥　王勤光　邓洪刚
冯存道　卢　慧　卢云成　卢业芹　叶继香
石　坤　石作荣　刘　焕　刘　强　刘　静
刘广东　刘友海　刘太义　刘太增　刘文杰
刘曰东　刘永亭　刘光云　刘光英　刘兴文
刘吉富　刘延文　刘真真　刘继杰　刘道辰
孙　静　孙小惠　孙在红　孙宗珍　孙爱国
孙　超　孙新儒　庄云刚　曲京鹏　毕惠岩
米殿仁　许　兵　许琳琳　邢兆玲　邢俊民
闫小红　齐　勇　吴兰昌　吴永美　吴龙海
宋传娥　张　华　张　丽　张　青　张　勇
张　峰　张　智　张广港　张化富　张玉新
张玉燕　张立顺　张立新　张传勇　张吉玉
张希杰　张国明　张承东　张昭森　张洪英
张　涛　张继军　张联群　张道山　张雅丽
张儒涛　时华勤　李　伟　李　红　李　明
李　慧　李广贤　李文华　李本文　李永梅
李传芬　李兆河　李兆福　李兴国　李军强
李存寅　李庆军　李庆明　李庆涛　李成刚
李秀芝　李近仁　李连元　李宗军　李宝红
李建亭　李昌利　李洪军　李盛利　李殿忠
杜　镇　杜廷山　杨明利　杨洪福　汪安国
肖舒荣　邹　迪　陈　华　陈　波　陈秋实
陈海华　陈淑水　陈翠兰　周　杰　周　波
周　涛　周建荣　呼　强　孟　斌　孟令秀
尚绪强　尚德建　房立民　林秀兰　郑元忠
金秀玲　金树贞　侯雪丽　娄保云　胡文立
胡永静　荆　雷　赵仁波　赵吉国　赵　国
赵居安　郝　宁　郝兆林　郝进强　郝继长
唐　华　唐　勇　徐　彬　栾爱国　秦　焱
袁长奎　袁学军　郭　峰　郭　强　郭延顺
郭恩廷　郭德英　陶明凤　陶明勇　陶明茜
高　伟　崔　元　康其国　曹　军　曹晓蕾
梁晓燕　梁艳玲　鹿世忠　黄继成　焦玉华
董　民　董　涛　董　超　董立达　董庆哲
董泗杰　董培忠　蒋　芬　谢化俊　韩　伟
韩传兰　韩明清　靳卫国　谭　鹏　谯新民

潘兴华　薛平胜　霍　军　戴良国　魏宏新

长清区出席政协山东省第十二届委员会委员名录

李若冰

驻长清区政协济南市第十四届委员会委员名录

刘建晖　杨金勇　时华勤　何长锋　张　茜
张　丽　张希红　张昭森　周　波　赵　宁
董庆国　魏宏新

政协济南市长清区第九届委员会第二次会议委员名录

于大智　马　龙　马训生　马传华　马景隆
王　林　王　亮　王　莉　王　浩　王　凌
王　敏　王　强　王　强　王　静　王九超
王玉法　王光臣　王兆军　王孝芝　王君国
王延军　王金池　王国芳　王秉锋　王承振
王修丽　王信芳　王振宇　王海鸥　王智勇
王维民　王新勇　王韶明　王慧慧　王永胜
井普震　文　军　方宝军　尹文文　尹夏明
孔凡强　孔垂乙　艾国训　石先勇　石英先
卢传涛　卢兴震　田兴勇　田兴海　田春红
田宪云　付春秋　冯　华　司家国　邢尊芹
吕　华　吕宝勇　朱继东　朱静伟　任鲁萍
庄　鹏　刘　林　刘　洋　刘　辉　刘卫东
刘月功　刘本强　刘同清　刘兆斌　刘国平
刘宝同　刘宝林　刘建晖　刘政军　刘洪杰
刘盈盈　刘绪忠　刘照云　闫　立　闫新礼
米富锦　安　亮　安立超　许海涛　许崇海
阮久宏　孙　刚　孙　晶　孙　燕　孙建伟
孙学忠　杜　敏　杜先正　杜维家　李　军
李　进　李　旻　李　欣　李　美　李　涛
李　娟　李　新　李　慧　李广贤　李文珍
李凤山　李同同　李传生　李良华　李学凤
李学敏　李荣祥　李晓林　李爱国　李继涛
李鸿伟　李惟红　李景平　杨丽丽　杨岱勇
肖明河　何长锋　何道明　位新鹏　谷开旭
沈　伟　宋现兵　张　彦　张　亮　张　勇
张　茜　张　超　张永辉　张发军　张同新
张传银　张希红　张松森　张金山　张绍军
张昭森　张春阳　张振利　张桂新　张培芝
张德武　陆奉勇　陈　勇　陈小平　陈云民
邵　艳　林洪军　国　亮　国爱文　金宗珍
周　胜　周希金　庞　冲　房　文　房　兵
房　鹏　房　慧　房玉成　房立民　房立国
房志坤　房秀云　孟　青　孟　敏　孟　刚
孟令敏　孟亦真　赵　宁　赵　洁　赵　勇
赵广乾　赵文全　赵名一　赵志亮　赵连伟
赵明傳　赵洪军　赵艳美　郝兆勇　郝宪凤
胡连芬　段　瑞　秦维东　秦　超　袁　浩
贾　军　贾　红　贾云强　徐文东　徐汉云
徐光亮　徐　杰　徐敬梅　殷　晓　高　丽
郭卫东　唐家路　陶凌杰　黄　翠　黄凌梅
曹　攀　梁　慧　梁延忠　彭文杰　董　伟
董　芳　董江萍　董元民　董光芝　董孝萍
韩云龙　韩玉晶　韩圣强　韩晓魁　焦玉燕
释弘恩　温　娟　褚云平　熊桂霞　潘　颜
燕军刚　薛玉友　鞠现伟　魏宏新

街　镇

文昌街道

【概况】 文昌街道因文昌山而得名，寓文明昌盛之意。文昌街道是长清区委、区政府驻地，也是全区政治、经济、文化的中心。区位优势明显，境内交通便利，经十西路、104省道、220国道、济菏高速纵贯南北，大学路、长崮路、西魏路、兴隆路贯穿东西。东邻大学科技园与崮云湖街道接壤，南与五峰山街道、归德街道相连，北至北大沙河与平安街道相邻，西以黄河为界与德州市齐河县隔黄河相望。街道东部是山区丘陵，中部是平原，西部是黄河滩区，地势东高西低，总面积97.6平方公里。辖区内有卧牛山寨、文昌山、凤凰山、丈九佛等旅游资源。地下水资源丰富，西部黄河沿岸蕴藏着大量的煤炭资源。

2018年，文昌街道围绕区委、区政府“1+654”决策部署，以全区“作风建设年”活动为契机，建设有品质、有魅力、有温度、有内涵的现代化和谐新文昌。全年完成地区生产总值78.2亿元，固定资产投资40.5亿元，社会消费品零售额44亿元，地方财政收入6.47亿元。文昌街道辖管理区7个，行政村58个，村改居11个，城市社区11个，共3.6万户、11.1万人。同年，文昌街道获山东省省级创业型街道（乡镇）、山东省第三次农业普查先进集体、全省扶贫系统先进集体、2017年度全省安全生产工作先进街道、济南市烟花爆竹禁放工作先进集体等称号，被长清区委、区政府评为全区经济社会发展先进单位、生态环保工作先进单位、财政工作先进工作、服务就业发展先进单位、美丽乡村建设先进单位、扶贫工作先进单位、项目建设先进单位，获机关优秀创新工作成果一等奖。

【农业】 2018年，全街道（镇）耕地面积4280公顷，有效灌溉面积3500公顷，粮食总产量3.3万吨，蔬菜总产量11.9万吨，农机总动力7.5万千瓦。有农业龙头企业14家，养殖场39处。年底大牲畜、生猪、家禽存栏量分别为4300头、1.1万头、18万只。完成所有村居玉米飞防任务，防治面积1563公顷。对街道所有韭菜种植户进行全覆盖实地取样检测，完成蔬菜样品检测8000余个。组织技术人员向种植户宣传农产品安全生产知识及科学种植技术，共发放彩色挂图1500余份，技术明白纸6000余份。实施土地质量提升和化肥减量增效项目，共涉及13个村居，耕地面积533公顷，发放配方肥160余吨。完成小麦良种推广5万余公斤，推广面积467公顷。推广水肥一体化技术176公顷，超额完成区农业局下达的任务指标，完成任务数在全区各街镇排名第一。

【工业】 2018年，文昌街道有规模以上企业22家，实现规模以上增加值3.02亿元，主营业务收入1.41亿元，实现利税1043万元。济南精锐机器人科技有限公司落户文昌，位于玉符街蔬菜市场西，总投资800万元。济南德信门窗有限责任公司新上玻璃自动切割设备，山东卓特环保设备有限公司新上电锅炉设备，济南友邦铸造有限公司树脂砂线生产线投产。济南火哨安全科技有限公司借助产学研平台与山东劳动职业技术学院合作，成为山东劳动职业技术学院培训基地。济南新奥燃气有限公司完成并购莱芜金鸿公司。

【商贸 财税】 2018年，新增限额以上批发零售贸易（住宿餐饮）企业5家，分别是山东东惠煤炭销售有限公司、济南海成煤炭销售有限公司、济南博瑞源经贸有限公司、济南乐邦贸易有限公司、济南舜耕国际大酒店。年底，全街道（镇）共有限额以上批发零售贸易（住宿餐饮）企业33家，集贸市场5处，大型商场7处。全年完成社会消费品零售总额44亿元，实现地方财政收入6.47亿元。

【村街建设】 2018年，文昌街道坚持规划引领，统一编制西李、新周、孙庄、陈庄、义合、东苏、西苏、后三、潘庄、东齐10个美丽乡村规划建设方案，统筹安排村庄生产、生活、生态空间，统一规划村庄布局、基础设施、公共配套、景观提升。确定西李村、孙庄村、新周村3个村为齐鲁样板村，已确定北京·华诚博远工程技术集团有限公司为设计单位，3个村庄的前期规划设计已完成。加大美丽乡村建设力度，对西李、孙庄等10个村进行达标提升，对前朱等6个村进行提升。各村完成绿化亮化工程，投资1600余万元，完成总长27.2公里的农路网化工程。西李、陈庄、潘庄、义合、贾庄等村完善绿化配套设施，硬化道路，实现村内道路“户户通”。投资100万元，完成潘庄、南李、前朱等村自来水工程。完成东苏、西苏、义合等村环境整治、文化墙，西苏村级活动场所正在建设中。全年完成拆违拆临三期拆除任务，共拆除650处面积50.43万平方米。投资50余万元，完成贫困户危房改造6户。累计投资500余万元，完成旱厕改造2627个，做到全覆盖全面完成旱厕改造任务。投资4000余万元，对城区16个小区进行老旧小区改造，改造面积32.8万平方米，重修路面1000平方米，粉刷墙面2.41万平方米，受益居民3000余户。

2018年，文昌街道坚持依法棚改、为民棚改、和谐棚改，东王、东北关安置房主体完工。对和信综合体峰山路沿街房进行拆迁，7天完成34处房产拆除任务。完成中川街拓宽改造扫尾工作，4月30日中川街全面贯通。配合区房屋征收服务中心对老党校片区进行拆迁改造。6月21日，山东济南长清黄河公路大桥正式通车运营。11月25日，S105济聊线长清绕城段建成通车。文昌山城市健康公园建设基本完工，“四馆一中心”（博物馆、文化馆、档案馆、图书馆、全民健身活动中心）开工建设。重点引进的招商·雍和府、保利·盛景台、保利·河山、雅居乐·锦城等项目正在加紧施工。配合有关主管部门推进北大沙河整治（文昌段）、高压线迁移、轻轨R1线备用电源建设等项目。

美丽乡村——西李村（冷真 摄）

【教育 科技】 2018年，全街道有小学6所，共有教职工148人，教师学历合格率100%，在校生2274人，入学率100%，毕业率100%。文昌街道加大教育投入，对校园内的操场、教学楼、文化墙等进行改造。中心小学北校区投资44万元，铺设塑胶面层987平方米，草坪面积701平方米；十里小学投资100万元，铺设塑胶面层1562平方米、PU面积515平方米、草坪面积1083平方米；新屯小学投资50万元，铺设塑胶面层1762平方米、

PU 面积 448 平方米；三朱小学投资 100 万元，铺设塑胶面层 2193 平方米、PU 面积 591 平方米、草坪面积 1043 平方米；孙庄小学投资 101 万元，铺设塑胶面层 1644 平方米、PU 面积 540 平方米、草坪面积 1346 平方米。

2018 年，全街道有科技机构 1 个，科技培训中心 1 处，有专业技术员、农民技术员 3 人。举办各类技术培训班 4 期，培训人员 200 人次。完成科技项目 1 项，引进推广新品种 5 个。新型职业农民培训 37 人，获新型职业农民资格证书 26 人。

【文化 体育 卫生】 2018 年，全街道有文化站 1 处、广播站 1 处、新华书店 1 处，村级综合文化中心 69 处，村级文化健身广场 73 处，体育健身器材 68 套，广场舞队 65 支，舞蹈队伍 850 人。街道不断加大对村居公共文化基础建设投入力度，先后累计投资 100 余万元，对 16 个条件较差的村居建设或改建文化中心和文化广场进行补助，对西李、潘庄、新周、新五、孙庄等文化服务中心进行高标准提升改造。投资 30 余万元，为 69 个村居文化服务中心更新各项制度板牌，为 52 个村居配备书橱、棋牌桌、音响等。至年底，除东王、东北关、北门里等 3 个村居拆迁外，其他 66 个村居文化中心的书屋、棋牌室等基本功能全部达标。文昌综合文化服务中心建有军乐团、民乐队、舞蹈团、葫芦丝乐坊、旗袍走秀队等近 30 个群众社团，其中水长清艺术团是济南市唯一的一支军乐团，艺美舞蹈团拥有舞蹈队 18 支。全年组织开展各类文化活动 71 场，组织参加山东省电视台《金谷明月夜》演出，获山东省第三届广场舞大赛银奖。文昌街道综合文化站改建完成，总建筑面积 1200 平方米，投资近 300 余万元，设有功能室 12 个，其中音乐工作室是济南市综合文化站唯一的一处专业工作室。

2018 年，文昌街道社区卫生服务中心为一级乙等社区卫生院服务中心，设有全科、中医、护理、药房、药库、化验室、B 超室、防保、公共卫生、妇保、儿保、医保等科室，建筑面积 3685 平方米，床位 15 张，有在职职工 82 人，专业技术人员 74 人，其中副高职称 3 人，中级职称 25 人，初级职称 46 人。拥有血球分析仪、尿液分析仪、半自动生化分析仪、F99-ICT X 光机等设备。全年门诊量 2.05 万人次，业务收入 170 万元。居民医保报销 4.51 万人次，报销金额 123.7 万元。全街道共有村卫生室 54 处，乡村医生 128 人。

【旅游】 2018 年 5 月，泰兴农庄举办樱桃采摘节。7 月 14 日，文昌休闲观光游暨第二届泉润葡萄采摘节开幕。9 月 23 日，西李村举办第一届中国农民丰收节。文昌街道形成以省道 104 为界的东线和西线两条旅游观光线路，东线包括龙兴寺丈九佛为代表的人文景观以及集中连片的立添食用菌科技园、泰兴农庄、汇侨农业示范园、红旗渠、水泉石刻造像、多肉植物生态园、三顺达生态农业园、金箭山森林公园，西线包括以体验为主的西李生态文化小镇、孙庄鸿之源庄园、新周水果萝卜巾帼示范基地、快乐驴庄园以及黄河

2018 年 9 月 23 日，西李村举办第一届中国农民丰收节

（潘富珉 摄）

风貌观光带。旅游产品丰富多样，有立添食用菌科技园的杏鲍菇、平菇、黑木耳，金西李的水果山药及新开发的山药酒、山药面条，新周的水果萝卜、黄面窝窝、香肠，孙庄鸿之源庄园的草莓、甜瓜，新五村的黄河鲤鱼，山东和正生态农业开发公司的蜜罐地瓜、富锶葡萄，泰兴农庄的大樱桃、山鸡蛋等。全年接待游客 249.6 万人次，实现旅游综合收入 9984 万元。

文昌山城市健康公园 （亓航 摄）

【人民生活】 全街道养老保险参保 4.42 万人，参保率 99 %，收缴保费 823.42 万元，60 岁以上老人领取养老保险 1.30 万人，领取金额 174.94 万元。享受低保救助 634 户 966 人，全年发放低保金 300 余万元。阳光民生救助 108 人，发放大病年医疗救助金 40.78 万元。救助残疾人 1062 人，全年发放救助资金 25 万元。全年发放扶贫资金 80 万元，受益贫困户 370 户 706 人。全街道设敬老院 1 处，集中供养老人 54 人；设农村幸福院 10 处，供养老人 200 人。劳动技能培训 70 人，提供就业岗位 4073 个，转移农村劳动力就业人口 1060 人。

【文昌山城市健康公园】 2018 年 1 月 15 日，文昌山城市健康公园开工建设。公园位于主城区东部，文昌山脚下，北至文昌山庄，西至凤凰路，西南至丁香路，东至八里庄路，总投资 3 亿元，总占地面积 92 公顷，其中东部山林面积 49 公顷，西部缓坡台地面积 43 公顷。公园主要景观区分为活力休闲区、生态休憩区与密林拓展区、山体景观区三大区块。活力休闲区是公园的核心景区，建设林荫大道—主入口—广场—瀑布轴线，打通城、山视线通道，打造公园景观体系主干；生态休憩区与密林拓展区，依托现状果园和地形，突出景观的功能性与生态性；山体景观区，以局部点缀为主，完善景点设施与路网游览体系，丰富植物景观。项目主要建设内容有山体绿化及苗木种植 83.2 万平方米，建设休闲广场 3.2 万平方米，铺设旅游步道 4.8 万平方米，建设业务用房及相关配套设施 2232 平方米，公园水体面积 6430 平方米，同时配设垃圾桶、道路指示牌、坐凳等服务设施及给排水、照明等配套工程。至年底，工程基本完工。

【四馆一中心项目开工建设】 2018 年 7 月，“一中心”（即长清区全民健身中心）改建项目开工建设，项目位于清河街以北，区法院以西，原体育馆拆除后新建，采用框架结构形式，建筑总面积 2.15 万平方米，一层设计恒温 8 泳道泳池，二层设计 3000 座篮球馆，同时健全地上篮球场、网球场等室外全民健身场地，总投资 1.4 亿元。10 月，“四馆”（即文化馆、档案馆、图书馆、博物馆）项目开工建设，项目位于莲台山路以东，文昌路以西，宾谷街以南，清河街以北，占地面积 3.6 公顷，建筑面积 5.8 万平方米，总投资 5.1 亿元。

【雅居乐·锦城项目】 雅居乐·锦城项目位于龙泉街以南、五峰路以西、马山路以东，占地面积 6.93 公顷。2018 年 6 月 6 日，广州雅居乐公司以 10.3 亿元摘得该地块，加上幼儿园配建，折合每公顷 1.49 亿元。规划建设住宅楼 18 幢，涵盖 11 层、18 层、24 层、26 层多业态楼座，总建

保利·盛景台项目施工现场 （李煜琨 摄）

体的城市时尚综合体。同年10月，正式开工建设。2018年，总规划建设的14幢住宅楼有5幢正在施工中。

【招商·雍和府项目】 2017年6月30日，青岛招商海德置业发展有限公司通过招拍挂以5.69亿元摘得东铺社区A地块和C地块，均为低容积率居住地块。A地块总投资4.2亿元，总建设用地面积2.03万平方米，总建筑面积4.24万平方米，其中地上总建筑面积3.04万平方米，地下总建筑面积1.20万平方米，建设4层叠拼别墅5幢，11层小高层3幢，10层小高层1幢，配套公建建筑面积698.88平方米，地上容积率1.5。2018年4月3日，开工建设。至年底，已封顶4幢。

C地块总投资9.8亿元，总建设用地面积4.11万平方米，总建筑面积9.35万平方米，其中地上总建筑面积6.98万平方米，建设11层小高层11幢，6层洋房2幢。2018年7月1日，开工建设。至年底，均处于主体施工阶段。

（孟祥敏）

筑面积23.7万平方米。同年9月15日，正式开工建设，实现当年拿地、当年开工。

【保利·盛景台项目】 保利·盛景台项目位于文昌南片区，东至莲台山南路，西接来佛山路，南邻阜新街，北到王府东街，占地面积5.8公顷，建筑面积14.75万平方米，总投资12亿元。2017年5月15日，安徽盛晟集团以4.5亿元摘得该地块，随后与保利集团合作，强强联手共同开发，致力于打造一个集居住、休闲、购物、餐饮于一

平安街道

【概况】 平安街道位于长清区最北部，北与槐荫区搭界，东临市中区，南接大学城和长清城区，西濒黄河。地势东高西低，以平原为主，西北部是黄河滩区，东南有少量丘陵，面积86.8平方公里。220国道、104国道纵贯南北，京福高速公路、京沪高速铁路、济菏高速公路和轻轨R1线穿境而过，是泉城农业公园和济西湿地公园的承载地，同时也是著名元曲家杜仁杰的故乡，具有优越的人文环境和得天独厚的区位优势。

2018年，平安街道围绕全区“1+654”工作体系，提出“1346”（即以深入学习贯彻党的十九大精神为主线，进一步突出济南经济开发区承载地、长清对接融入战略桥头堡、全区产城融合发展和新旧动能转换主战场“三大工作定位”，进一步树立跳出平安看平安，在大经十路上为平安绘坐标；服务经济开发区，对接融入共发展；要对标“1+654”工作体系，争做发展排头兵；共享平安荣耀，共铸荣耀平安“四大工作”理念，强力推进经济发展、城市建设、城市管理、社会治理、民生保障、党建引领“六

大提升工程”）工作思路，竭尽全力打造现代平安新城，竭尽全力做大做强济南经济开发区，竭尽全力承接服务三区融合发展，以党建引领实现干部队伍作风大提升，以项目建设大推进带动街道经济社会等各项事业大发展。全年，完成固定资产投资26.7亿元，社会消费品零售额16亿元，地方财政收入5.16亿元。同年，街道辖8个管理区，3个社区、78个行政村，共1.7万户、6.1万人。平安街道被济南市委、市政府评为创建全国文明城市先进单位，被济南市机关事务管理局、济南市财政局、济南市人民政府节约能源办公室授予“节约型公共机构示范单位”称号，被区委、区政府评为棚改旧改先进单位、工业发展先进单位、项目建设先进单位、扶贫工作先进单位、“四德工程”建设先进单位，获机关优秀创新工作成果二等奖。

【农业】 2018年，全街道耕地面积3914公顷，有效灌溉面积2820公顷，粮食总产量2.5万吨，蔬菜总产量5000吨。有农业龙头企业6家，家庭农场15户。年底大牲畜、生猪、家禽存栏量分别为6238头、1065头、24.9万只。平安街道大力发展休闲观光农业，建成恒源农业产业园、德鸿农场、伟农庄园、济南市现代都市农业观光园等高标准农业园区4个。

恒源农业产业园　　（李冬梅　摄）

【工业】 2018年，全街道新增规模以上企业4家，累计57家，实现规模以上增加值22.3亿元，主营业务收入110亿元，实现产值115.3亿元。全年共承担重点建设项目95个，其中棚改拆迁项目4个，轨道交通及济西新城建设项目7个，工业、市政项目69个，北大沙河建设项目1个，沿黄滩区迁建项目1个，济西湿地及西城农场建设项目3个，105省道建设项目1个，美丽乡村建设及办公区域提升项目2个，城市管理重点工作项目4个，承接与服务“三区”融合发展项目3个。全年完成48.9公顷土地征地帮办工作。

【商贸 财税】 2018年，全街道有限额以上批发零售贸易企业18家，分别是山东中安汇鑫钢铁贸易有限公司、济南永丰种业有限公司、济南万随汽车销售有限公司、山东金航宇钢铁贸易有限公司、济南旺腾钢铁有限公司、济南晟源钢板有限公司、济南长清平安石化有限公司、济南庞大一众汽车销售服务公司、济南瑞和金达汽车销售服务公司、济南齐鲁人家餐饮有限公司、济南启邦工贸有限公司、济南格尔发汽车销售服务有限公司、山东长青洁净型煤有限公司、济南顺源汽车销售有限公司、庞大兴业汽车销售有限公司、济南大朋汽车销售有限公司、济南齐鲁汽车销售有限公司、济南长香园餐饮大酒店。集贸市场7处，大型商场3处，超市36处，零售网点158处，全年完成社会消费品零售总额16亿元。实现地方财政收入5.16亿元。

【村街建设】 2018年，平安街道投资693万元，实施城市提升工程和城乡环卫一体化工程，共清理“三高”沿线渣土3万余立方米，沿线绿化面积1万平方米，粉刷墙体1万平方米，铺设花砖2000平方米，清运渣土6万余立方米，安装渣土监控19个，清运垃圾1200余吨，更换垃圾箱300余个，新上垃圾分类架120余个，完成平安北路及平安南路改造提升工程和城管示范路工程。完成拆违拆临747处，共拆除面积97.29万平方米，完成济南市最大体量违建——潘村再生棉市场拆迁任务。投资120万元，完成冯庄、新李、鹁鸽孙、后朱、景庄5个村美丽乡村建设任务。完成15户贫困户危房改造，发放补助金37万元。全年完成改厕2200户，覆盖率96.9%。

新春文艺演出 （王静涵 摄）

【交通 邮电】 2018年，全街道通车总里程167.95公里。其中，国道3条，里程14.3公里；乡道14条，里程57.9公里；村道83条，里程95.75公里。实施村级公路网化示范县建设项目，共涉及46个村，道路65条，总长29.48公里，总投资2000余万元。

2018年，全街道设邮电支局1处，邮政便民服务站10处，市话总量1560门，移动电话4.28万部，宽带用户1.27万户，实现业务收入3369万元。

【教育 科技】 2018年，全街道共有学校8所。其中，中学1所，教职工115人，教师学历合格率100%，在校生774人，入学率100%，毕业率99%；小学6所，教职工159人，教师学历合格率100%，在校生1800人，入学率100%，毕业率100%；特殊教育学校1所，教职工36人，教师学历合格率100%，在校生116人。学前班82个，入园幼儿1400人。街道开展学校标准化提升工程，先后投资800余万元，完成平安中学1800平方米综合功能楼建设和1600平方米学生餐厅建设。

2018年，全街道有科技机构31个，科技培训中心15处，农民科技研究会10个，有专业技术员、农民技术员510人。举办各类技术培训班115期，培训人员1.3万人次。新型职业农民培训72人，获新型职业农民结业证书72人。

【文化 体育 卫生】 2018年，全街道有文化站、有线电视管理站、广播站各1处，村级综合文化中心65处，村级文化健身广场50处，体育健身器材282套，广场舞队伍65支，舞蹈队伍1300余人。街道利用春节、“三八”妇女节、“五一”国际劳动节等节假日开展文艺演出、演讲比赛、健身跑、读书日、大型诵读等文体娱乐活动。利用村级农家书屋举办“廉政书籍阅读”活动，党员干部参加活动4600人次。区电影公司放映科技、教育等电影900余场，利用图书室开展阅读活动近600人次，健身室开展健身活动近400人次，书画室开展书画联谊活动3次。

平安街道社区卫生服务中心为一级甲等卫生院，设有财务科、妇产科、外科、内科、口腔科、中医科、防保科、检验科、放射科、B超室、康复室、心电图室等，建筑面积4445.8平方米，床位68张，在职职工87人，专业技术人员79人，其中副高职称5人，中级职称44人，初级职称30人。拥有300毫安X光机、彩色B超机、全自动生化分析仪、血流变分析仪、血球计数仪、脑地形图仪、颈腰椎牵引器等设备。全年门诊量6.7万人次，住院779人次，业务收入

1610.9 万元。参加农村新型合作医疗 3.8 万人，参合率 80.01%，居民医保报销 917 人次，报销金额 20.13 万元。全街道共有村卫生室 43 处，乡村医生 82 人。

【旅游】 街道旅游资源丰富。泉城农业公园，总规划建设面积 10.2 平方公里，八大功能园区免费向游客开放。济西湿地公园先后被国家林业局批准为国家湿地公园、被国家水利部批准为水土保持科技示范园、被国家环保部授为环境教育基地、被评为山东最美湿地。辖区内还有济南市现代都市农业精品园、济南市现代渔业示范园、济南市生态能源示范园、市林业局林果繁育中心项目、特地庄园、山东省青少年素质教育中心等众多旅游项目。2018 年，共接待游客 2.2 万人次，实现旅游综合收入 177.68 万元。

济西湿地 （王静涵 摄）

【人民生活】 居民人均纯收入 1.8 万元，人均住房面积48.3平方米，每百户居民拥有汽车66辆，手机 93 部，彩电 96 台，冰箱 81 台。养老保险参保 2.8 万人，参保率 100%，收缴保费 630 万元，60 岁以上老人领取养老保险 1 万余人，领取金额 1766 万元。享受低保救助 399 户 668 人，发放低保金 210.6 万元。阳光民生救助 52 人，发放大病医疗救助金 27.9 万元。救助残疾人 470 人，发放救助资金 110 万元。全年发放扶贫资金 177.65 万元，受益贫困户 369 户 736 人。全街道设敬老院 1 处，集中供养老人 34 人，设农村幸福院 7 处。劳动技能培训 460 人，提供就业岗位 1500 个，转移农村劳动力就业人口 860 人。

【山东广汇力数控机械项目】 2018 年，引进山东广汇力数控机械项目，该项目位于济南经济开发区时代路 469 号，占地面积 3.03 万平方米，总投资 1.25 亿元，总建筑面积 1.7 万平方米，主要建设生产车间、装配中心及其他辅助设施，其中生产车间 1.33 万平方米，装配中心 3660 平方米。该项目由山东广汇力数控机械有限公司投资建设，是山东省建机行业新旧动能转换升级产业。该公司是德国 ABB 机器人公司合作单位、哈尔滨工业大学机器人研发中心合作单位，是山东省建筑机械协会理事单位、山东省建筑机械协会骨干企业，主营德国 ABB 机器人装备生产线、建筑节能自动化设备、太阳能光伏生产线，是研发、生产、销售于一体的高新技术企业。机器人装备生产线国内市场占有率较高，并出口到美国、加拿大、墨西哥等 20 余个国家。

山东广汇力数控机械有限公司生产车间
（王静涵 摄）

【栋梁科技机器人项目】 2016 年，山东栋梁科技设备有限公司落户平安街道，位于长清区玉皇山路 16 号。该公司是一家专业从事智能制造装备、教育装备和工业软件等研发、生产和销售的国家级高新技术企业、双软企业。2018 年，公司投资 1.2 亿元，建设年产移动机器人千套教学实训系统工程，总占地面积 2.79 万平方米，建筑面积 3. 8 万平方米。

山东栋梁科技设备有限公司 （杜慧娟 摄）

【城中村改造安置房建设项目】 2018年，实施张桥、齐庄、北汝城中村改造安置房建设项目。其中，张桥、齐庄安置房项目可规划用地面积约5.74万平方米，总投资15.2亿元。总建筑面积16.07万平方米，其中地上建筑面积11.31万平方米（包括住宅建筑面积10.98万平方米，配套公建面积0.33万平方米），地下建筑面积4.76万平方米（地下车库及市政附属设施面积约3.46万平方米，地下储藏室面积1.30万平方米）。居住户数1028户，居住总人口2336人。机动车停车位1061个，其中公建停车位33个，居民住宅停车位1028个（地上停车位102个，地下停车位926个）。地上主要建设8幢17层高层住宅、2幢16层高层住宅、1幢14层高层住宅、4幢13层高层住宅、1幢12层高层住宅，配套建设1～3层居委会、文化活动站、社区服务中心、老年人日间照料中心等；地下主要建设中水站、储藏室、地下停车场、变配电室等。北汝安置房项目可规划用地面积5.979万平方米，总投资15.4亿元。总建筑面积16.94万平方米，其中地上建筑面积11.87万平方米，地下建筑面积5.07万平方米。居住户数1052户，居住总人口2458人。机动车停车位1084个，地上停车位105个，地下停车位947个，配套设施停车位32个。地上主要建设2幢18层高层住宅、5幢17层高层住宅，1幢16层高层住宅、2幢15层高层住宅、3幢13层高层住宅、2幢12层高层住宅；配套建设1～3层物业管理与文化活动站、居委会、社区服务中心、老年人日间照料中心等；地下主要建设中水站、储藏室、地下停车场、变配电室等。

【大学科研成果转化服务中心】 大学科研成果转化服务中心是长清区利用大学城人才科研优势、济南经开区暨平安街道产业优势倾力打造的科研成果转化重要载体。中心总建筑面积约13万平方米，由3万平方米的科创大厦、3万平方米的人才公寓和7万平方米的标准化工业厂房三部分构成。2018年3月，科创大厦启用，已入驻经济职能部门5家，齐鲁工大工业设计中心等研发机构、科创企业和中介服务机构9家，48个区直部门办事窗口为企业提供一站式审批服务，集中展示已转化和待转化科研成果74项。至年底，人才公寓主体已封顶，标准化工业厂房即将开工。大学科研成果转化服务中心促进长清区产学研深度融合、加快创新驱动发展、推进新旧动能转换的重要作用正逐渐显现。

大学科研成果转化服务中心项目 （杜慧娟 摄）

（王曰影）

崮云湖街道

【概况】 崮云湖街道位于长清区东部，西接长清城区，东与历城区接壤，北与市中区毗邻，南与张夏街道和五峰山街道相连，西北与平安街道相接。因辖区内崮云湖水库而得名。地势南高北低，以低山丘陵为主，辖区总面积94.4平方公里。崮云湖街道交通便利，京沪铁路、京沪高铁、京福高速公路、济菏高速公路、104国道纵贯南北，大学路、芙蓉路、丁香路横穿东西，刘长山路连接市区和大学科技园核心区，轨道交通R1线贯穿全境。街道区位优越，位于辖区内的大学科技园，规划面积43.11平方公里，山东师范大学、山东中医药大学、齐鲁工业大学、山东艺术学院、山东工艺美术学院、山东交通学院、山东女子学院、山东管理学院、山东省劳动职业技术学院、济南幼儿师范高等专科学校、山东省社会主义学院等多所高校入驻。

2018年，崮云湖街道党工委、办事处以建设“现代化水平魅力新城先行区”为总目标，按照“创新、美丽、魅力、幸福”四大发展定位，打造“两区一带”（即做新做强创新创业活力区、做美做特北大沙河旅游度假区、做大做优“104实体经济发展带”），扎实开展“创新发展年、项目突破年、招商引资年、作风建设年、党建引领年”五项行动，团结拼搏，实干担当，统筹推进经济社会发展各项工作，开创崮云湖街道经济社会发展新局面。全年完成地区生产总值53亿元，固定资产投资36.3亿元，社会消费品零售额22.5亿元，地方财政收入5.54亿元。同年，街道辖3个管理区，1个社区联合党委，9个城市社区，14个村改居社区，11个行政村，共1.6万户、5.1万人。崮云湖街道被济南市委宣传部、统战部、民族宗教事务局评为全市民族团结进步创建活动示范街道，被区委、区政府评为经济社会发展标兵单位。

六里村猕猴桃园 （刘姚姚 摄）

【农业】 2018年，全街道耕地面积1992公顷，粮食总产量5120吨。农机总动力842千瓦。农业养殖场2处，年底大牲畜、生猪、羊、家禽存栏量分别为206头、590头、3306只、2.58万只。街道扶持特色农业发展，大刘村建成草莓大棚2处，东孙村建成石榴园1处，六里村建成猕猴桃园1处。

【工业】 2018年，全街道新增规模以上工业企业1家，为济南世纪创新水泥有限公司，累计14家，规模以上工业增加值同比增长8.9%，主营业务收入16.9亿元，实现利润1.4亿元，比2017

年增长94.8%。签约重大项目4个，分别是重汽玉水西江项目、山东世纪创新文化旅游有限公司房车露营地项目、山东长久重汽物流有限公司、济南山水物流港有限公司总部项目。全年招商引资完成24.93亿元，外资任务完成1700万美元。

【商贸 财税】 2018年，新增限额以上贸易企业2家，分别是山东真如意山观缘酒店有限公司和济南山水物流港有限公司。全年完成社会消费品零售总额22.5亿元，比上年增长9.3%；规模以上服务业营业收入2.78亿元，比上年增长28.8%；限上住宿餐饮业收入4777万元，比上年增长60.9%。齐鲁工业大学、山东女子学院、山东工艺美术学院3所高校及校属企业在崮云湖街道完成注册，实现税收6000万元。梦翔小镇、美客小镇每年吸引大量外地来客参观学习。济南西部创新园投资2100万元，对园区软硬件环境进行首轮升级改造，山东高速济南投资建设有限公司、中铁十四局三公司等总部经济强势入驻。完成地方财政收入5.54亿元。

美客小镇 （王晓燕 摄）

【村街建设】 2018年，全街道共有9个村庄参与美丽乡村建设，其中5个村庄为美丽乡村达标村，分别为东孙村、坡庄村、土山村、六里庄村、凤凰村。东孙、坡庄村为乡村振兴齐鲁样板村，现在正在进行村庄规划设计。街道全年共完成拆违拆临150处、面积33.9万平方米。危房改造22户，已全部竣工。共改造农村旱厕3846户，其中三格式尿粪分集式改厕3017户，常住户已经达到应改尽改。

美丽乡村——东孙村 （王晓燕 摄）

【交通 邮电】 2018年，全街道通车总里程119.17公里。其中，国道1条，里程13公里；城市道路5条，里程45公里；区道1条，里程4.2公里；乡道1条，里程10公里；村道35条，里程46.97公里。共有交通运输车辆3862辆（包括大学城师生用车、共享汽车），其中大中小型汽车3263辆，摩托车等599辆。全街道设邮电支局2处，邮政便民服务站16处，市话总量425门，移动电话10余万部，宽带用户3774户，实现业务收入400余万元。

【教育 科技】 2018年，全街道共有小学4所，教职工103人，教师学历合格率100%，在校生1438人，入学率100 %，毕业率100 %。同年9月3日，济南大学城实验高级中学、济南市长清

大学城实验学校 （王晓燕 摄）

大学城实验学校正式开学，学校总占地面积21.2公顷，总投资9.5亿元，建筑面积14万平方米。华东师范大学济南实验学校在长清一中大学科技园设新校区，包含民办班级42个和公办班级12个（片区内本地生），9月9日举行开学盛典仪式。

崮云湖街道是大学科技园承载地，人才聚集，科技资源丰富。梦翔小镇作为全区科创成果的集中展现，入驻企业纳税总额2245万元。各级领导先后到梦翔小镇参观调研102次，接待客商48次，举办高校校长论坛两届以及中非贸易商务洽谈会、山东长久重汽物流项目落成仪式等。

梦翔小镇　　（王晓燕　摄）

【文化 体育 卫生】 2018年，全街道有文化站1处，新华书店1处，村级综合文化中心30处，村级文化健身广场45处，体育健身器材40余套，广场舞队25支。全街道设文化大院25处，村级图书室25个，藏书3.1万册，电影院2处。有庄户剧团2家，分别是乐天庄户剧团、松常青演唱团。全年组织各种文化活动42项5139场次，电影放映280场。

崮云湖街道社区卫生服务中心为一级甲等医院，设有全科、内科、外科、妇科、中医科、康复理疗科、药剂科、检验室、心电B超室、放射科、预防保健科、公共卫生科、妇幼保健科，建筑面积7000平方米，床位40张，在职职工55人，专业技术人员53人，其中副高职称4人，中级职称33人，初级职称16人。拥有中医针灸理疗仪器、全自动生活分析仪、全自动血球分析仪、尿分析仪、超声波体检机、婴幼儿体检仪、彩超、心电动态监护工作站、CRX光机、救护车等设备40余台件。全年门诊量4.24万人次，住院199人次，业务收入340万元。参加农村新型合作医疗2.34万人，参合率95%，居民医保报销6.27万人次，报销金额163万元。全街道共有村卫生室16处，乡村医生38人。

【旅游】 2018年，崮云湖街道按照“美丽崮云湖”旅游发展规划，全面推介黄金国际高尔夫旅游度假村、济南国际园博园、金港湾游乐园、崮云湖、衔草寺、唐王寨、711窖藏山洞（中国北方最大的洞藏酒文化展览基地）等丰富的旅游资源。华谊兄弟电影小镇一期工程“济南第一街——济南老街”主体完成，实现投资2.57亿元。世纪创新房车露营地项目签约完成注册，注册资金1000万美元。打造“创新创业谷 知识山水城”科技文化研学游精品线路、“山水绿城”生态休闲游精品线路、大学城数字创意体验游精品线路3条旅游线路。济南国际园博园免费对市民开放。2018济南（长清）国际马拉松在济南国际园博园成功举办。全年接待游客50万人次，实现旅游综合收入800万元。

长清湖　　（魏敏　摄）

【人民生活】 2018年，居民人均可支配收入2.6万元，人均住房面积48平方米，转移农村劳动力就业人口370人。每百户居民拥有汽车59辆，手机95部，彩电99台，冰箱81台。养老保险参保2.14万人，参保率100%，收缴保费859万元，60岁以上老人领取养老保险6027人。享受低保救助181户263人，发放低保金97.08万元。阳光民生救助126人，发放大病医疗救助金35.96万元。救助残疾人905人，发放救助资金66.49万元。全年发放扶贫资金72万元，受益贫困户148户256人。全街道设敬老院1处，集中供养老人18人；设农村幸福院2处，供养老人12人。

老济南街 （于秀鹏 摄）

【济南西部创新园】 济南西部创新园位于济南市长清区大学科技园紫薇路，占地面积5.33公顷，总建筑面积14万平方米。2018年，投资2100余万元，完成园区软硬件环境首轮升级改造。济南西部创新园致力于发展成为山东最具特色和发展潜力的创新创业示范园区，精心打造园区会展会议多功能厅及艺术共享与展示空间——瑾艺术馆，旨在搭建高端展览展示交流服务平台，更好地为园区客户提供优质的服务配套。瑾艺术馆面积1500平方米，以其特有的流动性、开放性、透明性、艺术性，塑造高大而开敞的艺术文化空间，是集文化艺术博物馆、展示展览厅、多功能会议厅、论坛中心、沙龙等功能于一体的强大园区服务配套空间。展馆可容纳数十个展位，空间可自由分割，灵活使用，并配备明清古建茶苑、会议室、会客厅、接待厅等，适合产品展示、推广、新产品发布、体验、公司年会、高端论坛等各种活动。至2018年底，济南西部创新园已入驻企业210余家，涉及软件开发、动漫设计、信息科技、物联网、电子商务、文化传媒、总部办公、配套商业等，园区企业上缴税收达2.6亿元，成为长清区首座亿元大厦。

【华谊兄弟电影城老济南街】 华谊兄弟电影城老济南街是以清末民国初期为时代背景的北方街区，占地面积5.67公顷，建筑面积2.7万平方米，2017年10月开工建设。2018年，全年投资2.02亿元，建设包括城门楼、戏院、王府、城隍庙等单体建筑共计72组，均为1～3层仿古建筑，业态涵盖创意文化体验、老街餐饮、客栈、主题演艺等。至年底，已全面完成主体结构验收工作，正在进行仿古外装饰施工并同步开展运营筹备等工作。

【产能置换270万吨/年粉磨生产线项目】 济南世纪创新水泥有限公司系山水集团所属股份制企业，济南市水泥行业的骨干企业之一，主导产品是山水东岳牌水泥。2018年，济南世纪创新水泥有限公司实施产能置换270万吨/年粉磨生产线项目，该项目是山水集团为加快淘汰落后产能，降低生产运营成本，提高企业经济效益，提高企业竞争力，提升环保质量采取的重要举措。该项目将济南地区落后的熟料及水泥产能进行置换，一期先上一台水泥磨产能达到100万吨/年，二期根据市场情况再上170万吨，项目总投资1.67亿元。至年底，基本完成一期100万吨项目，总投资8600万元。一期项目投产后新增产值约2亿元，创造利税1500万元。

【国际高端建材物流产业园】 国际高端建材物流产业园项目是济南市政府进京对接央企的

重点项目之一，是长清区发展大学科技园周边经济的力推项目，同时也是山水集团报经上市公司董事会批准的重大投资项目。该项目位于国道104线、京福高速崮山出口、大学路交汇处，占地面积133余公顷。2018年10月10日，成立项目建设推进工作组。该项目定位是做成国家级专业高端建材综合产业园区，园区内规划建设行业集采经营平台、国际高端建材产品体验展示消费平台（传统建材、工业建材、民用建材等）、智慧物流产业平台、建材行业互连网+交易平台等业态。

（王子理）

五峰山街道

【概况】 五峰山街道位于长清区中部，东邻张夏街道，南接万德街道，北与文昌街道、崮云湖街道毗邻，西与马山镇、归德街道接壤。地势东高西低，以山区为主，总面积90.5平方公里。区位优势明显，交通便利，北与104国道相距7.2公里，西与104省道相接，距长清城区10公里，距济南市区20公里，北临大学城、创新谷。生态环境优美，周围群山环抱，中间是谷地、河流、湖泊，生态良好，气候宜人，宜居、宜业、宜游。工业基础雄厚，素有“铆焊之乡”“压力容器基地”美誉，西部工业园聚集规模以上企业11家，为产学研成果转化落地提供优质平台。拥有万亩樱桃谷、千亩玉杏园、千亩蒲公英产业园等特色农业品牌。

2018年，五峰山街道党工委、办事处全力落实“15133”（即以学习贯彻习近平新时代中国特色社会主义思想和党的十九大精神为指导，牢固树立“党建引领、生态为本、创新驱动、规划先行、特色鲜明”五大发展理念，紧紧抓住“聚焦优势上项目、聚力招商求突破”这条主线，做好“全域旅游、工业转型、特色农业”三篇文章，强化“党建引领、信访维稳、民生优先”三大保障）工作重点，经济、政治、文化、社会、生态文明五大建设呈现出强势崛起的好局面。全年完成国内生产总值22亿元，固定资产投资5亿元，地方财政收入5955万元，农民人均可支配收入1.83

钓鱼台水库 （李颖 摄）

万元。同年，街道辖庄庄、菜园、三官、邱庄4个管理区，41个行政村，共1.1万户、3.2万人。五峰山街道获长清区经济社会发展先进单位、服务业发展先进单位、美丽乡村建设工作先进单位、生态环保先进单位、“四德工程”建设先进单位等称号。

【农业】 2018年，全街道耕地面积3844公顷，有效灌溉面积1580公顷，粮食总产量2.5万吨，蔬菜总产量5万吨，农业机械总动力4.2万千瓦，农业龙头企业3家。奶牛、猪、羊存栏量分别为113头、2200头、3084只。脱贫攻坚成效明显，408户贫困家庭全部遍访，解决问题45件，捐资捐物10余万元，安排扶贫公益性岗位89个；落实孝善基金政策144人，落实非贫困村产业扶贫项目25个。实施退耕还林还果133.3公顷，改良樱桃、核桃品种66.7公顷。

【工业】 2018年，全街道新增规模以上企业2家，累计11家，工业增加值增幅40%以上，企业效益和质量不断提高。招商引资成效明显，签约项目5个（济南润特制冷环保项目、山东金御坊油脂加工项目、山东水发集团水系开发项目、上海呆住精品民宿项目、北京华苹五峰山旅游开发项目），开工项目2个（山东金御坊油脂加工项目、济南润特制冷环保项目），洽谈项目2个（重庆兴茂五峰山开发项目、省土地集团诗词文化小镇项目）。推进项目11个，总投资10亿元，完成投资5亿元。山东北辰机电设备有限公司、山东国舜压力容器有限公司、山东华昱压力容器有限公司、山东国辰实业集团有限公司等4家企业与科研院所合作，成立研发中心、实训基地，创新能力不断增强。传统企业不断转型升级，山东华昱压力容器有限公司扩建厂房8000平方米，山东鲁润热能科技有限公司扩建厂房4000平方米，山东百特浔威有限公司扩建厂房3000平方米，新增产值4亿元、利税6000万元。

【商贸 财税】 2018年，全街道有限额以上批发零售贸易企业4家，集贸市场7处，大型商场5家，超市24处，零售网点136处，全年完成社会消费品零售总额6亿元。实现地方财政收入5995万元。

【村街建设】 2018年，立足“平、亮、绿、净、美、齐”六大标准，街道累计投资500余万元，拆违拆临1210处、24万平方米，清理各类垃圾、“三大堆”7800余吨，完成绿化提升12处，新建迁移改造集贸市场3处，新清河道6700米、清淤1.2万立方米，清理树株2万余棵，崮五路全线安装路沿石，新上广场LED大屏，在全区二、三季度城乡环卫一体化考核中连续排名单元第一。打造提升万亩樱桃谷，新规划行车线路21公里，建樱桃交易市场2处、停车场3处；新发展大棚樱

山东金御坊油脂加工项目举行开工仪式（张娟 摄）

五峰山街道办公楼 （孙建刚 摄）

桃 6.67 公顷，冷库储存设施 2 处。完成旱厕改造 2011 户，整改 706 户，危房改造 68 户。

【交通 邮电】 2018 年，全街道通车总里程 95.2 公里。其中，县级道路 2 条，里程 20.9 公里；镇道 2 条，里程 11.4 公里；村道 32 条，里程 62.9 公里。全街道共有交通运输车辆 234 辆，其中汽车 76 辆，三轮车 85 辆，拖拉机 73 辆。完成 19 个村、12.6 公里的农路网化工程。

乡村道路 （张娟 摄）

2018 年，全街道设邮电支局 1 处，邮政便民服务站 6 处，市话总量 319 门，移动电话 1.45 万部，宽带用户 5232 户。

【教育 科技】 2018 年，全街道共有学校 8 所。其中，中学 1 所，教职工 51 人，教师学历合格率 100%，在校生 484 人，入学率 100%，毕业率 99.8%；小学 7 所，教职工 104 人，教师学历合格率 100%，在校生 945 人，入学率 100%，毕业率 100%。

2018 年，全街道有科技机构 2 个，科技培训中心 3 处，农民科技研究会 1 个，有专业技术员、农民技术员 60 人。举办各类技术培训班 30 期，培训人员 2600 人次。完成科技项目 2 项，引进推广新品种 8 个。新型职业农民培训 34 人，获新型职业农民资格证书 14 人。

【文化 体育 卫生】 2018 年，全街道有文化站 1 处、有线电视管理站 1 处、广播站 1 处、新华书店 1 处，村级综合文化中心 40 处，村级文化健身广场 55 处，体育健身器材 310 套，广场舞队 30 支，舞蹈队伍 580 人。举办各类文化培训班 4 期，培训文艺骨干 120 人，评选“四德榜”人物 587 个，星级文明户 8690 户，41 个村移风易俗工作得到提升。

文化活动 （马月炫 摄）

五峰山街道社区卫生服务中心是一级乙等基层医疗卫生机构，设有全科诊室、心电图室、B 超室、化验室、放射科、中医科、口腔科、妇科等，建筑面积 3900 平方米，床位 30 张，在职职工 34 人，专业技术人员 32 人，其中副高职称 3 人、中级职称 21 人、初级职称 8 人。中心配有 CR、全自动生化分析仪、B 超机等仪器设备。全年门诊量 4.83 万人次，住院 456 人次，业务收入 457.56 万元。参加农村新型合作医疗 2.18 万人，参合率 99.5%，居民医保报销 4.72 万人次，报销金额 224.41 万元。全街道共有村级卫生室 14 处，乡村医生 34 人。自筹资金 51 万元，启动庄庄、朱庄 2 处卫生室规范化建设。

【旅游】 2018 年，培育壮大纸坊尚春农业科技有限公司、陈庄蒲公英茶基地、张庄泉水藕等农业龙头项目，提高标准、扩大规模、增强特色，成为新的旅游目的地。先后举办“樱桃花季·最美五峰”广场舞、摄影大赛、第六届樱桃节、首届养生旅游节等系列活动，五峰街道知名度和美誉度进一步提高。提升樱桃谷沿途12个村庄“五化”水平，新创建特色村3个，星级农家乐2个，新建旅游厕所4处，改建钓鱼台鱼馆1处，打造陈庄蒲公英——张庄泉水藕+包金梨特色种植观光采摘休闲游精品线路一条，乡村旅游渐成特色。

【人民生活】 2018年，居民人均纯收入1.83万元，人均住房面积40平方米， 每百户居民拥有汽车76辆，手机160部，彩电113台，冰箱94台。养老保险参保1.69万人，参保率100%。收缴保费859万元，60岁以上老人领取养老保险6745人，领取金额930万元。享受低保救助77人，发放低保金1.87万元。发放大病医疗救助金22.68万元，发放救助资金4.14万元。全街道设敬老院1处，集中供养老人24人，设农村幸福院7处，供养老人130人。劳动技能培训156人，提供就业岗位78个，转移农村劳动力就业人口583人。

【山东金御坊油脂加工项目】 2018年9月15日，山东金御坊油脂加工项目开工建设。该项目位于五峰山街道五峰山风景区西100米路北，占地面积1公顷，投资1.02亿元，由山东金御坊粮油股份有限公司投资建设。该公司是一家以植物油加工、生产、销售为一体的现代化粮油智能制造企业。该项目12月底投产，建成生产车间3000平方米，年生产花生油2万吨，产值3.1亿元，税收1000万元，具有投入少、产出大，技术强、性能高，项目优、带动广的特点，实行机器人灌装、包装，实现智能化、自动化生产，实现当年引进、当年建设、当年见效的目标，填补济南市粮油规模化企业空白，成为济南市最大的植物油加工企业。金御坊油脂加工消费者体验观光走廊为五峰街道首家“工业旅游”观光点，为长清全域旅游增加一个新的亮点。

山东金御坊粮油股份有限公司 （张娟 摄）

【美丽乡村精品示范项目】 2018年12月，五峰山街道美丽乡村精品示范项目开工建设，总投资989万元，涉及德峪、蔡庄、朱家庄和纸坊4个村，受益人口4000余人，主要进行硬化、美化、绿化、亮化、净化，实施沿线环境提升工程，进一步完善基础设施，改善人居环境，着力打造以“香樱碧谷、梦萦甜乡”为主题的红樱桃小镇。

【“一事一议”连片治理项目】 2018年，五峰山街道实施“一事一议”连片治理项目，总投资930万元，涉及润玉泉、会字峪、北黄、东黄、西黄、蔡庄6个村，共847户3058人，主要进行村庄整治、旅游节点打造和道路绿化提升等工程，打造名泉旅游特色村（润玉泉村）、滨湖渔家特色村（东黄村）、产业调整示范村（北黄村）、特色观光旅游村（会子峪村）、山水特色旅游村（西黄村）、特色采摘民俗村（蔡庄村），集生活休闲、生态体验、文化旅游、度假养生于一体，展现独特的乡村风情、民俗风貌，形成一村一业的美丽乡村局面。

【第六届五峰山大樱桃观光休闲采摘节开幕】 2018年5月10日，济南市“水长清·山东北辰”第六届五峰山大樱桃观光休闲采摘节在长清区五峰山街道峰山广场开幕，济南市旅游发展委员会副主任任晓策、长清区人大常委会主任刘延文、副区长刘永亭等出席开幕式。开幕式期

济南市“水长清·山东北辰”第六届五峰山大樱桃观光休闲采摘节开幕　（马月炫　摄）

间，举行樱桃生产管理、倒春寒预防、有机肥施用、交易市场筹建等有奖知识竞答和“泉林嘉有”乡村广场舞展演等活动。自2017年起，长清区五峰山街道将五峰万亩樱桃谷改造提升和乡村旅游开发建设列为重点项目，先后修建停车场、冷库、名优樱桃品种展示厅；拓宽改造部分道路，建立大棚樱桃示范点、樱桃交易市场；举办“樱桃花季·最美五峰”广场舞大赛、摄影大赛等系列活动，美誉度和知名度不断提升。

（孙建刚）

归德街道

【概况】　归德街道位于长清区中西部，西濒黄河，南邻孝里镇，东靠五峰山街道，北接文昌街道，距长清城区6公里，距省会济南28公里，镇域面积148.8平方公里。境内交通条件优越，220国道、104省道、济平公路及济菏高速公路纵贯南北，济菏高速公路在归德街道设长清出入口和服务区，乡村公路四通八达，黄河河岸线长18公里，有码头、顾小庄2座黄河浮桥横跨两岸。自然资源、旅游资源丰富。

2018年，归德街道党工委、办事处围绕区委、区政府“1+654”的总体工作思路，以“作风建设年”活动为契机，街道党工委、办事处全力实施“一二五”的发展战略，围绕建设实力归德、魅力归德、幸福归德、和谐归德，突出项目建设、招商引资、城镇建设、基层党建、脱贫攻坚等重点工作，开拓进取，经济社会发展取得显著成绩。全年完成固定资产投资9亿元，地方财政收入7758万元，社会消费品零售总额20.9亿元。同年，全街道辖归德、翟庄、坦山、小屯、苾村、李官、国庄、董洼、王魏9个管理区，行政村（居）106个，共2.4万户、8.1万人。归德街道先后获山东省幸福进家活动先进单位、济南市担当作为“出彩型”好团队、市级文明单位、全市村镇建设工作先进集体、全区经济社会发展标兵单位、全区工业发展先进单位、全区项目建设先进单位、全区四德工程建设标兵单位等称号。街道党群服务中心被评定为国家标准化综合改革试点项目。

高标准良田项目　（韩帅　摄）

【农业】　2018年，全街道耕地面积8490公顷，粮食总产量6万吨，果品、蔬菜种植面积2020

公顷，总产量 12 万吨，流转土地 1024 公顷。设施农业 47 个，占地面积 17 公顷。种植大户 7 户，家庭农场 10 个。总投资 700 万元的坦山片区 333.4 公顷（5000 亩）高标准良田项目已全面完工，新打机井 6 眼，铺设田间道路 7.9 公里，灌溉管道 3500 米，修建蓄水池 8 座。总投资 1000 万元的苾村片区 333.4 公顷（5000 亩）高标准良田项目建设完成，新打机电井 10 眼，硬化道路 9.5 公里，安装低压管道 2 万米。总投资 1378 万元的残次林整治项目已完工。

【工业】 2018 年，全街道新增济南联合众为建筑科技有限公司、济南中路昌试验机制造有限公司 2 家规模以上企业，累计 32 家。实现工业总产值 16.35 亿元，其中规模以上工业总产值 10.68 亿元。全年新签约项目 4 个，分别是山川特种车辆传动系统制造项目、德逸农业白鹭花谷项目、德润能源项目。利用闲置资源引进项目 7 个，盘活车间 2 万平方米。归德街道将项目建设与招商引资作为“一号工程”，落实帮办人，靠上帮扶，确保每个项目按时推进、快速推进。山东福源环保节能设备项目、济南新路昌试验机研发生产项目正式投产运营，海洲味业、凯瑞一期、舜业热能、汇英机械主体完工，建成标准厂房 10 万平方米。通达装配、鲁桂紧固件项目开工建设。汇富二期、长兴三期、凯瑞二期 3 个项目完成土地招拍挂。长兴建设集团跻身建筑工程总承包“特级资质”行列。

【商贸 财税】 2018 年，全街道共有街道、村、户办商业 3693 家，从业人员 0.9 万人。贸易市场 3 处，18 个村设有集市，逢农历一、六的有平房、闫楼、归北、岗辛集；逢农历二、七的有国庄、万庄、北坦、程官庄集；逢农历三、八的有翟庄、石官、苾村、李官集；逢农历四、九的有王魏、南坦、归南集；逢农历五、十的有吴渡、坟台、小屯集。社会消费品零售总额完成 20.9 亿元，增长 8.7%；限额以上单位零售额、销售额分别完成 1.48 亿元、1.9 亿元，分别增长 14.7%、13.3%。全街道实现地方财政收入 7758 万元。

【村街建设】 2018 年，投资 3500 余万元，实施长兴路三期、厚德一路、厚德四路、长兴北路建设工程，硬化面积 4 万平方米，5 公里的长兴大道全线贯通。投资 800 余万元，实施高速公路出入口、104 省道、长兴大道、雷锋路及南大沙河绿化、美化、亮化、硬化提升工程。投资 100 余万元，实施美丽乡村建设工程，归南等 15 个村达到美丽乡村标准，共计硬化道路 2000 平方米，铺设路沿石 4000 余米，整修排水沟 1000 米，安装路灯 120 盏，建成健身广场 2 处，文化墙 2000 平方米，栽植各种绿化苗木共 2000 株。完成后平村、后刘官村、南河洼村等 6 个行政村的安全饮水村内管网新建及改建项目，涉及 1200 多户，受益人口 6000 多人。投资 200 余万元，对前胡、后胡、董洼村等 5 个村进行街巷硬化，硬化面积 2 万余平方米。

长兴住宅产业园 （韩帅 摄）

【交通 邮电】 2018 年，全街道（镇）通车总里程 175.8 公里，其中国道 1 条，里程 10.4 公里；省道 1 条，县道 1 条，里程 20.1 公里；乡道 6 条，里程 39.6 公里；村道 70 条，里程 105.7 公里。全街道共有大型交通运输车辆 1992 辆，其中大型农用联合收割机 128 辆，2 吨以上营运车辆 1804 辆，危险品运输车辆 60 辆。邮电支局 1 处，邮政业务总量 530 万元。有线电视覆盖 106 个村，覆盖率 100%；光网宽带覆盖率 100%。

【教育 科技】 2018 年，归德街道有中学 2 所，小学 9 所，幼儿园、托儿所 15 所；教师 318 人，其中初中 158 人、小学 160 人；在校生 2991 人，其中初中生 1100 人、小学生 1891 人。投资 283 万元，对农村学校房顶、院墙等进行修缮，对国庄小学、小屯小学、董洼小学、李官小学操场进行塑胶跑道改造。投资 120 万元，扩建董岗幼儿园、翟庄小学幼儿园。为辖区内中小学、中心幼儿园安装“校园巡更系统”12 套。打造校园文化长廊，形成长清七中的“悦美文化”、中心小学“尚德尚美”文化、国庄小学的“儒雅文化”、坦山小学的“厚雅文化”等。

2018 年，全街道有全国科普兴村“先进单位”1 个，省、市级先进农业种植协会 2 个，农村科普服务站 1 处，高标准科普宣传栏 4 处，泉城科普 e 站显示屏 2 台。

【文化 体育 卫生】 2018 年，新建董岗、西义合、后胡、苾村、桃园 5 个贫困村基层文化服务中心各 1 处。投资 20 余万元，为 81 个村配备书画桌、广场舞音响、书橱、棋牌桌、图书等设施。争取市文物保护维修资金 30 万元，对麒麟村关帝庙进行修复。为 48 个村配发健身器材。全年共组织济南市豫剧团送戏下乡、全国非物质文化遗产博览会非遗进社区等各种演出 70 场。

归德卫生院为一级甲等卫生院，占地面积 1.8 公顷，设有全科医疗科、中医科、内科、外科、妇产科、儿科、口腔科、医技科等 20 余个临床科室，业务用房 4620 平方米，编制床位 58 张，在职职工 76 人，其中专业技术人员 74 人。参加农村新型合作医疗 6.1 万人，参合率 98.7%。全街道共有村卫生室 60 处，乡村医生 100 人。

【人民生活】 2018 年，全街道居民人均纯收入 1.9 万元，人均住房面积 40 平方米，百户拥有汽车 28 辆、洗衣机 90 台、空调机 76 台、电冰箱 79 台、手机 402 部。全街道设敬老院 1 处，集中供养 54 人。新建农村幸福院 4 处，分别为双乳村、南马村、前刘村、山贾庄村，建设面积共 1500 平方米。

【黄河滩区外迁安置工程】 2018 年，归德街道黄河滩区迁建有外迁安置、旧村台改造提升、筑堤保护和撤退道路改造提升四种迁建方式，涉及 71 个村，其中外迁安置 24 个村、1.05 万人，旧村台改造提升 13 个村，筑堤保护 3 公里，撤退道路 44 公里。归德街道黄河滩区外迁安置区位于街道驻地核心地块，工程概算总投资 13.58 亿元，规划安置房 3844 套，总建筑面积 49.8 万平方米。安置房分别设置 38、66、76、99、114、132、152 平方米 7 种户型，分两期实施建设。一

黄河滩区迁建安置楼 （韩帅 摄）

期工程安置18个村，为1+6模式（即一层为储藏室加车库，二至七层为居住用房）安置房53幢，建筑面积27.8万平方米，5月10日开工建设。二期工程安置6个村，为11层小高层31幢，建筑面积22万平方米，9月开工建设。安置区配套设施完善，统一供水、供电、供气、供暖。新建幼儿园1处，面积3200平方米，可容纳儿童300人，预留教育用地6100平方米；配套社区服务中心1处，面积5300平方米；超市1处，面积6000平方米，沿街商业用房2万平方米，各村均设置办公、卫生等服务设施，高标准满足安置群众日常生活需求。

【建筑产业化小镇】 2018年11月，山东省城镇化工作领导小组办公室发布《关于2017年度全省新生小城市、重点示范镇、特色小镇绩效评价情况的通报》，通报2017年度全省10个新生小城市、30个重点示范镇、109个省级特色小镇和22个全国特色小镇绩效评价成绩。归德街道“建筑产业化小镇”在109个省级特色小镇中排名第十七名、济南市第一名。

【归德街道党群服务中心被列为国家标准化综合改革试点】 2018年8月，归德街道党群服务中心被山东省实施标准化战略（国家标准化综合改革试点工作）领导小组办公室列为国家标准化综合改革试点。归德街道党群服务中心共分三层，总面积3000平方米。服务中心一层为便民服务大厅，设立党员之家、群众之家、职工之家、青年之家、妇女之家，党群服务中心温暖“5+”从各领域、多方面为党员群众提供优质服务，精心打造党员群众心中的“我家”。“党员之家”以党员教育管理、发展党员、基层党建为主，致力于党建机制创新，打造党员的服务、学习、教育中心；“群众之家”以为人民服务为宗旨，建立党员服务示范岗和“一站式”业务受理，探索打造有“温度”的服务模式，让党员群众时时触摸党建脉搏、处处感受党建温度，用热情和温情打通服务党员群众的“最后一公里”；“职工之家”以保障职工合法权益为根本，听诉求、解难题，营造街道稳定劳动关系的和谐氛围；“青年之家”以服务青年为出发点，维护合法权益、服务青年创业、深化青年志愿服务，打造青春筑梦服务平台；“妇女之家”以维护妇女合法权益为核心，从代表女性诉求、推进男女平等、促进就业等多方位服务街道女性朋友。党群服务中心二层为刘成德事迹展览馆与十大“领头雁”、驻村“第一书记”等先锋模范展示，刘成德事迹展览馆通过静态实物、艺术画面、多媒体展示等形式，集中全面展示全国道德模范提名奖获得者——雷锋战友刘成德老人的先进事迹，以及全区众多道德模范的风采。刘成德事迹展览馆自开馆以来，已接待社会各界人士近30余万人次，先后被省委宣传部、省社会科学界联合会授予省社会科学普及教育基地，被济南市委宣传部授予济南社会主义核心价值观培育践行基地，被济南市文明委授予爱国主义教育基地称号，被长清区委授予党性教育基地等称号，成为全区党员、干部、群众接受革命传统教育、爱国主义教育、雷锋精神学习的有效载体。党群服务中心三层设置党员干

建筑产业化小镇 （潘广霞 摄）

部教育中心、党史党情等内容，有大型入党誓词宣誓墙，中国共产党一大至十九大历届全会核心主题，以及闫楼村第一个县级党支部成立时革命先辈的个人生平和丰功伟绩。党员干部教育中心可容纳600余人在此接受教育培训，开展各类党建活动，是济南市委组织部认定的济南市基层干部教育培训现场教学点。

（张　珂）

张夏街道

【概况】　张夏街道位于长清区东南部，距城区19.5公里，地处泰山山脉，南距泰山30公里，北距省会城市济南27公里，面积137.4平方公里。京沪铁路、104国道、京福高速公路、京沪高铁四大主干线贯穿南北，是“齐川通鲁”古御道重镇。境内由东南向西北流向的中川水（现北大沙河）穿越全境。地质名山馒头山是世界地质标本，2004年被定为省级地质公园。张夏历史文化悠久，文物古迹荟萃，有四禅寺、五十三参摩崖石刻、莲台山、小寺佛教文化、李密行宫、李密墓、白莲寨，有济南新七十二名泉之一的晓露泉。物产丰富，有张夏玉杏、泰山小白梨、核桃、中华寿桃等。

2018年，张夏街道实施“1234”发展战略（即以“对接融入、创新服务”为主线，以“工业振兴、生态旅游”两轮驱动为主引擎，建设好机关干部、村两委干部、企业家三支队伍，抓好城建、民生、社会、党建四大建设），开拓创新，干事创业，经济社会各项事业实现稳步发展，完成国内生产总值26.93亿元，社会固定资产投资2.6亿元，地方财政收入4800万元。同年，张夏街道辖青杨、张夏、纸坊、诗庄、车厢5个管理区，53个行政村，共1.6万户、4.7万人。张夏街道被评为济南市文明单位、村镇建设工作先进单位，被区委、区政府评为经济社会发展先进单位、工业经济发展先进单位、招商引资工作先进单位、美丽乡村

张夏玉杏基地　（程先好　摄）

建设先进单位、扶贫工作先进单位、四德工程建设标兵单位等。

【农业】 2018年，全街道（镇）耕地面积6045公顷，有效灌溉面积2595公顷，粮食总产量1.70万吨，蔬菜总产量1.22万吨。有农业龙头企业30家，养殖场90处，年底大牲畜、生猪、家禽存栏量分别为485头、1330头、44.7万只。玉杏、核桃、樱桃等产业品牌效应凸显，黄家峪特色观光农业和万亩杏园林下经济发展迅速。全街道农业产业结构不断优化，农业生产向服务城区、服务旅游的精品农业转型。

【工业】 2018年，张夏街道调整发展战略，提出引进新项目与盘活闲置资产相结合的发展思路，在困境中实现新旧动能转换，全年引进企业20家，完成立项12亿元；盘活闲置厂区20处、土地15公顷、厂房2.2万平方米，完成招商引资8.17亿元，新注册企业29家。全街道共有工业企业182家，其中规模以上企业26家。

【商贸 财税】 2018年，全街道（镇）有限额以上批发零售贸易企业1家，集贸市场6处，大型商场1处，超市4处，零售网点650处。全年完成社会消费品零售总额12.2亿元，实现地方财政收入4800万元。

【村街建设】 2018年，继续打造“三十里玉杏谷”美丽乡村精品线路，一期工程审计工作全部完成，项目后期的资料整理全部完成。二期提升项目涉及4个村，设计申报已完成，项目批复资金796.6万元。完成绿豆囤村申报2018年市级美丽乡村示范村建设，项目计划投资100万元。投资92万元，完成污水处理厂和垃圾周转站配套建设，初步形成街村生活垃圾处理体系。投资70万元，安装104国道路口信号灯3处、照明灯15盏；完成清理小广告500处2200平方米，补植驻地绿化

美丽乡村——金庄村 （史燕 摄）

拆违拆临 （史燕 摄）

苗木2300棵，完成莲台山商城河道治理工程，完成北大沙河综合整治工程，清理淤泥30万立方米，疏浚河道5.6公里。投资28万元，配套环卫车辆和街村保洁设施。投资17.4万元，全面实行环境整治网格化管理，全年清运垃圾6300余吨，铁路沿线整治工程垃圾清运2024立方米。完成拆违拆临39万平方米，旱厕改造2670户，危房改造8户。

【交通 邮电】 2018年，全街道（镇）通车总里程168公里。其中，国道1条，里程12.5公里；县道1条，里程14.2公里；乡道5条，里程39公里；村道70条，里程102.3公里。投资3600余万元，完成农村公路网化示范县工程47.6公里。

2018年，全街道设邮电支局1处，邮政便民服务站23处。

路网工程建设　　（史燕　摄）

【教育 科技】 2018年，全街道共有学校10所。其中，中学1所，教职工81人，教师学历合格率100%，在校生912人，入学率100%，毕业率100%；小学9所，教职工142人，教师学历合格率100%，在校生1601人，入学率100%，毕业100%。持续加大投入，办学条件进一步优化。投资105万元，完成宋庄小学等5处学校的平改坡及维修工程；投资341万元，建成1.3万平方米的塑胶运动场；投资330余万元，完善校园文化建设、设备购置及其他工程；投资380余万元，购置课桌凳、办公家具、图书、音体美等设备。

2018年，协调推进完成济南绿洲科技有限公司与重汽集团合作签约、济南瑞原液压气动设备有限公司与齐鲁工业大学合作签约、济南冶金化工设备有限公司与山东大学合作签约。全年取得发明和新型专利30项，全街道有省级研发中心1家，省级实验室2个，15家规模以上企业实现产学研合作。

张夏小学运动场　　（王元胜　摄）

【文化 体育 卫生】 2018年，全街道有文化站1处、广播站54处，村级综合文化中心53处，村级文化健身广场106处，体育健身器材330余套，广场舞队20支，舞蹈队伍2支。投资9万元，建设孔庄村乡村记忆广场、于盘村文化一条街及健身广场硬化、车厢村文化一条街等项目；投资30万元，完成青南村笼式足球场土地整理。完成53个村健身器材申报工作，现已进入招标程序。举办非遗展示活动10场次，开展送戏下乡活动16场。

2018年，张夏街道中心卫生院为一级甲等卫生院，设有内科、外科、妇科、中医科（国医堂）、药房、药库、治疗室、护士站以及影像诊断、心电、化验等辅助科室和院办公室、财务科、总务科等，总建筑面积6000平方米，其中业务用房5500平方米，编制床位47张，实际开放床位28张。在职职工75人，其中副高职称4人、中级职称28人、初级职称42人。拥有万元以上设备DR影像诊断、全自动生化仪等25件。投资10余万元，对卫生院污水改造，购买污水处理设备；投资3万余元，对卫生院电力线路改造。全年门诊量6.30万人次，住院466人次，业务收入610.62万元。参加农村新型合作医疗2.86万人，居民医保报销6.34万人次，报销金额310万元。全街道设村卫生室34处，乡村医生103人。

【旅游】 张夏境内山清水秀，旅游资源丰富。有著名的寒武纪世界地质公园馒头山，有莲台山、四禅寺、黄巢寺、李密墓、义净寺等10余处景点；有莲台山、馒头山、白莲寨、焦赞台、杨家寨等名山。道教圣地莲台山号称江北第一植物园，有上百种中草药，被国家科学院中药研究所定为中药研究基地。有济南七十二名泉之一的晓露泉，还有李密泉、米渍泉、白花泉等名泉。张夏古迹众多，有战国时期的真武阁、砚台山古代书法真

晓露泉 （史燕 摄）

迹、隋朝李密行宫遗迹、隋末唐初五十三参摩崖石刻等。2018 年，举办济南市第十七届杏花节、采摘节，游客 40 余万人。

【人民生活】 2018 年，全街道居民人均纯收入 1.75 万元。养老保险参保 1.7 万人，收缴保费 586.58 万元，60 岁以上老人领取养老保险 9543 人。享受低保救助 840 户 1254 人，发放低保金 423.3 万元。阳光民生救助 97 人，发放大病医疗救助金 64.5 万元。享受困残补贴 472 人，发放补贴 55.02 万元；重残补贴 500 人，发放补贴 49.98 万元；残疾家庭学生救助 29 人，发放救助资金 7.49 万元。全街道设敬老院 1 处，集中供养老人 34 人；设农村幸福院 12 处，供养老人 240 人。劳动技能培训 273 人，转移农村劳动力就业人口 800 人。

【济南市第十七届杏花节开幕】 2018 年 3 月 17 日，济南市第十七届杏花节开幕式暨春季旅游启动仪式举行。本届杏花节由济南市旅游发展委员会、济南市长清区人民政府主办，济南市长清区张夏街道办事处、济南市长清区文广新局（旅游局）共同承办，山东广播电视台、盛泉集团协办，由山东天业集团独家冠名。济南市政协原副主席王世敦，济南市旅游旅发展委员会主任郅良，长清区委书记王勤光，区委副书记、区长赵居安，区人大常委会主任刘延文，区委常委、宣传部长曲京鹏，区委常委、区委办公室主任亓明，区人大常委会副主任李本文，副区长刘永亭等出席开幕式。启动仪式上，济南市旅游旅发展委员会主任郅良宣布：“2018 年济南市第十七届杏花节开幕式暨春季旅游活动启动”。长清区委副书记、区长赵居安致辞。济南市旅游发展委员会相关负责人发布济南市春季旅游系列活动。仪式上还为“盛泉 · 天业莲台山旅居养老基地”和“盛泉抱朴大学教学实验基地”揭牌；并为长清大学城高校学生代表颁发“致青春 · 爱旅游”长清旅游宣

2018 济南市第十七届杏花节开幕式暨春季旅游启动仪式举行 （史燕 摄）

传大使聘书及长清旅游年卡、旅游书籍，大学生代表宣读“致青春·爱旅游”文明旅游倡议书。本届杏花节以“天业集团·济南市第十七届杏花节开幕式暨春季旅游启动仪式”为主题，开展徒步健身、快乐登山、特色农贸产品大集等一系列的活动，活动内容丰富多彩。

【三十里玉杏谷标志和主题雕塑落成】 2018年12月23日，省级美丽乡村精品路线“三十里玉杏谷”标志和主题雕塑“牧童谣”在丁庄村文化广场落成。“三十里玉杏谷”标志和主题雕塑“牧童谣”由山东灵岩石艺有限公司规划设计制作。其中，“三十里玉杏谷”标志重达9.9吨；主题雕塑“牧童谣”高3.2米，长5米，重达3.6吨，用高强度无机硅材料制成，外表镀铜，小牧童骑在牛背上，左手指向张夏万亩杏花园。张夏街道为打造美丽乡村，实现乡村振兴，投资1201万元，完成“三十里玉杏谷”美丽乡村精品线路一期工程，涉及丁庄、桃园、焦台等7个村，串联义净寺、莲台山等10余处景点，涵盖观光休闲、养生度假、民俗体验、特色餐饮等多个领域，现已逐步形成“村风乡情浓郁、产业结构合理、功能配套完善、交通便捷畅通、生产生活便利、村容村貌整洁”

三十里玉杏谷标志 （江玉德 摄）

主题雕塑“牧童谣” （高萍 摄）

的良好局面。

【山东绿色名城建筑科技有限公司投产运营】 2017年11月24日，山东绿色名城建筑科技有限公司成立，总部设在长清区，是一家集专业管理、先进技术和优秀人才为一体的新型绿色节能建筑科技企业。公司生产基地位于张夏街

公司生产的装配式保温一体化墙板 （史燕 摄）

道青崮村，建有厂房6000平方米，计划总投资5000万元，建设生产线2条。至2018年，完成投资1500万元，建成生产线1条，购置设备50套，现已投产，年产装配式保温一体化墙板50万平方米，总产值1亿元。

（张 鹏）

万德街道

【概况】 万德街道位于长清区东南部，距城区40公里，东与济南南部山区管委会相邻，南与泰安市岱岳区相连，西南与肥城市接壤，北与五峰山街道、张夏街道相连，地理位置优越，是省会济南的南大门，区域面积239平方公里。境内京沪铁路、京沪高速铁路、京福高速公路、104国道纵贯南北，设有京福高速公路出入口。境内有全国四大名刹之首的国家AAAA级风景名胜区灵岩寺，AAA级景区有马套将军山、济南泉城茶博园、灵岩大佛山景区、龙凤庄园景区，AA级景区有圣虎山庄景区，还有新开发的齐鲁8号风情路等旅游热线。

2018年，万德街道按照“泉城南大门、长清河源头、灵岩幽绝处、生态宜居地”的目标定位，以建设“富足、安定、文明、路畅、景美、人和”的泉城南部生态宜居中心街镇为目标，全面实施新时代十大提升工程（实施实体经济提升工程，扎实推进高质量发展；实施美丽乡村提升工程，打造乡村振兴“万德样板”；实施全域旅游提升工程，打造乡村振兴高质量引擎；实施道德文明提升工程，创树文化品牌；实施社会治理提升工程，营造和谐稳定发展环境；实施民生福祉提升工程，不断增进人民群众幸福感、获得感、安全感；实施基层党建提升工程，推进基层党建全面进步、全面过硬；实施干部素质提升工程，打造一支忠诚、为民、担当、干净的基层铁军；实施廉政建设提升工程，推动全面从严治党向纵深发展；实施规范化建设提升工程，塑造“履职、担当、高效、和谐”的机关品牌），实现经济、社会、文化协调发展。全年完成国内生产总值32.1亿元，实现地方财政收入3458万元，居民人均纯收入1.78万元。万德街道获长清区美丽乡村建设先进单位、“四德工程”先进单位、“生态环保”先进单位等称号。10月8日，报请区委、区委组织部批准，成立中共济南市长清区万德街道8号风情路管理区委员会、万德街道8号风情路管理区。年底，万德街道辖8号风情路、小万德、长城、史庄、徐庄、石胡同、大刘、武庄8个管理区，75个行政村和万福、万祥2个居委会，共2.5万户、7.2万人。

【农业】 2018年，全街道耕地面积6687公顷，粮食总产量2.52万吨，蔬菜总产26万吨，农业总产值6.5亿元。继续发展壮大特色产业，加快培育长清茶、高山果园、大樱桃、猕猴桃、灵岩御菊等优势产业，打响“长清茶”“西岭美地猕猴桃”等特色品牌。优化改良万亩板栗、万亩核桃，持续推进万亩茶园、万亩樱桃园开发建设，新扩建茶园32公顷，新建樱桃园35公顷，猕猴桃16公顷，改良樱桃、板栗、核桃190公顷。注重培植农业龙头骨干，龙凤庄园高山采摘示范园、南

大刘村“西岭美地”猕猴桃　　（万德街道宣传办提供）

湖玉露长清茶示范园、泰和猕猴桃生态农业园、立泰山茶叶、玉树春茶叶、莲心雪芽茶叶、康利思食品、晋康食品、舜平蔬菜果品、怡然苗木、康赛牧业、宏祥畜牧、华牧饲料，先后被列为省、市、区生态循环农业项目。山东儒茶集团有限公司“莲心雪芽”牌泉城白茶获第二届中国国际茶博会金奖，长清寿茶入选济南市十大特色农业品牌，红茶、绿茶、白茶、灵岩御菊茶、猕猴桃、柿子、核桃、苹果、桃、樱桃、绿豆、小米、韭菜等13种农产品先后被评定为有机食品、绿色食品、无公害农产品。

全街道经济林面积8802公顷，生态公益林面积5915公顷，苗木面积560公顷，森林覆盖率62.5%，林业总产值1.92亿元。以退耕还林、林果改良、齐鲁8号风情路绿化、森林防火、病虫防治、食用林产品安全为重点，完成退耕还果33.6公顷，栽植各类果树2万株，完成8号风情路绿化投资45万元。做好美国白蛾、松墨天牛的预报及防治工作。果品检测200个批次全部合格。森林防火工作面对泰山、灵岩寺旅游胜地及街道森林面积大双重防火任务，加大防火工作力度，全年无重大火情发生。

2018年底，全街道大牲畜存栏1607头，生猪存栏1.1万头，羊存栏1.2万只，家禽存栏38.7万只，其中蛋鸡存栏29.8万只，肉鸡存栏3.5万只，肉鸭存栏5.4万只。各类畜禽规模养殖场达到61家，其中省、市级龙头企业2家，鲜奶收购企业1家，年出栏5000头以上的养猪场1家，存栏1万只以上的家禽养殖场6家。年防疫O型口蹄疫3.1万头次，牛口蹄疫2100头次，奶牛A型口蹄疫1200头次，羊口蹄疫2.3万只次，羊小反刍兽疫2.3万只次，家禽高致病性禽流感72.6万只次。全年共检疫鸭34.5万只、鸡6.7万只、猪1.8万头。

全年完成塘坝除险加固整修工程5座，实施完成玉树春茶叶、聚善仙桃、龙凤庄园、玉永茶叶、灵岩驿站等市级园区水肥一体化高效节水工程5项，实施完成店台黄联峪、界首张峪、邵庄3座水库标准化创建工程，完成田庄、马套、武庄、小刘、新村等5个村水库移民扶助资金项目编制工作，实施城镇驻地自来水改造工程。继续推进河长制工作，配备各级河长108人，年内更换河长45人，完成河道清障12处，清理树木1400株，河长APP巡河成绩列全区第二名。

【工业】 2018年，万德街道继续做大做强产业集聚区，全力打造济泰经济融合点，坚持招商引资与企业运营同步发展，工业企业共有72家，其中规模以上工业企业8家，实现工业增加值1.64亿元，工业总产值11.29亿元，其中，规模以上企业产值6.5亿元，建筑业产值2.3亿元。新引进啤酒设备、膨化机械加工、泰山灵芝、山东希曼标识、泉城茶道田园综合体、山东安鸿环保设备等6个重点项目，总投资额4.8亿元，实际到位资金1.4亿元。继续推进工业南园开发建设，重点企业实现增质扩容。新引进的山东希曼标示系统有限公司，占地面积1.33公顷，一期投资3500万元，主要加工制作标示牌，现已投入运营。济南伦渠数控机电有限公司门窗设备加工项目、山东济大钢结构建筑工程有限公司续建工程进展顺利。继续以南北两个工业园为阵地，巩固发展以济南迈特利机械有限公司为龙头的机械装备制造业、以济南同日数控设备有限公司试验设备为主的高新技术产业、以鲁商工业园为主的新型建材产业，形成“两园三业”工业发展格局。

【商贸 财税】 2018年，全街道设有万德、石胡同、界首、史庄、武庄、马场、徐庄、小王庄、大侯集、东夏、上营、程庄等集贸市场12处，其中万德、界首五天设两集。个体工商户1852家，限上商贸零售企业4家，集市贸易成交额2.6亿元，社会商品零售总额21.2亿元。实现地方财政收入3458万元。

【村街建设】 2018年，继续推进街村建设提升行动，实施街道驻地环境整治、文旅融合、景观亮化工程，补齐公共服务短板。投资65万元，实施街道照明提升工程，更新路灯90盏。投资61万元，对商城进行维修。投资43万元，实施污水处理站工程。继续推进西部环境综合提升，投资385万元，实施五万路环境整治工程。加快“老镇委”区域设施修补，推进万福社区“15分钟生活圈”建设，实施城区扩容，实现向104国道以西延伸0.5公里。美丽乡村建设坚持科学规划、分类指导、高标准实施的原则，共创建A级美丽乡村13个、B级美丽乡村24个。全年投资480万元， 实施环卫一体化工程，建立350人保洁队伍，配置垃圾箱1300个，购置垃圾运输车7辆，年清运垃圾1.2万吨。坚决打赢拆违拆临攻坚战，全年拆除违章建筑1020处共39万平方米，拆除楼顶违章广告牌320处共1.2万平方米。

鲁商路　　（万德街道宣传办提供）

美丽乡村——坡里庄村　　（万德街道宣传办提供）

【交通 邮电】 2018年，全面实施村级公路网化工程，共投资3660万元，对街道辖区内进村路、大街小巷、连村路和主干道进行改造提升，共完成45个行政村、84条道路、43.1公里的村级公路网化工程。

公路网化工程　　（万德街道宣传办提供）

2018年，全街道设邮电支局2处，邮政便民服务站45处，市话总量2120门，电信、移动宽带用户1.04万户，占总户数的46.3%。邮政储蓄总额3.62亿元，实现业务收入712万元。

【教育 科技】 2018年，万德街道共有学校18所，其中小学17所，中学1所。中学即长清第五中学，分设南校（原界首中学）、长清第五中学校本部和北校（原万德镇中学）3个校区，共有教职工163人，其中高级教师25人、中级教师75人，教师学历合格率100%，在校生1593人，入学率100%，毕业率98.5%。小学17所，其中完全小学11所，教学点6所，教师257人，其中高级教师15人、中级教师90人，小学教师学历合格率100%，在校生2797人，入学率100%，毕业率100%。设有幼儿园19所，在园幼儿1206人。继续加大教育投入，完善校舍配套建设。投资67.9万元，完成中心小学、万南小学和小万德小学教学楼维修。投资90.39万元，对长清五中南校区、北校区和校本部教学楼、餐厅进行整修。投资113.5万元，为中心小学、万南小学、武庄小学、华龙小学和石胡同小学新上变压器。投资259万元，完成对长清五中北校区餐厅操作间改造、操场整修和校本部教师周转房及辅助工程建设。投资168万元，对9所小学及2所幼儿园实施校舍改善。深入推进课堂教学改革，整体参与中央教科院十三五教育部规划课题《益智课堂与思考力培养的实践研究》，实验教师152人，参与课题实验学生2400余人。万德街道中心小学被中国教育科学院研究中心授予“益智教育与思考力培养的实践研究基地学校”称号。

2018年，全街道有科技机构6个，科技培训中心2处，农民科技研究会8个，有专业技术员、农民技术员1975人，农民科普夜校45所。全年举办各类技术培训班42期，培训人员1500人次，完成科技项目2项，引进推广新品种18个，获市级以上科技成果奖1项。街道劳保中心实施“阳光培训”项目4个，开设大棚樱桃、大棚蔬菜、茶叶、乡村旅游、电焊专业班5个，培训620人，发放技能证书235人。街道农广校举办生产技能和创业培训班10期，培训农村劳动力500人，新型职业农民培训52人，获新型职业农民初级证书83人，中级证书5人，高级证书2人。刘洪杰、薛莉莉获“全国新型职业农民”称号，马套将军山、店台龙凤庄园被确定为省级新型农民培训基地，万德街道被定为全国新型职业农民培育试点单位。

【文化 体育 卫生】 2018年，新建村级健身广场20处，培训基层文化工作者两批45人，上级补助资金10万元，为4个村配备文化活动器材，达到群众体育工作先进街镇标准。全街道有文化活动中心、有线电视管理站、广播站、新华书店各1处，村级综合文化中心75处，村级文化健身广场82处，体育健身器材400余套，广场舞队72支，舞蹈骨干260人。同年5月，获“济南市第七届全民健身运动会广场健身舞比赛暨山东省第二届体育健身广场舞大赛济南赛区海选赛”二等奖。7月25日，马套村“蝶舞青春”舞蹈队获济南社区长清专场舞蹈大赛三等奖。11月，万德舞蹈队获“体彩杯”长清区第七届全民健身运动会健身操（舞）比赛一等奖。

万德文化中心　（万德街道宣传办提供）

万德街道卫生院是一等甲级卫生院，有专业技术人员61人，编制床位88张，设内科、外科、中医科、放射科、国医堂、精神病防治中心等科室24个，配备全自动生化分析仪、DR数字平板X线成像系统等先进设备70件（套）。全年门诊量3541人次，专家坐诊指导96人次。其中，精神病防治中心为长清区独有街镇卫生院，设有床位68张，年门诊量6826人次，重度精神病人系统管理2551人，年收治市内外各类常住精神病患者86例。居民健康档案建档5.83万份，更新4.16万份，新增753份；预防接种儿童及时建卡建证率100%，接种率95%。居民基本医保简化手续，门诊报销实行网上直报，全年门诊报销3.82万人次，报销金额182.1万元，卫生室报销金额22.76万元。卫生院下设村级一体化管理室56处，乡村医生110人。开展精准扶贫工作，为全街道730名贫困慢性病老人建档立卡，免费发放药品4万元，为住院贫困群众累计报销8.7万元。

【旅游】 2018年，万德街道以创建国家级全域旅游示范街镇为目标，着力构建全域旅游融合圈。以实施乡村振兴战略为契机，继续高标准打造“齐鲁8号风情路”，按照省委常委、市委书记王忠林调研要求，设立长清区8号风情路指挥部，

马套村乡村旅游　（万镇街道宣传办提供）

打破原有机构框架成立8号风情路管理区，投资500万元开发马套将军山游乐和龙凤庄园民俗项目，投资200万元对8号风情路沿线18公里线路实施道路拓宽和绿化提升，完善旅游公厕建设，新建11处，改建15处，推进凤凰岭、将军山、龙凤庄园、卧龙峪等景区景点、八大风情区融合发展，形成一条全省知名的乡村旅游精品线路。举办第三届高山采摘旅游文化节、第七届茶文化节、第十二届樱桃节、第十四届柿子节。灵岩寺景区扩大营销，继续举办灵岩祈福会、佛教文化节。全年新增济南泉城茶博园、龙凤庄园、灵岩大佛山AAA级旅游景区3处，新增圣虎山庄AA级旅游景区1处，累计A级景区达到6处，其中AAAA级旅游景区1处（灵岩寺）、AAA级旅游景区4处（马套将军山、济南泉城茶博园、龙凤庄园、灵岩大佛山）、AA级旅游景区1处（圣虎山庄），形成东西呼应、南北链接的大旅游圈。同年，在建和签约齐鲁文旅小镇、灵岩寺大佛山配套、拔山民俗、众拾灵芝种植、龙凤庄园开发等文旅项目10个，总投8500万元。

【人民生活】 居民人均收入1.78万元，居民储蓄总额20.65亿元，人均住房面积49平方米，每百户居民拥有汽车61辆、手机158部、彩电98台、冰箱92台，有线电视、联通、移动网络电视入户率93%。居民医疗保险参保4.90万人，征缴保费874万元；居民养老保险参保2.52万人，收缴保费744万元，60岁以上老人领取养老保险1.56万人，领取金额1970万元。享受计生奖励扶助3250人，发放奖励扶助金344万元，落实独生子女费2100人，发放资金25.2万元，落实特殊计生家庭补助57.2万元。全街道有敬老院1处，集中供养老人48人，村级幸福院19处，供养60岁以上老人586人。享受低保救助921户1355人。阳光民生救助110人，发放大病医疗救助金47万元。救助残疾人1890人，发放救助资金126万元，实施无障碍设施改造175户。残疾家庭大学生救助74人，为残疾人贫困户发放各种器具188件，落实重残补贴686人，困难补贴495人。完成贫困户危房改造70户，拨付补助资金220万元。劳动技能培训530人，推荐就业岗位3150个，转移农村劳动力就业1200人。

【万德街道省级美丽乡村标准化试点项目通过评估验收】 2018年12月，山东省市场监管局组织评估验收组对“长清区万德街道美丽乡村标准化试点”项目进行评估验收，经评估验收组专家评审，该项目通过评估验收。“长清区万德街道美丽乡村标准化试点”项目促进产业融合发展，茶叶、核桃等种植产业的经济效益、社会效益和生态效益显著提升，基础设施建设、公共服务、乡村文明、村务管理等实现规范发展，村民幸福感普遍提升。

【马套村入选山东省首批美丽村居建设省级试点村庄】 2018年10月24日，山东省政府办公厅发布《关于公布第一批美丽村居建设省级试点村庄名单的通知》，长清区万德街道马套村被公布为山东省第一批美丽村居建设省级试点村庄。

美丽村居建设省级试点村庄——马套村　（万德街道宣传办提供）

【精准扶贫】 2018年，万德街道继续推进精准扶贫工作，年底共有703个贫困户1366人如期实现脱贫。重点抓好扶贫产业项目建设，实施产业扶贫项目7个，马套将军山、龙凤庄园将投资收益60万元分红发放到户，总投资360万元的11个贫困村地面光伏电站项目运营正常。争取落实政策资金，改善贫困村基础建设。投资287万元，张庄、房庄省级美丽乡村示范村建设基本完成。完成辛庄等村的街巷硬化，完成张庄、东房等村的网化工程，完成张庄幸福院建设，完成三合、西候等村的文化大院及配套设施建设工程。

【高标准农田建设项目】 2018年7月—12月，万德街道实施界首、马套、坡里庄3村高标准农田建设项目。完成田间道路硬化11.3公里，修建板桥2座、过路桥涵25座、拦河坝1座，浆砌石田坎3042米、开挖农沟397米、铺设PE管2181米，新建蓄水池1座、维修蓄水池2座，完成深水井及设备配套2眼。

【齐鲁8号风情路区域化党建联合体项目】 2018年，为推行“工业模式统一、党建制度统一、阵地建设统一、党建活动统一、村庄治理统一、产业规划统一”的党建工作机制，万德街道党工委精心打造齐鲁8号风情路区域化党建联合体项目。组织共建，打造8号路党建引领示范路；产业共创，推广马套发展模式，形成村村有产业、一村一特色的良好业态；人才共育，将320名各类人才集中管理使用；文化共铸，挖掘形成“茶文化”“泰山石文化”“园艺文化”体系；生态共治，计划投资6000万元，统一构建沿线8村生态保护体系。11月28日，迎接济南市基层党建重点项目观摩交流活动，济南市委常委、组织部长李刚对齐鲁8号风情路党建联合体项目给予高度评价。

【旱厕改造】 2016年起，万德街道扎实推进农村旱厕改造工作，全面落实厕改三年任务，层层落实，到村到户；成立专业安装队伍，精心施工，确保质量标准达标；加强督导，按年度组织第三方检查验收；严格程序，按期发放施工费用和配备专用抽粪车辆。至2018年底，共完成厕改1.29万套、自改0.40万套，合计1.69万套，如期完成厕改工作任务。

【万德街道中心小学被授予“全国益智教育与思考力培养的实践研究基地学校”称号】 2018年，万德街道中心小学推进课堂教学改革，整体参与中央教科院十二五教育部规划课题《益智课堂与思考力培养的实践研究》，实验教师152人，参与课题实验的学生2400余人，课题研究取得重大突破。7月17日—22日，在“2018全国益智课堂教学与学生思考力培养观摩研讨会”上，万德街道中心小学被中国教育研究院培训中心授予“全国益智教育与思考力培养的实践研究基地学校”称号，该校为全国唯一一个益智教育课题研究的农村实验学校。

【“小散乱污”企业整治】 万德街道坚持“绿水青山就是金山银山”的发展理念，以高压态势依法整治花岗石厂、磕沙场、养殖场等“小散乱污”企业，守住环保底线，打好蓝天、碧水、净土保卫战。2018年，共取缔污染企业33家，拆除石材加工机械21台，清理石材原料、半成品5000立方米，整治“禁养区”养殖场8家，整改提升企业达到生产标准5家。

龙凤庄园民宿项目 （万德街道宣传办提供）

【龙凤庄园高山民宿项目投入运营】 2018年6月1日，由店台村龙凤庄园兴建的高山民宿项目正式开门纳客投入运营。该民宿项目坐落在海拔560米的龙凤庄园内，是省财政扶持的乡村旅游集群项目，总投资1200万元，共建民宿住宅14幢，占地面积5500平方米，可接待游客300人。

【万德街道店台村被授予“山东最美绿色乡村”称号】 2018年2月，山东省林业厅、山东省旅游发展委员会、山东广播电视台联合开展“寻找山东最美绿色乡村”系列宣传和命名评选活动。经各市推荐、网络投票及专家评审，长清区万德街道店台村被授予“山东最美绿色乡村”称号。

（邢兆水 马洪利）

孝里镇

【概况】 孝里镇位于长清区西南20公里，与平阴、肥城、东阿、齐河毗邻，是“济南—泰安—聊城”三角区的中心。境内交通条件便利，220国道、济菏高速公路贯穿南北，济菏高速公路在境内设有出入口，燕李浮桥连接黄河两岸。2018年，孝里镇党委、政府围绕“经济强镇、文化大镇、宜居新镇”发展目标，以民生保障为基础、产城融合为依托、跨越发展为方向，重点强化“招商引资、项目建设、农业改革、环境整治、文化旅游”五大任务，抢抓机遇，担当作为，全镇经济社会各项事业实现快速发展。全年完成规模以上工业增加值1.33亿元，固定资产投资8.51亿元，社会消费品零售额9.5亿元，地方财政收入2281万元。同年，全镇辖宋庄、孝里、广里、马岭、东障、下巴、胡林7个管理区，57个行政村，共1.4万户、4.9万人，农民人均纯收入1.63万元。孝里镇获长清区经济发展标兵单位、财政工作先进单位、“四德工程”建设标兵单位、生态环保先进单位等称号，获机关优秀创新工作成果三等奖。

【农业】 2018年，全镇耕地面积3853公顷，有效灌溉面积3300公顷，粮食总产量4.07万吨，蔬菜总产量1.53万吨，农机总动力5.2万千瓦。有农业龙头企业2家，养殖场30处。年底，大牲畜、生猪、家禽存栏量分别为903头、1万余头、24万只。全镇共种植谷子及小杂粮666.7公顷，其中十八里谷道沿线谷子种植面积400公顷。孝里镇推进农业供给侧改革，加快农村结构调整和村级经营能力建设，推广安亮家庭农场、庞冲山药、孝芹蔬菜种植合作社、方峪古村合作社等经营模式，带动新型农民经济合作组织，发展特色农业和产效农业。引进济南博轩园林农业企业，佳宝现代牧场项目进行重新选址，完成土地流转工作。投资 60 万元，对北黄村、岚峪村及美农农场进行水利设施提升，北黄村新建 100 立方米水池 2 座，岚峪村新修管道 3430 米。投资 130 余万元，实施农田水利维修工程。投资 100 余万元，实施塘坝维修工程，对塘坝进行除险加固和防渗工程处理，新修防汛道路 324 米，库区防渗 3.9 万余平方米。投资 30 余万元，对全镇 2667 公顷耕地开展水价改革试点运行工作。

【工业】 2018 年，全镇新增规模以上企业 1 家，累计 11 家，实现规模以上增加值 1.33 亿元，比上年增长 13.5%，主营业务收入 4.5 亿元。全年签约招商项目 5 个，其中济南成基实业有限公司、济南港鲁电气设备有限公司、济南捷盛锅炉设备有限公司 3 家企业已建成投产。

【商贸 财税】 2018 年，全镇有限额以上批发零售贸易企业 2 家，集贸市场 10 处，大型商场 1 处，超市 8 处，零售网点 1300 余处，全年完成社会消费品零售总额 9.5 亿元，比 2017 年增长 9.1%，增幅居全区第三名。年末，银行存款余额 9.8 亿元，其中居民储蓄存款 9.45 亿元；贷款余额 1.7 亿元，其中支农贷款 0.9 亿元、村工商业贷款 0.4 亿元。实现地方财政收入 2281 万元。

【村镇建设】 2018 年，孝里镇先后投资 800 万元，打造十八里谷道项目。投资 600 余万元，提升济南大峰山党性教育基地沿线环境。投资 600 余万元，扶持村级经济发展。投资 800 万元，进行环境综合整治。8 月，孝里镇北黄崖村、南黄崖村、岚峪村被山东省住房城乡建设厅命名为第五批山东省传统村落保护单位。全年共拆除违建 180 处，11.6

十八里谷道景观　　（周萍萍　摄）

万平方米。对非黄河滩区搬迁的 15 个村进行旱厕改造，涉及 1454 户，全部完成任务，12 月底全部验收完毕，改厕合格率 99%，达到改厕全覆盖目标。

【交通 邮电】 2018 年，全镇通车总里程 237.7 公里。其中，国道 1 条，里程 13.5 公里；县道 1 条，14.6 公里；乡道 2 条，29.6 公里；村道 140 条，180 公里。投资 600 余万元，实施高速路口、国道两侧、张大路两侧绿化、硬化、净化三大工程。投资 2800 余万元，实施道路网化工程，新硬化道路 63 条，总里程 41.98 公里，涉及 7 个管理区 39 个村。投资 20 余万元，实施张大路部分破损路面维修及通大峰山道路南侧塌方除险加固。

道路网化工程　　（牛振勇　摄）

2018 年，全镇设邮电支局 1 处，邮政便民服务站 1 处，移动电话 4.4 万部，宽带用户 9795 户，实现业务收入 140 万元。

【教育 科技】 2018年，全镇共有学校9所。其中，小学8所，教师129人，教学班48个，在校生1138人；中学1所，教师94人，教学班18个，在校生710人。幼儿园9处，27个班，在园幼儿614人。投资1783万元，完成中小学、幼儿园校舍提升工程。

2018年，全镇有科技机构2个，有专业技术员、农民技术员2人。举办各类技术培训班8期，培训人员500人次。培训新型职业农民85人，获新型职业农民资格证书60人。

【文化 体育 卫生】 2018年，全镇有文化站1处，有线电视管理站1处，广播站1处，村级综合文化中心57处，村级文化健身广场57处，体育健身器材400余套，广场舞队40支，舞蹈队伍640人。全镇新建村级健身广场6处，全部安装健身器材，培训基层文化工作者3批120人。全年共举办送戏下乡演出15场，各类文艺演出、民间艺术表演、广场舞比赛活动20场。投资10余万元，为北黄崖、中黄崖、南黄崖等9个村购置书橱、图书、棋牌桌、灭火器、板牌等设施。投资10万元，为镇文化中心购置健身器材、图书、娱乐器材等。

孝里镇中心卫生院是一所集医疗、预防、公共卫生服务于一体的一级甲等医院，占地面积1.67万平方米，建筑面积6863平方米，其中业务用房5644平方米，固定资产642.7万元。有职工78人，其中编制内职工55人、编制外23人。开放床位50张，设有内、外、妇、儿、中医、口腔、理疗、公共卫生等临床科室20余个，拥有彩超、经颅多普勒、DR、全自动生化分析仪、全自动化学发光测定仪、免疫定量分析仪、全自动血细胞分析仪、口腔综合治疗仪、除颤仪等先进医疗设备40余件。全年门诊量6.27万人次，业务总收入733.8万元。精准医疗帮扶449人，帮扶金额25万元。60岁以下失能人员54人，发放帮扶补助9.36万元。居民医保报销5.37万人次，报销金额353.3万元。全镇设有村级卫生室27处，聘任乡医47人。孝里镇中心卫生院获“国家级群众满意的乡镇卫生院”称号，通过国家级基层中医药工作先进单位复审。

【旅游】 孝里镇是一座文化古镇，文化底蕴深厚，古迹众多。1961年，孝堂山汉石祠被国务院命名为第一批国家重点文物保护单位，是中国保存最早最完整的地面房屋建筑。2001年，被誉为“中国长城之父、世界壁垒之最”的齐长城被国务院列为第五批国家重点文物保护单位。黄崖山寨——太古文化的发扬地。大峰山屯兵营，气势宏伟。龙泉官庄东寨（方峪西山寨）、梯子山寨（陈峪南寨）、石小子山寨彰显历史沧桑。明清古村——方峪村，几乎全部用石头建成的村落里，大多建筑都在100年以上，最古老的近500年。北黄崖石佛堂、大峰山古建筑群、方峪建筑群被列为省级文物保护单位，大峰山革命历史纪念馆为济南市爱国主义教育基地，齐长城大峰山风景区为国家AAA风景名胜区。2018年3月3日，第十二届中国孝堂山孝文化旅游节暨十大孝子表彰大会举行。6月29日晚，山东广播电视台农科

长清区孝里山药丰收节 （牛振勇 摄）

频道《欢乐齐鲁行》大型主题文艺晚会在孝里镇金谷农业公园举行。8月15日，孝里镇十八里谷道农旅结合精品旅游线路正式开通。8月20日，华东六省一市省会城市农业联盟观摩会在孝里召开。10月1日，2018’方峪ART艺术节在孝里镇方峪村开幕。11月11日，长清区孝里山药丰收节在庞道口村恒丰蔬菜种植专业合作社开幕。全年共接待游客8万人次，实现旅游综合收入800余万元。

【人民生活】 2018年，农民人均纯收入1.63万元。居民医保参保3.46万人，征缴保费880万元。养老保险参保1.84万人，参保率99.92%，收缴保费667.55万元，60岁以上老人领取养老保险1.1万人，领取金额1586.5万元。劳动技能培训430人，提供就业岗位4200个，转移农村劳动力就业992人。新建农村社区2处，城市社区日间照料中心1处，农村幸福院1处。享受低保救助884户1541人，发放低保金612万元。发放大病医疗救助金41万元，救助困难群众1500余人。临时救助8人，救助资金3.3万元。全镇设敬老院1处，集中供养老人73人，设农村幸福院12处。

【第十二届中国孝堂山孝文化旅游节】 2018年3月3日，第十二届中国孝堂山孝文化旅游节暨十大孝子表彰大会在孝里镇举行。此次旅游节为期7天，期间有济南市豫剧团、马戏团等文艺团体的精彩演出，同时游客可品尝到济南市非物质文化遗产“孝里米粉”、孝里名吃“油炸滚”等特色小吃，还可以套圈、坐飞车，参与各种游乐项目，再现民间过年的传统场面，让游客充分体验到逛、赏、品、尝、购、娱等喜闻乐见的休闲体验。

2018年3月3日，第十二届中国孝堂山孝文化旅游节暨十大孝子颁奖大会举行 （周萍萍 摄）

【《欢乐齐鲁行》栏目走进金谷文化旅游农业公园大型主题文艺晚会举行】 2018年6月29日晚，山东广播电视台《欢乐齐鲁行》栏目走进金谷文化旅游农业公园大型主题文艺晚会在孝里镇金谷农业公园举行。晚会由山东广播电视台知名主持人宋建凯、小辣椒主持。整台晚会采用网络直播方式，并在山东电视台农科频道播出。晚会节目内容精彩纷呈，有歌曲、豫剧、舞蹈、山东快书、魔术、杂技等；演员阵容庞大，有CCTV青歌赛最佳荧屏奖获得者初维萍、著名山东快书表演艺术家阴军、齐鲁歌手大赛冠军崔雪、《让梦想飞》年度亚军刘宇、梦想中国山东赛区冠军姜文彬等。山东金谷园文化旅游农业公园占地面积666.7公顷（1万亩），分为山林、水域和田野三大板块，是一处集采摘、观光、游乐、教育、民宿为一体的大型田园综合体，已成为长清区西线旅游一个新亮点。

《欢乐齐鲁行》栏目走进金谷文化旅游农业公园大型主题文艺晚会 （牛振勇 摄）

【十八里谷道】 2018年，孝里镇全力打造“十八里谷道”农旅品牌。谷道全长9公里，经过8个村，沿途以种植谷子为主，芝麻、高粱、花生、大豆等作为补充，实现农业生态观光区贯穿连片。新修生产路9公里，新建高速公路出口节点、东风渡槽节点、遥返观景亭节点、岚峪村节点、十八里谷道起点、十八里谷道标识景观墙、齐鲁之间景观亭等景观节点7处，过去的荒山野岭变成一条长十八里的旅游线路。投资2000万元，先后新建北黄片区旅游生产路6.2公里、中黄片区旅游生产路4公里，南黄岚峪片区旅游生产路5公里，改造东风渡槽至大峰山旅游路6公里，新植各类绿化树12万余株，新植果林面积133.3公顷。“十八里谷道”实现农业和旅游的有机结合，探索出一条发展旅游产业助力村民增收致富的路子。

十八里谷道一角　（周萍萍　摄）

【2018’方峪ART艺术节开幕】　2018年10月1日，2018’方峪ART艺术节于在孝里镇方峪村开幕。长清区委常委、区委统战部部长魏宏新出席活动并宣布开幕，来自英国、美国等地的艺术家以及游客、当地群众参加开幕式。本届艺术节共邀请美俄`SLATE剧团、英国`比尔·艾奇森剧团、日本`shelf剧团等近10个剧团前来演出，艺术节共举办7天。

2018’方峪ART艺术节　（牛振勇　摄）

【孝里镇黄河滩区脱贫迁建工程】　2018年，孝里镇黄河滩区脱贫迁建工程共涉及41个行政村、3.5万人，约占全镇总人口的67%，系全省规模最大的黄河滩区外迁安置工程。安置区占地面积133.3公顷，规划建设住宅楼149幢，配套建设公共服务中心1处、幼儿园3所、小学1所、社区综合服务网点1处，设有广场、绿地、健身设施、娱乐设施、公共活动场所等，总投资50亿元。3月2日，安置区命名为“孝兴家园”。3月15日，孝里镇召开黄河滩区脱贫迁建工作动员大会，同时印发《孝里镇人民政府关于黄河滩区迁建安置工作的指导意见》。3月31日，孝里镇黄河滩区脱贫迁建工程正式开工建设。4月11日，孝里镇滩区迁建楼座选取专题会议召开，同时迁建村赋分排名公示。4月16日，新社区规划方案公示。5月22日，孝里镇召开黄河滩区脱贫迁建文物保护工作会议。至年底，孝里镇一期工程个别楼座已建7层，其他楼座已建4层，二期各标段正在施工，三期正在进行基坑建设。

建设中的一期工程　（周萍萍　摄）

（孙妍汝）

马 山 镇

【概况】 马山镇位于长清区南部，距长清城区22公里，南与肥城市接壤，东与五峰山街道、北与归德街道、西与双泉镇相连。省道104穿境而过，距国道220入口10公里，交通便利，区位优越。境内马山海拔512.3米，是春秋时期《左传》里记载的隔马山，与泰山、五峰山被称为“鲁中姊妹三山”。马山是一处道教圣地，鬼谷子曾在马山鬼谷洞教授孙膑、庞涓兵法技艺；马山东坡有大世界基尼斯之最——“毛主席万岁”五个植物标语；南北两条齐长城环绕整个马山镇域。“国际主义战士”——史元厚烈士就出生在马山西侧的潘庄村。“马山故事传说”“马山三月三庙会”被列入济南市级非物质文化遗产。宾谷河纵贯全境南北，辖区南北长，东西窄，总面积87.4平方公里。

2018年，马山镇按照“一城两园，三镇腾飞”的总体思路，着力打造“一城两园”（国际慢城、济南环境科技产业园及中医药文化产业园），重点推进省级旅游特色镇、国家新型城镇化试点乡镇和金港国家赛车小镇建设。5月1日，国际慢城开园纳客，开创马山镇旅游发展的新纪元。济南环境科技产业园焚烧发电项目于5月18日开工建设，总投资9.25亿元。中医药文化产业园建立药材检验室，通过药食同源SC认证。在全市范围内率先完成乡镇级总体规划，并通过济南市政府审批。全年实现地方财政收入2226万元，完成固定资产投资8.1亿元，社会消费品零售额6.2亿元。同年，马山镇辖漩庄、马东、季庄3个管理区，53个行政村，共9798户，3.4万人。马山镇被评为长清区经济社会发展先进单位、招商引资工作先进单位、项目建设先进单位、扶贫工作先进单位、四德工程建设先进单位。

【农业】 2018年，全镇耕地面积3898公顷，有效灌溉面积3250公顷，粮食总产量3.8万吨，蔬菜总产量4200吨，农机总动力1.6万千瓦。有农业龙头企业4家，规模以上养殖场6处，年底大牲畜、生猪、家禽存栏量分别为1200头、1.32万头、20.4万只。以振兴乡村经济为着力点，打造双泉庄、王家坊、小崔等齐鲁示范样板村，推进双泉庄村乡村振兴“十千百”工程建设。发展安普瑞禽业有机养殖观光项目，创建以蛋鸡文化为主题的凤凰部落，建设全市最大规模的蛋鸡生态农业区。壮大乐生园高标准农场项目，在有机黑猪养殖基础上，引进高档水果种植，开发高档水果采摘、农家特色餐饮、高标准养生餐饮等项目，打造现代农业综合体。

国际慢城一角 （杜敏 摄）

【工业】 2018年，全镇拥有规模以上工业企业11家，规模以上增加值实现1.25亿元。全年续建市级重点项目2个，分别是马山慢城核心区建设项目和济南环境科技产业园项目。新建续建区级重点项目3个，分别是泉城锦鲤文化小镇项目、三锐光伏发电项目和临安热能建设项目。全年招商引资实现8.6亿元，引进外资200万美元。成功引进金港国际赛车小镇、乐生园生态农业综合体以及扁鹊康养小镇等特色项目，计划总投资180亿元。探索以企业为主体、市场为导向、产学研相结合的技术创新体系，企业科技创新能力得到明显提高。马山镇积极对接高校资源，实现产学研发展，助推新旧动能转换。6月29日，山东中医药大学与马山镇产学研合作项目签约，对马山镇中药材开发提档升级产生积极影响。通过与高等院校交流协作，马山镇金拓热能有限公司不断研制科技新产品，取得换热设备节能认证证书，并完成“企业上云”工作，通过云平台进行现场数据采集、数据分析、能耗分析以及现场设备控制。对接长清区建设生态旅游观光区、健康养老首选区、宜业宜居示范区的区域定位，马山镇成功引进扁鹊康养小镇项目，致力发展“旅游+康养”产业。

【商贸 财税】 2018年，全镇拥有限额以上批发零售贸易企业1家，集贸市场8处，超市4处，零售网点481处，全年完成社会消费品零售总额6.2亿元，同比增长8.6%。限额以上单位零售额823万元，同比增长6.3%。规模以上服务业营业收入724万元，同比增长19.7倍。完成地方财政收入2226万元，同比增长15.0%。

【村镇建设】 2018年，马山镇完成《济南市长清区马山镇总体规划（2017—2030年）》，10月22日通过济南市政府批复。推进拆违拆临工作，全年拆除违建158处12.1万平方米。加强美丽乡村建设，对马东、北李、小崔、周庙、西褚科、大核桃园、郭庄、双泉庄、王家坊等9个美丽乡村创建村进行提升。完成危房改造25户。旱厕改造任务数205套，涉及15个村庄，全部完成。

【交通 邮电】 2018年，全镇通车总里程167.6公里，其中省道1条，里程15公里；县道2条，里程8.4公里；乡道4条，里程21.5公里；村道47条，里程122.7公里。实施农村网化工程，涉及24个村，总投资2800万元，工程全部完工。全镇设邮电支局1处，邮政便民服务站35处。

【教育 科技】 2018年，全镇共有学校7所。其中，中学1所，教职工59人，教师学历合格率100%，在校生287人，入学率100%，毕业率100%；小学6所，教职工89人，教师学历合格率100%，在校生588人，入学率100%，毕业100%。继续加大教育投入，完善设施配套建设。投资70万元，完成中心幼儿园功能室建设提升、楼体改造。

2018年，全镇有科技培训中心2处，专业技术员85人。举办各类技术培训班16期，培训人员1500人次。新型职业农民培训60人，获新型职业农民资格证书12人。

【文化 体育 卫生】 2018年，全镇有综合文化活动中心1处，有线电视管理站1处，广播站1处，新华书店1处，村级综合文化中心50处，村级文化健身广场48处，体育健身器材45套，广场舞队45支。马山镇北李村建有20余人的业余演出队伍，大崖村新建大型鼓乐队，黄路山村和郭庄村各组建太极拳队伍。全年共举办大型文化活动3次。承办“体彩杯”长清区第八届全民健身运动会健身舞比赛，评出一等奖1名，二等奖2名，三等奖3名，优秀组织奖11名。3月31日，济南·马山2018年桃花旅游文化节在马山文化广场开幕。9月19日，成功举办济南市（马山）第十三届雪桃旅游文化节。

马山镇卫生院为一级乙等卫生院，占地面积1万平方米，业务用房面积5000平方米，设有内科、外科、妇产科、口腔科、中医科、康复理疗科、预防保健科、妇幼保健科、医学检验科、医学影像科等临床和医技科室，创建国医堂和残疾人康复指导站，编制床位 29 张，在职职工 47 人，卫生专业技术人员 40 人，其中高级职称 3 人，中级职称 22 人。配有 CR、DR、彩色多普勒超声诊断仪、全自动血液分析仪、全自动生化分析仪、多功能手术床、麻醉呼吸机、高频电刀等先进医疗设备。全年门诊量 1.77 万人次，住院 658 人次，业务总收入 427.3 万元。参加农村居民医保 2.22 万人，参合率 67.3%，居民医保报销 3.57 万人次，报销金额 260.3 万元。全镇共有村卫生室 21 处，乡村医生 43 人。投资 5 万余元，安装污水处理设备并投入使用，确保医疗污水规范处理。投资 10 万元，规范提升残疾人康复指导站；投资 10 万元，建设数字化预防接种门诊。

济南·马山 2018 年桃花旅游文化节开幕式演出　　（李楠　摄）

【旅游】　依托马山雪桃、中草药等特色农业种植，发展特色产业，通过举办“桃花旅游文化节”“三月三庙会”“雪桃旅游文化节”等特色节庆活动，培育马山特色文化，提高马山旅游的知名度和美誉度。通过美丽乡村建设、乡村连片治理、新型城镇化建设、特色小镇建设等项目，对马山镇路域环境进行提升打造，建设旅游标识、旅游厕所、游客服务中心等，为发展乡村旅游打造良好的基础环境。创建旅游示范点，打造万亩雪桃园、王家坊湿地、马山湖现代农业庄园、南山庄园、中医药文化产业园等旅游示范点。马山国际慢城项目由济南园林开发建设集团投资建设，主题定位“漫田园、到马山、忆乡愁”，以“玉带金环耀马山”为主线，形成“一环六区多园”的总体功能布局，并于 2018 年 5 月 1 日开园。泉城锦鲤文化小镇项目以锦鲤文化为主题，按照一轴、两带、四片区的规划布局展开，现已进入规划设计第二轮方案提升阶段。全年接待游客 6.36 万人次，实现旅游综合收入 520 万元。

马山雪桃　（孙妍　摄）

【人民生活】　2018 年，居民人均纯收入 1.54 万元，人均住房面积 60 平方米，每百户居民拥有汽车 30 辆，手机 97 部，彩电 100 台，冰箱 97 台。养老保险参保 2.15 万人，收缴保费 399.6 万元，60 岁以上老人领取养老保险 6756 人，领取金额 5076 万元。享受低保救助 454 户 692 人，发放低保金 223.8 万元。阳光民生救助 39 人，发放大病医疗救助金21.2万元。救助残疾人440人，发放救助资金66.1万元。全镇设敬老院1处，集中供养老人10人，设农村幸福院18处，新增3处。劳动技能培训300余人，提供就业岗位59个，转移农村劳动力就业人口500余人。

镇驻地提升改造工程　（杜敏　摄）

【金港国际赛车小镇项目】 马山镇金港国际赛车小镇项目是2018年儒商大会签约项目，计划总投资150亿元，涉及5个行政村，力争打造成以赛车文化为载体的国际化特色文旅小镇。项目按照“全国首席”“山东第一”的标准建设，整合“吃、住、行、游、购、娱”六大要素，实现拉网化、立体式、持续性发展。2018年，该项目已经完成范围内群众的户口和房屋冻结工作，并进行航拍取证，制定初步拆迁安置方案。

【马山镇总体规划(2017年—2030年)】 2018年10月，由济南市规划设计研究院编制的《马山镇总体规划（2017—2030）》通过济南市政府批复，成为济南市首个制定乡镇级总体发展规划的乡镇。在规划制订过程中，马山镇党委、政府坚持以目标为导向，高点定位，规划引领，依托已有项目设计总体布局，进一步凸显针对性、科学性、可行性，实施板块布局、点状供地等一系列创新，确立打造长清区新型城镇化示范区、长清区新旧动能转换先行区、济南市南部重要的生态高地、国内知名的旅游特色小镇的总体发展思路。

【城市提升工程】 2018年，马山镇实施城市提升工程，总投资1500万元，主要对镇驻地1200米商业街及周边环境进行改造提升，工程分三期实施。一期工程投资500万元，主要对府前街和省道104中段商业街进行改造提升，粉刷真石漆7600平方米，安装楼沿造型1200米，铺设板材2000平方米，栽植绿化苗木1.5万株，安装路灯20盏，硬化路面3600平方米，输挖排水沟400米。二期工程和三期工程分别投资500万元。至年底，一期工程已经竣工；二期工程已完成招标，开始施工；三期工程正在设计和预算中。

【“三月三”传统庙会】 2018年4月16日，马山镇第二十四届“三月三”传统庙会在马山景区开幕，会期6天（农历三月初一至初六）。马山“三月三”传统庙会已有近千年历史，每年农历三月初三，游客都会登上马山祈福，祈求新的一年生活红红火火，家人幸福安康。赶庙会，庙会期间，举办听传统戏曲、赏特色民俗、品风味小吃等活动，关王锅饼、羊肉胚子、周庙烧鸡、崮头豆腐皮等马山特色传统名吃让游客一饱口福。同时举办魅力马山摄影大赛、“体彩杯”长清区第八届全民健身运动会健身舞比赛马山专场、戏曲联唱、民俗表演等活动。游马山，从马山东面沿山路攀登，登上马山极顶，东可望泰山和五峰，西可眺望黄河。“马山是鬼谷子授艺于孙膑、庞涓的地方。下有孙庞之斗智，上有鬼谷之隐形”。山中有十洞、五泉，山巅有玉皇殿、碧霞元君祠、后土殿、马山圣母影堂等。赏桃花，马山是远近闻名的世外桃源，从马山脚下的上山

“体彩杯”长清区第八届全民健身运动会健身舞比赛演出
（李楠　摄）

路到山北侧的崮头水库近9.7公里的环山路两侧，红色、粉色的桃花花海成片，氤氲多姿，瑰丽迷人。转慢城，济南马山国际慢城项目由济南市园林集团主导开发，总投资5亿元，占地面积4.6平方公里，集慢活休闲、生态体验、文化旅游、度假养生于一体的道家文化国际慢城已初具规模。观中药，双泉庄片区的中医药文化产业园是名副其实的“道地药乡”，主要种植铁皮石斛、丹参、连翘、天南星、栝楼、玫瑰等。新落户于中医药文化产业园的泉城锦鲤文化小镇，通过将锦鲤文化融入中医药文化，带动民宿游、中医药文化旅游发展，打造科技科研成果转化基地，带动马山特色中药材产业的传承和发扬。

（田玉秀）

双泉镇

【概况】　双泉镇位于长清区南部，东与马山镇相依，南与肥城市相邻，西与孝里镇相接，北与归德街道相连，镇域面积93.5平方公里。双肥（双泉镇—肥城市）公路贯穿南北，双燕（双泉镇—孝里镇燕庄村）公路连接济菏高速，并跨黄河与聊城相连，双泉大道、双马（双泉镇—马山镇）公路与104省道相通，交通条件优越，是省城济南暨长清区连接泰安、莱芜、济宁、菏泽、聊城的交通枢纽区域，交通区位优势明显。

2018年，双泉镇党委、政府立足自身实际，扎实推进“1+343”（“1”就是2018年双泉各项工作的总纲、灵魂和主线；“343”即建设特色农业、生态旅游、新旧动能转换三大功能区，招商引资、项目建设、美丽乡村建设和小城镇建设四项重点工作，基层组织建设、乡村振兴、脱贫攻坚三大民生事业）工作体系，坚持稳中求进工作总基调，以科学发展为主题，以强镇富民为主线，以新农村建设为抓手，以加强党的建设为保障，以建设“美丽双泉、富强双泉、文明双泉、幸福双泉”为总体目标，推动双泉经济可持续发展和社会全面进步。全镇实现区域生产总值8.7亿元，地方财政收入实现1220万元，完成固定资产投资1.1亿元，规模以上工业增加值实现1.27亿元，主营业务收入3.2亿元，实现社会消费品零售总额5.3亿元，实际利用内资2.5亿元，农村居民人均纯收入1.39万元。同年，双泉镇辖双泉、北付、龙湾、王庄4个管理区，48个行政村，59个自然村，共9551户、3.0万人。双泉镇获山东省森林乡镇称号。

【农业】　2018年，全镇耕地面积3451公顷，有效灌溉面积526公顷，粮食总产量1.39万吨，蔬菜总产量3135吨，农机总动力1.2万千瓦。有农业龙头企业3家，养猪专业户2户，蛋鸡专业

油用牡丹（郭洋 摄）

户1户，大牲畜存栏900头，生猪存栏2000头，羊存栏8000只，家禽存栏2万只。双泉镇持续做优做强现代农业，特色农业效益凸显。进一步优化农业产业结构，稳步实施土地流转，巩固林果、蔬菜等特色农产品基地，全面提升农业综合效益。美林庄园、济南厚源农业新增油菜种植面积40余公顷，全镇油菜种植规模稳定在530公顷左右。加强油用牡丹管理，印发明白纸4000余份。与济南市振元中草药种植专业合作社共同建立双泉镇甘薯脱毒育苗基地，举办2018年济南市脱毒甘薯种苗繁育与示范推广项目观摩会。实施科技兴农战略，加强新型职业农民培育，累计培训林果及油用牡丹技术人员500余人。不断加强与山东省农业科学院的联系与合作，继山东省农业科学院丘陵地区油用牡丹博士科研工作站落户双泉后，山东省农业科学院优质蔬菜博士科研工作站于5月29日正式挂牌落户。

【工业】 2018年，全镇规模以上企业共7家，实现规模以上增加值1.1亿元，主营业务收入2.66亿元，实现利税5400万元。坚持项目建设主导地位，依托资源、区位、环境、产业基础等优势，坚持对外招商引资与对内激活民间资本并重，加快经济转型升级步伐。巩固提升散热器制造、机械加工等优势产业，发展新型工业，开发特色旅游，推进经济转型。全年引进重点项目4个，其中亿元以上项目3个，5000万元以上项目1个。续建重点项目4个，分别是双泉汇锞小微企业产业园、美林田园综合开发项目、济南厚源农业项目、国际艺术小镇项目。双泉汇锞小微企业产业园项目，计划投资1.55亿元，总占地面积36.7公顷，规划建设标准厂房5个，总面积2.6万平方米。年底，该项目一期1.4万平方米厂房建设已完成。美林田园综合开发项目，计划投资1.5亿元，建设集农业发展、农业旅游和农特产品深加工于一体的田园综合体。年底，该项目已投资800余万元，完成土地流转40公顷，新建观光采摘大棚8个，新修园区景观道路8公里、景观桥1座。济南厚源农业项目，计划总投资1.08亿元，占地面积233公顷。国际艺术小镇项目，预计总投资120亿元，占地约200公顷，打造会议会展、艺术创意、生态观光、养生度假、实景演艺5大中心，建设全国超一流文化艺术小镇。在建项目扎实推进，其中千博项目累计完成投资6000万元，神秀谷项目累计投资5000万元，大至二期项目已投资2000万元，钜昱机械项目已累计投资4000万元。

【商贸 财税】 2018年，全镇有限额以上批发零售贸易企业2家，集贸市场6处，超市4处，零售网点40处，全年完成社会消费品零售总额5.3亿元，实现地方财政收入1220万元。

【村镇建设】 2018年，双泉镇结合美丽乡村创建，完成总长19公里、涉及7个村的环山路绿化项目，栽植五角枫7000余棵。投资100余万元，对驻地商业街两侧进行绿化补植，铺设人行道花砖1600平方米，安装路灯240盏。投资20余万元，打造绿化节点，种植景观松等，绿化面积1000

双泉党建文化广场　　（郭洋　摄）

平方米。投资300余万元，对镇驻地进行改造提升，新建党建文化广场1处。总投资828万元的省级美丽乡村示范村建设项目完成招投标，总投资750万元的新型城镇化建设项目已进入招投标程序。投资270万元，完成涉及8个贫困村的街巷硬化工程。投资240万元，完成孟庄等8个村的办公场所改造提升项目。投资1000余万元，完成9座塘坝的除险加固、2公里河道清淤及双泉庵、孟庄2处小流域治理。投资157万元，完成壮大村集体经济项目。总投资830万元的五眼井等7村高标准基本农田建设项目已完成总工程量的90%，总投资1600万元的南大沙河综合整治项目已完成批复。投资100万元，建成占地面积1320平方米的徐庄广场、占地面积304平方米的大邹广场、占地面积405平方米的河洼广场。

【交通 邮电】 2018年，全镇通车总里程280公里，其中县道2条，里程13公里；乡道5条，里程26公里；村道126条，里程241公里。全年完成村级公路网化工程，总长34公里，涉及38个村、88条道路，总投资2.25亿元。

2018年，全镇设邮电支局1处，邮政便民服务站23处。

【教育 科技】 2018年，全镇共有学校7所。其中，中学1所，教职工48人，教师学历合格率100%，在校生438人，入学率100%，毕业100%；小学6所，教职工75人，教师学历合格率100%，在校生654人，入学率100%，毕业100%。双泉镇不断加大教育事业投入，投资800余万元，进行北付小学、后园幼儿园建设及中小学维修工程。

2018年，全镇有科技机构1个，科技培训中心1处，农民科技研究会1个，有专业技术员、农民技术员280人。举办各类技术培训班15期，培训人员750人次。完成科技项目3项，引进推广新品种5个。新型职业农民培训50人，获新型职业农民资格证书50人。

【文化 体育 卫生】 2018年，全镇有文化站1处，村级综合文化中心48处，村级文化健身广场43处，体育健身器材460余套，广场舞队30余支，舞蹈队伍600余人。完善文化站各项规章制度，管理好活动室、图书室，做好图书日常借阅登记。开展各种文体活动，组织全镇48村开展广场舞健身活动。

2018年，双泉镇卫生院为一级乙等卫生院，设有内科、外科、中医科、妇科、牙科、放射科、护理部、化验室、治疗室、公共卫生科、妇幼保健科、预防接种门诊等科室，建筑面积4356平方米，床位25张，在职职工46人，专业技术人员30人，其中副高职称2人，中级职称14人，初级职称14人。全年门诊量1.78万人次，住院220人次，业务收入847万元。参加农村新型合作医疗2.27万人，居民医保报销2.50万人次，报销金额105万元。全镇共有村卫生室16处，乡村医生40人。

【旅游】 双泉镇坚持以建设全国美丽乡镇为目

乡村旅游　　（郭洋　摄）

标，加快推进双泉旅游产业发展，依托自身的生态优势和特色种植产业，合理规划旅游线路，加快道路网化，提升景点接待功能，全面启动乡村旅游发展，打造具有双泉特色的“赏花游”“亲水游”“采摘游”“民俗游”“亲子游”五大旅游品牌。2018年，成功举办济南市第六届春季赏花节、千博第二届野酸梅（樱桃李）国际旅游文化节、第四届油用牡丹观赏节、第十一届樱桃采摘节、中国首届樱桃李音乐节暨第二届樱桃李采摘节等，累计接待游客36万人次，旅游收入3600万元，带动就业1500余人。

【人民生活】　居民人均纯收入1.39万元。养老保险参保2.19万人，参保率99%，收缴保费859万元，60岁以上老人领取养老保险5500人，领取金额792万元。享受低保救助533户699人，发放低保金270.89万元。开展拥军优抚工作，对429个优抚对象发放优抚款283.8万元。救助残疾人702人，发放救助资金7.02万元。全年发放扶贫资金34万元，受益贫困户508户948人。全街道设敬老院1处，集中供养老人40人，设农村幸福院10处。劳动技能培训360人，转移农村劳动力就业人口1560人。

【山东省农业科学院优质蔬菜博士科研工作站在双泉镇揭牌】　2018年5月29日，山东省农业科学院优质蔬菜博士科研工作站在双泉镇举行揭牌仪式。山东省农业科学院蔬菜花卉所所长韩伟、副所长孔维国及长清区农业局局长高远胜、区蔬菜技术服务中心主任房立国、双泉镇党委书记张儒涛、副镇长刘磊等出席揭牌签约仪式。韩伟和高远胜共同为博士工作站揭牌，孔维国与刘磊签订博士工作站协议。会上研究员高建伟作《大白菜产业发展的专题报告》，与会人员就双泉镇的蔬菜产业发展进行交流与探讨。

【中国首届樱桃李音乐节暨第二届樱桃李采摘节在双泉镇举行】　2018年6月29日—30日，中国首届樱桃李音乐节，山东千博第二届樱桃李采摘节，暨“侯觉和他的朋友”《煮酒论英雄》新专辑首发签唱会，在长清区双泉镇千博樱桃李（野酸梅）产业园举行。千博生物科技集团董事长杨顺庆代表主办方致开幕词，并邀请嘉宾上台，手

2018年5月29日，山东省农业科学院双泉镇优质蔬菜博士科研工作站揭牌仪式举行　　（郭洋　摄）

按启动球，全场倒计时，音乐节采摘节签唱会正式启动。此次音乐节由著名音乐人、导演——侯觉担纲总策划总导演，邀请音乐界、影视界、演艺界等国内著名音乐人和歌手参加演出，主要有著名歌手、公益歌王金山，著名音乐唱作人、CCTV《非常6+1》非常明星、浙江卫视《中国好声音》北京评审章磊，独唱演员、黑鸭子组合成员张继心，中国著名流行摇滚音乐人、“深南大道”乐队主唱刘冲，星光大道2017年度冠军张钦尧，2015

中国首届樱桃李音乐节启动仪式　（郭洋　摄）

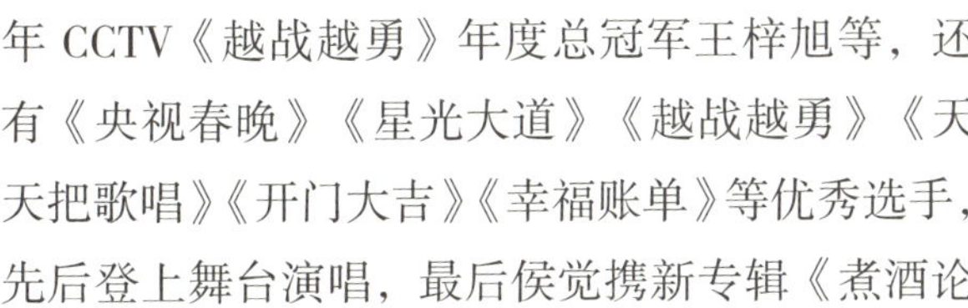
年CCTV《越战越勇》年度总冠军王梓旭等，还有《央视春晚》《星光大道》《越战越勇》《天天把歌唱》《开门大吉》《幸福账单》等优秀选手，先后登上舞台演唱，最后侯觉携新专辑《煮酒论英雄》压轴出场，为现场观众奉上一场高水准的音乐盛宴。

（刘长鑫）

附　　录

中共济南市长清区委
济南市长清区人民政府
关于贯彻落实中央决策部署
实施乡村振兴战略的意见

（2018年4月8日）

济长发〔2018〕1号

为深入贯彻落实习近平总书记在十三届全国人大一次会议参加山东代表团审议时提出的“五个振兴”的科学论断，紧紧围绕中央关于实施乡村振兴战略的重大决策，根据省委省政府、市委市政府部署要求，结合我区实际，现就实施乡村振兴战略提出如下意见。

党的十八大以来，我区认真贯彻落实党中央、国务院关于“三农”工作的一系列方针政策，贯彻落实省委省政府、市委市政府安排部署，农业农村发展取得显著成绩，为全区全面建成小康社会奠定了坚实基础，为“建设现代化山水魅力新城”提供了有力支撑。当前，我区城乡二元结构问题依然突出，最大的发展不平衡是城乡发展不平衡，最大的发展不充分是农村发展不充分。全面建成小康社会和基本实现现代化，最艰巨最繁重的任务在农村，最广泛最深厚的基础在农村，最大的潜力和后劲也在农村。农业强不强，农村美不美，农民富不富，决定着农民群众的获得感和幸福感，决定着全面小康社会的成色和社会主义现代化的质量。

实施乡村振兴战略，是党的十九大作出的重大决策部署，是以习近平同志为核心的党中央治国理政的重大战略决策，是新时代做好“三农”工作的新旗帜和总抓手。全区各级各部门必须从全局和政治的高度，充分认识实施乡村振兴战略的重大意义，把实施乡村振兴战略作为增强“四个意识”、同以习近平同志为核心的党中央保持高度一致的实际行动，聚焦聚力、善谋善为，推动农业全面升级、农村全面进步、农民全面发展，谱写新时代我区“三农”发展新篇章。

一、准确把握实施乡村振兴战略的总体要求

1. 指导思想。全面贯彻落实党的十九大精神，以习近平新时代中国特色社会主义思想为指导，认真落实习近平总书记对山东“三农”工作重要指示精神，加强党对“三农”工作的领导，坚持稳中求进工作总基调，树立新发展理念，落实高质量发展要求，统筹推进“五位一体”总体布局和协调推进“四个全面”战略布局，紧紧围绕“建设现代化山水魅力新城”中心任务，坚持“三农”工作“重中之重”战略地位，坚持农业农村优先发展，按照产业兴旺、生态宜居、乡风文明、治理有效、生活富裕的总要求，建立健全城乡融合发展体制机制和政策体系，以全市实施的“十百千万”工程（十大特色产业培育、百个现代农业综合体打造、千个美丽乡村示范村创建、万元农民收入新增）为抓手，统筹推进农村经济

建设、政治建设、文化建设、社会建设、生态文明建设和党的建设，加快推进乡村治理体系和治理能力现代化，加快推进农业农村现代化，让农业成为有奔头的产业，让农民成为有吸引力的职业，让农村成为安居乐业的美丽家园。

2. 基本原则。坚持走中国特色社会主义乡村振兴道路，坚持党管农村工作，坚持农业农村优先发展，坚持农民主体地位，坚持乡村全面振兴，坚持城乡融合发展，坚持人与自然和谐共生，坚持因地制宜循序渐进，坚持规划引领统筹协调，坚持尽力而为量力而行，保证乡村振兴健全发展。

3. 目标任务。以乡村产业振兴、乡村人才振兴、乡村文化振兴、乡村生态振兴、乡村组织振兴“五个振兴”为目标，紧紧围绕发展现代农业，围绕农村一二三产业融合发展，构建乡村产业体系，实现产业兴旺；把人力资本开发放在首要位置，强化乡村振兴人才支撑；弘扬主旋律和社会正气，培育文明乡风、良好家风、淳朴民风；打造农民安居乐业的美丽家园，让良好生态成为乡村振兴支撑点；建立健全党委领导、政府负责、社会协同、公众参与、法治保障的现代乡村社会治理体制。到 2020 年，全面建成小康社会，乡村振兴取得重要进展；到 2035 年，乡村振兴取得决定性进展，农业农村现代化基本实现；到 2050 年，乡村全面振兴，农业强、农村美、农民富全面实现。

二、提升农业发展质量，培育产业发展新优势

4. 发展优势特色农业。大力发展高产粮食、绿色蔬菜、优质畜禽、生态林果、现代苗木等产业，推动终端型、体验型、智慧型、循环型“四型发展”，重点实施品牌农产品培育创建、质量提升、评价监测和营销拓展四大工程，持续打造长清茶、中药材、十八里谷道、油用牡丹、油菜花等特色品牌，把长清茶打造成全市十大农业振兴产业之一，把我区打造成省级农产品质量安全区，把孝里镇打造成国字号小杂粮示范镇。鼓励支持在济南等大中城市中心城区设立长清“名、优、特”农产品直销店，积极推动长清农产品进超市、入社区，提升长清农产品的市场知名度和影响力。（责任单位：区农业局、区林业局、区畜牧兽医局、区蔬菜技术服务中心、各街镇）

5. 推动农业高质量发展。坚持农业提质导向，继续狠抓农产品质量安全示范县（区）创建，抓好执法监管，推进农业标准化、绿色化、优质化、特色化、品牌化发展。大力开展标准化示范基地创建活动，将示范园（基地、园区、农场、大户）的创建、各类项目的申报和产业政策的扶持进行统筹衔接，全面提高农产品质量安全标准化生产水平。大力发展绿色、有机、无公害的优质农（林）产品，加快实施退耕还果、低产低效园改造项目；大力实施生产经营主体践行承诺、隐患农产品专项整治等行动，进一步健全农产品质量安全监管体系，完善农产品质量安全监管追溯平台建设，坚决打击一切违规违法行为。深化推进“检打联动”，积极开展农产品质量安全专项整治活动，做到检出一起、查处一起、处罚一起，切实解决农产品质量检测与打击违法行为脱节、检而不打的问题。推进农业绿色发展，实行农用地分类分级管理，深化农业面源污染综合治理，健全农业投入品管控机制，开展化肥农药零增长行动，推广清洁生产和绿色防控技术，加强秸秆和畜禽粪污等资源化利用。2020 年，农产品标准化生产比重达到 85% 以上，确保农产品质量抽检合格率保持在 98% 以上。“三品一标”产品达到 240 个，培育农业知名区域品牌 3 个，打造在全国有影响力的农业品牌 1 个。绿色农业示范区面积达到 5 万亩，辐射带动 20 万亩。（责任单位：区农业局、区林业局、区畜牧兽医局、区蔬菜技术服务中心、区综合行政执法局、各街镇）

6. 推进农业适度规模经营。深入实施乡村振兴战略，培育壮大新型经营主体队伍和规模。依托农村土地流转交易中心和产权交易平台，推进农村承包土地的经营权向新型经营主体集中。积

极尝试土地入股、土地流转、土地托管等多种经营方式，扶持壮大龙凤庄园、安亮农场等新型农业经营主体，强化基地建设、技术创新、品牌创建和人才培训，重点打造一批科技型、创新型、特色化领军农业龙头企业，突出培育一批农业产业化联合体和产业联盟，促进集群化发展。2018年市级以上农业龙头企业、家庭农场、农民合作社分别达到68家、38家、88家以上，2020年分别达到73家、55家、93家。大力培育农业社会化服务主体，支持各类社会化服务组织开展土地托管、统一服务等多种形式的社会化服务，实现小农户与现代农业有效衔接，2020年土地托管服务面积达到10万亩。加快农村土地流转，充分运用农村土地确权登记颁证成果，大力推进股份合作、委托流转等多种形式土地流转，促进农业适度规模经营发展，到2020年，全区农业适度规模化经营率达到50%以上。（责任单位：区农业局、区供销社、区农机局、区蔬菜技术服务中心、各街镇）

7. 推进农村一二三产业融合发展。通过产业链相加、价值链相乘、供应链相通“三链重构”，促进农村新产业新模式新业态发展。加快发展乡村旅游产业，以“旅游+”“生态+”“文化+”等模式为主导，开展乡村旅游示范创建活动，建设精品休闲观光线路，促进乡村旅游连片发展。积极探索搭建长清旅游平台，内联外引，加大宣传，打造品牌，做大做强以灵岩寺、五峰山为代表的名胜古迹旅游，以大峰山、马山为代表的红色教育旅游，以齐长城、双乳山为代表的秦汉文化旅游，以园博园、济西湿地为代表的休闲旅游，以万德、双泉、张夏为代表的乡村旅游，把长清建设成为知名度、美誉度较高的生态旅游观光区。2018年争取新建、改建旅游厕所100个，新增特色民宿床位100个，继续举办好旅游节庆活动，全年不少于20场次，打造“处处有美景，月月有节庆，四季有活动”的长清旅游新名片。实施农产品加工业提升行动，引进培育一批农产品加工企业，加强营养健康功能性食品研发，推广“生产基地+中央厨房+餐饮门店”“生产基地+加工企业+商超销售”等产销模式。加快农村电商发展，建设区级电商服务平台。继续开展快递下乡工程，加强镇村服务站点建设，到2020年，实现镇级电商服务站点全覆盖，村级服务站点覆盖率达到60%以上。实施产业融合示范园工程，打造集种养加、吃住行、游购娱、教研颐等多功能于一体的现代农业综合体或田园综合体，到2020年扶持建设10个，带动形成一批农村产业融合发展集群。〔责任单位：区文广新局（旅游局）、区经信局（商务局）、区农业局、区林业局、各街镇〕

8. 实施农业科技展翅行动。推进农业科技创新，鼓励、支持新型农业主体开展自主创新和基础研发，以产学研为抓手，组建以永丰种业为标杆的技术创新团队，实施农业重大应用技术创新和农业科技成果转化项目，突破产业技术瓶颈，力争在新品种培育、集约化种养、农产品深加工和农业环保等方面取得新突破。强化农业科技推广，组织农业科技人员下乡，认定打造一批科技特派员示范基地。深化互联网+农业工程，运用物联网、大数据、云计算、人工智能等技术，改造提升传统农业，建设4处智能化病虫害预测预报站，扶持一批农业物联网应用示范基地。到2020年农业科技进步贡献率达到70%左右。大力推广农业机械化，扩大杂粮作物、经济园艺作物等机械化生产面积，提升大田作物机械化水平，到2020年建成全国主要农作物全程机械化示范县（区）。（责任单位：区农业局、区林业局、区农机局、区畜牧兽医局、区蔬菜技术服务中心、区农广校、各街镇）

三、改善农村生态环境，建设美丽宜居乡村

9. 开展城乡绿化行动。实施森林生态修复与保护、退耕还林还果、高标准农田防护林建设等重点工程，巩固提升省级绿化模范区创建成果。加快宜林荒山、荒坡、荒地、荒滩植树绿化，营

造绿色生态屏障。提升国道、高速公路等沿线绿化水平，打造多树种搭配、绿化美化相结合的绿色通道。完善北大山等郊野公园试点建设。积极开展省级“森林村居”“森林乡镇”创建活动，到2020年创建3个省级森林乡镇、20个省级森林村居。全面落实森林防火行政首长负责制，健全组织指挥体系，加强专业队伍、防火装备和视频监控、防火通道等建设，提升森林防火能力，严防重大森林火灾发生。积极防控美国白蛾等林业有害生物，组织开展烟剂防控松墨天牛实验，适时实施应急飞机防治虫害作业，确保不发生大的虫害。到2020年，全区森林覆盖率达到45%，湿地保护率达到80%。（责任单位：区林业局、区公路局、各街镇）

10. 提升水生态文明建设水平。推进水系生态综合治理，加强重要河段、重点流域生态修复与治理。提升水源保障能力，抓好崮头、西石等16座水库塘坝除险加固工程，加快南大沙河、北大沙河生态治理工程建设，完成石店水库到长清湖输水工程，继续实施“五小水利”工程，加强人工增雨（雪）工作。加强农田水利建设，实施山水林田路湖统一规划、旱涝碱沙荒滩综合治理，大力推行节水农业和水肥一体化。加快推进省、市扶持高效节水灌溉项目建设，2018年新增高效节水灌溉园区面积4200亩；到2020年新增水肥一体化面积4.8万亩，节水灌溉面积达到41万亩。严格执行河长制、湖长制，全力抓好“水十条”措施，确保水污染治理取得成效。（责任单位：区水务局、区农业局、区气象局、各街镇）

11. 加强农村基础设施建设。继续推进农村“七改”工程。推进“四好”公路建设，积极创建“四好”公路示范县（区），继续推进农村街巷硬化工作，2018年实施50个村街巷硬化，完成305公里的村级公路网化工程年度建设任务，2020年基本实现“户户通”。加快推进农村冬季清洁供暖，2018年农村中小学、卫生室、养老院、便民服务中心等公共场所和农村新型社区实现冬季供暖，2020年70%以上村庄实现清洁供暖。全面核实确定危房改造对象，对新出现的住房安全问题，及时纳入危房改造计划。实施农村饮水安全巩固提升工程，2018年对全区5处集中式供水工程和部分村内管网工程进行提升改造，农村自来水普及率保持在98%以上。2018年完成25处农村社区服务中心建设任务，基本完成农村改厕任务，完成农村义务教育学校“全面改薄”任务。2020年年底建成现代农村电网，村村实现主要道路有照明路灯。（责任单位：区住建委、区交通运输局、区民政局、区水务局、区教体局、各街镇）

12. 加强农村环境综合治理。开展农村环境三年整治行动，制定整治标准，聚焦农村生活垃圾处理、生活污水治理、村容村貌整治，推进山水林田路房整体改善。完善农村环卫市场化运营机制，开展农村生活垃圾分类试点，推行农村垃圾就地分类减量、资源利用和无害化处理，巩固提升城乡环卫一体化成果。推进农村生活污水治理，探索实行氧化塘、分散处理、集中处理等多种处理方式，2020年实现35%以上的村庄建有污水处理设施。加大村容村貌整治力度，以清垃圾、清杂物、清残垣断壁、清庭院“四清”为突破口，集中治理农村环境脏乱差等问题。加大“散小乱”村庄整合力度，建设一批布局合理、服务完善、宜业宜居的特色小镇。（责任单位：区住建委、区城管局、区环保局、各街镇）

13. 全面提升美丽乡村建设水平。坚持规划先行，统筹编制城乡规划，健全镇村规划体系，推进镇村建设规划、土地利用规划、产业发展规划等多规合一，做到一镇一规、一村一规，2020年基本实现村庄规划全覆盖。按照“保基本、广覆盖”和“突重点、上水平”的工作要求，全面推进美丽乡村建设，确保继续走在全市前列。深入推进美丽乡村标准化建设。按照山东省《美丽乡村建设规范》要求，从规划编制、基础设施、村容环境、产业发展、公共服务、乡风文明和村务管理等7个方面着手全力推进美丽乡村标准化建设，确保万德长城、平安后孙等66个村年底达到B级以上标准，全区美丽乡村标准化建设覆盖率提高到70%以上。按照连点成线、接线成面布局原则，重点打造文昌西李、马山双泉庄等60个美丽乡村示范村。按照树品牌、出精品的要求，每个街镇要根据本地特色打造1—2条美丽乡村精品线路，全区集中力量巩固提升“张夏杏花谷”“古风孝里、乡村慢行”“齐鲁8号风情路”3条精品线路；新建五峰山街道樱桃小镇、双泉镇“生态双泉·魅力水乡”2条精品线路。建立政府引导、农民参与、社会支持的多元投入机制，尽快破解资金投入难题；围绕目标任务，科学确定创建村庄和项目清单，明确路线图，时间表；完善美丽乡村标准化建设工作台账，每季度通报工作情况；对美丽乡村建设实行菜单式管理、项目化推进、即时性督导。保护性开发建设传统村落、民居和历史文化名镇名村。〔责任单位：区委农办、区住建委、市规划局直属第四分局、区文广新局（旅游局）、区文明办、各街镇〕

四、繁荣兴盛农村文化，焕发乡风文明新气象

14. 加强农村思想道德建设。深入开展习近平新时代中国特色社会主义思想和党的十九大精神宣传教育活动，确保党的路线方针政策在农村落地生根。广泛开展爱国主义、集体主义、社会主义教育，大力弘扬社会主义核心价值观。通过群众喜闻乐见的形式，利用文明一条街、文化墙、文化栏、道德讲堂等宣传阵地，普及社会主义核心价值观和中国梦教育，开展诚实守信、孝老爱亲、勤劳节俭等公民道德规范教育，弘扬中华传统美德，推动社会主义核心价值观进村入户。〔责任单位：区委宣传部、区文明办、区文广新局（旅游局）、各街镇〕

15. 大力推进乡村文化建设。大力弘扬儒家文化、农耕文化和民俗文化，保护和开发利用好历史文化村落和非物质文化遗产，实施乡村记忆工程，实施乡村儒学推进计划，守护多彩文化基因，传承优秀历史文化。统筹建设文化活动场所，构建农村文化建设主阵地，2018年实现基层文化服务中心全覆盖，到2020年镇（街道）、村（社区）普遍建成集多种功能于一体的综合性公共文化设施和场所。〔责任单位：区委宣传部、区文明办、区文广新局（旅游局）、各街镇〕

16. 积极推进农村移风易俗。推进农村红白理事会制度化、规范化、常态化建设，聚焦婚丧嫁娶，培育乡村新风尚。倡导婚事新办，引导广大青年树立新型婚恋观，消除盲目攀比、大操大办、“天价”彩礼等不良现象。倡导厚养薄葬、丧事简办，文明办丧。推动殡葬改革，加强城乡节地生态公益性公墓、骨灰堂等基本殡葬公共服务设施建设，逐步解决乱埋乱葬等陋习旧俗。〔责任单位：区委宣传部、区文明办、区民政局、区文广新局（旅游局）、各街镇〕

17. 深化乡村文明行动。实施“百镇千村”建设示范工程，打造一批文化特色建设示范镇和乡村文明家园建设示范村（居）。深入开展文明村镇、文明家庭、星级文明户、“好公婆、好媳妇”等创建评选活动，广泛开展“好家风好家训”征集展示活动，培育良好家风、文明乡风和新乡贤文化，弘扬孝道文化。发挥好共青团、妇联等群团组织作用，深化“新农村新生活”培训。开展美丽庭院创建活动，评选美丽家庭。2020年全区20%的村和街镇达到市级以上文明村镇标准。〔责任单位：区委宣传部、区文明办、团区委、区妇联、区文广新局（旅游局）、各街镇〕

五、加强农村基层基础工作，建设和谐善治乡村

18. 大力加强乡村基层党组织建设。深入推进农村过硬支部建设，组织完成村党组织换届，坚持从“好人”中选“能人”，选优配强村“两委”班子特别是村党组织书记，办好新任村“两委”班子成员轮训班次。深入推进“头雁培育”工程，大力实施后备人才选贤引能三年行动计划，着力建设一支“三有三带”村党组织书记队伍。对没

有合适人选的散乱穷村，从党政机关选派优秀干部到村任党支部书记。持续向工作薄弱的基层党组织选派第一书记。建立村级党组织“评星定级”工作机制，每年打造一批先进支部、转化一批后进支部，推动晋位升级、整体提升。加大村级组织运转经费保障力度，确保全区平均每村每年财政补助运转经费不低于 9 万元，并建立正常增长机制。加大在优秀青年农民中发展党员力度，建立农村党员定期培训制度。切实抓好农村党风廉政建设，坚决纠正损害农民群众利益的突出问题，推进扶贫领域腐败和作风问题专项治理，确保党在农村惠民政策的落实。（责任单位：区委组织部、区纪委监察委机关、区财政局、各街镇）

19. 完善村（居）民自治机制。充分发挥农村基层党组织的领导核心作用，健全村党组织领导的充满活力的村民自治机制。完善村民自治章程和村规民约，健全村务监督委员会。扩大村级党务、村务、财务公开，全面推行村级小微权力清单、干部岗位目标责任等制度，提升基层组织管理规范化、标准化水平。加强基层协商民主制度建设，发挥“商量”平台及“一约四会”作用，实现村级协商制度化、规范化、程序化。通过基层民事、民议、民决协商机制，促进基层群众自我管理、自我服务、自我监督，实现村级事务共建共治共享。（责任单位：区委组织部、区民政局、区农业局、各街镇）

20. 深入推进依法治村。深化平安乡村建设，加强农村基层治保组织和群防群治队伍建设，建立健全区、镇（街道）、村（居）公共法律服务平台，落实一村一警务助理、一法律顾问。壮大农村专职调解队伍，强化乡村综治组织和综治中心标准化、规范化建设，推进“多网融合”工程，提高乡村社会治安综合治理能力。以“雪亮”工程为载体，开展农村“技防示范村”建设，构建人防、物防、技防深度融合的农村治安防控格局，到 2020 年，每个农村派出所创建 3 个“技防示范村”。严厉打击村霸和宗族恶势力，积极维护农村和谐稳定。深入开展农村普法教育，提高群众法治意识，引导群众用法治的思维和法治方式化解矛盾纠纷、维护自身权益。加强对农村宗教活动的教育引导，依法制止利用宗教干涉农村公共事务。（责任单位：区委政法委、区公安分局、区司法局、区民宗局、各街镇）

21. 实施乡村德治工程。深入实施爱诚孝仁“四德工程”，开展善行义举四德榜提升工作，引导农民群众爱党爱国、向上行善、孝老爱亲、重义守信、勤俭持家。注重家庭建设、家教传承、家风培育，把孝文化运用到农村社会治理中。发挥有德行、有才能、有声望的老党员、老干部、老军人、老教师、老模范和新乡贤等各类群体的影响力、带动力，积极化解各种社会矛盾。（责任单位：区委宣传部、区文明办、区妇联、各街镇）

六、持续改善农村民生，提高农民收入保障水平

22. 促进农民持续增收。完善农民增收措施，不断增加农民家庭经营收入，提高农民财产性收入，增加农民转移性收入。开展农民“双创”活动，研究制定并落实好相关政策，支持进城农民工返乡创业，鼓励高校毕业生、企业主、农业科技人员、留学归国人员等各类人才回乡下乡创业创新，培育农村新产业新业态，打造农民增收新引擎。进一步加快城区化进程，完善城乡劳动者平等就业制度，健全农业劳动力转移就业服务体系，切实保障农民工合法权益，增加农民工资性收入。2018 年实现农村劳动力转移就业 8090 人，农村居民人均可支配收入增长 8.7%。（责任单位：区人社局、区农业局、区统计局、各街镇）

23. 优先发展乡村教育。推动优质教育资源向农村倾斜，实施乡村教师支持计划，在职称评审、培养培训等方面研究制定相关支持政策。深入实施加快教育事业发展三年行动计划，加大中小学、幼儿园建设力度，科学布局农村学校幼儿园。落实外来务工随迁子女入学政策，保障符合条件的外来务工随迁子女平等入学。启动“义务

教育优质均衡县区”创建工作。（责任单位：区教体局、区公安分局、各街镇）

24. 提高乡村医疗和社会保障水平。完善基本医保，大病保险、医疗救助制度，完善贫困人口医疗商业补充保险，逐步提高居民基本养老保险最低缴费标准和基础养老金标准。全面落实被征地农民养老保险“先保后征”政策。健全完善阳光民生救助体系，积极推进“一门受理、协同办理”社会救助工作机制，推进跨部门、多层次、信息共享的救助申请家庭经济状况核对机制。健全农村留守妇女、儿童、老人关爱服务体系。加强农村卫生医疗体系建设，健全农村医疗卫生服务三级网络，加快推进乡镇卫生院和村卫生室标准化建设，到2020年新建基层卫生机构23所（卫生室），改扩建1所（精神卫生防治中心）。积极推进家庭医生签约服务。深入开展农村爱国卫生运动，推进卫生镇、卫生村创建，到2020年国家、省级卫生镇分别达到8%、50%。（责任单位：区人社局、区民政局、区卫计局、团区委、区妇联）

25. 改善农村养老服务。推行邻里互助、结对帮扶、志愿服务、购买服务等方式，改善老年人生活状况。加快推进医养结合，鼓励基层医疗机构在农村养老机构设置服务站点，提供签约服务。实施养老服务设施建设三年行动计划，鼓励多种方式建设互助养老服务设施，打造农村区域性养老服务中心。2018年新建改建农村幸福院和社区日间照料中心15处，到2020年，建成区级养老服务中心3处，农村社区养老服务全覆盖。（责任单位：区民政局、区卫计局、各街镇）

七、打好精准脱贫攻坚战，增强贫困群众获得感

26. 全面完成脱贫攻坚任务。坚持“两不愁、三保障”现行标准，制定打好精准脱贫攻坚战三年行动实施意见，确保全区脱贫攻坚工作2018年基本完成，2019年巩固提升，2020年全面完成。明确各级党政一把手负总责，发挥街镇扶贫脱贫主阵地作用。发挥好驻村工作队，特别是第一书记的重要作用，街镇扶贫工作人员脱贫攻坚期内保持相对稳定。将2018年作为全区脱贫攻坚作风建设年。严格脱贫成效考核，改进日常督查考核，积极引入第三方评估，强化考核结果运用。（责任单位：区扶贫办、区委组织部牵头，区直各部门、各街镇负责）

27. 不断完善保障性扶贫措施。坚持扶贫与扶志、扶智相结合，激发贫困人口内生动力。对“老弱病残”特殊贫困群体，采取资产收益、民政低保、实物供给、邻里互助等保障性扶贫方式。建立孝善养老扶贫机制，解决老年贫困人口脱贫问题。把符合条件的贫困人口全部纳入最低保障范围。推进扶贫资产保值增值、循环使用。实施健康扶贫工程，对因病致贫、因病返贫人员，实行医疗及特惠保险精准帮扶。攻坚期内，对脱贫不稳定人口，继续给予帮扶。（责任单位：区扶贫办、区民政局、区卫计局、各街镇）

28. 实施贫困村人居环境改善工程。推进贫困村基础设施建设，完善公共服务功能。按照规范建设、改善环境、分类实施、统筹推进的工作思路，因村制宜，因户施策，以保障贫困户基本生活条件为底线，以环境整洁为重点，以设施完善为目标，2020年实现贫困户安全饮水、生活用电全覆盖，旱厕、危房全改造，垃圾全处理，全面提升贫困户的生活质量。（责任单位：区委农办、区扶贫办、区住建委、区水务局、区城管局、区民政局、区供电公司、各街镇）

29. 加快推进生态脱贫和脱贫迁建工作。发挥山区生态资源优势，将脱贫攻坚和生态保护有机结合，通过对贫困人口培训，把贫困人口变为具有一定技能的生态保护员，实现脱贫和生态保护有机统一。尽快建立山区生态补偿机制和多元化生态投入机制。2018年积极推进黄河滩区脱贫迁建工程，加快孝里、归德外迁安置社区进度，改造提升26个旧村台，修建62.5公里临时撤退道路，积极协助上级部门完成23公里防护堤的前期工作，力争早日开工。2020年全面完成黄河

滩区脱贫迁建各项任务，妥善解决黄河滩区居民的防洪安全和安居问题，让迁建居民搬得出、稳得住、可发展、逐步能致富。（责任单位：区发改委、区住建委、区财政局、区环保局、区交通运输局、区林业局、区水务局、区国土分局、市规划局直属第四分局、文昌街道、平安街道、归德街道、孝里镇）

八、健全完善政策体系，加大支持保障力度

30. 持续加大“三农”投入力度。建立健全实施乡村振兴战略财政投入保障制度，加大公共财政向“三农”倾斜力度，确保财政投入与乡村振兴任务相适应。落实耕地占补平衡管理办法，按照省、市统一要求，将高标准农田建设形成的新增耕地指标和城乡建设用地增减挂钩节余指标按规定跨区域调剂使用，所得收益通过支出预算全部用于巩固脱贫攻坚成果和支持实施乡村振兴战略。鼓励农民对直接受益的农村基础设施建设投工投劳，让农民更多参与建设管护。充分发挥财政资金的杠杆和引领作用，吸引金融和社会资本更多投向乡村振兴，努力构建多元化农业投入机制。建立完善涉农资金统筹整合长效机制，强化主体责任，做好资金整合使用项目规划，切实提升支农政策效果和支农资金使用效益。（责任单位：区财政局、区委农办、区国土分局、区农业局、区林业局、区水务局、区农机局、区畜牧兽医局、区蔬菜技术服务中心、区农广校）

31. 强化乡村振兴用地支持。扎实推进房地一体的农村集体建设用地和宅基地使用权登记颁证。探索宅基地所有权、资格权、使用权“三权分置”，完善农民闲置宅基地和闲置农房政策，落实宅基地集体所有权，保障农民房屋财产权，适度放活宅基地和农民房屋使用权，不得违规违法买卖宅基地。探索建立农村产业融合发展用地保障机制，在符合土地利用总体规划前提下，有效利用农村零星分散的存量建设用地。认真落实上级出台的农业设施及农村一二三产业融合发展用地实施办法等相关政策措施。在严格限制开发商品住宅或建设私人庄园会所前提下，拓宽农村建设用地使用范围，对利用收储农村闲置建设用地发展农村新产业新业态的，积极争取新增建设用地指标奖励。（责任单位：区农业局、区住建委、区国土分局、市规划局直属第四分局、各街镇）

32. 加快农村金融制度创新。强化金融服务方式创新，加大对乡村振兴中长期信贷支持，普惠金融重点放在乡村。有序引导金融机构对接农业金融需求，引导金融机构积极创新金融产品和服务，提升小额信贷覆盖度。持续推进农村信用体系建设，加快培育更多的合格承贷主体。拓展涉农融资渠道，培育和支持新型农业经营主体大力开展直接融资。大力支持涉农融资担保公司发展，构建农业融资担保体系。鼓励民间融资机构服务“三农”，持续推进农民专业合作社开展试点工作。充分发挥我区农村产权交易市场作用，有序推进农村承包地经营权、农民住房财产权抵押贷款试点。（责任单位：区金融办、区农业局、各街镇）

33. 强化乡村人才支撑。深入实施人才优先发展战略，加快农村专业人才队伍建设，扶持培养一批农业职业经理人、经纪人、乡村工匠、文化能人、非遗传承人等。发挥科技人才支撑作用，积极创造条件引导高等院校、科研院所等专业技术人员到乡村和企业挂职、兼职，并保障其在职称评审、工资福利、社会保障等方面的权益。健全科研人员以知识产权明晰为基础、以知识价值为导向的分配政策，允许农技人员通过增值服务合理取酬。全面建立职业农民制度，实施新型职业农民培育工程，开展职业农民职称评审试点，到2020年培育新型职业农民1500人。开展乡村振兴巾帼行动。加大农村实用人才培养力度，充分发挥其在引领和服务新农村建设中的重要作用，到2020年，全区优秀农村实用人才达到50人。（责任单位：区人社局、区委农办、区妇联、区教体局、大学城管理服务中心、区农广校）

九、深化农村综合改革，激发农村发展动力

34. 巩固完善农村基本经营制度。落实农村土地承包关系稳定并长久不变政策，衔接落实好第二轮土地承包到期后再延长30年的政策，落实农村承包地“三权分置”办法。巩固完善农村集体土地所有权和农村土地承包经营权确权登记颁证成果，健全土地承包经营权确权登记制度。维护进城落户农民土地承包权、宅基地使用权、集体收益分配权，支持引导其依法自愿有偿转让上述权益。（责任单位：区农业局、区国土分局、各街镇）

35. 深入推进农村产权市场建设。继续推进产权交易平台、融资担保平台、信息管理平台“三台共建”模式，健全交易服务网络，理顺运营体制和管理机制。完善产权交易市场。在加快土地经营权流转交易基础上，稳步引导权属清晰、法律法规允许的农村各类产权入市流转。联合济南市农担公司及合作银行，构造良好的融资担保新环境。积极开发农业担保产品，健全农业融资担保风险补偿机制，稳步做大担保业务，2018年实现担保贷款3000万元。（责任单位：区农业局、区金融办、各街镇）

36. 全面推进农村集体产权制度改革。分类推进农村集体资源性、经营性和非经营性资产改革，探索农村集体经济有效实现形式。按照上级统一部署，实施村级集体经济发展三年行动计划，研究制定促进村级集体经济发展政策措施，加强村级财务管理，到2020年年底全面消除集体经济空壳村，使集体收入3万元以下的村实现收入翻番。2018年全面开展农村集体产权制度改革，建立健全村级集体经济组织，加快经营性资产确权到户和股份合作制改革，2020年基本完成改革任务。（责任单位：区农业局、各街镇）

37. 统筹推进农村各项改革。深入推进农业农村“放管服”改革，进一步简政放权，加强便民服务体系建设。深化供销合作社综合改革，按照“自我改造，服务农民”的要求，完善社有资产管理体制，密切与农民的利益联结，增强为农服务能力。加快集体林权制度改革，培育合作组织、家庭林场等新型林业经济主体，扩大森林保险范围，引导金融资本有序进入。（责任单位：区农业局、区林业局、区供销社、各街镇）

十、加强和改善党对“三农”工作的领导

38. 加强完善领导体制机制。坚决贯彻中央决策部署和省委、市委部署要求，把实施乡村振兴战略摆上优先位置，把党管农村工作的要求落到实处。街镇党政主要负责同志是第一责任人，党（工）委书记要当好乡村振兴“一线总指挥”。健全党委统一领导、政府负责、党委农村工作部门统筹协调的领导体制。实行区镇（街道）抓落实的工作推进机制，镇（街道）党委（党工委）、政府（办事处）要把工作重点和主要精力放在抓乡村振兴战略落实上，在公共财政投入上优先保障，在公共服务上优先安排，在要素配置上优先满足，在干部配备上优先考虑。参照省、市做法，按照上级统一安排，成立党委农村工作委员会，发挥决策参谋、综合协调、调查研究、政策制定、督查指导、推动落实等作用。区级领导干部联系镇（街道）、村，加强对实施乡村振兴战略的指导。各镇（街道）党委（党工委）和政府（办事处）每年向区委、区政府报告实施乡村振兴战略进展情况，建立街镇党政领导班子和领导干部推进乡村振兴战略的实绩考核制度，将考核结果作为选拔任用干部的重要参考。强化统筹协调，2018年编制完成长清区乡村振兴战略规划（2018—2022），明确路线图、施工图和时间表。（责任单位：区委组织部、区委农办、区编办、区财政局、区人社局、各街镇）

39. 加强“三农”工作队伍建设。健全完善“三农”工作队伍培养机制，选拔培养一批懂农业、爱农村、爱农民的优秀人才。各级党委政府主要领导干部要懂“三农”工作，会抓“三农”工作，分管领导要真正成为“三农”工作的行家里手。积极选派部分优秀干部到基层挂职、任职，在推

进乡村振兴战略实践中锻炼成长。积极落实市委“为担当者担当，让实干者实惠”的有关政策，每两年选树表扬一批在实施乡村振兴战略中表现优秀、实绩突出的基层干部。按照上级统一部署，从优秀村、社区党组织书记中选拔街镇领导干部、考录街镇机关公务员、招聘街镇事业编制人员。关心关爱战斗在脱贫攻坚和乡村振兴一线的基层干部，对政治强、本领硬、作风实，做出实绩的，优先提拔使用。（责任单位：区委组织部、区人社局、区委农办、各街镇）

40. 改进工作作风。开展“不忘初心、牢记使命”主题教育，坚持以人民为中心，树立正确政绩观，以造福人民为最大政绩。大兴调查研究之风，深入基层一线，找准短板弱项，以钉钉子精神狠抓工作落实，确保中央乡村振兴战略各项决策部署落地见效，确保省委省政府、市委市政府有关部署要求和区委区政府有关工作安排落到实处。突出农民群众主体作用，尊重群众和基层首创精神，调动农民群众积极性创造性。及时总结先进经验，大力宣扬先进事迹，营造良好舆论氛围，使乡村振兴成为全区共识和自觉行动，形成强大合力。（责任单位：区委组织部、区委宣传部、区委农办、各街镇）

全区各级各部门要更加紧密团结在以习近平同志为核心的党中央周围，以习近平新时代中国特色社会主义思想为指导，锐意进取、奋力拼搏、扎实工作，为推进乡村全面振兴作出新的贡献。

中共济南市长清区委
济南市长清区人民政府
关于印发长清区“四个中心”建设
2018 年度目标任务的通知

济长发〔2018〕2 号

各街道党工委、办事处，各镇党委、政府，区委各部委，区政府各部门，各人民团体，开发区各部门：

现将长清区区域性经济中心建设、区域性金融中心建设、区域性物流中心建设、区域性科技创新中心建设 2018 年度目标任务印发给你们，请认真组织实施。

中共济南市长清区委
济南市长清区人民政府
2018 年 2 月 14 日

长清区区域性经济中心建设 2018 年度目标任务

按照区域性经济中心建设指标体系，确定区域性经济中心建设 2018 年度目标任务如下。

一、责任内容

（一）主要目标

地区生产总值增长 8.5%，规模以上工业增加值增长 14%，服务业增加值增长 9.5%，一般公共预算收入增长 16%，固定资产投资增长 22%，社会消费品零售总额增长 11.5%。净增规模以上工业企业 8 家以上，净增规模以上服务业企业 4 家以上，净增限额以上批发零售住宿餐饮企业 4 家以上，新增总部企业 1 家以上。

（二）重点任务

强化“六大功能区”建设，推动经济向高质量方向转型发展，实现建设现代化山水魅力新城“两年见成效”阶段性目标。重点全力推进长清区“7·12”暨区级重点项目建设。建设标准化工业厂房 50 万平方米以上。新增市级以上农业龙头企业 4 家。制定“网上办”“我来办”政务服务事项清单。

二、奖惩措施

按照市委、市政府有关考核奖惩意见执行。

附件 1：长清区区域性经济中心建设 2018 年度主要目标分解

附件 2：长清区区域性经济中心建设 2018 年度重点任务分解

附件 1

区域性经济中心建设 2018 年度主要目标分解表

街镇	生产总值增速（%）	规模以上工业增加值增速（%）	服务业增加值增速（%）	固定资产投资增速（%）	社会消费品零售总额增速（%）	净增规模以上工业企业（家）	净增规模以上服务业企业（家）	净增限额以上批发零售住宿餐饮企业（家）	新增总部企业（家）	建设标准化工业厂房（万平方米）
文昌街道	8.6	14	9.8	23	11.5	1	2	3	1	1
平安街道	8.6	14	9.8	23	11.5	2	2	3	1	40
崮云湖街道	8.6	14	9.8	23	11.5	1	2	3	1	1
五峰山街道	8.5	14	9.6	22	11.5	2	1	1	—	2
归德街道	8.5	14	9.6	22	11.5	2	1	1	—	5
张夏街道	8.5	14	9.5	22	11.5	2	1	1	—	2
万德街道	8.5	14	9.5	22	11.5	2	1	1	—	2
孝里镇	8.4	14	9	22	11.5	1	1	1	—	0.5
马山镇	8.4	14	9	22	11.5	1	1	1	—	1
双泉镇	8.4	14	9	22	11.5	1	1	1	—	0.5

附件 2

区域性经济中心建设 2018 年度重点任务分解表

序号	主要任务	责任单位
1	全力推进“7·12”暨区级重点项目	详见项目建设工作 2018 年度任务责任书
2	建设标准化工业厂房 50 万平方米以上	济南经济开发区、区经信局、各街镇
3	新增市级以上农业龙头企业 4 家	区农业局、有关街镇
4	制定“网上办”“一次办”“我来办”政务服务事项清单	区政务中心、区直有关部门

长清区区域性金融中心建设 2018 年度目标任务

按照区域性金融中心建设指标体系，确定区域性金融中心建设 2018 年度目标任务如下。

一、责任内容

（一）主要目标

以《济南市“十三五”金融业发展规划》和《济南区域性金融中心建设三年行动纲要》为抓手，确保金融业增加值达到 13 亿元以上，金融业税收达到 1.1 亿元以上，推进长清区区域性金融中心建设取得扎实成效，为实体经济发展提供坚实的金融支撑。

（二）重点任务

1. 加大金融支持实体经济力度，多形式、多途径推进金政企合作对接，协调引入保险资金。在区政府领导下，联合政府相关部门至少成立一家注册资本不少于 3 亿元的政策性融资担保公司。

2. 着力推进多层次资本市场建设，不断提升直接融资占比。新增“新三板”挂牌企业不少于 1 家，完成规模企业规范化公司制改制 22 家以上。

3. 狠抓金融招商引资。建立完善金融招商项目库，全方位做好金融招商引资服务，落地金融项目 1—2 个。

4. 加强金融调研，摸清本辖区金融业发展现状，找准发展定位，制定本辖区金融业发展的思路和政策。配合区财政部门兑现“金九条”各项补助政策，支持辖区金融机构发展壮大。

5. 做好金融风险防控工作。开展形式多样的金融风险防范 宣传活动，加强金融风险排查，打击非法金融活动。

二、奖惩措施

按照市委、市政府有关考核奖惩意见执行。

长清区区域性物流中心建设 2018 年度目标任务

按照区域性物流中心建设指标体系，确定区域性物流中心建设 2018 年度目标任务如下。

一、责任内容

（一）主要目标

规模以上物流企业营业收入增幅 12%；新增规模以上物流企业 5 家；物流项目招商引资额 10.5 亿元。

（二）重点任务

新建 2 个累计总投资 3 亿元的物流项目，当年完成投资 0.8 亿元。

二、奖惩措施

按市委、市政府有关考核奖惩意见执行。

附件：长清区区域性物流中心建设 2018 年度主要目标分解表

长清区区域性物流中心建设 2018 年度主要目标分解表

责任单位	重点项目			招商引资额（亿元）	规上企业营业收入增幅（%）	新增规上企业（家）
	数量（个）	投资（亿元）	当年完成投资（亿元）			
文昌街道				0.7	12	1
平安街道	1	1	0.3	5	12	1
崮云湖街道				0.7	12	1
五峰山街道				0.2		
归德街道	1	2	0.5	2.5	12	1
张夏街道				0.3		
万德街道				0.5	12	1
孝里镇				0.3		
马山镇				0.2		
双泉镇				0.1		
合计	2	3	0.8	10.5	12	5

长清区区域性科技创新中心建设 2018 年度目标任务

按照区域性科技创新中心建设指标体系，确定区域性科技创新中心建设 2018 年度目标任务如下。

一、责任内容

（一）主要目标

1. 产业承载能力指标：高新技术产业产值占规上工业产值比重增长 1.5 个百分点；高新技术企业总数达到 62 家；新增众创空间 3 家、市级以上孵化器 1 家。

2. 企业自主创新能力指标：有 R&D 活动的规上工业企业个数占规上工业企业总数比重增幅 12%；R&D 占 GDP 比重增幅 7%；新增省级以上企业研发机构 1 家。

3. 科研体系建设指标：万人有效发明专利拥有量达到 15 件；新增国际、国家标准 2 项；技术合同交易额达到 1.5 亿元。

4. 对外开放与区域辐射带动作用指标：吸引国内外有影响力的著名高校、科研机构或 500 强企业设立研发或成果转移转化机构 1 家；吸引国内知名高校、科研机构设立研发或成果转移转化机构 2 家；吸引国内外知名企业设立研发或成果转移转化机构 2 家。

（二）重点任务

1. 推动国家科技成果转移转化示范区建设，明确发展定位，构建区域协同发展格局。发挥带动作用，有效利用驻济高校、科研院所创新资源，为科技成果转化提供科技支撑。发展吸引国内外有影响力的著名高校、科研机构或 500 强企业设立研发或成果转移转化机构 1 家；吸引国内知名高校、科研机构设立研发或成果转移转化机构 2 家；吸引国内外知名企业设立研发或成果转移转化机构 2 家。

2. 推动科研成果转化服务中心建设。立足区科技局职能，搭建科技成果转化服务平台，开展科技成果和科技信息汇集与发布，推动产学研结合，开展综合咨询服务。提供优惠条件和优质服务，吸引高校、院所、企业科技成果在该中心研发、孵化和转化。

二、奖惩措施

按照市委、市政府有关考核奖惩意见执行。

附件：长清区区域性科技创新中心建设 2018 年度主要目标分解表

长清区区域性科技创新中心建设 2018 年度主要目标分解表

指标 \ 指标值 \ 街镇	文昌街道	平安街道	崮云湖街道	五峰山街道	归德街道	张夏街道	万德街道	孝里镇	马山镇	双泉镇	全区	备注
高新技术产业产值占规上工业产值比重增长百分点（个）	1.5	2.5	1.5	1.5	1.5	1.5	1.5	1	1.5	1	1.5	
新增高新技术企业数量（家）	1	3	1	2	1	1	1	1	1	1	13	
新增市级以上孵化器数量（家）			1								1	
新增众创空间数量（家）			3								3	
有 R&D 活动的规上工业企业个数占规上工业企业总数比重增幅（%）	12	12	12	12	12	12	12	12	12	12	12	
R&D 占 GDP 比重增幅（%）	7	7	7	7	7	7	7	7	7	7	7	
新增省级以上研发机构（家）											1	全区掌握
技术合同成交额（亿元）											1.5	全区掌握
万人有效发明专利拥有量（件）											15	全区掌握
新增国际、国家标准总数（项）		2									2	全区掌握
吸引国内外有影响力的著名高校、科研机构或 500 强企业设立研发或成果转移转化机构（家）											1	全区掌握
吸引国内知名高校、科研机构设立研发或成果转移转化机构（家）											2	全区掌握
吸引国内外知名企业设立研发或成果转移转化机构（家）											2	全区掌握

济南市长清区人民政府
关于印发《长清区鼓励投资促进发展政策措施》的通知

济长政发〔2018〕3号

各街道办事处、各镇人民政府，区政府各部门：

《长清区鼓励投资促进发展政策措施》已经区政府第22次常务会议研究通过，现印发给你们，请认真贯彻执行。

济南市长清区人民政府

2018年4月25日

长清区鼓励投资促进发展政策措施

为推进招商引资“一号工程”，提高我区招商引资工作竞争力，根据国家和省、市有关文件精神，结合我区实际，制定本政策措施。

一、优化投资发展环境

第一条　依托我区投融资平台，设立重点产业投资发展基金，对接市级重点产业投资发展基金，用于支持重点产业发展。

第二条　优化营商投资环境，深化“放管服”改革，围绕企业需求提供精准化、具体化服务，为项目提供“专业+店小二”式服务，区政务服务中心将全面实行“只需跑一次”“零跑腿”和建设项目审批“代办”服务机制，区投资促进服务中心对市级重点招商项目提供“服务大使”服务。

第三条　对经济贡献大、科技实力强的企业高管人才，经认定后可享受济南市“5150引才计划”、长清区“领军人才计划”扶持政策，经认定的招商引资落户企业高级管理人员，子女义务教育阶段可优先安排在本区内就读。

第四条　对新设立或新引进的企业，入区三年内年度实现一般公共预算收入贡献2000万元（含）以上的，其高层管理人员，（包括董事长、副董事长、总经理、副总经理、监事长、总经济师、总会计师）按照年度缴纳工薪部分个人所得税区得财力的50%—100%给予扶持，个人年度最高扶持30万元，单个企业不超过8人，累计扶持资金不超过企业年度实现区得财力的30%。

二、支持发展总部经济

第五条　经认定的国家及区域性总部企业，实缴注册资本金5000万元—10亿元（含）的，扶持资金在注册资本金于本辖区内全部到位，同时达到其约定的地方经济贡献，3年内按实缴注册资本金1%的比例给予扶持。对实缴注册资本金10亿元以上的总部项目，视其注册资本金规模和对我区经济的贡献，采取一事一议的方式给予扶持。

第六条　注册资本达不到5000万元而经济贡献较大的企业，或者经济贡献较大的子公司、分支机构，入区三年内年度实现一般公共预算收入贡献1000万元（含）以上的，按照其达标年度实现区得财力的30%—50%给予扶持；入区三年内年度实现一般公共预算收入贡献300万元

（含）—1000万元的，按照其达标年度实现区得财力的10%—30%给予扶持。

第七条　新设立或新引进的总部企业和新注册纳税企业，入区三年内年度实现一般公共预算收入贡献300万元（含）以上的，达到约定的经济贡献，可给予房租和物业补贴。租用办公用房的，最高按实际支付年租金30%给予扶持，连续扶持三年；购置办公用房的，最高按购房合同价格3%给予扶持。

三、支持发展实体经济

第八条　新引进的实体经济项目，自工商登记注册之日起2年内，实际固定资产投资（不含购买土地费用，下同）累计达到2亿元人民币以上（以经审计的企业资产负债表为准）且投资强度达到280万元/亩、实际税收贡献达到20万元/亩的，视其对我区经济的贡献给予固定资产投资总额2%—5%的扶持。

第九条　新引进的实体经济项目，入区三年内年度实现一般公共预算收入贡献1000万元（含）以上的，按照其达标年度实现区得财力的30%—50%给予扶持；入区三年内年度实现一般公共预算收入贡献300万元（含）—1000万元的，按照其达标年度实现区得财力的10%—30%给予扶持。

四、支持区内企业转型升级

第十条　支持区内企业转型升级、增资扩产，区内企业在不新增用地且符合相关规划要求的情况下，扩建自用生产、仓储场所等方式进行整体转型升级改造，在新项目投资形成固定资产投资5000万元以上（以统计局数据或经审计的企业资产负债表为准）并符合所在区域税收强度要求的，三年内按照实现区得财力的20%给予扶持。对建设标准厂房引进相关企业落户，形成产业集聚的，根据实际经济贡献，采取一事一议的方式给予扶持。

五、支持发展外向型经济

第十一条　鼓励引进外商投资企业（注册地在我区，含港、澳、台投资设立企业，下同）。按照国家发改委、商务部最新发布的《外商投资产业指导目录》，对符合准入条件的外商投资企业，按注册资本当年实际到账外资金额的1%—2%予以奖励，最高奖励1000万元人民币。

第十二条　对集约用地的鼓励类外商投资工业项目优先供应土地，经区政府确定后，对其用地按不低于工业用地出让最低限价标准的70%及土地成本确定的土地出让底价出让。

六、有关说明

第十三条　本政策适用于工商注册地、税务征管关系及统计关系在长清区、济南经济开发区范围内，有健全的财务制度、具有独立法人资格、实行独立核算，且承诺5年内不迁离注册及办公地址、不改变在本区的纳税义务、不减少注册资本的企业或机构，资金扶持条款原则上不适用于内资房地产开发企业。

第十四条　符合本政策的同一项目、同一事项同时符合本区其他扶持政策规定的，按照从高不重复的原则予以扶持，在约定期内，原则上对同一企业扶持资金总额度不超过其形成的区得财力的80%。对重大招商引资项目（含外资项目），根据项目实际贡献，采取一事一议的方式给予扶持。

第十五条　本政策从公布之日起实施，有效期3年。本政策由区招商引资暨项目协调推进指挥部负责解释。

索 引

A

B

C

D

E

F

G

H

J

K

L

M

R

S

T

W

X

Y

Z

长清年鉴2019

责任编辑：张　婷
责任校对：曾祥玉
封面设计：崔浩然
装帧设计：世同华印

出版发行：黄海数字出版社
网　　址：www.huanghaidigital.com
地　　址：山东省烟台市北大街54号
印　　刷：山东新华印务有限责任公司
开　　本：889mm×1194mm 1/16
印　　张：32.5
字　　数：803千字
版　　次：2019年12月第1版
印　　次：2019年12月第1次印刷
书　　号：ISBN 978-7-89425-980-6
定　　价：398.00元